中国少数民族设计全集

The Design Collection of Chinese Ethnic Minorities

哈萨克族

中国少数民族设计全集编纂委员会 编

图书在版编目（CIP）数据

中国少数民族设计全集．哈萨克族／中国少数民族设计全集编纂委员会编；王峰等著．—太原：山西人民出版社，2019.10
ISBN 978-7-203-11100-9

Ⅰ．①中⋯　Ⅱ．①中⋯②王⋯　Ⅲ．①哈萨克族 - 民族文化 - 研究 - 中国　Ⅳ．①K28

中国版本图书馆CIP数据核字（2019）第201633号

中国少数民族设计全集．哈萨克族

编　者：	中国少数民族设计全集编纂委员会
著　者：	王　峰　等
责任编辑：	周小龙
复　审：	吕绘元
终　审：	阎卫斌
装帧设计：	谢　成

出 版 者：	山西人民出版社　人民美术出版社
地　　址：	太原市建设南路21号
邮　编：	030012
发行营销：	0351 - 4922220　4955996　4956039　4922127（传真）
天猫官网：	https://sxrmcbs.tmall.com　电话：0351 - 4922159
E — mail：	sxskcb@163.com　发行部 sxskcb@126.com　总编室
网　　址：	www.sxskcb.com

经 销 者：	山西出版传媒集团·山西人民出版社
承 印 者：	山西出版传媒集团·山西新华印业有限公司
开　本：	889mm×1194mm　1/16
印　张：	32.75
字　数：	435千字
印　数：	1—1 000册
版　次：	2019年10月　第1版
印　次：	2019年10月　第1次印刷
书　号：	ISBN 978-7-203-11100-9
定　价：	450.00元

如有印装质量问题请与本社联系调换

中国少数民族设计全集编纂委员会

总 主 编（按年龄排序）
张夫也　王立端　戴晋明　廖　军　王　琥　李豫闽　过伟敏　顾　平
王　强　李　岗
执 行 主 编　王　琥
编 务 统 筹　张明山

中国少数民族设计全集编辑工作委员会

主　　　任　刘伟冬
编　　　委（排名不分先后）
王　琥　王　峰　王　强　王立端　王浩滢　白　波　过伟敏　许　星
许边疆　李　岗　李　丽　李豫闽　成光虎　肖　飞　余　强　汪传跃
罗　力　杨明朗　陈　述　陈见东　邱　珂　胡万明　顾　平　郑　静
郭立忠　姬　莹　张夫也　张泽国　张明山　张秋平　张耀引　梁盛平
樊　进　谢　玮　熊　伟　熊　微　熊建新　蔡克中　葛　芳　鞠　斐
魏　洁　廖　军　戴晋明

中国少数民族设计全集出版工作委员会

主　　　任　胡彦威　周　伟
执 行 主 任　姚　军　欧京海
编 务 统 筹　阎卫斌　周小龙
编　　　辑（排名不分先后）
王新斐　史美珍　冯　昭　冯灵芝　吉　昊　吕绘元　刘小玲　任秀芳
孙　琳　孙宇欣　李广洁　李建业　李　靖　员荣亮　张小芳　张志杰
张书剑　何赵云　陈俞江　吴春华　武　静　周小龙　柳承旭　郝文霞
赵　玉　赵晓丽　席　青　秦继华　高　雷　郭向南　阎卫斌　崔人杰
傅晓红　蔡咏卉　翟丽娟　樊　中　薛正存　魏　红　魏美荣
整 体 设 计　谢　成

中国少数民族设计全集·哈萨克族

本册著者 王 峰 魏 洁 朱文涛 姜 靓
参与撰写 徐 靓 李 郭 陈方圆 刘 颖 马小雯
　　　　　　刘筠璨 赵亭亭 闫 雪 张加其 吴 栋
　　　　　　徐 林 于 洁 伏 涛 刘琛淼 牛一平
　　　　　　彭 婧

求同存异 和合共荣

刘伟冬

中华民族，是一个由56个民族组成的大家庭。在漫长的文明发展史中，汉族和各少数民族都为中华文明的繁荣发展贡献了自己的聪明才智。纵观中华文明史，其实就是一部各族群之间"求同存异，和合共荣"的文化演进史。

从根子上讲，4000年前的"中国"，仅指北方中原地区，居住在这里的相传是上古时期黄帝部落和炎帝部落的后裔，故而自称"炎黄子孙"。其时的"中国"，不过是黄河中下游（西起陇山，东至泰山）区域。在千年发展与民族融合之后，尤其是晋末"衣冠南渡"，南迁的中原汉族与南方百越民族彻底融合，来自北方的鲜卑等民族融入汉族，使汉族前所未有地壮大发展，逐渐形成后来疆域辽阔、人口众多、物产繁盛、文化昌明的中华民族的主体族群。特别值得强调的是，自从作为一个民族整体之后，中华民族就从未中断过自己的民族发展史——这在世界历史上是硕果仅存、独一无二的。

中华民族具备兼容并蓄、虚心好学的民族天性。仅以设计学范畴的事例讲：在数千年文明发展历史中，中华民族在不断向外输出优秀的文明成果（如烧造之陶瓷砖瓦、营造之榫卯斗拱、织造之丝绸刺绣、锻造之"失蜡"分模等），影响全人类的日

常生活与生产方式的同时，也不断地吸纳域外各民族的优秀文明成果，如汉魏之印度佛教和西域音乐、隋唐之西亚服饰和家具、宋元之东洋印染和漆艺、明清之西洋机器与建筑……在中华民族内部，这样的文化交流更是从未停止过，而且是风生水起、枝繁叶茂，愈发流畅、深入，中华民族各族群之间"求同存异，和合共荣"的文化大演进，共同创造了中华民族极为灿烂辉煌的造物文明历史。仍以设计学范畴为例：原本是匈奴人发明的单足绳圈，被晋代的汉族人设计成铁质双镫；最早是鲜卑人原创的毡毯卷边，被晋代的汉族人改造成"高桥马鞍"，这宗中国式马具设计案例，被誉为"13世纪中国传入欧洲的最重要文化成果"（李约瑟语）。再如，西域（今新疆地区）是全世界最早的皮靴生产地，哈尼族为主的红河地区出现了全世界最早的梯田。再如，全世界最早的"干栏式建筑"和全世界最早的稻米人工育种、栽培，均起源于长江中下游的百越地区；全世界最早的竹藤编结器物起源于闽越地区……由中华民族共同创造、发明，后来又影响了全人类文明进程的优秀造物设计案例很多，不胜枚举。几千年中华民族的文明史，就是各种文化多元融合、共同发展的最好例证。不了解中华民族内部各族群的文明交流史，就无法真正理解中国文化史，也不能理解为什么中华民族总是能在逆境中成长强大。甚至可以说，能否完整地理解中华民族的文化史，是检验每一个当代中国知识分子（特别是文史哲专业的学者）文化立场的"试金石"。

随着改革开放的逐渐深入，各民族地区的经济与社会状态已发生了天翻地覆的变化。令人遗憾和担心的是，由于各地区政策执行力度不平衡，保护措施不得力，少数民族的文化特性正在逐步衰退，有些地区的少数民族文化特征甚至已经消失殆尽，仅仅

存在于徒具形式，充满口号、标语的民族文化村旅游景点中。有学者预言，再不加快整理抢救工作，中国的少数民族可能在物质形态和文化内涵的特征上，若干年后将不复存在。

从少数民族地区反映古代中国社会某些面貌的文化遗存看，这些少数民族之所以一直与汉族地区差距巨大，存在多方面的原因，其中历代汉族统治者对少数民族的歧视政策是主要原因。此外这些地区本身就处于偏僻荒地，不是沙漠就是山区，自然条件远不及汉族聚集地区，社会发展水平滞后。20世纪50年代，有相当比例的少数民族在当时仍处于原始农耕社会或奴隶制社会，不要说通电、通水、通汽车，不少人一辈子连铁器长什么样都没见过。部分少数民族聚集地的各种自然条件也较差，缺肥少水，基本生活来源，一靠老天爷恩赐的"望天收"农作物；二靠家庭手工作坊制作些竹藤编结物和土织、土陶等土特产来换取粮食；三靠养猪、兔、羊和鸡、鸭、鹅等家禽来换取日用品，如灯油、农具、衣物和油盐酱醋等；四靠为土司、头人和大户们出卖劳力（社会底层奴隶身份），年老即被抛弃。中华人民共和国成立后，党和政府在这些地区实行社会主义改造，打倒以土司、巫师和头人为首的剥削阶级，将土地和生产资料一律收归集体所有，解放了全体少数民族民众，使他们历史上第一次有了自由劳作和生活的权利。

中华人民共和国成立之初，党和政府就高度关注民族事务问题，为如何保护、关心各少数民族制定了一系列方针、政策，也为当代中国社会处理民族问题、保护民族文化树立了光辉典范。中央人民政府政务院于20世纪50年代初发布了《关于民族事务的几项决定》，为新中国民族政策奠定了最初的思想基础，其主要内容是：一、各大行政区军政委员会（人民政府）须指导各有关

求同存异 和合共荣

省、市、行署人民政府认真推行民族区域自治及民族民主联合政府的政策和制度，并随时向政务院报告推行经验，请示者须事前向政务院请示。二、各大行政区军政委员会（人民政府）须指导各有关省、市、行署人民政府认真并有计划地实行政务院在1950年颁发的《培养少数民族干部试行方案》，并将该项工作进行情况定期加以检查，每半年向政务院报告一次。中央民族学院及西北、西南、中南各军政委员会和新疆省人民政府的民族学院，必须依计划实行，并向政务院报告。三、政务院于1951年下半年适当时间将同时召开有关少数民族的卫生、教育及贸易三个专业会议，责成政务院文教委员会、中财委指导中央卫生部、教育部、贸易部开始筹备，并责成中央民族事务委员会协助进行。有关部门如农业部、文化部也须派人参加。四、责成中央人民政府各委、部、会、院、署、行注意建立有关民族事务的业务。五、在政务院文教委员会内设民族语言文字研究指导委员会，指导和组织少数民族语言文字的研究工作，帮助尚无文字的民族创立文字，帮助文字不完备的民族逐渐充实其文字。六、扩大中央民族事务委员会委员名额，责成中央民族事务委员会提出补充名单的建议，并于1951年下半年召开中央民族事务委员会扩大会议，检查与总结关于推行民族区域自治及民族民主联合政府的经验。

20世纪50年代，中央人民政府和政务院，曾多次组织"中央慰问团""土改工作队"和"普查工作队"等，花费大量人力和物力，深入各少数民族地区，进行了大量较为翔实的社会历史调查。50年代这轮由政府统筹、由中央民委组织行政领导和人类学、社会学专家学者以及民族同志组成工作队与考察队的少数民族大考察活动，1953年正式启动，1956年结束（个别地区延期至1958年才结束）。直接成果之一，就是为1956年国务院公布的55

个少数民族的正式定名和划分，提供了可靠的依据。

从当时考察的资料看，各少数民族的社会发展水平参差不齐，不少民族呈现类似汉族曾经历过的各种历史发展状况，为我们今天考察、了解并研究过去的历史以及各学术分支问题，提供了绝好的活体范本。比如以"设计发生学"研究为例，以山寨（村落）为主的初级社会组织形态，原始手工业在农耕环境中的地位，原始造物的手工技艺与设备、工具等，都是我们极感兴趣的研究对象。

在西北、西南和东北各少数民族聚集地区，有些古时流传下来的本民族手工造物技术，迄今仍保存良好。其吸收了汉族和其他兄弟民族的技术长处之后演变出来的各时段手工造物技术，则印证了各民族互相融合、取长补短的史实。更有些原始手工艺，特别具有艺术和历史研究价值。以维吾尔族人为例，本世纪初，笔者在新疆喀什城艾格孜艾日克老街看到几样手工艺绝活：其一是整条街的维吾尔族乐器店，除了热瓦普、曼陀林和冬不拉等少数维吾尔族知名乐器外，全是些笔者叫不上名来却似曾相识的弹拨乐器和拉弦乐器，于是从心里认可了"西域古乐成就了中国传统民乐"这句话所言不谬。其二是亲眼所见一个拖着鼻涕的不到10岁的维吾尔族小男孩，拿着电砂轮在铜壶上信手飞快地刻着精美细腻的图案，一不要底稿，二没有图纸，真是佩服得五体投地，也相信了"汉族人长于热铸，西域人长于冷锻"这个说法。其三是在喀什近郊著名的大巴扎"金器一条街"上看见近百家金店生意红火，家家门前毡毯上都围坐着一群金店伙计和顾客，正在热烈讨论、共同设计着花样繁多的未来金饰嫁妆，感受到了"中国传统样式的金银首饰工艺，最富有创意的设计和最先进的工艺制作，原来在维吾尔族人手里"这句大实话。还有，笔者

在云南景洪县城集市上，曾亲眼见过景颇族老乡用古老的"焖烧法"烧出的红彤彤的土陶——跟笔者一知半解的仰韶彩陶的烧制工艺几乎一模一样。还有，笔者在大西北甘陕宁各省亲眼所见的回族、保安族、裕固族和东乡族老乡巧手做出的那些花样繁多、样式复杂的面塑造型，真是个个精妙绝伦。这方面的事例实在太多了。

50年代的少数民族地区社会大普查，以及半个多世纪以来社会各界对其丰富而珍贵的考察、研究，意义深远，价值极为重大。这些地区客观上保存的较为完整的、与数千年前中国原始社会最初形态近似的许多社会特征，为我们研究社会的最初形态形成和当时的经济、文化、政治的基本状况以及"设计发生学"的相关课题，提供了珍贵的类型学"活化石"范本，价值非凡。改革开放以来，这些少数民族地区也获得了前所未有的巨大发展，人民生活日新月异；但与此同时，少数民族地区的民族性在不可避免地愈发衰减、退化，甚至消失。如果我们再不采取保护措施，若干年后，各少数民族的许多宝贵民族文化遗产将无法挽救地彻底消亡，这部分同属于全人类精神财富和中华民族集体智慧的宝藏，我们将再也看不到了。

在"设计发生学"问题上，我们一向秉持文化多元论的观点，认为人类文明是全世界人民共同创造的，各国家、地区、民族均做出过大小不一、形态各异的贡献；同理，中华民族的灿烂文明是中国的各族人民共同创造的，每个民族都对中华传统文化做出过贡献，也都应当得到尊敬和肯定。中国的各少数民族在中华文明漫长的演化过程中，都曾经以自己独特而充满智慧的文明成果，补充、完善甚至改良着中华文明。比如，古代西域的龟兹古国各民族创造或引自西亚的弹拨乐器和拉弦乐器以及音律、曲式，彻底改造了中国古代音乐，新创作出代表中国古乐精髓的江南丝竹；南疆的维吾尔族和北疆的哈萨克、塔塔尔、塔吉克等族首创了制革术，并引进古波斯革皮书籍装帧术和制靴术、制毡术、毛衣编结术；海南岛的黎族率先种植棉花并纺织棉布，传入内地后棉织业逐渐形成中国古代手工行业的"天下第一营生"……保护少数民族的民族文化特性，就是保护我们的历史遗产，就是传承我们的文明。我们应进一步发扬文化兼容的优良传统，把振兴中华的百年民族复兴梦，逐步落实为将大中华建设成为中国各民族共同拥有的美好家园。

由上千名来自全国各高等艺术院校的教授、研究生组成的55支团队参与编撰的《中国少数民族设计全集》（55卷），正是有识之士基于对各少数民族的民族文化特性正在快速衰减、消亡的严重现实问题的深切忧虑而进行的抢救、发掘、整理中国少数民族文化遗产的重要文化工程。经过两年精心筹划，六年努力写作，在国家出版基金管理部门的支持下，在山西人民出版社和人民美术出版社的策划和组织下，目前《中国少数民族设计全集》的书稿编撰工作已基本完成，即将付梓。在长达八年的漫长过程中，全国兄弟院校各团队涌现出的各种可歌可泣的事迹经常感动着笔者，并不时鞭策着全体作者克服千难万险，一路向前。有的分卷作者身患绝症仍不眠不休地忘我工作，有的分卷作者遭遇各种意外仍坚持工作。特别是，很多民族同志公而忘私、不计较个人得失，有人不惜将自己赚钱的企业关张歇业，全身心地投入各自所负责分卷的繁重编撰工作中；有人义无反顾地将自己珍藏多年的本民族实物、资料和研究成果无偿提供给相关分卷作者。大家万众一心，克服各种复杂得难以想象的困难，以确保这部凝聚了众人八年心血的巨著，能按计划如期完成。借此机会，笔者谨

代表本丛书编委会全体成员，向领导、编辑和作者们表示衷心的感谢！

　　作为一项文化创举，笔者深信《中国少数民族设计全集》必将在未来岁月的长期检验中，愈发显现其非凡的、独特的文化价值。

2017年夏季于南京

前言

本卷为哈萨克族卷，共收录与解析了117个案例。这些案例覆盖了哈萨克族传统生活的衣、食、住、行、用五大方面，共分为建筑、服饰、餐饮、生活用具、生产工具、手工艺、民俗七部分。

"哈萨克族传统建筑"部分，选取了东别克宇、乌兰海、小石屋、多边形木屋、塔斯宇、托夏拉、阔斯、生土建筑、石堆墓及哈拉夏共10个案例。

"哈萨克族传统服饰"部分，选取了烫银腰带、女式婚礼套服等28个案例。这些案例以服装为主，以饰品为辅，体现了哈萨克族因地制宜、兼具功能与美观的服饰审美理念，诠释了哈萨克族鲜明的地域服饰文化特色。勤劳的哈萨克族人民用自己的聪明才智创造出了绚烂的传统文化。

"哈萨克族传统餐饮"部分，选取了大盘鸡、羊肚子焖肉、冬拜吉干等20个案例。

"哈萨克族传统生活用具"部分，选取了马笼头、木床、沙尔特勒达吾克等27个案例。

"哈萨克族传统生产工具"部分，选取了火镰、乳制品生产、莫斯和奥夏克、转场共4个案例。

"哈萨克族传统手工艺"部分，选取了宝石加工工艺、织品图案、金银加工工艺、桦树皮工艺、骨角雕刻、根雕、皮编工艺、刺绣工艺等15个案例。

"哈萨克族传统民俗和宗教"部分，选取了姑娘追、叼羊、黑走马等13个案例。

　　本卷的编撰团队前期主要通过实地与网络调研相结合的方式收集相关案例资料。实地调研方面，团队成员多次前往新疆的伊犁哈萨克自治州，木垒哈萨克自治县和巴里坤哈萨克自治县进行实地考察，体验当地生活，走访当地哈萨克族民众，进行采访、交谈，获得了大量的一手资料。在网络调研方面，主要通过编委会提供的几家大型正规图片供应商的网络平台，进行相关例图的收集工作。除此以外，编撰团队还购买了大量参考画册与书籍，如《中华民族大家庭知识读本：哈萨克族》《游牧记忆》《哈萨克民俗文化》《哈萨克毡房文化》《新疆哈萨克族诗歌散文精选》《新时期中国少数民族文学作品选集》《巴里坤哈萨克族风俗习惯》《哈萨克族语言简史》等，这些材料为本卷的编撰提供了必要的智力支持。

　　为了能够全面地反映哈萨克族造物思想与设计思维，在案例的编撰过程中，团队主要围绕设计学本体进行内括与延展，归纳整理出能够较为全面反映案例设计特征的图例与文字。能够参与编撰《中国少数民族设计全集——哈萨克族》，对于我们来说，是一个全新的学习的过程，是一个进一步比较全面与系统地了解哈萨克族人民及其生活和文化形态的过程。是大家的共同努力，才使本卷顺利完成。在此感谢所有参加本卷撰写、绘图和提供资料的老师和同学们！但因学识与水平有限，再加上受制于编写体例要求，各案例解析书写的篇幅有限，故在本卷中，无论是案例选择的典型性方面，还是具体案例解析的全面性方面，肯定存在着许多不妥之处，难免有挂一漏百，以偏概全的现象。真诚地希望广大读者批评指正。

王峰
江南大学

目录

第一章　哈萨克族传统建筑

哈萨克族东别克宇　002
哈萨克族乌兰海　006
哈萨克族小石屋　010
哈萨克族多边形木屋　014
哈萨克族塔斯宇　018
哈萨克族托夏拉　022
哈萨克族阔斯　025
哈萨克族生土建筑　029
哈萨克族哈拉夏　033
哈萨克族石堆墓　037

第二章　哈萨克族传统服饰

哈萨克族沙吾克烈帽　042
哈萨克族男式花帽　049
哈萨克族女式花帽　054
哈萨克族标尔克帽　060
哈萨克族吐马克帽　065
哈萨克族男子毡帽　070
哈萨克族玛拉海帽　076
哈萨克族套头巾　081
哈萨克族盖头巾　084
哈萨克族男子坎肩　089
哈萨克族女子坎肩　094
哈萨克族直领镶花衬衣　100
哈萨克族连衣裙　104
哈萨克族皮大衣　110

哈萨克族裕袢　115
哈萨克族女子裕袢　119
哈萨克族镶嵌宽牛皮带　124
哈萨克族烫银腰带　130
哈萨克族女士腰带　134
哈萨克族女子半身裙　138
哈萨克族皮裤　142
哈萨克族翘头镶银皮靴　147
哈萨克族切特克　152
哈萨克族银辫带　156
哈萨克族手镯、戒指　161
哈萨克族耳坠　165
哈萨克族胸前挂饰　169
哈萨克族女式婚礼套服　175

第三章　哈萨克族传统餐饮

哈萨克族大盘鸡　184
哈萨克族羊肚子焖肉　187
哈萨克族冬拜吉干　190
哈萨克族舒巴特　192
哈萨克族酸奶子　196
哈萨克族鲜奶子　199
哈萨克族柯莫孜　202
哈萨克族塔巴馕　205
哈萨克族纳吾热孜粥　207
哈萨克族纳仁　209
哈萨克族奶皮子　213

哈萨克族马奶酒 216
哈萨克族布尔萨克 219
哈萨克族酥油 223
哈萨克族清炖羊肉 226
哈萨克族奶茶 230
哈萨克族木碗、木盆、木勺 234
哈萨克族连体木杯 238
哈萨克族马奶壶 242
哈萨克族角酒壶、角酒杯 247

第四章 哈萨克族传统生活用具

哈萨克族马笼头 254
哈萨克族木床 261
哈萨克族摇床 266
哈萨克族皮制碗袋 270
哈萨克族马镫 274
哈萨克族马褡 277
哈萨克族马鞍 281
哈萨克族木垒小刀 286
哈萨克族马鞭 290
哈萨克族挂毯 294
哈萨克族阿亚刻哈甫 299
哈萨克族花毡 303
哈萨克族达吾勒帕孜 308
哈萨克族冬不拉 312
哈萨克族阿德尔那 317
哈萨克族斯尔那依 322

　　哈萨克族沙孜斯尔那依　326
　　哈萨克族斯布斯额　330
　　哈萨克族库布孜　333
　　哈萨克族杰特根　339
　　哈萨克族双牛角　342
　　哈萨克族圣达吾乐　344
　　哈萨克族图雅克　349
　　哈萨克族轰尔奥　353
　　哈萨克族杜德哈　356
　　哈萨克族萨合畔　360
　　哈萨克族沙尔特勒达吾克　365

第五章　哈萨克族传统生产工具

　　哈萨克族火镰　370
　　哈萨克族莫斯、奥夏克　373
　　哈萨克族乳制品生产　377
　　哈萨克族转场　381

第六章　哈萨克族传统手工艺

　　哈萨克族宝石加工工艺　386
　　哈萨克族织品图案　393
　　哈萨克族金银加工工艺　397
　　哈萨克族桦树皮工艺　402
　　哈萨克族骨角雕刻　405
　　哈萨克族根雕　410
　　哈萨克族皮编工艺　414
　　哈萨克族刺绣工艺　418

哈萨克族芨芨草编工艺　422
哈萨克族盔甲　426
哈萨克族战斧　429
哈萨克族角弓　432
哈萨克族马刀　436
哈萨克族战锤　440
哈萨克族盾牌　444

第七章　哈萨克族传统民俗和宗教

哈萨克族姑娘追　450
哈萨克族叼羊　454
哈萨克族摔跤　459
哈萨克族赛马　463
哈萨克族马上角力　467
哈萨克族阿肯弹唱会　469
哈萨克族黑走马　473
哈萨克族上盘礼　478
哈萨克族出生礼　483
哈萨克族摇床礼　487
哈萨克族出生四十天礼　491
哈萨克族走路礼　495
哈萨克族骑马礼　498

第一章 哈萨克族传统建筑

哈萨克族东别克宇

图一　哈萨克族东别克宇主图

东别克宇是哈萨克族牧民传统的住房之一，是牧民越冬的林区建筑。可盖成单间或多间，房身不高，房顶多盖成"人"字形。

在林区或木材充足的地方，牧民们的越冬建筑就选用挺拔竖直的木料来修筑，因此，在东别克宇的建造中常用到的木材有杨树、桦树等树种。阔叶松木在传统木屋的承重结构中用作构件的不多，主要是用作围护结构和配件。东别克宇的墙体至屋顶，通体都用木料，形成一种形式别致的木构建筑。东别克宇建造需先打好地基，将墙基处植被铲除夯实，以石块砌筑勒脚，使木墙与地面隔离，以防潮不致霉烂，石勒脚高度随地形及户主要求而定。勒脚面整平后，就将裁制好的条木按平面要求拼搭起来。墙体都用木材搭叠而成，将直径为二十厘米左右的挺直圆木剥去树皮，用刨子推平两侧，使其断面为圆角方形，在其搭接处上下两侧截成凹口，其深度为圆木推平后所剩厚度的四分之一。在拼叠处用泥浆、灰浆等作为粘合剂和填充剂，以隐钉或蚂蟥钉为拉结件，使条木组成的墙体不致松散，严密无缝。屋顶有单坡、双坡之分，单坡顶多以檩木直接搁在前后大墙上。双坡顶在端墙上起山，山脊搁横梁，在脊墙和大墙上搁斜梁做成坡形，上以木板密铺，覆盖少量的保温层，一般用灌木枝压实约十厘米厚，再以草泥或木板覆面，也有在各端墙处直接以木柱架起屋顶起坡用的横梁，在横梁上做屋面，而室内则另用木板在顶高处做简易天花板，以求空气层的保暖作用。窗洞处以门楣、窗楣做门，窗框与墙体的连接构件用钉钉牢，它既为结构上的需要，又作立面上的装饰。东别克宇平面十分简单，一般均为并排两间一幢、三间一幢，呈长方形，其外墙很少有里外凸出的，以减少木料搭接时的困难。

东别克宇是牧民居于林区的越冬建筑，它是哈萨克族人因时制宜、就地取材的建筑范例。在东别克宇的建造过程中，不同特性的木材用于不同的地方，木材能发挥出其最适合的功用。这种建筑最大限度地节约了资源，关照了人与自然和谐共生，放在现今也是值得推崇的。

图片来源
图一　微图网 1077928581
图二　张加其　制图
图三至图七　袁巧兰　制图

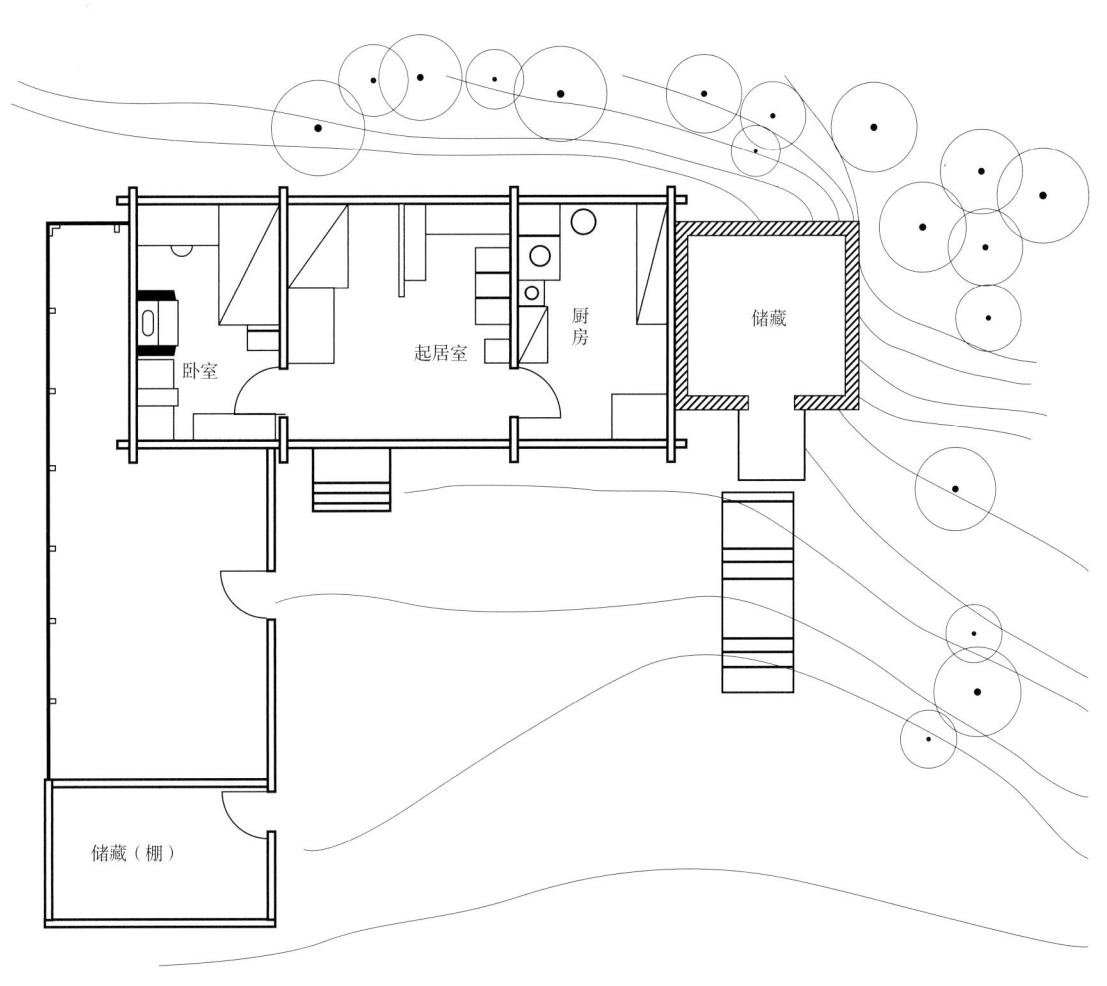

图二　哈萨克族东别克宇平面图

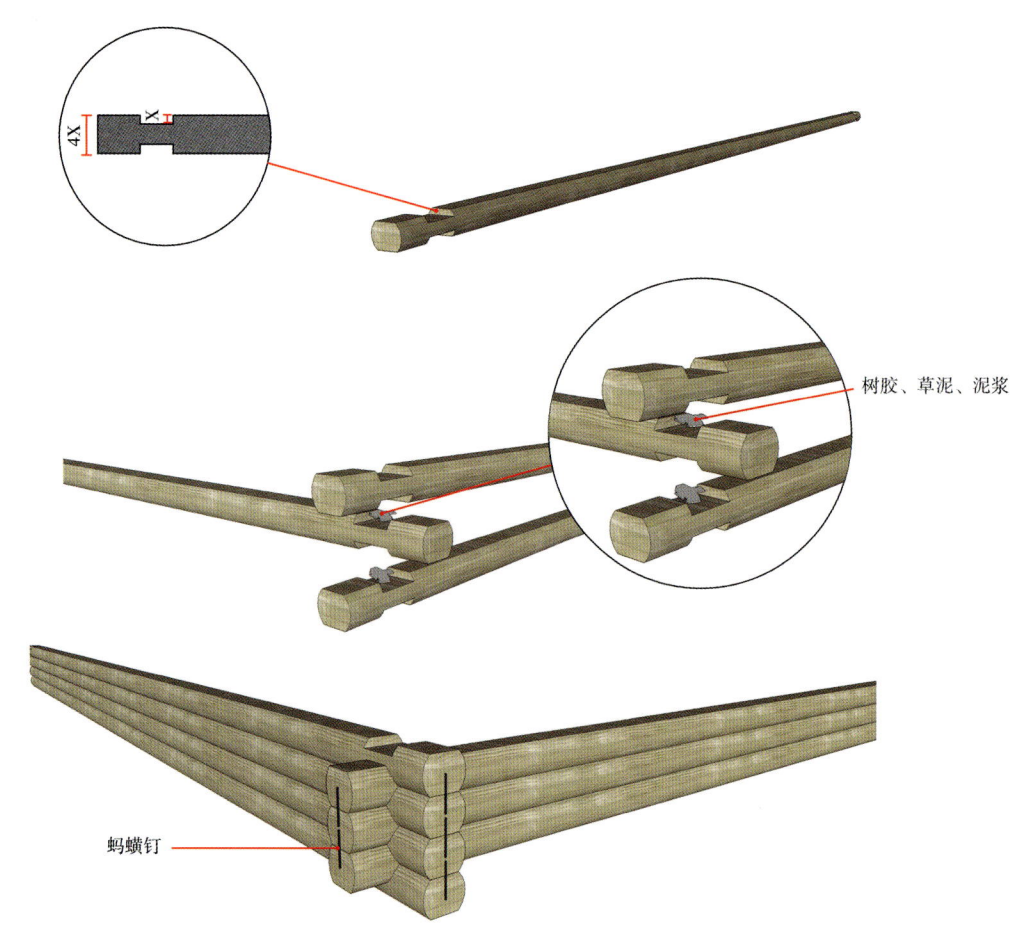

图三 哈萨克族东别克宇建材加工及局部搭建图

图四 哈萨克族东别克宇搭建过程图

图五 哈萨克族东别克宇三视图

图六 哈萨克族东别克宇结构分析图

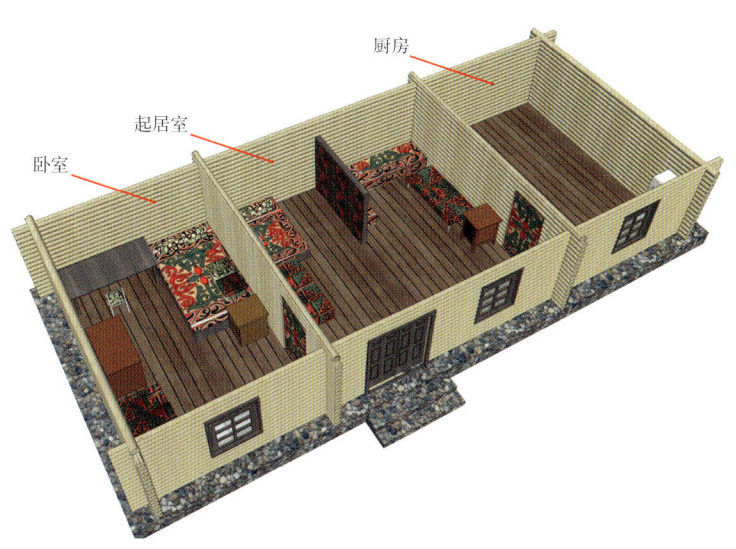

图七 哈萨克族东别克宇内部空间示意图

哈萨克族乌兰海

图一　哈萨克族乌兰海主图

乌兰海，圆锥形帐篷式房屋，高一般两米有余，底部圆形占地约五六平米。其骨架是用三十余根长约三米的木杆搭盖而成，骨架外围再铺一层兽皮或羊毛毡防风防雨，多用于临时居住或储藏。

哈萨克先祖为避风雨，防止野兽侵袭，最初用树枝、芦苇等材料建造原始的房屋，在此基础上逐步演变为用木杆联结在一起并用毡子作为维护结构的帐篷——乌兰海。乌兰海没有哈萨克毡房顶拱及隔构架等复杂结构，是一种很简陋的圆锥形住屋，但有防风且不易积水的优点。其搭建一般先用三根顶端带杈的树杆互相咬合支立，主杆与地面保持六十度左右的倾斜，然后再将其余的木杆固定于主杆周围，这种搭建方式和倾斜角度保证了乌兰海的稳定性。它曾经是人们的主要居所，随着帷帐类建筑的发展和完善，乌兰海内部空间狭小、通风采光差等缺点显现出来，其居住功能弱化。但由于它结构简单，易于组装搬运，又不受季节、劳动力、地形等限制，所以多用于转场途中临时居住或生产、生活的需要，也有将其搭设在毡房旁用于储藏杂物。

乌兰海结构简单实用，至今仍有其应用价值。在诸如地震等自然灾害发生而救援物资尚未到达时，可就地取材，仿照乌兰海的结构搭建临时住所。

图片来源

图一至图四　张加其　制图
图五　徐林　制图
图六至图七　张加其　制图

图二 哈萨克族乌兰海尺寸图（单位：m）

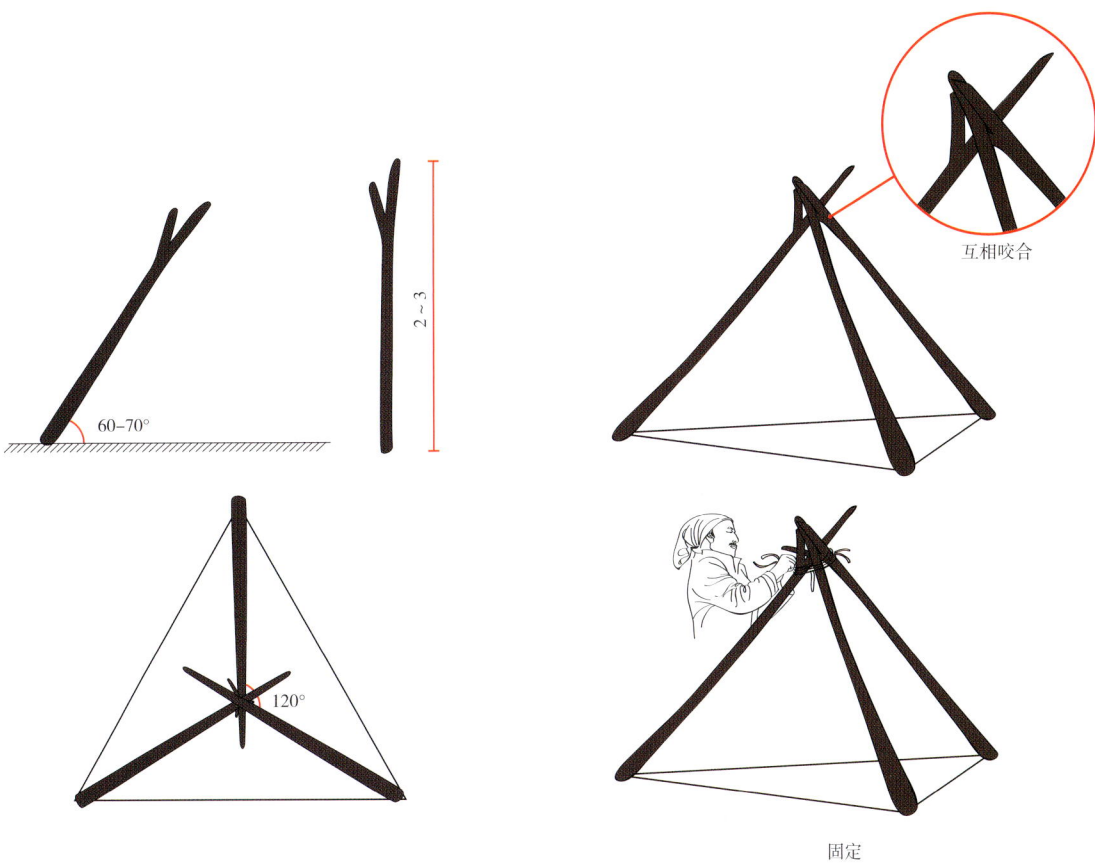

图三 哈萨克族乌兰海基础骨架图 （单位：m）

第一章 哈萨克族传统建筑

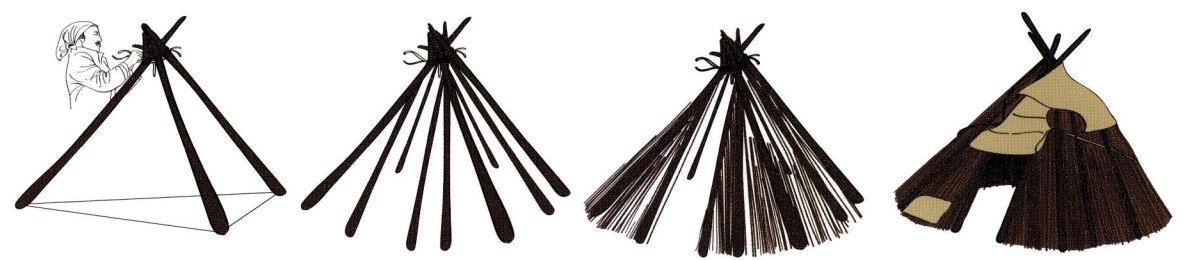

图四 哈萨克族乌兰海搭建过程图

羊毛毡（或兽皮）

1.剪羊毛　　2.煮羊毛、晒干

3.洒水　　4.打松

5.卷帘　　6.晾晒

图五 哈萨克族乌兰海羊毛毡制作流程图

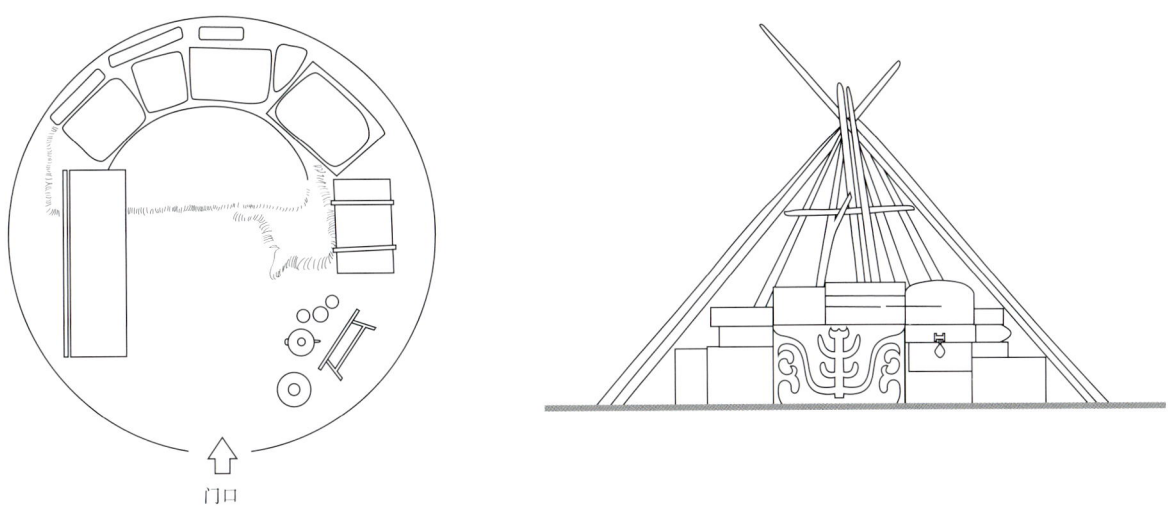

图六 哈萨克族乌兰海剖面图

图七 哈萨克族乌兰海和毡房搭配示意图

第一章 哈萨克族传统建筑

哈萨克族小石屋

图一　哈萨克族小石屋主图

哈萨克族小石屋是形似毡房的石屋建筑，建造材料和"塔斯宇"相近，但所需石材比它要少。小石屋高三四米，面积约十平方，多建在海拔较低的山间沟谷地带，那里受大气寒流影响较小，气温也相对较高，小石屋常于放牧转场时使用。

小石屋用材简单，多出现在原材料较为紧缺的地方，也常由经济状况较差的牧民建造使用。小石屋以卵石或块石为主要建材，一般不做基础，就地清基后就可砌墙，以泥浆或松屑砌筑，所砌墙体厚度约四五十厘米，每砌一层石头加一层松屑，使墙体稳固。墙体下宽上窄，层层收分至顶部便只剩一个小孔，即使很少的棚盖材料也能封顶，建好之后再在内外壁上抹以草泥。小石屋面积较小，没有隔墙，设有灶及烟囱，顶侧留有天窗，内部保暖性好，但活动空间过小。传统小石屋保存至今的几乎很少，只有在某些适宜定居的山沟和山麓，才能看到这一石材建筑。

哈萨克传统小石屋功能、选材和适用环

境与"塔斯宇"几乎一致，是受材料获取条件的限制，而形成了建筑形制上的差别。由此可见，当建造某一形式的建筑缺少材料时，利用已有的材料，改变固有的建筑形式也许能带来某种新的适应性设计产品。

图片来源
图一　袁巧兰　制图
图二至图五　侯成鑫　制图

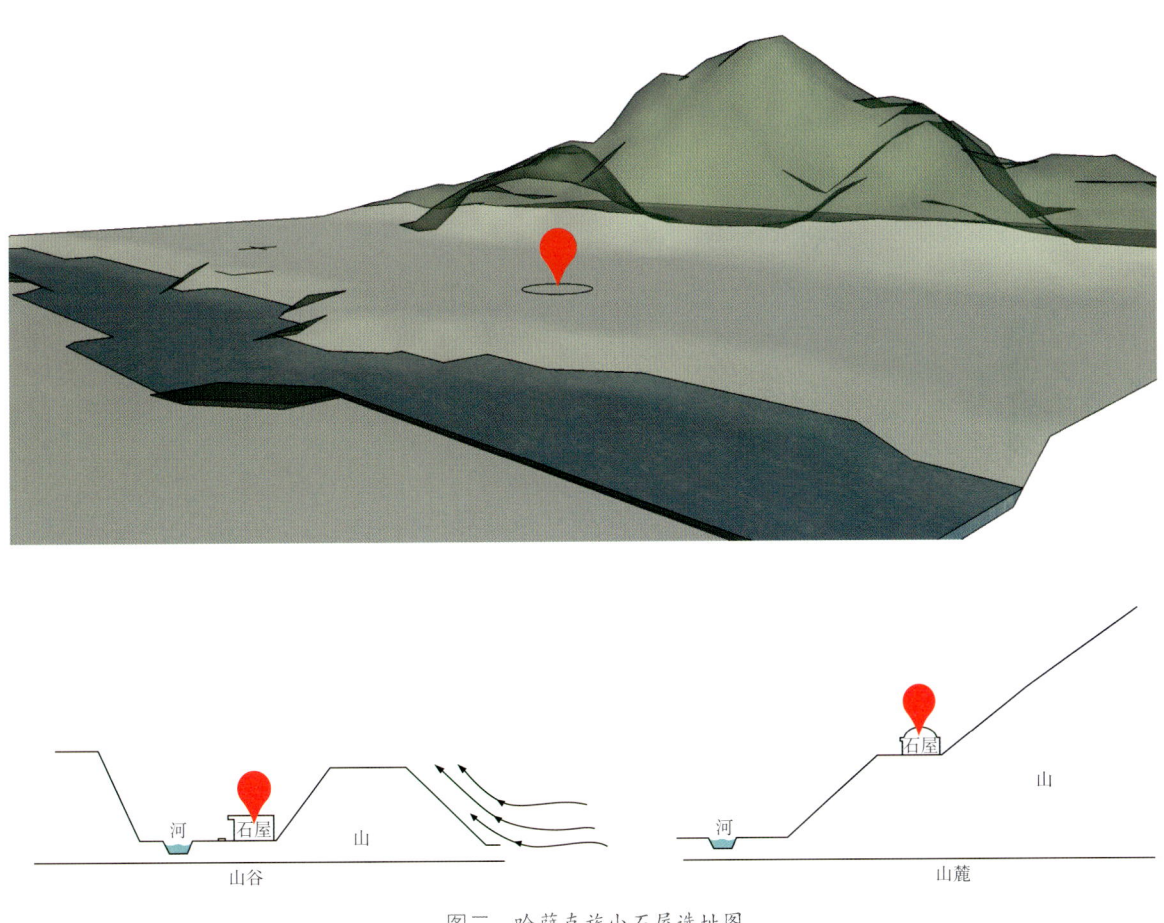

图二　哈萨克族小石屋选址图

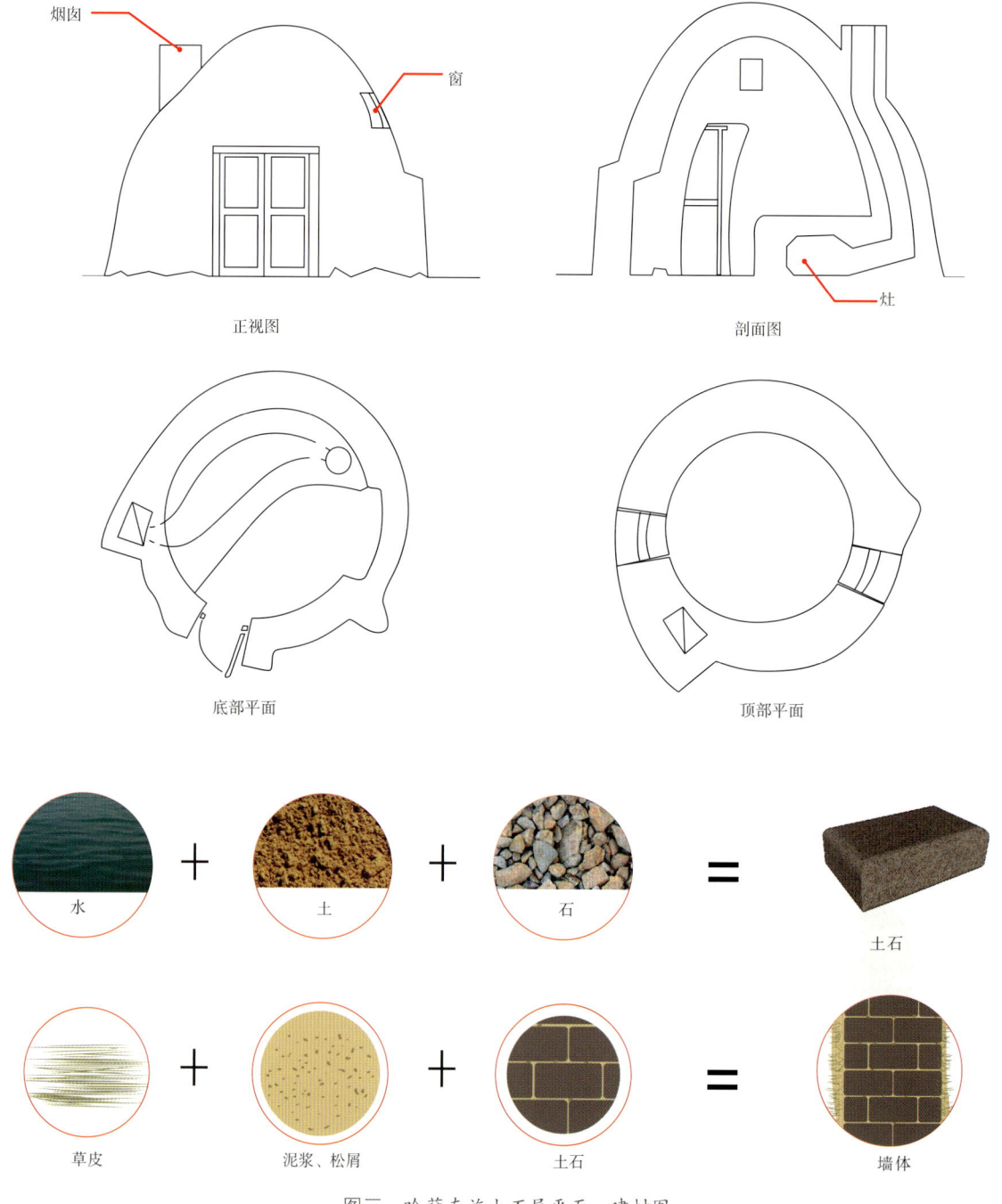

图三 哈萨克族小石屋平面、建材图

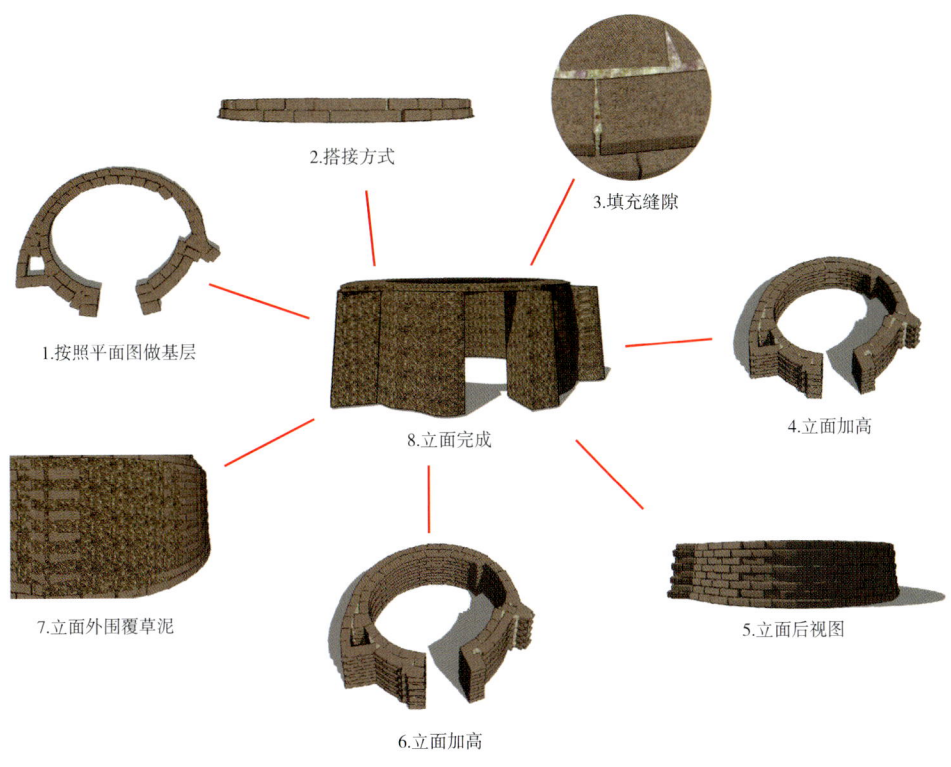

图四　哈萨克族小石屋立面图

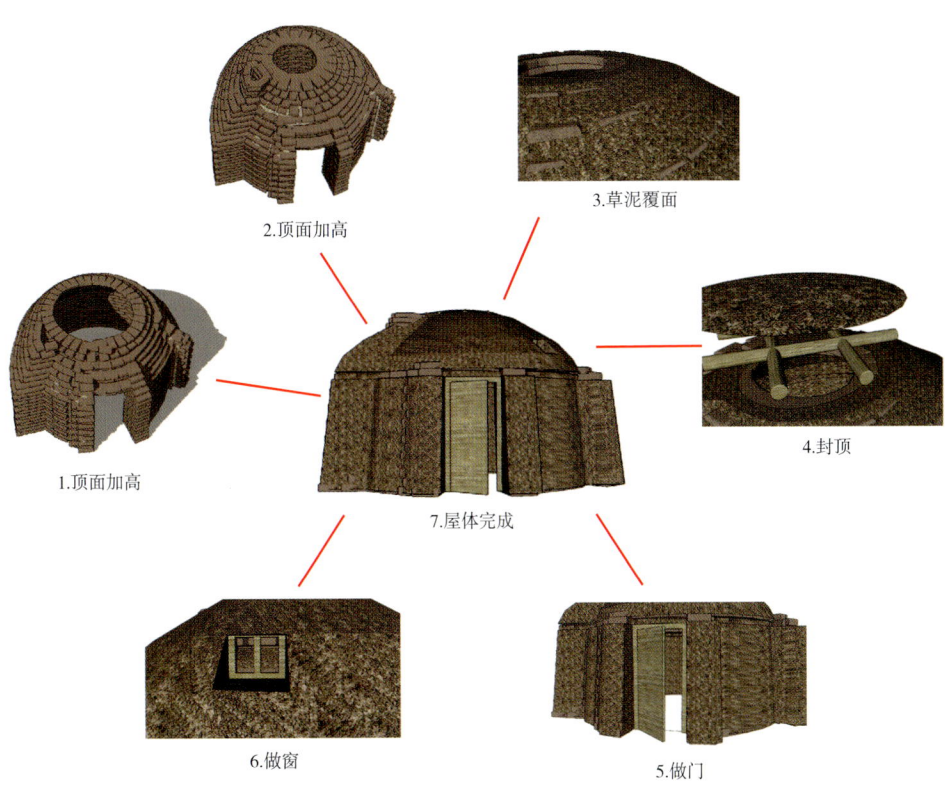

图五　哈萨克族小石屋顶面、门窗图

哈萨克族多边形木屋

图一　哈萨克族多边形木屋主图

多边形木屋是哈萨克一种传统木屋,其是用木料仿照毡房的形式拼叠起来的房子,通常以方形、四边形和八边形为常见,这种房屋多为储藏之用。

多边形木屋常建于林区或木材充足的地方,从屋顶到墙壁全部由木头建造,四壁的墙和屋顶是木头错落有致地相嵌接合,使其结实牢靠。地板也是榫卯连接而成,整个木屋用钉较少。木屋不涂任何油漆,全是木质本色。木屋制作时,需先将采伐的树木晾干去皮,按尺寸截成型材,用锛和刨推平两侧,使其断面如圆鼓状。木头端头平均留出20厘米左右的位置,上下各开其厚度的四分之一的槽口,拼叠时用树胶、泥浆和灰浆等粘合和填充,并用隐钉和蚂蚁钉为拉结体,敲实固定,使墙体严密合缝。门窗均为预留,装上门窗后必以板材压盖以形成整体。木屋内部分布有卧室、厨房、库房、马厩、羊舍等,由这些小间组成一个多边形大间,每间在12平方米到30平方米不等。牛羊库房朝外单独开门。马厩或羊圈墙体用石块修砌,上盖各种密枝的小灌木或草茎枝蔓,再覆以草泥封顶即成。屋顶多为平顶,也有倾斜式的,木头封顶后覆以较厚的草泥以方便排水。木屋外围多有拴马、骆驼的架子与用石头围建的羊圈。

此种木屋房间紧凑,搭建方便、实用。木屋的屋顶铺有厚厚的草坪,墙内外抹有泥巴,所以这种木屋不畏风、不惧雨、冬暖夏凉,且可防震。一幢木屋可以住半个世纪以上,所以受到牧民的青睐。

图片来源
图一至图六 侯成鑫 制图

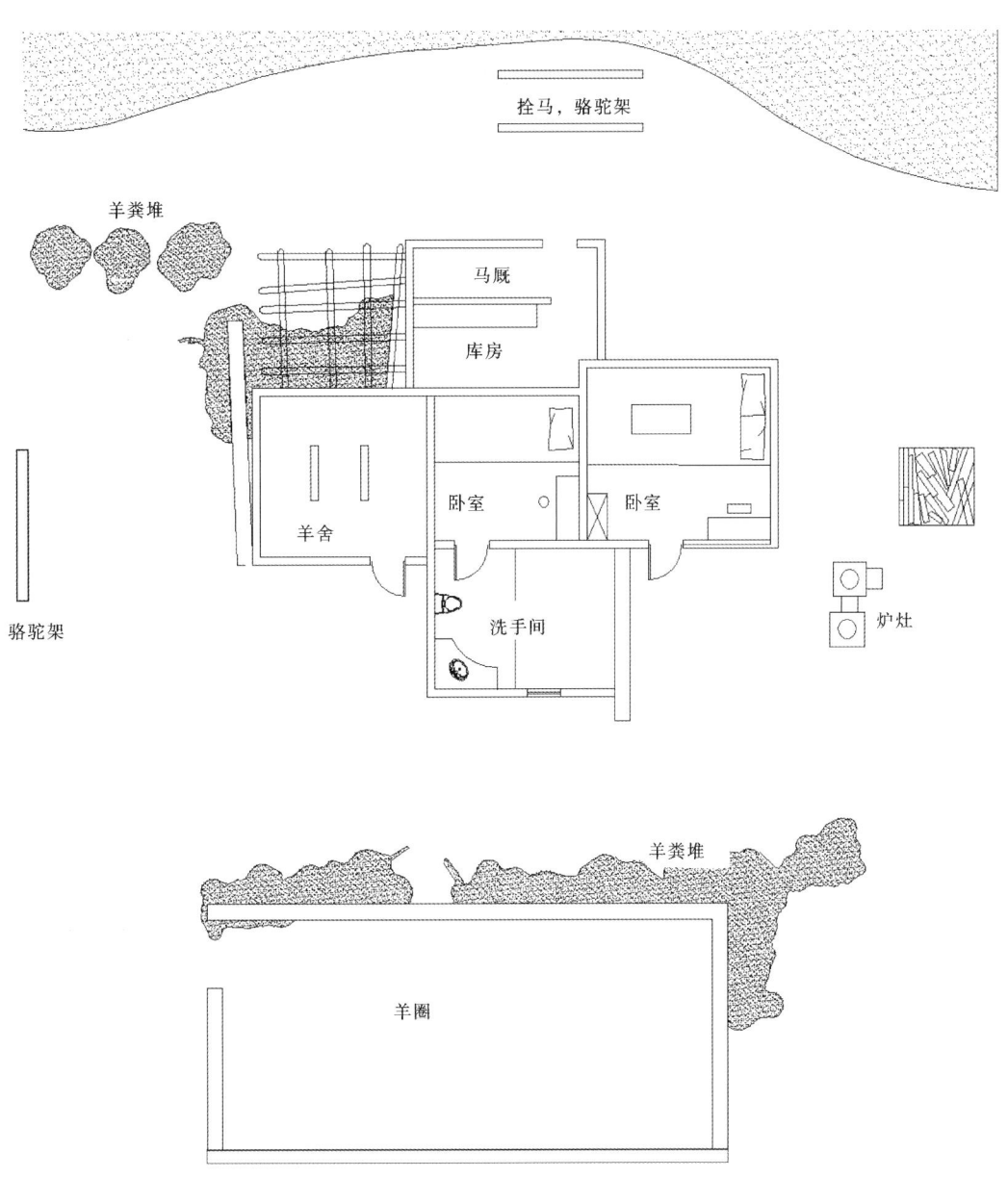

图二 哈萨克族多边形木屋平面图

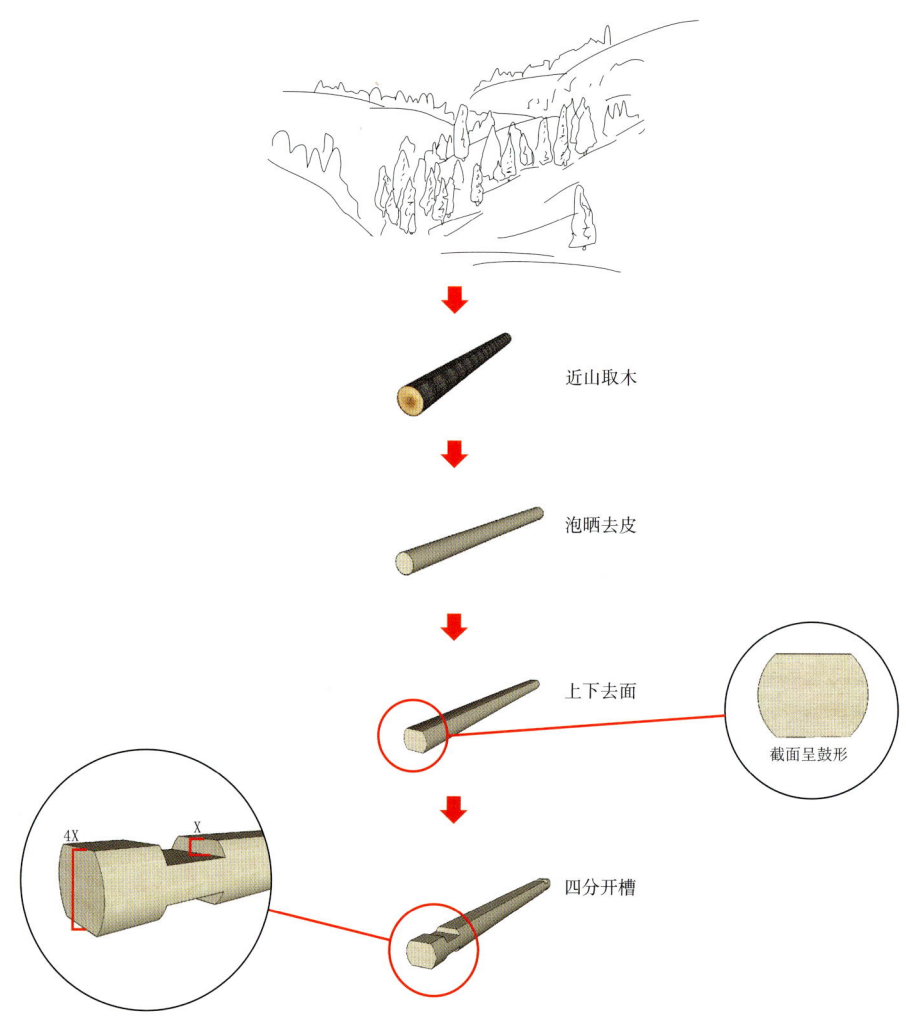

图三　哈萨克族多边形木屋木材制作图

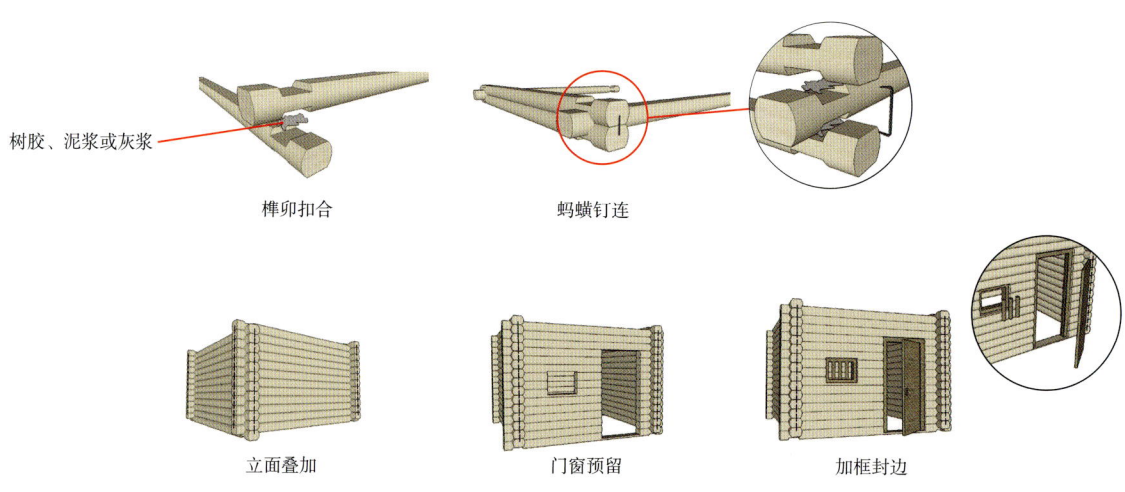

图四　哈萨克族多边形木屋结构分析图

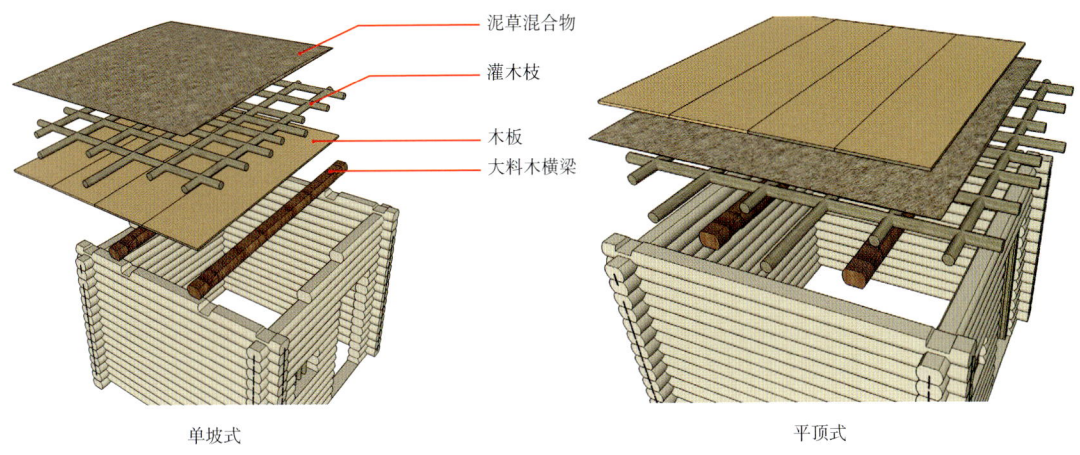

图五 哈萨克族多边形木屋两种屋面结构图

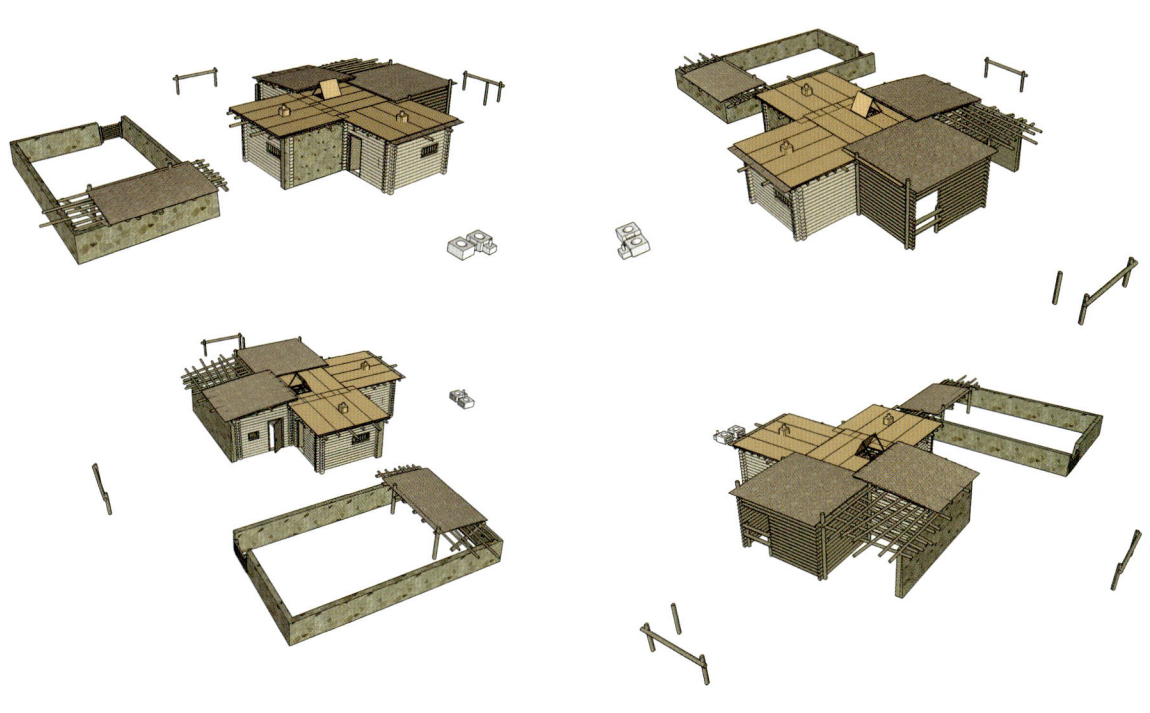

图六 哈萨克族多边形木屋使用情景图

哈萨克族塔斯宇

图一　哈萨克族塔斯宇主图

"塔斯宇"是哈萨克人用石料盖的房屋，放牧聚居时使用。"塔斯宇"高两三米，面积约三十平方米。石块建筑多建在海拔较低的山间沟谷地带，这里阻隔了大气寒流，气温也相对适宜。

"塔斯宇"以卵石或块石为主要建材，一般不做基础，就地清基后就可砌墙，以泥浆或松屑砌筑，按当地石块大小、形状等情况，所砌墙体厚度有五十厘米、八十厘米、一百厘米多种。将山坡挖成后墙，平整地面，用石块砌其余三面墙，每砌一层石头加一层松屑，使墙体不透风、结实。建筑的外墙面简单处理，石材以原色为主，和周围环境融为一体。"塔斯宇"一般盖得不高，到两三米后即架以梁、椽，上盖各种密枝的小灌木或草茎枝蔓，再覆以草泥封顶即成。"塔斯宇"门窗相对小一些，传统做法是将刮净膈膜的羊肚绷贴在窗户上，现在改用塑料布绷贴。夏季牧场盖的石屋则选一块平地，整座房屋都用石块砌，砌时同样加松屑，门窗比较宽大并安装玻璃。"塔斯宇"的日常空间功能齐备，一般有一间厨房、卧室和客厅，也有卧室兼客厅的做法，有条件时也加一间作为仓库用，卫生间设在宅外。羊圈、牛圈和其

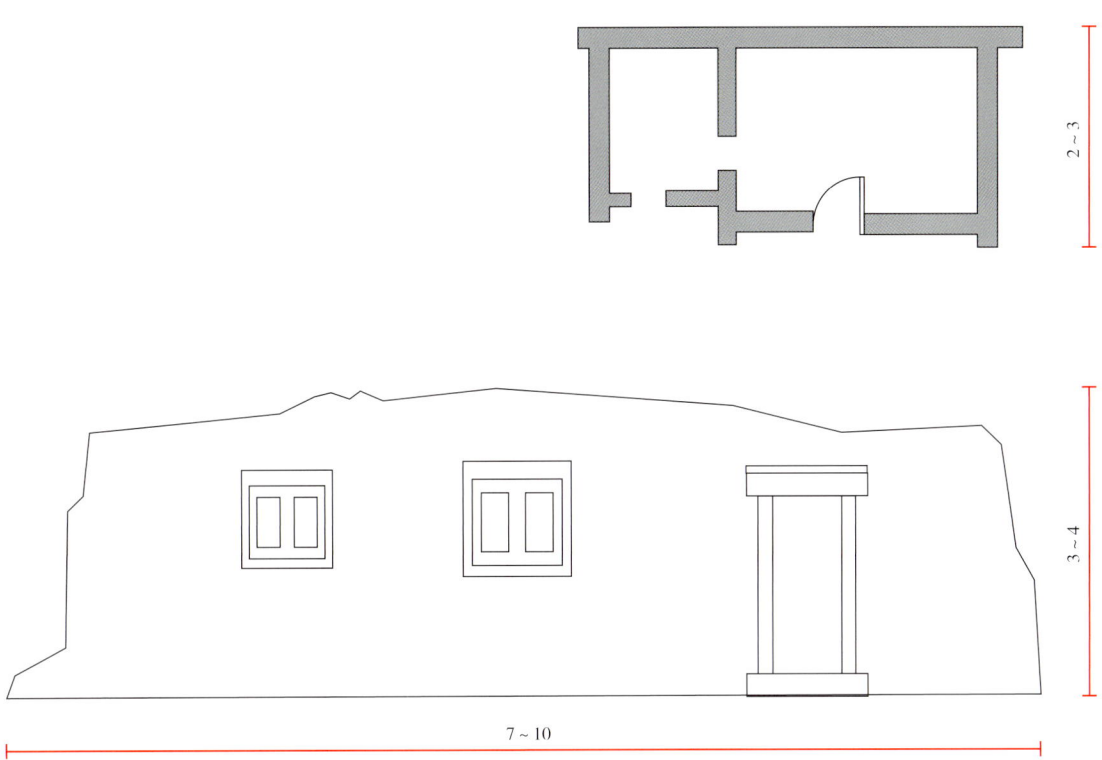

图二　哈萨克族塔斯宇尺寸图（单位：m）

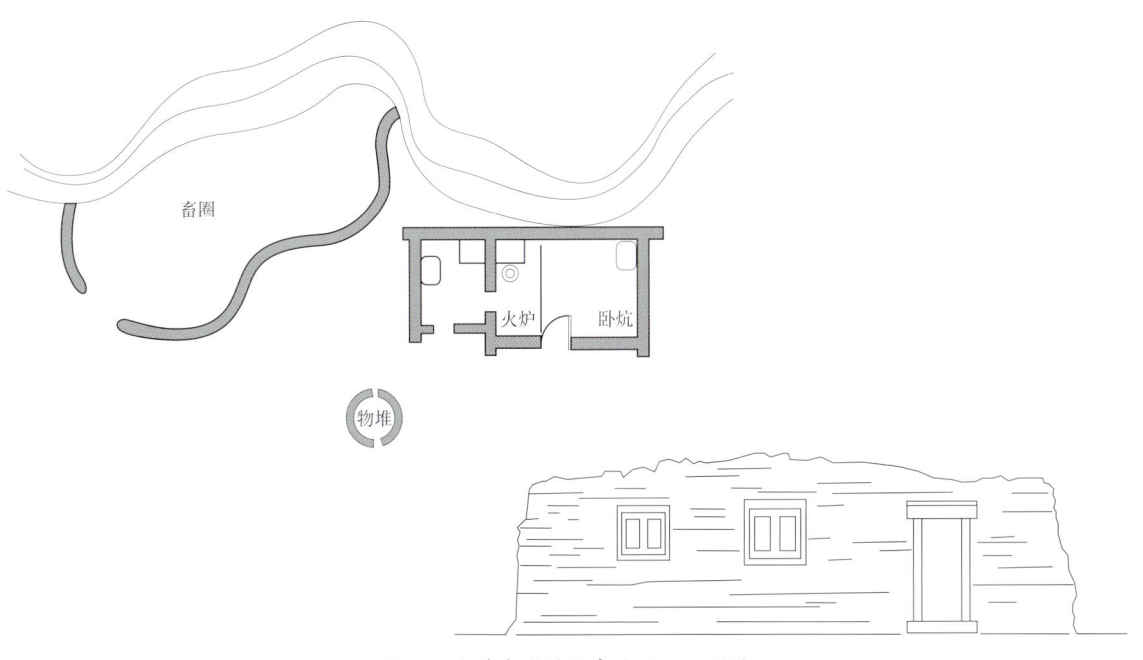

图三　哈萨克族塔斯宇平面、正面图

第一章　哈萨克族传统建筑

他居住设施建在房屋周围。哈萨克族石材民居保存至今的几乎很少,只有在某些适宜定居的山沟里和山麓上才能看到。

"塔斯宇"朴素实用,是哈萨克人就地取材的又一建筑范例。在"塔斯宇"的搭建过程中,石材依形互垒,以松屑固定,这保留了石材本身的面貌,利于它的再利用。相比之下,现代建筑的水泥钢架结构则在一定程度上限定了原材料的特性发挥。

图片来源

图一 涂苏别克·斯拉木胡力:《哈萨克民俗文化》,新疆科学技术出版社,2009.

图二至图六 张加其 制图

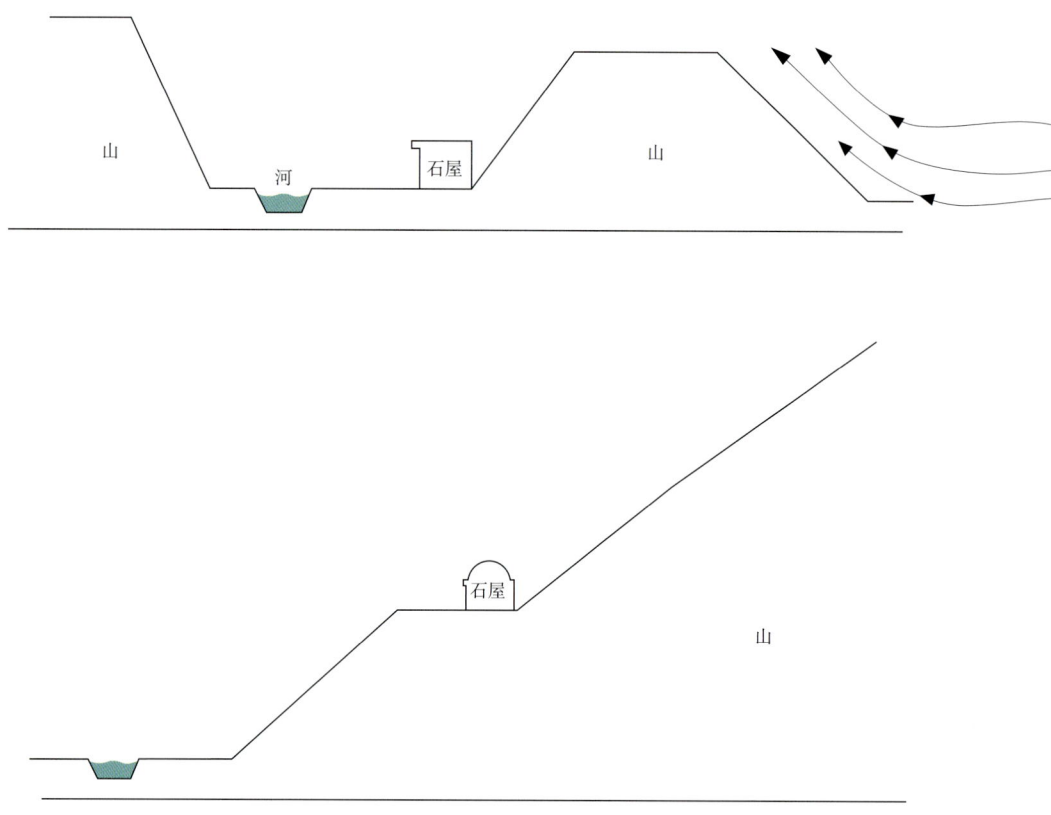

图四 哈萨克族塔斯宇建筑位置图

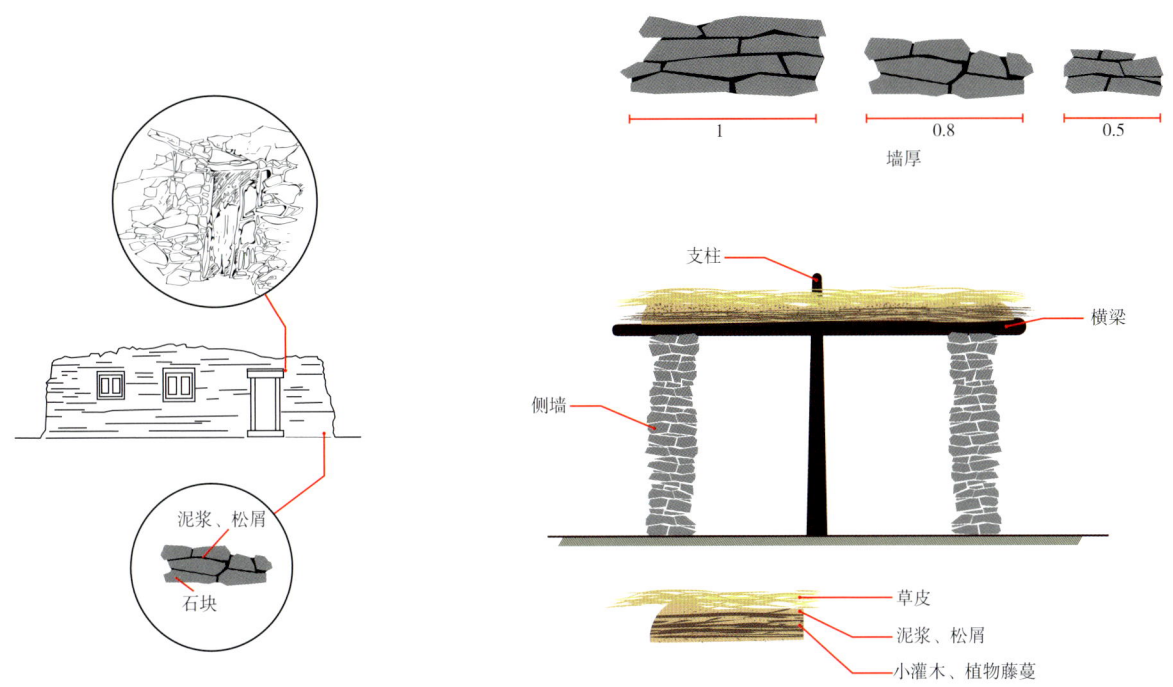

图五　哈萨克族塔斯宇局部分析图（单位：m）

图六　哈萨克族塔斯宇使用情景图

第一章　哈萨克族传统建筑

哈萨克族托夏拉

图一　哈萨克族托夏拉主图

托夏拉历史久远，其外形与毡房相近。围墙用土坯、石块或木材建造，高三四米。墙体较厚，不设窗户，有天窗和门，拱形顶，四周严实，面积一般在二三十平方米左右。屋内冬暖夏凉，可存放冻肉，是哈萨克人生活中不可缺少的房子。

托夏拉一般和自己的住屋建在一起，有的也建在院落的一角。屋内有四根或六根顶柱作为支撑，墙体多用树枝编成篱笆，内外两层，中间填以泥土，上方有撑杆式的细椽子，椽子下端固定在围墙顶上，上端则连接房子的项圈，屋顶放上编织好的苇席或树枝条，并用草泥或加山羊毛的泥抹面。其结构稳固，保温性能较好。在顶拱位置有排烟用的烟孔，冬季在烟孔上安装类似毡房的顶拱并盖有顶拱盖。托夏拉在秋季和冬季主要是熏肉和熏马肠的场所，到了冬季也是储藏冻肉的地方，成为不用电的"天然冰箱"。到了夏季，托夏拉可作为厨房使用，也可存放粮食和其他杂物。托夏拉的大小根据自己的需要来定，其建材也根据当地材料进行选择，有用土木结构的，也有用木材建造的，还有用石头垒的。用木结构时平面一般为六角形。目前，托夏拉已不多见，只有在偏僻的山村才可见到。

托夏拉就地取材，保温性能好，是哈萨

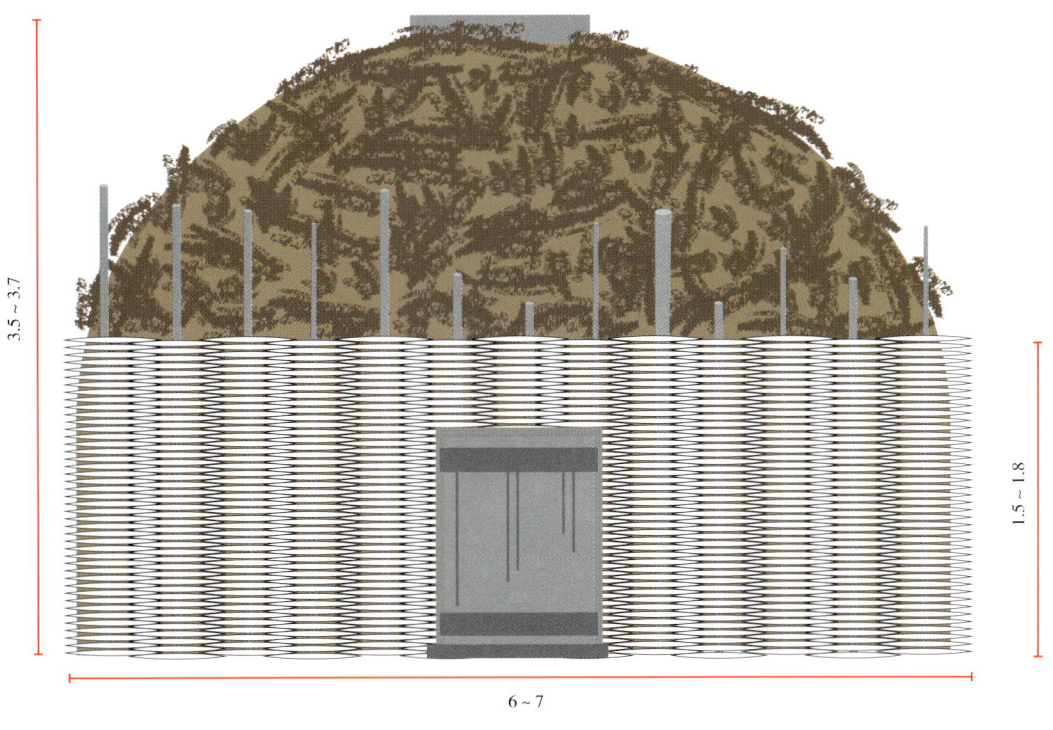

图二 哈萨克族托夏拉尺寸图（单位：m）

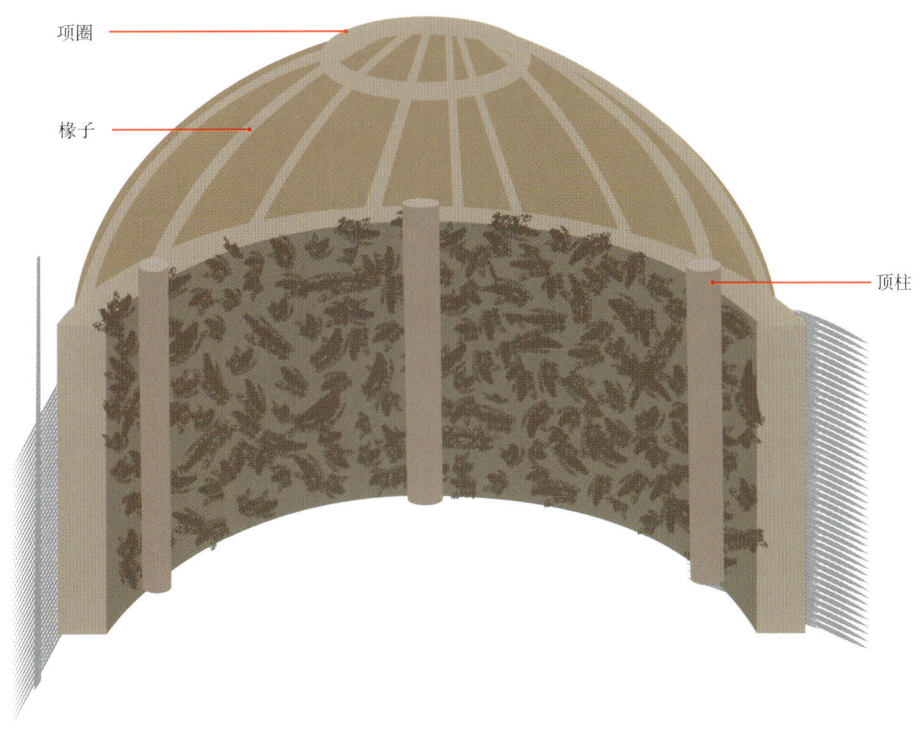

图三 哈萨克族托夏拉剖面图

克人的重要生产和储物建筑，延续了相当长的历史。工业文明进入牧区之后，人们会用一些现代产品和存储场所替代托夏拉，托夏拉逐步淡出哈萨克人日常的生产生活，但其因地制宜的独特构建方式在今天仍有参考价值。

图片来源

图一　涂苏别克·斯拉木胡力：《哈萨克民俗文化》，新疆科学技术出版社，2009.

图二至图五　张加其　制图

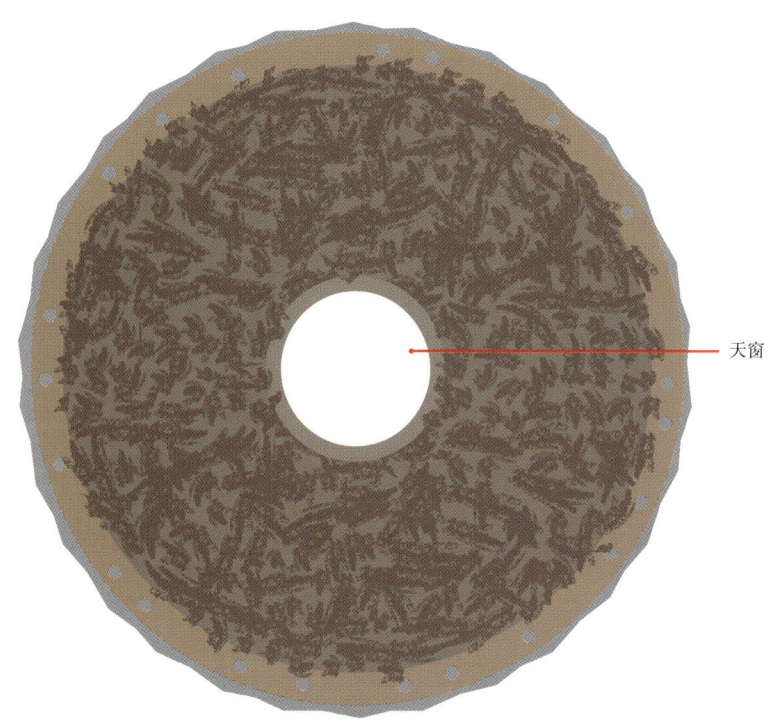

图四　哈萨克族托夏拉俯视图

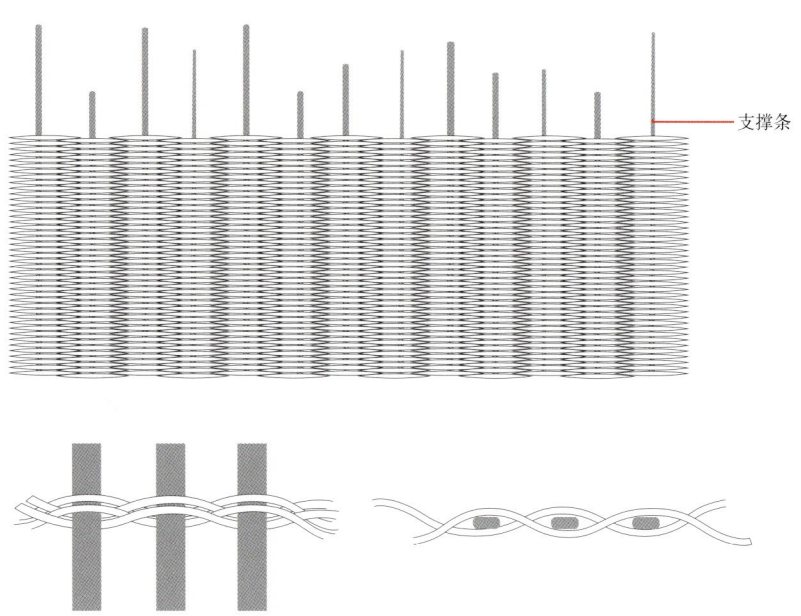

图五　哈萨克族托夏拉苇席编织图

哈萨克族阔斯

图一 哈萨克族阔斯主图

阔斯是哈萨克族的传统建筑形式之一，它基于游牧民族的生活方式而产生。在两千多年前叶尼塞河上游的岩画中，就有形似阔斯的钟形的毡子帐篷出现。阔斯高两米多，占地面积十余平方米，没有房墙，房杆是直的，用数十根木杆斜撑而成骨架，木圈顶一般是正方形或圆形，房杆直接插入木圈顶内。阔斯拆装方便，便于携带，沿用至今，其居住功能已逐渐弱化，常用于临时居住。

阔斯是在乌兰海基础上发展起来的另一种民居形式。它与乌兰海的主要区别在于顶部增加了活动的木项圈，这既是房屋的屋顶，又是天窗。木项圈多由三截弧形的木头加工而成，接头处用牛皮包扎，其上方覆以活动毛毡，以便于调节通风和采光。房杆周围用毛毡覆盖，以增强房屋的保温性和防水性，用皮绳将房杆捆绑连接成围带，加强防风性。这种居住形式，重心在底部，较稳固，钟形结构便于通风排水。虽然阔斯具有采光通风好的特点，但相较于其他建筑，它的室内高度和活动空间满足不了人的正常活动，由于它便于拆装和携带，特别适用于转场及野外的放牧、打猎、远征等。

现代人野外出游多带帐篷，帐篷外观与阔斯接近，但不同于阔斯多房杆结构，现代帐篷多由两根可弯曲的长杆垂直交叉触地，四端固定在地面，连接于弯曲长杆的帷布自然撑开，形成封闭空间。阔斯顶部的活动项圈有通风、透气、采光的功能，这可以作为一个功能元素加入到现代帐篷的设计中。

图片来源

图一　涂苏别克·斯拉木胡力：《哈萨克民俗文化》，新疆科学技术出版社，2009.

图二至图六　张加其　制图

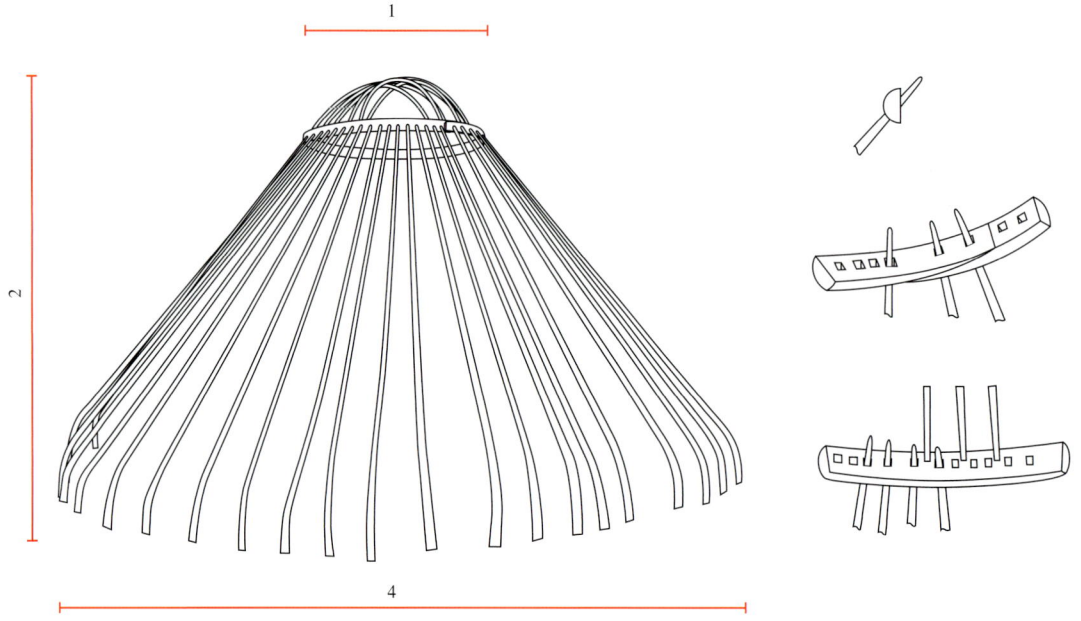

图二　哈萨克族阔斯尺寸图（单位：m）

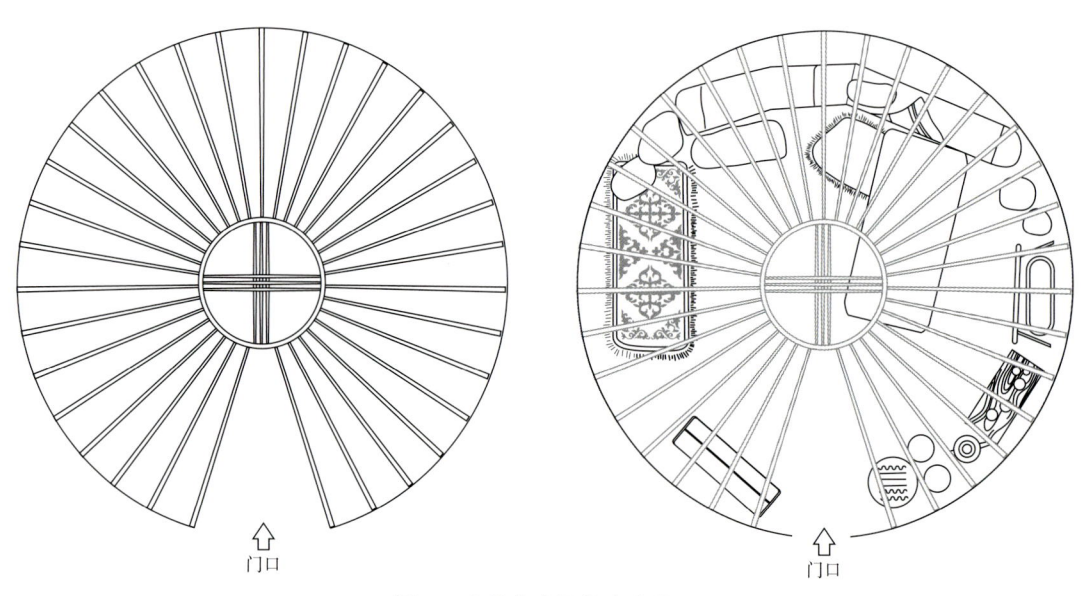

图三　哈萨克族阔斯平面图

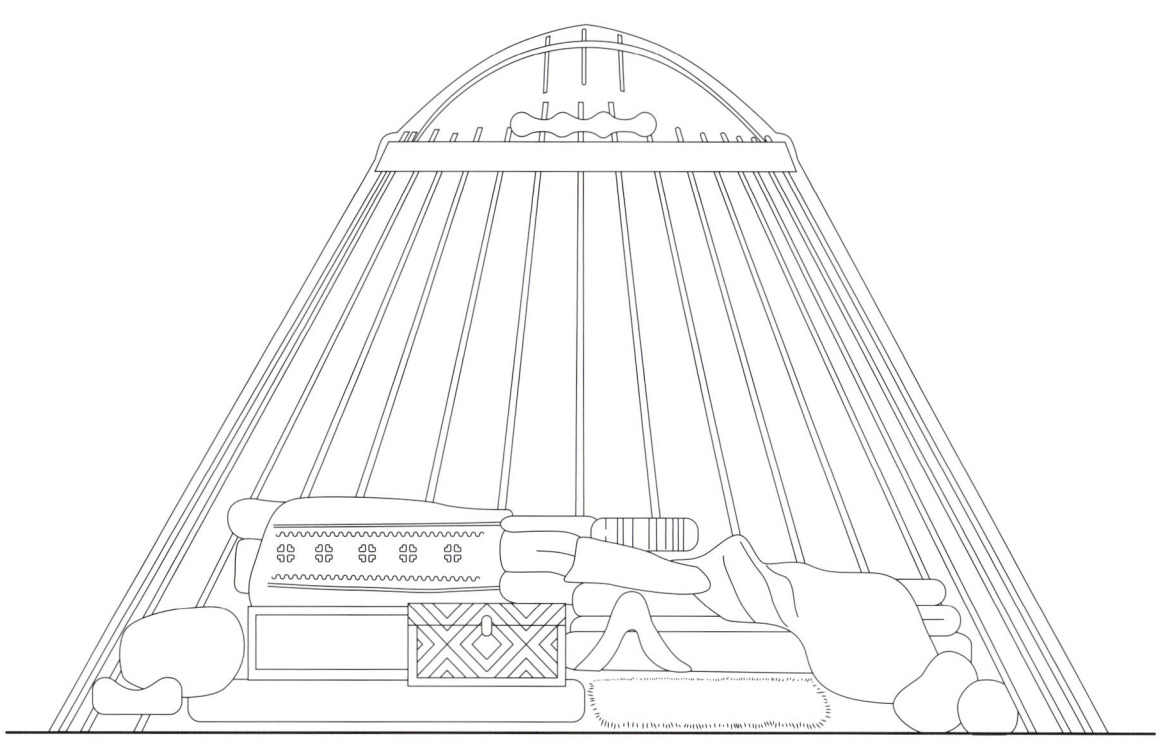

图四　哈萨克族阔斯剖面图

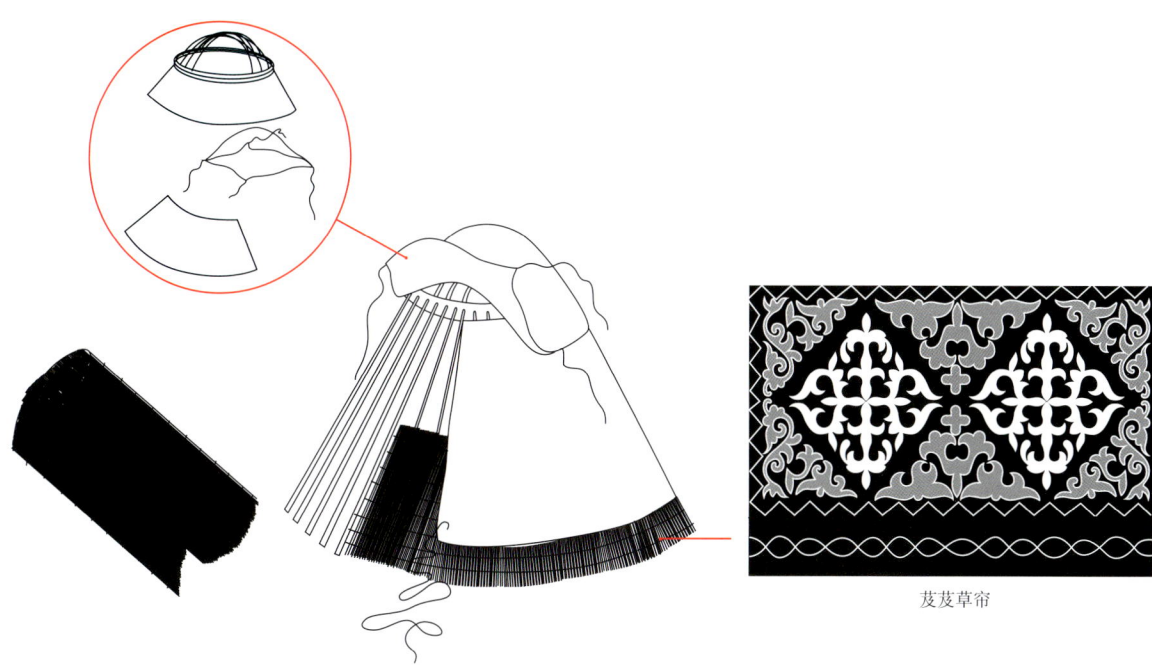

芨芨草帘

图五　哈萨克族阔斯维护结构图

第一章　哈萨克族传统建筑

027

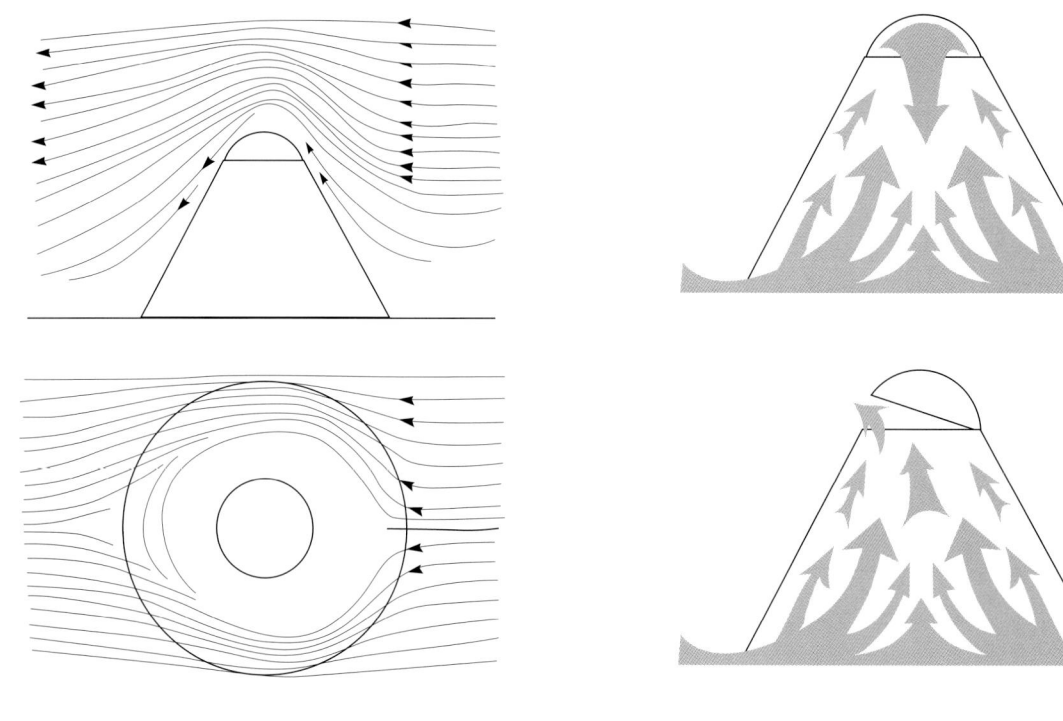

抗风示意图　　　　　　　　　　　内部保温及通风示意图

图六　哈萨克族阔斯通风示意图

哈萨克族生土建筑

图一 哈萨克族生土建筑主图

哈萨克族的生土建筑几乎都为平房，"一"字型平面中多半为一明两暗带一储藏室的布局。外墙极少装饰，单向开窗，窗户较小，门窗处理亦少装饰。这种以土木建设起来的定居形住宅，多半在冬窝子（冬天的牧场）里，但也有不少为牧场周围形成的散落式的点状布局。

生土建筑的墙体用生土打筑，勒脚和地基用石块垒砌，屋面用梁、椽等木材搭建，顶部覆盖泥草，具有冬暖夏凉、施工方便的特点。在生产或运输砖块困难的地方，用石块（卵石）代替勒脚，铺填一层作为防潮用，有的甚至省去了勒脚，以土墙直接落地，只是将墙体接地面的三十到五十厘米处放宽一些，以防墙角受潮后的剥蚀。其室内布置大都还保留着毡房内的情况，原来挂在毡房撑杆上的挂毯和布帘则都移到墙上。炕上或地下铺有地毯，一家人都在炕上睡眠，床仍然是为老人或婴儿准备的。哈萨克牧民对于长期使用的毡房一直保持着深厚的感情，即使进入定居阶段，仍不愿舍弃，故在他们的房前屋侧常有另搭毡房的习惯。同时，其院落布局因多了羊圈的安排，用地较大。注意到人居和畜圈污净应分开的情况，便产生了下列三种形式：侧圈式、前圈式和后圈式。

这种定居型住宅不仅优化了居住环境，且更加适应时代的发展和生产、生活的需要。虽然随草场游牧的方式仍然没有改变，但牧民们有了一个固定安稳的家，夏秋时节青壮年携毡房进入草场放牧，而老年人和需要上学的孩子可以留守在家里不致来回奔波。

图片来源
图一至图六　杨伟昊　制图
图七、图八　严玮辰　制图

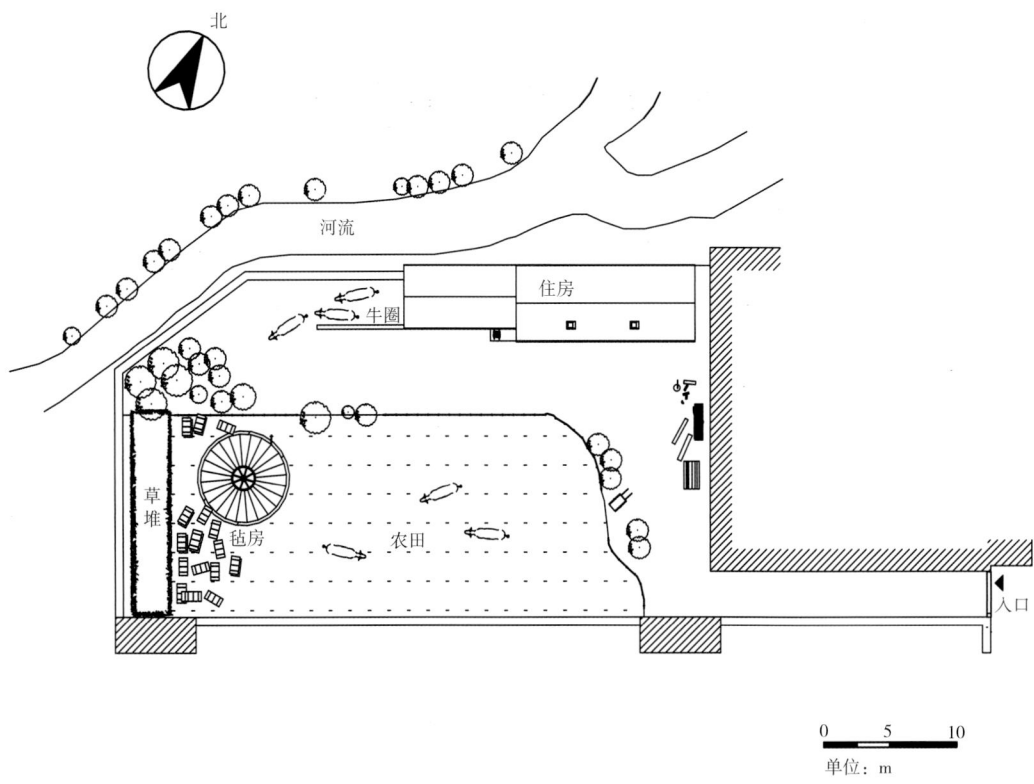

图二 哈萨克族生土建筑总平面图

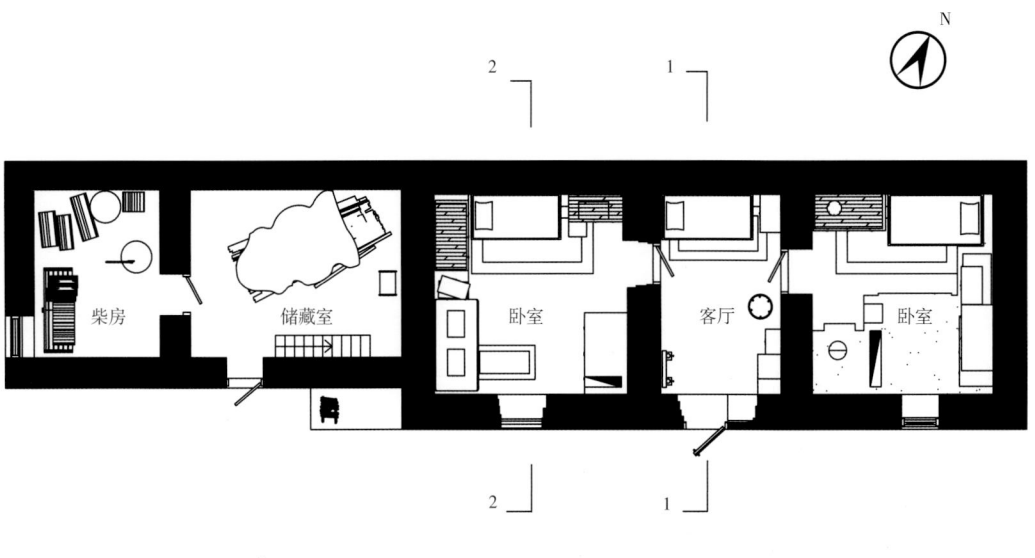

图三 哈萨克族生土建筑内部平面图

图四　哈萨克族生土建筑立面图

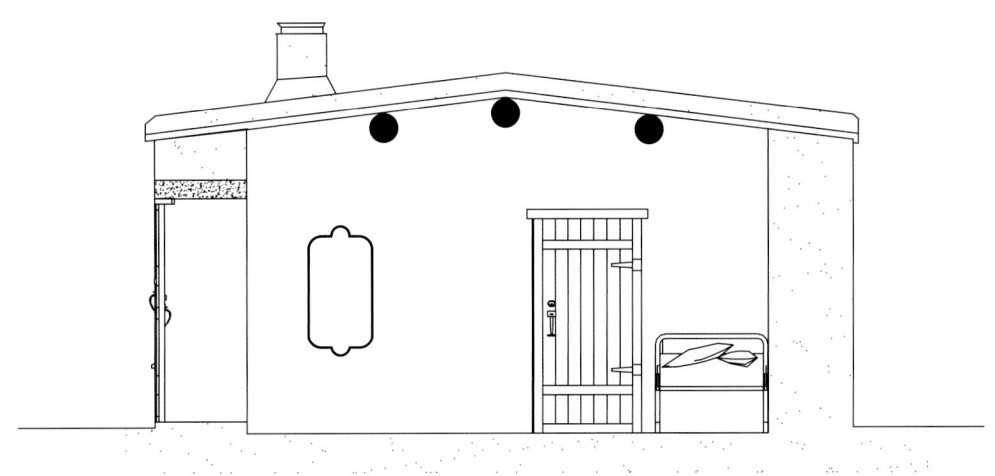

图五　哈萨克族生土建筑剖面图 1

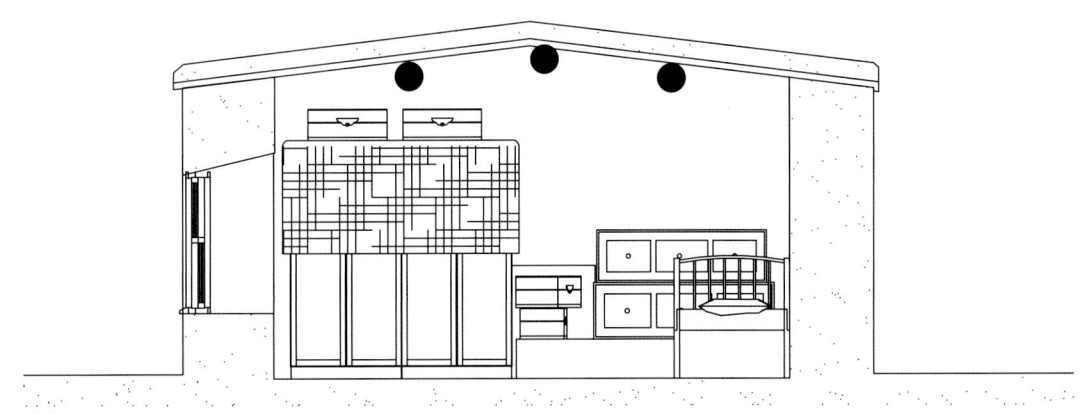

图六　哈萨克族生土建筑剖面图 2

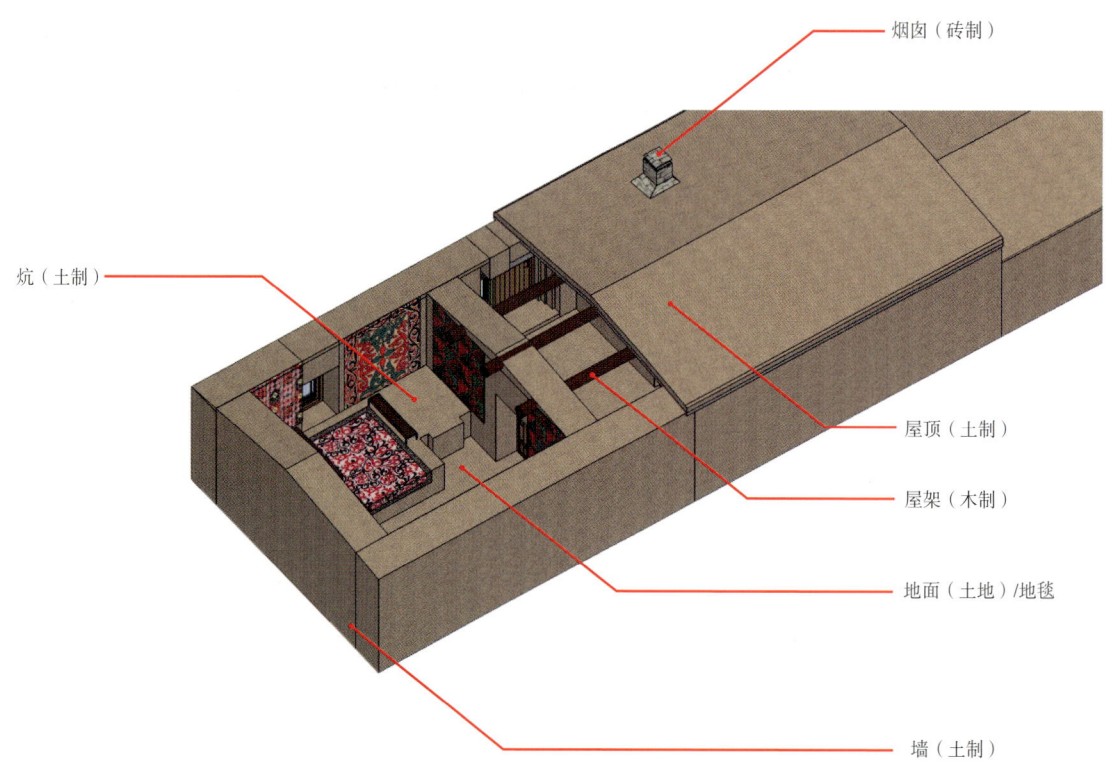

图七 哈萨克族生土建筑结构材料示意图

图八 哈萨克族生土建筑室内情景图

哈萨克族哈拉夏

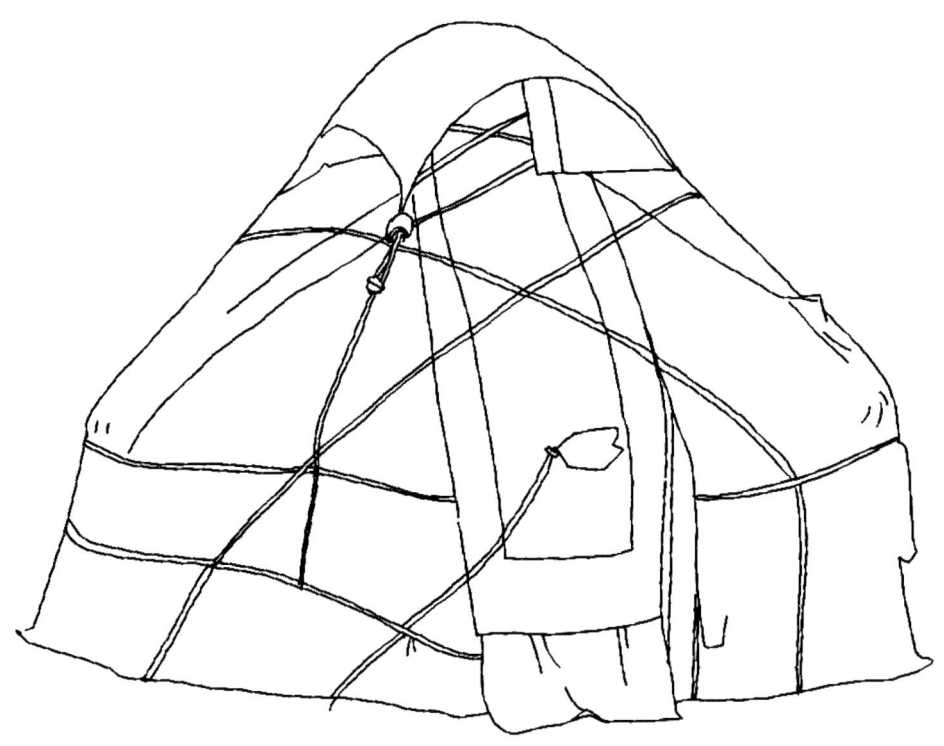

图一 哈萨克族哈拉夏主图

"哈拉夏"是哈萨克族最为简易的毡房，作为哈萨克贫民衣食起居的场所，也是从事生产的地方。春天接羔时护理病弱羊羔，夏季又是牧民生产乳制品的车间。常年受日晒雨淋，毡房的毡子由白色或灰色变成黑棕色，"哈拉"在哈萨克语中有黑棕色的意思，加后缀词"夏"而得"哈拉夏"之名。哈拉夏底部是四块房墙组成的环形，上部为穹形屋顶。高约三米，占地二三十平方米。

"哈拉夏"结构主要由顶拱、弯头斜撑、格构架、门框等部件组成。顶拱用料一般选用榆树、桦树、山楂树等木质硬、耐久、变形少的树种，弯头斜撑选用松、杨、桦和天山云杉等树干直的树种，格构架选用柳树等木质均匀、有弹性的树种。各结构部件用毛绳、皮革绳捆绑衔接，格构架外以茇茇草编织而成的草帘相围，用于稳固其结构。结构部件最外围盖上以羊毛制成的毡子，这种毡子在装饰上并无讲究，用以保暖隔热、挡风避雨。由于毡房种类很多，其大小由格构架决定，"哈拉夏"一般是由四扇格构架构成，格构架确定了整个毡房对应的弯头斜撑的根数。搭建哈拉夏一般先将格构架和门框用连接绳连接牢固，然后用顶杆就位并居中顶拱，继而使弯头斜撑逐一就位并将之固定，完成骨架搭建后，再将草帘围在格构架周围，最后将毛毡盖在骨架上并固定，再在顶拱和门上分别以毛毡盖上。"哈拉夏"结构稳固，防风排水性能好，是一种简单实用的毡房。

"哈拉夏"结构不仅简单坚固、易拆易装，又能防风隔潮、抗震保温，制作毡房所用材料几乎都是就地取材，具有经济性、环境保护等特点，十分适应哈萨克传统的游牧生活方式。它的这些特点对于现代建筑设计仍有借鉴，不仅适合作灾害之后灾民的临时住所，还适合现代野外活动探险之用。

图片来源
图一至图六　张加其　制图

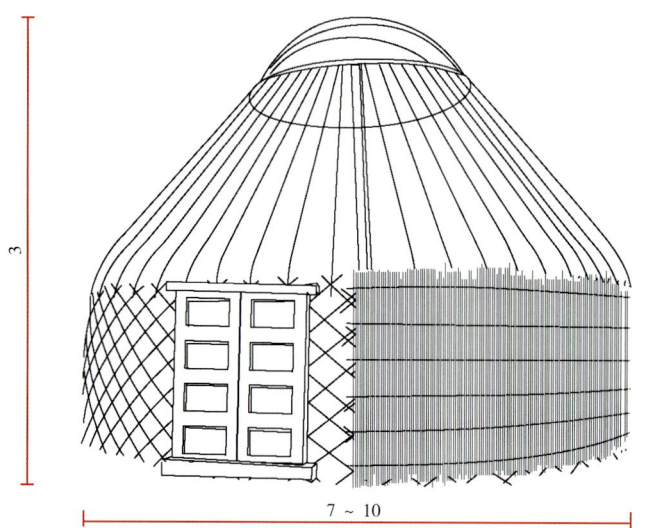

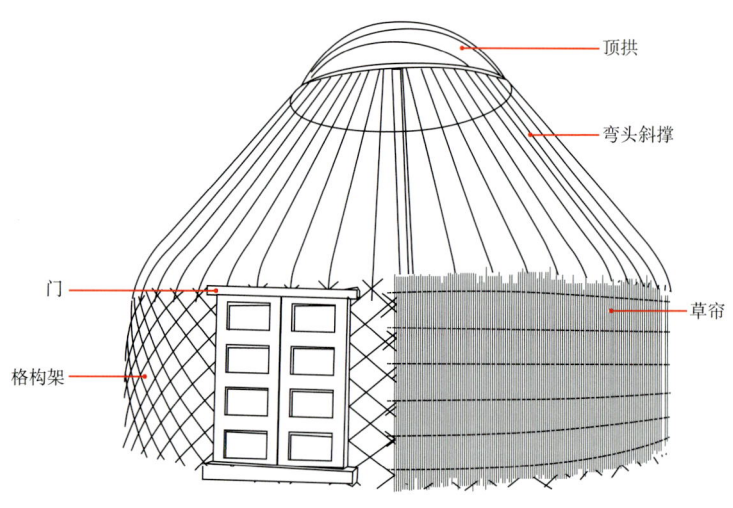

图二　哈萨克族哈拉夏尺寸图（单位：m）

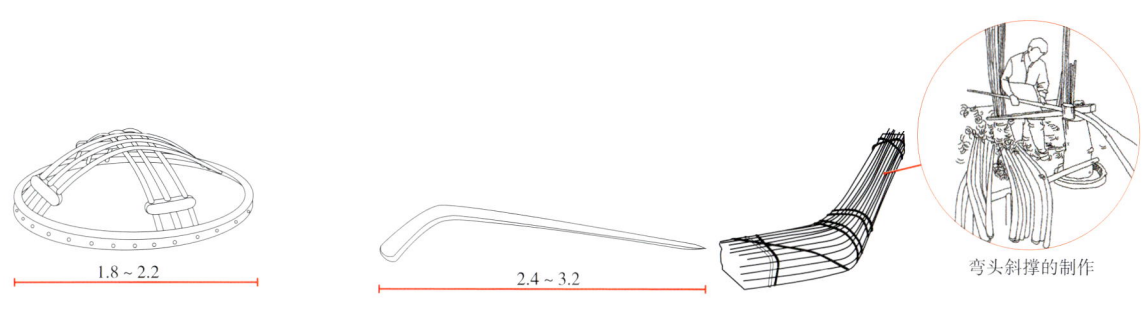

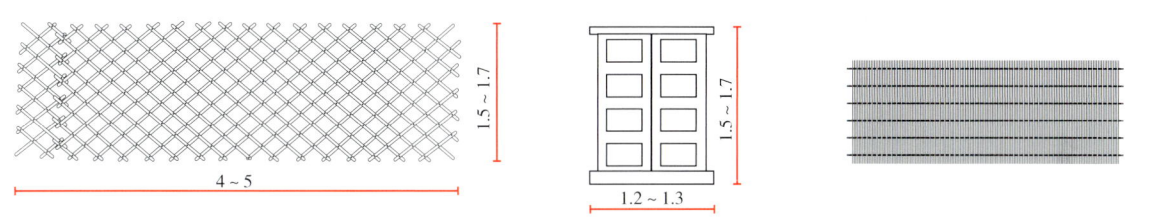

图三　哈萨克族哈拉夏局部结构图（单位：m）

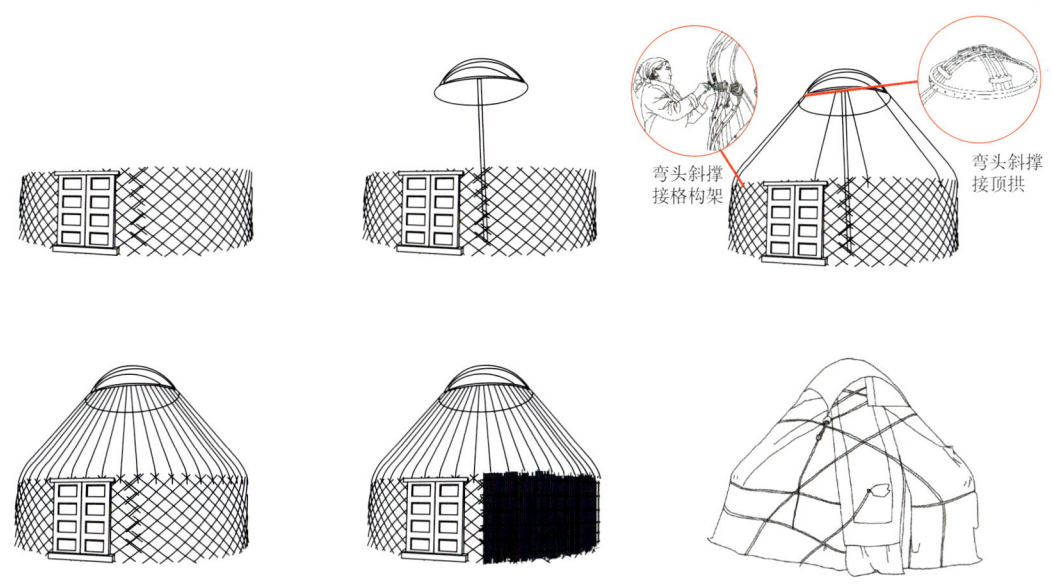

图四　哈萨克族哈拉夏搭建过程图

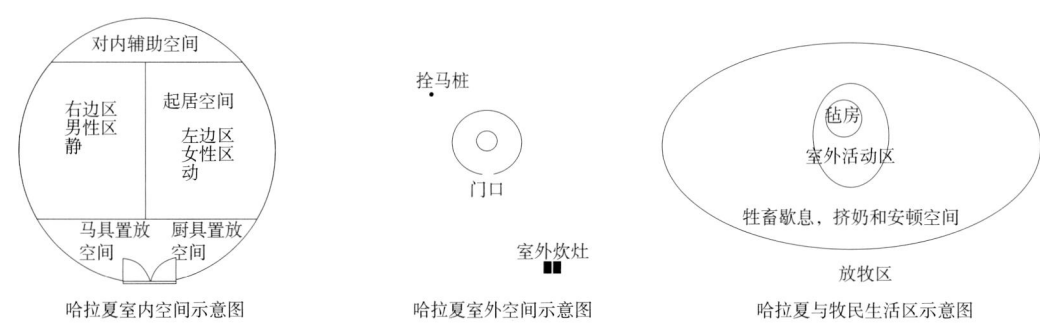

图五 哈萨克族哈拉夏空间关系示意图

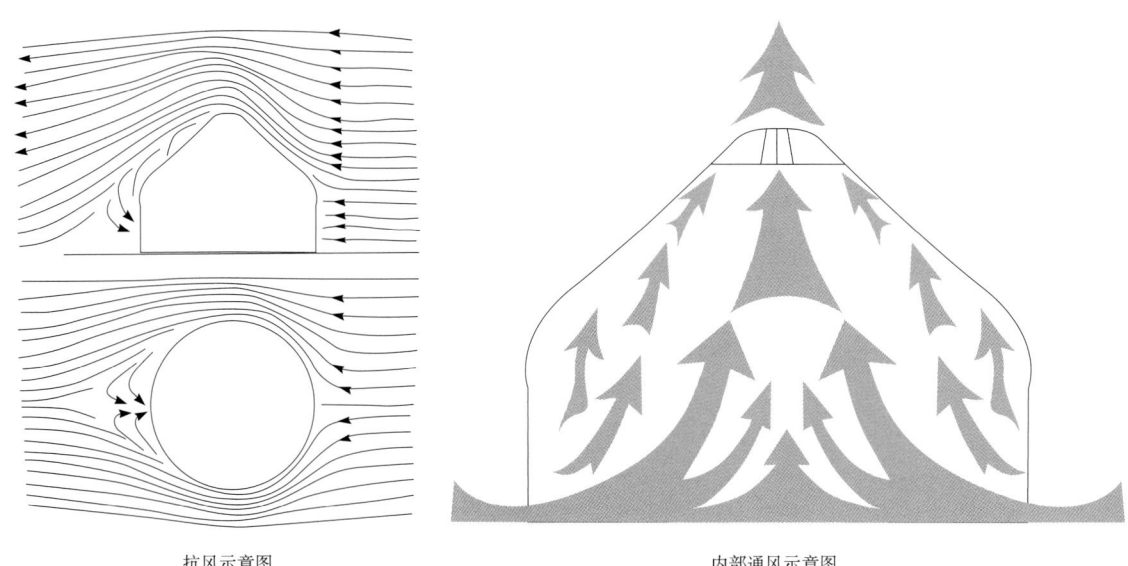

图六 哈萨克族哈拉夏通风抗风示意图

哈萨克族石堆墓

图一 哈萨克族石堆墓主图

草原上零落散布的哈萨克族先民的石堆墓可以追溯到汉代及汉代以前，当时哈萨克族的先民乌孙或突厥人普遍会使用这样一种墓葬形制，是哈萨克草原上分布广泛、数量最多的一种文化遗存。其形制可分为三种：石堆墓、石围石堆墓、土墩墓。其中石堆墓和石围石堆墓都是由乱石、石块封堆，区别在于卵石的摆放形态不一。其墓室的建筑方式常见竖穴单、双室椁墓，竖穴填石墓等。

石堆墓在哈萨克草原上分布广泛、年代久远。以2010年发现的阿勒泰地区阿勒泰市石堆墓葬群的两座典型竖穴墓葬为例。其一为竖穴双室椁墓：地表有封堆，平面略呈圆形，直径约13米，最高约0.7米，墓室位于封堆下中部，为圆角长方形竖穴，长3.2米，宽2.2米，深3米。墓室填土为黄褐色土，夹杂大量石块，较疏松。在竖穴东北部距墓口约1.5米深处发现有火烧的痕迹。竖穴底部西端石板上有一殉人，侧身屈肢，头向北，面向东。竖穴底部有两个墓室，呈南北并排排列，两墓室间有一道生土隔梁：隔梁高约0.6米，上宽0.35米，下宽0.65米。墓室口部均有一层片石盖板，墓室为东西向圆角长方形，长3.2米，宽0.96米，深0.55米，内有一具槽形木棺，长2.1米，宽0.54米，高0.3米，壁厚0.03～0.05米。棺身系用一截圆木刳挖而成，剖面呈U形。两端挡板直接嵌入棺身两端的凹槽内，棺盖用两块木板拼合而成，石堆墓墓室基本没有随葬器物。其二为地面石棺墓：地表有封堆，由卵石堆砌而成，平面略呈圆形。直径约10.6米，最高约0.65米。在封堆中部地面上有双室石棺，石棺由长条形大石板围砌而成。口部盖一层大石板，最大一块长1.8米、宽0.8米。北墓室为长方形，长2.35米、宽0.5米、深0.5米。墓室填土为黄沙土，较纯净、疏松。

石堆墓的历史无具体文字可考，是广袤的哈萨克草原上最神秘的情景之一，古代乌孙人、塞种人、突厥人都有相关墓葬发现并出土。虽然史前新疆地区的族属问题比较复杂，哈萨克草原上的石堆墓仍无法找到演变之序列，然而之后的哈萨克族人仍然实行与先民石堆墓相似的葬法，这说明数千年前的墓葬形制对后世的哈萨克族人的丧葬习俗似乎产生着某种影响和关联。

图片来源
图一　新疆文物考古研究所.新疆阿勒泰地区古墓葬发掘简报.2013
图二至图六　彭婧　制图

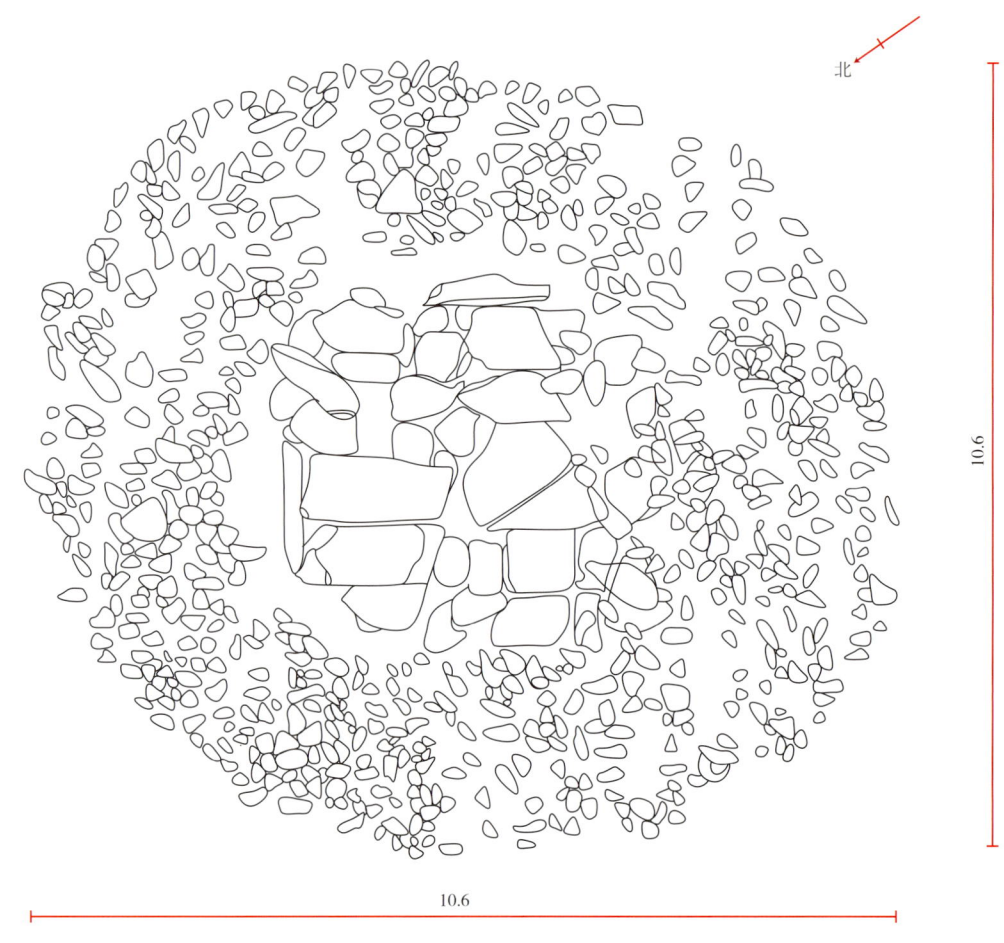

图二　哈萨克族石堆墓平面图（单位：m）

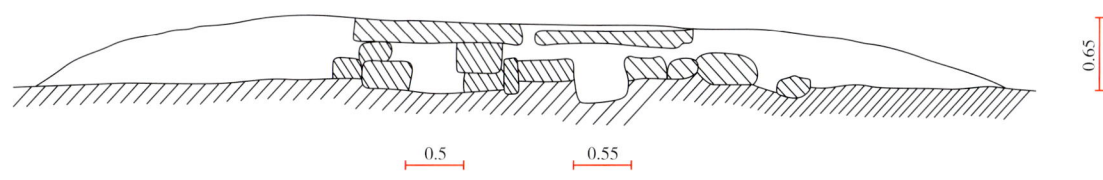

图三 哈萨克族石堆墓地面石棺墓剖面图（单位：m）

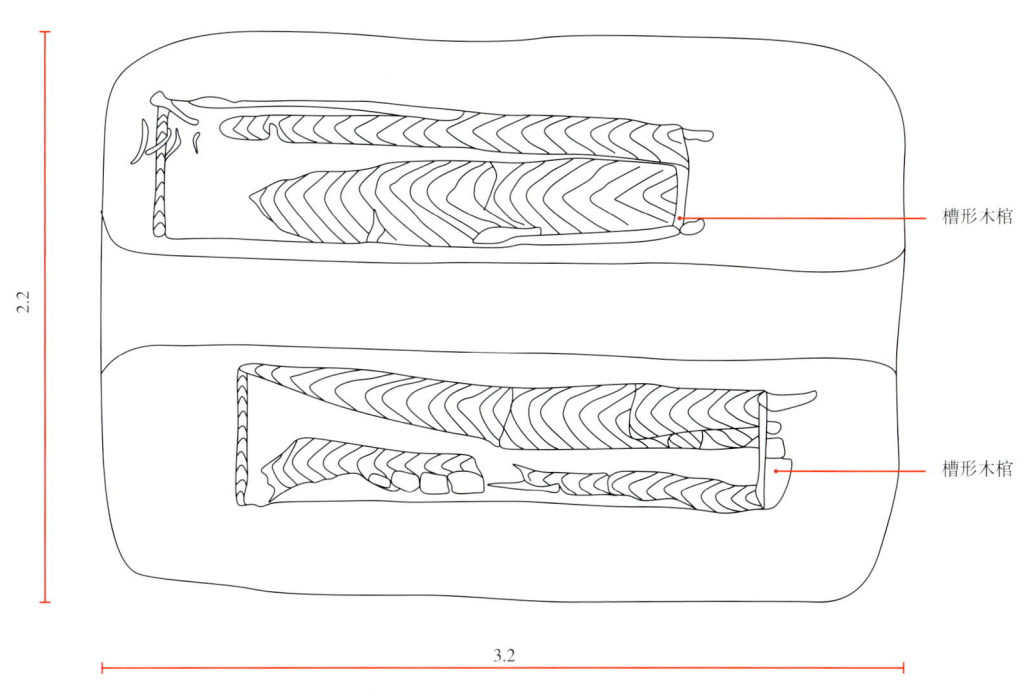

图四 哈萨克族石堆墓地底剖面图（单位：m）

图五 哈萨克族石堆墓木棺平面图（单位：m）

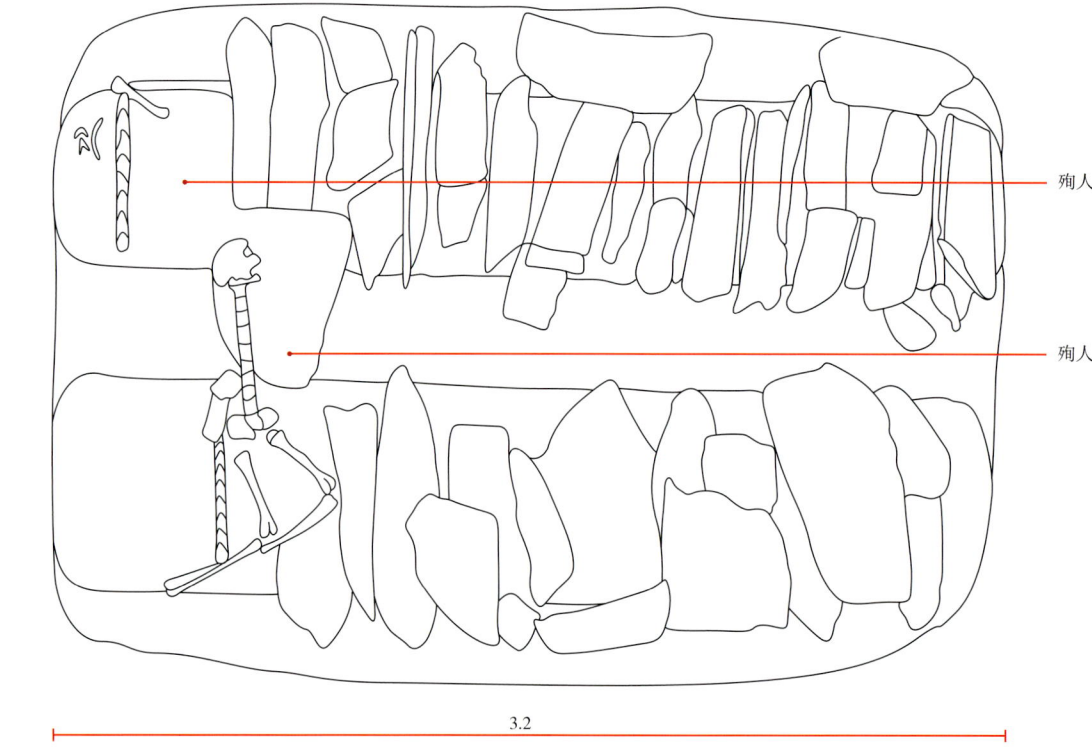

图六　哈萨克族石堆墓墓室内部平面图（单位：m）

第二章 哈萨克族传统服饰

哈萨克族沙吾克烈帽

图一　哈萨克族沙吾克烈帽主图

　　沙吾克烈帽，又称凤冠帽，是哈萨克族女人结婚时与婚后一年佩戴的专属帽饰。传统的沙吾克烈帽通常造价昂贵，其造型下沿大，上沿与下沿呈三角形，多呈圆锥或圆斗型的高顶帽，帽子两边通常还会配花头巾把鬓角两耳部位遮住，讲究秀气。帽里衬薄毡、毛、棉等布料，外面罩有布、绒或绸缎；帽边镶有做工讲究的头饰。姑娘出嫁时必须由父母亲自缝制沙吾克烈帽，并亲手戴在姑娘头上。

　　传统的沙吾克烈用丝绸等贵重面料制作，帽边用水獭皮、海獭皮或者用锦缎来镶边。帽壁上缀以金、银、铜、宝石、珊瑚等金银珠宝，有的还用金银丝线缝绣，用珍珠、玛瑙拼成图案，在帽前檐镶嵌闪光的石眼纽扣和头饰串珠；帽顶至帽边四周都要绣上羊角、花草等传统纹样。有时帽顶会缀有带穗的单头巾，还会再镶插一束猫头鹰羽毛，十分华丽。

传统贵族哈萨克族女子出嫁所戴的沙吾克烈极为昂贵，在当时可以价值八九百匹马。现今的哈萨克女子新婚时戴的沙吾克烈帽，已被新材料替代，例如平绒、天鹅绒等材料，造价相对低廉，但基本造型没有改变。沙吾克烈帽前檐除了平滑形，还有鸟嘴形和开叉形。案例中的沙吾克烈为一顶传统的婚帽。材质选用了红色的平绒与银饰结合。帽两边檐和后方都缀有单头巾，遮挡住女子的刘海鬓角和双耳。帽顶和帽边都缝缀了用银饰打成的羽毛、锯齿状饰物，帽壁上主要用了植物纹样和公羊犄角纹样装饰。通常沙吾克烈帽要搭配连衣裙穿戴，以红色为主，其次是白色。在哈萨克族，未婚少女的长发会编为多股辫子，出嫁佩戴沙吾克烈帽时会将多股辫子编为两股大辫子垂于脸颊两侧。出嫁的姑娘做媳妇后都要佩戴沙吾克烈帽，直到一年之后换戴花头巾。

所有民族在婚丧时都有专门的设计，哈萨克族也不例外。贵重华美的沙吾克烈不仅是一种帽式，还是哈萨克婚俗文化的功能符号，其作为典型礼饰与汉族传统婚俗中的彩冠有着相同的功能。现在的哈萨克婚礼中新娘仍必戴沙吾克烈，虽然材料和使用方式已与传统有所差别，但可见哈萨克族对传统婚俗及其相关物质文化保持得较好。

图片来源

图一至图十　徐靓　制图

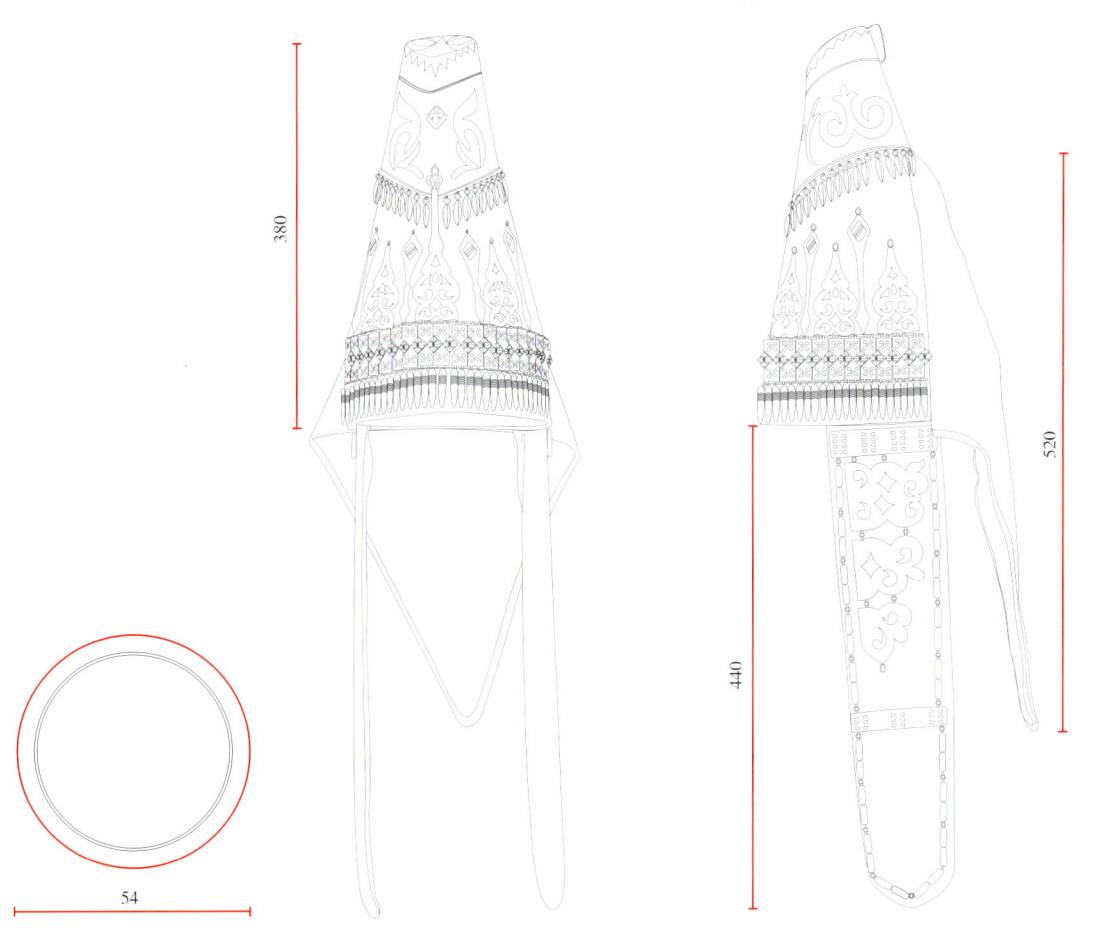

图二　哈萨克族沙吾克烈帽尺寸图（单位：mm）

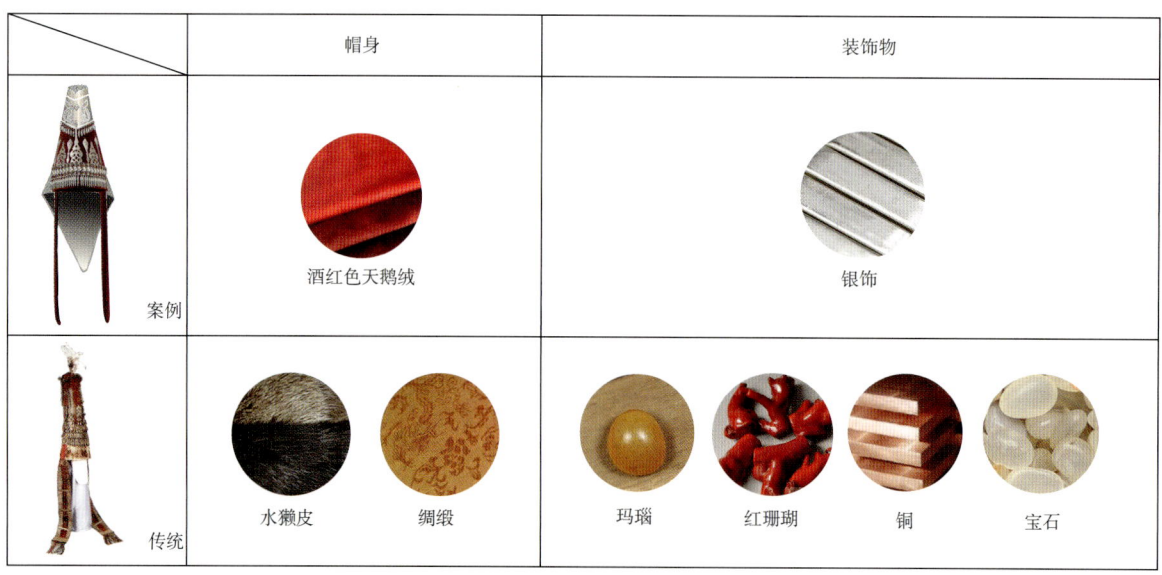

图三　哈萨克族沙吾克烈帽材料分析图

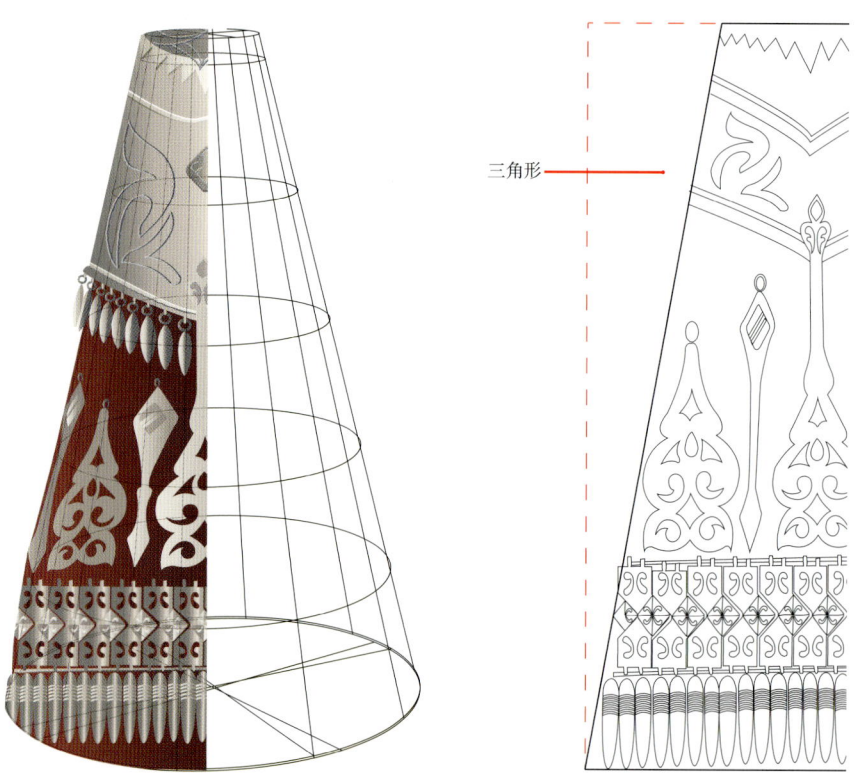

图四　哈萨克族沙吾克烈帽形态示意图

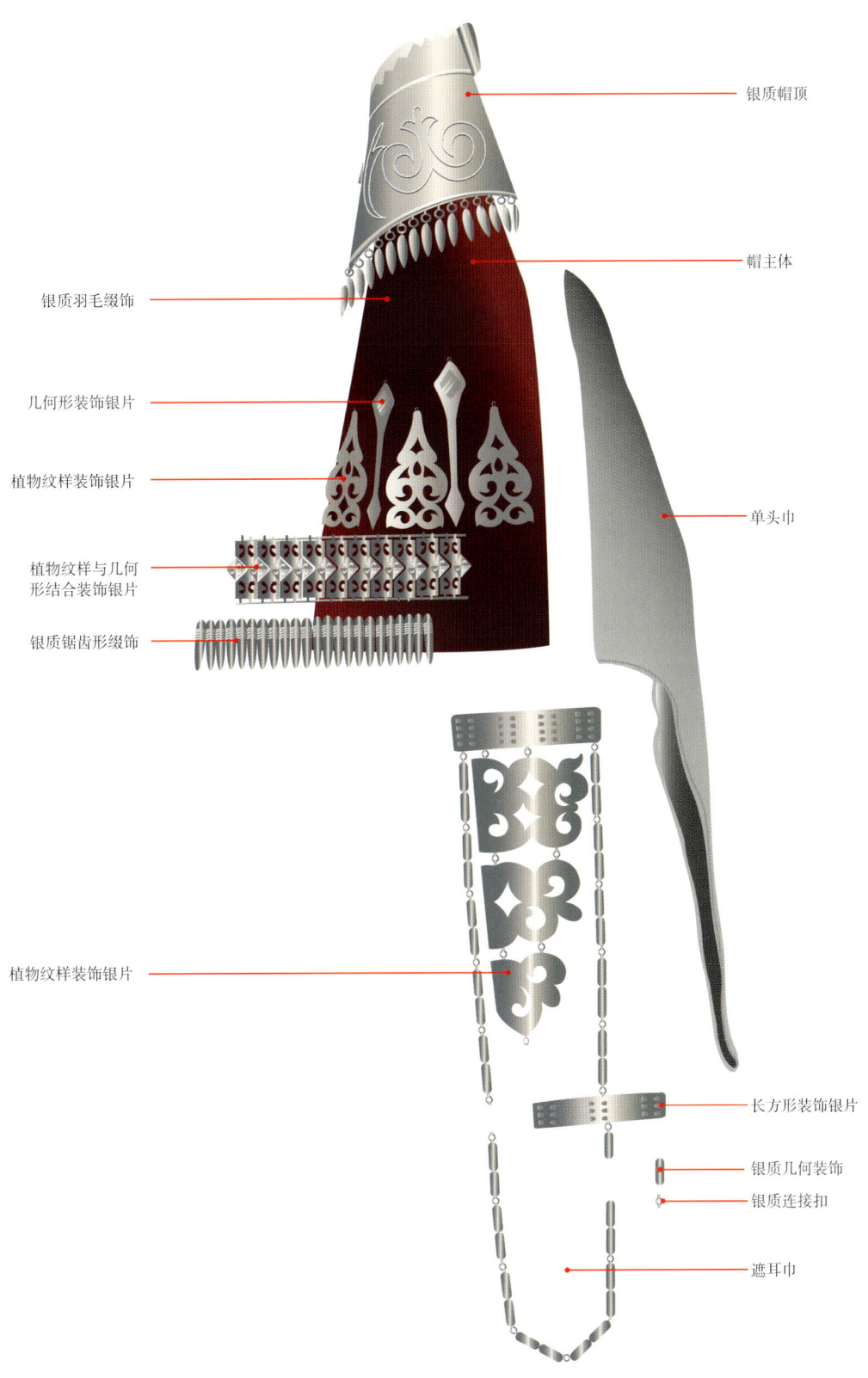

图五 哈萨克族沙吾克烈帽解析图

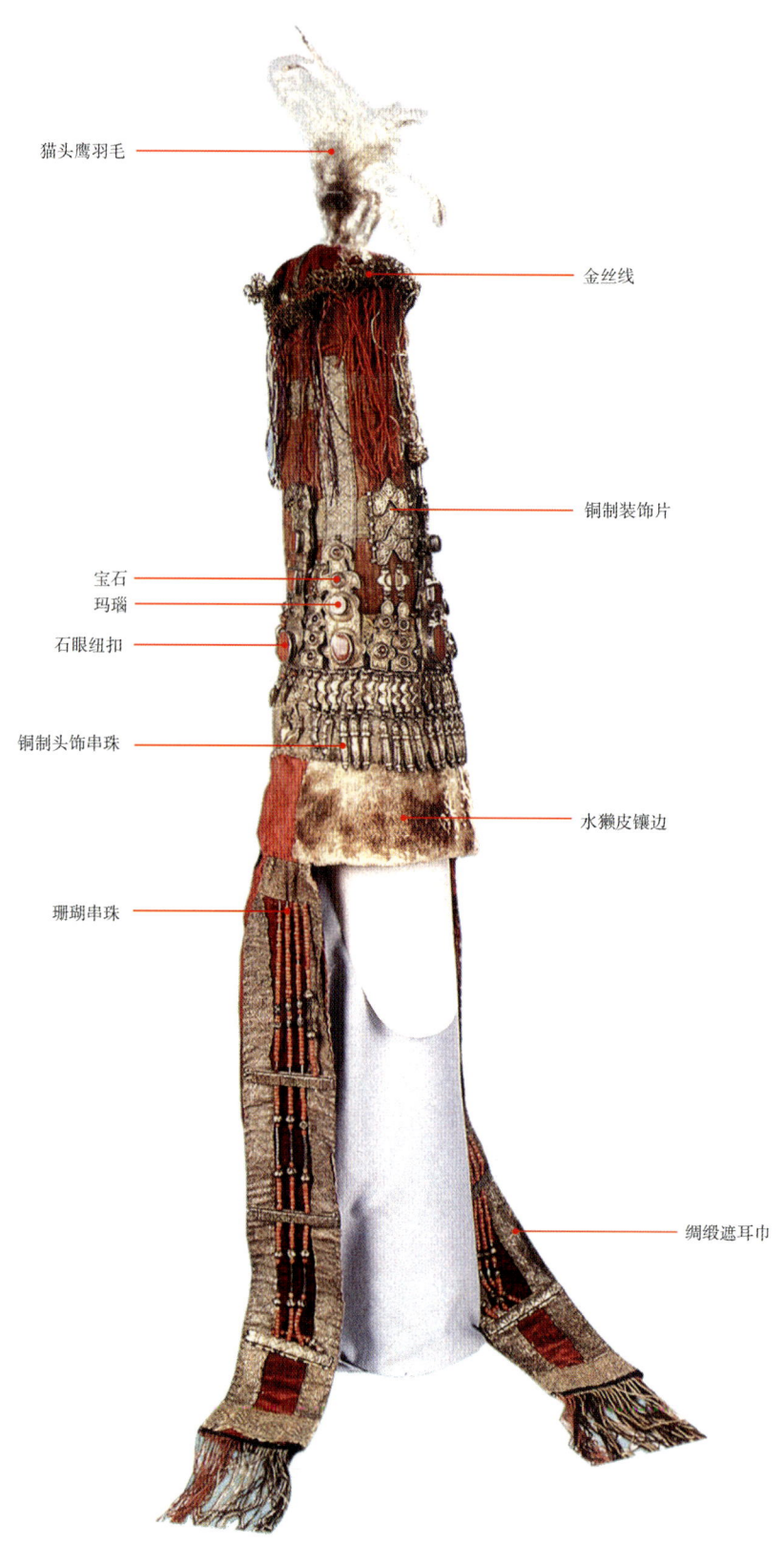

图六 哈萨克族传统沙吾克烈帽结构图

图七 哈萨克族沙吾克烈帽展开图

整体纹样以中轴对称

	花草纹结合几何纹装饰纹样 几何纹装饰纹样	单独对称纹样	帽壁对称排列组合
羽毛造型 锯齿造型 花草树木纹结合几何纹		对称连续 对称连续 单独纹样	帽顶边连续排列 帽檐连续排列 帽壁连续排列
花枝纹		单独纹样	遮耳巾单独上下排列
花草树木纹 公羊犄角纹		单独纹样	帽顶饰物壁对称排列

图八 哈萨克族沙吾克烈帽配饰分析图

第二章 哈萨克族传统服饰

047

图九 哈萨克族传统沙吾克烈帽纹样分析图

普通　　　　　　　　　鸟嘴型　　　　　　　　　开叉型

图十 哈萨克族现代沙吾克烈帽形态示意图

哈萨克族男式花帽

图一　哈萨克族男式花帽主图

哈萨克族男式花帽又可以称作克扎依小花帽，是哈萨克族男性平日必戴的帽子。男式花帽款式可以分为平顶花帽、尖顶花帽和小圆帽。青年男子最广泛佩戴的是平顶花帽与尖顶花帽，一般都绣有精美的花纹，颜色一般用红、绿、蓝等鲜亮的颜色；中年的哈萨克男子戴的花帽相对简洁朴素一些，主要以深色与白色为主；老人只在重大的活动时才戴绣花的花帽，平常都戴不绣花的花帽。花帽在春、夏、秋都可以单独佩戴；在冬季男式花帽会被用作里帽，外面还会再佩戴上皮帽、吐马克帽等。

男式花帽通常选用平绒、天鹅绒、棉布等布料制作，会在帽子上装饰哈萨克传统的花草植物纹与公羊犄角纹。图二中的尖顶四棱花帽，帽壁大约三指宽，尖顶矮些，帽顶成圆锥形。帽顶和帽壁上绣有单独的对称性花草植物纹样，尖顶部位绣的四幅图案的大小一致。帽子主要用丝绒布做面子，上面用丝线缝制精美的花纹，这顶帽子的主要绣法是锁链绣与缎纹绣。帽子底色选用了藏青色，装点了黄色的纹饰。图二中的平顶花帽主要是用绿色的平绒缝制而成，面里间夹薄毡或用布料作衬里。平顶花帽下檐大，上檐稍小，帽壁倾斜，帽顶平而呈圆形。帽顶中央用丝线缝制的是花苞纹样图案，而帽壁四周则用羊角纹装饰，并用白色丝线压缝成锯齿纹修饰。图二中的小圆帽是一顶可冬天佩戴的花帽，主要是中老年男子佩戴，用白色棉布做面子，用棕色毛绒皮做里衬并镶边，保暖舒适，在帽子四周用单独对称的花枝几何纹结合羊角纹装饰，成双且相对，简洁美观大方。

佩戴花帽是新疆大部分少数民族几百年来的传统习惯，哈萨克族男女老少都会有属于他们自己的几顶小花帽。不同年龄、不同性别佩戴的花帽各有特色。男式花帽相对于女式花帽，整体更朴素一些，主要就在帽子上缝制装饰纹样，不额外缀饰其他装饰物品。

帽型也没有女式那么丰富。哈萨克族无论冬夏，男女必须戴帽，这也使得花帽品种花色丰富多样。

图片来源

图一　veer 图库 1285327199

图二至图九　徐靓　制图

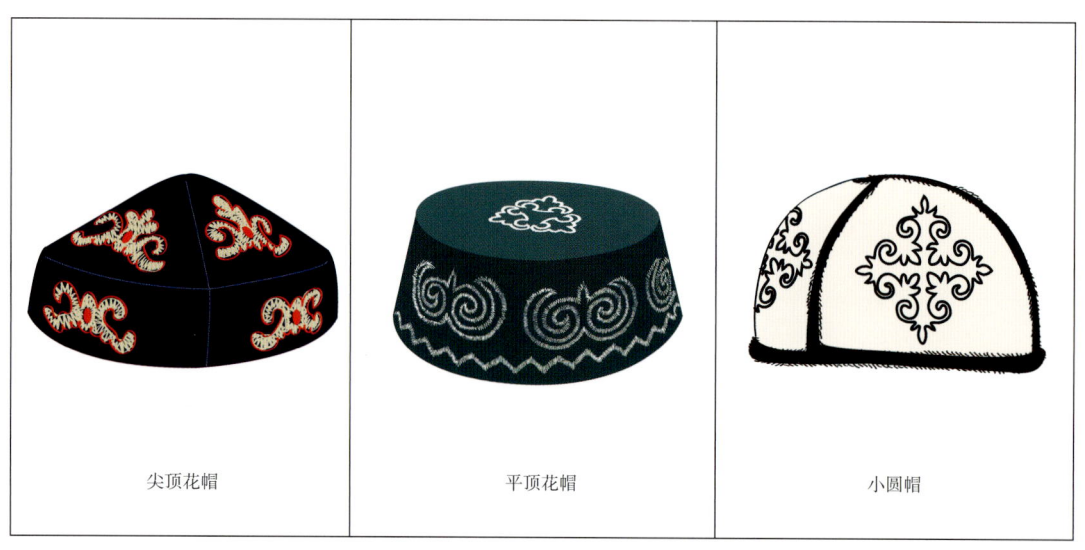

图二　哈萨克族男式花帽种类图

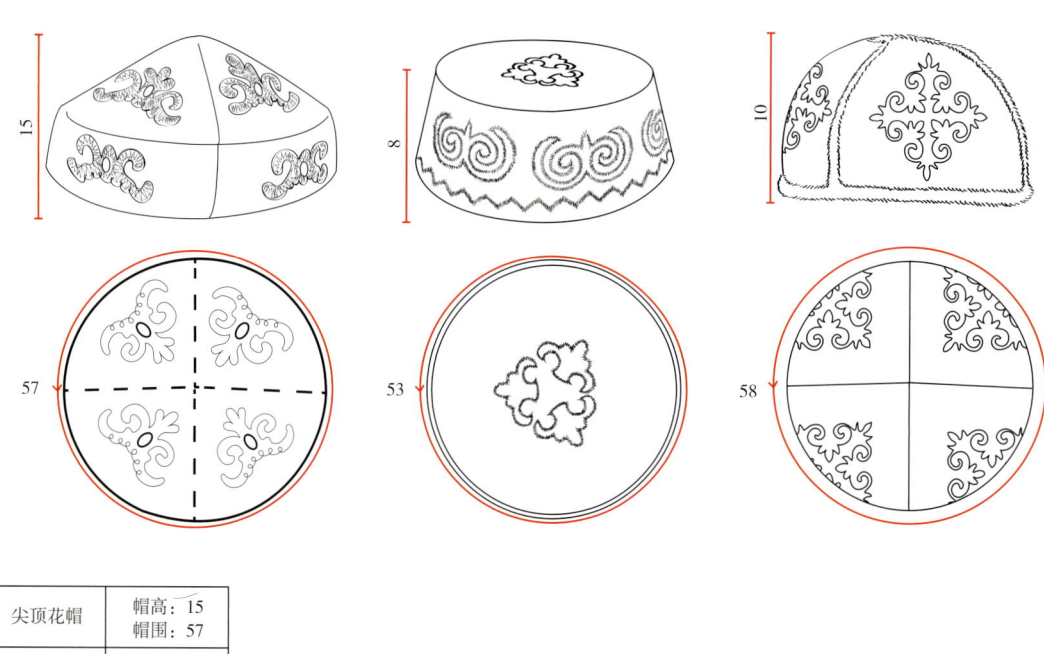

尖顶花帽	帽高：15 帽围：57
平顶花帽	帽高：8 帽围：53
小圆帽	帽高：10 帽围：58

图三　哈萨克族男式花帽尺寸图（单位：cm）

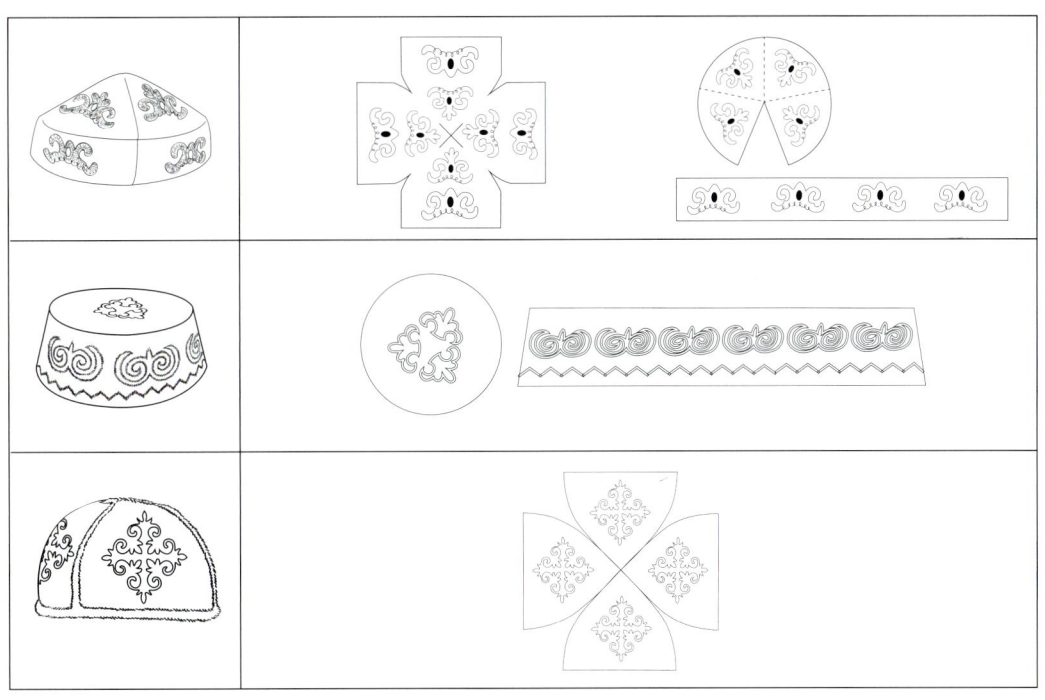

图四 哈萨克族男式花帽展开图

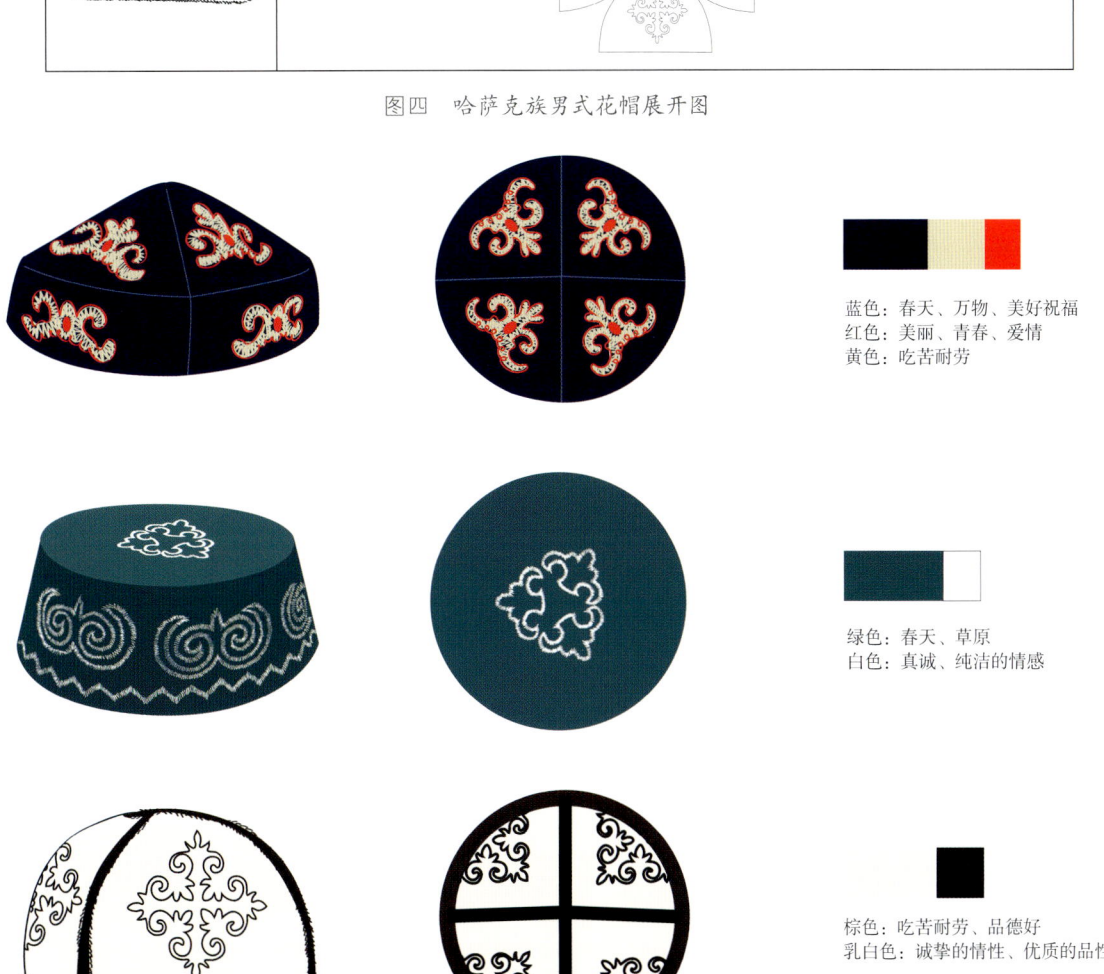

图五 哈萨克族男式花帽色彩分析图

图六 哈萨克族男式花帽穿戴示意图

纹样	名称	对称形式	组合形式
	公羊犄角形图案	单独对称纹样	帽顶四方组合对称纹样
	植物纹结合羊角纹	单独对称纹样	帽壁连续纹样、成双相对
	植物纹	对称纹样	帽顶成三角形组合纹样
	花枝几何纹结合羊角纹	对称连续纹样	帽壁连续纹样、成双相对
	波浪形图案	对称连续纹样	帽壁连续纹样
	花草树木纹结合羊角纹	单独对称纹样	单独纹样四方对称组合

图七 哈萨克族男式花帽纹样分析图

图八 哈萨克族男式花帽材质分析图

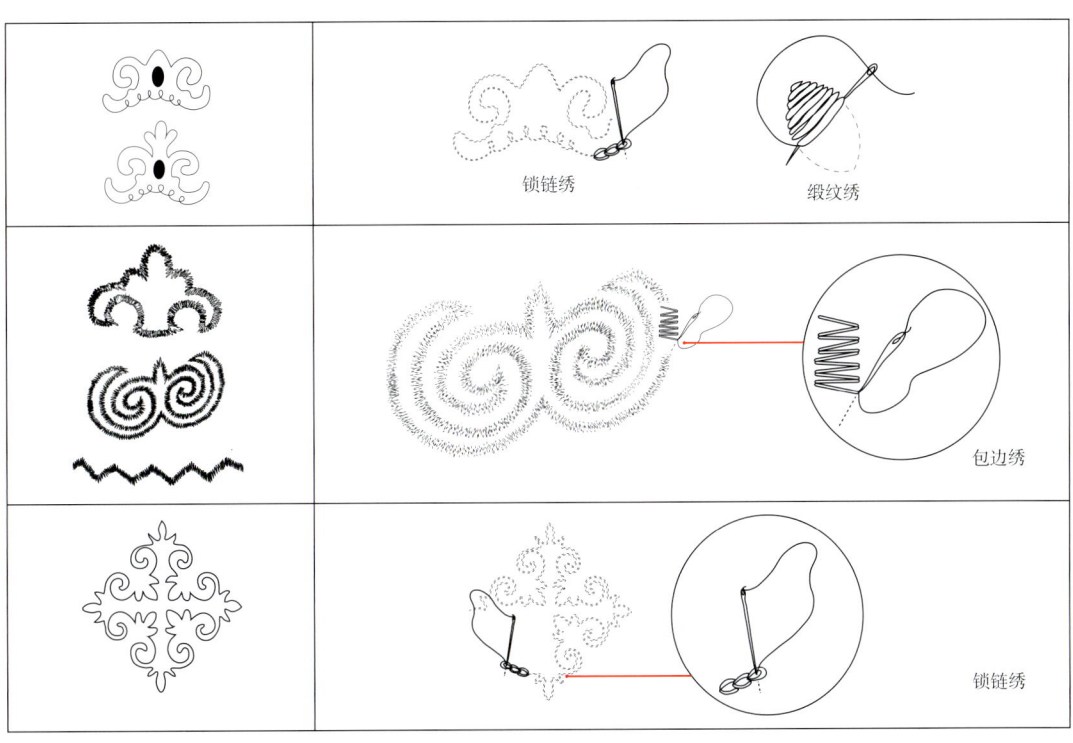

图九 哈萨克族男式花帽工艺分析图

哈萨克族女式花帽

图一 哈萨克族女式花帽主图

哈萨克族未嫁女子在平时和集会中会戴一种女式花帽。传统花帽，帽壁高而直，并绣有华丽的花纹图案，帽顶缀有珠穗或猫头鹰羽毛。女式花帽大致分为平顶花帽、尖顶花帽和高筒帽。哈萨克族姑娘穿着服饰华美，从头饰到全身服饰都十分讲究，花帽款式也很多样。在喜庆活动中，姑娘们多戴绣花带穗小花帽、活尖顶高花帽，平时多戴的是平直顶的绣花花帽。

女式花帽通常选用红、紫红、蓝等艳丽

颜色的天鹅绒、平绒等布料制作，还会在帽顶插上一撮猫头鹰的羽毛。哈萨克族将猫头鹰视为勇敢、坚定、一往无前的象征，同时也视猫头鹰的羽毛为贵重物品，所以在未婚少女的帽子上插上一撮漂亮的猫头鹰羽毛，成了哈萨克族女帽的一种特色。花帽帽壁上会装饰民族传统的绣花、挑花、镶金、镶银、串珠，用手工缀成各种图案。帽边沿会用各色丝线绣有花草、羊角图案。

平顶女式花帽采用一片圆片布料和一片等圆片周长的长方形缝制而成，帽壁有6~8厘米高，帽顶还会装饰用珠宝串成的长链。案例中的平顶女花帽是用红色平绒制作，帽壁装饰了黄色的植物纹样和彩色的亮片。尖顶女式花帽，是用两片、四片、六片的布块缝合成尖顶的帽子，在帽顶依然装饰了猫头鹰的羽毛，帽檐会缀有串珠和帽穗。高筒帽，帽顶高而尖，有时呈圆斗形；高筒女式花帽高顶前檐至帽顶绣有花纹图案，并用金银丝线压缝制成，帽顶外的花纹图案也随之逐渐变小。每逢走亲访友、搬迁或喜庆盛会，姑娘会戴这种高筒帽。哈萨克女子不同年龄佩戴的帽饰种类不同，刚结婚的女子会戴沙吾克烈，中年、老年妇女则佩戴各种头巾，而女式花帽则是未婚少女佩戴的，女式花帽成为了哈萨克族少女的标志性头饰。

受哈萨克族传统习俗影响，妇女的帽子、头巾和披巾，在婆婆家和不熟识的异性面前绝不能随便摘掉。姑娘平日外出居家必须佩戴花帽，这形成哈萨克族独特的头饰文化。因而女式花帽会如此丰富多样，哈萨克妇女心灵手巧，对花帽制作又极为用心，精美鲜艳多彩的花帽使人拿到爱不释手。

图片来源
图一至图九　徐靓　制图
图十　涂苏别克·斯拉木胡力：《哈萨克民俗文化》，新疆科学技术出版社，2009.

| 平顶花帽 | 尖顶花帽 | 高筒帽 |

图二　哈萨克族女式花帽种类图

第二章　哈萨克族传统服饰

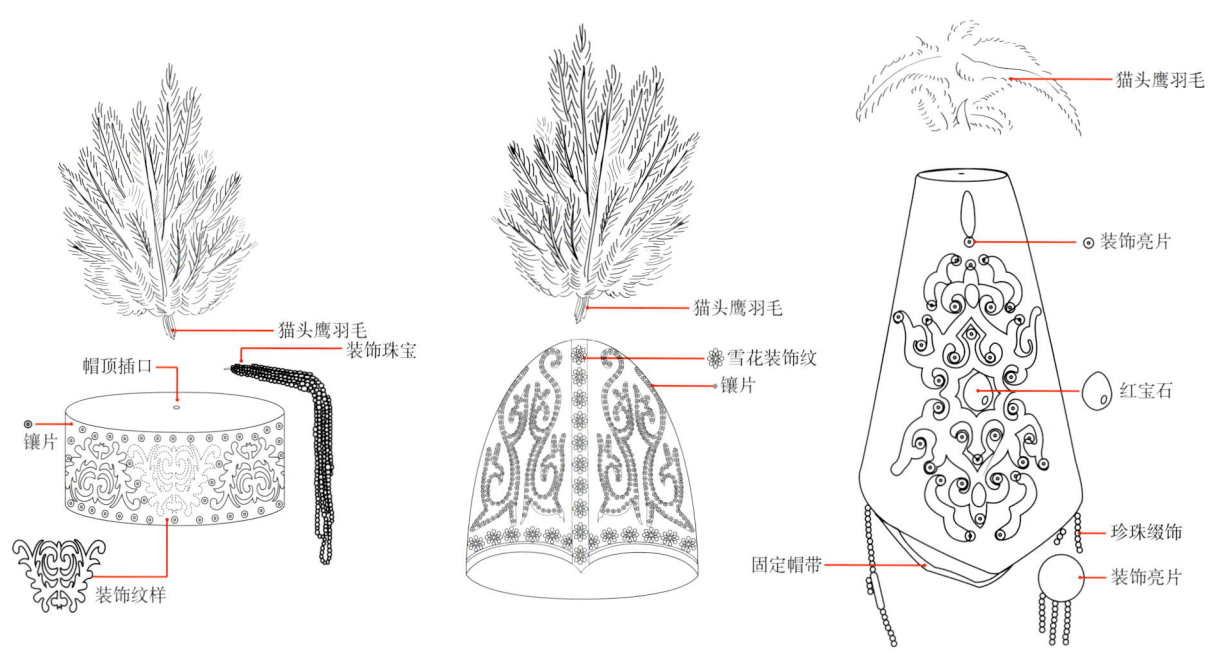

图三 哈萨克族女式花帽解析图

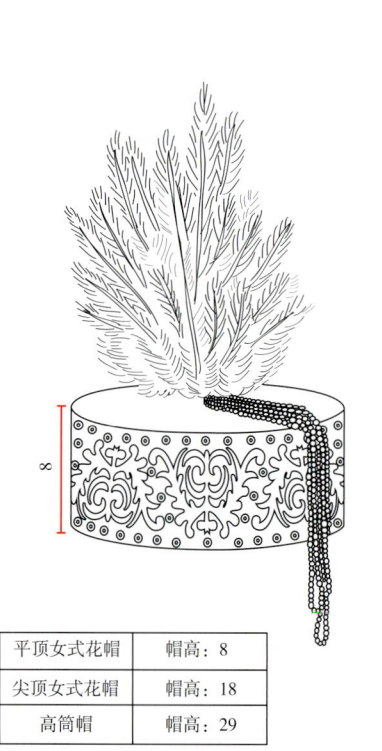

平顶女式花帽	帽高：8
尖顶女式花帽	帽高：18
高筒帽	帽高：29

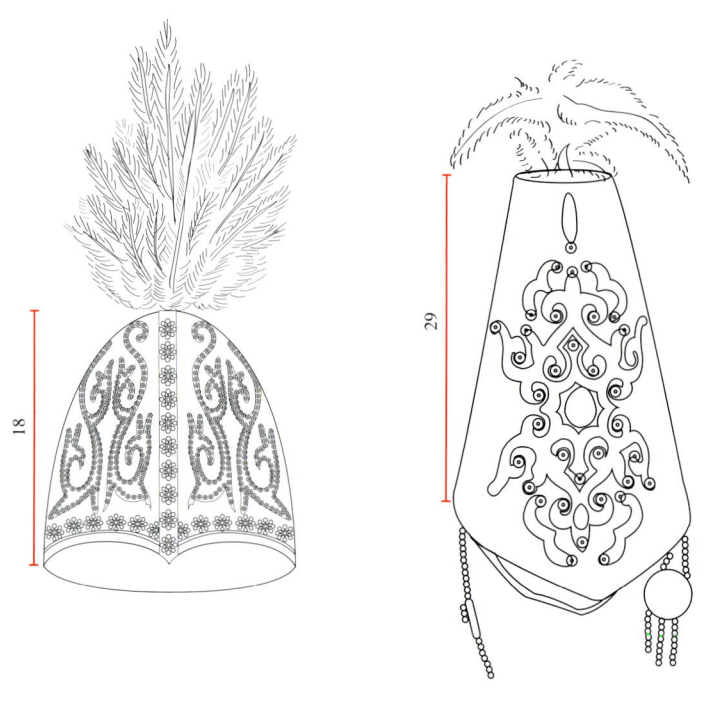

图四 哈萨克族女式花帽尺寸图（单位：cm）

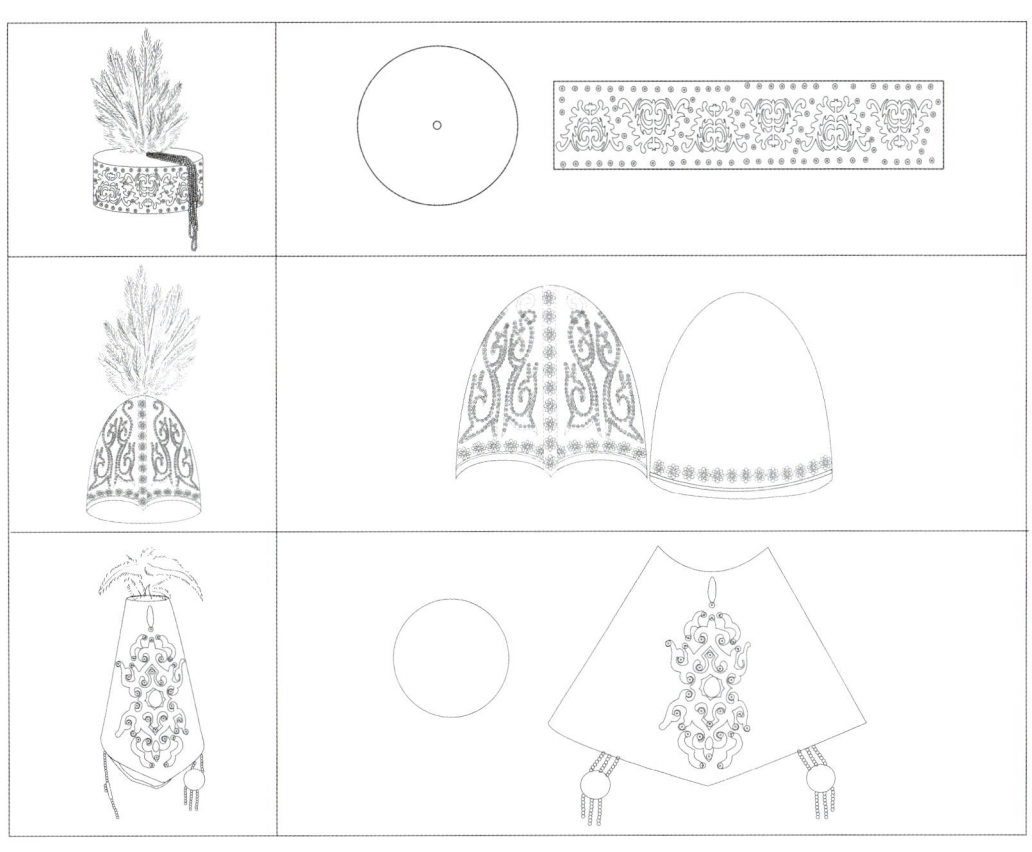

图五 哈萨克族女式花帽展开图

绿色：春天、草原
红色：美丽、青春、爱情
黄色：吃苦耐劳

蓝色：春天、万物、美好祝福
白色：真诚、纯洁的情感

绿色：春天、草原
红色：美丽、青春、爱情
黄色：吃苦耐劳
乳白色：诚挚的情感、优秀的品性

图六 哈萨克族女式花帽色彩分析图

第二章 哈萨克族传统服饰

057

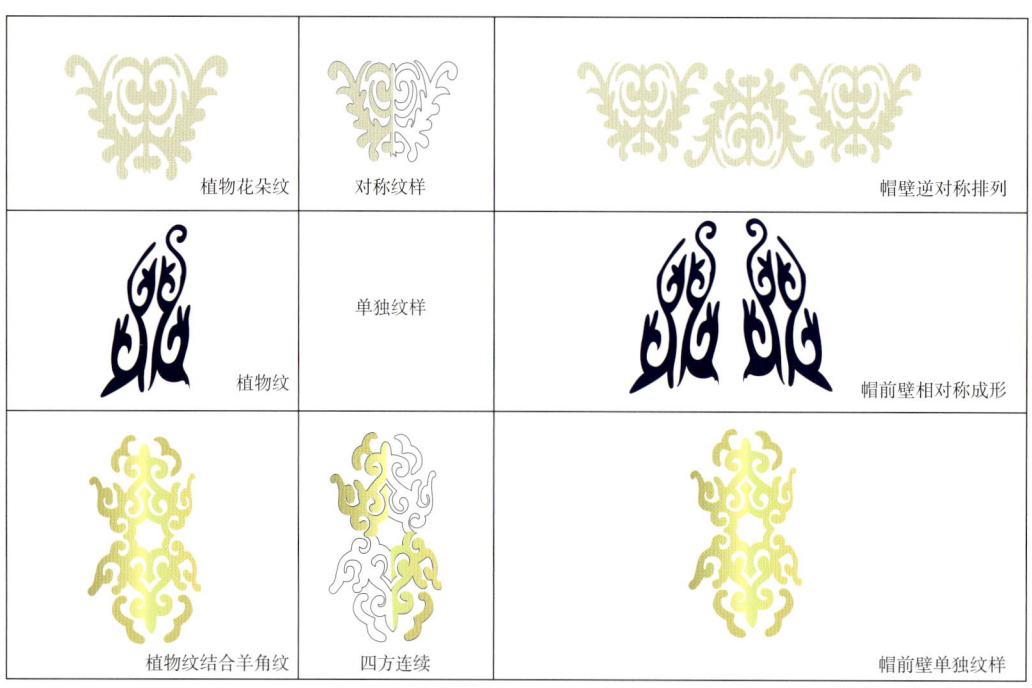

图七　哈萨克族女式花帽纹样分析图

图八　哈萨克族女式花帽材质分析图

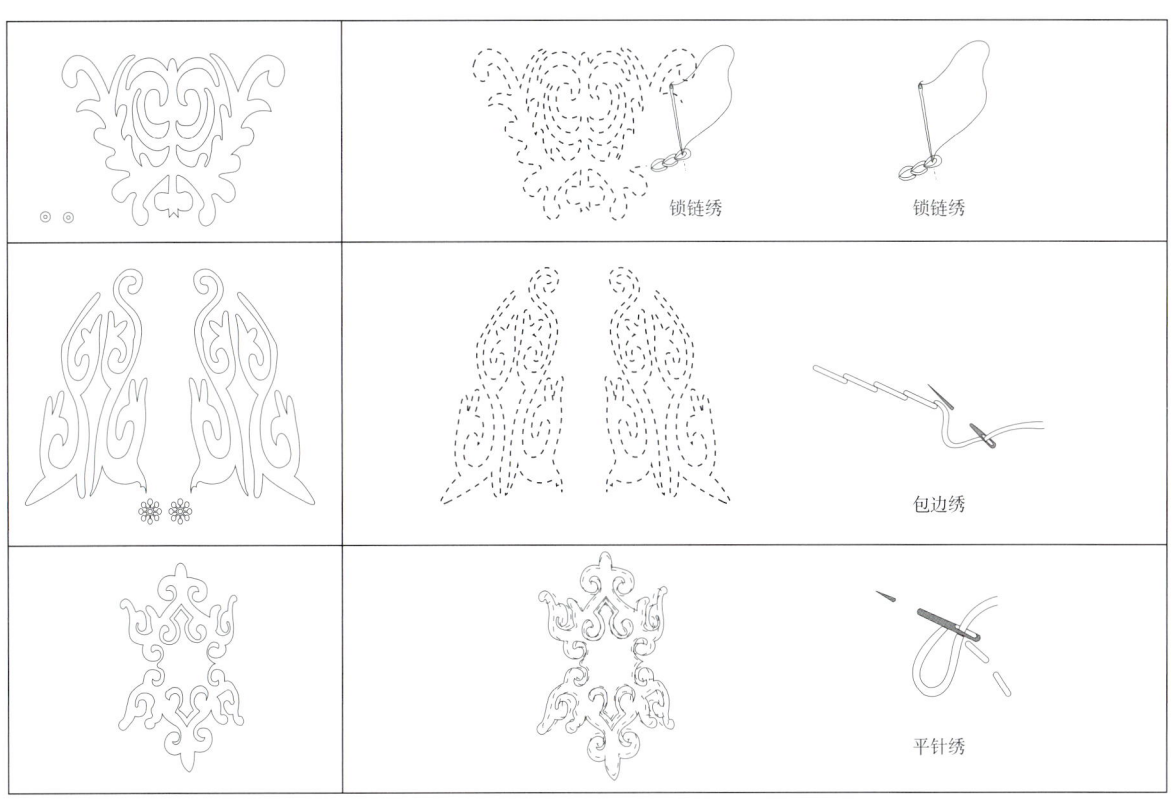

图九 哈萨克族女式花帽工艺分析图

平顶女式花帽　　尖顶女式花帽　　尖顶女式花帽　　高筒帽

图十 哈萨克族女式花帽穿戴效果图

哈萨克族标尔克帽

图一　哈萨克族标尔克帽主图

　　哈萨克族标尔克帽，又被称为波尔克帽，是哈萨克人在冬季日常佩戴的一种皮帽，起防寒保暖之用。一般分为平顶、尖顶、两棱和四棱几种。不同年龄、不同性别佩戴的标尔克帽都会有不同的形态和装饰，各具特色。

　　青年男士的标尔克帽一般用毡、毛、棉来做帽顶和帽壁衬里，用条绒等高档布做面料，翻卷的帽檐用羔皮和珍贵兽皮镶边而缝制成，帽顶布上常绣有公羊犄角形图案，象征生殖和力量。小孩标尔克帽多用白、棕色羊羔皮和狐狸皮翻檐而制，里衬毛、棉、薄毡，用各种布做面料，帽顶插有猫头鹰羽毛，以表达对孩子祝福。女士波尔克帽，以色彩鲜艳的绸缎为面，毛、棉为里衬，冒顶绣花，顶上也插有猫头鹰羽毛，与冒顶相连接的部位用各色珠串装饰，珠串之间镶有珠玉、玛瑙、金银等。

男式波尔克帽相对于女式波尔克帽，整体更朴素一些，主要就在帽子上缝制装饰纹样，不额外缀饰其他装饰物品。标尔克帽还是有一定地域特征的帽式，主要在伊犁地区广泛流行。而有些地区，冬季会戴"三叶"皮帽。可见，哈萨克服饰文化在各个地区之间都有所差异。

图片来源
图一　阿斯力汗·巴根：《哈萨克毡房文化》，新疆青少年出版社，2001.
图二至图四、图九　刘筠璨　制图
图五至图八　刘筠璨、龙奕柯　制图

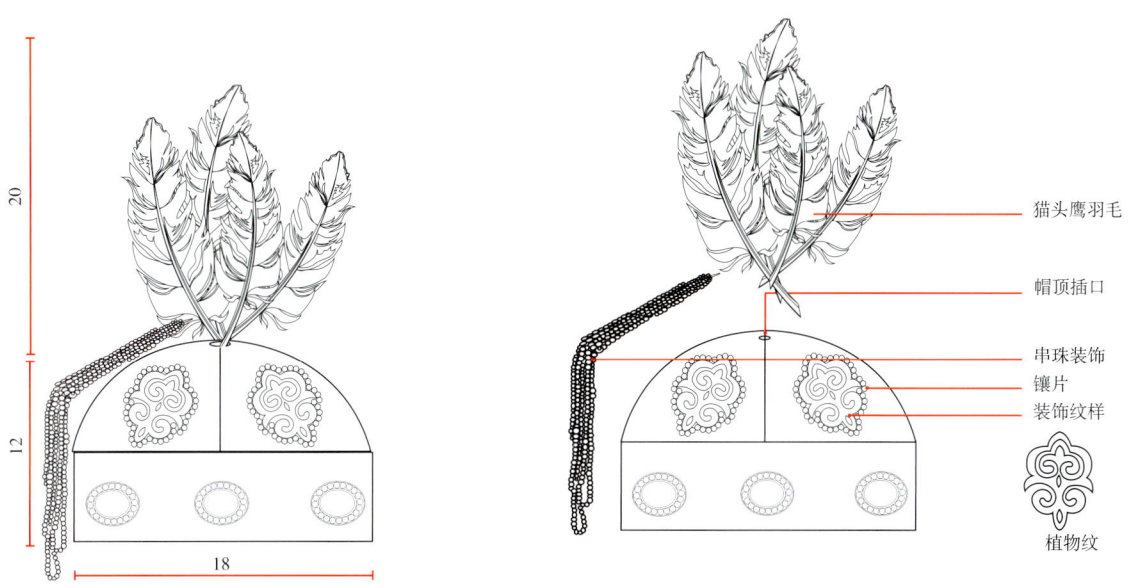

图二　哈萨克族标尔克帽尺寸、解析图（单位：cm）

图三　哈萨克族标尔克帽色彩分析图

图四　哈萨克族标尔克帽材质分析图

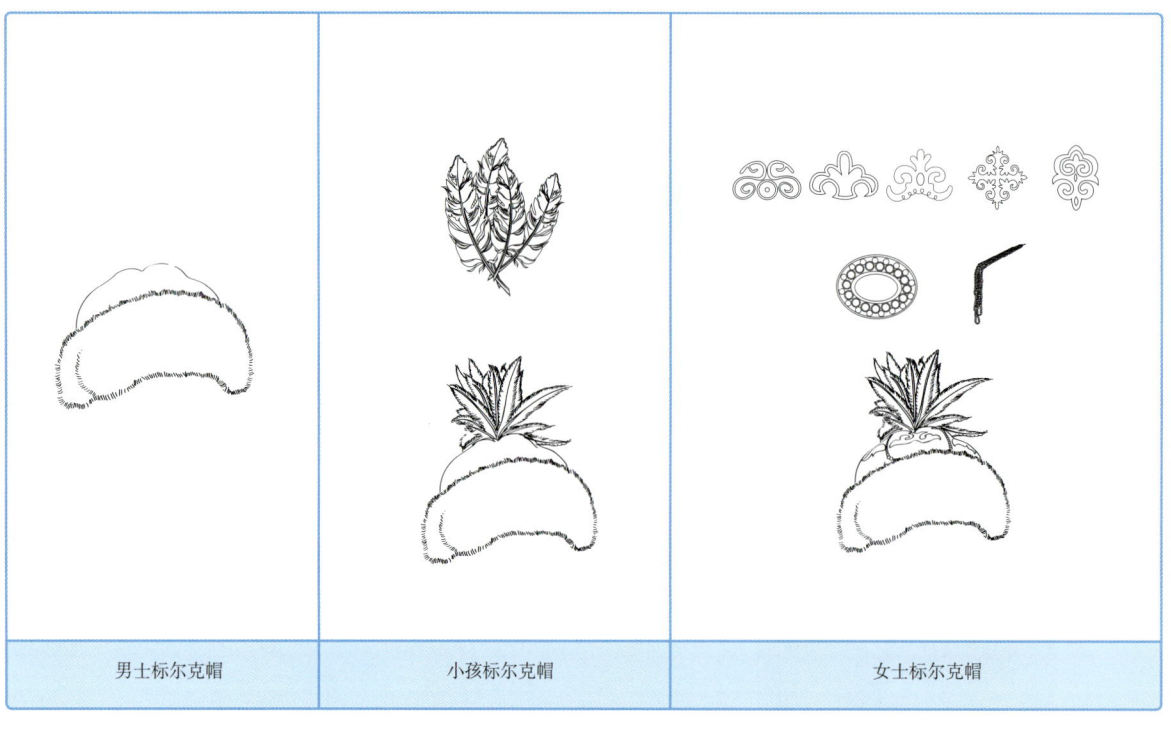

图五　哈萨克族标尔克帽对比图

图六　哈萨克族标尔克帽造型及开片图

图七　哈萨克族标尔克帽装饰纹样分析图

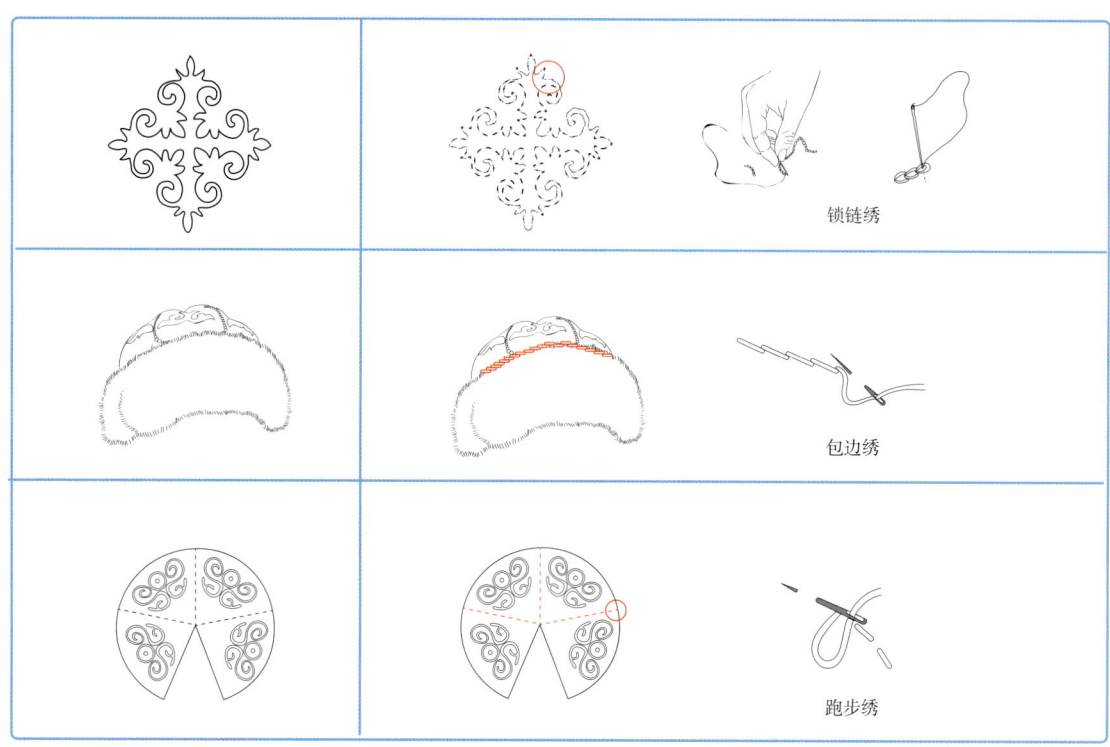

图八 哈萨克族标尔克帽工艺分析图

图九 哈萨克族标尔克帽穿戴示意图

哈萨克族吐马克帽

图一 哈萨克族吐马克帽主图

吐马克，又名男人帽，是哈萨克族男性冬季戴的帽子，也流行于新疆其他民族，其有两个耳扇，后面有一个长尾扇。帽子里衬多用狐皮、黑羊羔皮，外面用色彩鲜艳的绸缎；有时顶上还饰以一撮猫头鹰的羽毛，戴上十分美观。吐马克根据帽顶形状的不同，可以分为尖顶吐马克帽、宽顶吐马克帽；尖顶吐马克帽又可以分为四棱吐马克帽、六棱吐马克帽。哈萨克族居住区域广大，不同地区不同部落的人根据不同的气候戴不同种类的吐马克帽，在阿勒泰地区人们普遍佩戴沙狐皮制的四棱克烈吐马克帽，而在像伊犁、塔城等地区的人们，则佩戴更适应气候的卷边吐马克帽。由于哈萨克族以半定居半游牧

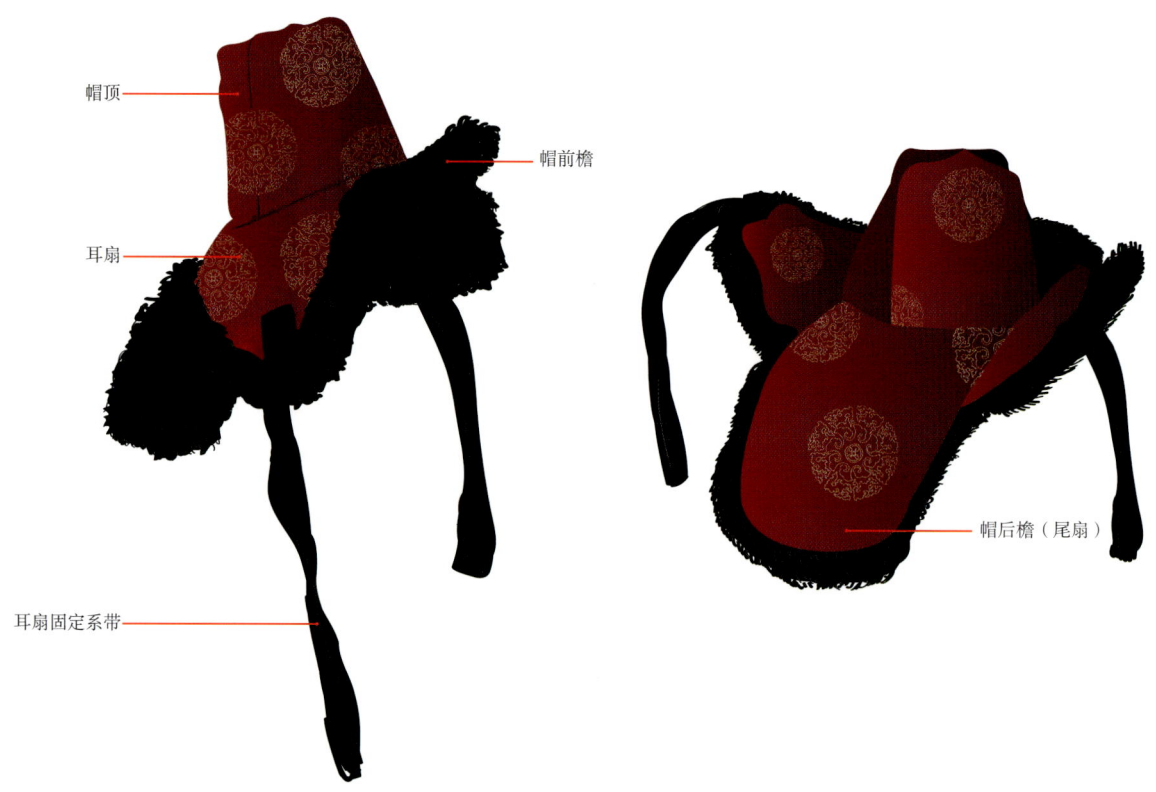

图二　哈萨克族四棱乃蛮吐马克帽结构名称图

的方式生活在广袤的西部地域，冬季气候干燥寒冷，吐马克则便于男人们畜牧与捕猎时抵御严寒。

吐马克帽主要用牲畜皮、珍贵兽皮和擀实的薄毡做料，用毛、棉单薄布料做面，并与衬里补衔缝。有狐皮吐马克帽、水獭皮吐马克帽、虎皮吐马克帽和长毛吐马克帽等高档皮帽款式，普通牧民则一般用多加布料的羊皮吐马克帽。这种帽有帽檐、帽顶和耳扇，帽面用棉丝和皮做面料，帽檐、帽顶和耳扇用兽皮做衬面。图二中是一顶四棱吐马克帽：帽檐、帽边和耳扇的材料都是黑色羊羔皮毛，帽顶由相等的四棱浆硬衬布制成，帽檐高约7厘米，按额头的大小制作样式，耳扇的大小以缝制成后两边能盖住鬓角到下巴为宜，后面长到背部。其面选用红色绸缎制作，耳扇底部要系带，外形像有翼鸟。吐马克帽大都采用软皮、短毛皮缝制，这种帽戴上暖和又大方。平时天气暖和时把吐马克帽的耳扇系在帽顶或帽后檐。遇到严寒或暴风雨时将耳扇系在脖颈，天气晴好时不系耳扇。

吐马克帽冬夏均能戴，平时将帽檐卷起，风雪天放下，既精致美观，又能挡风、避雨和御寒，适应了多种天气情况，哈萨克的男人是制帽高手，他们精心选择珍贵皮毛制作吐马克帽，并由妇女在细节处用丝绒刺绣图案，使其成为集功能与审美于一体的典型的民族帽式，从中也能反映出游牧民族独具特色的生活灵感与生存智慧。

图片来源

图一至图四、图六至图八　徐靓　制图
图五　veer 图库 15683774preview4
图九　涂苏别克·斯拉木胡力：《哈萨克民俗文化》，新疆科学技术出版社，2009.

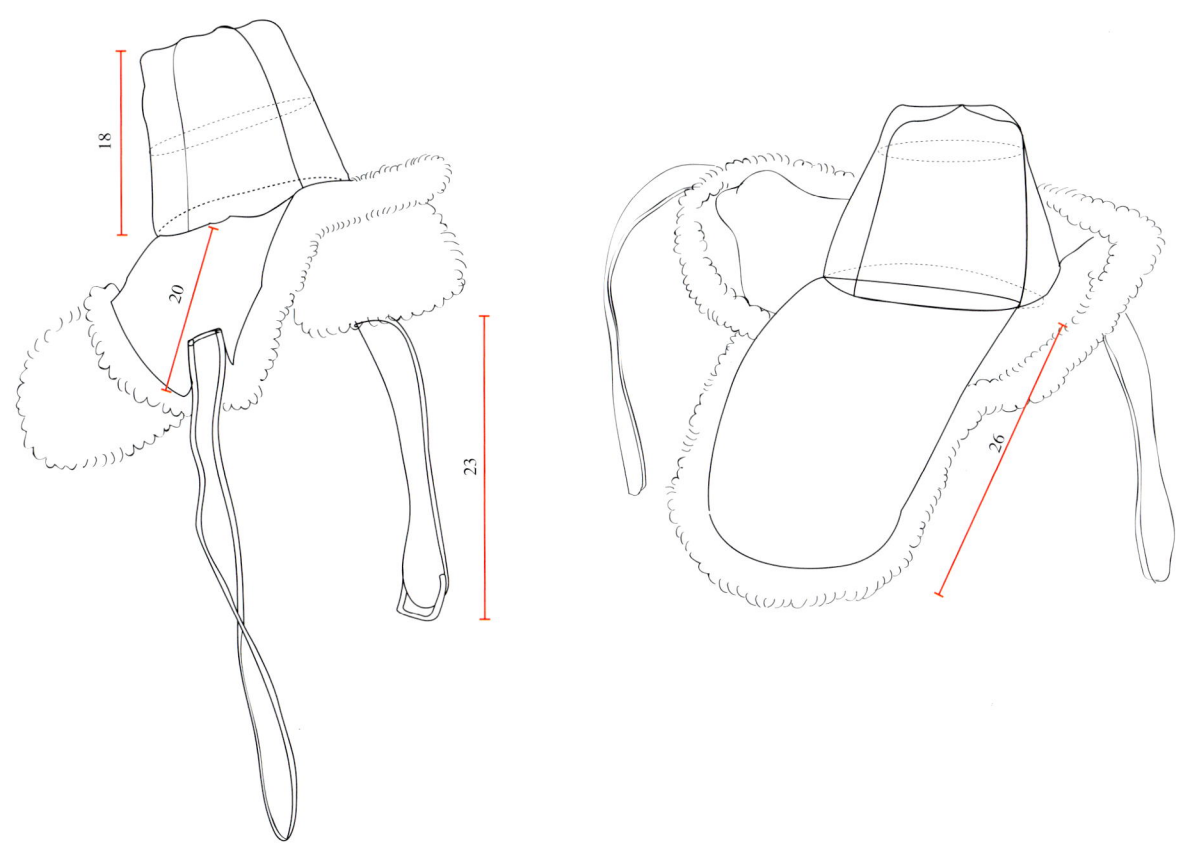

图三 哈萨克族四棱乃蛮吐马克帽尺寸图（单位：cm）

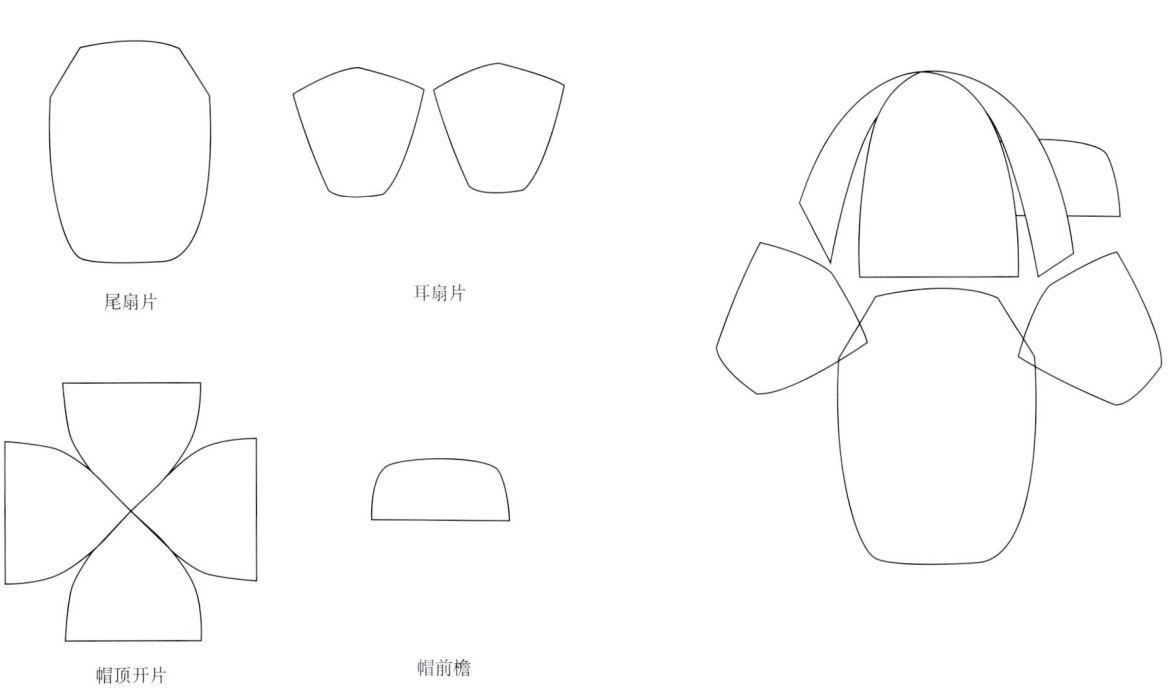

尾扇片　　　　耳扇片

帽顶开片　　　　帽前檐

图四 哈萨克族四棱乃蛮吐马克帽开片图

第二章 哈萨克族传统服饰

耳扇放下　　　　　　　　　耳扇帽顶固定　　　　　　　　耳扇下颚固定

图五　哈萨克族吐马克帽穿戴方式图

	帽身			里衬				
案例	红色绸缎			黑羊羔皮				
传统吐马克帽	绸缎	绒布	棉布	水獭毛	羊羔皮	虎皮	狐狸皮	狼皮

图六　哈萨克族吐马克帽材质分析图

宽顶吐马克帽　　　　四棱乃蛮吐马克帽　　　　六棱吐马克帽　　　　卷边吐马克帽
　　　　　　　　　　（尖顶吐马克帽）

图七　哈萨克族不同种类吐马克帽对比图

地区		
阿勒泰	四棱克烈吐马克帽	四棱乃蛮吐马克帽
高山地区（伊犁、塔城、博尔塔拉）	卷边吐马克帽	

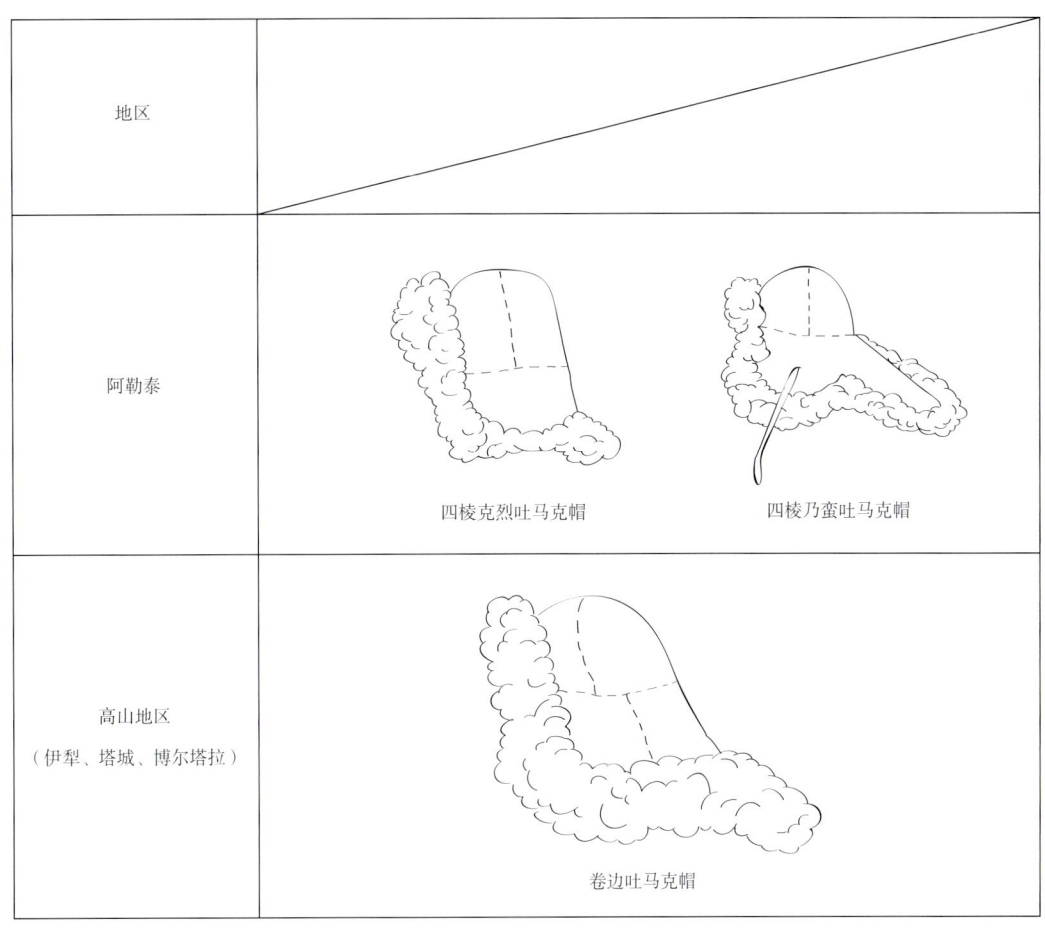

图八　哈萨克族不同区域吐马克帽样式示意图

图九　哈萨克族吐马克帽穿戴效果图

哈萨克族男子毡帽

图一 哈萨克族男子毡帽主图

哈萨克族夏毡帽，是哈萨克族男子常用的帽子，基本样式为二棱毡帽或四棱毡帽，在过去一般由家族的妇女为其儿子和丈夫缝制。现代，越来越多的人习惯于去商店购买。毡帽主要在夏季大量使用，由于居住地区干燥，风沙大，它可以很好地防风防尘。

图一为克扎依毡帽，材料选自羊毛，其制作的方法是剪下羊的无粗白绒毛，铺垫在芨芨草编织的席子中，擀实成毡后，再撒上烧制的石灰石使擀制的毡更白，然后染成各种颜色或绣上花纹。帽子的制作要点是需将毡布裁剪成四片，用锁扣的方式进行缝合，缝合处要用黑色、白色丝线或棉线，帽边用黑色、棕绿色条绒和平绒镶边，帽檐可翻折并按一定式样拼合和缝制而成，翻卷的镶边帽檐上方或帽顶要用黑、白线穿过四周的各缝合线，紧绕的帽边要用针缝合，帽棱至帽边要用三角形锁扣缝合。哈萨克族的毡帽有很多种样式，从形式上分两棱、四棱、宽边、窄变、叉口边、犄角边。根据佩戴人年龄不同也有所调整。如：哈萨克族人比较忌讳用花花绿绿的碎布缝制的毡帽给男童佩戴，而是用平绒、金丝线、丝绸做面缝合而成，帽顶插上猫头鹰羽毛或串着红绿等各色的珠子，十分美观，插上猫头鹰羽毛也是一种吉祥的象征，寓意保佑孩子健康成长。哈萨克族男子在婚庆礼仪和盛会中佩戴白毡帽，这种帽子多绣有花草图案。不同地区的哈萨克族人的毡帽在形式上也有所不同，阿勒班毡帽和克扎依毡帽的区别在于帽底矮平，帽檐卷得宽些。关于克扎依毡帽的形成，民间有个传说，有位叫克扎依的母亲为她的四个儿

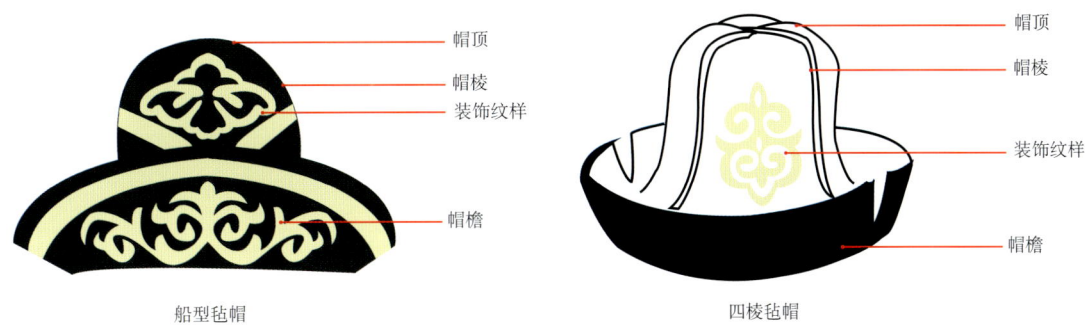

图二 哈萨克族男子毡帽结构图

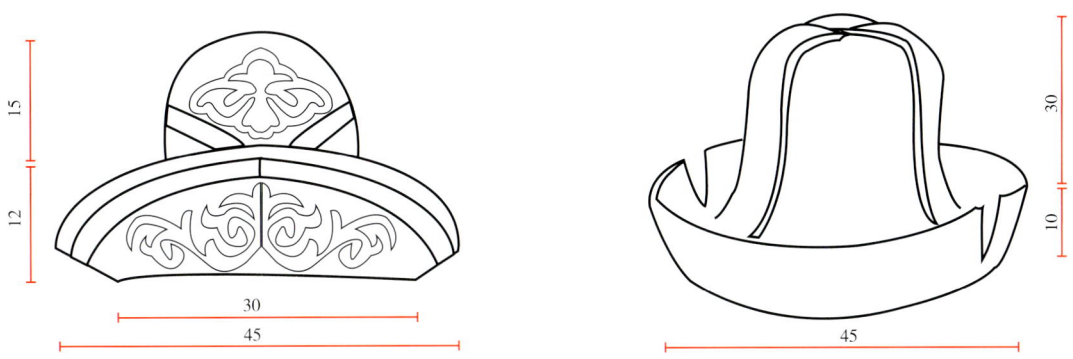

图三 哈萨克族男子毡帽尺寸图（单位：cm）

图四 哈萨克族男子毡帽开片图

子缝制了一顶四棱毡帽,告诉他们四个同根同族,今后一定要和睦相处,团结一心。克扎依毡帽的四棱相连于帽子的顶部,代表着克扎依母亲的四个孩子平安无事,齐心协力;七珠帽顶的穗子,代表儿女兴旺,儿孙满堂;每个侧棱缝两道线不仅便于帽子拆线调整合适尺寸,也寓意孩子们万事深思;翻卷的帽檐寓意孩子们永不分离。

毡帽历史悠久,除了新疆地区的少数民族会大量使用,其他地区也常见,如浙江绍兴的乌毡帽等。如今,随着生活方式的改变和习俗观念的弱化,佩戴哈萨克族毡帽的人也越来越少,这种帽功能优良,既防雨又防暑,而且承载着民族的文化传统与美好祝愿,应获得长久保留。

图片来源

图一、图十　涂苏别克·斯拉木胡力:《哈萨克民俗文化》,新疆科学技术出版社,2009.

图二至图九　刘筠璨　制图

棕色:吃苦耐劳,品德好
黄色:吃苦耐劳

黑色:四周有像森林一样支持的民众
白色:人们常年生活在积雪的山脚下
黄色:吃苦耐劳

图五　哈萨克族男子毡帽色彩分析图

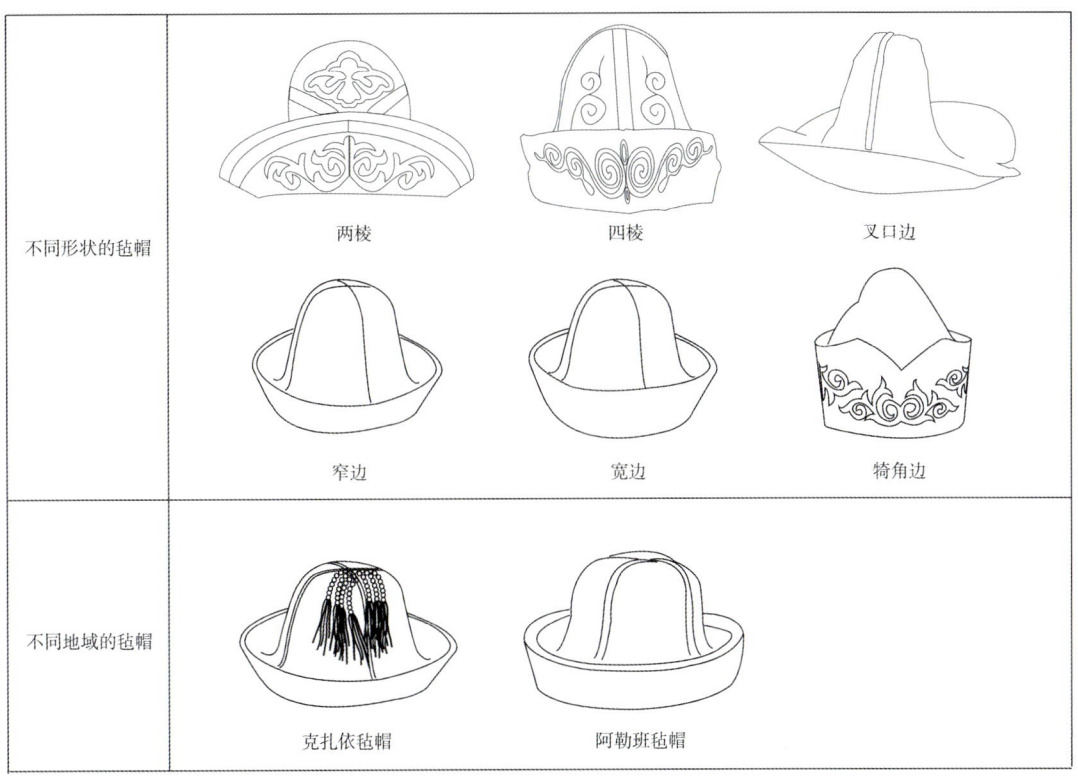

图六　哈萨克族男子毡帽形态比较图

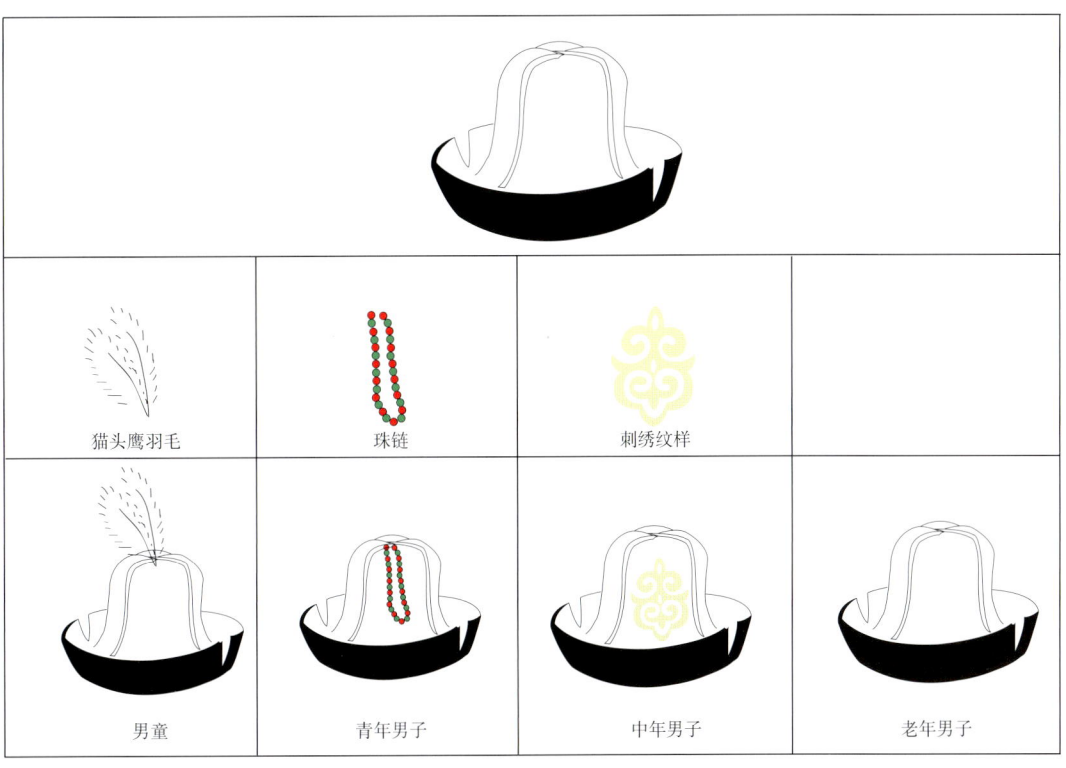

图七　哈萨克族男子毡帽佩戴年龄分析图

	植物纹样		对称单独纹样		正反相对纹样
	植物纹样和羊角结合纹样		对称纹样		正反相对纹样
	植物纹样		对称单独纹样		相向对称

图八　哈萨克族男子毡帽纹样分析图

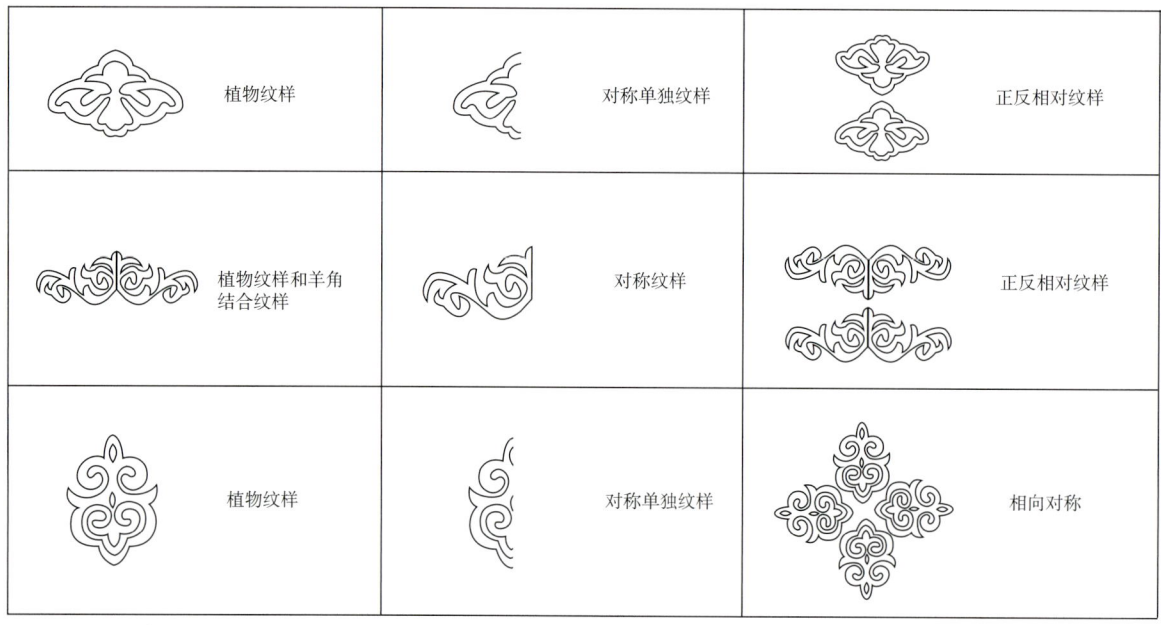

图九　哈萨克族男子毡帽材质分析图

图十　哈萨克族男子毡帽穿戴效果图

第二章　哈萨克族传统服饰

075

哈萨克族玛拉海帽

图一　哈萨克族玛拉海帽主图

玛拉海是哈萨克族百姓在冬季戴的帽子。玛拉海多为女性佩戴，是用珍贵的兽皮、长毛绒缝制而成，仅在冬季佩戴，抵御寒冷。玛拉海帽边可翻卷，里面絮有毛、绵，非常保暖。传统的玛拉海因其用不同的珍贵皮毛制作，又称作兽皮帽，是哈萨克族部落里身份的象征。

玛拉海一般会采用较昂贵的毛皮，其中有卷毛羊羔皮、水獭皮、狼皮、狐狸皮等，最常见的是水獭皮和狐狸皮。玛拉海多做成平顶样式，少数会根据皮质的不同做成矮尖顶和圆形顶样式。玛拉海大多都没有装饰，有的圆顶和尖顶的玛拉海会在帽边缝制少量的花草植物纹或羊角纹。制作玛拉海先要在毛皮上画好一条长方形的帽边和圆形的帽顶开片，裁剪下来后，使用粗线将帽子缝合，里面用毡、毛、绵做帽壁里衬。缝制玛拉海最常用的绣法是包边绣和平针绣。儿童、青少年佩戴的玛拉海会在帽顶插上一小撮猫头鹰的羽毛象征勇敢吉祥。玛拉海因不同的地区又可以分为乃蛮玛拉海、阿勒班玛拉海、阿勒泰玛拉海等。图一中的玛拉海是一款用狐狸皮制作的女款帽饰。玛拉海会配套相同质地的皮大衣、外套一起穿戴，有时在玛拉海内部还会先套上一顶小花帽，这样可以保持头部清洁，防止汗渍沾染皮毛，使皮毛受损。这种质地精美的皮毛制帽在古代多由富有人家的子女戴用，随着时代变迁，玛拉海成了哈萨克人冬季必备的皮帽，在缝衣店里有专门手工制作的这种皮帽出售。

哈萨克族人设计出相应的服装服饰来适应他们不同季节的生活需要，而玛拉海正是其中的代表。如今,很多哈萨克族的传统服饰都随着时间的变迁而消失,而玛拉海被延续使用下来,并成为大众必戴的冬季帽饰,说明了它的实用与美观功能仍符合人们的生活所需。

图片来源

图一 涂苏别克·斯拉木胡力:《哈萨克民俗文化》,新疆科学技术出版社,2009.

图二至图七 徐靓 制图

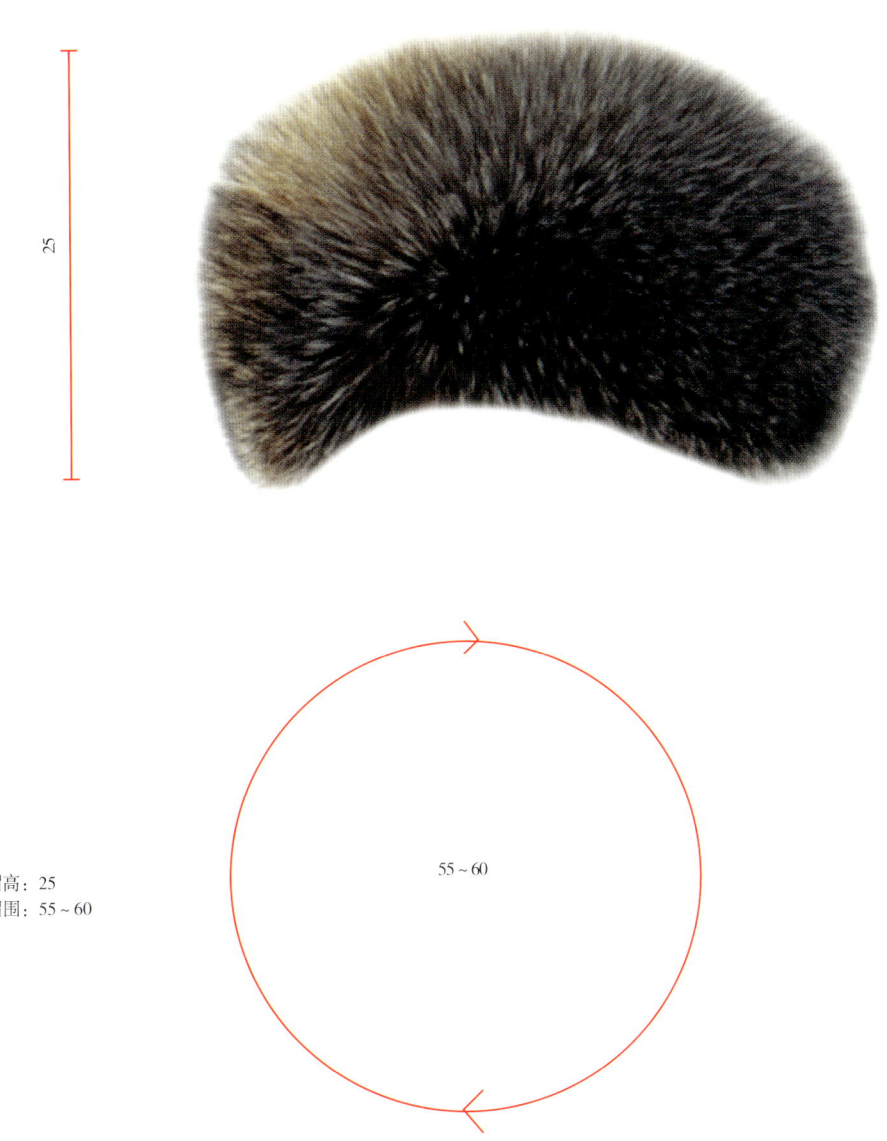

帽高:25
帽围:55~60

图二 哈萨克族玛拉海帽尺寸图(单位:cm)

图三 哈萨克族玛拉海帽展开图

图四 哈萨克族玛拉海帽类型对比图

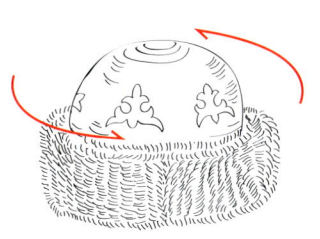
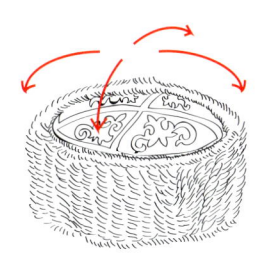

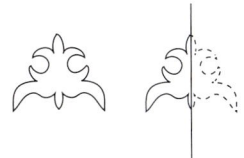
单隅植物纹样

单隅 花朵植物纹样

连续分布在帽檐

四方组合于帽顶

图五　哈萨克族玛拉海帽纹样分析图

狐狸皮

貂皮

玛拉海最常用材质

图六　哈萨克族玛拉海帽材质分析图

第二章　哈萨克族传统服饰

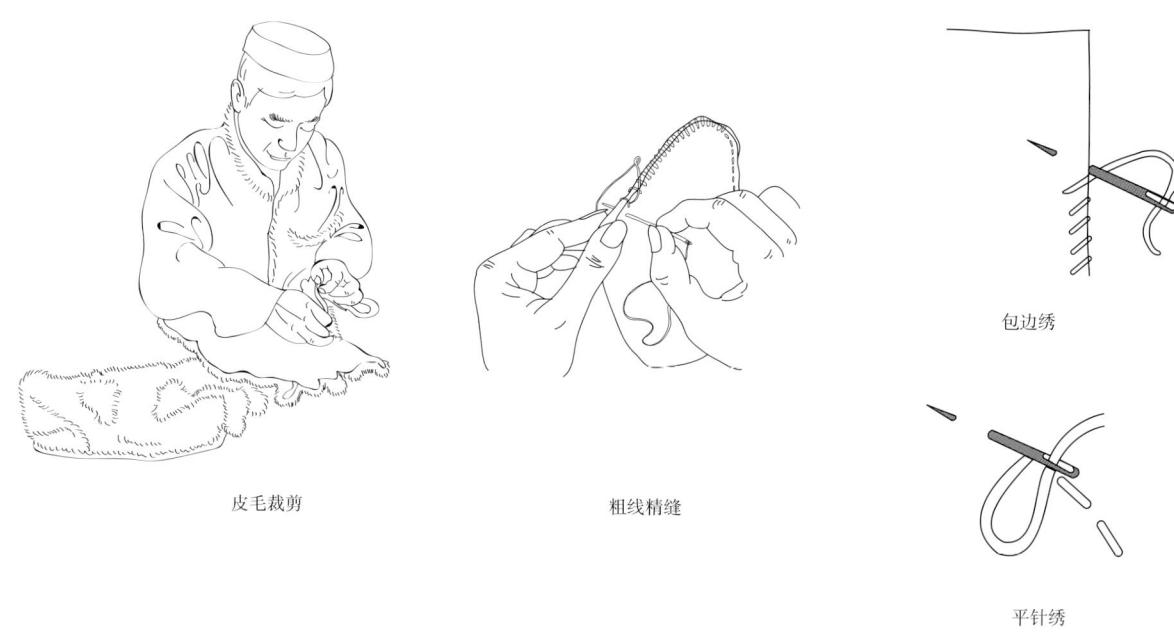

图七 哈萨克族玛拉海帽工艺图

哈萨克族套头巾

图一 哈萨克族套头巾主图

套头巾在哈萨克语中称克伊莫谢克，是哈萨克族女子生育孩子后一直需要佩戴的传统头饰。头巾平铺呈菱形，前片为三角形，中间挖空，后片较长，遮住双肩和后背。密封的头巾露出额头、眉毛、眼睛、面颊、鼻子、嘴和下巴，其他部位如头顶、头发、鬓角和耳朵被遮盖。草原地区常年风沙天气，套头巾是哈萨克女子用来固定长发的，同时保持清洁。哈萨克妇女爱美又精于装饰，常常在巾面上刺绣各式精美纹样。

套头巾是用白绫、白绸等布料缝制而成。图一中的套头巾额头笔直，面颊两侧遮盖着鬓角，并绕着下巴缝制。它的额头、面颊两侧、脖喉和前襟的部分绣有花草图案，同时镶嵌纽扣、串珠和银质铸块来装饰。根据地域和部落习俗的不同，装饰套头巾的花纹图案也有独特之处。

佩戴头巾不仅起到了美观、防风的效果，更具有丰富的象征性。哈萨克族女性有佩戴宽大头巾的传统。她们在不同人生阶段需戴不同的头巾，未婚的年轻女性通常和其他头饰配合戴"包巾"，婚后第一年戴"解列科"头巾或戴提花头巾，套头巾则是哈萨克妇女的一种已生育的身份标志，从中也可隐约透露出哈萨克族浓厚的传统观念。

图片来源
图一　Fotoe 网 10879454
图二、图四　刘颖　制图
图三　李郭　制图
图五　刘萧聪　制图

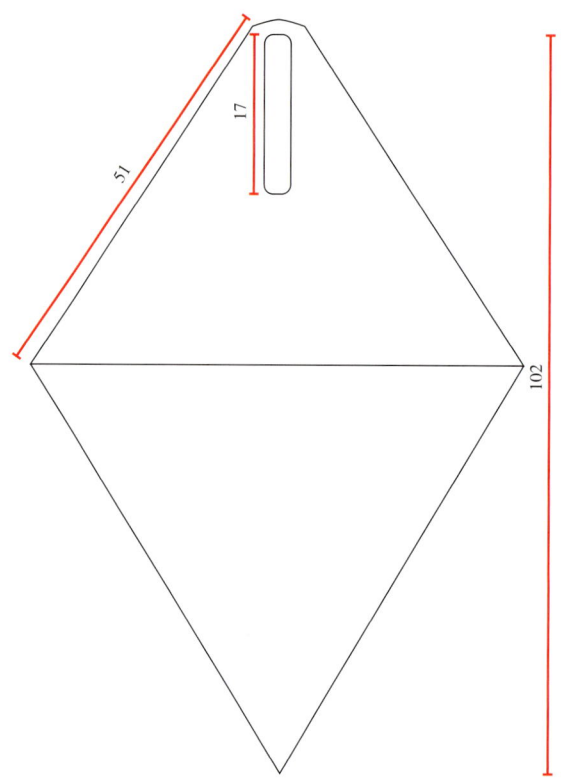

图二　哈萨克族套头巾尺寸图（单位：cm）

图三　哈萨克族套头巾穿戴示意图

图四 哈萨克族套头巾三视图

图五 哈萨克族套头巾局部分析图

第二章 哈萨克族传统服饰

哈萨克族盖头巾

图一　哈萨克族盖头巾主图

盖头巾在哈萨克语中称为什拉乌什,是盖在套头巾外的妇女头饰。盖头巾一定要盖在套头巾外使用。按女子年龄大小,盖头巾有绣花的和垂饰品别针的两种。使用时将头巾布折成15厘米长、3厘米高的絮有三角衬布的形态,经头上部翻盖在头顶之后,后面的巾边遮盖着背部。

盖头巾是用白绫、白绸、白棉布等材料制作而成。盖头巾覆盖的额头、头顶和后巾边绣有花草图案,并用耀眼的金银丝线和五彩线来绣边,也有面颊两侧绣边的。盖头巾头顶垂在额头的部位镶银质的别针。别针呈宽形,镶嵌宝石、玉石、变石等贵重装饰品。别针的额头处宽约20厘米,后边呈锐角。

笔直的额头处镶嵌银链带穿成的宝石串珠。两个点缀各种宝石的银质小别针在两边固定盖头巾头顶。已婚妇女戴有绣花盖头巾并镶嵌精美的垂饰品；丧夫女子戴绣有稀疏花纹图案并用淡色线来刺绣缝制的盖头巾，不佩戴垂饰品别针；年龄大的女子戴不绣花的盖头巾。盖头巾的缝制与中年妇女的头套大同小异，样式上依主人居住的地域、部落和氏族习惯不同而有所区别。阿勒泰地区的女子盖头巾有所不同，覆盖的额头、面颊和前襟多用红、紫色线来绣边，并绣有公羊犄角图案、鸟翅膀图案、羊角形图案等装饰图案。盖头巾不绣花边，巾额不衬布单折而成。盖头巾除了美观功能之外，也有固定套头巾的作用，在脑后打结，可以防止套头巾因风大而转动方向，在妇女劳作时不受影响。

盖头巾最初的来源是遮挡风沙之用，而后成为一种日常习俗和象征，哈萨克族盖头巾的特点是佩戴巧妙和纹饰精美，对现代头饰设计有一定的参考价值，在脑后打结的戴法已成为一种时尚元素，戴法多样。盖头巾上垂下来的流苏状别针既符合现代人的审美又极具异域风情。

图片来源

图一　阿斯力汗·巴根：《哈萨克毡房文化》，新疆青少年出版社，2001.

图二　刘颖　制图

图三至图七　马小雯　制图

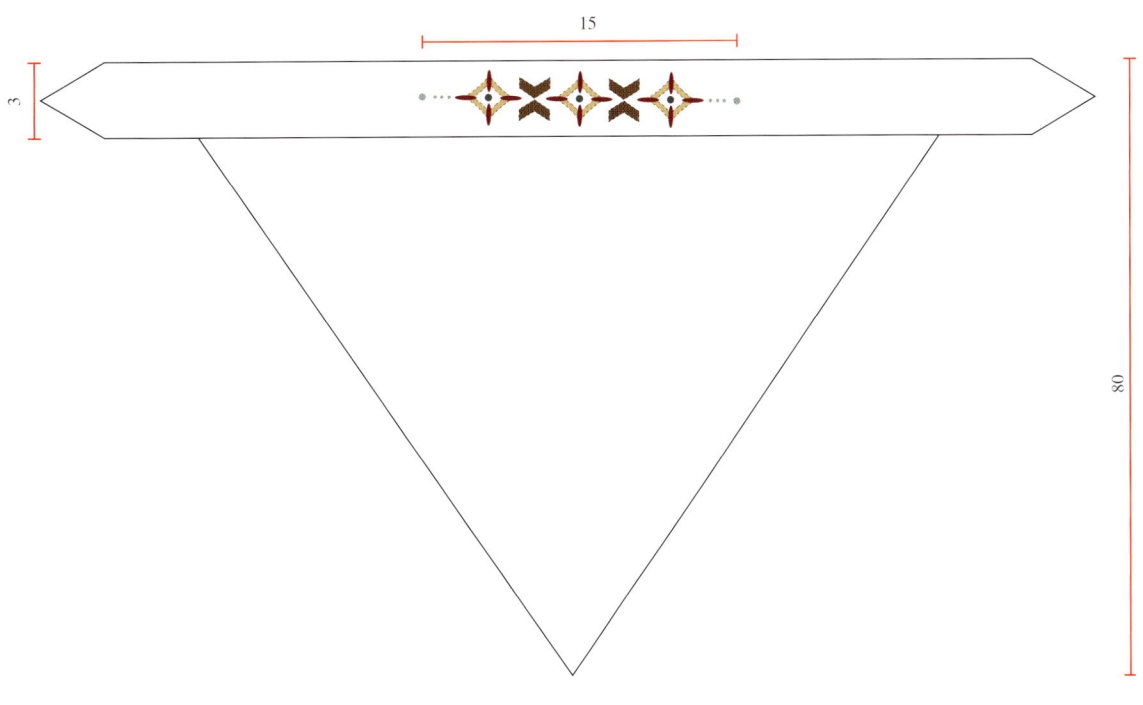

图二　哈萨克族盖头巾尺寸图（单位：cm）

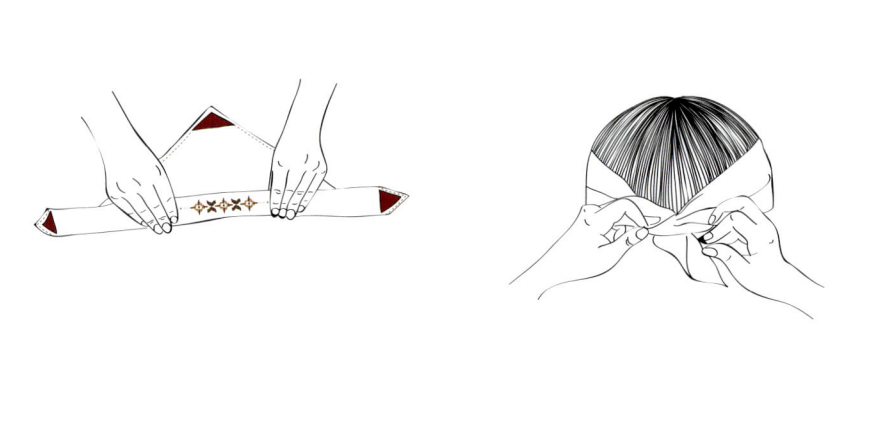
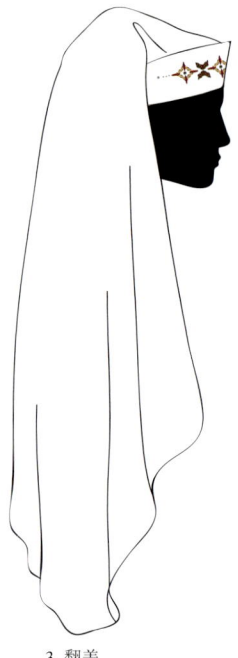

1. 折叠　　　　　　　　2. 绑带　　　　　　　　3. 翻盖

图三　哈萨克族盖头巾穿戴方法图

盖头巾一定要盖在套头巾外，没有套头巾就不能盖盖头巾

图四　哈萨克族盖头巾穿戴示意图

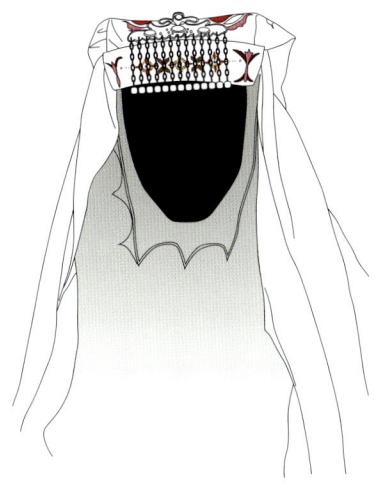

有夫之妇戴有绣花盖头巾并镶嵌精美的垂饰品

丧夫女子中年龄较轻的少妇套头巾和盖头巾绣有稀疏花纹图案并用淡色线来刺绣缝制，盖头巾不佩戴垂饰品别针

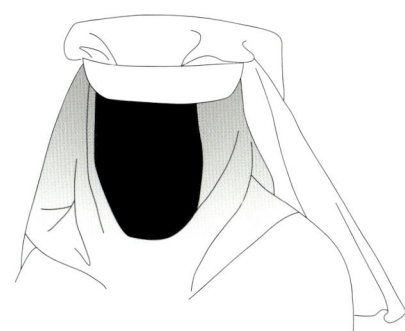

年龄大的女子戴不绣花的盖头巾

图五　哈萨克族盖头巾佩戴年龄分析图

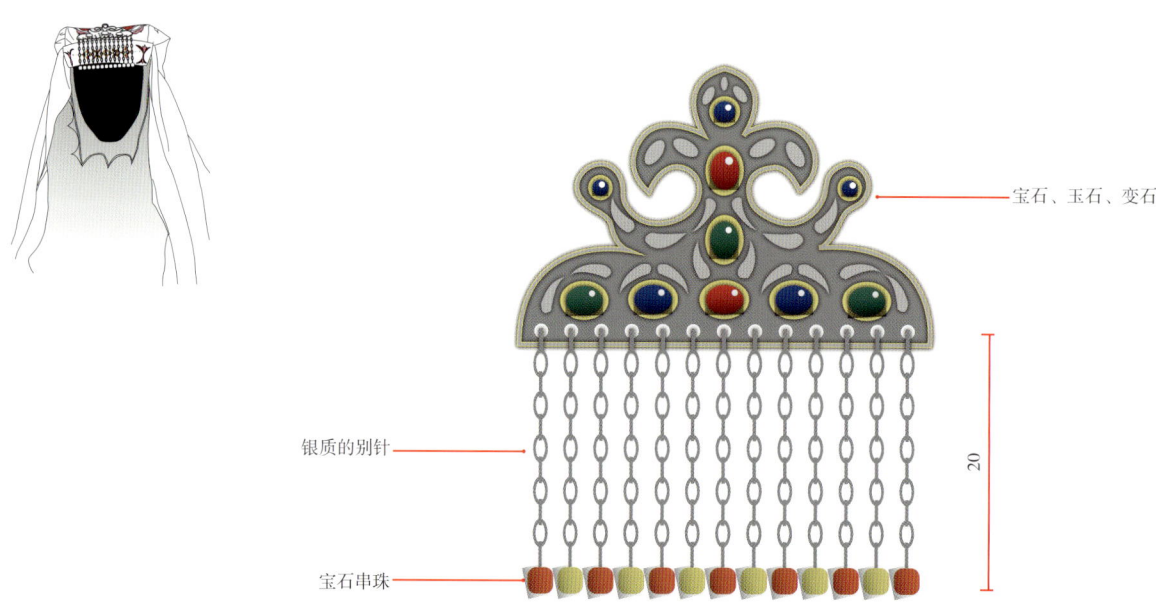

宝石、玉石、变石

银质的别针

宝石串珠

图六　哈萨克族盖头巾局部分析图1（单位：cm）

额头　　　　　　　　　　　　　　　　　背部

图七　哈萨克族盖头巾局部分析图2

哈萨克族男子坎肩

图一　哈萨克族男子坎肩主图

坎肩，是哈萨克族男子常穿着的服装款式，哈萨克族男子通常内穿直领镶花衬衣，衬衣外套绣花坎肩。其特点是对襟，无袖，无领，侧摆呈斜线，衣边长至腰部，又通常在胸襟、侧摆和领围处绣有精致的花纹。坎肩分为夏季棉坎肩和冬季皮棉坎肩，冬季皮棉坎肩又可分为皮坎肩和絮有毛、棉的棉坎肩两种。不同年龄阶段的男子坎肩称呼也不尽相同，小孩皮棉坎肩称"长再开"，青年男子冬季坎肩称为"库尔铁"，中年男子坎肩按季节分为单坎肩"杰利特"和厚坎肩"杰列特开"。

图一是青年男子夏季坎肩，对襟，三角形领口，无口袋，侧摆呈斜线。选用黑色平绒布料，衬单里，衣边用密线绗成。坎肩由三片完整的裁片缝制而成，一块后片和两块相同的前片。从衣领绕着衣边以及腰部都绣有蜷曲图案，以单独蜷曲纹为基本单元型，

采用连续和对称等图案构成法加以组合，并依照坎肩款型来确定图案适合的位置加以装饰形成适合纹样，形式简明统一，有着轻快的律动感。在对襟部分应用了对称适合纹样，在轻快活泼中平添了一份庄重的意蕴，对称是哈萨克族男子服饰图案构成的主导性原则。哈萨克族生活的范围是广袤的中亚草原、高原草场和山区地带，温差大，男子坎肩可外穿可内搭，一年四季都适合穿着，保暖美观又适应性极强，无袖的特点也方便男子活动。

哈萨克人穿着坎肩主要是为了方便马上活动，而且其保暖又美观，适用于当地较大的昼夜温差和迁徙时变化的草原气候，是功能适应性极强的设计。坎肩是哈萨克族典型的日常设计案例之一，至今仍为哈萨克人广泛穿着。由此可见，适应条件越宽泛的设计，时代适应性越强，留存空间也越大。

图片来源
图一、图二、图四至图七　李郭　制图
图三　卢杰　制图

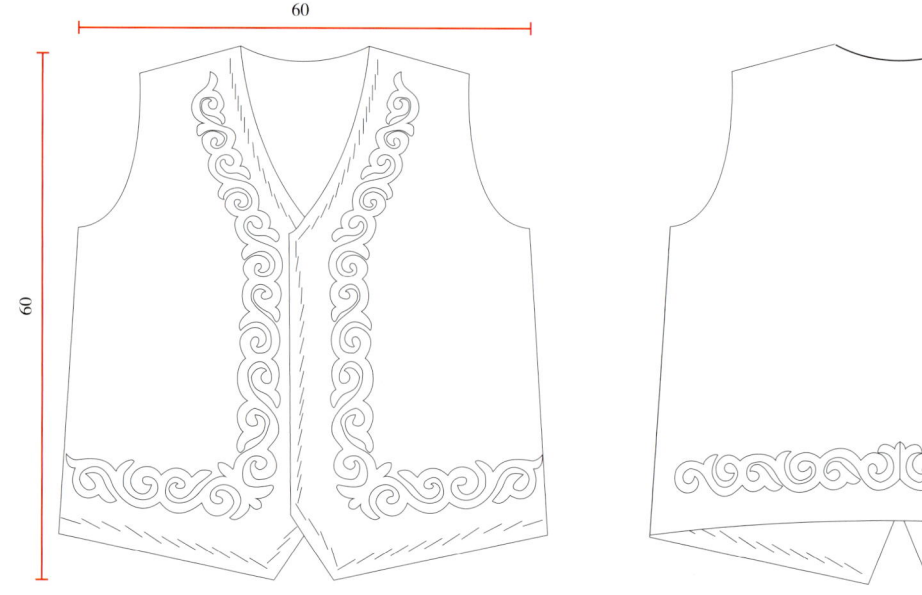

图二　哈萨克族男子坎肩尺寸图（单位：cm）

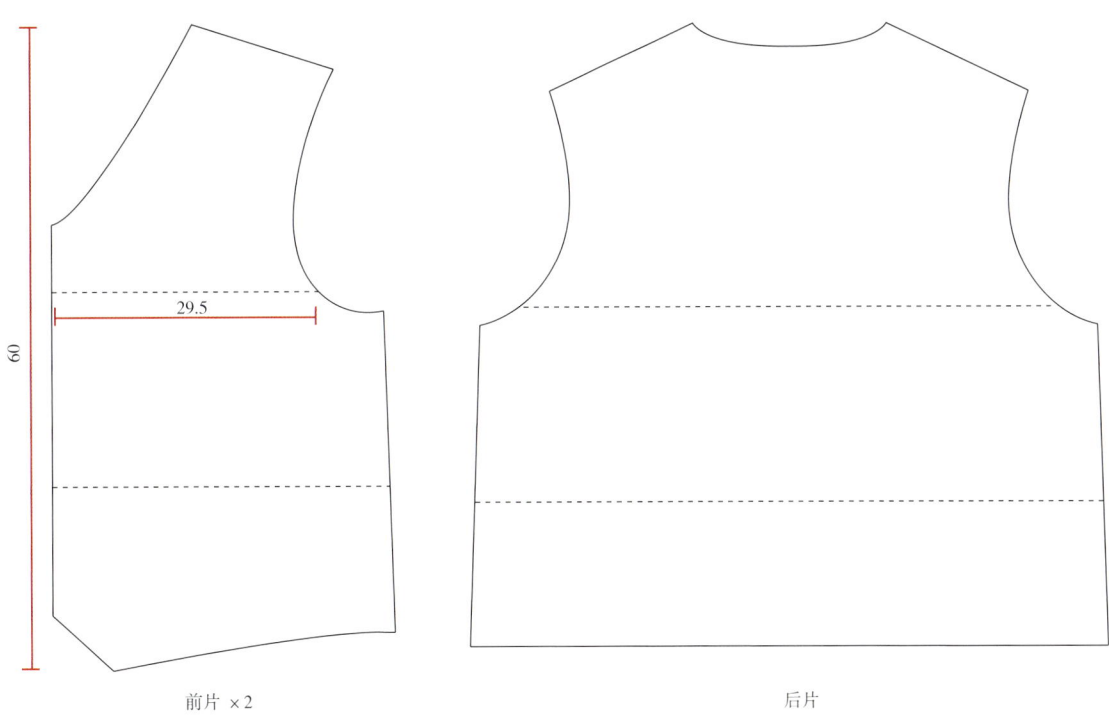

前片 ×2　　　　　　　　后片

图三　哈萨克族男子坎肩开片图（单位：cm）

图四　哈萨克族男子坎肩复原图

外衣
内里

黑色：象征大地与和睦
白色：象征喜庆、高兴和真理

黑色：象征大地与和睦
蓝色：象征自由、广阔、天空和水
红色：象征太阳、强大和光明
黄色：象征忧郁、智慧、知识
白色：象征喜庆、高兴和真理
绿色：象征青春、生命和春天

图五 哈萨克族男子坎肩色彩分析图

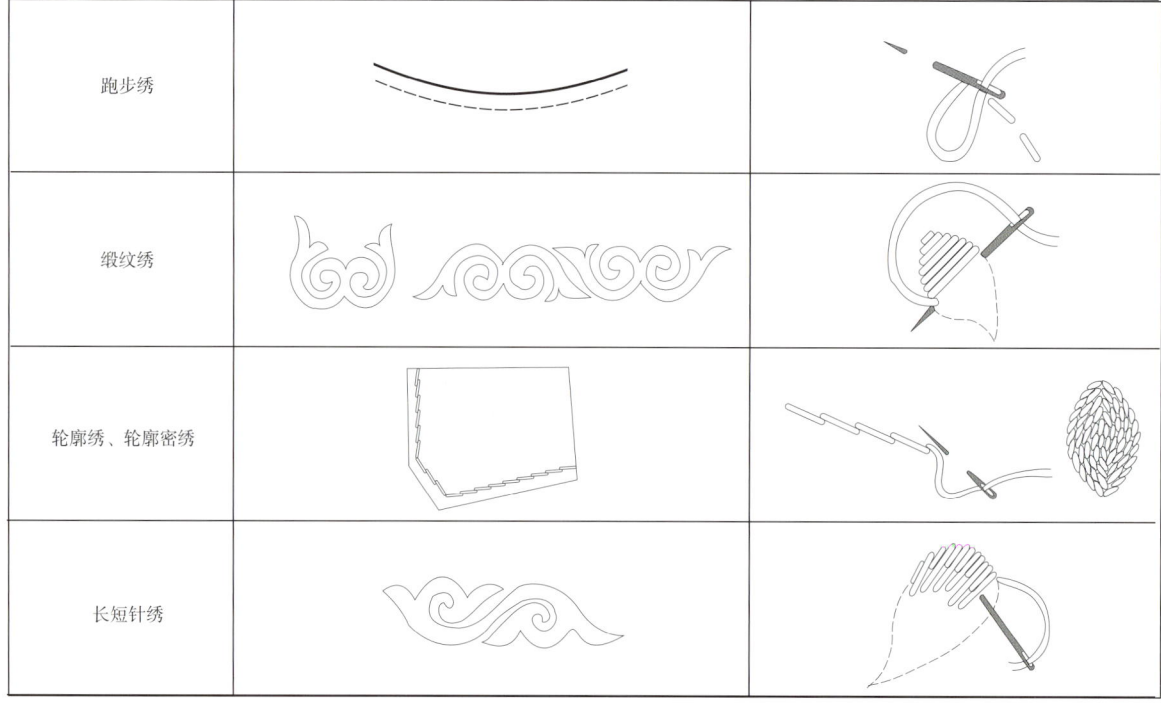

图六 哈萨克族男子坎肩绣法分析图

图七　哈萨克族男子坎肩纹样分析图

哈萨克族女子坎肩

图一　哈萨克族女子坎肩主图

　　坎肩，是哈萨克女子常备的服装，一般配合连衣裙穿着。其特点是对襟、无领、无袖或短袖，衣长过腰部。款式分为收腰式和直筒式，适合不同年龄段的女性。哈萨克族女子一年四季都可衣着坎肩，有绒布制成的夏季坎肩和絮有棉毛的冬季坎肩。日常穿着不绣花坎肩，只在胸前、衣边四周和后腰带适当地镶有银元串珠和纽扣等装饰物，走起路来叮当作响，饶有趣味。精致绣花的坎肩则在重大节庆和集会活动中才穿着。

　　坎肩常选用绒面布料，有平绒、金丝绒和条绒之分，绒布表面具有稠密平齐、耸立而富有光泽的绒毛，质地厚实，手感柔软，耐磨保暖，富有弹性又不易起皱。图一是青年女子的长坎肩，采用黑色平绒布料缝制，多边形花领，无袖，腰部窄细，胸部略突出，两侧缝上口袋和后腰带。坎肩由三片完整的裁片缝制而成，一块后片和两块相同的前片。坎肩领口、腰部及衣边四周都绣有小兰花等花草图案并用金银丝线来包边及刺绣，惯用的绣法有跑步绣、轮廓绣和长短针绣等。此外，不同年龄阶段女性的坎肩有不同特点。青年女子的坎肩通常采用红、紫红、绿、蓝等颜色艳丽的高档布料缝制，收腰式，下摆呈尖角。已婚妇女则穿着颜色偏深、直筒式的坎肩。

女子坎肩比男子坎肩更注重装饰，在领口、衣襟、下摆、分叉的部位，运用更多的图案及色彩，其宽边和细线的装饰整体表现了节奏韵律之美。女子坎肩也是哈萨克族服饰中辨识度较高的设计案例。坎肩的款式及颜色随着着装女性年龄变化而变化，女孩、青年女子及已婚女性的坎肩有明显差别。现代服装设计应从中吸取经验，通过细分不同年龄人群的生理和心理特征，在同一款式上进行细节处理或改良。

图片来源
图一至图三、图五至图九　李郭　制图
图四　卢杰　制图

图二　哈萨克族女子坎肩尺寸图（单位：cm）

图三　哈萨克族女子坎肩彩色复原图

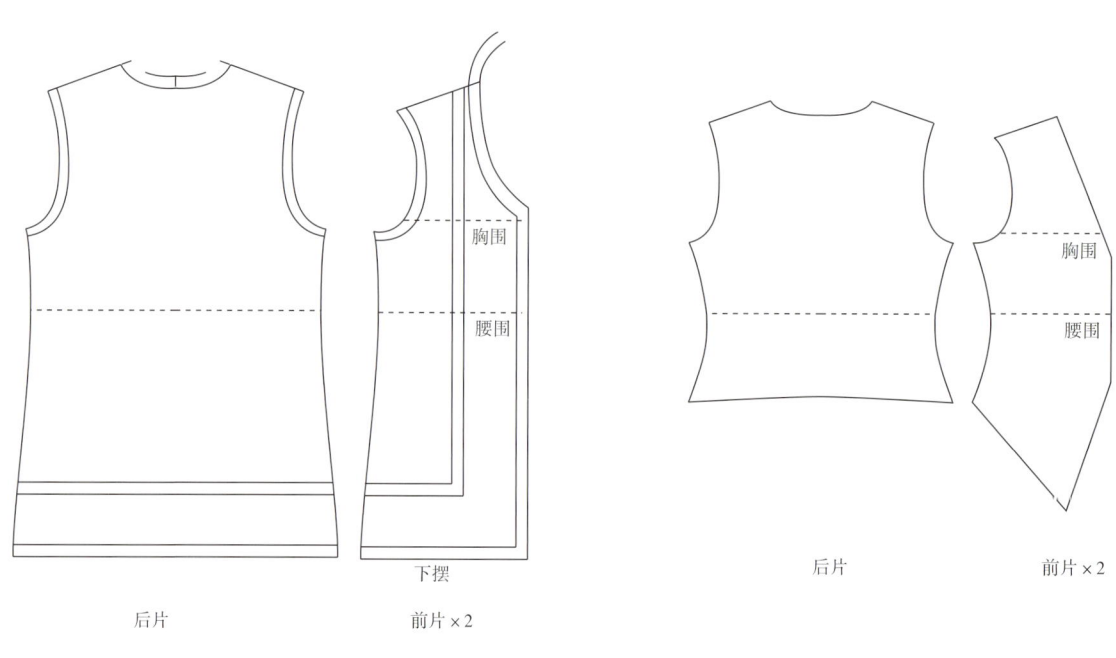

图四　哈萨克族女子坎肩开片图

	女孩坎肩	青年女子坎肩	已婚妇女坎肩
结构图			
领口部位	深V型领	多边形领	圆弧浅V型领
腰部位	收腰式	收腰式	直筒式
前襟底边	三角，呈斜线	直角	直角

图五　哈萨克族女子坎肩结构分析图

外衣
内里

黑色：象征大地与和睦
白色：象征喜庆、高兴和真理
蓝色：象征自由、广阔、天空和水

红色：象征太阳、强大和光明
黄色：象征忧郁、智慧、知识

蓝色：象征自由、广阔、天空和水
红色：象征太阳、强大和光明
黄色：象征忧郁、智慧、知识
白色：象征喜庆、高兴和真理

图六　哈萨克族女子坎肩色彩分析图

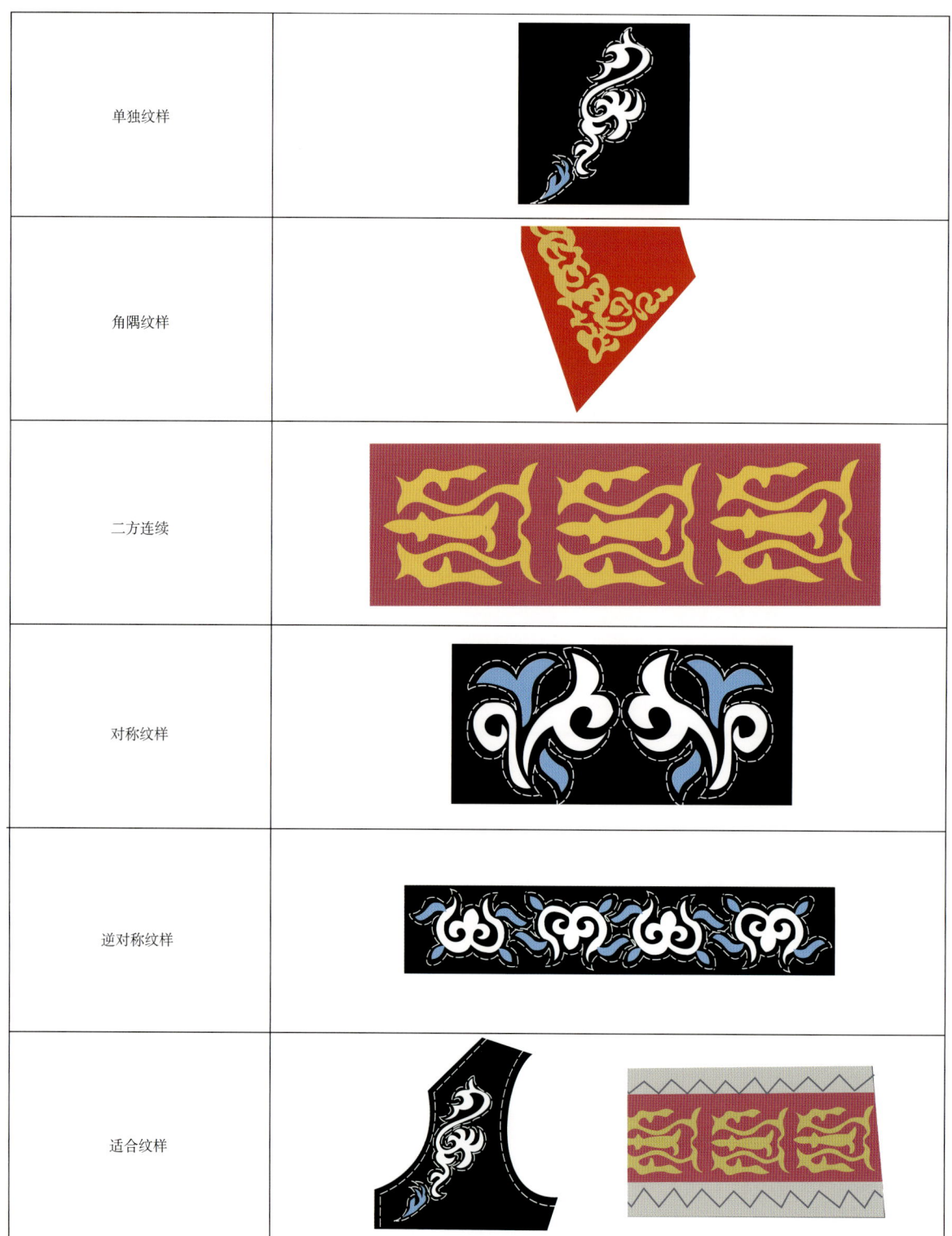

图七　哈萨克族女子坎肩纹样分析图

跑步绣	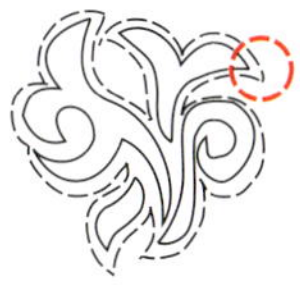	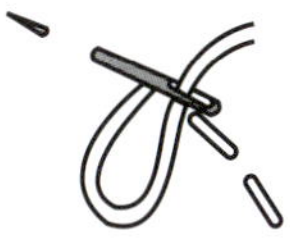
锯齿秀	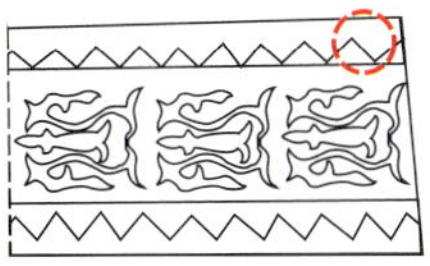	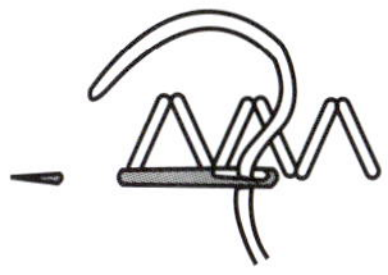
缎纹绣	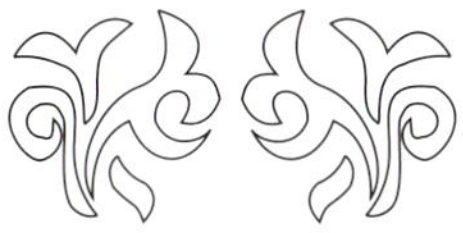	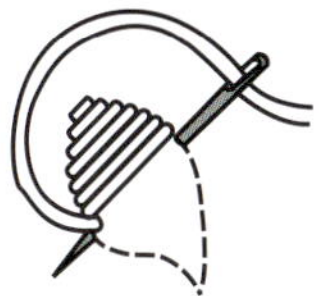
轮廓绣、轮廓密绣		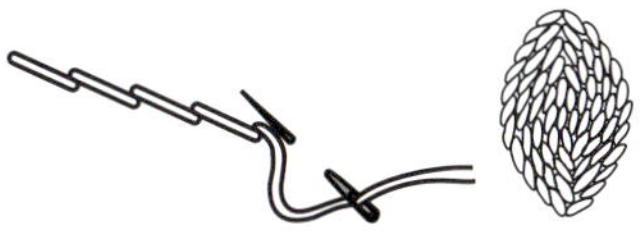
长短针绣	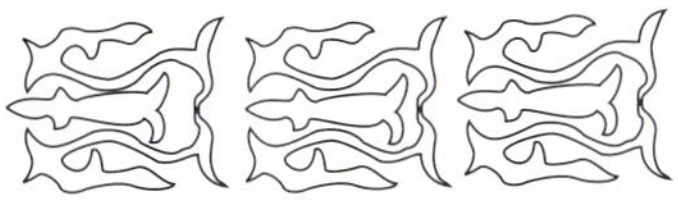	

图八 哈萨克族女子坎肩绣法分析图

图九 哈萨克族女子坎肩穿戴示意图

第二章 哈萨克族传统服饰

哈萨克族直领镶花衬衣

图一　哈萨克族直领镶花衬衣主图

直领镶花衬衣是哈萨克族男子日常穿着的服饰。其基本形态为套头穿着，立领套头，袍袖为加束口的袖袢。传统领式是直领，现今也有改良的翻领。衬衣花纹主要分布在衣领、袖口和衣身襟前。除了日常穿着，盛大活动中直领镶花衬衣也可与其他服饰进行搭配。直领镶花衬衣既起到内衣的作用，又有与坎肩等其他服饰相搭配的穿着方式，美观又实用。

直领镶花衬衣是用单薄棉布、丝绸、白绫子等布料缝制而成。现今多采用高档面料，如涤纶、尼龙、亚麻纤维等布料。制作衬衣时沿开片图裁剪，缝合之后采用平针绣和结绣两种刺绣工艺缝合。在案例衬衣的袖祥、直领与襟前都有沿服装结构解构排布的连珠纹。连珠纹有太阳含义，是西域传统文化中的一种几何图形纹饰，是由一串相连的圆形组成，呈一字形、圆弧形或S型排列。连珠纹代表太阳，于5~7世纪间沿丝绸之路从西亚、中亚传入我国，但在这一时期基本是用在青铜器、建筑、陶瓷等上面作为装饰。在商代的叶脉纹镜上就可以看到连珠纹的装饰。连珠纹在中国的唐锦中成为数量最多而且具有时代特色的纹饰。衣前襟和直领绣有稀疏的花草图案或有格扇形几何针镶边。案例中所示的衬衣、衣领、襟前和袖口均绣有几何或自然花草图案，以四方连续为骨架，依照衬衣结构走势排布。哈萨克人在节日、集会、走亲访友、婚礼等活动中多穿绣花衬衣，而通常务工穿着的衬衣则不刺绣。在袖祥、立领和襟前等处的刺绣图案除了美观以外还起到耐磨的作用。

直领镶花衬衣方便耐用，既能单穿作外衣又能搭配其他外套服饰，已成为哈萨克族男子的经典日常服饰之一。哈萨克牧民男子身着直领镶花衬衣，外穿坎肩罩大衣，然后再套袷祥，腰间系宽牛皮带配以精美小刀，脚穿皮靴，头戴吐马克帽，显示出独有的剽悍威武之气。

图片来源
图一、图二、图四、图五　刘颖　制图
图三　卢杰　制图

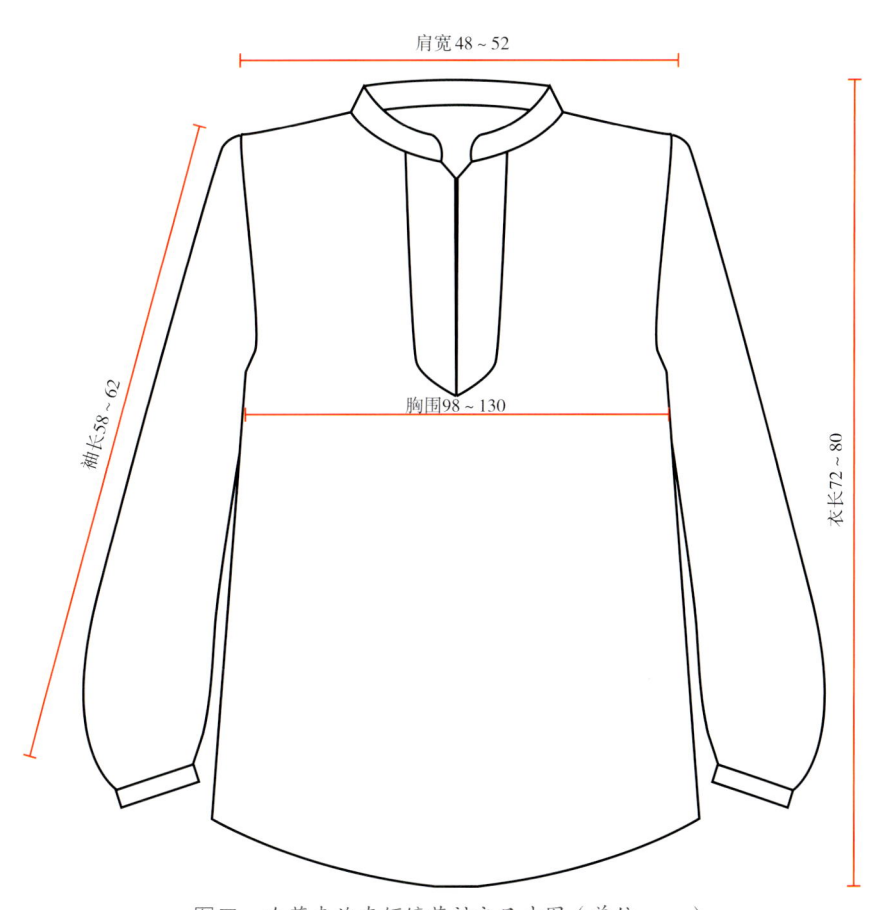

图二　哈萨克族直领镶花衬衣尺寸图（单位：cm）

图三 哈萨克族直领镶花衬衣开片、尺寸图（单位：cm）

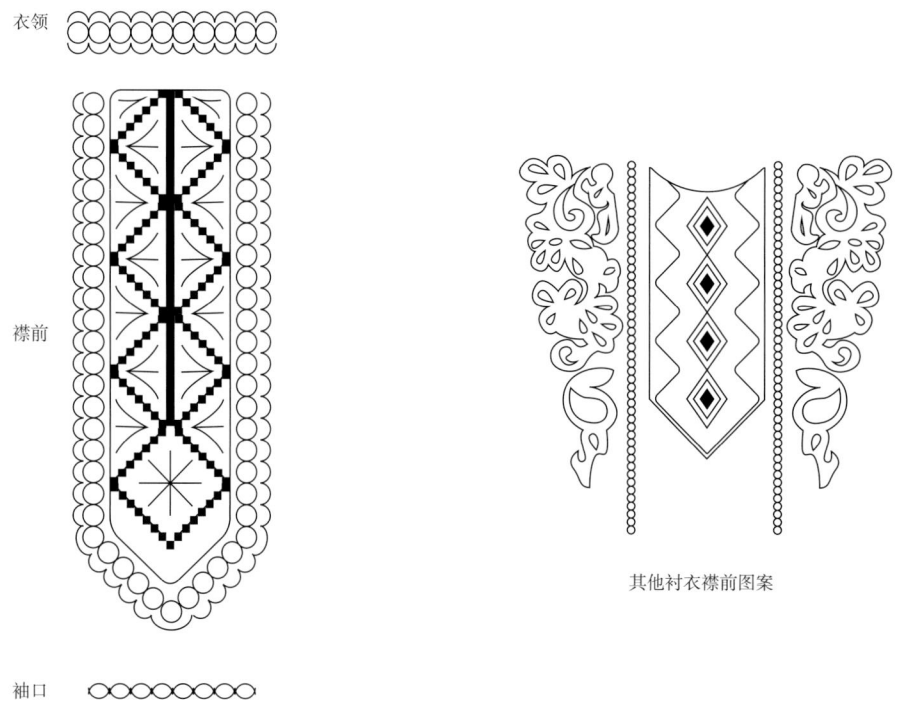

图四 哈萨克族直领镶花衬衣形态分析图

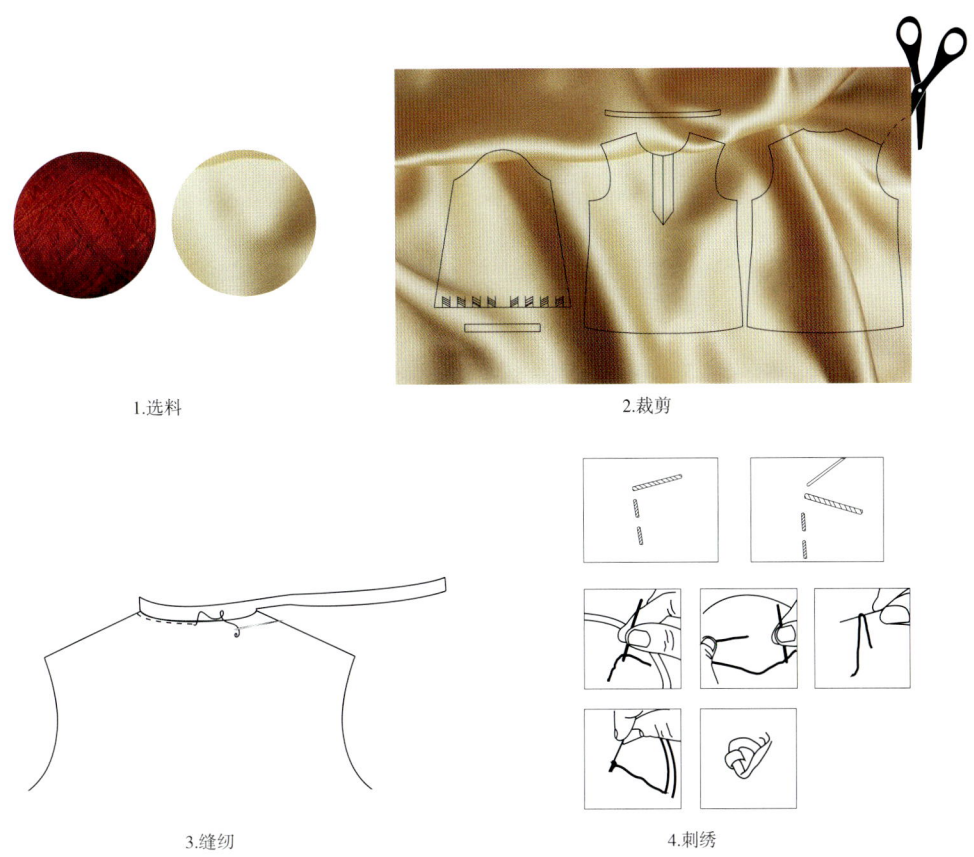

1.选料　　　　　　　2.裁剪

3.缝纫　　　　　　　4.刺绣

图五　哈萨克族直领镶花衬衣工艺分析图

哈萨克族连衣裙

图一　哈萨克族连衣裙主图

哈萨克族连衣裙，又叫荷叶裙、绣花裙，是哈萨克族女性必备的服饰。哈萨克族连衣裙种类繁多：女孩自幼会穿着多褶的连衣裙，是一种有领有袖、下摆至膝盖以下、长边无里的多褶裙；青年女子喜欢穿多层裙边的荷叶裙和华丽的绣花裙；中老年女子则多穿朴素的花色衬裙。连衣裙还有更多适用于节庆礼仪的款式，在各类喜庆活动与民族特色表演中必不可少。

不同款式的连衣裙，缝制上也有差异，

最典型的要数褶子裙、荷叶裙和绣花裙。褶子裙又包括双褶裙和多褶裙，双褶裙分别以四边、六边和八边而缝制，多褶裙的褶子为两褶以下至腰部。荷叶裙边多分为四片、六片、八片裙，荷叶层有三层、四层甚至更多层，可缝到坎肩衣边。绣花裙的裙边为四片和六片，每片裙边刺绣有小蓝花和白花等花草图案。连衣裙都有直领和翻领两种，在领边和前襟周围会绣有花纹图案。制作连衣裙的布料多为红、绿、白、紫色的丝绸缎子和印花布，透气舒适。喜庆活动中穿着的连衣裙则会更漂亮，在裙摆边和袖口四周装饰金边银饰，或绣有鲜艳的花纹图案。图一中的连衣裙是一条用红色和白色绸缎为布料制作而成的八边荷叶裙，长至脚踝，适合青年女子穿戴。红色的绸缎主要制作了裙身、袖臂和裙摆前片，在领口和裙摆前片装饰有黄色亮片，在胸口和裙摆底边绣有花草植物纹样作装饰。白色丝绸则主要用于制作袖摆和裙边的部分，在袖口部分还配有椭圆亮片。连衣裙在一年四季都可以穿戴，姑娘们根据气候可在连衣裙外搭配坎肩、袷袢、皮大衣穿着。

哈萨克族妇女人人心灵手巧，手工精心缝制的连衣裙既漂亮又舒适合体，外地人也折服于连衣裙华丽的样式和精湛工艺。每当盛装集会，哈萨克族姑娘们穿着鲜亮多彩的连衣裙，像一朵朵绽开的草原之花。随着时代的发展，哈萨克族女性为了方便工作与家务也都逐渐换上了裤装，但是节庆与活动中，她们依然会穿上独具民族特色的连衣裙。如今连衣裙的面料越来越丰富，样式也越来越符合现代口味，说明哈萨克族连衣裙在适应现代环境与审美的需求而不断创新。

图片来源

图一　涂苏别克·斯拉木胡力：《哈萨克民俗文化》，新疆科学技术出版社，2009。

图二、图五至图七、图九　徐靓　制图

图三、图四　侯雨薇　制图

图八　侯雨薇、徐靓　制图

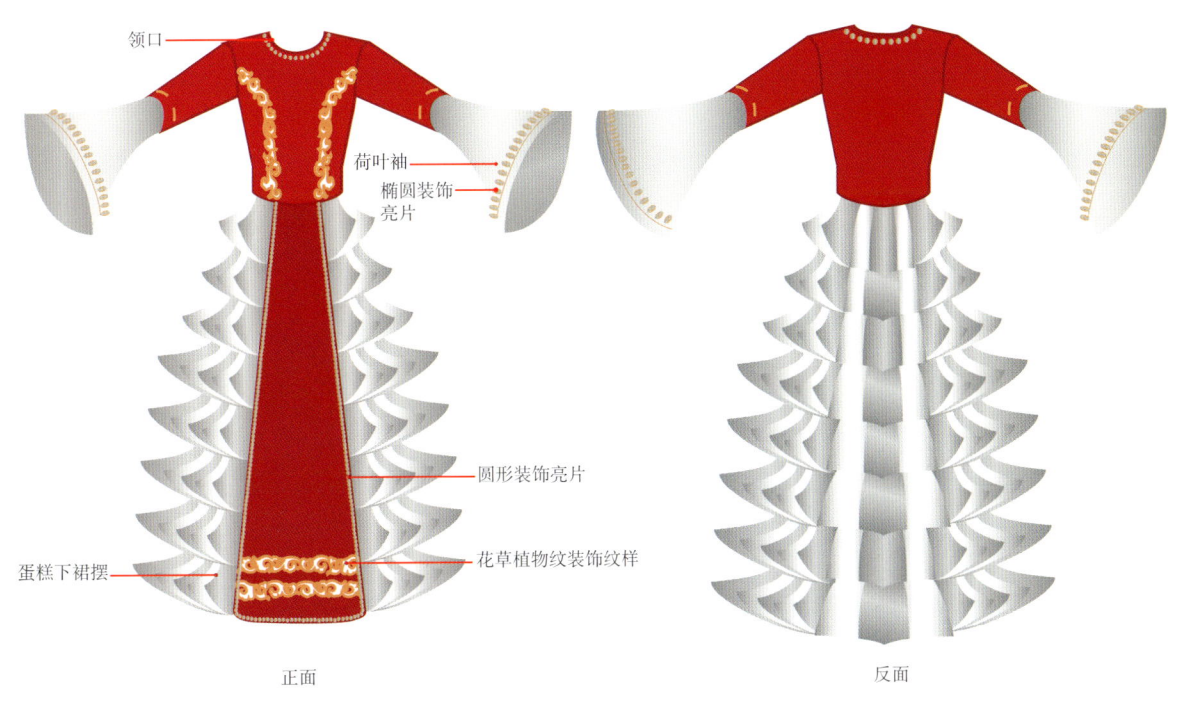

图二　哈萨克族连衣裙结构名称图

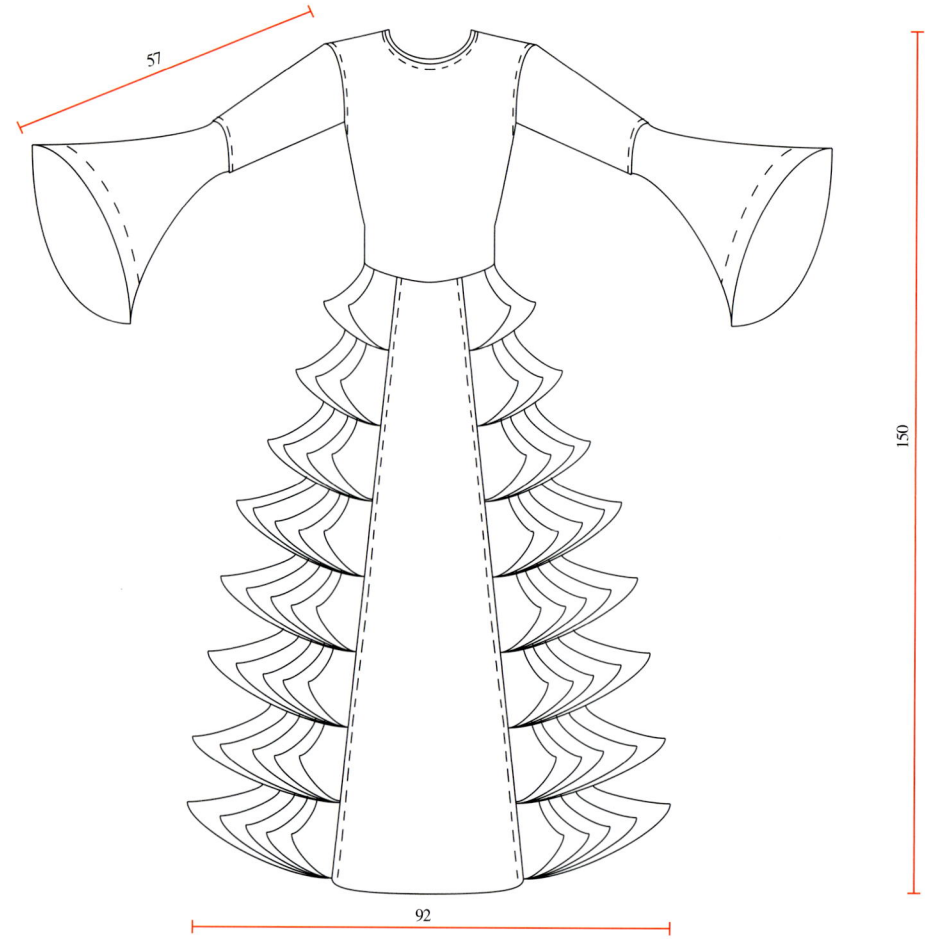

图三 哈萨克族连衣裙尺寸图（单位：cm）

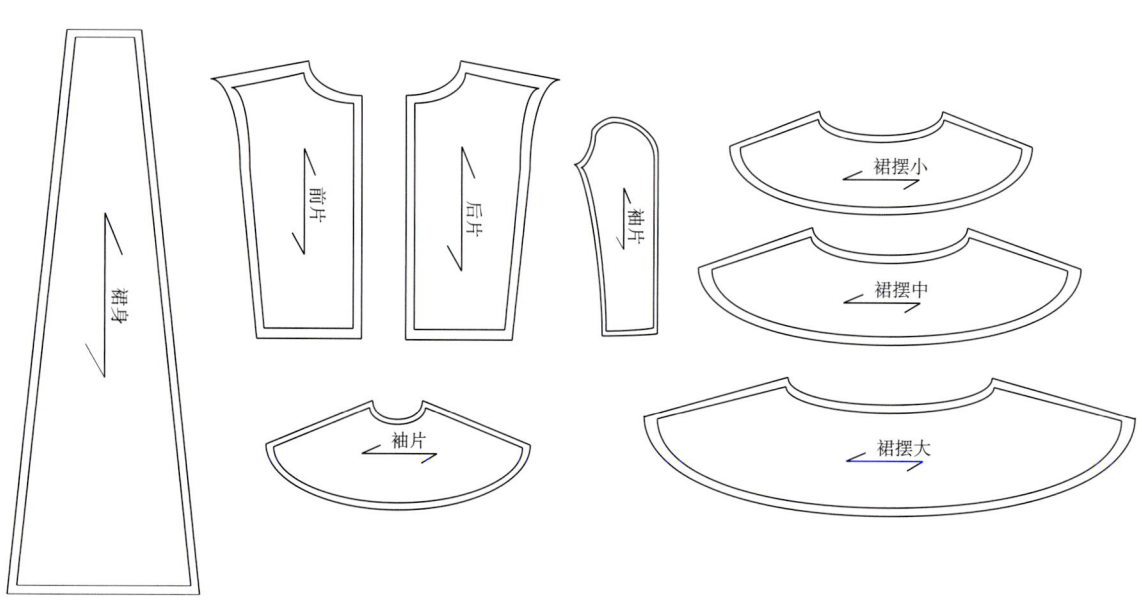

图四 哈萨克族连衣裙开片图

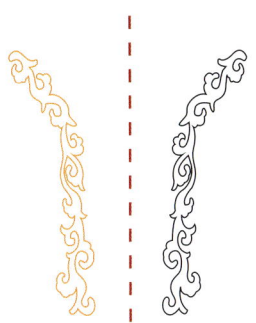

纹样：花草植物纹样
分布：延衣服中轴线对称分布在胸到腰部两侧

纹样：花草植物纹样
分布：逆对称分布在裙身前片中下部位

红色：象征太阳、强大个光明
黄色：象征忧郁、智慧、知识
白色：象征喜庆、高兴和真理

图五 哈萨克族连衣裙色彩图案分析图

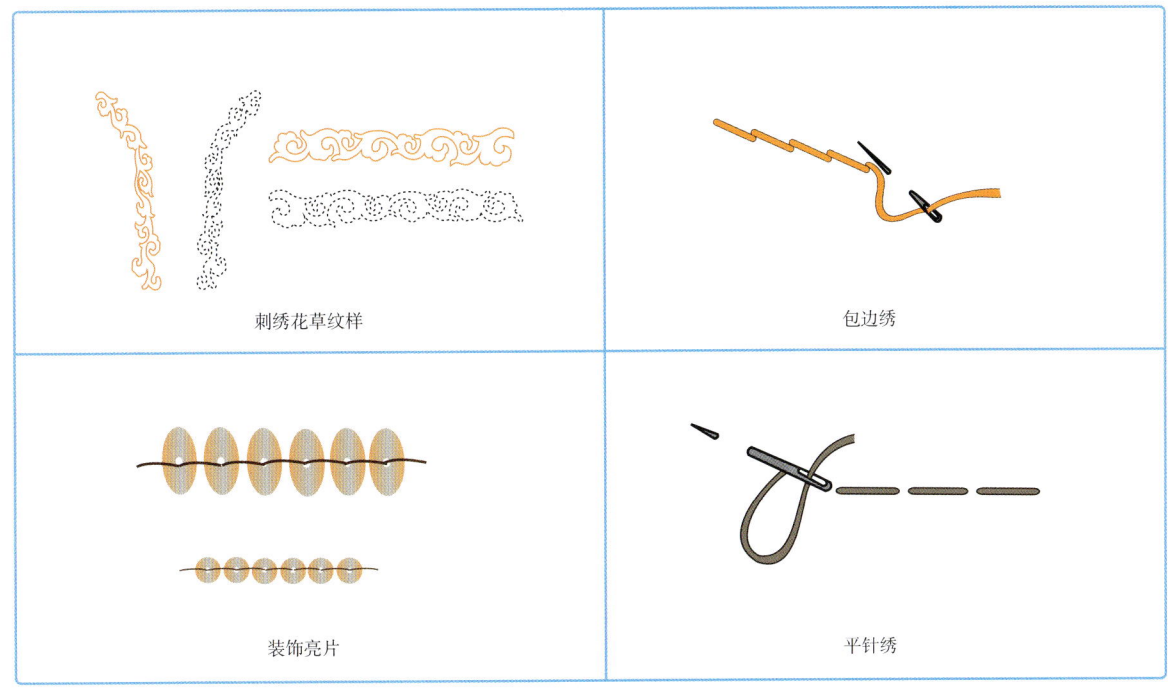

| 刺绣花草纹样 | 包边绣 |
| 装饰亮片 | 平针绣 |

图六 哈萨克族连衣裙工艺分析图

第二章 哈萨克族传统服饰

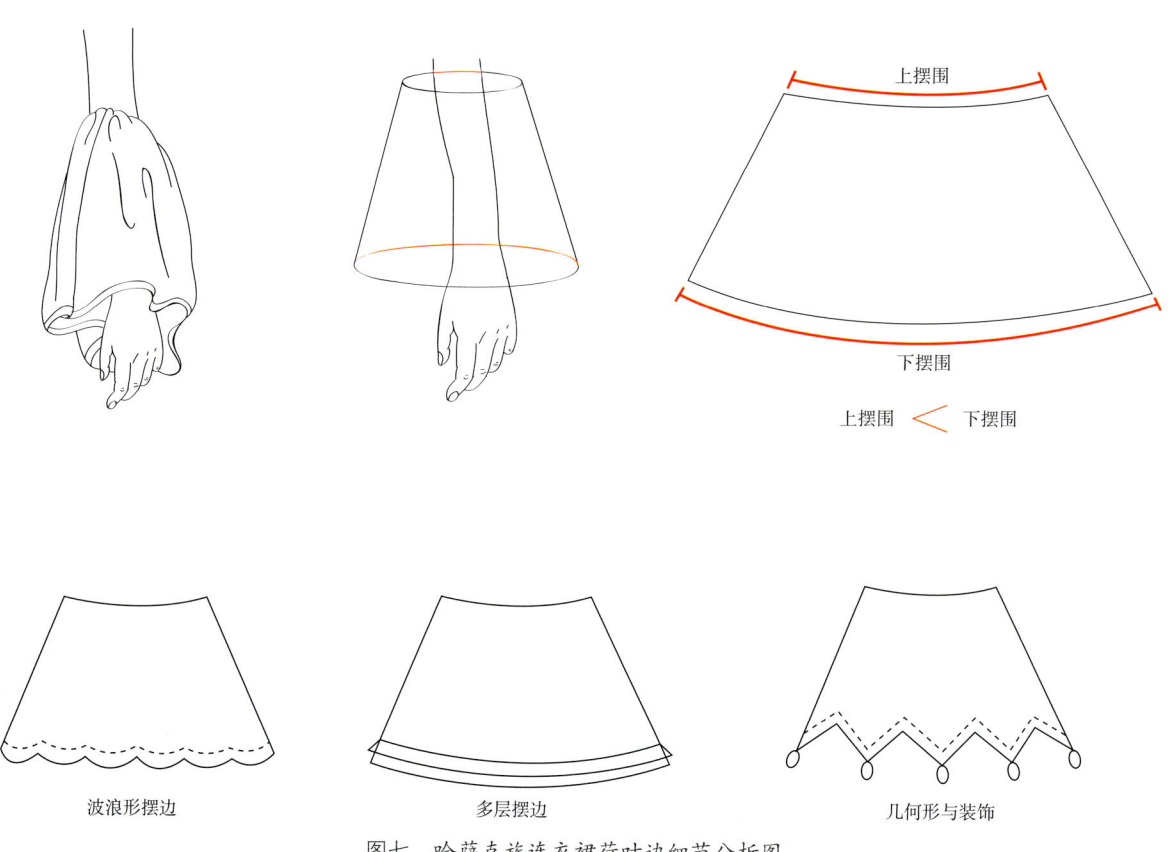

图七　哈萨克族连衣裙荷叶边细节分析图

图八　哈萨克族多种连衣裙款式图

中国少数民族设计全集·哈萨克族

108

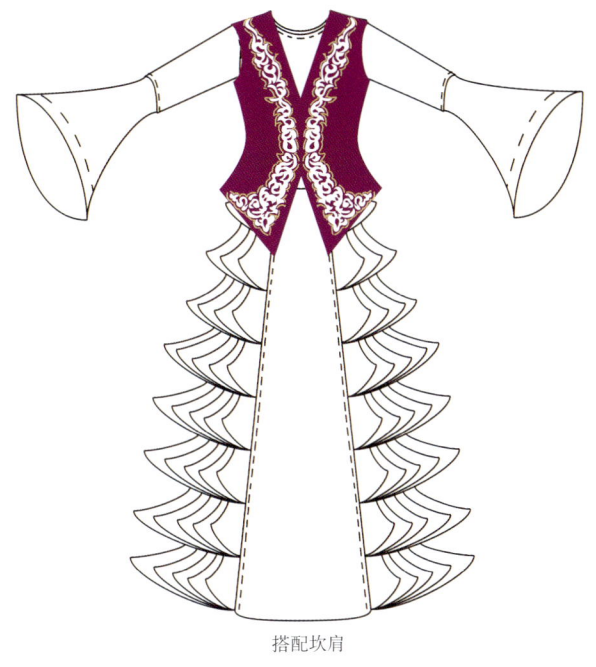

搭配坎肩

搭配袷袢

图九 哈萨克族连衣裙穿戴搭配图

第二章 哈萨克族传统服饰

哈萨克族皮大衣

图一　哈萨克族皮大衣主图

皮大衣，是哈萨克族男子冬季常穿的服饰。其款式多为对襟、合领、不系扣，衣长过膝，以盖住脚踝为限，下摆有开衩及不开衩之分，袖长过指。皮大衣宽大肥厚、方便耐穿，可以抵御寒冷与风吹日晒的恶劣天气。

皮大衣多用羊皮缝制，罩布面的皮大衣叫做"依什克"，布面多选用质地厚、色泽鲜艳、耐磨、耐脏、防风雪的布料。传统大衣主要选条绒、涤卡、华达呢，现在主要选条绒、呢子或带有斜纹纹理的布料。不罩布面的皮衣叫"托恩"，用鞣制好、经处理的老羊皮缝制，不罩布面，皮板朝外。有的男子还穿用羊羔皮、狼皮、狐皮或者其他兽皮缝制的外有布面的圆领皮大衣，有的也穿用马驹皮缝制的皮衣。图一为不罩布面的皮大衣，选用鹿皮缝制，鹿皮的手感极佳，纹路自然粗犷，松软，孔率大韧性足，延伸性大，是其他皮料所不能比拟的，鞣制后可制高档服装和皮件。大衣上的红色染料取自阿尔泰山上的红松，是纯天然的植物草本染料。这个染料在某种意义上说是一种天然的防腐剂。在皮革染色上，哈萨克族民间就有传统利用自然界各种染色物：牲畜体内颜色、矿物颜色以及植物中的颜色进行染色和绘制图案的做法。皮革的染色多用红松皮、大黄根、刺黄柏、马耳草籽、匙叶草等，并加入白矾、白硇砂、盐、苔藓、酸奶汁等这些草原上司空见惯的原料，按着比例混合并熬煮成汁，根据皮张的大小及数量，将配制好的染料涂染在皮革上，这种传统的染料具有不污染、不褪色、无异味等特点。至今，部分地区仍保留着这项传统技艺，成为了草原民族的一项非物质文化遗产。大衣通体刺绣，采用不同颜色丝线绣出的图案和花卉讲究对称，采用花苞、绿叶、花叶、小花相连的构图，展示服饰的华贵秀丽。此外大衣后背有以波浪边沿形成的圆形图案，象征太阳，表达了对吉祥、幸福的追求。其绣法多为锁链绣，立体感较强。

哈萨克族皮大衣的最初功能主要用于抵御严寒，其他民族的皮大衣也是如此，但后来哈萨克族开始用传统皮大衣的纹饰和工艺象征地位、身份和权力。然而这种工艺的皮大衣已很少见，近来才陆续被发现和展出，主要作为家族珍贵的传世物品得以保留。哈萨克族历史久远、娴熟的鞣革和绣花技艺吸引了各民族的关注，但像熟皮、绣纹等工艺随着草原文化的不断变迁而濒临失传，使得

图二　哈萨克族皮大衣彩色复原图（正面）

传统皮大衣很难再复制。所以说，传统设计需要得到保护和传承，应该关注的不仅仅是设计物品本身的保护，更多的是设计工艺、设计材料和整个设计生态的保护，以及民族记忆的传承。

图片来源

图一 阿斯力汗·巴根：《哈萨克毡房文化》，新疆青少年出版社，2001.

图二、图三、图八 李郭 制图

图四、图五 屈佳宁 制图

图六 牛一平 制图

图七 李郭、牛一平 制图

图三 哈萨克族皮大衣彩色复原图（背面）

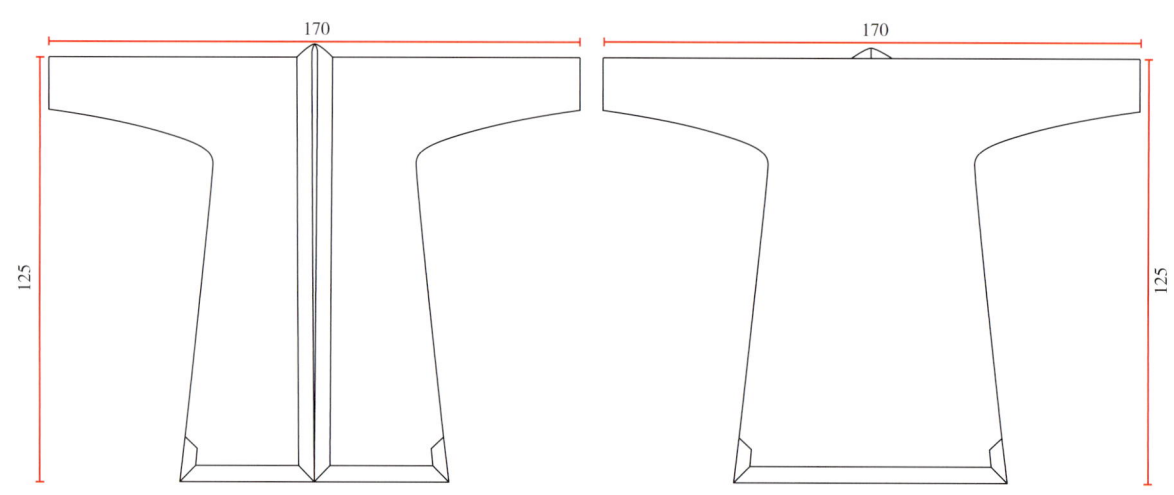

图四 哈萨克族皮大衣尺寸图（单位：cm）

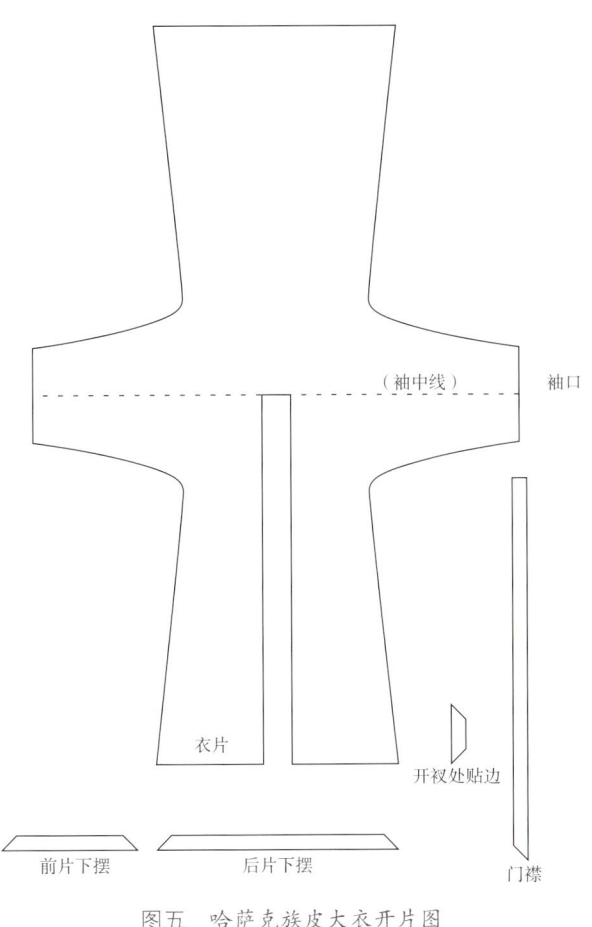

图五　哈萨克族皮大衣开片图

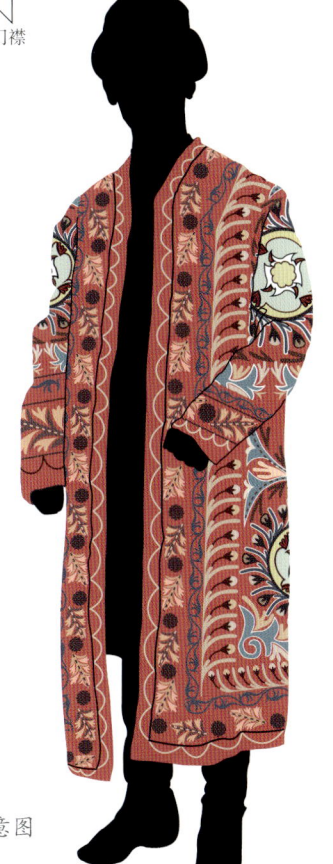

图六　哈萨克族皮大衣穿戴示意图

第二章　哈萨克族传统服饰

图七 哈萨克族皮大衣局部分析图

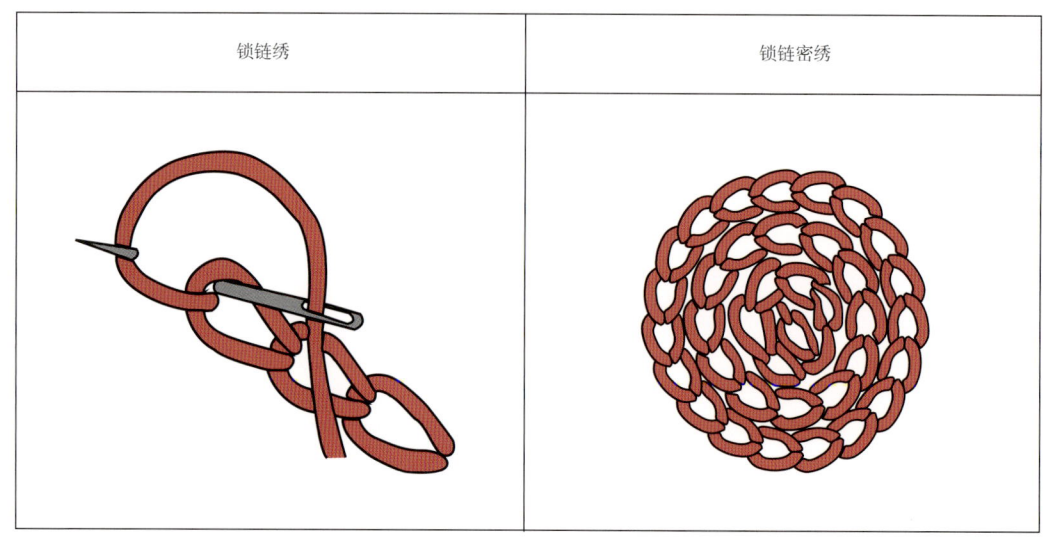

图八 哈萨克族皮大衣刺绣分析图

哈萨克族袷袢

图一　哈萨克族袷袢主图

　　袷袢，是哈萨克族的一种传统服饰，也常见于新疆地区其他少数民族穿着。袷袢的式样多为对襟、无领、无纽扣，下摆至膝盖以下，袖长过手指，有的时候会用腰带或者方巾束腰。整体造型上身较窄，下摆相对宽大，袖型细瘦，多在袖口和前胸领口等衣缘饰以花纹。根据不同季节的需要分为单衣、夹衣和棉衣。哈萨克族多在山区草原和高寒地区以半定居半游牧的方式生活，袷袢厚实耐用便于马上活动、生产作业与避风抗寒。夏天，哈萨克族男子在骑马的时候穿单长衣，其他季节则会穿缝入毛、棉的夹层大衣和棉大衣来抵御寒冷。袷袢在过去多以毛皮为原料，现在以各种布料居多。不同年龄的哈萨克族人穿着的袷袢在颜色上有明显的区分，老年人的单衣袷袢多为白色，棉袷袢多为青色。中年人的袷袢则多为灰色、蓝色、咖啡色等。青年人的色彩较为鲜艳丰富，而且多装饰有条格花纹，尤以红或绿底色套白、黄、黑长条花纹为多。

现代的袷袢主要选用平绒、天鹅绒等布料，绒制布料具有耐磨耐用、保暖性好的特点，是缝制袷袢的首选材料。制作袷袢通常要把布剪裁分为两片袖片，一片后片与两片前片，最后缝制而成一件完整的袷袢。图二为哈萨克族贴羊角花纹男式袷袢，主要材质是平绒布，在袖口、衣边装饰了用丝线缝制的白边黄绿色羊角花纹。案例中的袷袢主要以红色为主，装饰了白色、黄绿色的花纹，这是一件哈萨克族青年男子穿着的袷袢。羊角纹是哈萨克的传统花纹。其上出现的羊角花纹是用锁链绣的手法装饰在袷袢的领口、胸前、袖口等部位。袷袢通常会搭配腰带一起穿戴，袷袢套在最外面，里面会穿着坎肩、套头衬衫；头上会佩戴相应的帽饰，比如皮帽、毡帽，下面则配长裤及长筒靴。袷袢因其讲究的面料、质地，宽松合体的式样，穿起来又舒服保暖，再配上多式多样的哈萨克民族装饰纹样，显得雅致美观、典雅大方。

袷袢是游牧民族为了适应高原气候，便于他们野外生产作业的产物。随着时代与生活方式的变迁，传统袷袢的物质功能也逐渐减弱，但是它独特的"对襟、无领、无扣"的结构仍作为民族服饰符号得以保留并发展。

图片来源
图一至图三、图五、图六　徐靓　制图
图四　卢杰　制图

红色：美丽、青春活力、爱情
绿色：春天、万物、美好祝福
白色：真诚、纯洁的情感

图二　哈萨克族袷袢结构名称及色彩复原图

图三 哈萨克族袷袢尺寸图（单位：cm）

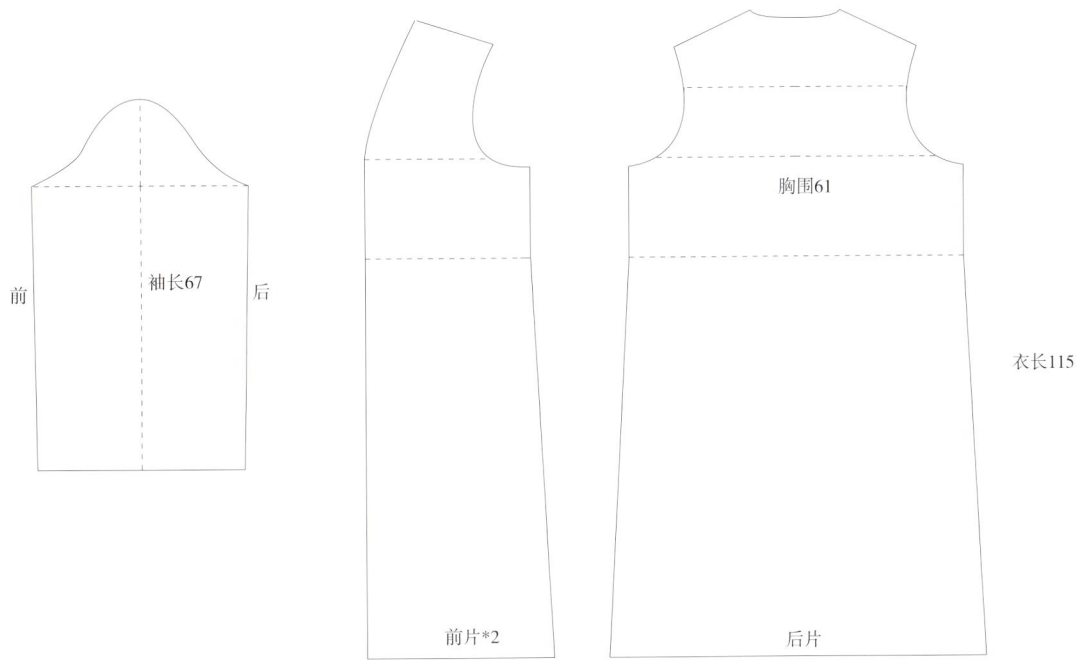

图四 哈萨克族袷袢开片、尺寸图（单位：cm）

第二章 哈萨克族传统服饰

 小波浪纹装饰图案
花枝几何纹结合羊角纹装饰图案
大波浪纹装饰图案

贴边装饰羊角纹　　单个纹样对称图案　　连续纹样对称图案

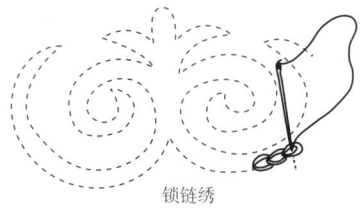

锁链绣

图五　哈萨克族袷袢纹样分析、工艺图

正面　　　　　　　　　反面

图六　哈萨克族袷袢穿戴示意图

哈萨克族女子袷袢

图一 哈萨克族女子袷袢主图

袷袢是哈萨克族的一种外衣，男女袷袢有所区别。袷袢的特点是对襟，无领无扣，长度过膝，有时用腰带或者方巾束腰。女式袷袢领口呈圆形，袖子较狭窄，胸部斜形的口袋较宽。按其款式可以分成长袷袢和短袷袢。按季节有夏季袷袢和冬季袷袢之分，夏季袷袢为单里缝制；冬季袷袢面里间絮有毛、棉，以及双里面缝制。袷袢具有防风保暖的功能，适应马上生活的特点。

图一为哈萨克族贴羊角花纹女式袷袢，细腰、下摆宽大，选用深红色平绒布料，大衣后腰要缝制小腰带，整体版型比男式袷袢要修长紧凑。女性穿着袷袢，通常搭配腰带，袷袢套在最外面，内穿连衣裙及半身裙。在

袷袢的袖口、衣边以及下摆两侧部位均用丝线绣上银色羊角纹贴片,羊角纹及羊角变形纹为女式袷袢主要装饰纹样之一。一件完整的袷袢由两片袖片、一片后片及两片等大的前片缝制而成,宽松合体,剪裁较简易。图五则是女式绣花袷袢,选用黑色平绒布料缝制,袖口、衣边及下摆两侧部位均用彩色丝线绣上花草纹样,其绣法多为锁链绣及锁链密绣,立体感较强,彩色刺绣与黑底形成强烈对比,这种刺绣袷袢做工精良,常在重大节庆集会活动中才穿着,凸显女性的雍容华贵。

袷袢这类传统服饰,因受到现代生活方式及服饰观念的冲击,原来的实用和审美功能逐渐变弱,现今多在传统习俗及重大节庆活动中穿着,但袷袢所具备的民族象征意义重大,会随着服饰特点长久保留并延续。

图片来源

图一、图七　涂苏别克·斯拉木胡力:《哈萨克民俗文化》,新疆科学技术出版社,2009.

图二至图六　李郭　制图

图二　哈萨克族女子袷袢彩色复原图 1

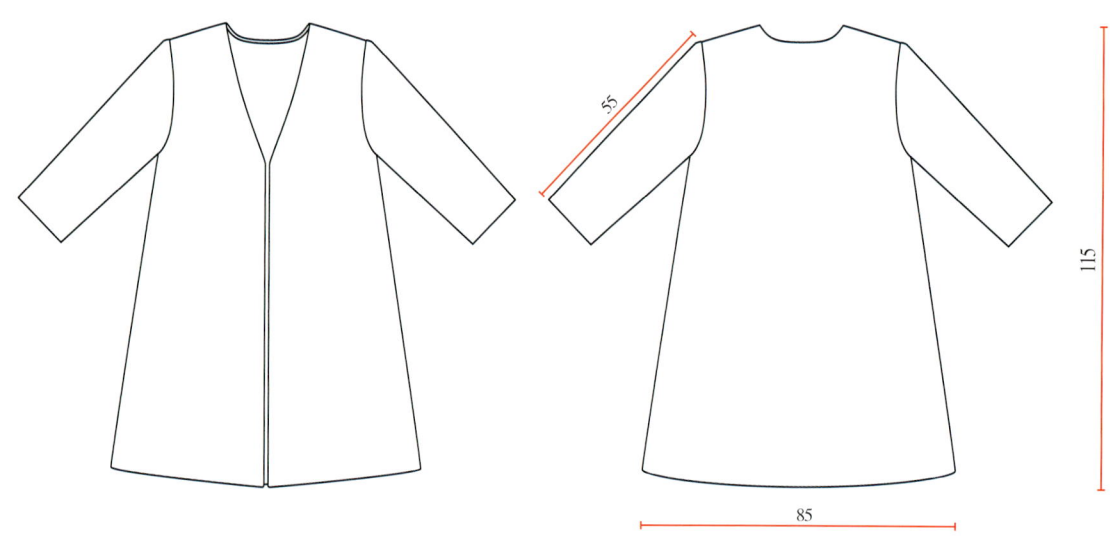

图三　哈萨克族女子袷袢尺寸图(单位:cm)

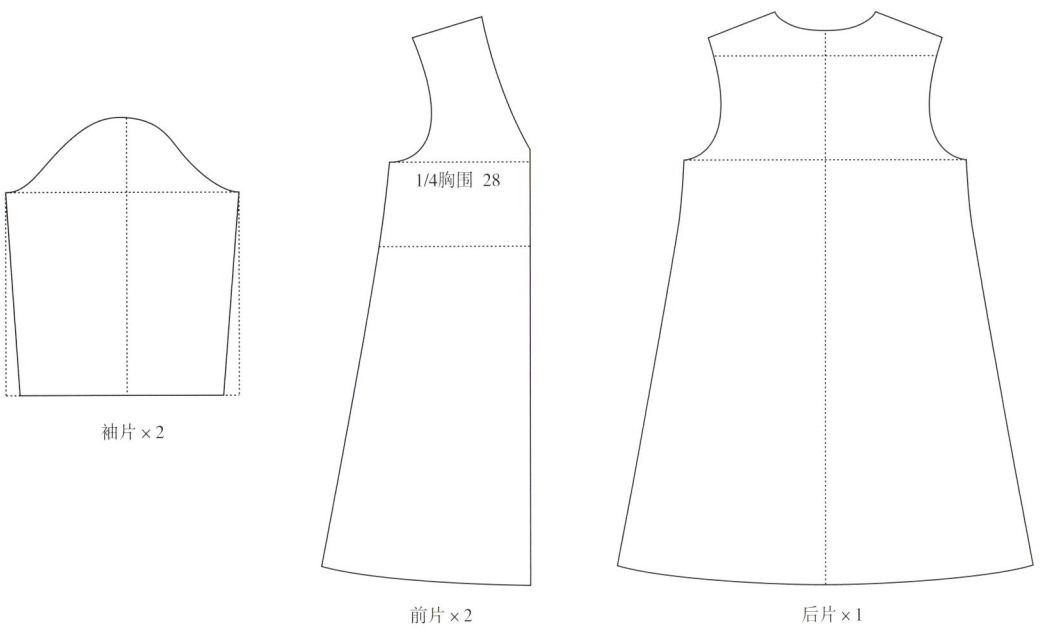

图四 哈萨克族女子袷袢尺寸、开片图（单位：cm）

图五 哈萨克族女子袷袢彩色复原图2

第二章 哈萨克族传统服饰

图六 哈萨克族女子袷袢对比分析图

图七　哈萨克族女子袷袢穿戴效果图

第二章　哈萨克族传统服饰

哈萨克族镶嵌宽牛皮带

图一　哈萨克族镶嵌宽牛皮带主图

　　镶嵌宽牛皮带又称"克米尔皮带"，带身一般用深色牛皮，边缘处镶染成蓝色或红色的皮革，约8厘米宽，一米半长，常为男子参加盛会所系之物。皮带一头镶扣环，另一头每隔三四厘米打有扣眼，也有两头镶扣环互扣的做法。除用金银、宝石、珍珠、玛瑙等饰品来装饰皮带外，还有一些用绣花或印花作装饰。镶嵌宽牛皮带通常束于衣长过胯的外衣之外，起到收束外衣、固定下装的作用。

　　其主要制作过程是将牛皮脱毛、熟制、加工，使牛的皮子制成鞣质皮革，然后通过皮匠对皮革进行加工，再通过银匠做带身后期的镶嵌来完成制作。在皮带带身的装饰上多采用羊角纹、马嘴形、驼掌纹等动物图形，以及花卉的叶子、花瓣、茎蔓等植物图案。哈萨克族人居住环境温差较大，镶嵌宽牛皮带在束住外衣时能使外衣起到很好的保暖效果，解开时又能使之快速散热。镶嵌宽牛皮带有别于一般内系的皮带，它带身较宽，装饰精美，束于服装外围，除固定下装和束腰的功能外，也是重要的服装配饰。

哈萨克族的镶嵌宽牛皮带是集实用及审美功能于一体的民族配饰，极尽装饰的工艺浸蕴着哈萨克族人民丰富的情感和奔放的性格。现代皮带多注重其固定下身装束的功能，而通过欣赏哈萨克族镶嵌宽牛皮带，我们可以感受到其所独具的民族装饰语言。

图片来源

图一　阿斯力汗·巴根：《哈萨克毡房文化》，新疆青少年出版社，2001.

图二至图七　张加其　制图

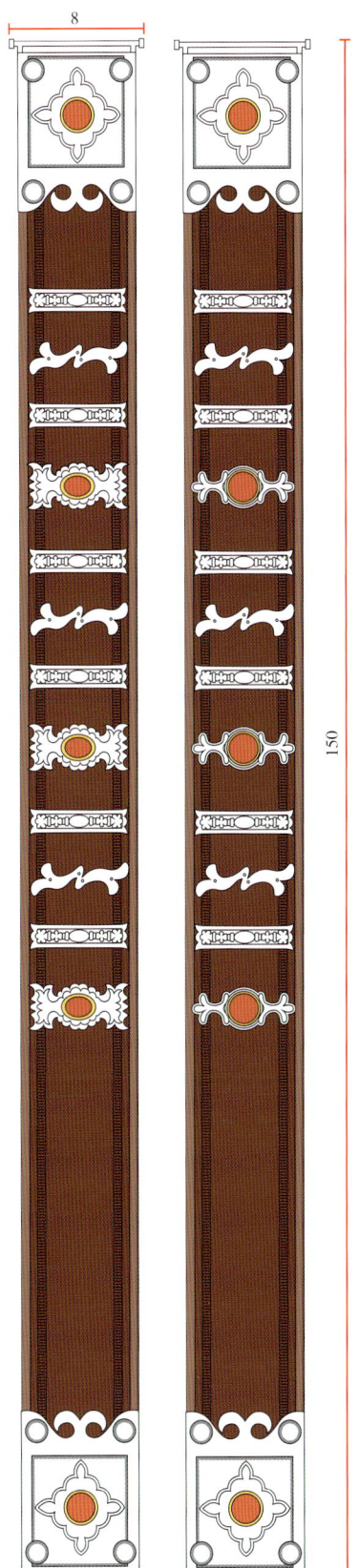

图二　哈萨克族镶嵌宽牛皮带尺寸图（单位：cm）

银饰横截面图

银饰侧立面图

皮带侧面图

图三　哈萨克族镶嵌宽牛皮带结构分析图

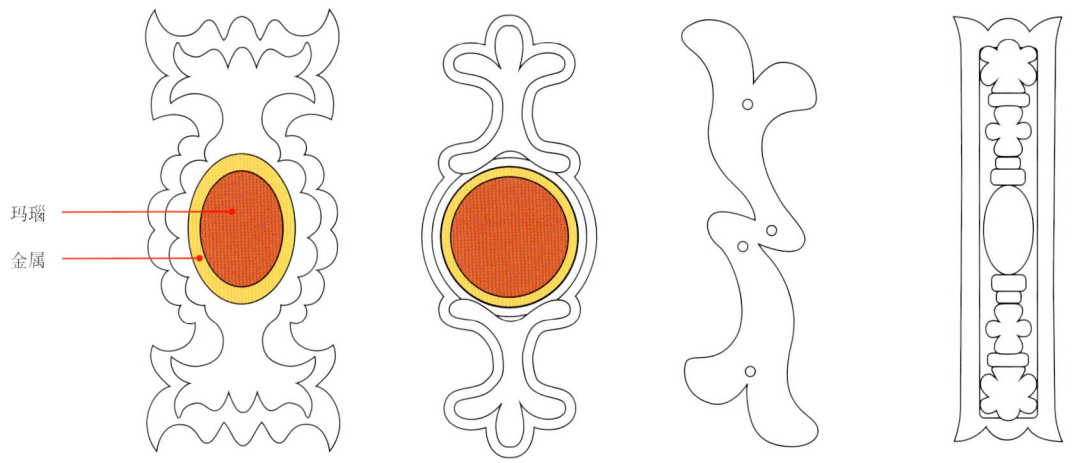

外形为植物的变形材质为银

羊角图案变形

牛皮

图四 哈萨克族镶嵌宽牛皮带解析图

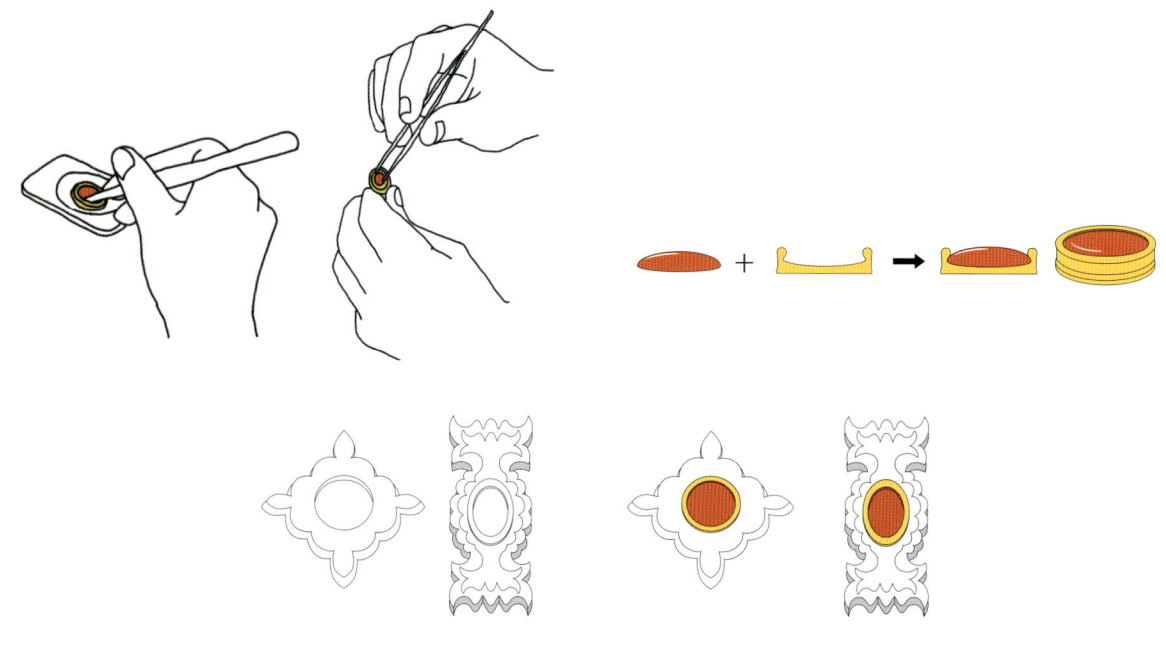

镶嵌工艺

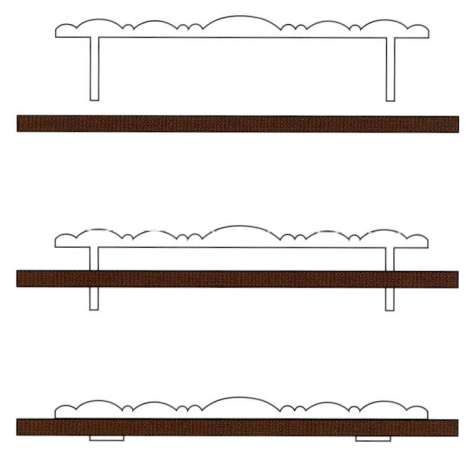

银饰连接皮带示意图

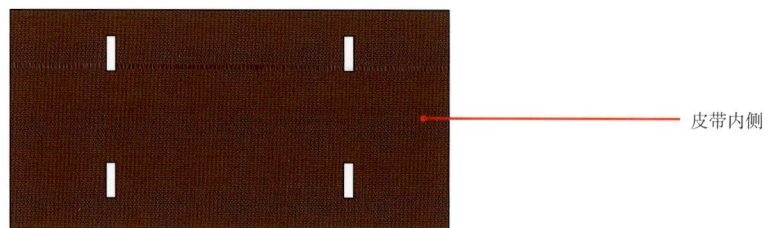

皮带内侧

图五　哈萨克族镶嵌宽牛皮带工艺分析图

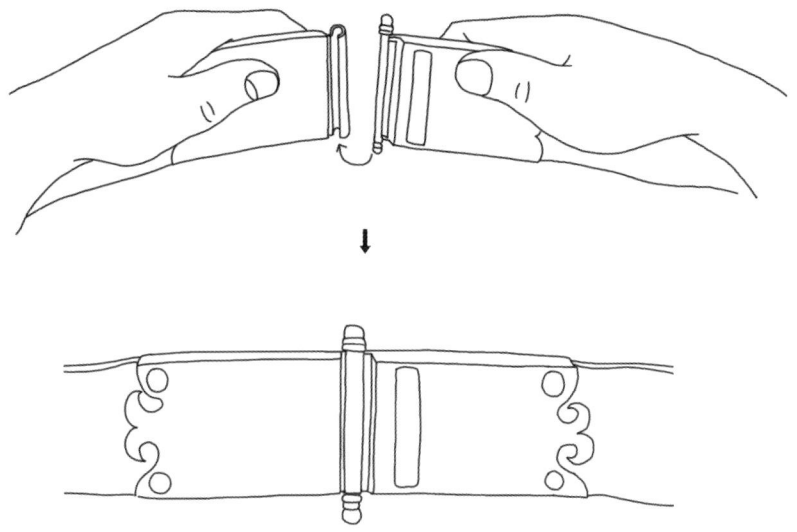

图六 哈萨克族镶嵌宽牛皮带系法示意图

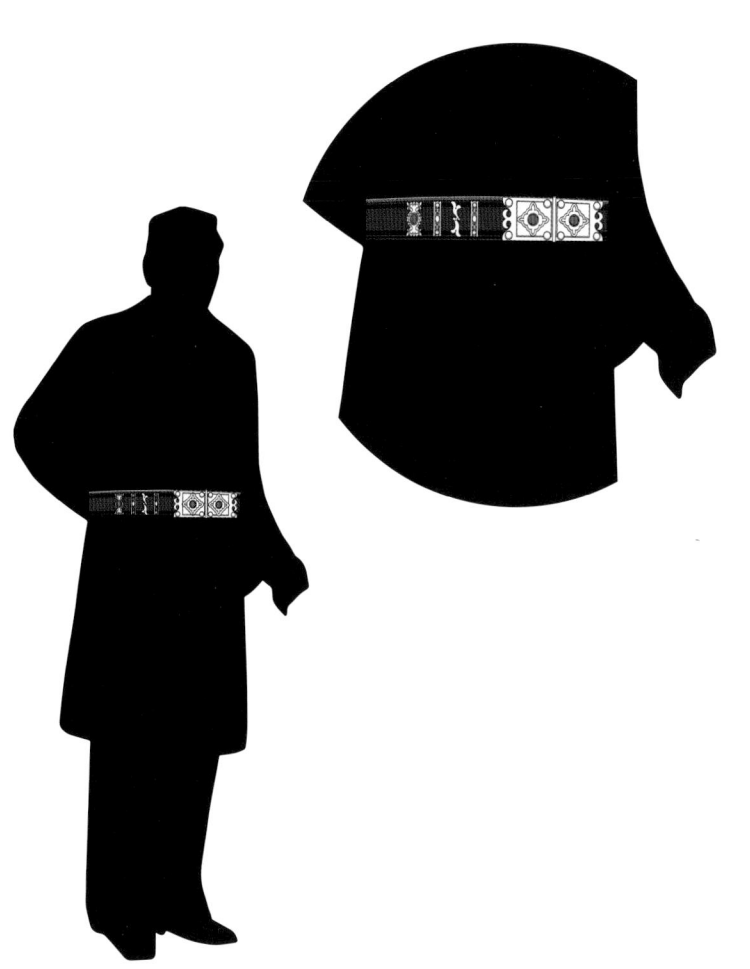

图七 哈萨克族镶嵌宽牛皮带穿戴示意图

129

哈萨克族烫银腰带

图一　哈萨克族烫银腰带主图

烫银腰带，又称迭思别特皮带，是哈萨克族男子日常佩戴的腰带。腰带宽约2~3厘米，一般选用大畜皮加工制成。腰带长度一般为2~3米，可以根据年龄和腰围大小做调整。腰带一头镶扣环，带穿扣环系住裤腰。腰带上还镶嵌金、银、宝石等各种装饰。烫银腰带与其他腰带最大的区别是佩带有小皮袋、鞘和弹囊，通过皮制环带或银质扣环相连。

图一为哈萨克族男子烫银腰带，用深棕色牛皮制成，皮带一头打扣眼镶嵌银环，另一头镶扣环。皮带上镶嵌形状各异的铁质和锡质镀银饰片共九块，挂刀鞘和杂物袋用的铜制连接片两块，带头和带尾的饰片由于耐磨性的需要，为铁质镀银，分别用圆形铆钉固定。皮带上亦有花边圆形铆钉三十枚，有装饰之用，又能固定饰片，加强皮带之耐磨性。腰带佩带鞘、弹囊和小皮袋。鞘是用于插装刀具的小皮鞘。弹囊是袋间隔开的宽皮囊，用于装弹药。缝在皮带上的小皮袋，称为克赛，是有盖口并镶有银边的皮制小口袋，用于容纳生活必需品。这些鞘、小皮袋等功能挂件做工精美并镶有银质图案，使皮带显得美观而独特。男子大多把袍子上提，然后高腰束带，既便于骑马，又显得健壮潇洒。这种腰带在古代还有区分等级和地位的功能，系束什么等级的腰带有着严格的规定。

哈萨克烫银腰带是实用和审美的完美统一。烫银腰带所佩的小皮袋、鞘和弹囊可以容纳哈萨克男子的各种日常物件，十分便携。腰带在工艺制作上也极尽追求精美，小皮袋和鞘还装饰有流苏，体现哈萨克人在实用功能的产品上也尽力发挥对审美装饰的追求，这彰显了生活在广袤草原上的哈萨克人民热情奔放的自然天性。

图片来源
图一、图二、图六　李梦靖　制图
图三至图五、图七　李郭　制图

图二　哈萨克族烫银腰带局部示意图

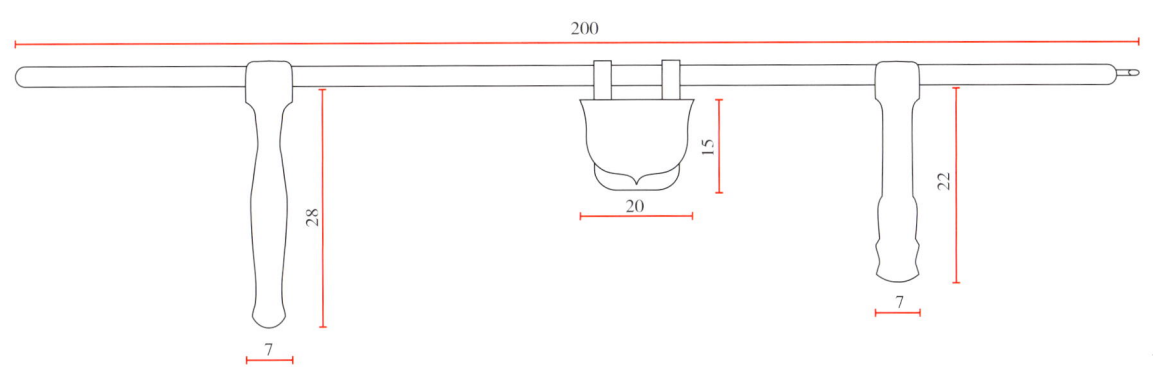

图三　哈萨克族烫银腰带尺寸图（单位：cm）

图四 哈萨克族烫银腰带彩色复原图

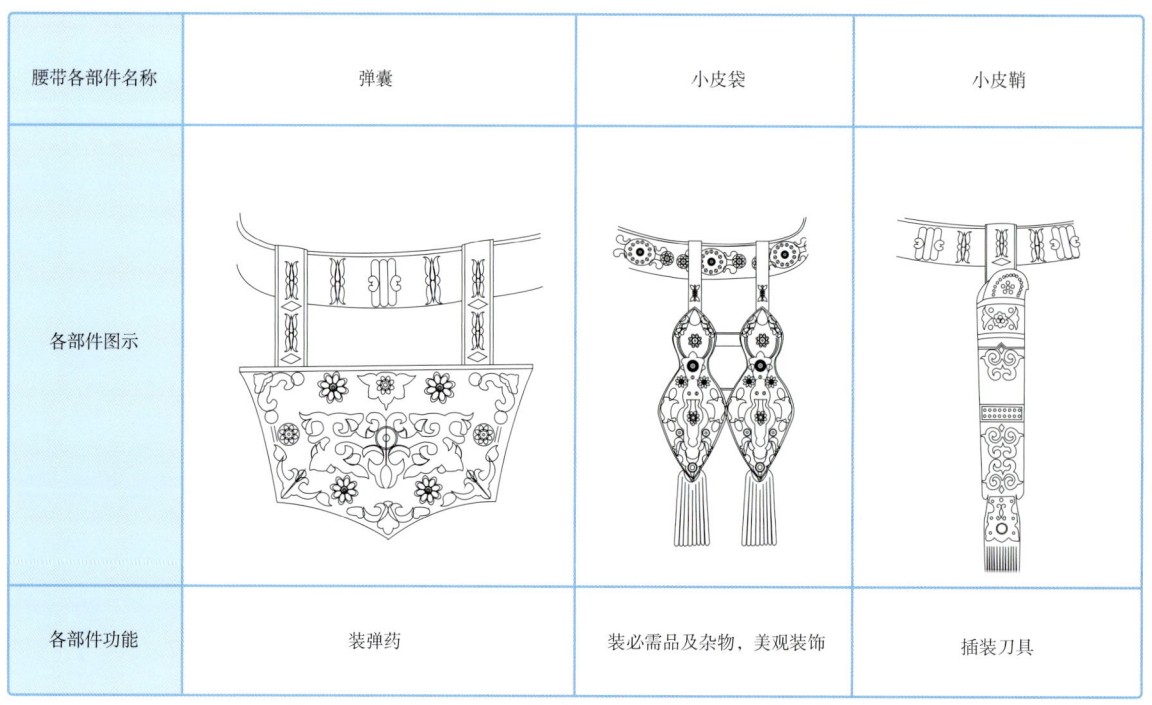

图五 哈萨克族烫银腰带局部分析图

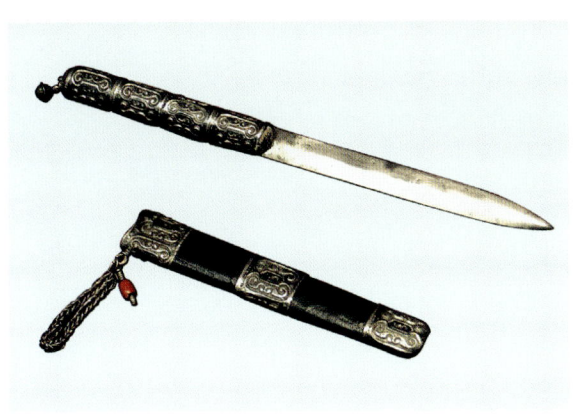
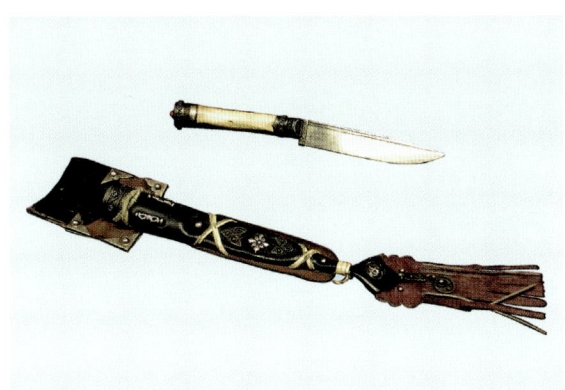

图六 哈萨克族烫银腰带刀鞘图

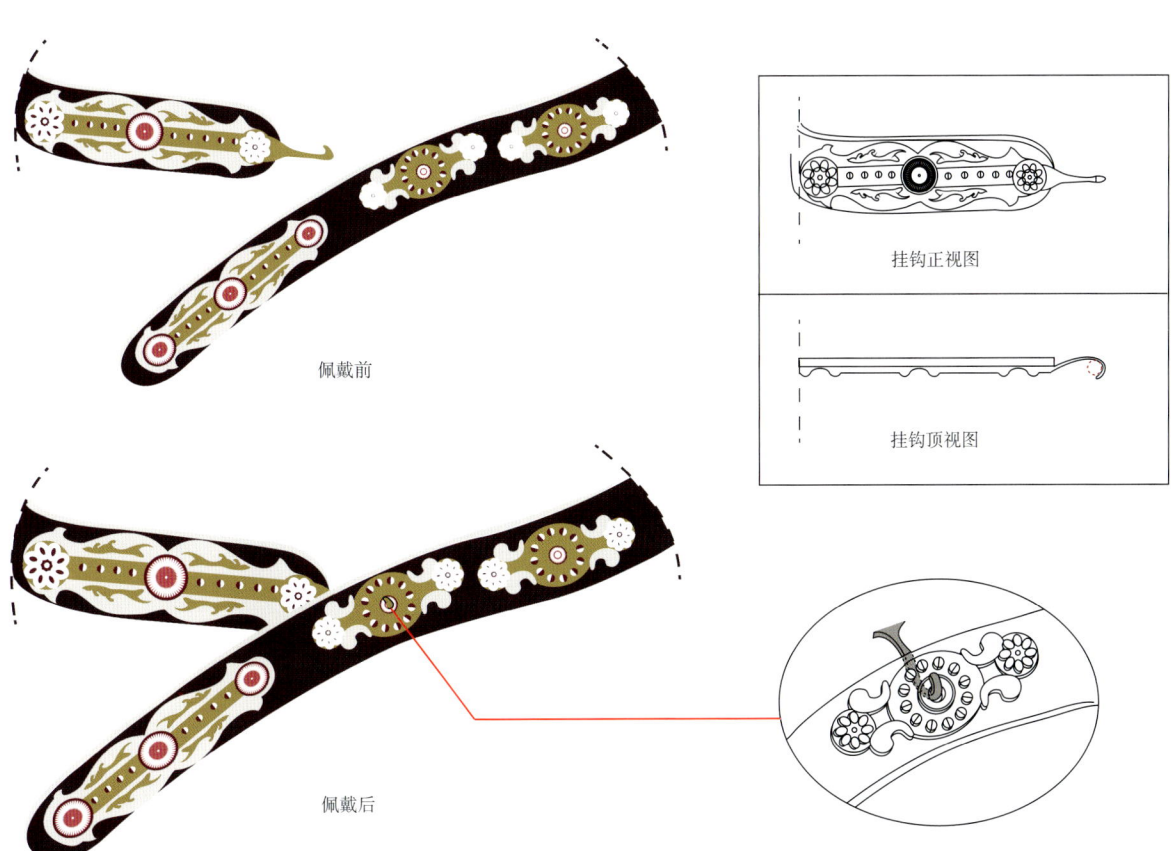

图七 哈萨克族烫银腰带佩戴方法图

佩戴前

佩戴后

挂钩正视图

挂钩顶视图

第二章 哈萨克族传统服饰

哈萨克族女士腰带

图一　哈萨克族女士腰带主图

环结装饰腰带是哈萨克族女性的一种服装配饰，以金属环扣为单元链接成带，束于女士长衣之外，工艺极为精美，材质以金银为主，常嵌有珍珠、玛瑙等饰品，不仅具有常规收束外衣、固定下装的功能，更为突出的是其装饰与审美效果。

哈萨克族女士腰带宽六到八厘米，长约一米二。腰带多用镀金工艺制成。其由一个个金银单圆形首尾相扣形成，单圆环扣上会錾刻各种纹饰，或用微粒缀珠等工艺装饰，中间还常包嵌宝石，环节成型之后在两端接上带首，带首造型夸张，会嵌更多宝石，带首环扣相接束于腰。这类腰带一般会在节日喜庆或表演时由女子配合盛装穿戴，束于哈萨克女子腰间如同一道闪耀的彩虹，与头饰、胸饰等相呼应，显示出女性特有的婀娜身姿和风韵。

哈萨克族女士腰带的装饰通过单位纹样的重复体现一种绵密繁复的视觉体验，并利用简明的对称结构将其稳定下来，达到动中有静、变化有序的审美追求，在很多哈萨克工艺装饰中都有此特点。这可以理解为一种视觉炫耀的形式特征，视觉炫耀不仅是哈萨克艺术的形式风格，更是体现其族群的审美理想，形成强大影响力的艺术风尚。

图片来源
图一至图六、图八　刘筠璨　制图
图七　刘筠璨、龙奕柯　制图

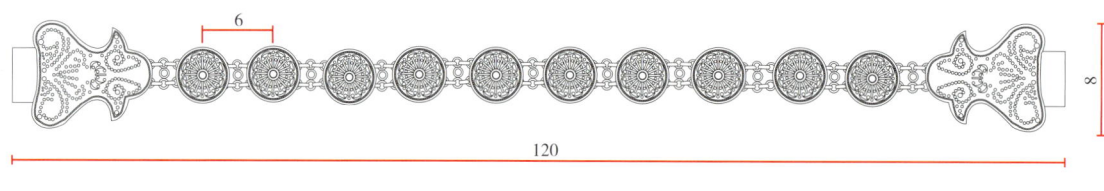

 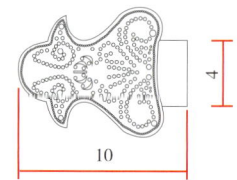

图二　哈萨克族女士腰带尺寸图（单位：cm）

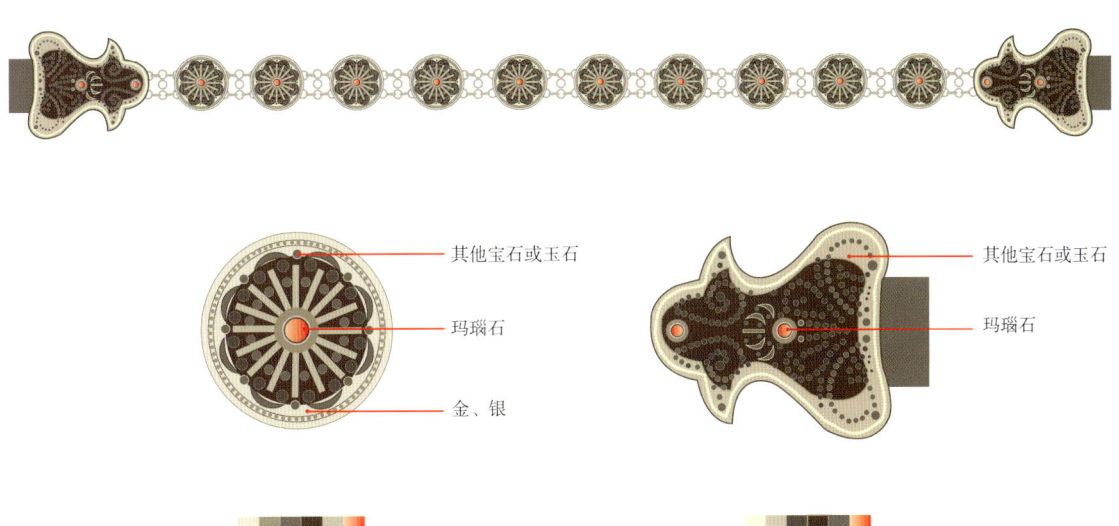

图三 哈萨克族女士腰带材质与色彩分析图

图四 哈萨克族女士腰带立体线框图

对称纹样分析

图五 哈萨克族女士腰带纹样走势分析图

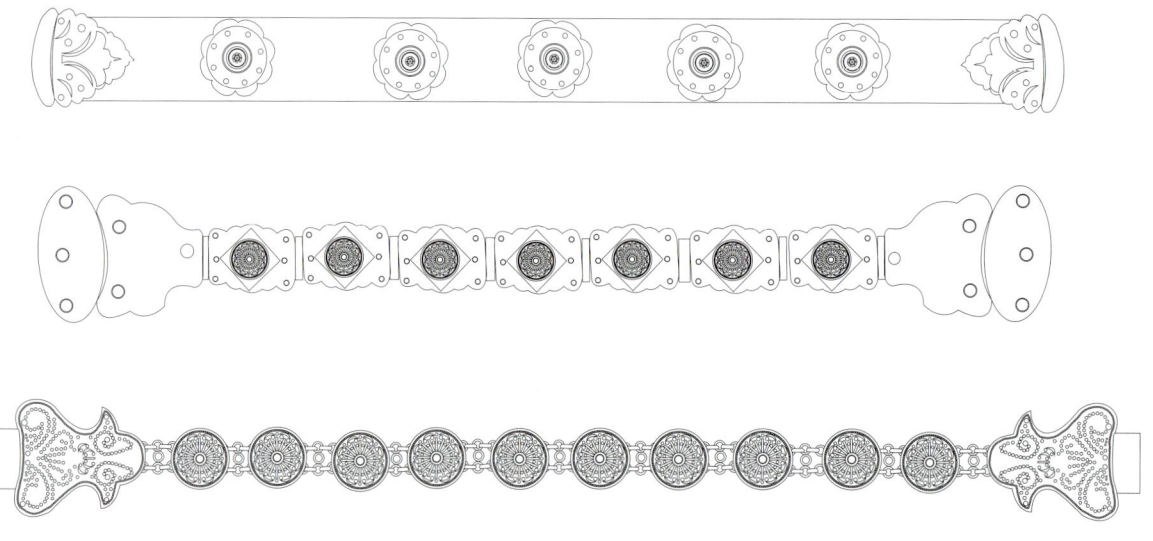

图六 哈萨克族女式腰带比较分析图

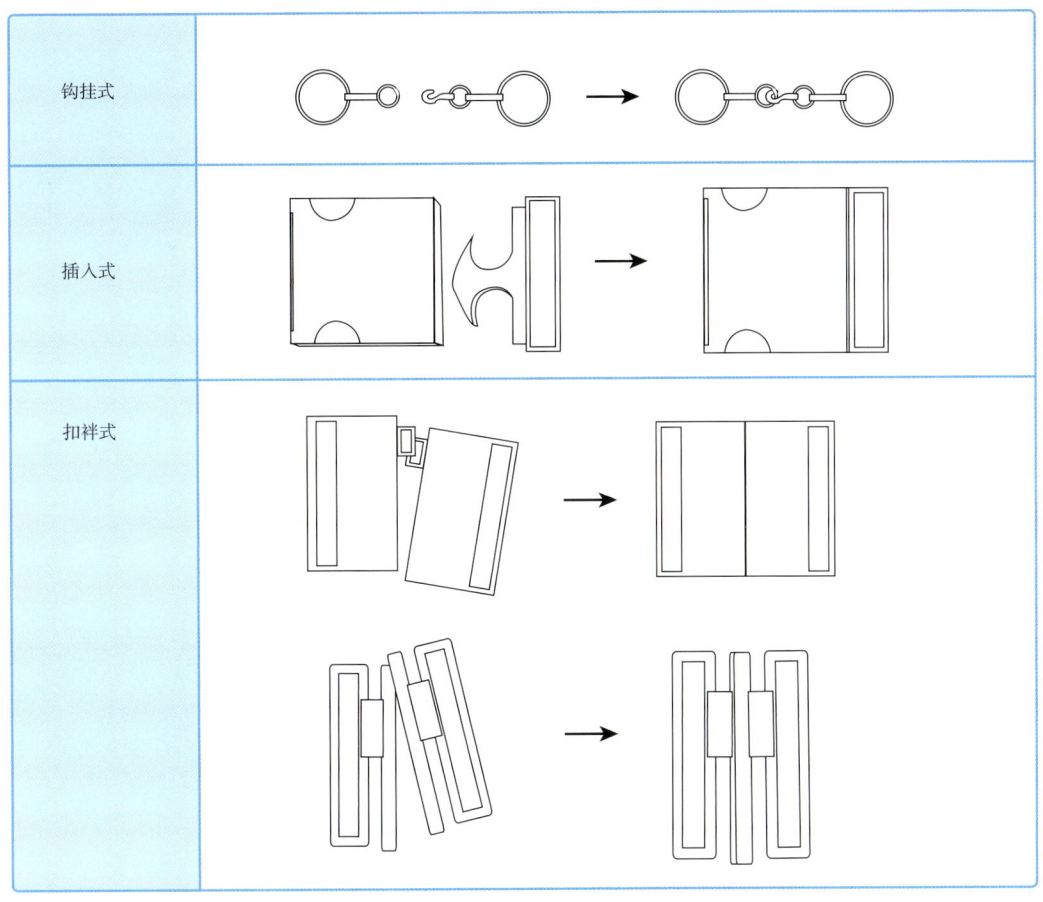

图七　哈萨克族女士腰带搭扣方式图

图八　哈萨克族女士腰带穿戴示意图

第二章　哈萨克族传统服饰

哈萨克族女子半身裙

图一 哈萨克族女子半身裙主图

半身裙是哈萨克族女性较晚才开始穿着的裙种之一，一般穿着在连衣裙之外。半身裙的特点是裙腰上系有腰带，裙边有开叉和不开叉之分，裙长大致以腰部至腿肚的长度为适宜。材质选用较厚的布料，以条绒、平绒等丝绒布料为主，适用于秋冬寒冷季节，可抗风保暖。这种裙子多为未婚女性平时穿着，已婚女性则多在重大活动和盛会中穿着。

此案例是哈萨克族绣花半身裙，裙前边敞开，用纽扣来掩襟，因裙前边可敞可掩，利于女性日常家务劳作及骑马放牧等活动。该裙为黑色平绒布料缝制，质地厚实，耐磨保暖，裙腰是用毛线织成，保暖且富弹性，能较好保护腰部。裙边和襟边绣有花草刺绣图案，一般采用红黄绿等纯色艳丽的绣线，图案和黑色底布形成强烈对比。哈萨克的花卉图案讲究对称，采用花苞、花叶、绿叶、小花相连的构图，展现服饰的华贵秀丽。花纹装饰不仅使半身裙十分美观，而且合理的装饰部位也使其具备耐磨功能。

半身裙和普通裙装最大的差别在于前边开叉，这种独特的设计适应于哈萨克族女性日常骑马放牧的生活，使其上下马不会受到约束，且较厚的裙腰还能保护腰部，减少骑马颠簸对人体的伤害。这种设计带给我们的启示是：根据不同的使用环境，日常设计需要不断做出相应的调整和适应，这是值得设计师学习和借鉴的观念。

图片来源
图一　阿斯力汗·巴根：《哈萨克毡房文化》，新疆青少年出版社，2001.
图二至图六　李郭　制图

图二　哈萨克族女子半身裙彩色复原图

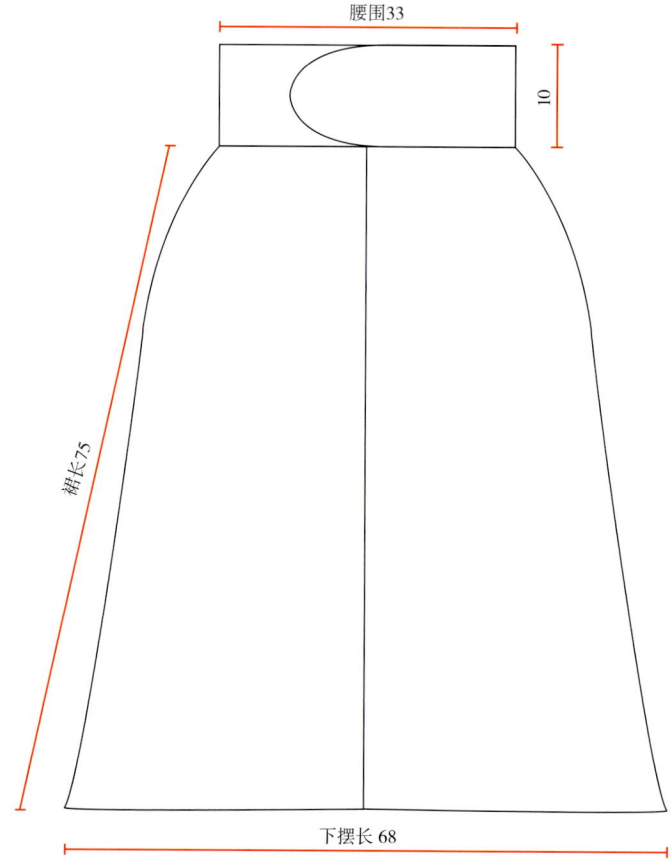

图三　哈萨克族女子半身裙尺寸图（单位：cm）

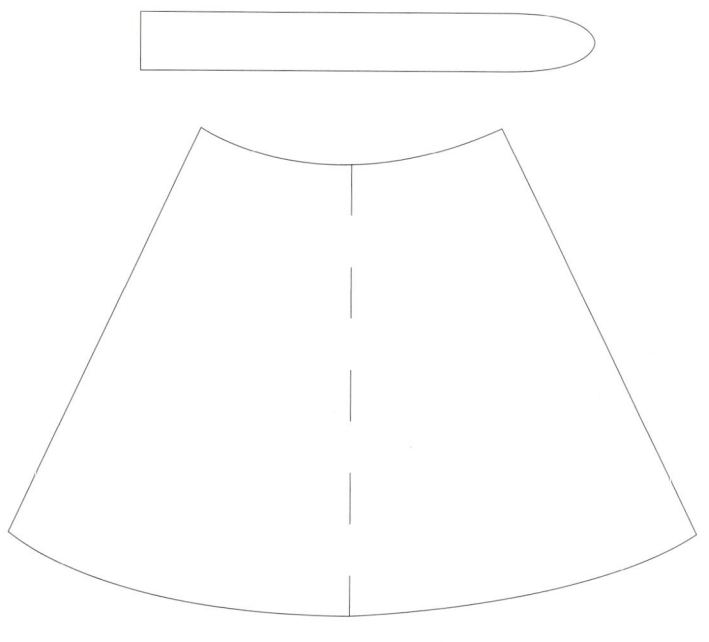

图四　哈萨克族女子半身裙开片图

图五 哈萨克族女子半身裙局部彩色复原图

图六 哈萨克族女子半身裙穿戴示意图

第二章 哈萨克族传统服饰

哈萨克族皮裤

图一　哈萨克族皮裤主图

皮裤是哈萨克族男子长裤的一种。其特点是长腰、宽裆、肥脚，裤脚有开衩和不开衩之分。选材以羊皮为主，也用狼皮、狐狸皮、鹿皮或其他珍贵兽皮，适用于秋冬寒冷季节，利于哈萨克男子在外运动、骑马及放牧。

图一是哈萨克族男式鹿皮绣花裤，该裤子为鹿皮缝制，皮革细腻、轻薄柔软，而且毛皮在内，光板在外，保暖实用。哈萨克族早有鹿的图腾，认为鹿是温顺而善良的动物，穿用鹿皮制作的衣物将会带来福气和吉祥。皮裤在土黄色底上以红、蓝、白、黄等各色线绣织有团花纹样和花草纹及哈萨克族独有的角形图案等，此外在裤腰、裤腿边沿装饰有黑绒边。哈萨克族妇女十分擅长刺绣，工艺主要有挑花、刺花、落花、补花、嵌花、锻花、贴花等。花纹图案大多取自日月星辰、花草树木、山水景物。还擅于将各种呢料和布料剪接、拼合成各种花纹图案，贴缝在皮裤上，十分美观。颜色多采用对比色，使得图案愈加显得粗犷豪放。花纹装饰及包边工艺等不仅增加了皮裤的美观性，且装饰的位置均在裤腿边、裤腿侧面等容易磨损的地方，因此耐磨性极佳。

哈萨克族人民生活的自然环境中，皮毛原料容易获取，宽松款式利于游牧民族马上活动。此外，图案装饰也随制作人的审美及选材而定，有的简单，有的相对复杂，而皮裤长时间的穿戴会有磨损，皮裤上的图案则增加了皮裤的耐磨功能。

图片来源
图一　Fotoe 网 10535222
图二、图三、图五至图九　李郭　制图
图四　卢杰　制图

图二 哈萨克族皮裤彩色复原图1

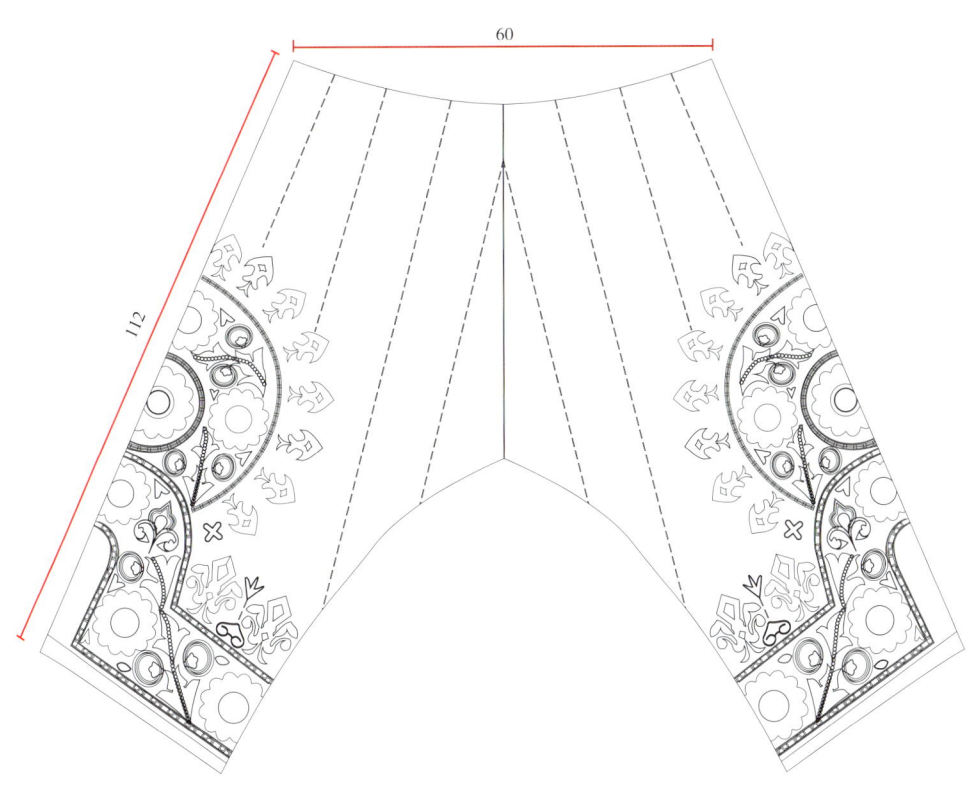

图三 哈萨克族皮裤尺寸图（单位：cm）

第二章 哈萨克族传统服饰

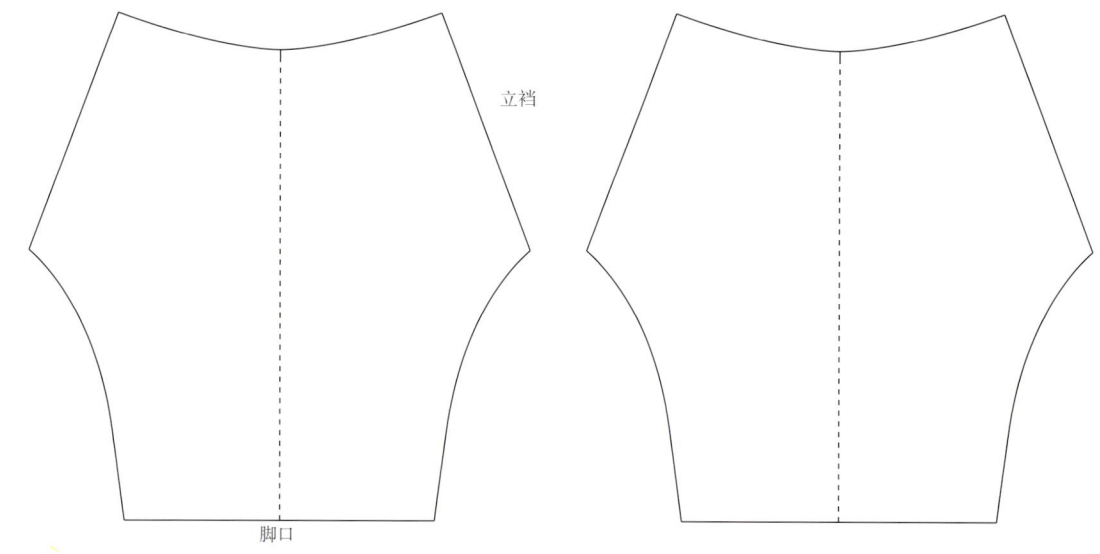

图四 哈萨克族皮裤开片图

图五 哈萨克族皮裤彩色复原图 2

图六 哈萨克族皮裤穿戴示意图

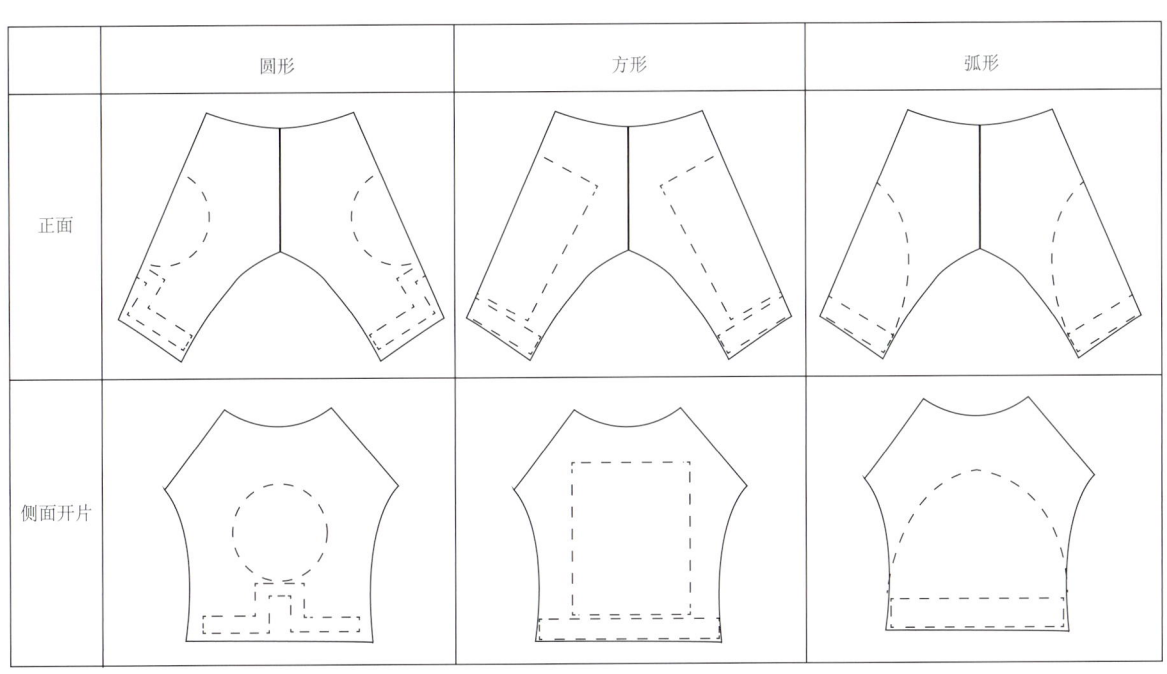

图七 哈萨克族皮裤图案位置分析图 1

第二章 哈萨克族传统服饰

图八 哈萨克族皮裤图案位置分析图 2

图九 哈萨克族皮裤局部分析图

哈萨克族翘头镶银皮靴

图一　哈萨克族翘头镶银皮靴主图

皮靴在哈萨克语言中叫作耶特克。皮靴由靴头、靴筒和靴跟组成。基本样式有短靴、长靴、过膝靴，皮靴也有高跟和平跟之分，纹饰与颜色因穿着者的身份不同而有差别。哈萨克族男女一年四季几乎都要穿着皮靴，除了便于游牧活动，防寒防水之外，也体现了民族身份、礼仪与美学观念。

皮靴是用大畜皮加工，未熟的硬皮制成，大畜一般指的是牛羊等体积较大的牲畜。大畜皮革和软皮革用来制作筒靴，靴底较硬。皮靴的靴筒和靴跟都用筋线折缝而成。硬鞋底革经楦头用木钉把鞋头向内串起后，固定在桦木楦上定型，鞋跟是用铁钉来固定的。皮靴在室外也配合皮套靴一同穿着，进入室内就脱掉皮套靴，以保持地面清洁。图一所示是哈萨克族萨勒所穿着的皮靴。萨勒是哈萨克族对民间艺人的称呼，是哈萨克族民间艺术的传播者。萨勒要在众人面前表演和展示自己的才华，因而特别讲究服饰穿着。高跟翘头靴就是符合萨勒身份的一类鞋款，靴筒绣有银色花纹图案，也是哈萨克皮靴的一种典型装饰工艺。

中国古代有翘头履的出现，在很多西方马戏表演中也经常能见到翘头皮靴。哈萨克翘头镶银皮靴，通过红色与银色的对比表现出民间艺人的高调不羁，鞋头翘起的局部夸张造型也符合民间艺人的特点，这种翘头款式并不影响穿着舒适度，侧面的绑带装饰在今天看来依旧前卫大胆。可见，少数民族的服饰元素对现代服饰设计仍有借鉴作用。

图片来源
图一至图八　刘颖　制图

图二　哈萨克族翘头镶银皮靴尺寸图（单位：cm）

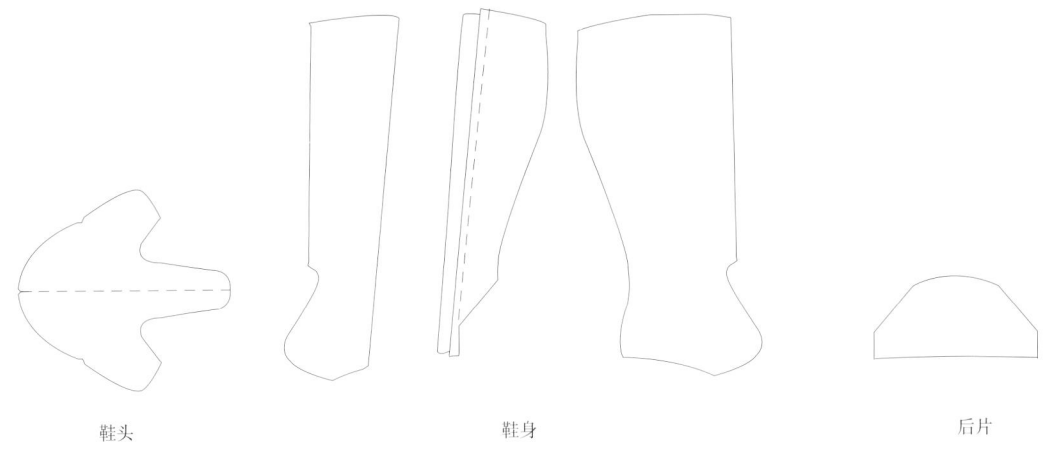

鞋头　　　　　　　鞋身　　　　　　　后片

图三　哈萨克族翘头镶银皮靴开片图

图四　哈萨克族翘头镶银皮靴穿戴示意图

第二章　哈萨克族传统服饰

图五　哈萨克族翘头镶银皮靴三视图

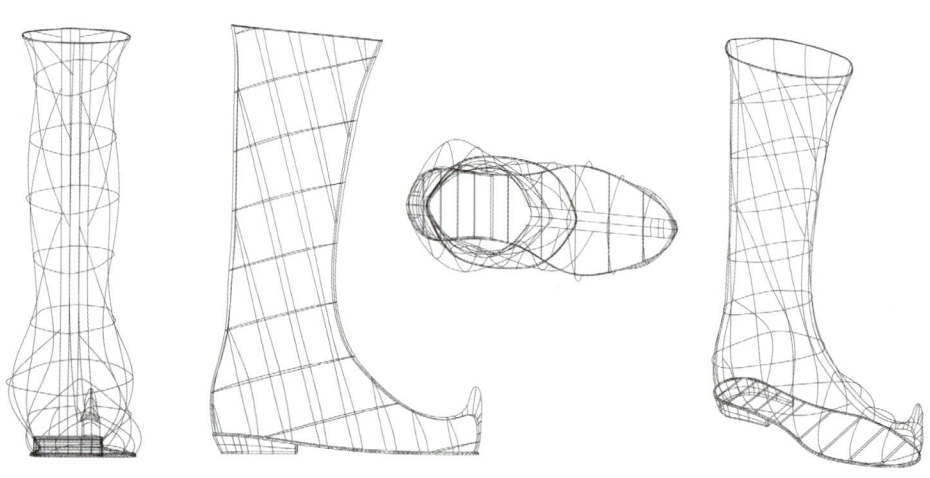

图六　哈萨克族翘头镶银皮靴透视图

图七　哈萨克族翘头镶银皮靴局部分析、尺寸图（单位：cm）

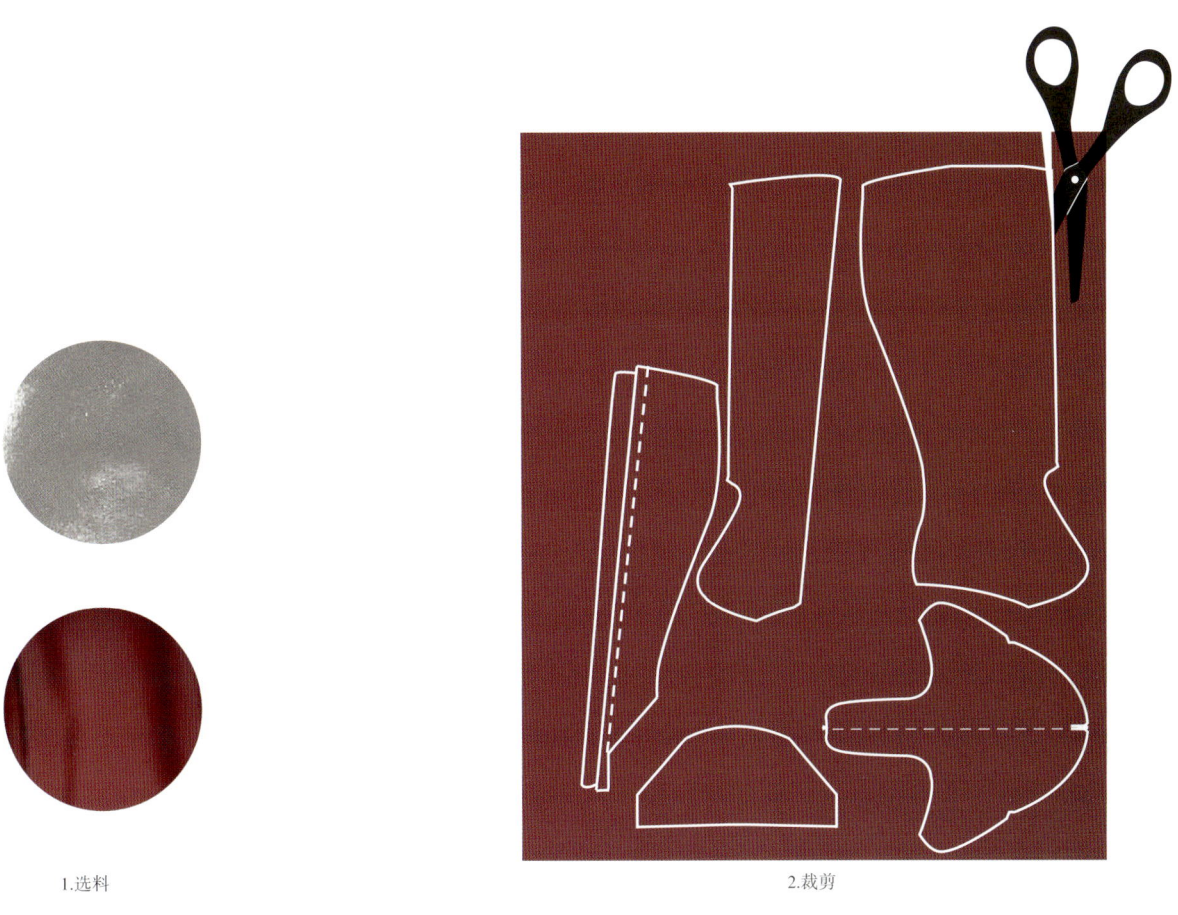

1.选料

2.裁剪

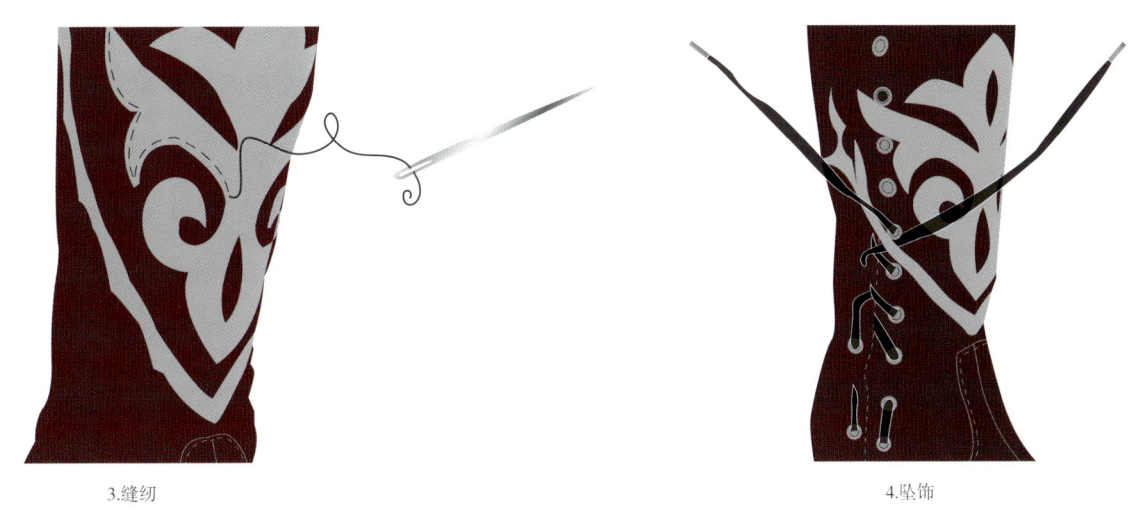

3.缝纫

4.坠饰

图八 哈萨克族翘头镶银皮靴制作流程图

第二章 哈萨克族传统服饰

哈萨克族切特克

图一 哈萨克族切特克主图

切特克是哈萨克族女性所穿的一种皮制镶银短靴。皮鞋鞋头镶嵌有精美的银质花纹图案。历史穿法要缠裹脚布，现在可就袜子穿着。这种靴子可分为有跟和平底两种。有跟的靴子比平底的高档，只有在婚庆喜事等盛事时才会穿着，妇女日常只穿平底靴子。

切特克短靴的制作工艺普遍十分精美，但因穿着者身份不同也有程度上的差别。普通款式只在靴头部分有花纹，高级的有在靴筒上镶有银饰，或在帮面上缀满饰物，甚至整个靴子都有装饰。靴面的镶嵌工艺是哈萨克人擅长的一种装饰方法。皮制工匠将精美的银饰嵌入皮面，既美观便于与服装搭配又延长了靴子寿命。皮面压花也是哈萨克族常见的一种装饰工艺，首先把皮面打磨均匀，再用压机在皮革上压制出花纹，压花皮经常用于高档鞋款。切特克短靴除了具有防寒保暖的功能之外，更多是满足穿着者的身份和礼仪的需要。

切特克短靴在鞋头做装饰，是非常经典的一款哈萨克女士短靴，其皮质镶银工艺亦十分精湛，这种工艺在传统汉地较为少见。随着现代生活方式的冲击，传统的镶银饰切特克女靴已不常见，其复杂的制作技艺也面临后继无人的困境，这是许多传统手工艺传承亟待克服的难题。

图片来源
图一至图五、图七、图八　刘颖　制图
图六　徐靓　制图

图二　哈萨克族切特克尺寸图（单位：cm）

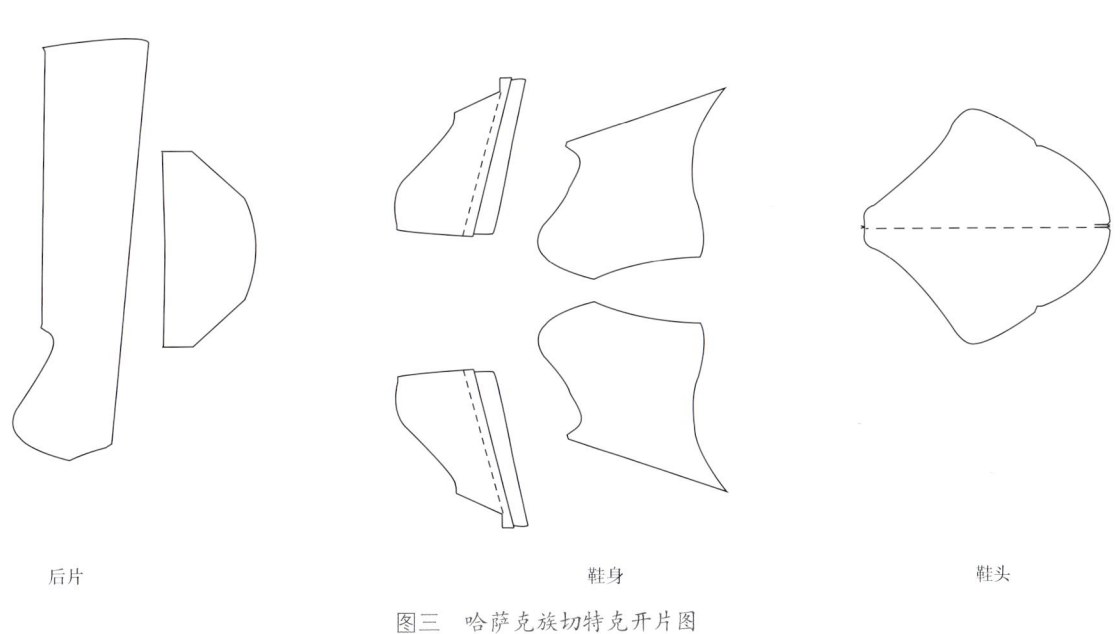

后片　　　　　　　　　　　鞋身　　　　　　　　　　鞋头

图三　哈萨克族切特克开片图

第二章　哈萨克族传统服饰

图四 哈萨克族切特克彩色复原图

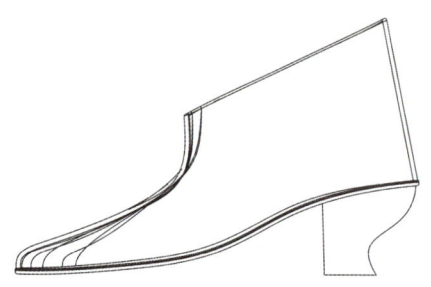 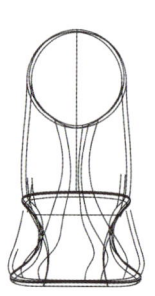 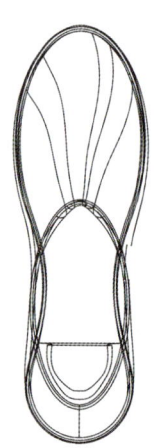

图五 哈萨克族切特克三视图

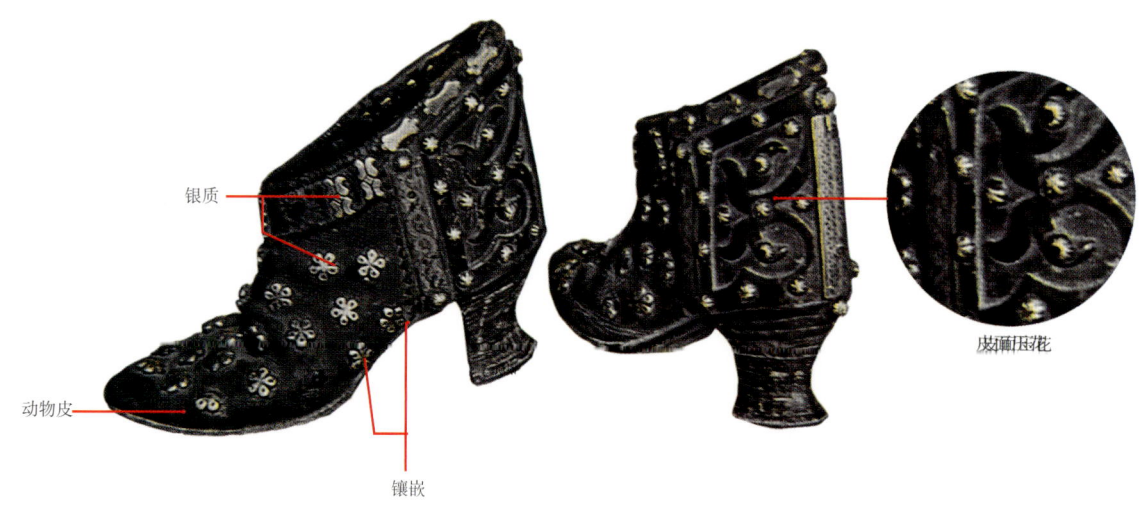

银质
动物皮
镶嵌
皮面压花

图六 哈萨克族切特克材质分析图

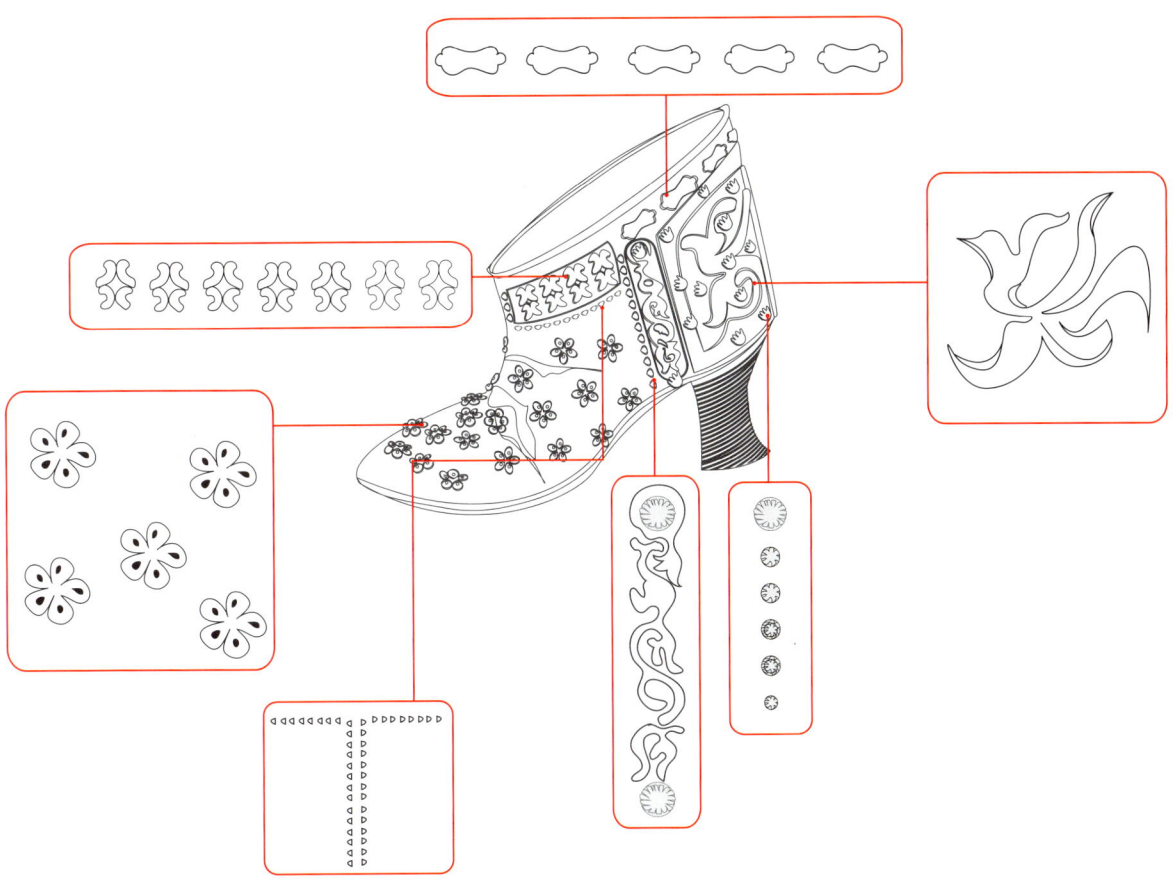

图七 哈萨克族切特克局部分析图

图八 哈萨克族切特克透视图

第二章 哈萨克族传统服饰

155

哈萨克族银辫带

图一 哈萨克族银辫带主图

银辫带，又称巧尔波，是哈萨克族年轻姑娘们在辫子尖端佩戴的串珠状装饰物。多为哈萨克族专门的手工艺人所做。图一为19世纪中期，新疆伊宁哈萨克族女子银辫饰，长度约为30厘米，用银制成圆形，三角形的银面，连成串状，并在上面雕刻装饰、镶嵌宝石，是一种做工精美考究的串珠类装饰品。

自古以来，哈萨克人都很喜欢用金属材料制作日用品和装饰品。祁连山以西是哈萨克族活动的区域，那里有着丰富的金属矿藏，能够就地取材。辫带这种装饰物也常用银加工装饰，一般采用錾花和包镶两种银饰工艺。錾花工艺是在银面的表面以阴刻和阳刻的手法錾出角形、花草等装饰纹样；包镶是以金属底座包围宝石，露出宝石冠部，金属围边容易让宝石看起来更大。除此之外还用到了银的拉丝和焊接的工艺。图一的辫饰以錾花银片、银链、银币组成，银币大小相等，共19片，分为三层，上面錾刻着古老的纹样。圆形纹饰和造型与哈萨克族崇拜太阳有关。银片上镶有琥珀，外形呈鹰状，体现出哈萨克族对于鹰的崇拜。此首饰的主体部分还镶嵌黄色的宝石。银辫带用银质挂钩挂在辫子尾部，一般多为年轻的未婚女性佩戴，这不仅是女性未婚身份的象征，也满足了哈萨克族年轻女性对美的追求。

哈萨克族的银辫带设计中不仅考虑到了视觉元素，同时也将触觉和听觉很好地结合，这和我们现代设计学中所提到的"通感"的设计手法不谋而合。具体来讲，每个用錾花工艺制作的银片，上面凹凸的錾痕摸起来有种特殊的触感。将錾花银片、银链、银币串联起来的银辫带在佩戴时会自然下垂，随着人体的运动而晃动发出叮当作响的悦耳声，令人感受到一种来自草原的自然优美的诗意。

图片来源
图一　刘颖　摄影
图二至图七　刘筠璨　制图

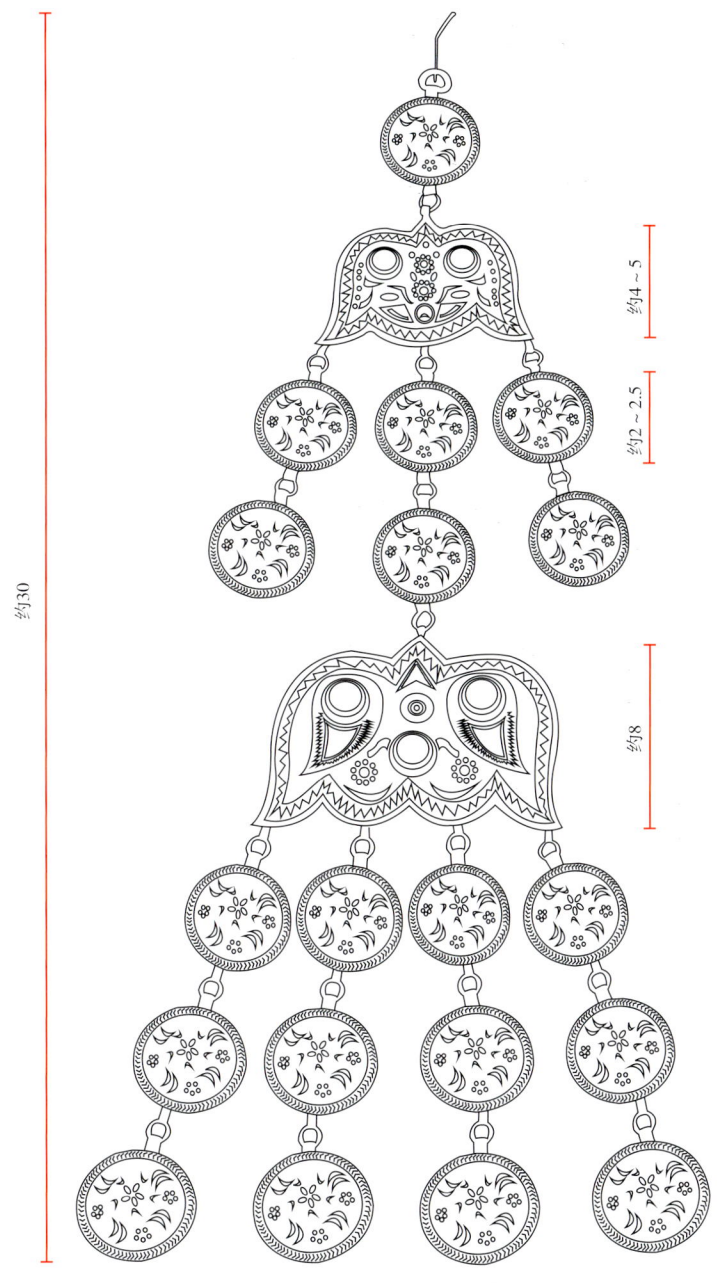

图二　哈萨克族银辫带尺寸图（单位：cm）

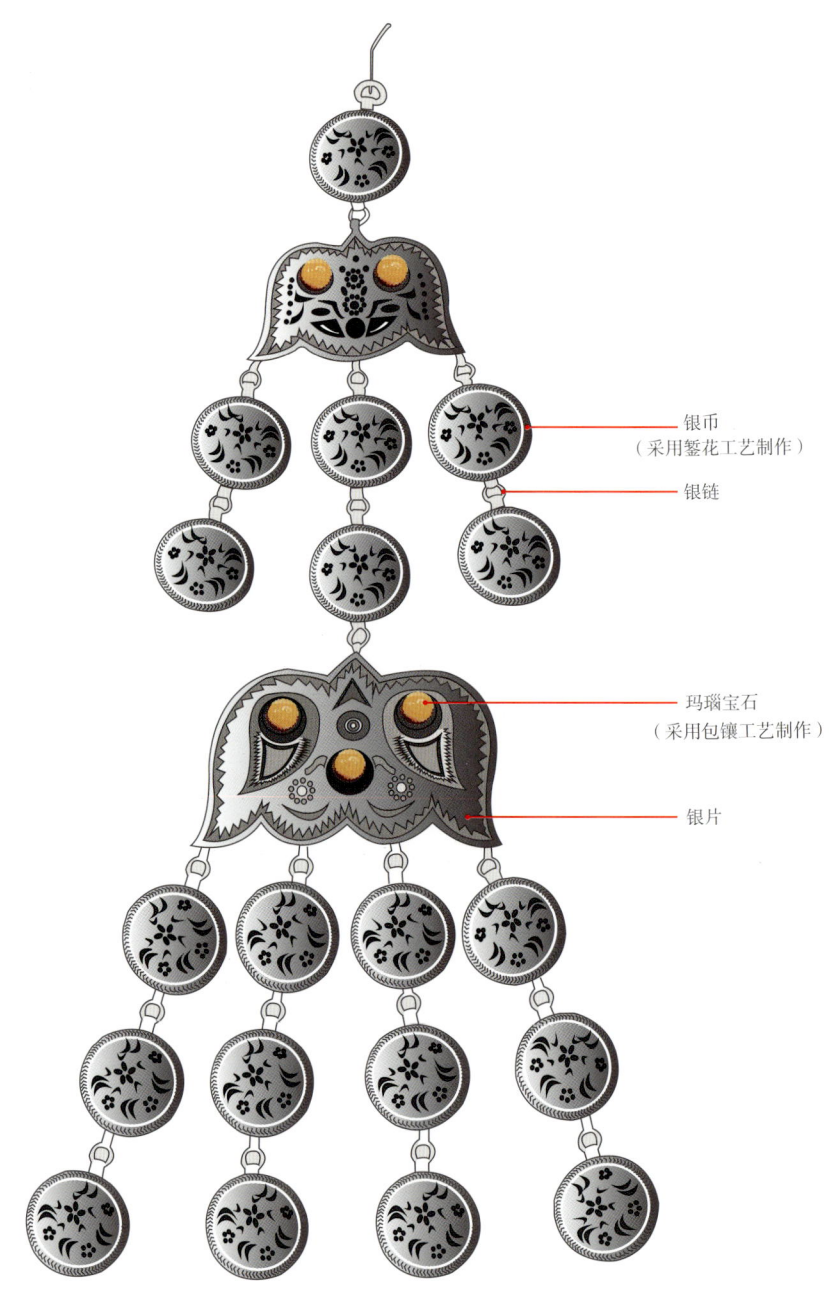

图三 哈萨克族银辫带彩色复原图

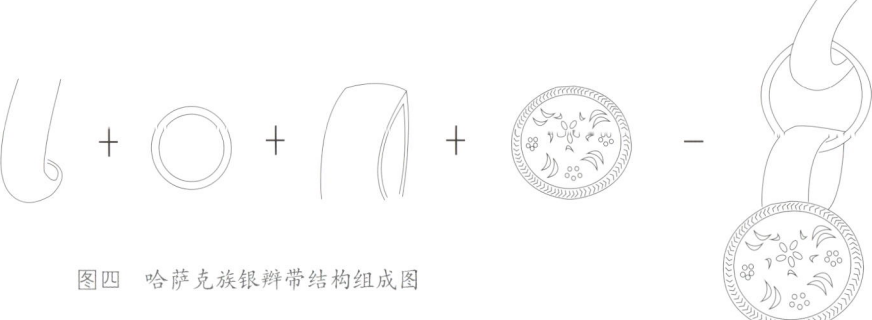

图四 哈萨克族银辫带结构组成图

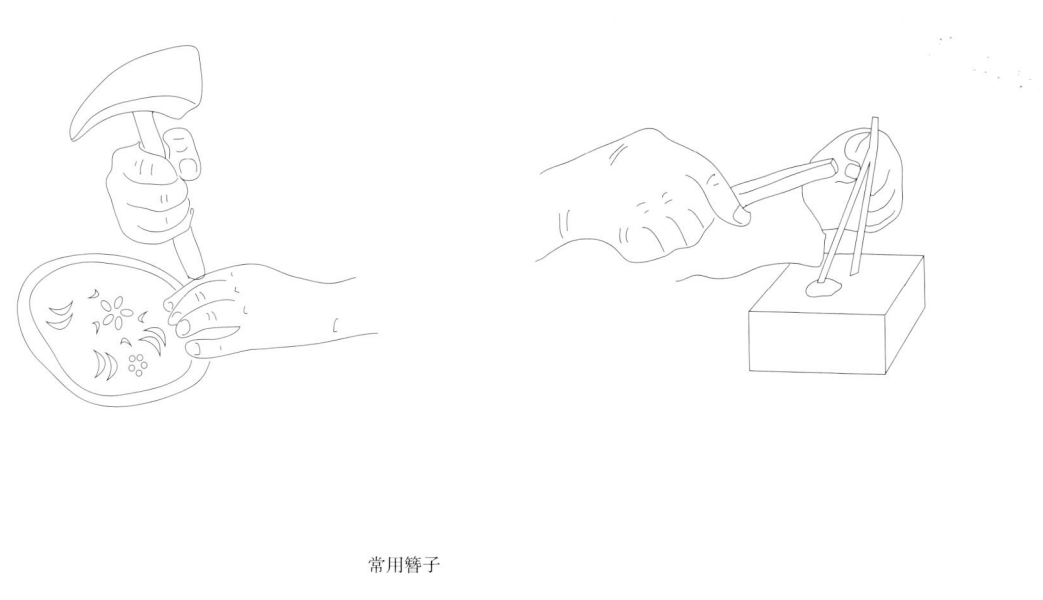

常用錾子

陶錾　　狭錾　　油馆錾　　麻冲錾

錾子握法

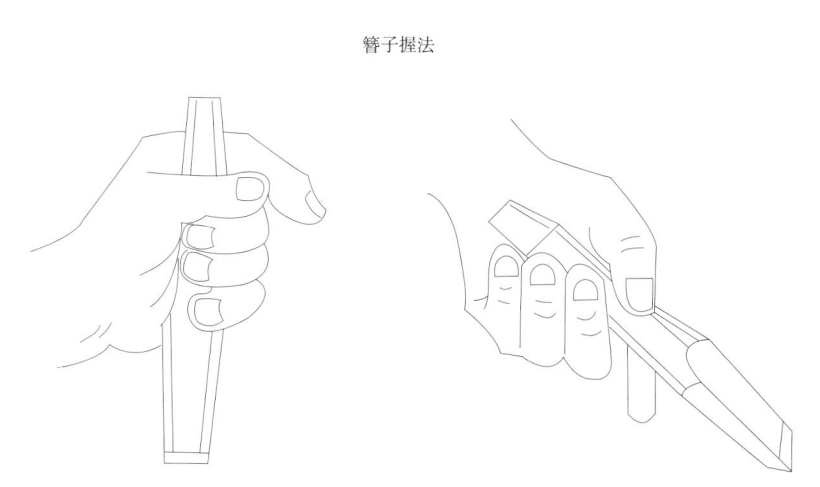

正攥法　　　　　反攥法

图五　哈萨克族银辫带錾花工艺操作示意图

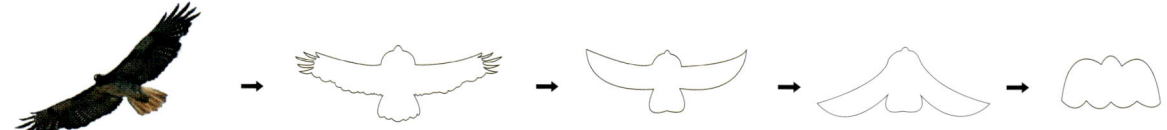

图六 哈萨克族银辫带装饰分析图——鹰图腾的演变

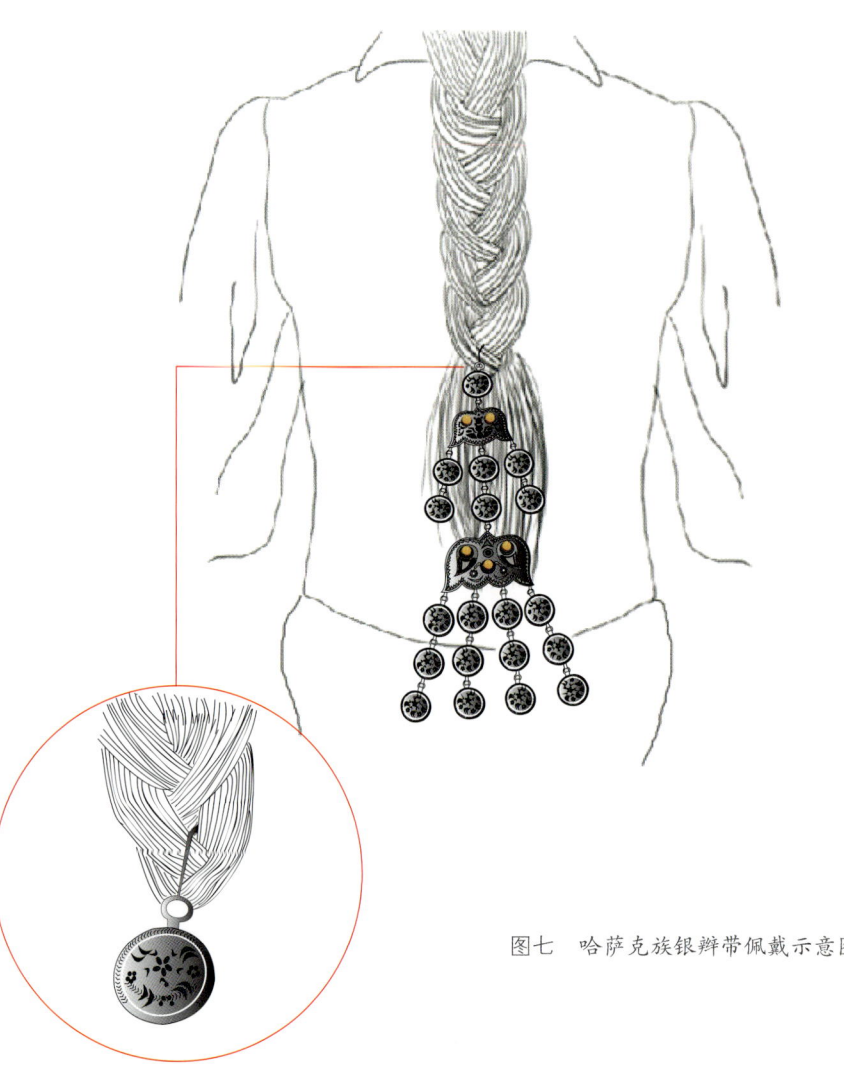

图七 哈萨克族银辫带佩戴示意图

哈萨克族手镯、戒指

图一　哈萨克族手镯、戒指主图

哈萨克族很早就喜欢使用各类饰品装点传统服饰。他们生活的草原上矿产丰富，为各种材质的首饰设计提供了物质基础。随着宗教文化发展及外来文明的影响，哈萨克族首饰形成了独特的风格，其中手镯、戒指是最为重要的装饰品。

哈萨克族的手镯造型简单，分为细圆柱、粗圆柱、扁椭圆三种基本型。戒指则由指环和指盖两部分组成，形状多样。指环有粗细两种，有些甚至是几何形，或者从指背以三角形、圆形向两边逐渐变细，形成一种渐变的造型。指盖通常呈圆形、方形、椭圆，还装饰有珠宝。金、银、铜是手镯和戒指的主要材料，同时以少量玉石为辅料。金镯、金戒指是最昂贵的首饰。它加工精细，绚丽夺目，镶上珠宝更是明艳动人，在过去作为一种身份的象征，只有上层阶级的人才拥有。银镯、银戒指广受欢迎，它取材普遍，加工方便。装饰工艺上不论手镯还是戒指多使用镶嵌珠宝、雕刻花纹的手法。哈萨克族不用单一的宝石做首饰，而是镶嵌在金或银上作为点睛之笔。宝石一般选用绿松石、玛瑙石等。手镯的装饰纹样以动物纹、几何纹和植物纹为主。哈萨克手镯的制作工艺比较单一，基本使用錾花、拉丝、焊接工艺。在戒指上镶嵌宝石一般也使用包镶工艺。由于哈萨克族常年逐水草而居的游牧生活限制了其手工艺精细化发展，反而造就了哈萨克族首饰简洁豪放的造型，朴实自然的装饰风格。

哈萨克族首饰艺术更注重实用性，制作工艺技法也比较简单。游牧民族特有的粗犷豪迈的气质，体现在首饰艺术上自然形成了一种粗犷大方的美感，虽然没有过多的繁复精细的装饰，但显得朴实、单纯而清晰。哈萨克族的文化性格也深刻地体现在其特色鲜明的装饰艺术中，成为其民族文化的符号和象征。

图片来源

图一至图四、图六　陈方圆　制图

图五　周圆　制图

手镯复原图

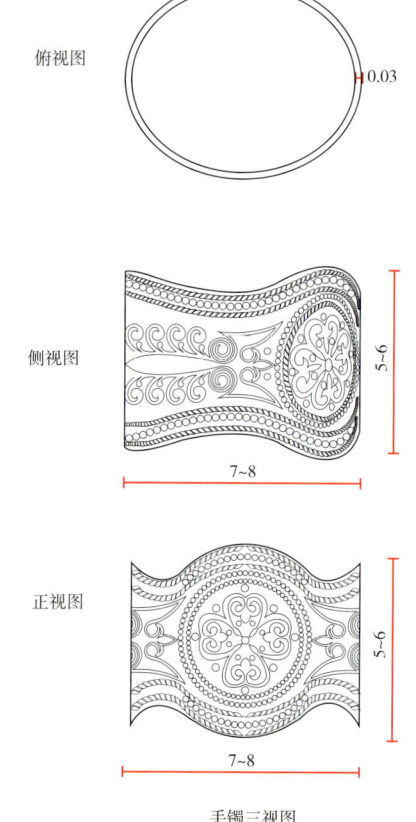

手镯三视图

图二　哈萨克族手镯复原图、三视图（单位：cm）

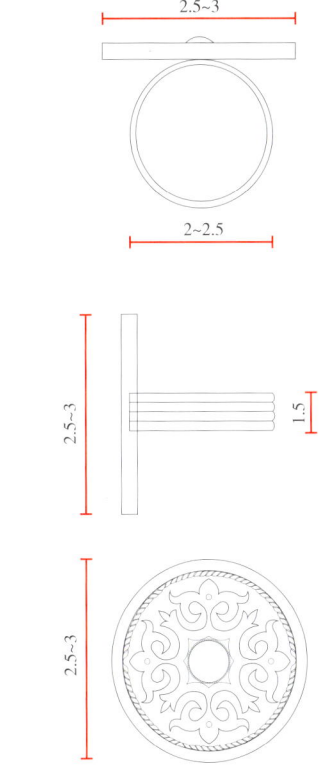

戒指复原图　　　　　　　　　　　　　　戒指三视图

图三　哈萨克族戒指复原图、三视图（单位：cm）

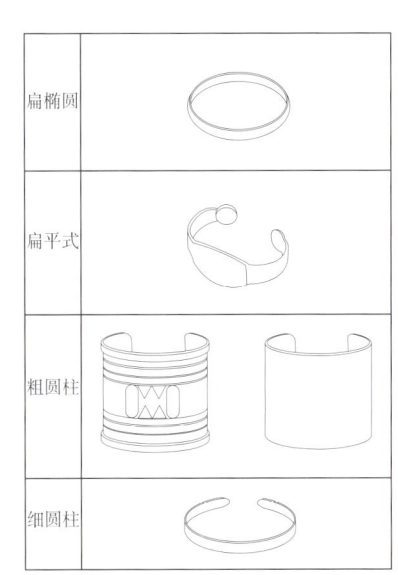

戒指造型分类图　　　　　　　　　　手镯造型分类图

图四　哈萨克族戒指、手镯造型分类图

第二章　哈萨克族传统服饰

163

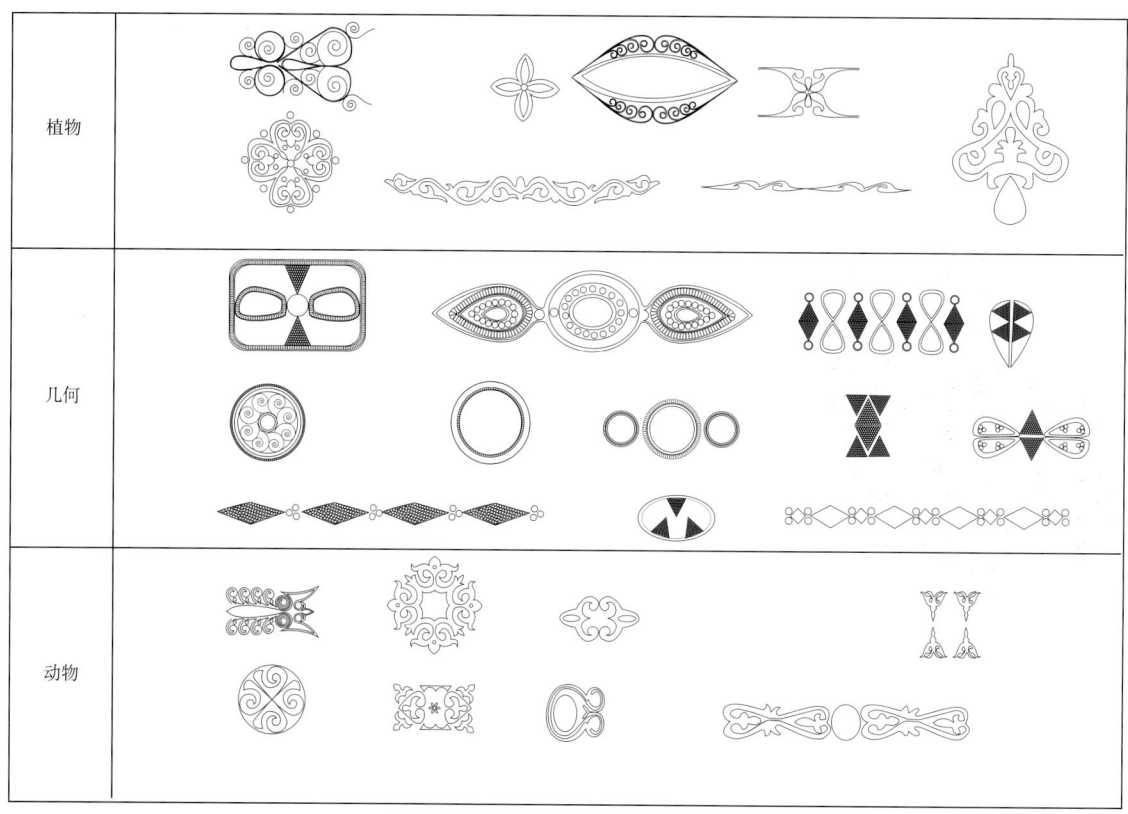

图五 哈萨克族手镯装饰纹样图

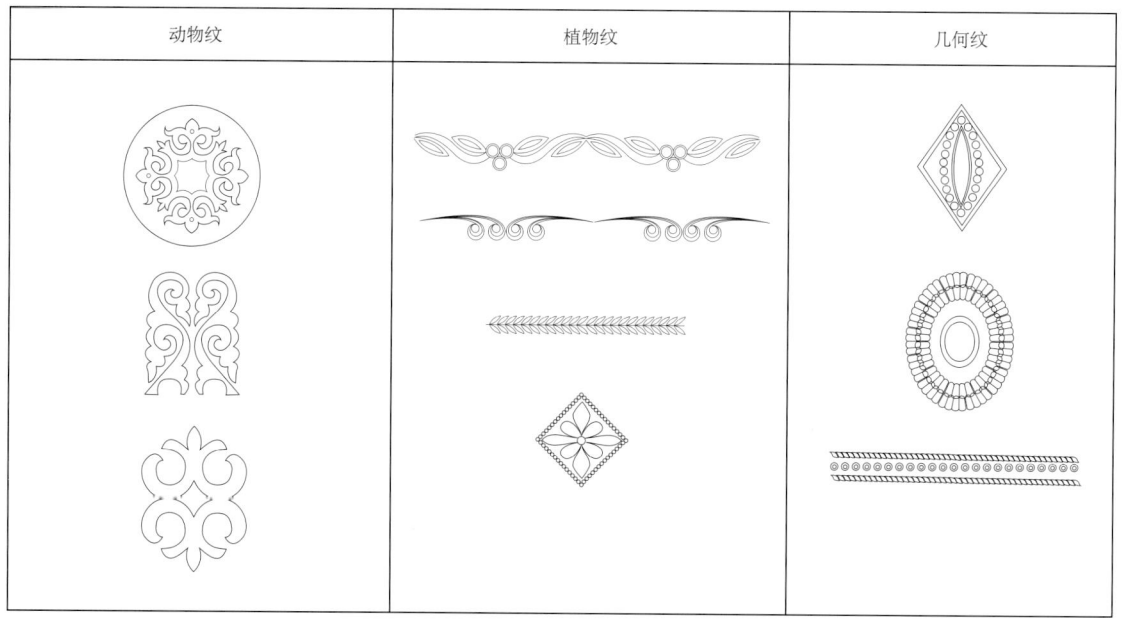

图六 哈萨克族戒指装饰纹样图

哈萨克族耳坠

图一 哈萨克族耳坠主图

　　哈萨克族耳坠的制作工艺有着悠久历史，是极具民族风情的饰品。耳坠的造型主要分为简单型、双层型和多层型。简单型是将金属打造成单个的几何形态，直接与耳钩相连；双层型是在几何形基础上变化成主次之分的双层；多层型是在双层型的基础上再加上一些较小的装饰物。哈萨克族耳坠虽然制作精细，但整体风格仍以简洁大方为主，且十分注重日常佩戴的实用性。

　　制作哈萨克族耳坠的材质有金、银、铜、珍珠、宝石。金主要用于制作细小的装饰零件，例如金丝线和金珠，或是打成极薄的金片包裹在耳坠上。银较为普遍也易于加工，所以在耳坠制作中大量使用，宝石和珍珠等则是最后镶嵌加工在耳坠上。哈萨克耳坠的制造工艺以錾花、拉丝和焊接为主，錾花工艺应用于纹样的雕刻，打造耳坠的层次感；拉丝应用于细致的装饰，使耳坠更加精美；

焊接工艺则是将耳坠的各个部分焊连成一体，完成制作。哈萨克族耳坠的纹样以动植物纹样为主，例如花草纹、叶片纹、动物角纹等，几何纹样也逐步发展，多为圆形、菱形、三角形等。纹样结合了具象和抽象的形态，以适合纹样为常用的布局手法。

从文物来看，哈萨克游牧先民就喜欢通过金属工艺制作动物造型和纹样的耳坠等饰物，金属装饰艺术带有明显的草原游牧自然主义特征。受宗教文化影响，具象的动物纹样逐渐演变为哈萨克图案艺术中较常见的犄角图案和动物肢体、脚印等抽象几何图案。从哈萨克族耳坠这一小小装饰品的纹样中我们就能看出哈萨克族历史上宗教精神文化的变迁与交融。

图片来源

图一、图三、图五、图六　刘琛森　制图
图二　马小雯　制图
图四　牛一平　制图

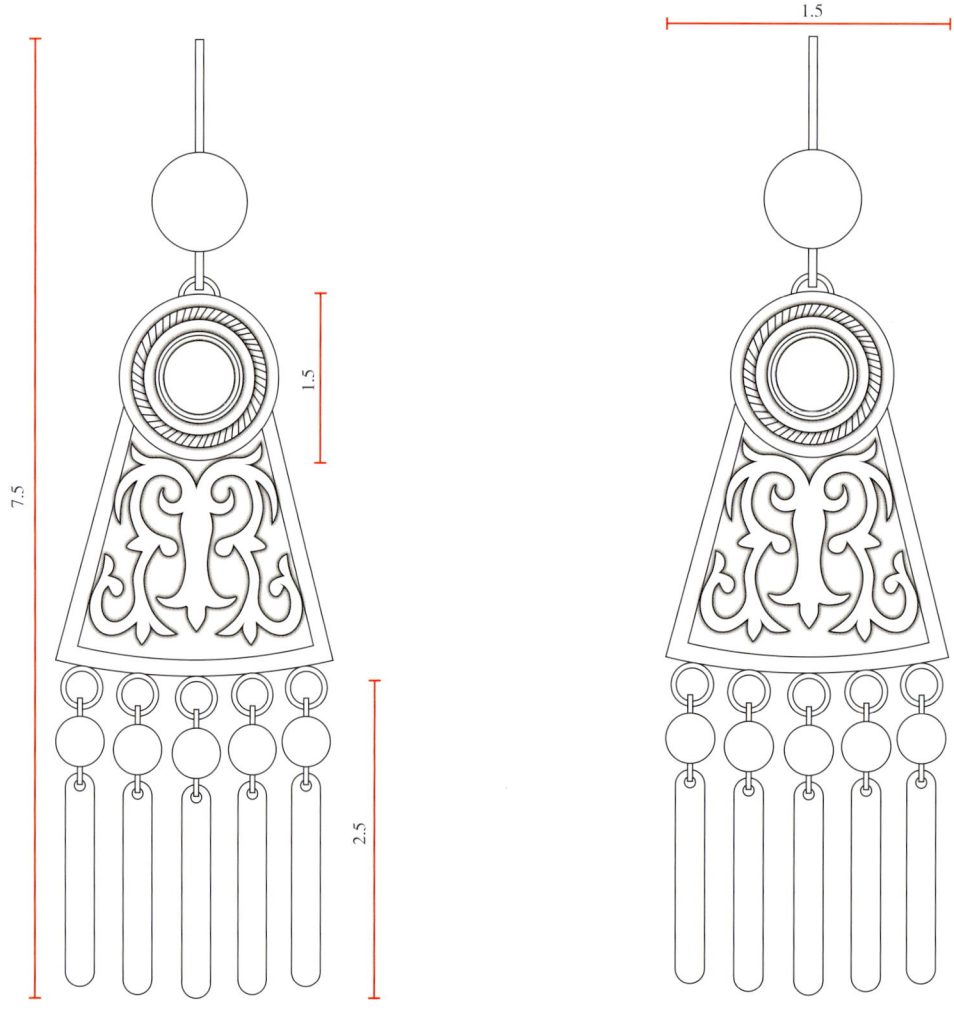

图二　哈萨克族耳坠尺寸图（单位：cm）

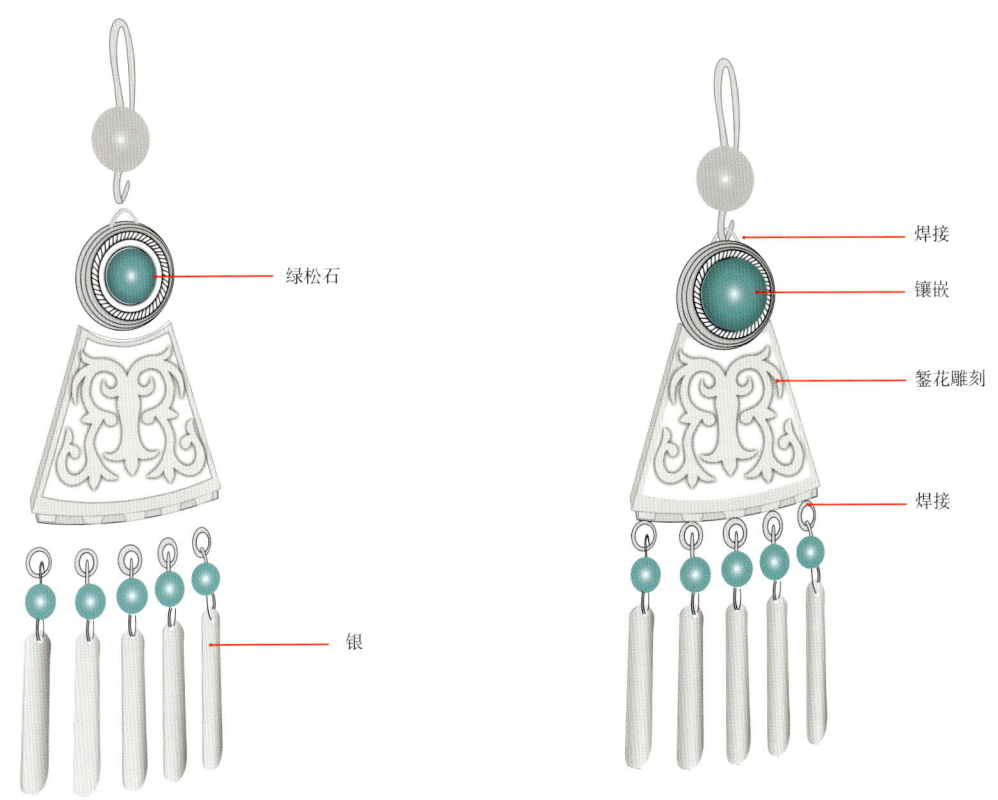

图三 哈萨克族耳坠解析图、工艺分析图

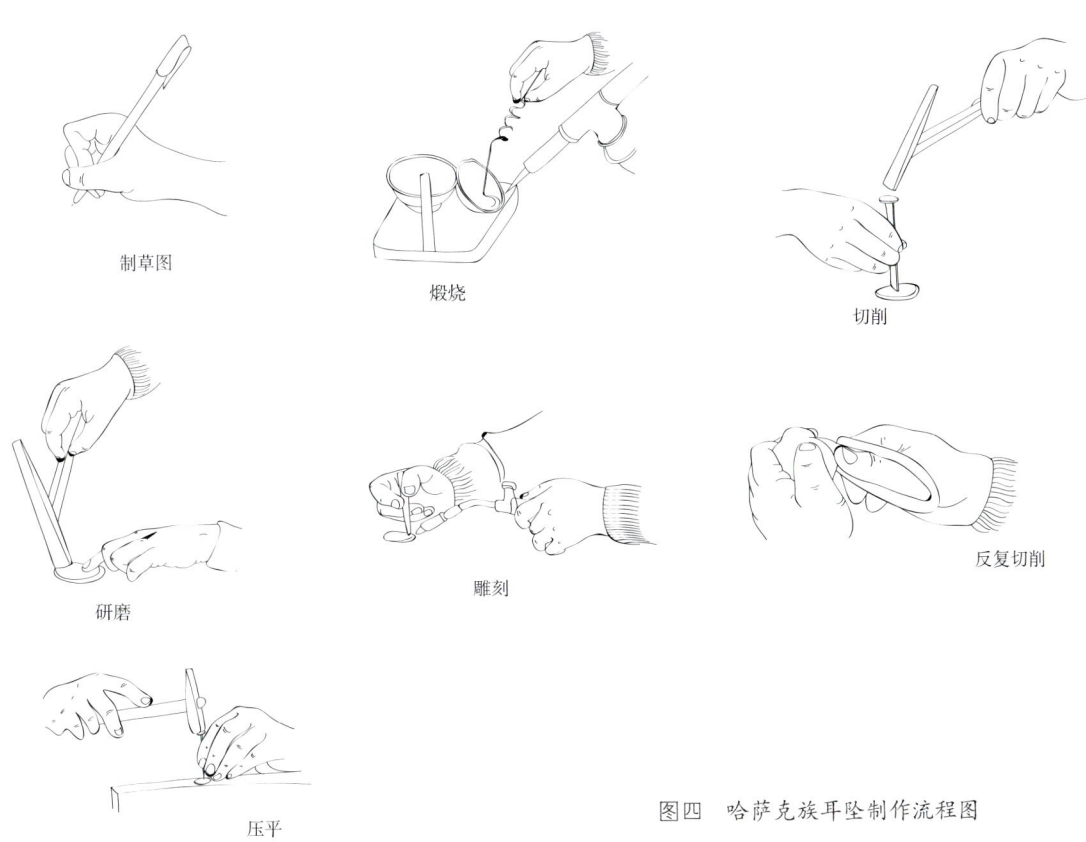

图四 哈萨克族耳坠制作流程图

第二章 哈萨克族传统服饰

167

	三层形	双层行		简单形		
耳坠钩						
耳坠身						
耳坠下摆						

图五　哈萨克族耳坠形制图

图六　哈萨克族耳坠佩戴示意图

哈萨克族胸前挂饰

图一 哈萨克族胸前挂饰主图

胸前挂饰在哈萨克语中称为"奥尼尔资和克",是哈萨克族女性将长项链垂饰挂于胸前美化自己的一种装饰。项链及垂饰各部分主要是以多种复杂的环扣串联方式相联结,还有一种是以金银线串珠而成。挂饰的组合变化有数十种之多,多以方圆几何形态结合,虽精致绚丽,却又繁中有简,规则有序。

哈萨克族胸前挂饰多以金银铜材质为

主，珍珠和宝石镶嵌其中。哈萨克族胸前挂饰的整体造型采用坠链相接方式，主要由装饰件、挂件和连接件这三个部分组成，多为两层挂饰。胸前挂饰的部件形状多为规则的圆形、方形、菱形、三角形，也有的将坠子做成月亮或眼睛的形状，甚至是动物造型，有时还在这些形状的上面再镶嵌圆形的玛瑙石等宝石。人们运用形式美法则将环链与各种形状的几何装饰件和挂件相连，展现一种均衡几何化的结构规律。在主体装饰件上还刻有植物纹、联珠纹、月牙纹等纹样。

哈萨克女子往往在节日喜庆场合佩戴这种挂饰。胸前挂饰不仅华丽多姿，而且随着佩戴者的肢体活动发出清脆的相互敲击声，是一种通感的听觉享受。哈萨克族的胸前挂饰也反映了哈萨克人的审美取向，通过几何化方圆的复杂组合变化，追求一种华丽繁复且对称统一的韵律美感。

图片来源

图一至图九　刘筠璨　制图

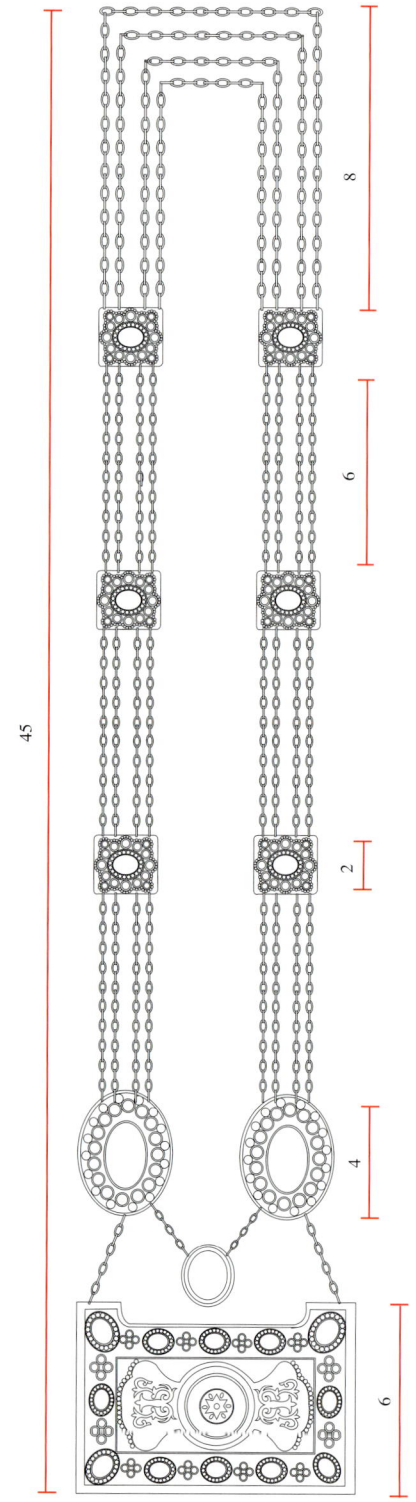

图二　哈萨克族胸前挂饰尺寸图（单位：cm）

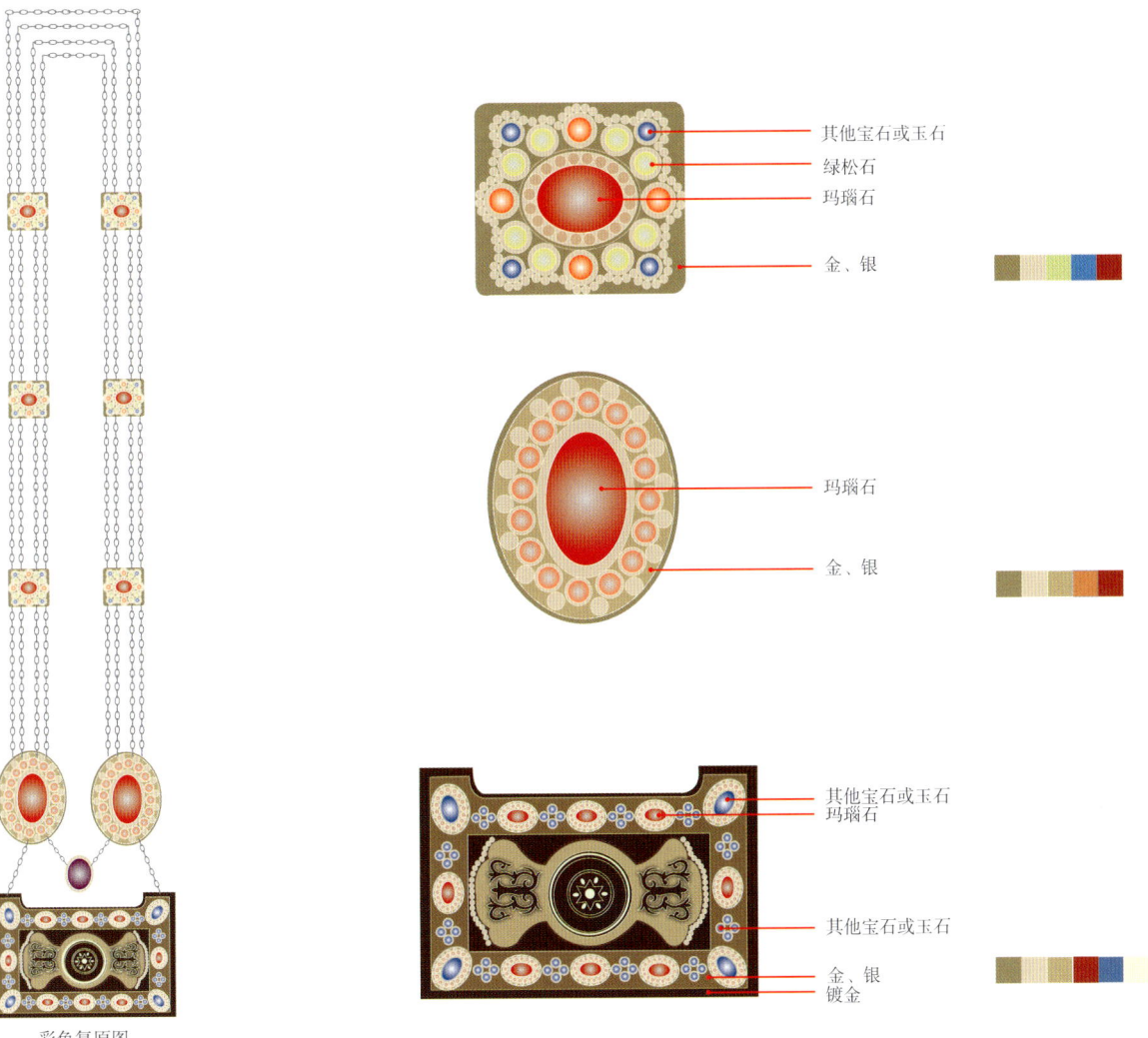

彩色复原图

图三　哈萨克族胸前挂饰材质及色彩分析图

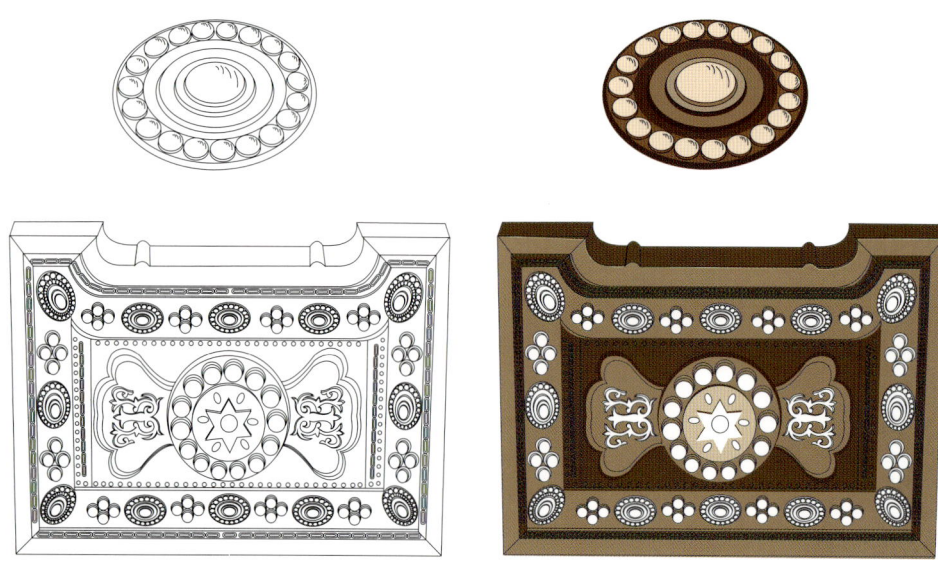

图四 哈萨克族胸前挂饰立体线框图

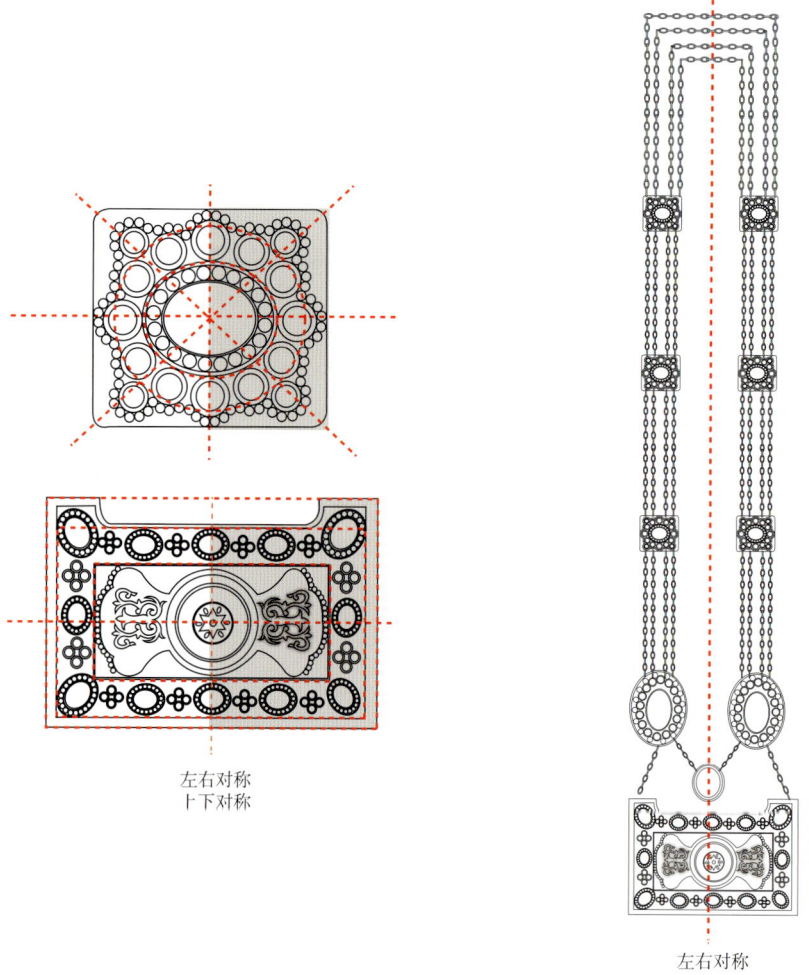

左右对称
上下对称

左右对称

图五 哈萨克族胸前挂饰纹样分析图

几何纹	
植物纹	
联朱纹	
月亮纹	

图六　哈萨克族胸前挂饰纹样类型图

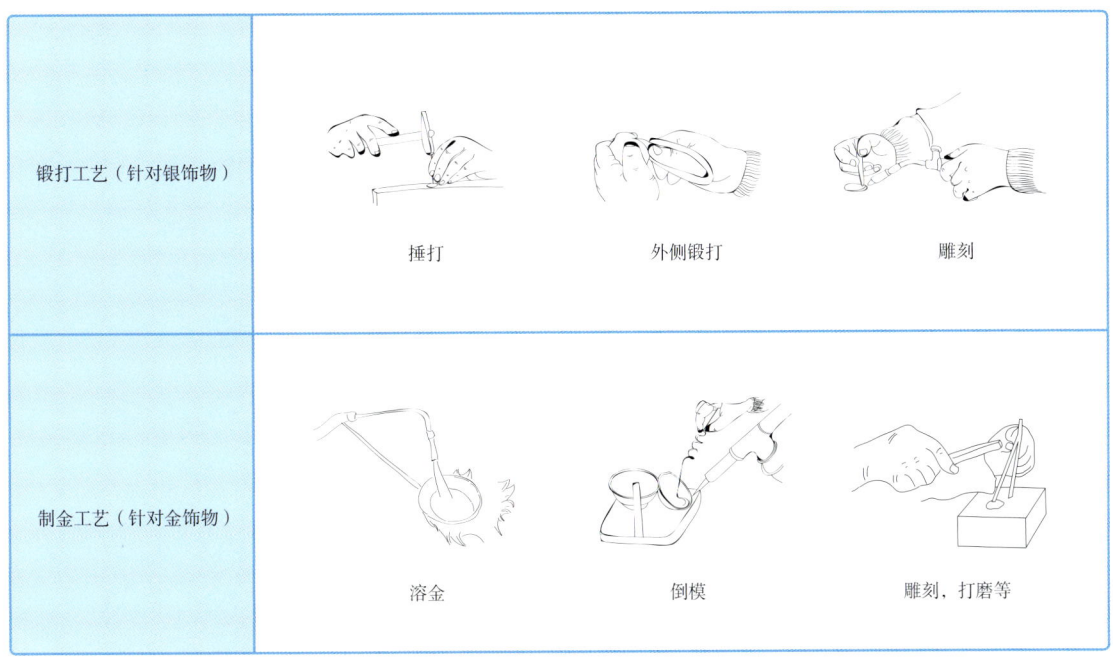

锻打工艺（针对银饰物）	捶打	外侧锻打	雕刻
制金工艺（针对金饰物）	溶金	倒模	雕刻，打磨等

图七　哈萨克族胸前挂饰工艺分析图

图八　哈萨克族胸前挂饰形态比较图

图九　哈萨克族胸前挂饰佩戴示意图

哈萨克族女式婚礼套服

图一　哈萨克族女式婚礼套服主图

新娘婚礼套服是哈萨克族最具代表性的民族服饰，数百年来约定俗成并代代相传。在婚礼上，出嫁的姑娘头戴绣饰华美的凤冠帽，外戴带穗头巾；身着白色或红色荷叶连衣裙，绣花长坎肩或带有金银边饰的无袖短外衣；脚上穿着红、蓝皮绣花高跟靴子；腰系绣花宽腰带；头发系扎发带，在辫子尖端系上称为"巧尔皮"的装饰品；佩戴金耳环，脖领戴镶嵌宝石的金项链；手戴麻花手镯、戒指链宽手镯、带铃手镯等金银手镯；手指上戴镶嵌精美的金银戒指。

婚礼套服会选择上等的丝绒、绸缎等布

料制成，服装上装饰各种珠宝和金银配饰。下图是一套完整的哈萨克女式婚礼套服。由沙吾克烈（凤冠帽）、女士绣花袷袢、绣花直筒细腰裙、女士皮鞋、嵌花银鞯饰和金银首饰组成。其中，沙吾克烈由红色的天鹅绒和昂贵的丝绸做面料，帽边用了水獭皮镶边，帽顶和帽边四周都装饰有嵌入公羊犄角纹样和花草纹样的金色饰片。帽前檐镶嵌闪光的石眼纽扣，帽顶缀有带穗单头巾，是一顶造价很高的婚礼女帽。出嫁的哈萨克族姑娘在结婚当天到生完第一个孩子之前一直要戴这种高筒帽。图中的外衣是一件中长款女式袷袢，长袖，长度不过膝盖，对襟，无纽扣，是以高档的红色天鹅绒和丝绸为面料，在上面用镀金银的丝线密缝成绣花纹图案的贵重盛装丝绸外衣。女式袷袢里面穿着的是一件直筒细腰连衣裙，面料和外套相同，使用了红色天鹅绒和绸缎，在胸前至裙摆边用镀金

图二　哈萨克族女式婚礼套服组成图

- 镀金银丝绣花中长袷袢
- 镀金银丝绣花直筒裙
- 沙吾克烈婚礼帽（凤冠帽）
- 矮跟软牛皮鞋
- 银钳花手镯
- 银鞯饰

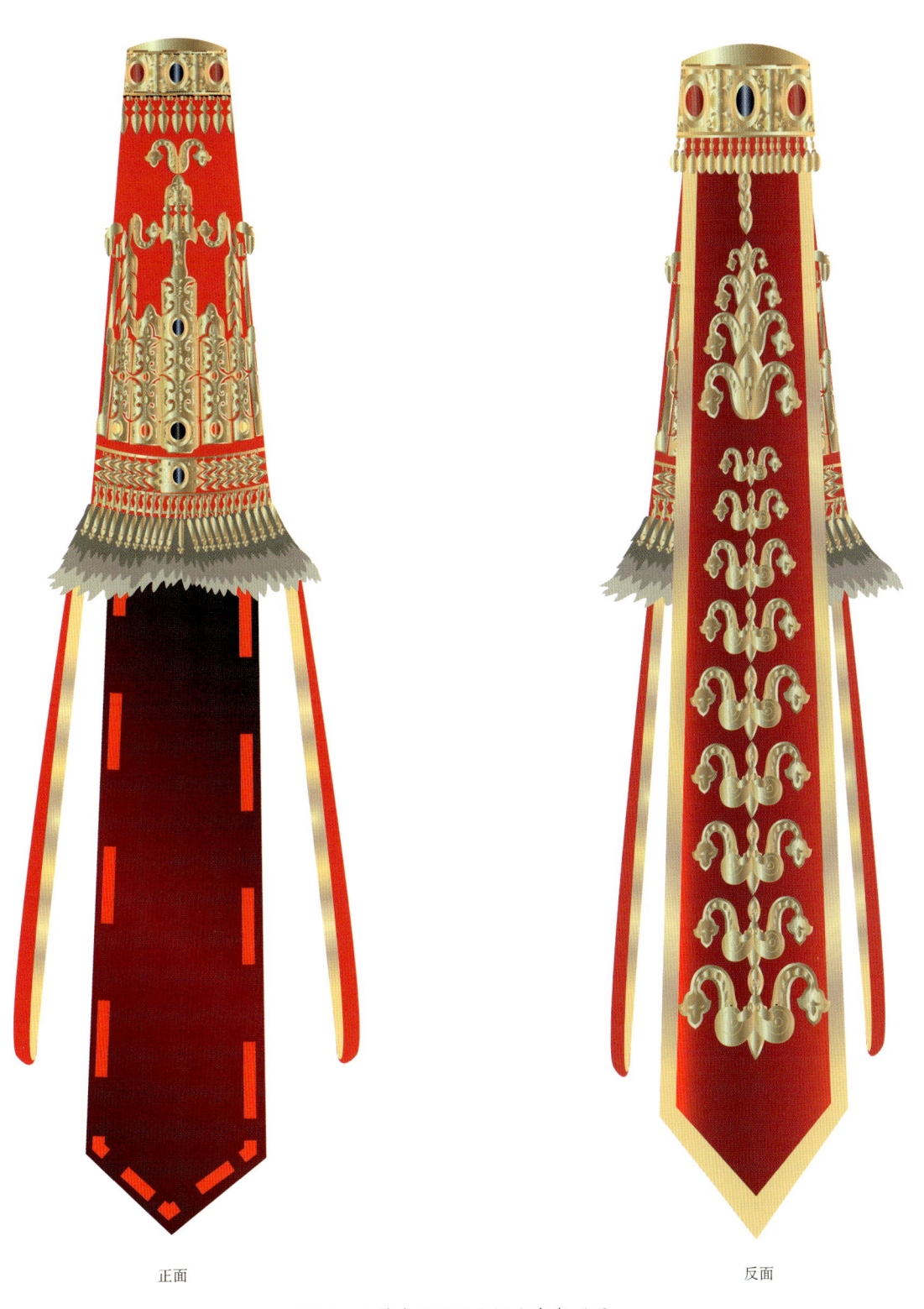

正面　　　　　　　　　反面

图三　哈萨克族婚礼女帽彩色复原图

银的丝线绣出花草纹样作为装饰，另外在靠近裙摆边还用黄色细线做成流苏作为装饰，制作非常精美。套服中的鞋子是一双女式矮跟皮鞋，材质使用红色软牛皮制作而成，使新娘穿得合脚舒适，在鞋头和鞋边装饰有浅色牛皮缝制的花朵纹样。除了这样的矮跟皮鞋，在婚庆中还会穿靴筒至靴头都有绣花图案的蓝草皮靴。

结婚当天哈萨克族女子穿戴的这一身婚礼套服全部由父母家人亲自缝制而成，具有特别的意义，整套服装不但散发浓郁的哈萨克族民俗风情，还寄托了对未来的美好憧憬与希望。婚礼是一个女子从女孩蜕变为成熟女性的转折点，哈萨克女性服饰在婚前婚后都有明显的区别。婚前，哈萨克女子都会穿着颜色艳丽的连衣裙和坎肩，而婚后则穿得相对朴素。婚礼套服作为哈萨克族女子服饰特征的集之大成，是哈萨克女性才华与智慧以及审美追求和意义象征的集中展现。

图片来源

图一、图二　阿斯力汗·巴根：《哈萨克毡房文化》，新疆青少年出版社，2001.

图三、图四　牛一平、刘筠璨、刘金玲、徐靓　制图

图五、图七、图十　徐靓、牛一平　制图

图六、图九　侯雨薇　制图

图八、图十一　牛一平　制图

图十二　李梦靖　摄影

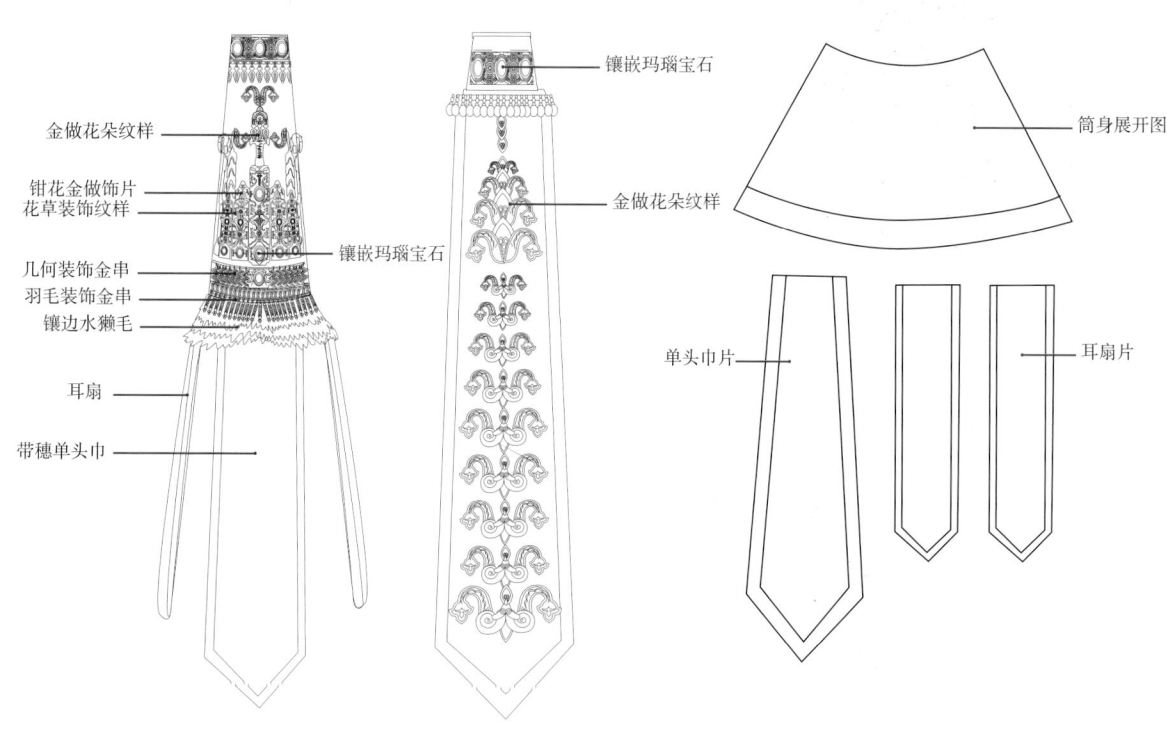

图四　哈萨克族婚礼女帽结构名称图

正面　　　　　　　　　　　　反面

图五　哈萨克族婚礼绣花袷袢款式图

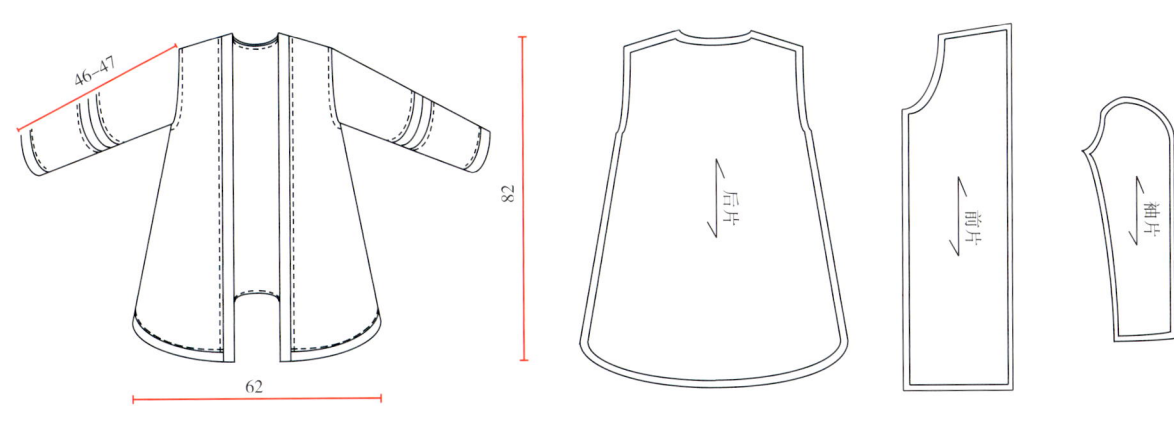

图六　哈萨克族婚礼绣花袷袢尺寸、开片图（单位：cm）

图七 哈萨克族婚礼绣花袷袢结构名称、纹样分析图

图八 哈萨克族婚礼绣花直筒连衣裙款式图

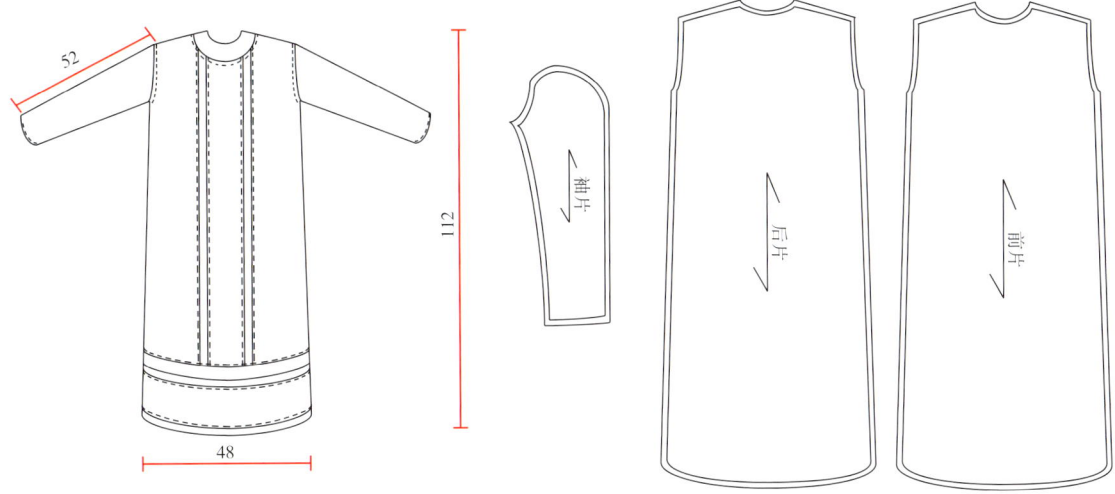

图九 哈萨克族婚礼绣花直筒连衣裙尺寸、开片图(单位：cm)

图十 哈萨克族婚礼绣花直筒连衣裙与细腰绣花连衣裙对比图

第二章 哈萨克族传统服饰

婚礼矮跟软牛皮鞋　　鞋头花纹　　婚礼蓝草皮靴　　鞋头图案

鞋身图案

图十一　哈萨克族婚礼女鞋款式图

图十二　哈萨克族女式婚礼套服穿戴示意图

第三章 哈萨克族传统餐饮

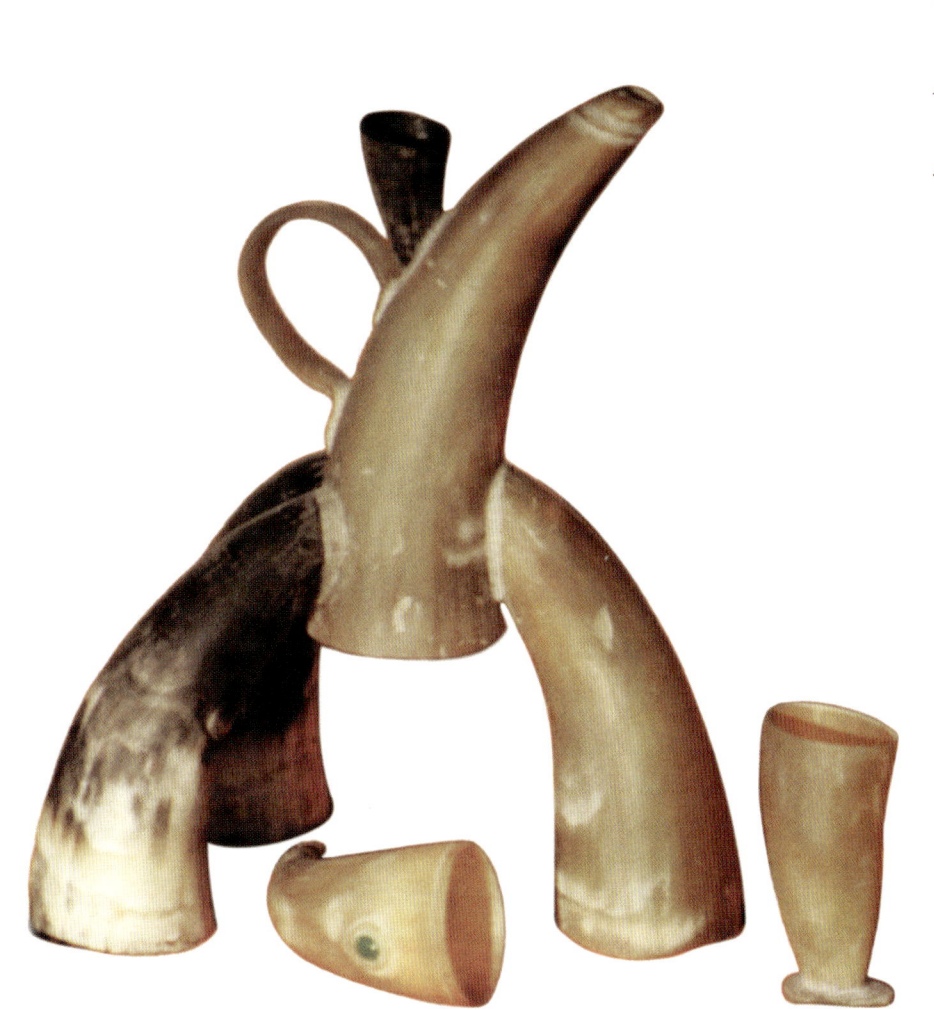

哈萨克族大盘鸡

图一　哈萨克族大盘鸡主图

大盘鸡最早见于20世纪90年代初的新疆沙湾县杏花村，其名由盛装菜肴所用的大盘子而来，是沙湾县哈萨克族婚庆喜宴和亲朋聚会上的常见菜肴，因其制作简单，口味独特，结合了多地的饮食文化，不久就广为流传。大盘鸡色彩鲜艳，麻辣中有鲜香，软糯中带爽滑，口味浓郁且又经济实惠，是近年来极受欢迎的一道哈萨克美食。

沙湾大盘鸡的主料由整鸡、土豆和青椒组成，同时配多种辅料调味烹制。其做法简单易学，整个过程耗时20分钟左右。首先取整鸡一只，切成一寸见方的肉块进行炒制，后倒入料酒、干红椒、八角茴香、花椒、葱、姜、蒜等调料加以炖煮，完成上述几步后再放入土豆和青椒，充分翻搅使汤汁融入肉块之中便可出锅，大盘鸡的盛盘越大越显特色，上桌之后足见主菜之分量。正宗沙湾大盘鸡的吃法会在吃剩的汤汁里拌入皮带面，长长的皮带面以又薄又宽为上佳，与浓稠鲜美的汤汁相配，味道极美。

关于沙湾大盘鸡的由来有着不同的版本。一种说法是民国有一位从四川避祸到沙湾的师傅专卖一道辣子鸡的菜，在这基础上演变成后来的大盘鸡。还有一种说法认为大盘鸡是由各地长途司机经过沙湾时吃出来的开胃美食。大盘鸡由来众说纷纭，却都落脚于其是多地饮食交流影响的结果，这自然源于其烹饪手法的博采众长。这种融合西南、中原口味，又有西北特色的"大杂烩"适应了新时代的饮食潮流，因而红遍全国各地，成为了哈萨克族乃至新疆的美食新民俗的典范。

图片来源

图一、图二　徐靓　摄影

图三　闫雪、刘金玲　制图

图二　哈萨克族大盘鸡食材分析图

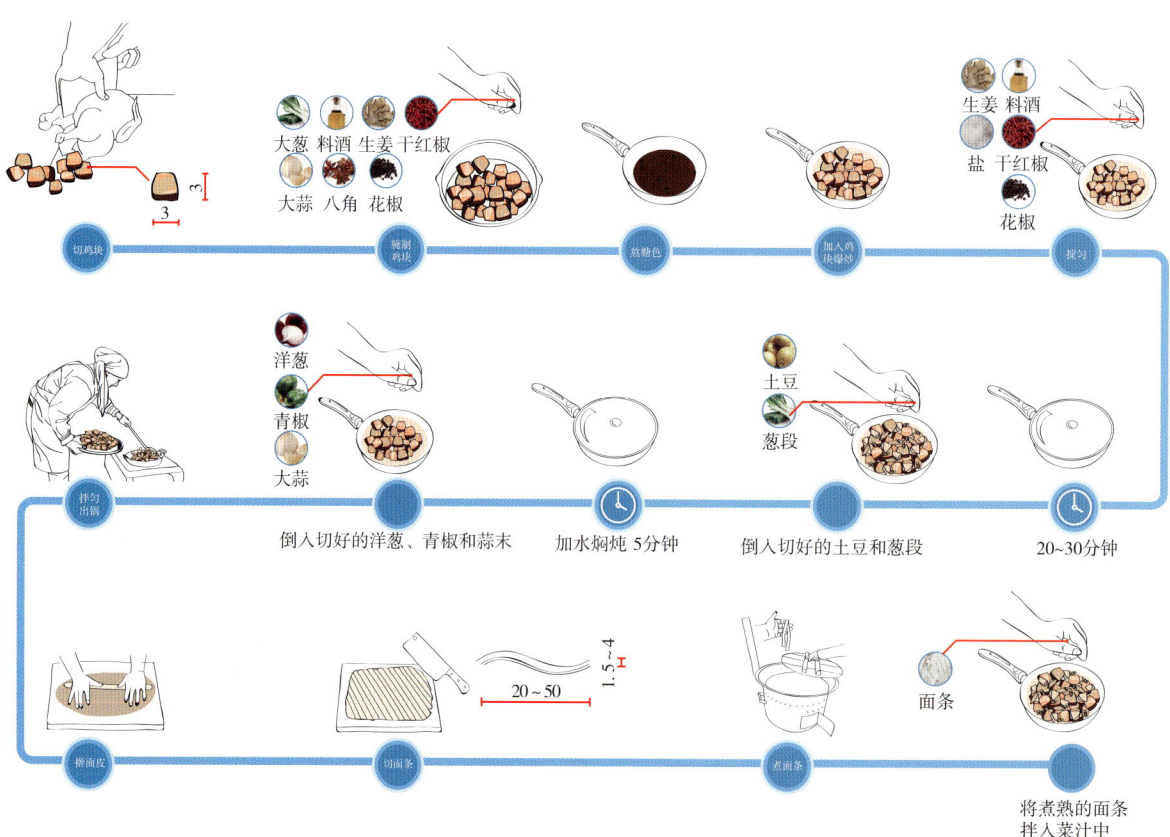

图三　哈萨克族大盘鸡制造工序图（单位：cm）

哈萨克族羊肚子焖肉

图一　哈萨克族羊肚子焖肉主图

羊肚子焖肉，又名羊肚包羊肉、火烧焖肉或焖羊肚肉，哈萨克语称为"加吾比热克"，最早起源于哈萨克族，后流行为新疆一道具有原始风味的传统美食。羊肚子焖肉，顾名思义就是在羊的"肚子"里，"包"上若干新鲜羊肉后，用高温焖制而成。这道独特美食虽是野外制作，炊事粗简，但却口味浓鲜，是专门招待尊贵客人的传统佳肴，也蕴含着遥远悠久的哈萨克族狩猎文化。

羊肚子焖肉的加工程序主要包括"挖坑""包肉"和"焖肉"。首先，要在地上挖个土坑或沙坑，点燃干柴丢进坑里，烧一天把坑烧热。然后将羊宰了洗净，精选羊头、羊排、羊胯骨、前腿等部位的肉，在盐水里浸泡，塞进清洗干净翻套过来的羊"肚子"里，再放进花椒、胡椒、大蒜、洋葱、孜然

图二　哈萨克族羊肚子焖肉食材分析图

等调料搅拌均匀，用羊肠子把口扎紧。待坑里木柴的明火燃尽，形成炭灰，坑里也有一定温度后，把塞满了羊肉形状像气球的肚子放进坑里，用土埋严实，随后在上面点燃干柴加温。焖上4个小时左右，挖开土坑上覆盖的泥土和炭灰，取出"黑球"（羊肚子焖熟后呈黑色）摆在盘子里，用小刀轻轻一划，气味浓香四溢，可流出一碗肉汁，极其鲜美诱人。"羊肚子焖肉"用不同的土质或不同的木柴焖制，其味道截然不同。

羊肚子焖肉起源于哈萨克猎人在野外因地制宜地加工处理食物的一种方式。古代猎人们根据聚食人数的多寡而采用不同的处理食物的手段。人多时，会将宰掉的猎物内脏清理干净后，用猎物的皮子裹上肉食架于火上烧制；人数少时，就会用肚肠裹住肉食烤烧。之后，在这种原始野外烹制方式的基础上，人们做了合理的工序的改良，成为今天的羊肚子焖肉。这道美食的独特之处就是将食材和烹食工具融为一体，物尽其用。如今这道菜肴已进入现代城市，传统饮食得以延续，但其焖制的方法早已不是埋在土里了，而是用锡纸包裹后，外糊泥巴，再套钢圈搁在馕坑里焖制，或者直接将装满羊肉的"肚子"用锡纸包裹放进烤箱里焖制。这类方法虽然改良了原始的烹饪方式，使其在现代环境下更具操作性，但也由此失去了纯正原始的口味，这是现代社会需求与传统造物之间无法弥补的些许缺憾。

图片来源
图一　席旻倩　摄影
图二、图三　马小雯　摄影
图四　闫雪、龙奕柯　制图

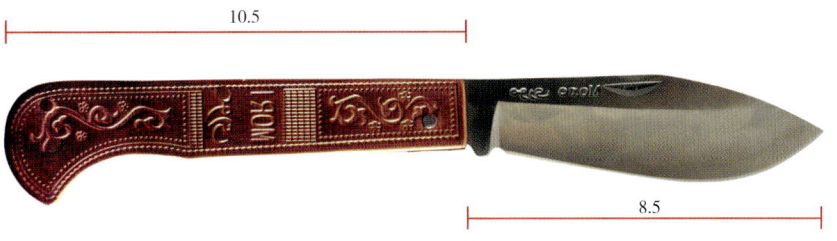

木垒小刀

图三 哈萨克族羊肚子焖肉制作工具图（单位：cm）

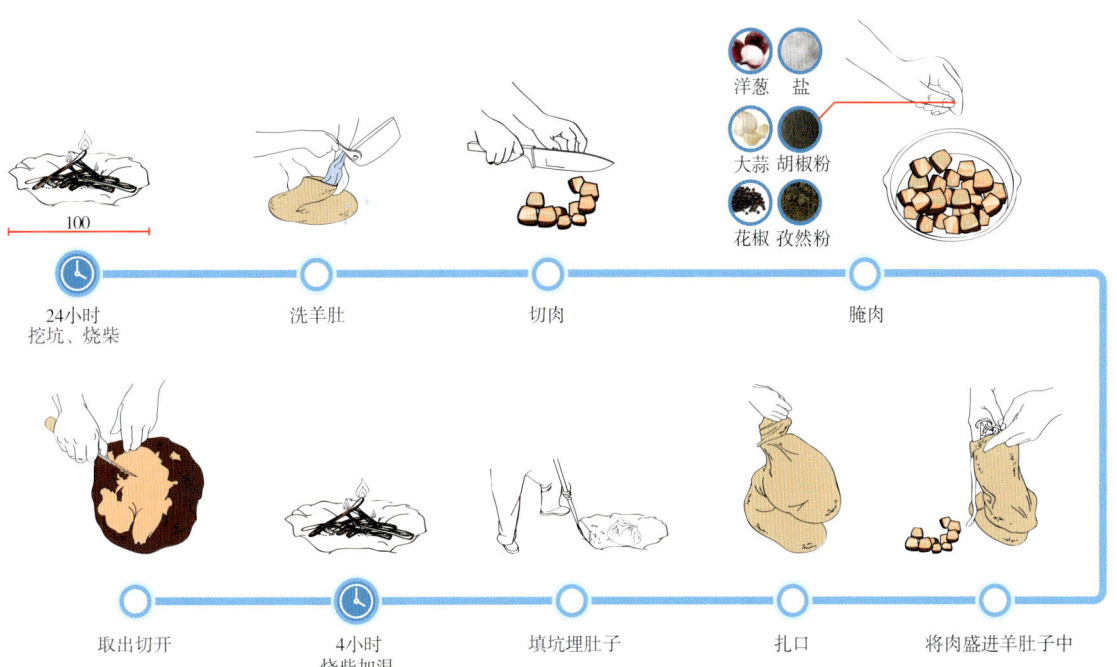

图四 哈萨克族羊肚子焖肉制作工序图（单位：cm）

哈萨克族冬拜吉干

图一 哈萨克族冬拜吉干主图

"冬拜吉干"是哈萨克族的一种美食，又被形象地称为"雪花羊肝"。其中"冬拜"在哈萨克语中是"背"的意思，而"吉干"则是肝的意思，合起来就是羊肝加上羊尾油的意思。"冬拜吉干"作为哈萨克牧民在宰羊之后给客人所做的一种美食，通常是吃羊肉的前奏。在哈萨克族的订婚仪式上有给男方客人喂"冬拜吉干"的传统，这也是哈萨克婚礼的独特习俗。

"冬拜吉干"的做法非常简单。首先在宰羊之前，主人要把待宰的羊拉到毡房里做巴塔仪式，订婚则会特别挑选黄额白毛或红额白毛的羊，人们认为这样会带来吉祥，随后便可宰羊。宰后，要把新鲜的羊肝及羊尾油同切好的羊肉一起下锅煮熟，将羊肝和羊尾油切成均匀薄片，随后按所切羊尾油片的大小，把羊肝薄片放在羊尾油片之上，撒上食盐、孜然和胡椒粉。煮熟的羊肝味道清淡，羊尾油口感油腻，但当二者组合在一起时，却产生香而不腻的口感。

主人会根据客人的多少，在羊肝和羊尾油的厚薄上做调整，客人多了，就会切得薄些，客人少了，就会切得厚些，总之，主人是要保证每位客人都能吃到"冬拜吉干"。

哈萨克人做这种美食,就是向客人暗示,锅里煮的羊肉,不是从街上买来的,而是专门为客人宰的,表达了主人对客人的真诚和热情。

图片来源

图一、图二 席旻倩 制图
图三 闫雪、刘金玲 制图

孜然粉

黑胡椒粉

盐

图二 哈萨克族冬拜吉干食材分析图

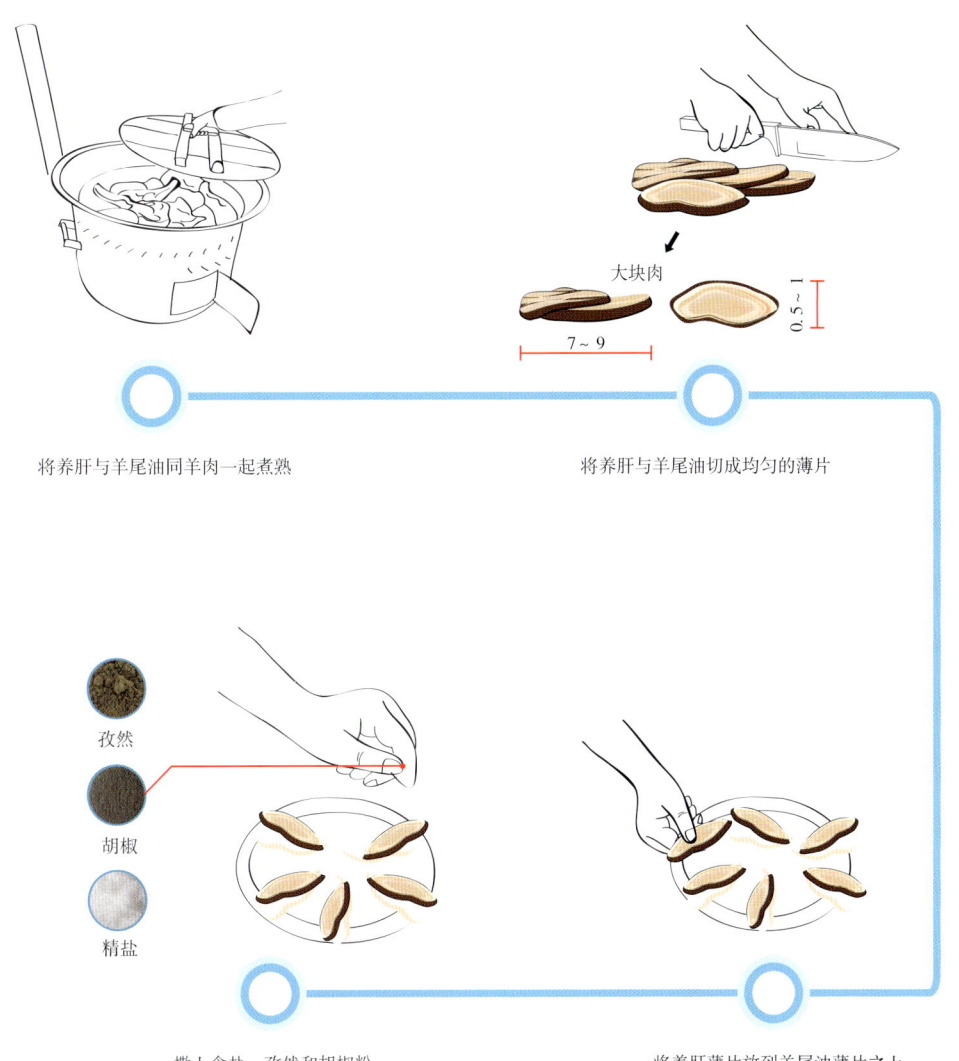

图三 哈萨克族冬拜吉干制作工序图(单位:cm)

哈萨克族舒巴特

图一 哈萨克族舒巴特主图

舒巴特是用双峰驼的乳汁发酵制成的一种乳品，具有很高的食用价值和药用价值，哈萨克语称为"shubat"。驼乳的营养价值非常高，其维生素、蛋白质和其他微量元素的含量远远高于牛乳和羊乳，与人乳相似，所以出生不久的婴儿也可以喝驼乳。驼乳经过发酵后便是舒巴特，舒巴特为乳白色或淡黄色的液体，味道酸甜，摇动时易起泡。舒巴特具有调节内脏、改善消化道疾病和糖尿病、增强体质、改善贫血的功效。将马钱子加入舒巴特中还可用于治疗慢性支气管炎和肺气肿等疾病。

制作舒巴特首先要准备新鲜的驼乳，驼乳比其他家畜的奶更为珍贵，因为骆驼的产奶量较低，每次大约产 0.5 千克奶，一天产奶两至三次，日产奶量至多不超过 3 千克，但骆驼的产奶期较长，一般为 14 个月左右。将挤好的驼乳滤去奶渣，使其温度保持在 30℃~35℃，然后将其放入皮囊或木桶中，加上少量的酵母，或用没有变味的舒巴特做引子，用木棒不停地搅动 20~30 分钟。将驼乳搅拌均匀后静置在温度为 30℃左右的温暖空间，等待 6~7 个小时。在此期间驼乳的酸性会增加 60%~70%，为了防止驼乳结块还要不时地搅动，这样舒巴特就做好了。保温是制作舒巴特关键的步骤。酿制好的舒巴特要放在陶罐中保存，在 5℃~10℃的环境下舒巴特可以存放五六天不变味，并且随着时间的推移变得更为香醇。酿制好后存放了一天的舒巴特口感较为温和，放了两天的较浓烈，放了三天便是烈性的舒巴特。

舒巴特是哈萨克族的传统保健饮料，在

非洲、中亚的一些国家同样较为流行。舒巴特的抗菌性仅次于人乳,在自然条件下的保质期较长,长时间常温保存不易变质使得舒巴特适合贮存与运输,同时营养丰富,具有医疗保健作用,是高品质的乳制品。

图片来源

图一　昵图网 20120410154240165110
图二　涂苏别克·斯拉木胡力:《哈萨克民俗文化》,新疆科学技术出版社,2009.
图三至图五　马小雯　制图
图六　龙奕柯　制图

图二　哈萨克族牧民挤驼乳

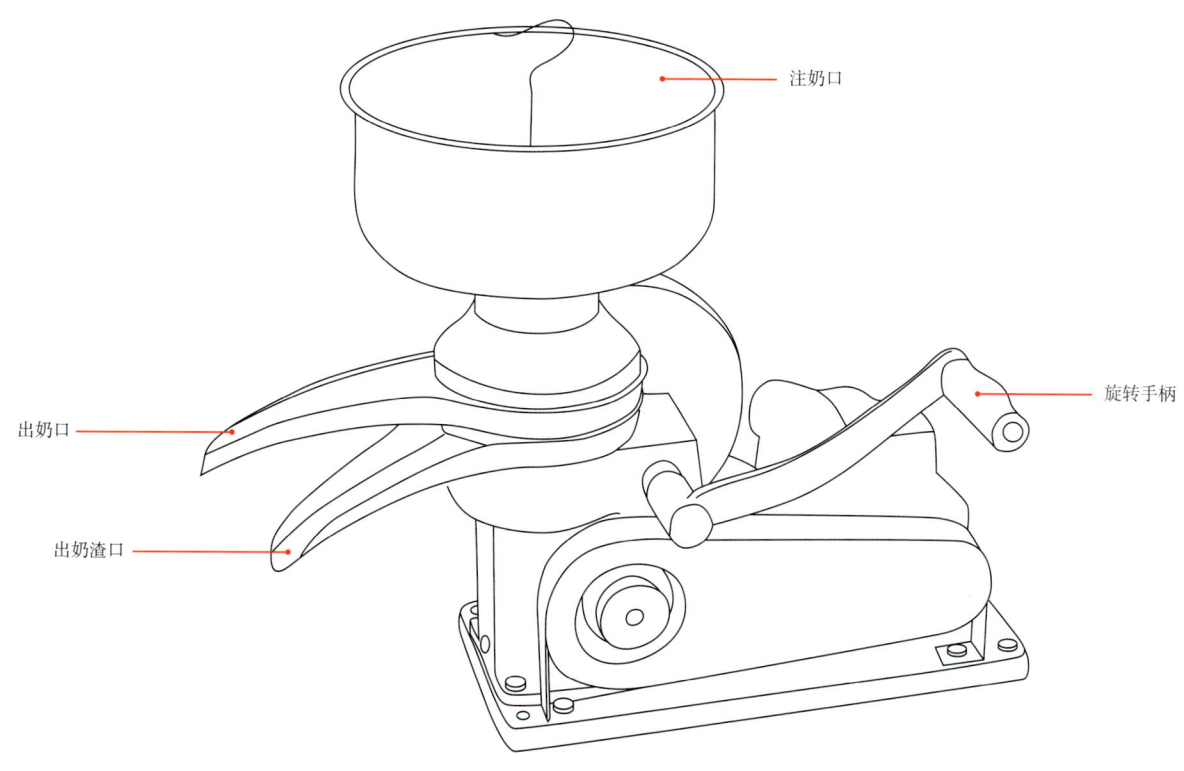

图三　驼乳分离机结构图

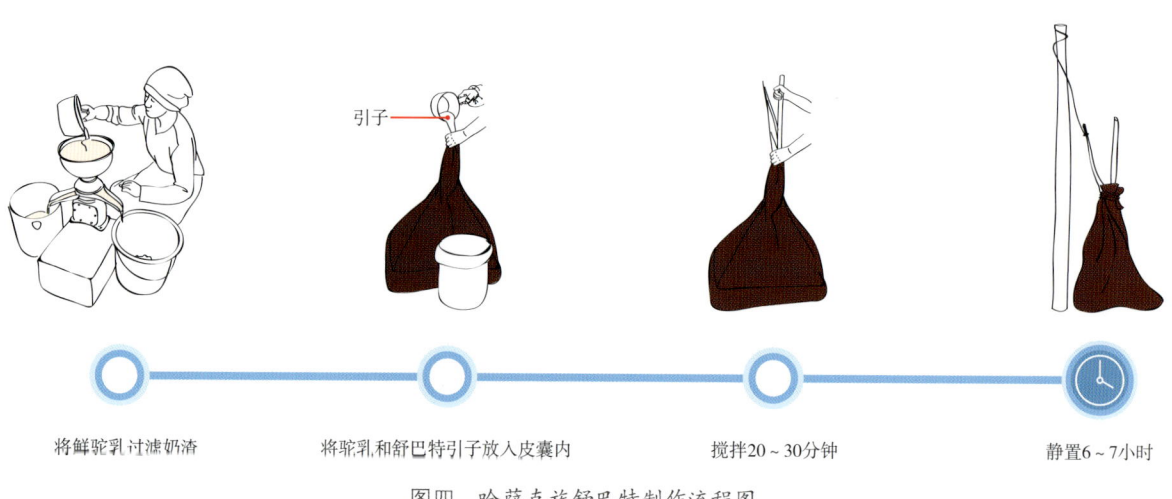

图四　哈萨克族舒巴特制作流程图

营养成分（μg/ml）	舒巴特
钾（K）	1348.33
钙（Ca）	60.75
钠（Na）	631.88
镁（Mg）	84.67
铁（Fe）	43.50
锌（Zn）	1.58
铜（Cu）	0.54

图五 哈萨克族舒巴特所含微量元素图 （单位：μg/ml）

氨基酸	缩写	驼乳（μg/ml）	舒巴特（μg/ml）
天冬氨酸	Asp	13.28	12.35
谷氨酸	Glu	11.36	10.45
丝氨酸	Ser	2.81	2.62
甘氨酸	Gly	4.99	4.53
酪氨酸	Tyr	2.64	2.42
丙氨酸	Ala	4.28	3.94
脯氨酸	Pro	3.50	3.18
组氨酸	His	1.35	1.23
精氨酸	Arp	5.37	4.83
缅氨酸	Val	4.03	3.63
蛋氨酸	Met	1.39	1.22
半胱氨酸	Cys	3.92	3.62
亮氨酸	Leu	8.56	7.82
异亮氨酸	Ile	6.94	5.31
苯丙氨酸	Phe	3.86	3.55
色氨酸	Trp	1.92	1.78
赖氨酸	Lya	5.15	5.79
共计		90.95	86.31

图六 哈萨克族舒巴特中氨基酸含量图 （单位：μg/ml）

第三章 哈萨克族传统餐饮

哈萨克族酸奶子

图一　哈萨克族酸奶子主图

酸奶子是将鲜奶发酵后制成的乳品，在哈萨克语中被称为"ayran"，哈萨克族家家户户都会制作酸奶子。制作酸奶子的原料以牛奶和羊奶为主，新鲜的酸奶子呈淡黄色，喝起来顺滑爽口，具有生津解渴的功效。

制作酸奶子最关键的一步便是发酵。最初人们会用绵羊羔肚脏发酵的乳汁来制作，或是加入麻黄制成的发酵剂，之后就直接用酸奶做引子。制作酸奶子最好选用当日的鲜奶，这样不容易变质。制作酸奶子的第一步是将鲜奶煮沸，温度适宜后加入酸奶引子，一起盛放到酸奶木桶里，把盖子盖好，并用麻布将桶包起来，以保持恒定的温度。酸马奶的制作则更为复杂，首先挖一个灶坑，用松枝作燃料加热水缸和装奶的皮口袋，达到温度后将装好马奶的皮口袋放在水缸里升温发酵，夏季发酵一天即可饮用。制作酸奶子需要一定的技巧，如果温度过高酸奶子就会腐坏，温度过低便不会充分发酵。若在制作的过程中不断搅拌，使奶和油脂分离，刮去上层的油脂后，剩下的便是脱脂酸奶，哈萨克人称为"厄热克特"。哈萨克族平时以肉食为主，常饮用酸奶子可以很好地帮助消化，祛火解毒，牛乳制成的酸奶子有降低血压的作用。

夏季天气炎热，哈萨克人会在酸奶子中加入冰凉的泉水，加了水的酸奶子被称为"夏拉甫"，十分消暑。如果有刚搬来的新邻居，哈萨克人一定会送上亲手酿制的酸奶子，以表示对新邻居的欢迎；如果碰上赶路的路人，哈萨克人也会端出一碗酸奶子让路人解渴，同时祝愿其一路顺风。

图片来源

图一　昵图网 20100926123737507000
图二至图四　马小雯　制图
图五　龙奕柯　制图

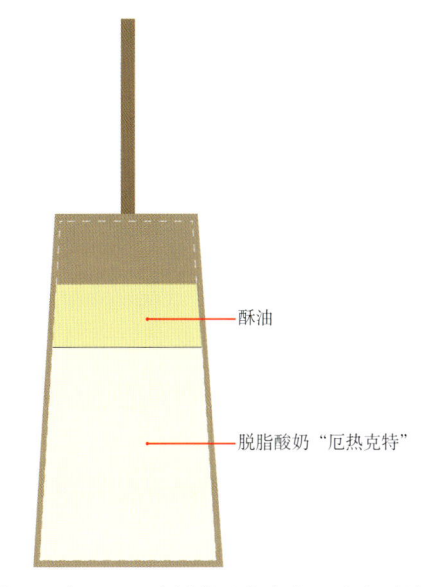

图二　酸奶子经过搅拌后分离成酥油和厄热克特

将鲜奶放入锅中煮开　　　加入酸奶引子　　　倒入木桶中发酵

图三　哈萨克族酸奶子制作流程图

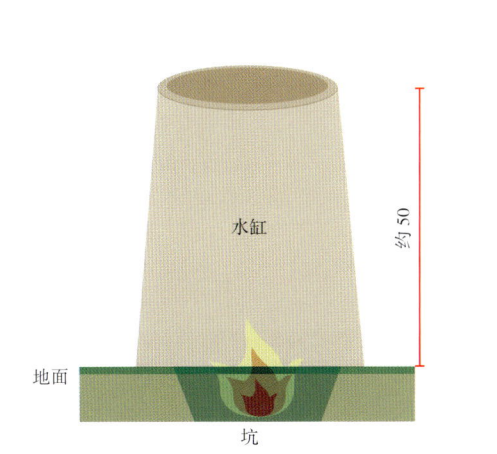

将装有马奶的皮口袋放入加温过的水缸内

图四　制作酸马奶（单位：cm）

营养成分	牛奶（100g）		酸奶(100g)	
	全脂	脱脂	全脂	低脂
水	87.8	91.1	81.9	84.9
蛋白质（g/100g）	3.2	3.3	5.7	5.1
脂肪（mg/100g）	3.9	0.1	3.0	0.8
碳水化合物	4.8	5.0	7.8	7.5
钙（mg/100g）	115	120	200	190
磷（mg/100g）	92	95	170	160
钠（mg/100g）	55	55	80	83
钾（mg/100g）	140	150	280	250
锌（mg/100g）	0.4	0.4	0.7	0.6
视黄醇/μg	52	1	28	8
胡萝卜素/μg	21	Tr	21	5
维生素B1/μg	30	40	60	50
核黄素/μg	170	170	270	250
维生素B6/μg	60	60	100	90
维生素B12/μg	0.4	0.4	0.2	0.2
维生素D/μg	0.03	Tr	0.04	0.01
维生素C/μg	1	1	1	1
维生素E/μg	90	Tr	50	10
叶酸/μg	6	5	18	17
尼克酸/μg	100	100	200	100
泛酸/μg	350	320	500	450
维生素H/μg	1.9	1.9	2.6	2.9

图五　鲜奶与酸奶的营养价值对比表

哈萨克族鲜奶子

图一　哈萨克族鲜奶子主图

生活在牧区的哈萨克族一直有饮用鲜奶子的习惯，鲜奶子包括牛奶、羊奶、马奶和骆驼奶，在哈萨克语中统称为"sute"。这类鲜奶不仅是哈萨克族日常饮用的饮料，还是哈萨克人获得营养、保持健康的重要秘诀。不同牲畜所产出的奶有一定区别。牛奶颜色偏黄，口感较淡；羊奶偏青黄色，入口时有轻微的膻味；马奶偏淡青色，有助于清理肠道；骆驼奶则是纯白色，可以有效预防多种疾病。由于牧区的牲畜生存环境好，所以产出的奶的质量也较高，营养更加丰富，尤其是马奶和骆驼奶的成分较接近母乳，是珍贵的乳品饮料。

哈萨克族十分喜爱白色，认为白色是圣洁的象征，所以对白色的乳品十分看重。哈萨克妇女们每天都要拿着奶桶挤奶。每种动物的习性不同，产奶的时间和总量也不同，例如在给母牛挤奶前，要先将小牛犊牵来吃几口奶，等母牛的奶水下来再把小牛牵走，开始挤奶。刚挤下的鲜奶不能直接饮用，否则会引起细菌感染，所以首先应该用纱布将鲜奶中的奶渣过滤，然后倒入大锅内加热煮熟。动物第一次产的奶被称为初乳，初乳较为浓稠，可以煮熟喝也可以蒸成块状食用。动物产羔后第一、二天所挤出的奶称为胶奶。鲜奶除了饮用外，还可以与砖茶一起冲泡成奶茶，奶茶是哈萨克族必不可少的饮料。除此之外，哈萨克人还将剩余的奶加工成各类奶制品，例如奶疙瘩、奶皮子、酥油等，便于保存和日后食用。

鲜奶不仅是哈萨克人的家常食物，也是可供出售的商品，成为家里的经济来源之一。

哈萨克人认为白色的物品是圣洁的，以前如果向哈萨克人购买鲜奶子等奶制品，会被认为是不尊重的行为，如今人们的观念发生转变，生活条件也好了，鲜奶有剩余，勤劳的哈萨克人便会制成各种美味的食物对外出售，同时将哈萨克的美食文化发扬光大。

图片来源

图一　昵图网 20131215141325203193
图二、图三、图五　马小雯　制图
图四　龙奕柯　制图
图六　涂苏别克·斯拉木胡力：《哈萨克民俗文化》，新疆科学技术出版社，2009.

图二　哈萨克族牧民挤奶图

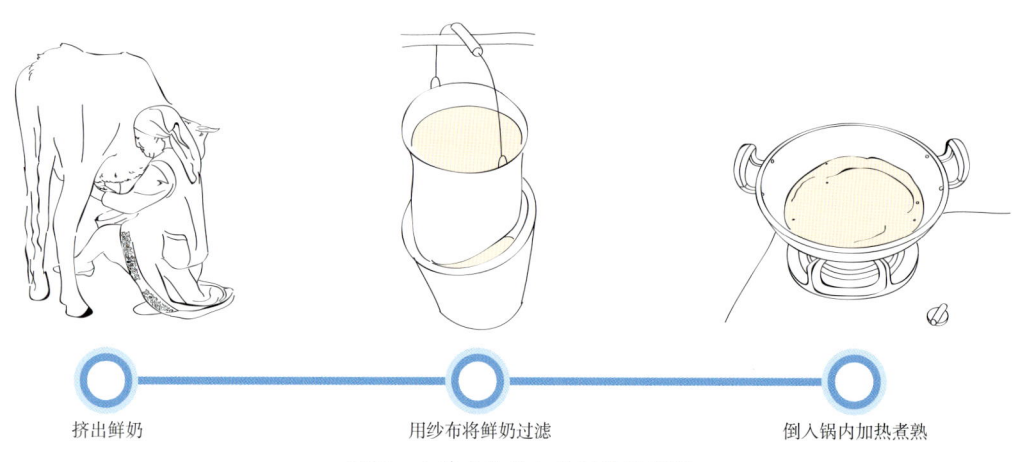

挤出鲜奶　　　　　用纱布将鲜奶过滤　　　　　倒入锅内加热煮熟

图三　哈萨克族鲜奶子制作过程图

种类	水分	干物质	脂肪	蛋白质	乳糖	灰分
马乳	89.0	11.0	1.6	2.3	6.7	0.4
奶牛乳	87.4	12.6	3.9	3.3	4.7	0.7
山羊乳	87.0	13.0	4.5	3.3	4.6	0.6
绵羊乳	81.6	18.4	7.5	5.6	4.4	0.9
骆驼乳	87.1	12.9	4.2	3.7	4.1	0.9

图四　家畜乳的营养成分对比图（单位：μg/ml）

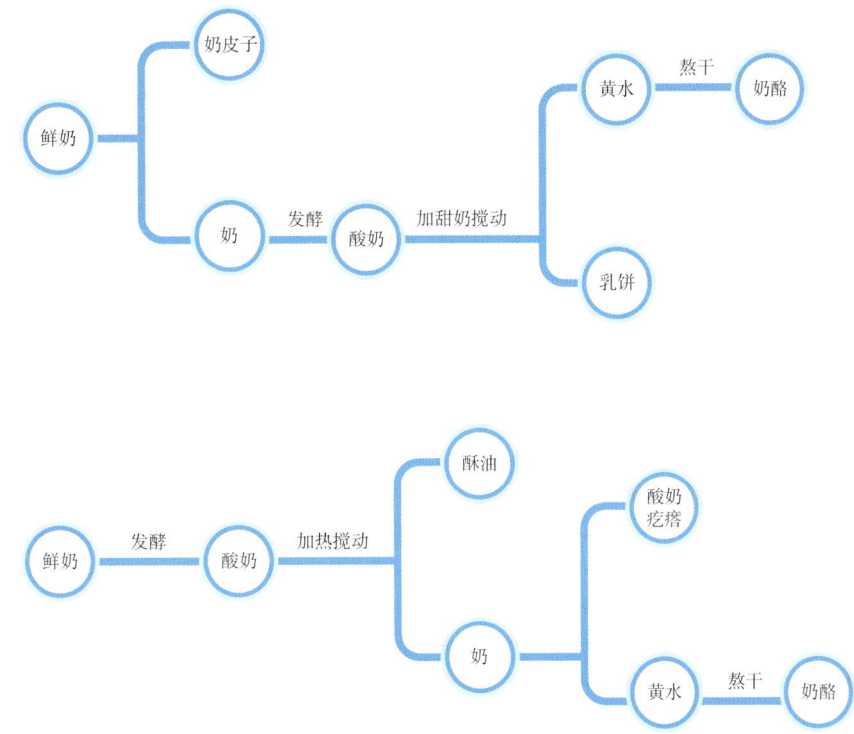

图五　鲜奶子制作其他奶制品分支图

图六　哈萨克族鲜奶子食用情景图

哈萨克族柯莫孜

图一　哈萨克族柯莫孜主图

柯莫孜在哈萨克语中是"马奶子"的意思，是指发酵后的马奶。根据不同的酿制方法和所使用的器皿，柯莫孜有以下几种：用刚刚开始拴母马挤马乳时得到的乳汁做成的柯莫孜被称为吾孜柯莫孜；与熏马肠一同酿制的柯莫孜被称为巴勒柯莫孜；酿制了两昼夜、三昼夜、五昼夜的柯莫孜分别被称为两昼柯莫孜、三昼柯莫孜和五昼柯莫孜，时间越长酒劲越大；用秋天产出的马乳制成的柯莫孜被称为沙热柯莫孜，这种柯莫孜性烈，药用价值也很高。柯莫孜不仅是美味的饮料，还具有医药功效，能帮助消化。在举办盛大的庆典、丧宴和集会时，还会被当做最好的礼品相送。

用来酿制柯莫孜的皮囊很有讲究，这种皮囊一般选用冬季宰的马，完全晾干后取下完好无损的皮子，将其缝成皮口袋。接着在皮囊里装上滚烫的沙子将其彻底烘干。在皮囊外抹上熏制的马油，使其渗入皮子里。最后用梭梭柴、白桦或柏树的树枝来熏。使用这种工艺制作出来的皮囊不会发臭，韧性好，酿造出来的柯莫孜也鲜香纯美。要想使柯莫孜充分发酵，酵母必不可少。哈萨克人在马乳中加上熏马肠里的肋条、马颈肉的骨头，再加上酸奶疙瘩或是发酵过的糜子粥一起搅拌，便能得到具有发酵功能的酵母"霍热"，用霍热发酵马乳制作柯莫孜非常方便，也便于保存。酿制柯莫孜时，将刚挤出的马乳和霍热搅拌在一起，弄碎其中的固体物，使其变得柔滑，经过一昼夜后再进行搅动，这时的柯莫孜香味浓郁，便可以食用了。

柯莫孜的制作完全利用了哈萨克当地的物质条件，从马皮制作的皮囊到马乳的发酵，都与其所处的环境有关。柯莫孜含有丰富的蛋白质、维生素，便于吸收，能有效缓解经常食肉而导致消化不良的问题，还可以增强心力，促进血压平稳，所以对体质虚弱的人有很好的辅助保健功能。

图片来源

图一、图二　马小雯　制图

图三　龙奕柯　制图

图四　涂苏别克·斯拉木胡力：《哈萨克民俗文化》，新疆科学技术出版社，2009.

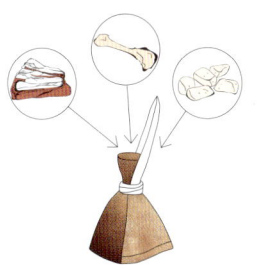

在马乳中加入肋条、马颈肉的骨头和酸奶疙瘩

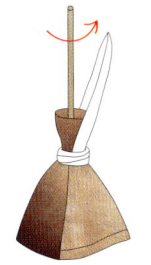

充分搅拌，静置后得到酵母

倒入新鲜马乳一起搅动，弄碎固体物

图二　哈萨克族柯莫孜制作流程图

柯莫孜种类	内容
吾孜柯莫孜	用刚刚开始拴母马挤马乳时得到的乳汁做成的柯莫孜
巴勒柯莫孜	与熏马肠一同酿制的柯莫孜
两昼柯莫孜	已经酿制了两昼夜，恰到好处的柯莫孜
三昼柯莫孜	已经酿制了三昼夜，劲较大的柯莫孜
五昼柯莫孜	经酿制了五个昼夜的烈性柯莫孜
沙热柯莫孜	用秋天产出的马乳制成的柯莫孜
空怀母马的柯莫孜	用冬天圈养的空杯母马的乳汁酿造的柯莫孜
柯莫冉	加入泉水稀释后的柯莫孜

图三　哈萨克族柯莫孜种类图

图四　哈萨克族柯莫孜食用情景图

哈萨克族塔巴馕

图一　哈萨克族塔巴馕主图

塔巴馕是用干牛粪作燃料，用平底锅"塔巴"烤制的一种馕，起源于哈萨克族，如今在新疆地区很常见。塔巴馕一般厚约6~7厘米，表面呈金黄色，烤味香浓，外焦松软可口，是哈萨克人不可缺少的面食品种。

烤制塔巴馕有两个关键环节，一个是以干牛粪作燃料的文火，一个是平底锅"塔巴"。"塔巴"是没有锅把的平底锅，直径25~30厘米，厚约5厘米，平面圆形，有突出的边，一般用铝或铁制成，塔巴馕也由此而得名。制馕首先是备置发酵过的面团，并将羊尾油、牛奶或羊奶揉在里面，这样可以让烤出的塔巴馕松软，接下来要在地上挖一个小坑，放入一些晒干的牛粪点燃，待坑里有些温度后，把面团放到塔巴里用手压平成面饼，放入坑中，随后再倒扣一个同样大小的"塔巴"锅，严丝合缝后，埋进炭灰里，并在上面再加上点燃的干牛粪，焖烤20多分钟即可烤熟，用铁钳掀开锅，就露出金黄的塔巴馕。哈萨克人吃馕时忌讳拿着整个馕啃着吃，必须要掰成小块食用，因为他们认为食物是真主赐给所有人的，不能独享而应分享。在招待客人时，则需要用刀把塔巴馕切成小块送给客人食用。客人切记不要自己动手去掰，否则，被认为是不礼貌的举动。

塔巴馕的烤制因地制宜，是草原生活的日常炊事，哈萨克族妇女几乎都是烤制塔巴馕的能手。烤馕利用了天然牛粪作燃料，牛粪火与煤炭火比起来要温和，靠炭灰和牛粪上下共同加热把塔巴馕慢慢煨熟，这种烘烤方式就地取材，且受温均匀而不会烤糊，是极巧妙的手段，也充分体现了哈萨克百姓物尽其用的畜牧经验。如今这种馕的烤制方法也发生了一些变化，有在馕坑里烤的；进入

第三章　哈萨克族传统餐饮

都市后,干脆还有蒸的了。现代方法虽然提高了效率,被城市居民所接受,但却少了传统烤制的那份原汁原味的乐趣。

图片来源

图一、图二　楼望皓:《新疆穆斯林饮食文化》,新疆青少年出版社,2012.

图三、图四　闫雪　制图

图二　哈萨克族塔巴馕食材分析图

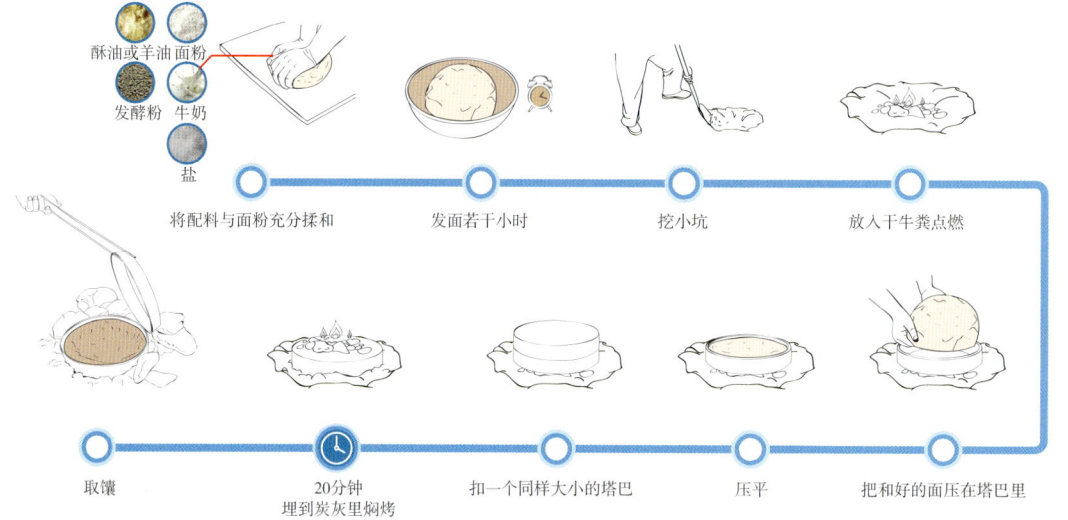

图三　哈萨克族塔巴馕制作工序图

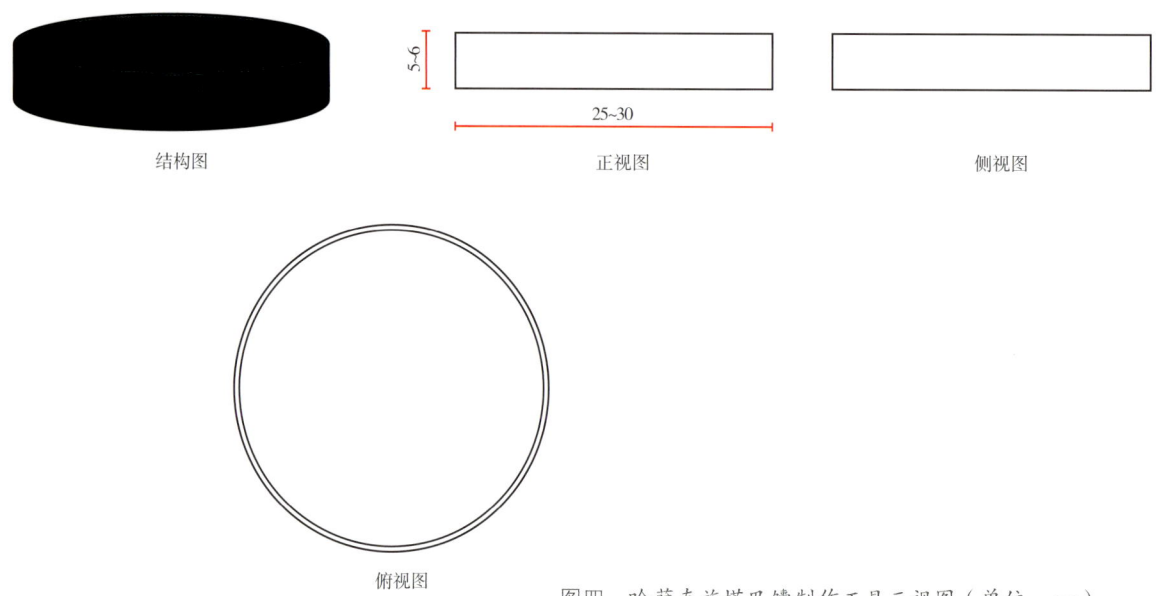

图四　哈萨克族塔巴馕制作工具三视图(单位:cm)

哈萨克族纳吾热孜粥

图一　哈萨克族纳吾热孜粥主图

纳吾热孜粥是哈萨克族过纳吾热孜节时必不可少的一种食物，在哈萨克语中被称为"克特克"。在纳吾热孜节的前一天，哈萨克妇女们便要开始准备制作纳吾热孜粥的原料，然后在节日当天进行熬煮，分发给家人和客人，寓意着年年丰衣足食。制作纳吾热孜粥需要大米、小米、小麦、面粉、奶酪、盐和肉七种原料，"7"是哈萨克文化中的幸运数字，象征着幸福、智慧、成功、健康和富裕等。纳吾热孜粥还可以加入葡萄干、坚果和其他种类的肉食一同煮制，但数量必须为奇数。

制作纳吾热孜粥之前，先要用一种木质工具"克耶乐"捣去小麦皮，将麦皮筛净后放入水中煮熟。然后添加适量的水，放入大米、小米、盐和肉一起煮，等到快煮熟时，最后放入面粉和奶酪，搅拌均匀后黏稠的纳吾热孜粥就做好了。因为加了奶酪，所以纳吾热孜粥带有淡淡的酸味，十分开胃。制作纳吾热孜粥的材料较为讲究，例如要选用往年剩余的粮食，这样代表年年有余，肉类多为储存了一个冬天的熏肉，以马肉为主，其中马的大腿肉最为珍贵，因为马腿肉最为结实，同时大腿骨被哈萨克人认为是神骨，所以马大腿肉平时会专门留下来等到纳吾热孜节时做纳吾热孜粥，希望新的一年牛羊满圈。制作纳吾热孜粥一般选用有四个把手的锅，煮粥时在每个把手上放一块绵羊油，这样做是为了祈祷新的一年里牲畜肥壮，常常有肉吃。粥做好后，热心的哈萨克人会邀请亲戚和左邻右舍来家中品尝美食，共同庆祝纳吾热孜节。

纳吾热孜粥不仅营养搭配均衡，利于人们的身体健康，也是吉祥和幸福的象征。家人与族人共同品尝纳吾热孜粥是维持家庭和睦、邻里和谐的重要纽带，让人与人之间的联系日益紧密。

图片来源
图一至图三　马小雯　制图

图二　哈萨克族纳吾热孜粥原料图

图三　哈萨克族纳吾热孜粥制作流程图

哈萨克族纳仁

图一 哈萨克族纳仁主图

纳仁又称手抓肉，是独具草原风味的日常食品，也是哈萨克族待客的美味佳肴。相传，古代一位汗王率领士兵外出作战，被敌军包围在山谷里，围困数日。为解决士兵吃饭问题，最后不得不宰了战马，将带来的面粉拿出来擀成很薄的面片，与煮熟的肉片一起煮在大锅中。没想到，吃饱了饭的士兵们士气大振，冲出了敌军的包围，转败为胜，这便是纳仁的由来。传统的纳仁都用现宰的羊肉制作，常加入面片，因而可称为手抓羊肉面。现在纳仁已有多种吃法，根据使用的肉类不同，又有马肉纳仁、熏马肠纳仁、牛羊肉纳仁等。

制作纳仁的材料是煮熟的面片、洋葱、羊肉汤、切碎的马肉、熏马肠或者羊肉，另配少许精盐与胡椒粉。首先用小刀将羊肉从羊骨上割离下来，一般按腿、肋骨、胸部等部位切块，放到凉水锅里开始加热，煮沸后，撇去血沫。一般两个小时即可熬制完成肉汤，汤里放盐、洋葱。肉取出后，揉面擀成面皮，撕成5厘米宽20厘米长的条状或巴掌大的面片，下到刚刚煮好的肉汤里，大火煮开后捞出面片装盘，将一些熏马肠和肉汤中捞出的羊肉一同切片摆入盘中。最后按食客喜好，切一些葱丝蒜末加入肉汤，熬制成佐料汤汁浇在盘中，纳仁便制作完成。纳仁摆盘的固定顺序为面片铺于盘底，上面依次摆放薄切肉片，最后浇上葱汁。做好纳仁的关键在肉的选择、火候的掌握和面的准备。肉最好不是育肥、野生牛羊马肉，最好轻微脱水熏制过，火候要大火开锅小火炖，面要手擀，稍微硬一点，厚薄均匀，肉汤须原汁煮熟，配料最好不用辛辣酸类，保持肉的原汁原味。

纳仁是哈萨克族的佳肴，来了尊贵的客人，牧民才宰羊做这种菜式作为主食待客，吃纳仁时还要配上奶疙瘩、糖果、奶油、馕等食物，让客人品尝。在牧区吃一顿纳仁，要四五个小时，往往吃到深更半夜才散席，侧面反映出牧民热情好客的性格。口味鲜美的纳仁与其蕴含的历史传说、习俗礼仪共同融入别具特色的哈萨克饮食文化之中。如今，哈萨克人还将纳仁进行工艺改良和口味创新，假以时日，其或将成为一种全民喜爱的民族风味美食。

图片来源

图一、图六　涂苏别克·斯拉木胡力:《哈萨克民俗文化》，新疆科学技术出版社,2009.

图二至图五　徐靓　制图

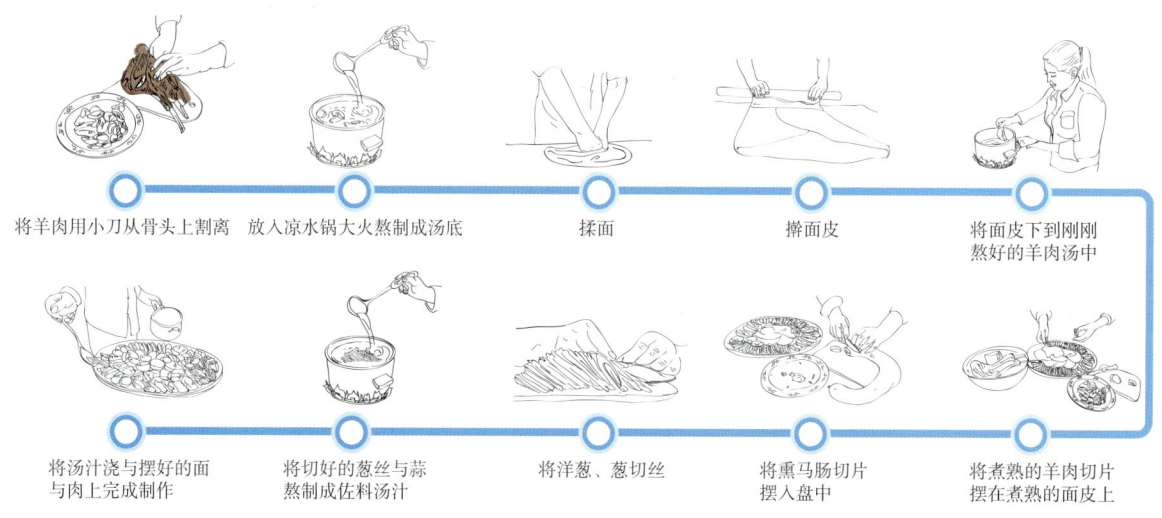

图二　哈萨克族纳仁制作工序图

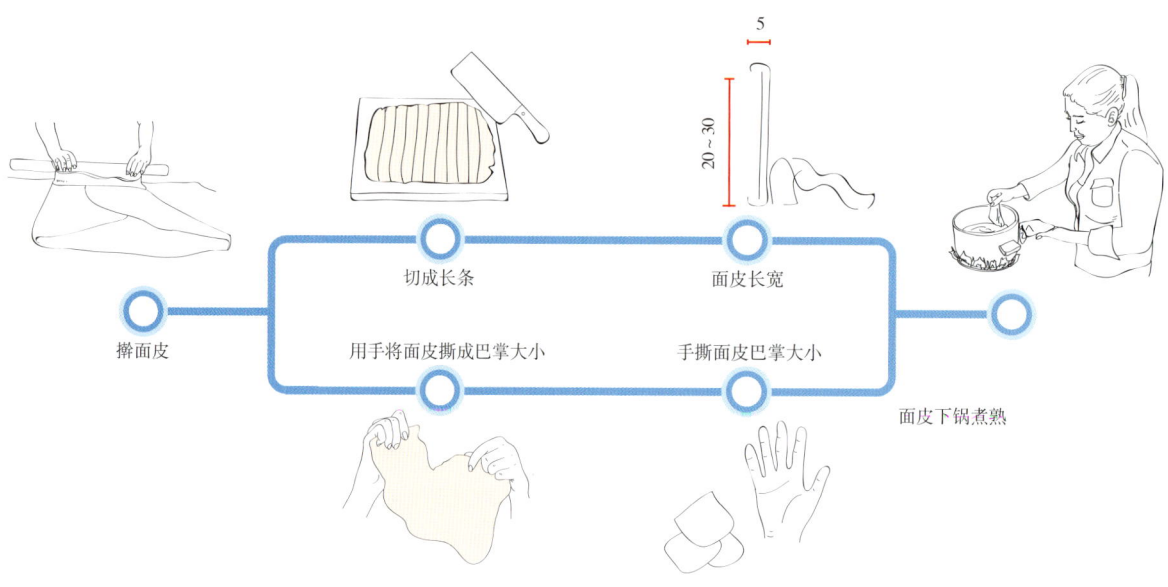

图三　哈萨克族纳仁面片制作方式与尺寸图（单位：cm）

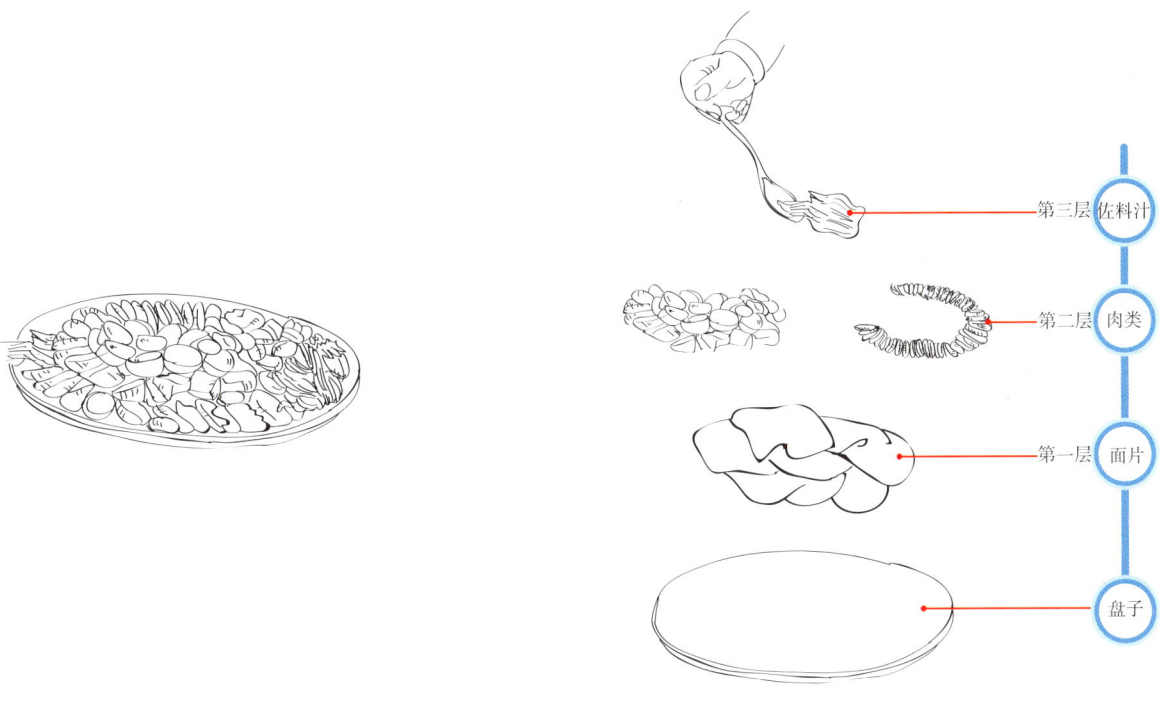

图四　哈萨克族纳仁摆盘顺序图

纳仁固定食材	面粉	洋葱	蒜泥		
纳仁可变动食材	熏马肠	羊肉	牛肉	马肉	熏鹅肉

图五　哈萨克族纳仁食材分析图

第三章　哈萨克族传统餐饮

211

图六　哈萨克族纳仁食用情景图

哈萨克族奶皮子

奶皮子是指牛奶或羊奶表面漂浮的一层脂肪和蛋白质的混合物，有浓浓的奶香，略带一丝甜味，口感香醇。在哈萨克人的食物中，奶皮子是最香浓的佐食，许多食物都可以和奶皮子搭配食用。奶皮子分为生奶皮和熟奶皮两种，每十五千克鲜奶能产生一千克左右的奶皮子。生奶皮是生奶在煮沸前被静置时，表面凝结的一层奶皮，十分浓稠。哈萨克妇女们会将生奶皮单独存放在一个器皿里，同时生奶皮经过发酵后，不停地搅动还能制成酥油，用生奶皮制作的酥油纯度更高，营养价值更为丰富。熟奶皮是先将鲜奶煮沸，鲜奶晾凉后表面结出的一层厚厚的奶皮，小孩子尤其喜欢吃。

提取奶皮子的方法较为简单，当天傍晚挤出新鲜的牛奶或羊奶，装在容器内静置一夜，到了第二天就会发现鲜奶表层结了一层浮油，仿佛一层皮，这层浮油便是奶皮子。奶皮子可以用于调配各种可口的食物，例如蜂蜜奶皮，是将生奶皮积攒起来放在锅中煮，同时加入蜂蜜和一点面粉，搅拌均匀后即可。蜂蜜奶皮适合体弱多病的老人和正在发育的孩子食用，哈萨克人也会用蜂蜜奶皮招待贵客。哈萨克人喜爱喝奶茶，奶茶中加入奶皮子便是奶皮子茶，热乎乎的奶皮子茶喝起来浓郁顺滑，可以为哈萨克人补充能量，保持旺盛的精力。奶皮子茶的具体做法是先将捣碎的茶叶放进铁壶，加水煮沸，然后加入鲜奶和熬好的熟奶皮趁热饮用。奶皮子还可用来制作奶皮糜子、奶皮炒麦粉、奶皮奶酪等等。

奶皮子的制作十分简单，它充分利用了天然条件，采用自然发酵的模式。奶皮子也使得哈萨克人的奶制品品种和口味多样化，不仅满足了百姓饮食的需要，同时使食用人群营养更加全面。

图片来源

图一　徐靓　摄影
图二至图五　马小雯　制图

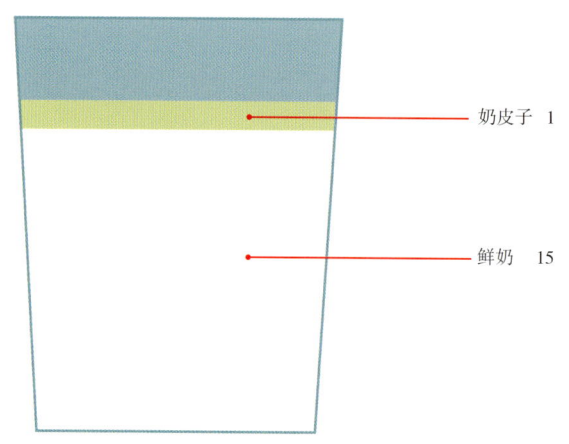

图二　哈萨克族鲜奶制作奶皮子产量比例图（单位：kg）

将奶皮放在锅中煮　　　　加入面粉和蜂蜜　　　　搅拌均匀即可食用

图三　哈萨克族蜂蜜奶皮子制作过程图

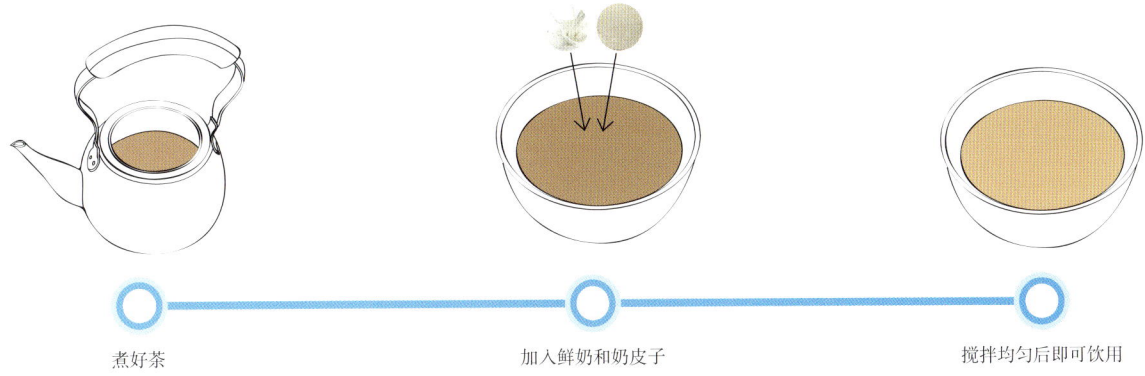

煮好茶　　　　　　　　　加入鲜奶和奶皮子　　　　　　　　搅拌均匀后即可饮用

图四　哈萨克族奶皮子茶制作过程图

营养成分（每100克中）	含量
水分（克）	36.9
能量（千卡）	460
能量（千焦）	1925
蛋白质（克）	12.2
脂肪（克）	42.9
碳水化合物（克）	6.3
膳食纤维（克）	0
胆固醇（毫克）	78

图五　哈萨克族奶皮子营养成分图

哈萨克族马奶酒

图一　哈萨克族马奶酒主图

马奶酒在哈萨克语中称为"克尔姆孜"，是我国西北少数民族广泛饮用的一种饮料。不同于蒙古族通过蒸馏方式制造马奶酒，哈萨克族的马奶酒单纯经发酵制成。每当盛夏时节，辽阔草原上牧草丰盛肥美，马生小驹，哈萨克人便开始挤马奶制作马奶酒，此时便是饮用马奶酒最好的季节。秋后草木枯萎，马驹入群时便结束挤奶酿酒。马奶酒性温，酒精含量一般只有3度左右，清凉微酸、醇香可口、易于消化。

酿造马奶酒的方法如下：首先，马奶的选择必须新鲜，一匹马通常一次可以挤出马奶500克到1000克，每天可以挤6到7次，挤出的马奶应使其凉冷后再使用。将新鲜的马奶装入库布额（大木桶）或者萨巴（皮囊）中，加入少量事先准备的"陈奶酒曲"（一种将牛奶通过发酵形成的乳饼）或者陈马奶酒，然后用毡将木桶或皮囊包好，置于温暖处保持恒温，并不时用捣奶杆搅拌木桶或皮囊中的马奶，使马奶与酒曲更好地结合，充分发酵。几天之后，马奶酒呈半透明状便自然酿成。在我国，酿造马奶酒的历史悠久。

据考证，远古时期我国北部边疆的少数民族即开始因外出游牧的需要，将马奶装入皮囊随身携带，因体温和骑马颠簸的原因，使酵母菌和乳酸菌繁殖，马奶发酵呈渣状。此后人们发现经过发酵的马奶甘醇适口，这便是最早的马奶酒。明代谢肇淛的《五杂俎》中有此记载："北方有马奶酒，不用曲蘖，自然而成者，也能醉人。"随着技术发展，哈萨克人总结出更有效的发酵原理酿造马奶酒。酿造马奶酒所用的工具十分合理，木桶为上窄下宽的梯形，倒入马奶后，通过快速搅动捣奶棒，实现马奶的升温发酵，单人即可完成操作，使用方便。

马奶酒口感醇厚，入胃后可形成较软的凝块，易于被胃蛋白酶水解消化，但不习马奶酒酒性的人却易喝醉，尤其初次接触，更不能喝得过猛，即使哈萨克族老牧人，也是边喝边谈，慢慢品尝。现在，哈萨克人不光在传统的节日里喝马奶酒，随着生活水平提高，几乎顿顿都能喝上马奶酒。哈萨克族牧民也用马奶酒待客，会从客人喝马奶酒中判断他的力量和勇气。

图片来源

图一、图二　阿斯力汗·巴根：《哈萨克毡房文化》，新疆青少年出版社，2001．

图三至图五　于洁　制图

马奶

陈奶酒曲

图二　哈萨克族马奶酒食材分析图

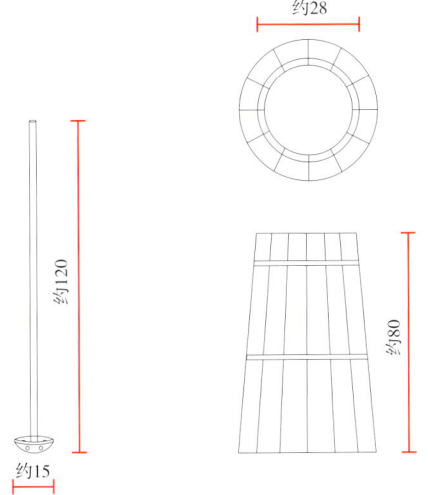
用于制作马奶酒的木桶"库布额"尺寸图

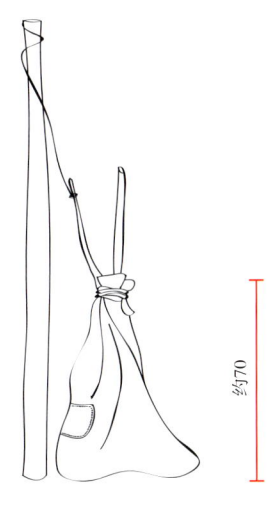
用于制作马奶酒的皮桶"萨巴"尺寸图

图三　哈萨克族马奶酒制作工具尺寸图（单位：cm）

营养成分（每100ml含量）	马乳	人乳	牛乳
干物质（g）	1.14	1.24	1.25
蛋白质（g）	1.84	1.06	3.09
酪蛋白（g）	0.83	0.33	2.49
乳清蛋白（g）	0.66	0.70	0.70
牛磺酸（mg）	13.27	6.30	0
乳　糖（mg）	7.83	7.10	4.70
脂　肪（mg）	2.00	3.40	3.80
钙（mg）	90	30	137
铁（mg）	60	50	45
锌（mg）	700	118	390
硒（mg）	1.71	0.02	0.04
维生素E（mg）	0.11	0.26	0.06
硫胺素（mg）	0.03	0.01	0.04
核黄素（mg）	0.02	0.04	0.16
叶　酸（mg）	2.20	1.40	9.00
抗坏血酸（mg）	30.97	5.00	1.00

图四　马乳、人乳、牛乳营养成分比较图

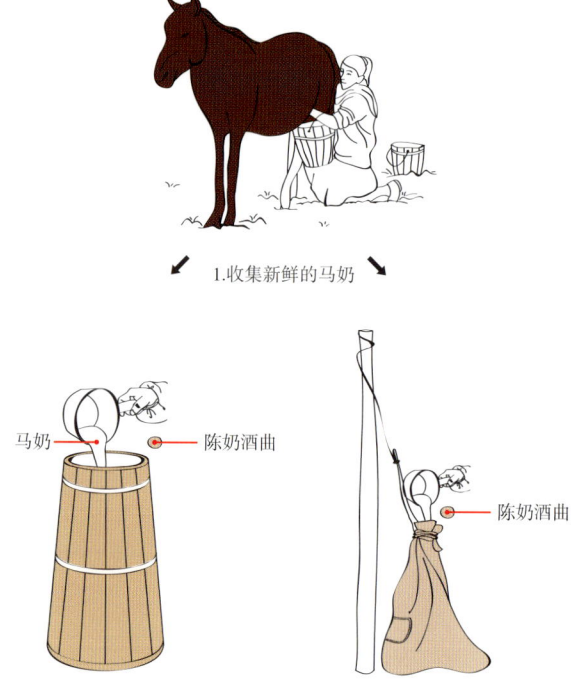

1.收集新鲜的马奶

2.1将马奶倒入木桶中，加入酒曲　　2.2将马奶倒入皮桶中，加入酒曲

3.1用木杆搅拌　　3.2用木杆搅拌

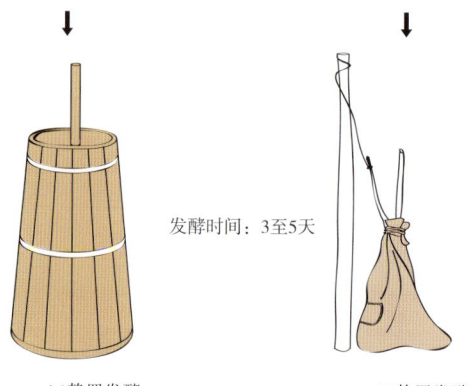

发酵时间：3至5天

4.1静置发酵　　4.2静置发酵

图五　哈萨克族马奶酒制作工序图

哈萨克族布尔萨克

图一 哈萨克族布尔萨克主图

"布尔萨克"是汉译哈萨克语发音，也译成"包尔萨克"，指的是一种用羊油炸制的面点。布尔萨克的主料有白糖、蜂蜜、面粉等，形态有菱形和圆形两种。菱形布尔萨克约为半个火柴盒大小；圆形的布尔萨克被称为"吐叶布尔萨克"，约一个乒乓球大小。布尔萨克是哈萨克族百姓普遍食用的小吃，在北疆地区较为常见。朴实的牧民们会用布尔萨克和奶茶热情地招待客人，许多哈萨克饭馆也会在早餐时间供应布尔萨克。在古尔邦节来临之际，勤劳的哈萨克妇女就会购置大量原材料，制作布尔萨克和各种点心，供家人和朋友们享用。

布尔萨克的制作方式并不复杂，所需材料多为制作面食的必备材料，特别地是加入了羊油。首先，将羊油或酥油用热水化开，倒入发酵粉，可以根据个人喜好加入牛奶、白糖和盐，随后加入面粉充分揉和。将面团揉到稍软后，静待一段时间等面发好，为了使布尔萨克的口感更好，还可以多揉几遍。接着用擀面杖将面团擀成薄片，切成菱形、正方形、长方形等，将锅里的油烧热后，把面片放入热牛、羊、骆驼油或植物油里，用小火炸至金黄即可。"吐叶布尔萨克"中的"吐叶"是哈萨克语中"骆驼"的意思，其做法与普通的布尔萨克不太一样，用鸡蛋和白糖拌成馅儿，用面皮包成乒乓球大小的圆团再入油锅炸。由于经过高温炸制，布尔萨克可以存放一个星期不变质，便于储存。布尔萨克还有一项重要的用途，即在"恰秀"活动时，将其与糖果和酸奶疙瘩一起撒向人群，向人们表达美好的祝愿和真挚的祝福。

布尔萨克对于哈萨克族百姓来说是再普通不过的食物，不仅随处可见，更是酥香可口，在寒冷的天气里能够快速为人们补充能量。布尔萨克多为菱形，所以在哈萨克族花毡的图案中，菱形的图案就被称为"布尔萨克"。这个现象非常有意思，因为极具民族特色的纹样常常来自当地人们的普通生活，食物造型便是很好的来源。经过哈萨克人的提炼与创造后，菱形纹样不仅美观，而且具有美好的寓意。好的设计往往来自对眼前生活的感悟，同时又饱含对未来生活的憧憬。

图片来源
图一、图二　叶尔哈利·哈那西耶夫　摄影
图三、图四　马小雯　制图

图二　哈萨克族布尔萨克食材分析图

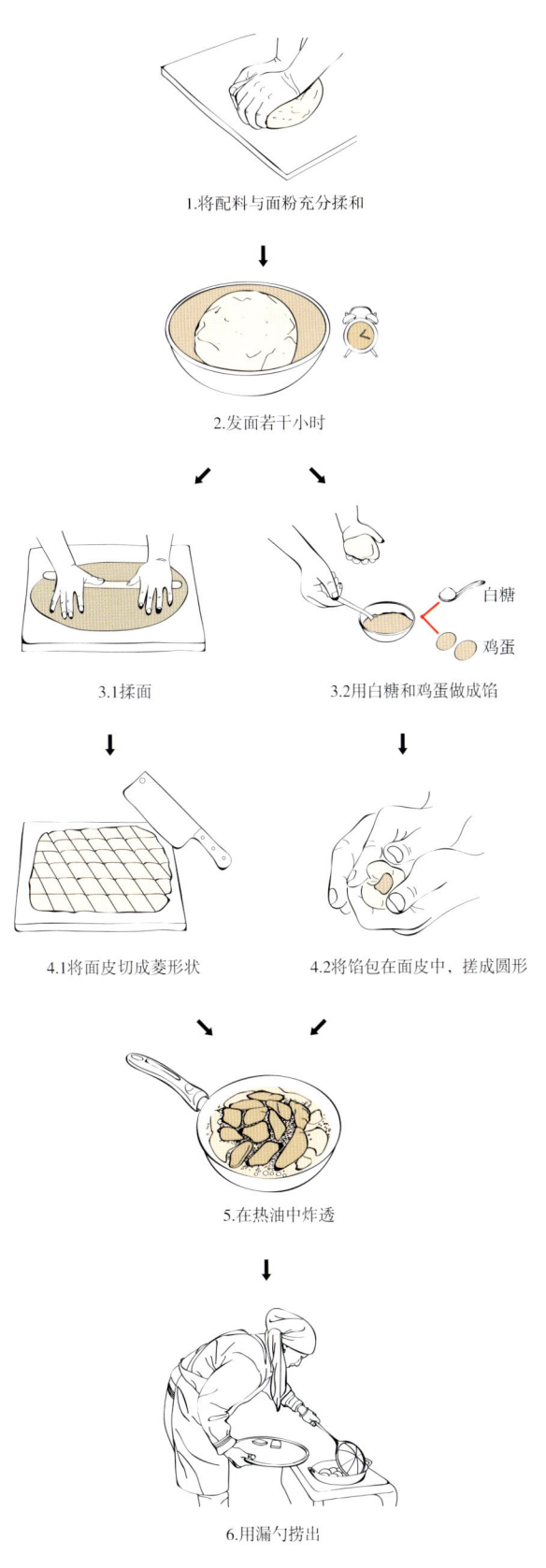

图三 哈萨克族布尔萨克制作工序图

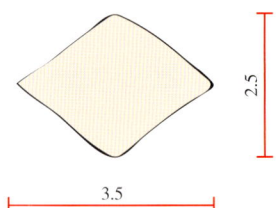 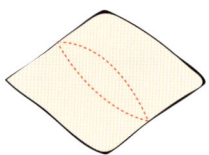

1.菱形布尔萨克尺寸

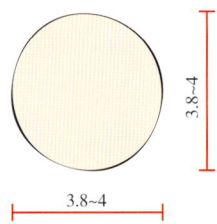 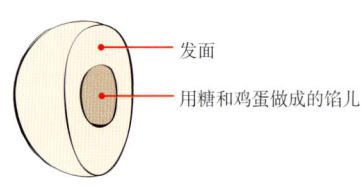

2.圆形布尔萨克尺寸

图四　哈萨克族布尔萨克尺寸图（单位：cm）

哈萨克族酥油

图一 哈萨克族酥油主图

酥油是哈萨克族的传统食物，哈萨克语译为"萨勒玛依"，是用鲜奶提炼而得的珍贵乳制品。不同的奶源所制做出的酥油会有所不同，如用山羊乳制作的酥油呈乳白色，用绵羊乳制作的呈淡黄色，而用牛乳制作的则会呈金黄色。从口感和营养价值上看，牛乳酥油更胜一筹。哈萨克族百姓最喜食产于夏秋两季的牛乳酥油，用此季所产的鲜牛奶制作的酥油色泽鲜黄，味道更加香甜。哈萨克人食用酥油的方法颇多，可以制作奶茶，烘焙糕点，烹饪美食或蘸馕食用。

逢年过节或是有贵客来访的喜庆时刻，哈萨克人都会拿出酥油与客人享用，或是把酥油作为馈赠的礼品。酥油也适合放牧时随身携带以充饥。哈萨克人认为给新生的婴儿涂抹酥油可以使孩子健康成长。在婚娶习俗中，酥油烟则被认为可以为新娘驱邪消灾，祈福平安。制作酥油的工艺较为繁琐，耗时较长。首先将鲜奶煮沸，然后倒入被称为"萨巴"的皮囊里，加入酸奶引子使其发酵，每天都可以添加当日的鲜奶到皮囊中，待鲜奶发酵成酸奶，在合适的温度下开始搅拌。搅拌时间根据皮囊的大小决定，一般为一个小时至一个半小时，搅拌后乳汁会与脂肪分离，浮在皮囊上层的便是酥油。然而此时的酥油尚未成形，酥油中的水分会导致酥油变质和变味，所以仍需通过过滤、揉和等工序将水分从中脱离形成团状，最后加入食盐调味。

另有一种被称为"托尔塔"的脱水酥油，是将酥油放到锅里煮沸，水分蒸发后变成浓稠的油脂，味道极酸，十分开胃。做好的酥油一般装在风干的羊肚或牛肚中加以保存，食用时用刀切下即可。

一百斤鲜奶仅能提取五、六斤酥油，吸取了奶中精华的酥油富含维生素A，能够温和脾胃，改善气虚体质。食用酥油可以强身健体，补充精力，但较高的脂肪含量不适合高血压等疾病患者和孕妇食用。将酥油放入羊肚中保存是哈萨克族的智慧，羊肚自然透气，是天然的生物容器，能够保证酥油长期存放不变质，同时羊肚弹性极佳，经过特殊处理后韧性较高，装入大量酥油后不会被撑破，可以随意切割。这个案例告诉我们，设计要从自然中获取灵感，采用自然材质并利用其特性，可以更好地为设计服务。

图片来源
图一、图二、图五　叶尔哈利·哈那西耶夫　摄影
图三　杨文焕　摄影
图四　马小雯　制图
图六　李思琦　制图

盐

牛奶

图二　哈萨克族酥油原料分析图

图三　放在羊肚中保存的酥油

图五　哈萨克族酥油食用情景图

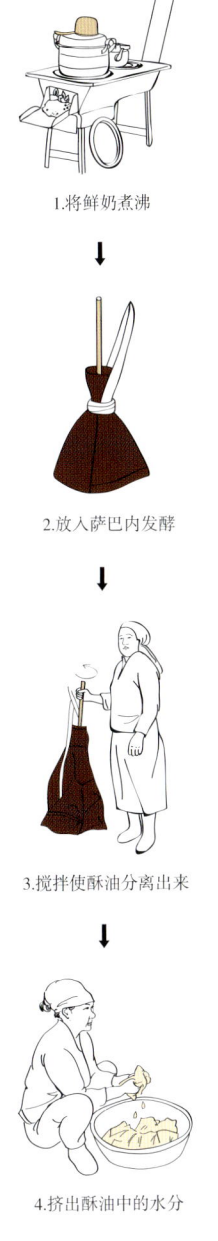

1. 将鲜奶煮沸
2. 放入萨巴内发酵
3. 搅拌使酥油分离出来
4. 挤出酥油中的水分
5. 将酥油放到羊肚或牛肚中加以保存

图四　哈萨克族酥油制作工序图

酥油，每100克含可食用部分100克					
热量（千卡）	860	B1硫胺素（毫克）	0	CA钙（毫克）	128
蛋白质（克）	1.5	B2核黄素（毫克）	.01	MG镁（毫克）	2
脂肪（克）	94.4	B5烟酸（毫克）	0	FE铁（毫克）	.4
碳水化合物（克）	1.1	VC维生素C（毫克）	0	MA锰（毫克）	0
膳食纤维（克）	0	VE维生素E（毫克）	2.45	ZN锌（毫克）	.12
维生素A（微克）	426	胆固醇（毫克）	227	CU铜（毫克）	.18
胡萝卜素（微克）	.5	钾（毫克）	188	P磷（毫克）	9
视黄醇当量（微克）	2.5	钠（毫克）	73	SE硒（毫克）	.7

图六　哈萨克族酥油营养成分图

第三章　哈萨克族传统餐饮

哈萨克族清炖羊肉

图一　哈萨克族清炖羊肉主图

　　哈萨克族最有名的菜肴当属清炖羊肉，也就是平时大家所说的手抓羊肉。羊肉的做法非常多，但清炖羊肉的特色就是最大程度地保留了羊肉的原汁原味，制作的过程中不添加其他佐料，只放少许的盐，煮熟后将羊骨头上的肉剔下来用手抓着吃。哈萨克人十分好客，而清炖羊肉则被认为是招待贵客必不可少的一道菜肴。

　　在做清炖羊肉之前，主人会把待宰的羊拉进门内，朝向客人，征询客人意见后，客人送上祝福礼仪才能开始宰羊。黑羊在当地是不吉利的象征，一般不用来招待客人，但如果实在没有其他选择，就可以在羊身上绑一块白布再宰。一只羊通常会被分成十二个部分，其中羊头肉和盆骨肉被认为是最好的部位，通常献给长者和尊贵的客人，每个部位应该怎样分配都有一定的讲究。没有"结婚"的羊娃子肥瘦均匀，羊膻味也不那么重，用来做清炖羊肉口感最好。煮羊肉的关键步骤是凉水放肉，以水刚没过羊肉为宜，加入食盐，先用大火煮20分钟左右，然后转小火再炖15分钟，完全熟透后便可捞出。克烈部落的吃法是用小刀把肉削下来，加上洋葱，用手抓着吃；乃蛮部落则是先把肉从骨头上剔下来，合着汤、面片和洋葱一起用手抓着吃。炖完羊肉的汤还可以用来煮面，羊肉汤煮出来的面又软又筋道，吃完唇齿留香。

哈萨克族不食用自死动物，所以在做清炖羊肉时只能选用现宰的羊，这样也表达了对客人的尊敬。哈萨克族一般使用木垒小刀切割羊肉，这种小刀有一个特点，就是在手上沾满油时使用也不会滑手，能够轻易打开小刀，不会割伤手指，用木垒小刀切肉可以保持肉的完整，不会散开。饮食与工具的发展密不可分，清炖羊肉使木垒小刀的功能一步步完善，同时木垒小刀保留了羊肉的完整性，使其口感更好。

图片来源

图一、图六　叶尔哈利·哈那西耶夫　摄影
图三、图四　马小雯　制图
图五　陈方圆　制图

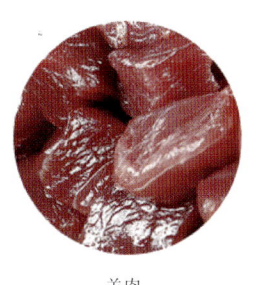 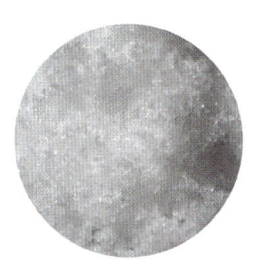  

羊肉　　　　　盐　　　　　洋葱　　　　　宽面条

图二　哈萨克族清炖羊肉食材分析图

木垒小刀

图三　哈萨克族清炖羊肉制作工具尺寸图（单位：cm）

羊肉块冷水入锅

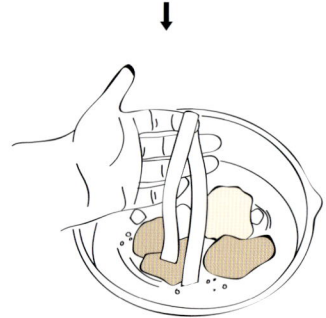

将宽面条下入锅内

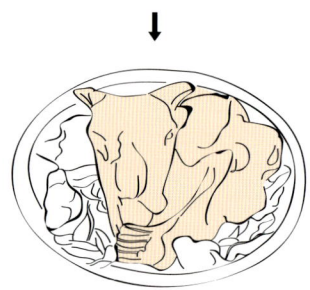

盛出装盘

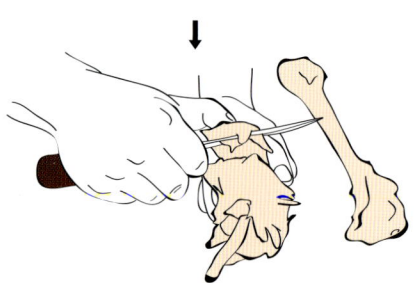

用小刀剔下羊肉

图四 哈萨克族清炖羊肉制作工序图

名称（哈萨克语）	位置	数量（块）
江巴斯极勒克	盆骨肉	2
涡塔极勒克	后腿骨中部	2
阿斯克极勒克	后腿骨下半部	2
加吾仁极勒克	肩胛骨肉	2
东姆拉斯极勒克	前腿骨中部	2
克勒极勒克	前腿下半部	2

羊肉分块名称

献给	羊的部位	寓意
长者或贵客	羊头肉（巴斯）、羊脑盆骨肉（江巴斯）	祈望他们广受欢迎，更有脸面
女婿和媳妇	阿斯克肌勒克（后腿骨下半部）、胸骨肉	以表示对女婿的诚意
小孩	羊舌头、羊上颚	能说会道（男孩）歌声悦耳（女孩）
小孩	羊耳朵	小孩听话懂事
主人	前腿骨肉	谦虚，以示诚意

分羊肉示意表

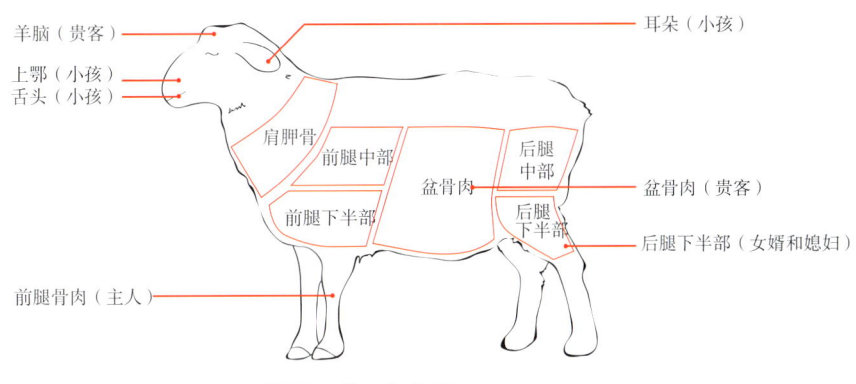

图五　羊肉部位图

图六　哈萨克族清炖羊肉食用情景图

哈萨克族奶茶

图一　哈萨克族奶茶主图

　　以游牧生活为主的哈萨克族,家家户户都会饲养牲畜以保障食物的来源,草原地区牧草丰盛,所以牛、羊、马和骆驼等的奶源充足,这就奠定了哈萨克族丰富奶制品的基础。鲜奶可用于制作各类食物和饮料,而哈萨克族最离不开的,便是由鲜奶和茶叶制成的奶茶,哈萨克民间流传这样一句话:"宁可一日无食,不可一日无茶",这里的"茶"指的就是奶茶,可见饮用奶茶早已成为当地人的生活习惯。

　　哈萨克的奶茶大致可分为三类:第一类为用茶、奶、盐制作的普通奶茶;第二类为用茶和熟奶皮制成的奶皮子茶;第三类为加入酥油的酥油茶。一碗好的奶茶对原料颇为讲究,煮茶的水最好选用山泉水或是高山冰融水,这样煮出来的茶水味道甘冽清新。如果用来招待客人,则需要选用较好的茯茶或砖茶,和当日采集的鲜牛奶或羊奶。中国自古是产茶大国,唐宋时期实施的"茶马互市"政策,让茶叶进入了边疆少数民族地区。哈萨克族对于茯砖茶的需求量越来越大,因为制作奶茶的重要原料之一便是茯砖茶。冬天为了驱赶寒冷,还可以在奶茶中加入一点丁香和白胡椒粉。烧制奶茶主要有两种方式,一是混煮法,即把茯茶捣碎放入水中,将茶水煮至颜色稍深后用漏勺捞去茶叶,再烧片刻后加入约水量五分之一左右的鲜奶和适量盐,用勺搅拌均匀,再次煮沸即可。另一种是分调法，煮好茶汤后，先在碗里盛一勺熟奶，加适量盐，再倒入茶汤。一杯好的奶茶并不是奶越多越好，而是茶和奶的比例要适中，这样煮出的奶茶才既没有茶的苦味，也没有奶的油腻。哈萨克人对于制作奶茶的茶具也很讲究，最值得一提的就是铜制沙玛瓦壶，它是哈萨克族常用烧开水的茶具，也是勾兑奶茶的主要用具。制炉选材一般用红铜、黄铜、白铜，炉身用铜皮锻打成型，然后抛光，在炉内壁和中间圆柱火道外壁挂锡，防止生锈影响水质，制作过程大部分由手工完成，工艺精细讲究，结构严谨，外形美观。底座主要有方形和圆形，采用翻砂铸造，炉中置圆柱形火道，用来放置燃料，外附龙头、爪耳、炉盖等部件，容水量大多为5至10升。沙玛瓦壶具有省燃料、水易沸、不破坏水质等特点。除此之外，煮茶则用稍小的铅壶或瓷铁壶。喝奶茶一般选用有装饰图案的白色小瓷碗，不仅体现了哈萨克族对于白色的喜爱，也使碗中的奶茶显得更加温润可口。

牧区的人们平日以肉食为主，由于奶茶可以帮助消化，并降低患病的风险，所以哈萨克人把它当做一种健康的饮料，并且随身携带简单的炊具以便能方便快捷地煮奶茶。奶茶经过长年累月的发展已经成为哈萨克民族的饮品代表。

图片来源

图一　叶尔哈利·哈那西耶夫　摄影

图二至图六　伏涛　制图

盐

牛奶或羊奶

茯砖茶

图二　哈萨克族奶茶原料分析图

1.特色炊壶

2.小木碗"托斯达克"

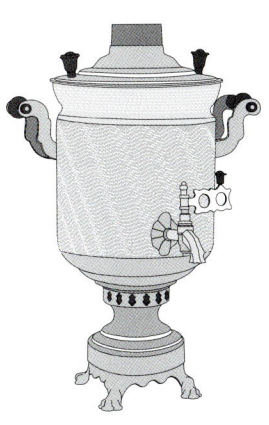
3.沙玛瓦壶

图三　哈萨克族奶茶制作工具图

图四 哈萨克族奶茶制作工序图

图五　沙玛瓦壶尺寸图（单位：cm）

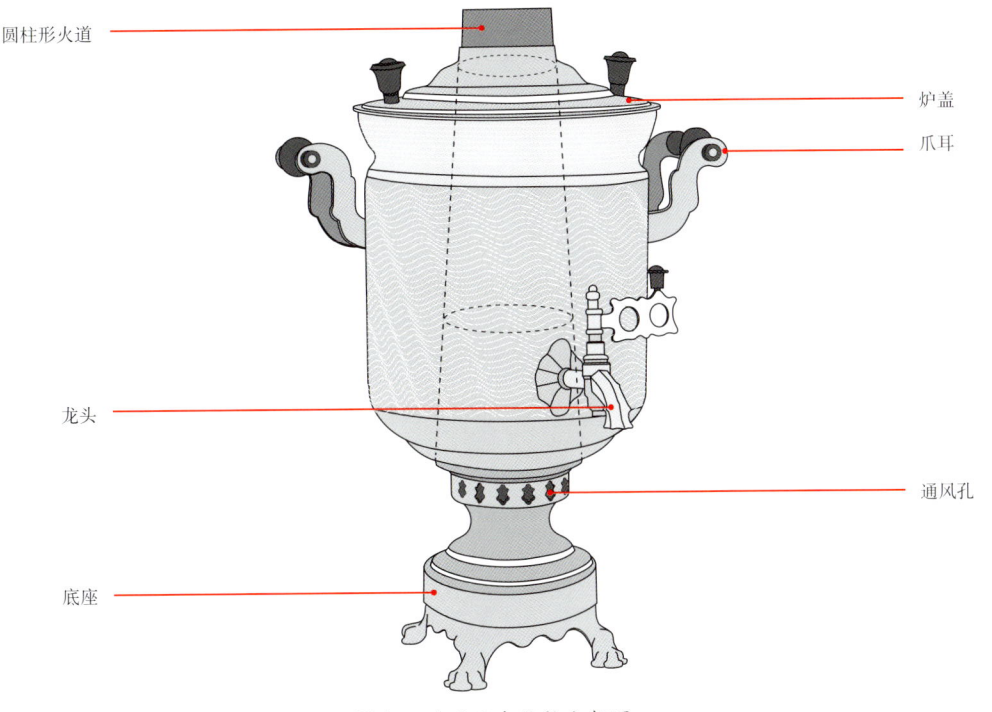

图六　沙玛瓦壶结构分析图

哈萨克族木碗、木盆、木勺

图一 哈萨克族木制餐具主图

哈萨克族木制餐具统称"萨布塔雅克",包括木碗、木盆、木勺、木杯等。一般使用桦木或者松木、榆木作为原料,纯手工制造。哈萨克族木制餐具做工考究,样式繁多,具有耐用保温、不烫手、不变形、轻便易携等特点,至今仍受到哈萨克族百姓的青睐。

哈萨克族的木质餐具,形式各异,花样繁多。有小木碗"托斯达克"、大木碗"阿亚克"、产妇专用碗"哈里佳"等。小木碗"托斯达克"形状与日常所用瓷碗相近,但大于普通碗,周边装饰有哈萨克族特有纹样。"阿亚克"与"托斯达克"功能一样但形态不同。

木碗"阿亚克"是一种特制的盆状木碗,有向里倾斜的宽边,边沿较厚实,里外光滑,呈现出木材的自然纹理。"哈里佳"只用于产妇坐月子期间,别人不能使用。哈萨克木盆是用来装马奶酒,和面,盛放谷物的器具。普通的木盆形状类似大碗,但边沿较厚,盆口较大,轮廓沿盆口向里稍弯,到盆身处往外膨胀。还有种高足盆,底座为圆筒或喇叭形,微微向里弯曲而上,上面是一个敞口盆,一般装饰有纹样,比普通盆高,因而被称为"高足盆"。哈萨克族的节日很多,人们经常使用一种果盆来盛装水果、馕等食物。这种果盆由七个木盘组合而成，六个小木盘均匀地围绕在大木盘的周围，底座由六根木棍相连支撑。哈萨克人常把木勺称为"库秀克"，有的勺头形状特别，与乐器库布孜相像，为两个圆相连的形状；有的勺头为两个方形木杯相连，中间以小洞相连，这也是为了一次能多舀些马奶酒，显示出哈萨克人大方热情的性格特点。木制餐具的制作工序复杂，有砍砍子、喀什喀特、阿塔力嘎等各色制作工具。哈萨克木匠制作餐具前，要先依照餐具大小，用砍砍子将整段的木头粗制成坯，这一步很关键，要留出加工余地，又不造成木料浪费。接着，用砍砍子轻剁成器皿形状。然后用阿塔力嘎刀一点点将碟心、碗心、盘心、杯心剜出。制作木杯，还要在整木上镂出手把，若是果盘，则要削出底座。接着将成型的器皿放在浓盐水锅里煮沸。经过盐水处理后，不裂、不变形。将煮过的器具在太阳底下晾晒几天，涂上羊尾油，令其渗入以保证餐具光亮，也有木匠为了器皿保持光滑，放置在酥油中煮半个小时。最后匠人用喀什喀特刻刀进行细致加工，雕刻各式纹样。还有些会使用镶银或图绘方式在餐具表面进行装饰。

哈萨克传统游牧生活无法生产也难以携带汉地常用的陶瓷器皿，加之哈萨克人喜用大盘大碗盛放食物，因而木制餐具广为使用。木制餐具的制作工艺也十分独特，随着制作工艺的发展，出现了丰富多样的工具，这决定了餐具造型日益精细。如今，哈萨克人逐渐习惯定居，已经不常使用木制餐具，但却有越来越多的汉人开始欣赏这种天然木制餐具。然而，拥有这种木工手艺的哈萨克匠人大多年近古稀，如何让木制餐具传承发展是现在面临的严峻问题。

图片来源

图一　阿斯力汗·巴根：《哈萨克毡房文化》，新疆青少年出版社，2001.

图二至图六　陈方圆　制图

1.用于雕塑外形的"砍砍子"

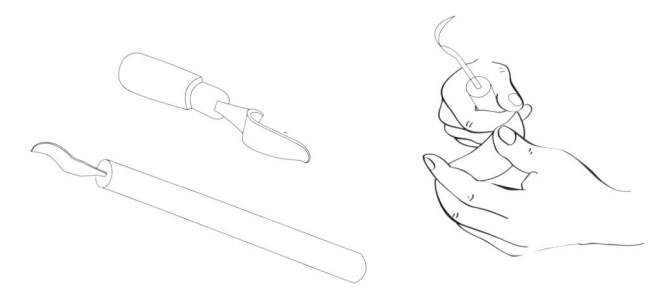

2.用于凿勺心的"喀什喀特"

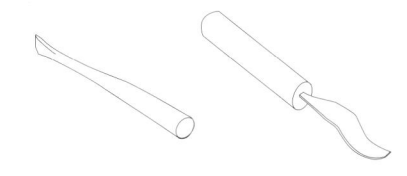

3.用于精刻外形的"阿塔力嘎"

图二　哈萨克族木制餐具制作工具图

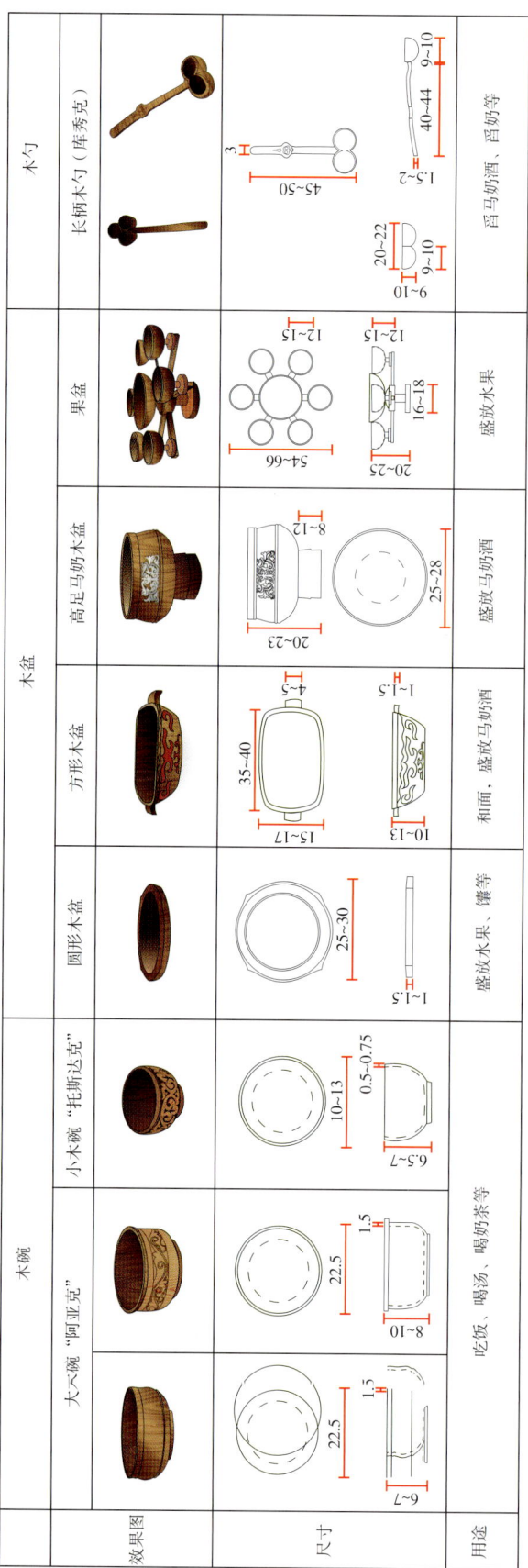

图三 哈萨克族木制餐具尺寸图（单位：cm）

图四 哈萨克族木制餐具制作工序图

图五 哈萨克木制餐具装饰方式图

图六 哈萨克族木制餐具剖面图

哈萨克族连体木杯

图一 哈萨克族连体木杯主图

连体木杯在哈萨克语中又称"吐斯塔哈",由两个或两个以上相互连接的木杯组成,其中每套连体木杯只配一只把手。木杯一般绘有哈萨克族传统纹样。用桦木制作的连体木杯盛马奶酒不仅保持了马奶酒的香味,两两相连的木杯还变相扩大了杯子的容积,如此一来连体木杯不仅为哈萨克人平时自用,更是待客时为远道而来的朋友饮用马奶酒准备的最佳器具。哈萨克人通过连体木杯也能探试客人的酒量,如果来客酒量不错,主人会特别高兴。

连体木杯一般选用整段的桦木为原料,通过用砍砍子、刻刀等工具砍制加工而成。杯口直径约9至10厘米,杯底直径约8至9厘米,杯高约11至12厘米。其中每两个相邻杯底之间都有宽约0.5至1厘米的小洞连接,杯底互通,这样饮酒时其他杯中的马奶酒才会流向所喝的杯中,所以饮酒人饮酒时必须侧着杯子喝,倘若平行着喝,马奶酒则会通过与所喝杯子平行的杯中流出来。木杯依据产奶马年龄及杯子容积的不同而分为三类,分别是"托恩他哈""连体木杯"和"托纳塔雅克"。"托恩他哈"是用来盛放2岁马所产奶制作的马奶酒的连体杯,容积在1千克以下;"连体木杯"盛放3岁马奶酒,容积在1到1.5千克;而"托纳塔雅克"则

容积：1~1.5升
通过杯子底部的小洞相连接

托纳塔雅克结构分析图

正视图

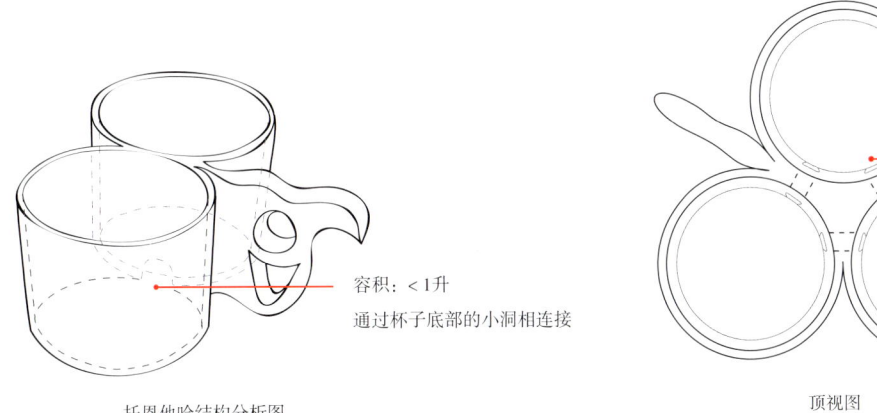

容积：<1升
通过杯子底部的小洞相连接

托恩他哈结构分析图

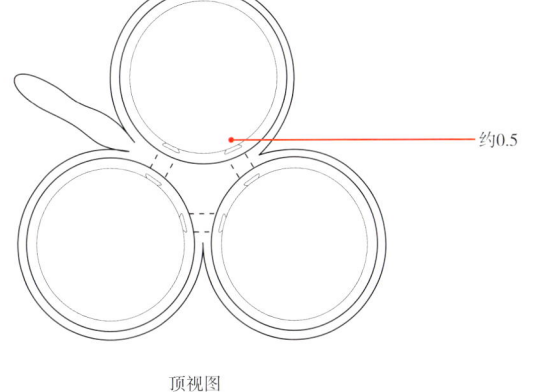

顶视图

约0.5

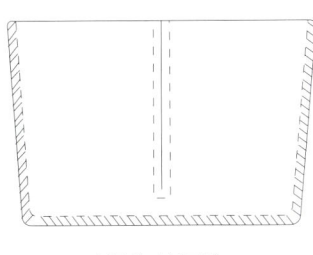

托恩他哈剖面图

图二 哈萨克族连体木杯结构图

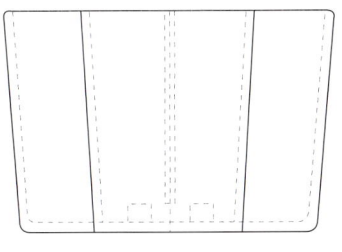

侧视图

图三 哈萨克族连体木杯三视图（单位：cm）

第三章 哈萨克族传统餐饮

主体纹样（多为藤蔓纹案）

花边纹样　　禽类图腾
　　　　　　植物图腾
　　　　　　几何图腾

图四　哈萨克族连体木杯纹样分析图

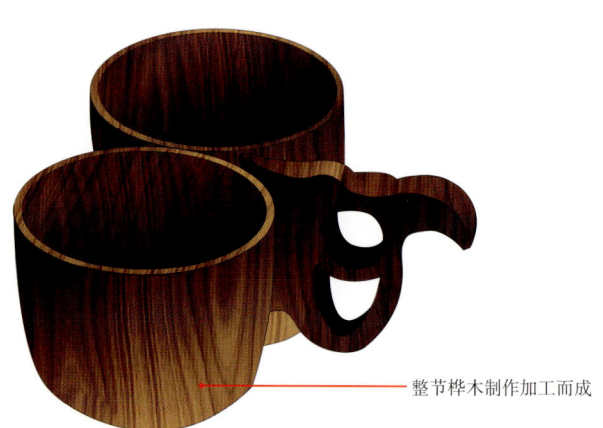

整节桦木制作加工而成

图五　哈萨克族连体木杯材质分析图

用来盛放4岁马奶酒，容积在2到3千克。待客时，根据情况使用不同容积的木杯表达哈萨克人对宾客的尊重和欢迎，从中也体现出哈萨克人淳朴豪爽的性格。

连体木杯不只是一种功能饮具，还是种造型独特的文化产品，其名称、工艺和使用方式都是哈萨克民族悠久草原文化的组成部分。随着社会经济的转型，牧民生活方式的改变，制作木制餐具的工匠、作坊数量逐年递减，传统木制餐具渐渐地被瓷制餐具、塑料餐具以及金属餐具所替代，具有哈萨克民族特色的连体木杯也逐渐被人忽视，其传统手工艺传承受到了前所未有的挑战。

图片来源

图一　阿斯力汗·巴根：《哈萨克毡房文化》，新疆青少年出版社，2001.

图二至图四、图六、图七　闫雪　制图

图五　陈方圆　制图

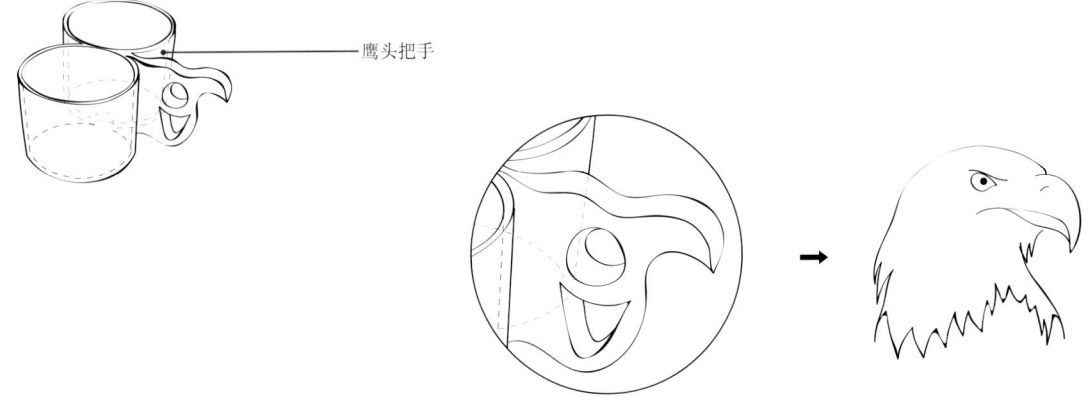

鹰头把手

图六 哈萨克族连体木杯局部分析图

将马奶酒用木勺子舀至杯中

侧着喝，不可平着喝

图七 哈萨克族连体木杯使用方式图

第三章 哈萨克族传统餐饮

哈萨克族马奶壶

图一　哈萨克族马奶壶主图

马奶壶是哈萨克族百姓用于存放与携带酸马奶或马奶酒的民间皮制用品，一直以来都为哈萨克牧民所喜爱。其材质一般多是皮革。壶身造型独特，呈山字形、船锚形或羊角形，两端突起向中间弯曲，主要便于两端穿绳携带。它是哈萨克牧民游牧生活中必不可少的装备之一。

哈萨克族马奶壶制作精巧，由两片皮子缝制而成，皮革表面有丰富的传统装饰图案，图案以中亚游牧民族尊为护身符和生命力象征的羊角为主，另配一些植物纹样。其一般用缝制和压印两种装饰加工工艺。哈萨克族马奶壶的造型线条流畅，整体优美和谐。有些制作更为精细的马奶壶，在皮革表面进行了更为复杂的装饰工艺，但主次分明，繁而不乱。由于马奶壶的材质为皮革，因此人们常称其为打不破、摔不坏的马奶壶。马奶壶的使用在其他草原游牧民族中也十分普遍。

马奶壶是民间实用工艺器，自古以来一直为哈萨克牧民所喜爱。2000年，官方发行了《盉壶和马奶壶》主题邮票，以此来象征民族文化之间的友好交流，可见，马奶壶已经成为哈萨克的一个文化符号。马奶壶作为精美的工艺品也深受来新疆地区旅游的中外游客的喜爱。

图片来源

图一　阿斯力汗·巴根：《哈萨克毡房文化》，新疆青少年出版社，2001.

图二至图七　刘筠璨　制图

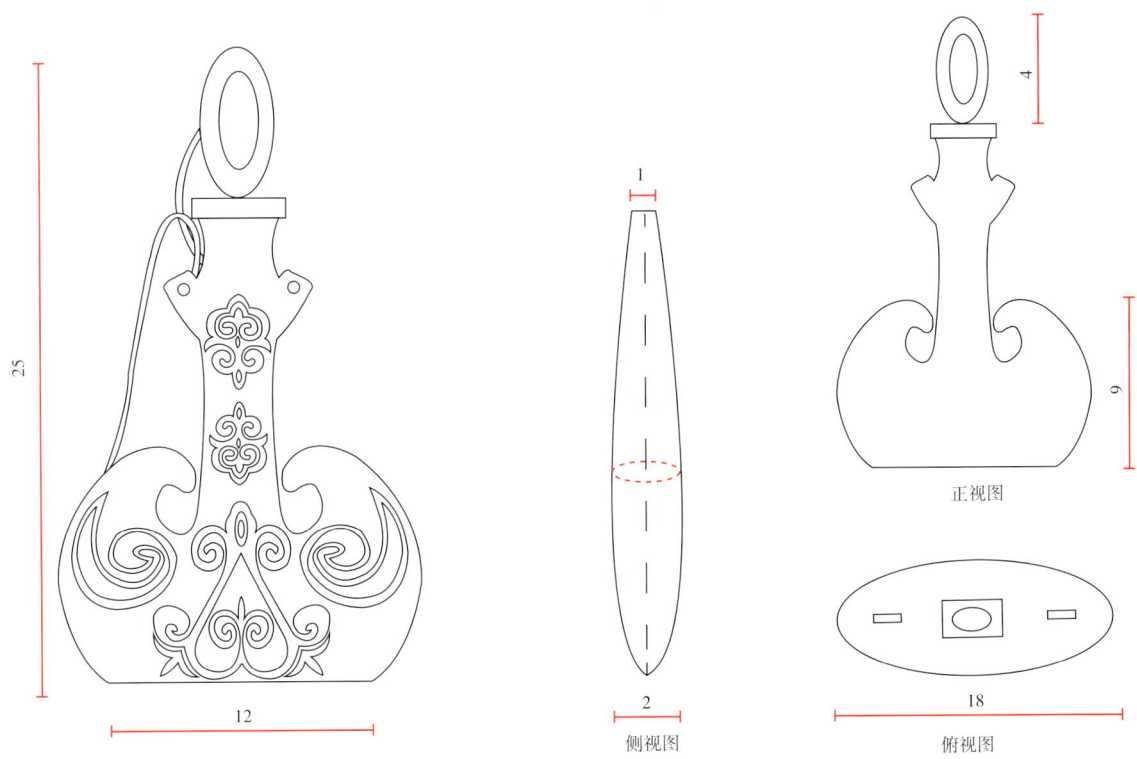

图二　哈萨克族马奶壶三视图（单位：cm）

图三 哈萨克族马奶壶色彩及材质分析图

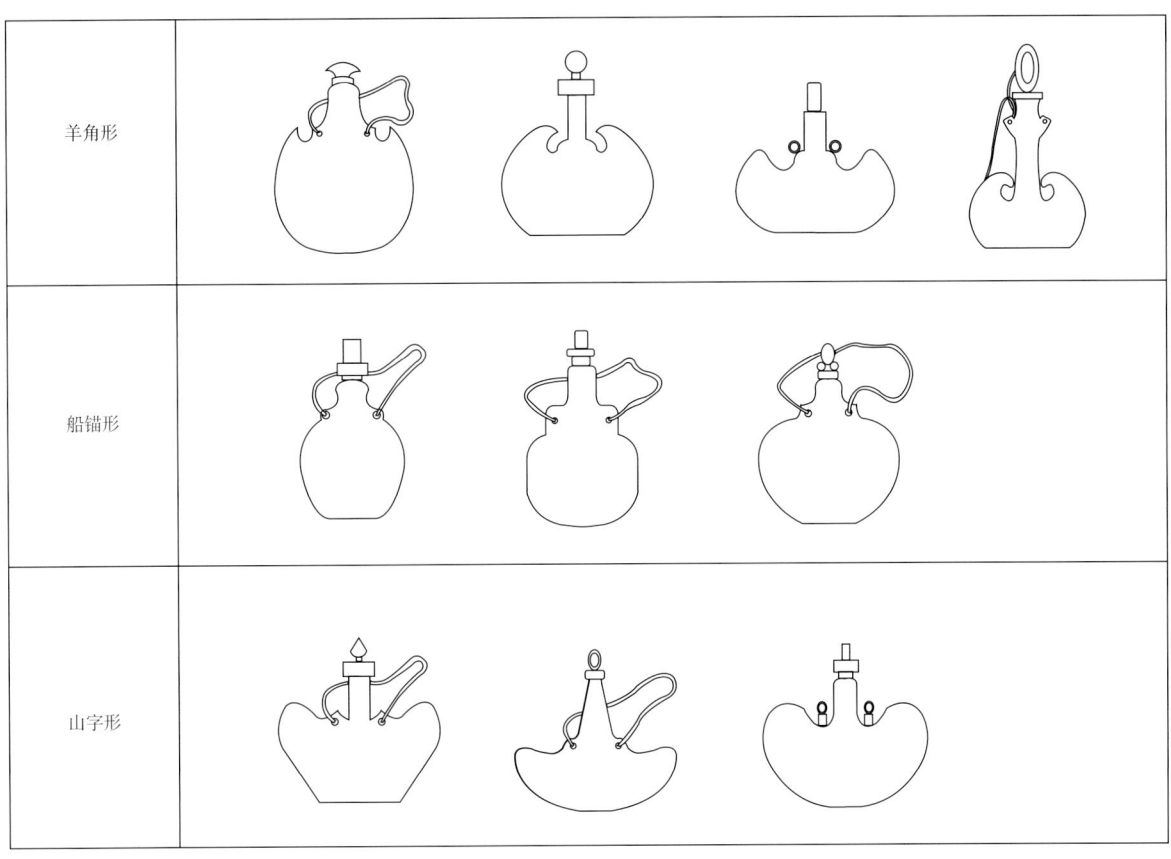

图四　哈萨克族马奶壶各种形制分析图

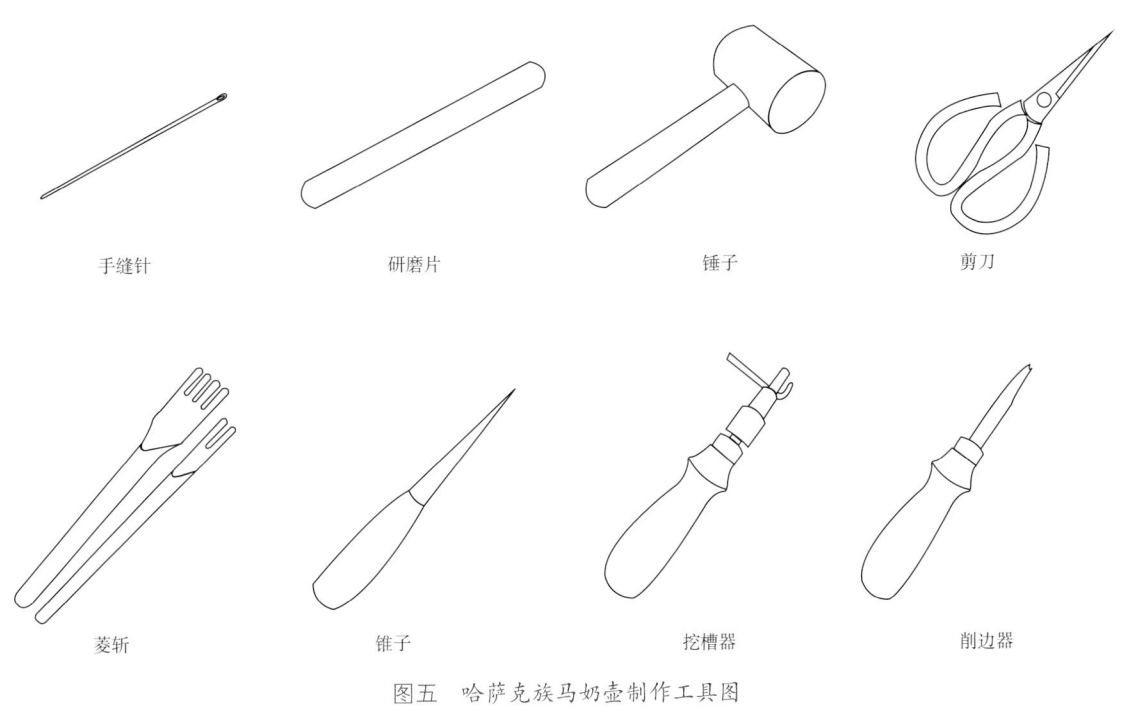

图五　哈萨克族马奶壶制作工具图

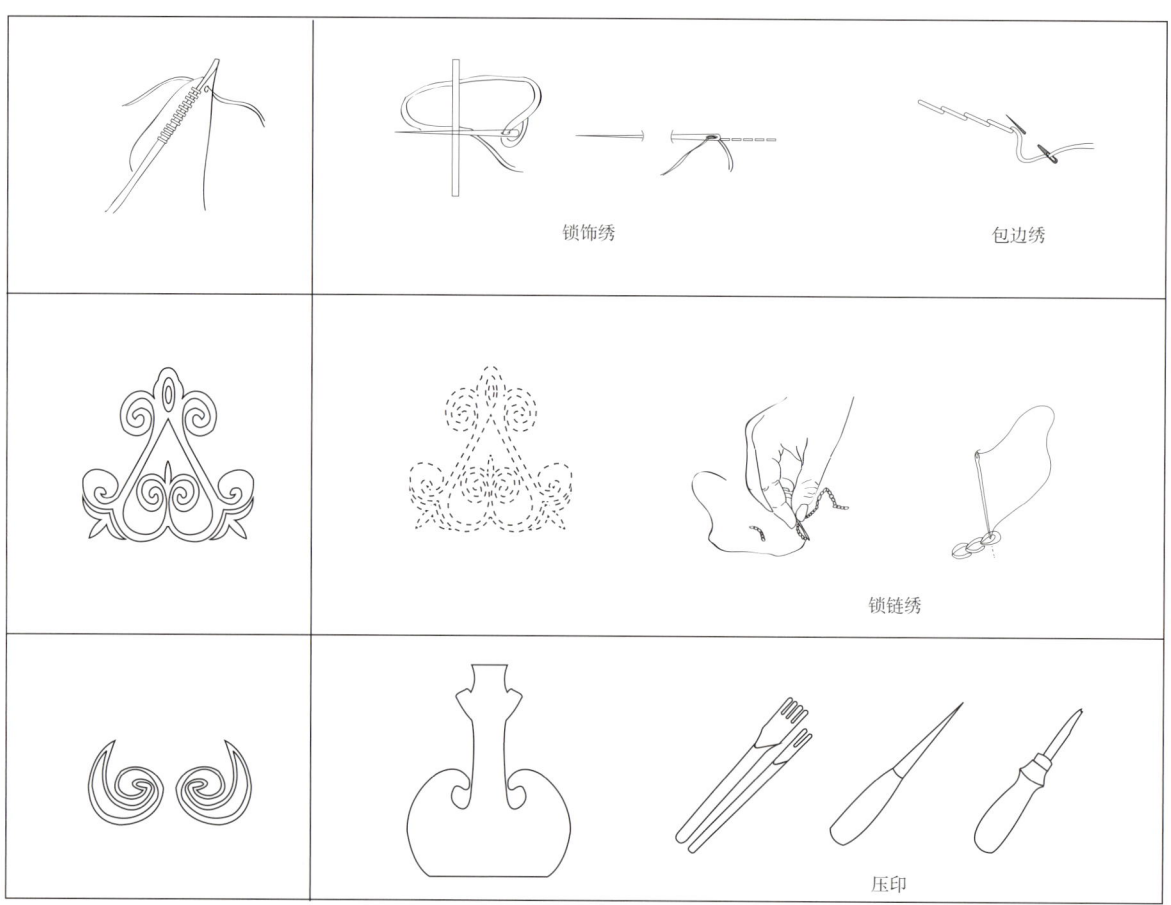

锁饰绣　　　　　　包边绣

锁链绣

压印

图六　哈萨克族马奶壶制作工艺图

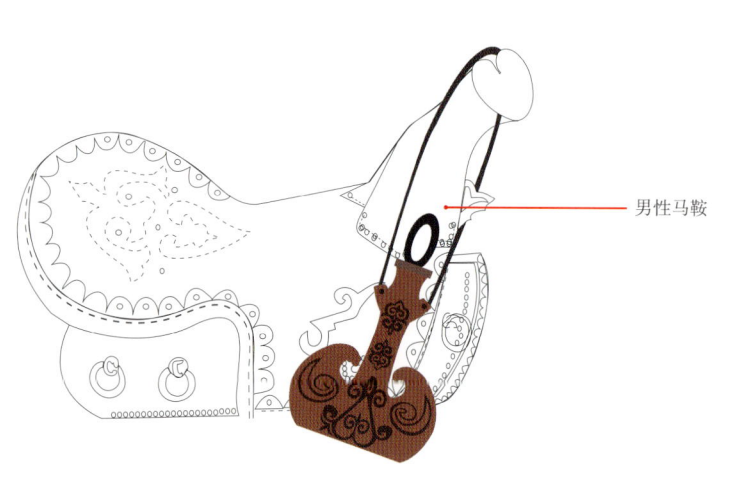

男性马鞍

图七　哈萨克族马奶壶使用情景图

哈萨克族角酒壶、角酒杯

图一　哈萨克族角酒壶、角酒杯主图

角酒壶、角酒杯是哈萨克族特有工艺制成的一种酒器，其通体由多个精心挑选的牛角加工粘合而成，造型奇特，别具一格。壶杯常常是家中接待贵宾时才拿出来盛酒与饮酒。角酒壶与角酒杯通常绘有角形纹、花草纹等传统哈萨克族纹样，还会镶嵌宝石，以凸显其尊贵之用。

角酒壶由一个牛角作壶体，三个牛角为足，构成一个稳固三角形的酒壶主体，壶身与足皆是内部中空，在壶身上部配有一个半环形把手和一个牛角注水口。酒壶壁厚约1厘米，高约18厘米，容积约500毫升。酒杯杯口宽约4厘米，高约8厘米，容积约50毫升。一个角酒壶一般配有2到4只酒杯。制作角酒壶、角酒杯时选择的牛角材料有一定的标准，一般不用破损或霉烂的牛角，而用形制完整的牛角。对采用的骨角要做预先处理：对于新鲜的牛角要先高温除脂，主要是用水煮，并在水中加入硝碱或土制肥皂，哈萨克语叫"卡拉萨本"；对于陈年的骨头，除了上述步骤外，还要再放入烧过的干牛粪灰，进行焖烤，以达到防腐、去除异味并保留原骨的硬度和耐久性的效果。制作酒壶时，首先根据造型的需要将牛角根部和角尖锯下，两端磨平，中间掏空，外表打磨光滑。其次刷漆、打磨、雕刻、镶嵌，然后用牛皮胶、树胶、骨胶等将壶身、壶嘴与足粘合连为一体，角杯的制作也应用上述步骤。最后统一施以彩绘。使用时，先从酒壶的注水口倒入马奶酒，然后手持酒壶的半环形把手，壶口向下倾倒出酒水，斟于酒杯中。

角酒壶、角酒杯的材料取自大自然，体现了哈萨克人对赖以生存的动物的熟悉与自然崇拜。角酒壶设计成三角形结构，既增加了酒壶的稳定性，又因牛角本身的材质、弧线与比例而具有天然的美感。哈萨克族角酒壶、角酒杯兼具实用和审美功能，独特造型散发着浓郁的草原文化气息，对现代设计有一定借鉴作用。

图片来源

图一　涂苏别克·斯拉木胡力：《哈萨克民俗文化》，新疆科学技术出版社，2009.

图二至图八　徐林　制图

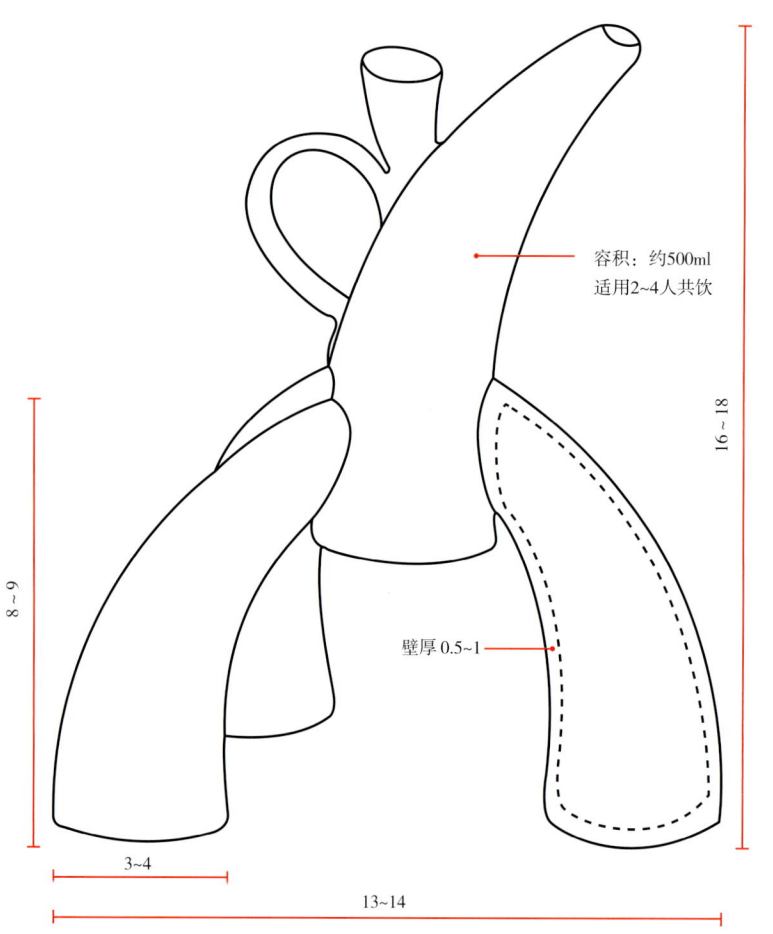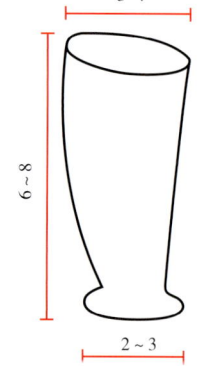

图二　哈萨克族角酒壶、角酒杯尺寸图（单位：cm）

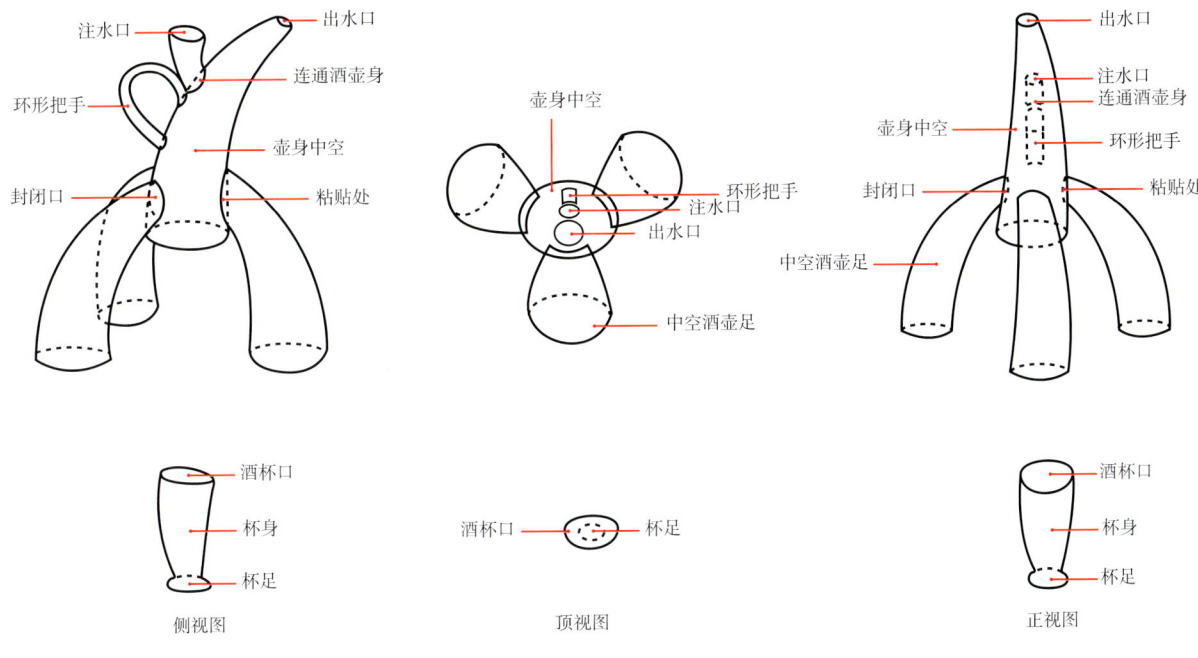

图三 哈萨克族角酒壶、角酒杯三视图

图四 哈萨克族角酒壶、角酒杯结构分析图

第三章 哈萨克族传统餐饮

249

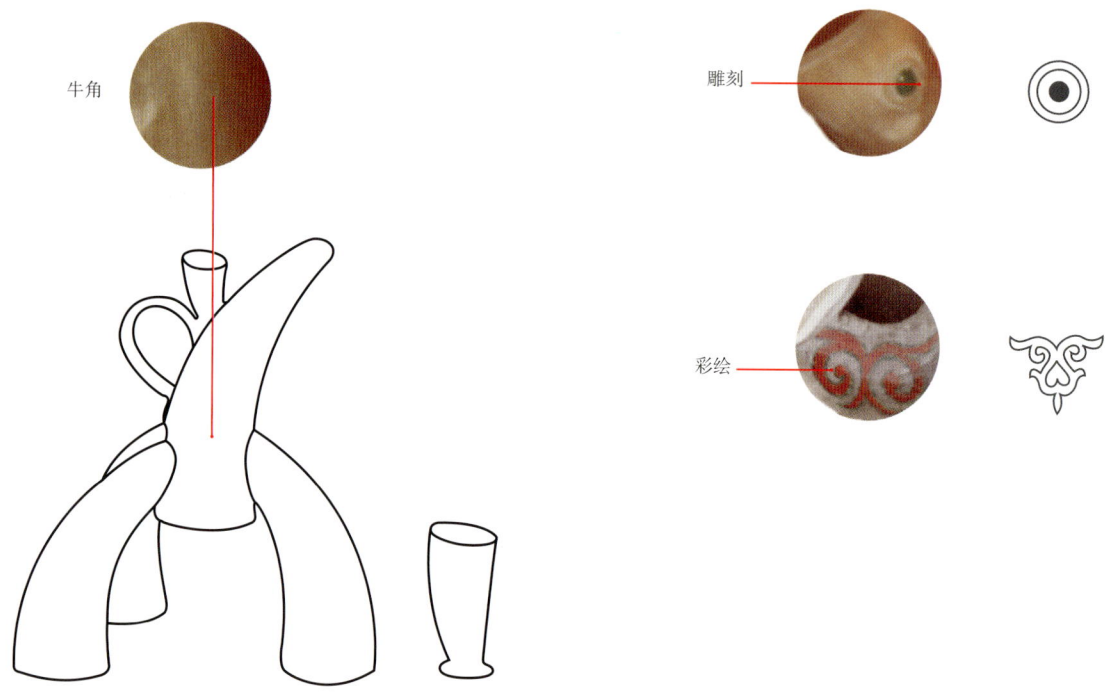

图五 哈萨克族角酒壶、角酒杯材质分析图

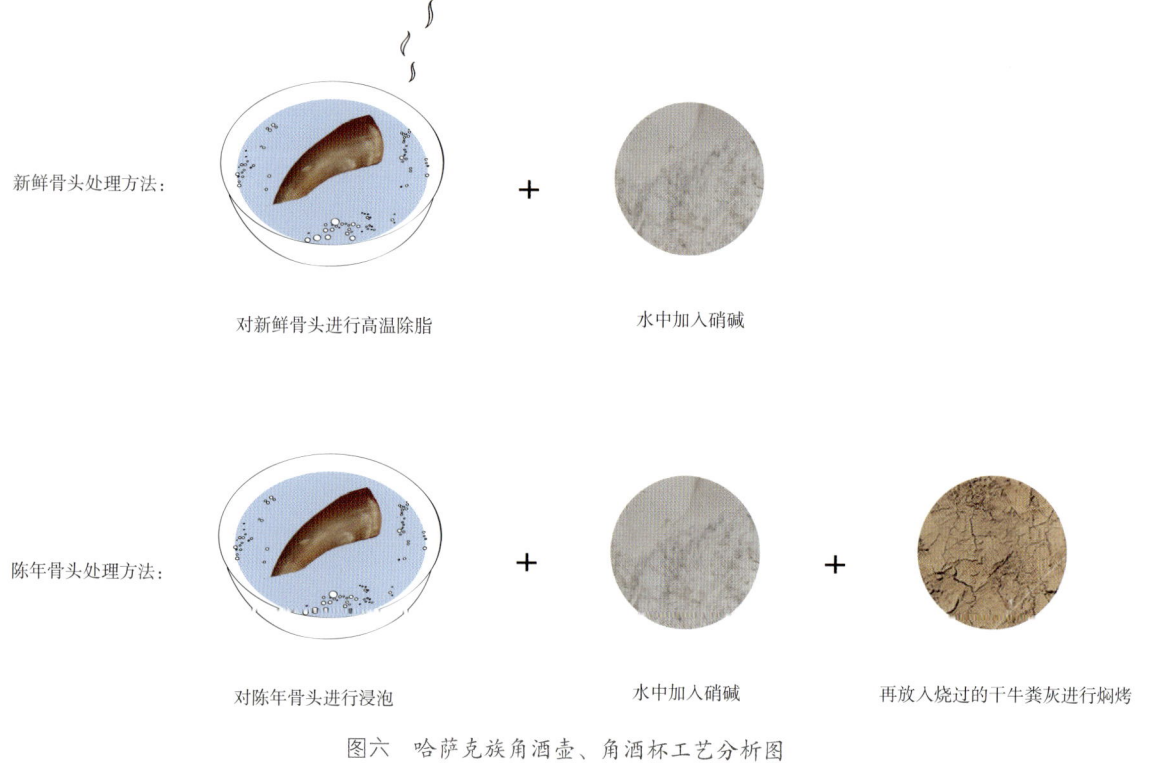

图六 哈萨克族角酒壶、角酒杯工艺分析图

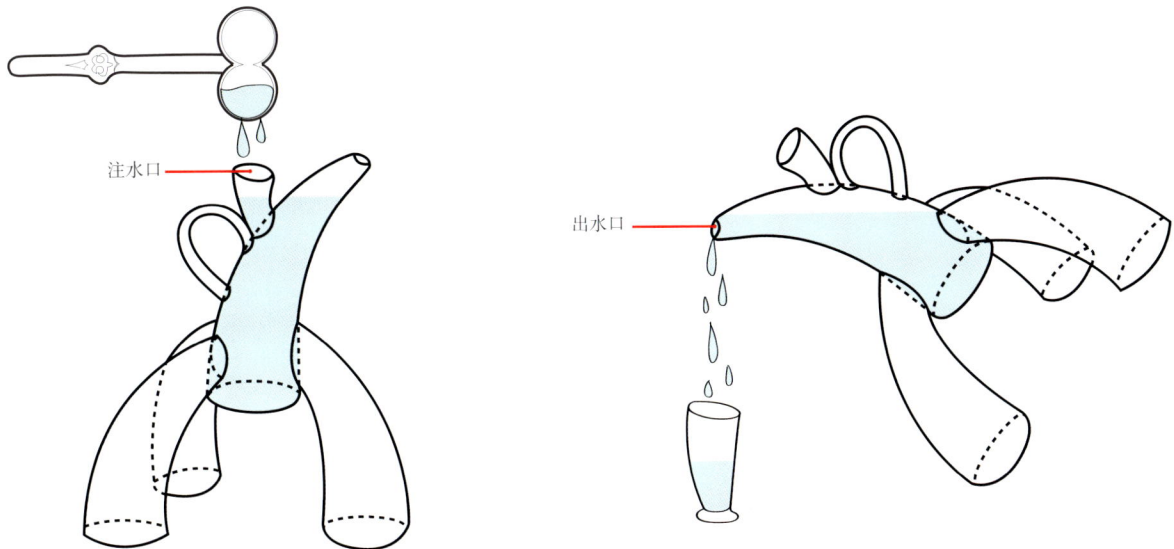

图七 哈萨克族角酒壶、角酒杯注水原理图

图八 哈萨克族角酒壶、角酒杯使用情景图

第四章 哈萨克族传统生活用具

哈萨克族马笼头

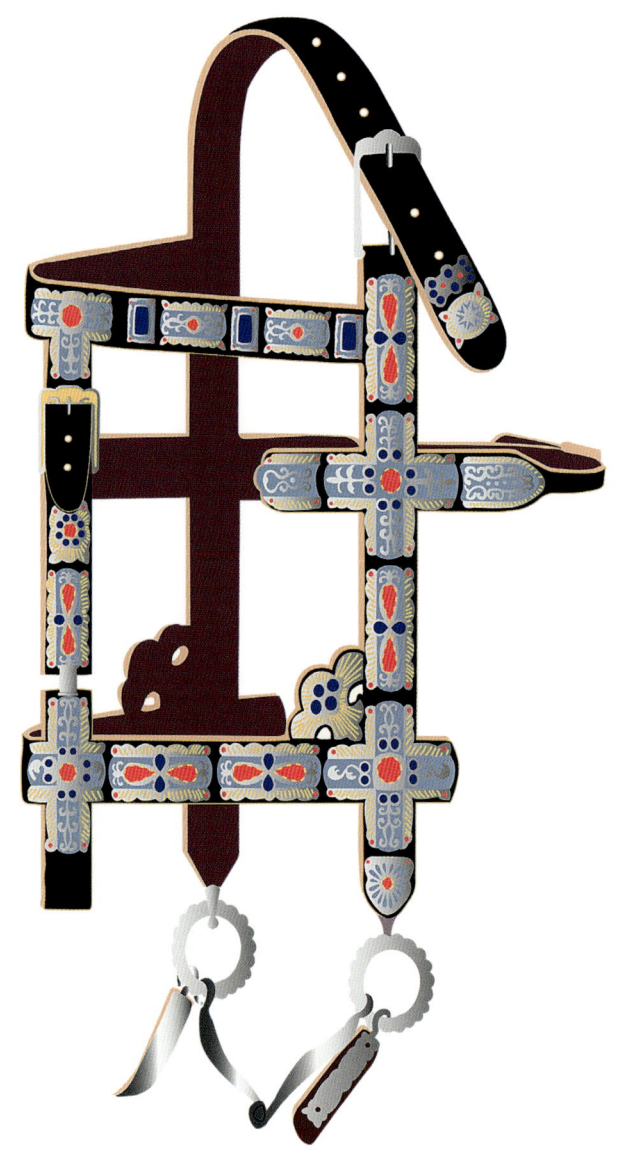

图一　哈萨克族马笼头主图

马笼头，又名马嚼子，是用以约束马且驾驭马的马首挽具，马笼头和木鞍、马镫、马肚带等其他部分一起组成马鞍具。马笼头包括络头、嚼子（口衔）、缰绳这几个部分。络头主要是固定在马笼头上的皮带，嚼子是马含在嘴里连接缰绳的部分，缰绳则是由人拉住用以牵引马的绳子。马笼头在工艺和外观上分为男女两式，与其他马鞍具相配。男式马笼头轻巧耐用，装饰简单；女式马笼头则会采用很多装饰工艺。

制作马笼头首先要在一块完整的兽皮上画出马笼头的基本轮廓，然后切割出适合的形状，并用刀具将边缘进一步缝制和修整。下一步是在马笼头的相应部位打孔，最后在马笼头上进行装饰，多用金银宝石镶嵌与雕刻工艺。图一是一款镶嵌宝石的女式镀银马笼头，以软牛皮制作，上有雕刻羊角和花草纹样的装饰银片，并嵌有红、黄、蓝色宝石。此马笼头用金属扣作为连接部分，第一个连接部分在马耳后方，第二个部分在马嘴后方，马嘴的口衔部分是用银锤揲而成。有时也会在马鼻中央部分到两耳间加一条皮带加固马笼头。

马笼头虽然仅仅用于牵引马头，但却是马鞍具中调驯和驾驭马匹不可或缺的工具，传统马笼头常见多种精美装饰工艺，是主人社会地位和财富的象征。现在，哈萨克人所使用的马具已经趋于简洁化，没有过多的装饰，但这些马具依然因为其精湛的做工和精美的装饰为世人所赞叹与喜爱，很多传统的哈萨克马笼头被收藏在博物馆里供人们参观学习。

图片来源
图一至图十一　徐靓　制图
图十二　涂苏别克·斯拉木胡力：《哈萨克民俗文化》，新疆科学技术出版社，2009.

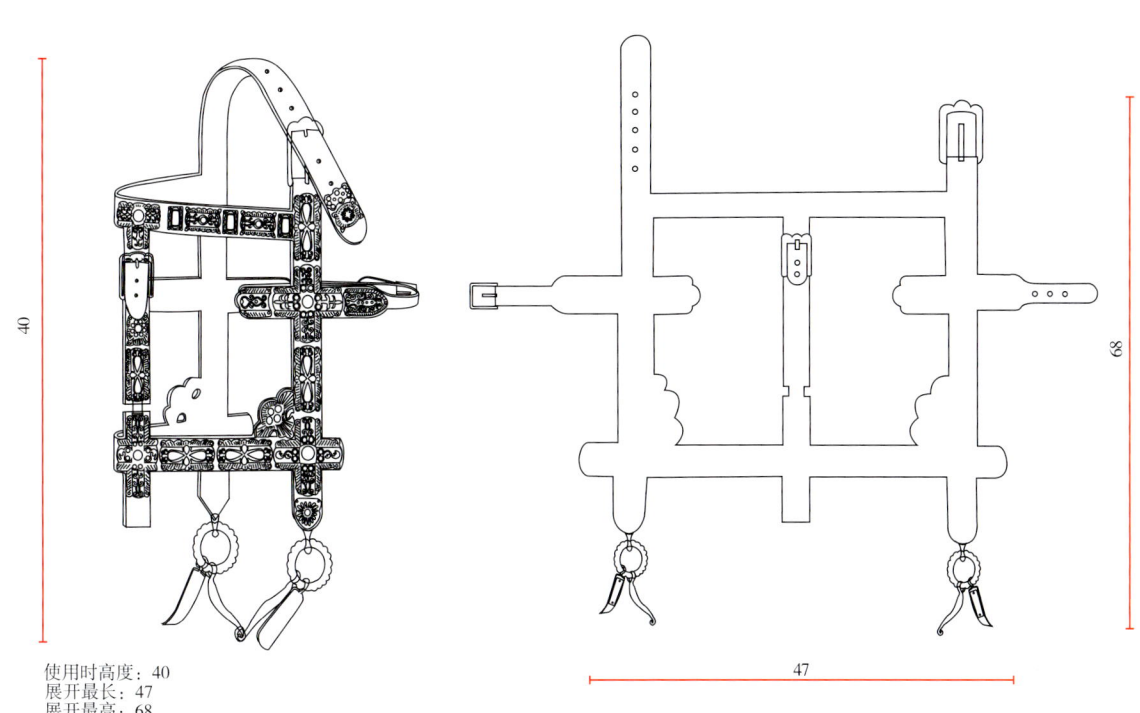

使用时高度：40
展开最长：47
展开最高：68

图二　哈萨克族马笼头尺寸图（单位：cm）

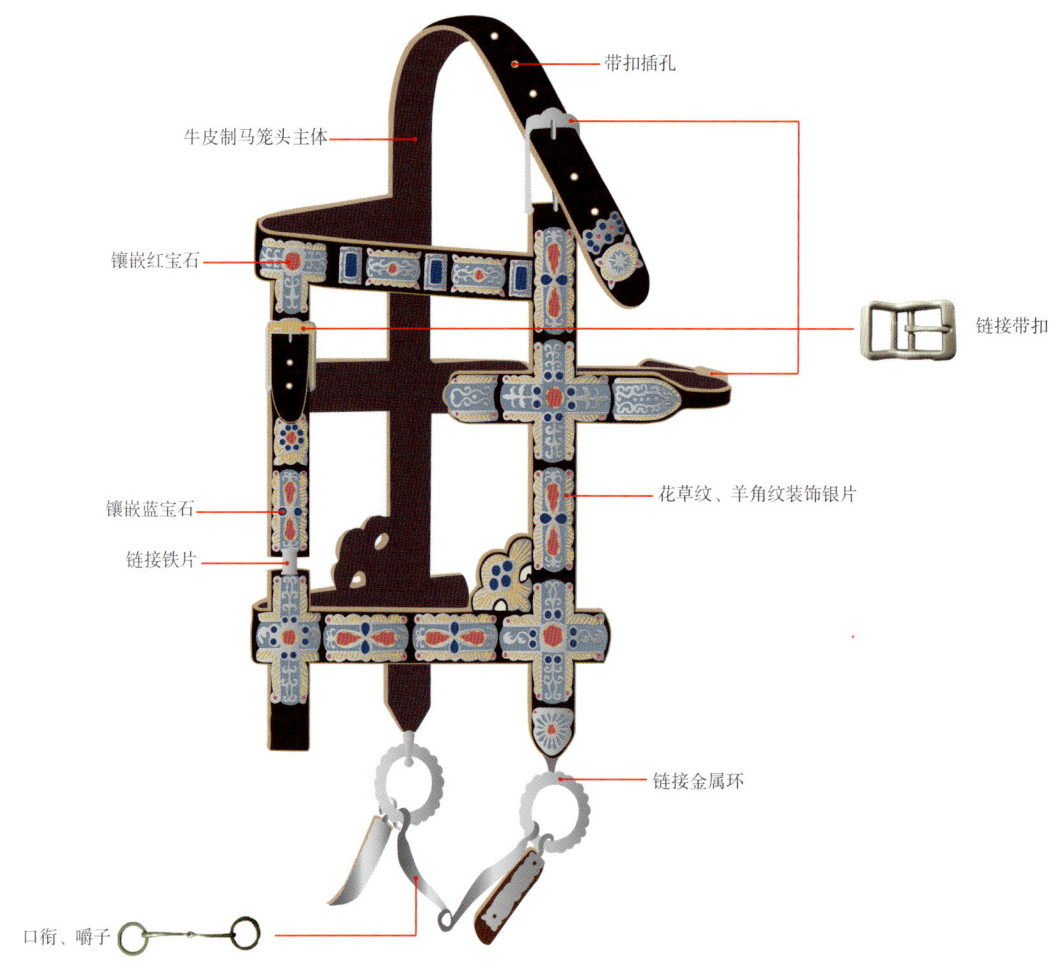

图三 哈萨克族马笼头结构分析图

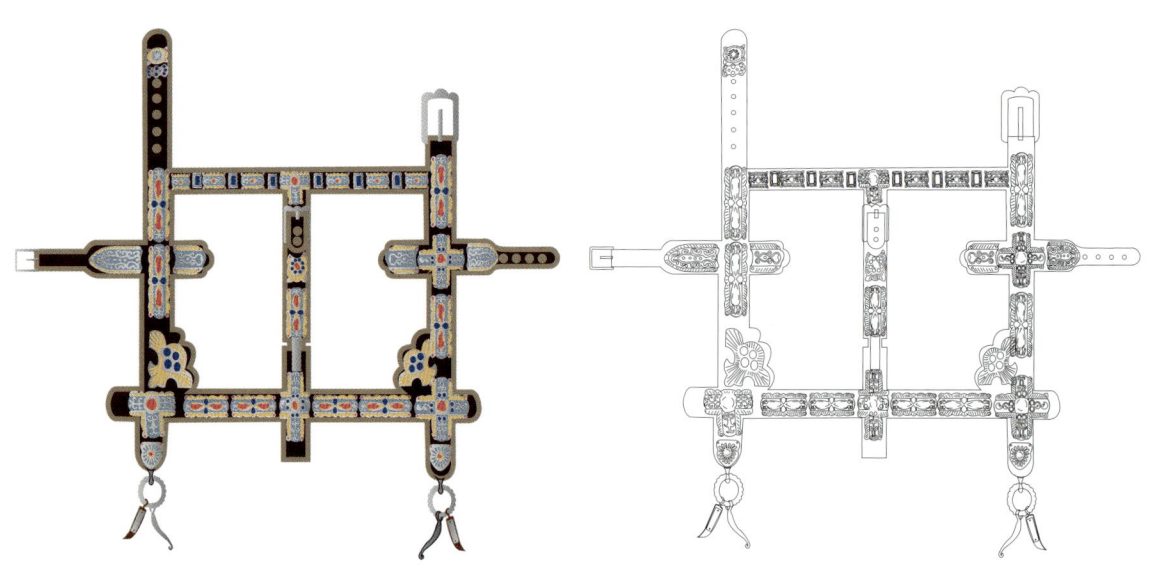

图四 哈萨克族马笼头展开图

装饰纹样种类	植物花苞几何纹样镶嵌宝石	植物纹样、羊角纹样镶嵌宝石	植物纹样、羊角纹样镶嵌宝石	花朵纹样、羊角纹样镶嵌宝石	植物纹样、几何纹样	植物纹样镶嵌宝石	植物纹样几何纹样	植物纹样几何纹样镶嵌宝石	花朵纹样几何纹样镶嵌宝石	几何纹样镶嵌宝石
装饰纹样结构	延中轴对称图形	延中轴对称图形	延中轴对称图形	延中轴对称图形	单隅图形		延一个方向中轴对称图形	延一个方向中轴对称图形	延一个方向中轴对称图形	延中轴对称图形
装饰纹样分布区域排列方式	连续排列在条形皮带处	单个图形装饰在交叉皮带处	单个图形装饰在T字形皮带处	与其他图形组合装饰在条形皮带处	单个图形装饰在皮带头处	单个图形装饰在折角处	单个图形装饰在皮带头处	单个图形装饰在皮带头处	单个图形装饰在皮带头处	与其他图形组合装饰在条形皮带处

图五 哈萨克族马笼头纹样分析图

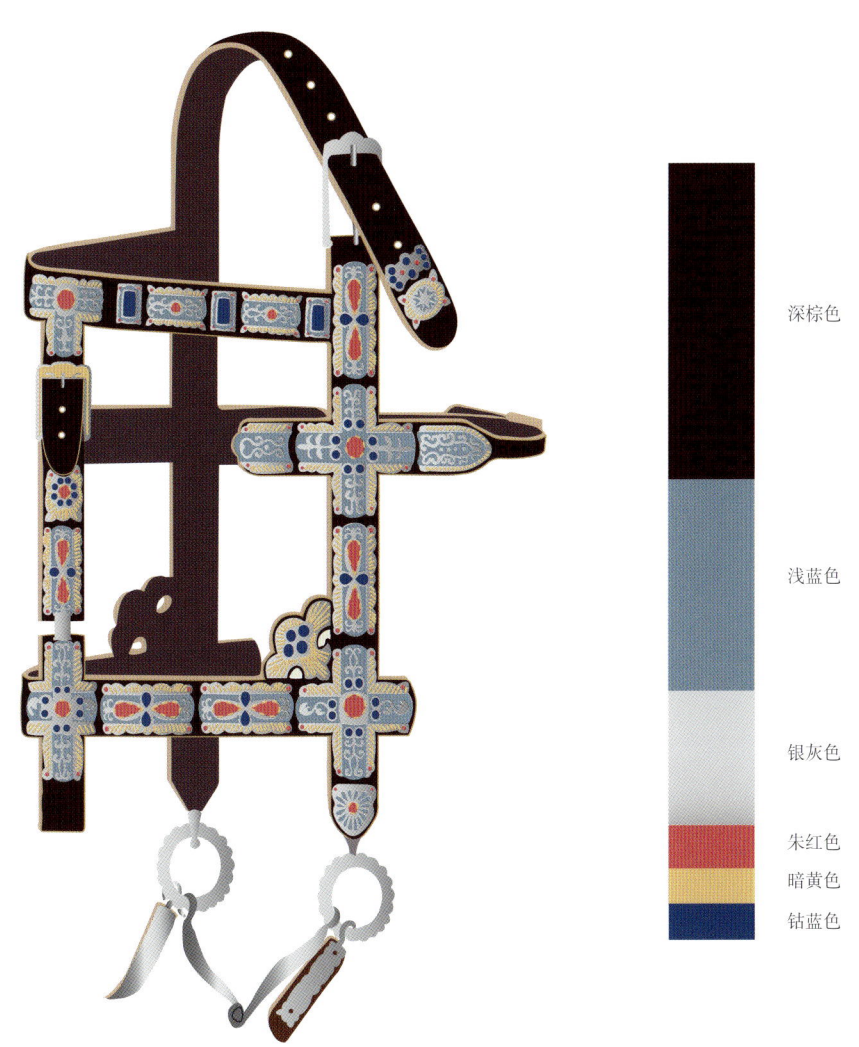

深棕色

浅蓝色

银灰色

朱红色
暗黄色
钴蓝色

图六 哈萨克族马笼头色彩分析图

第四章 哈萨克族传统生活用具

257

案例	马笼头主体	装饰品材质				配件材质	
	牛皮革	银	红宝石	蓝宝石	珍珠	蓝宝石	铜

图七　哈萨克族马笼头材质分析图

图八　哈萨克族马笼头对比图

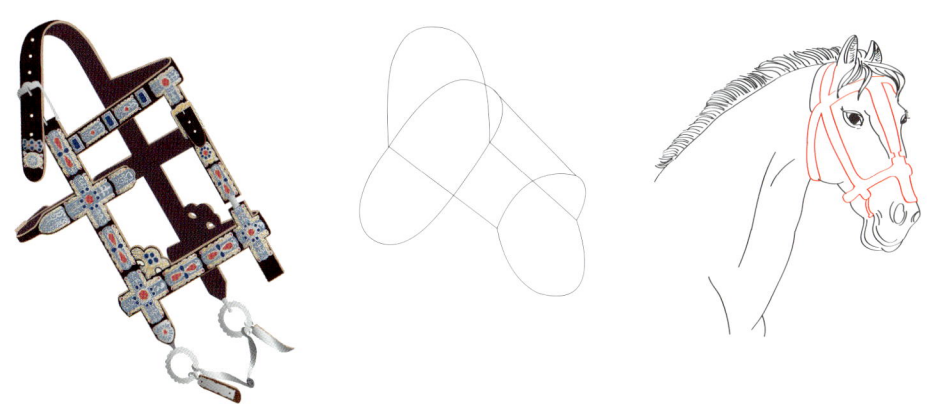

图九　哈萨克族马笼头使用结构图

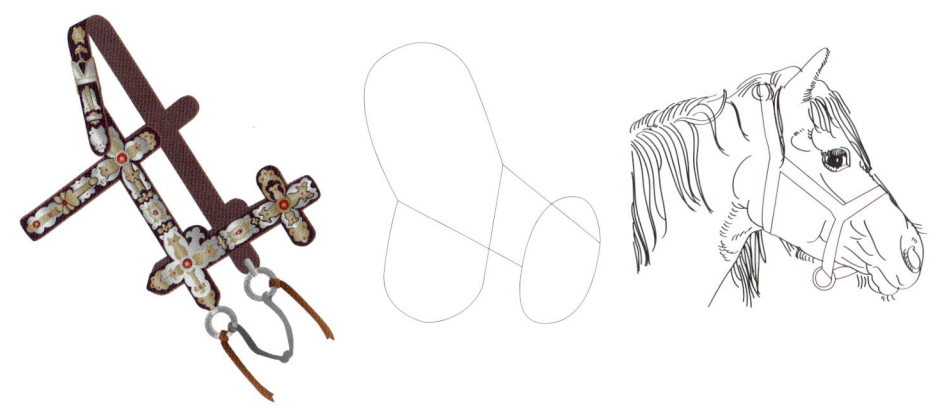

图十　对比案例的使用结构图

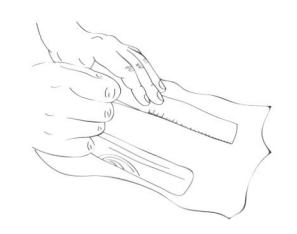

在牛皮上画出完整的形状

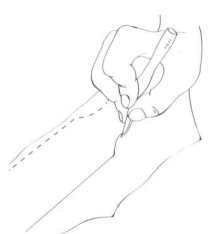

裁剪、切长短

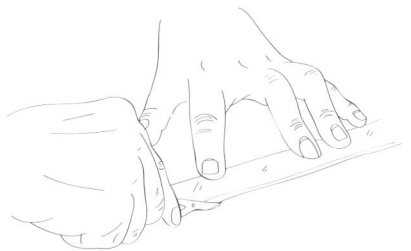

削边、修边

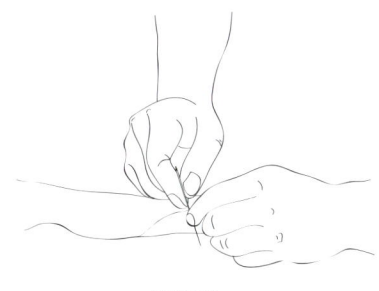

踏线索边

打孔

装带扣、镶嵌装饰品

图十一　哈萨克族马笼头制作工艺流程图

第四章　哈萨克族传统生活用具

图十二　哈萨克族马笼头的使用情景图

哈萨克族木床

图一　哈萨克族木床主图

哈萨克族有一种木床，形状奇特，两头翘起，故也称抬头床，哈萨克语称作"阿哈什托赛克"。它结构复杂，有大量雕刻、镶嵌和彩绘，制作费工费时，但异常精美，多为古时哈萨克族富人使用。

哈萨克木床制作材料通常为白桦、麻栎或雪松，这些木材就地易取，也易于雕刻加工。木床一般长2~2.5米，宽80厘米左右。主要由床头、横板、两边边框以及床脚等几部分构成。床头两端又称为上下床头，向外翘起呈20至40度角不等。为了让木床精致美观，制作工匠常在哈萨克木床的床边边框和床脚处刻上精美的纹样浮雕，接着用色彩鲜亮的颜料加以装饰，或用银料镶嵌成各种花卉图案。这些纹样通过不同的排列方式在边框和两边床头形成四方或二方连续图案，床头与两边的边框结合处也因为这些装饰而自然地形成一体。各种哈萨克木床在造型上也有细微差异，有的床脚呈圆润的方形或者是直角的方形，不同木床床头翘起弧度也略有不同。哈萨克木床的图案主题一般以常见的植物水草纹和动物羊角花的不同组合为主。哈萨克人强调两边对称，形成均衡的美感，木床画工精致，让人感受到浓郁的自然与宗教情怀。除了木床本身的精美外，牧民还搭配出各种精美的床上床帏用品，它们将毡房中隔出一小块私人空间，使人在休息的时候不被打扰，同时也体现出木床主人尊贵身份与地位。

哈萨克木床的雕刻装饰工艺精巧、色彩鲜亮、造型独特，是充满强烈哈萨克审美风情的生活用品。但是这种木床的制作耗费木材、人力和时间，主要为突显主人在部族中的地位，现代的普通哈萨克人已很少用到这种传统木床，木床也渐渐失去原有功能，它在阿肯弹唱、婚礼等一些礼俗活动中才会出

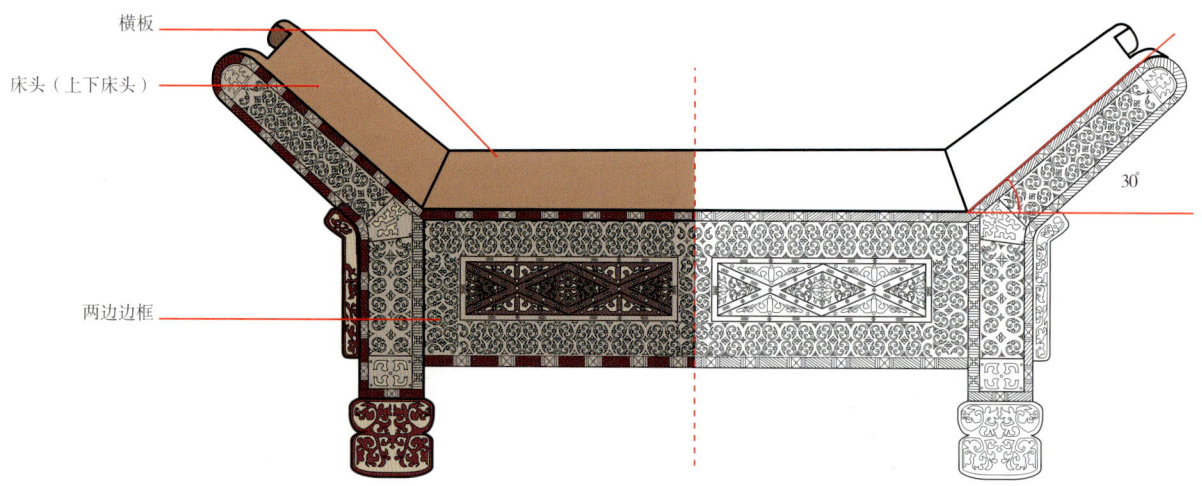

图二　哈萨克族木床结构分析图

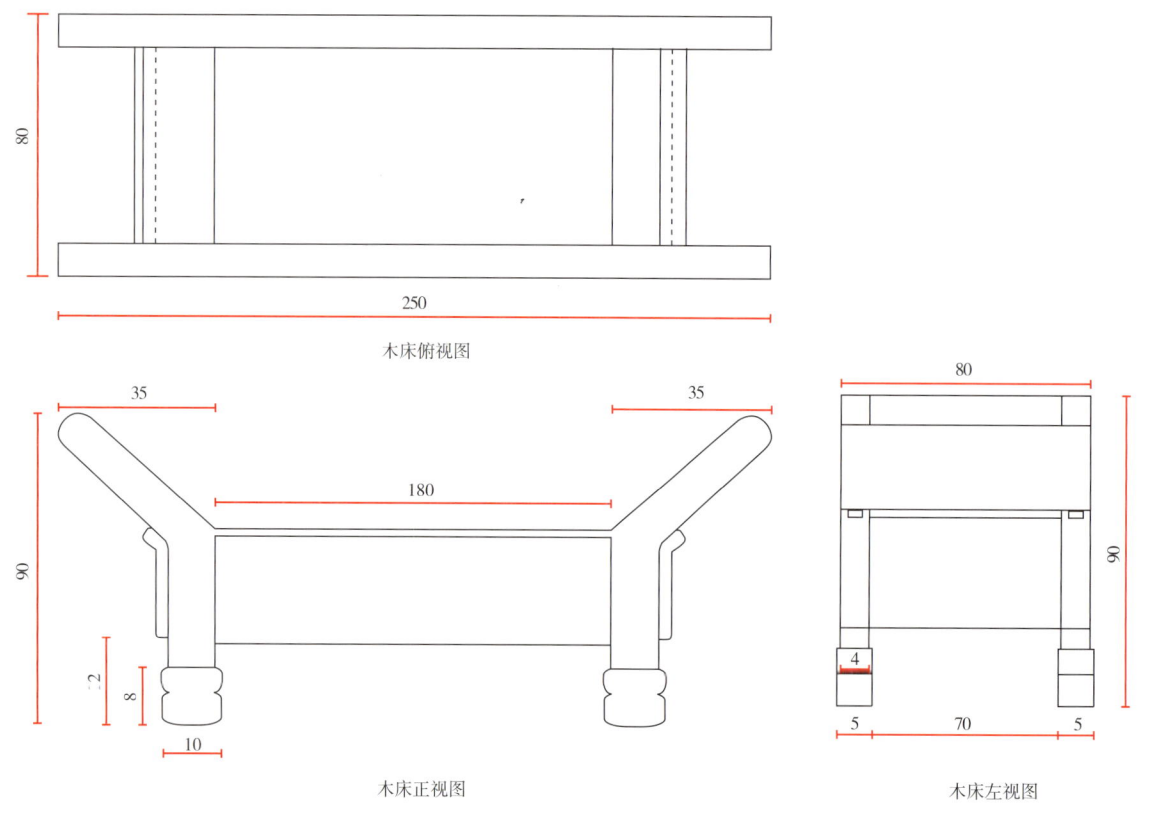

图三　哈萨克族木床三视图（单位：cm）

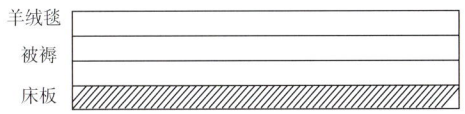

图四　哈萨克族木床及其附带物件图

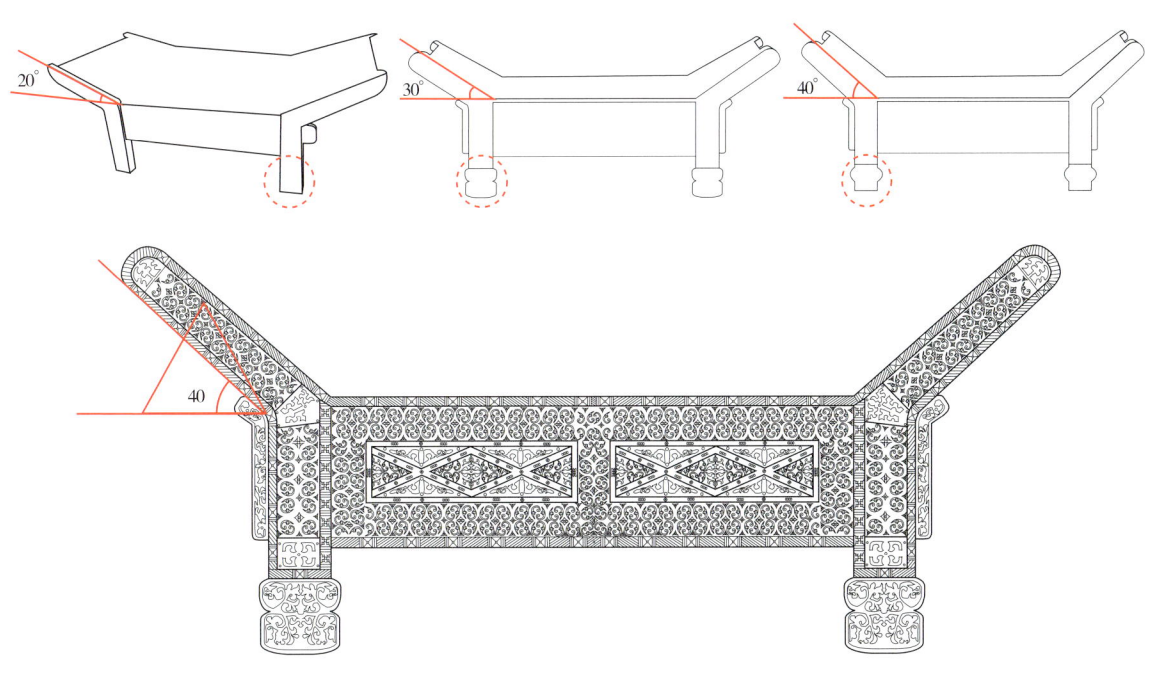

图五　哈萨克族木床种类图

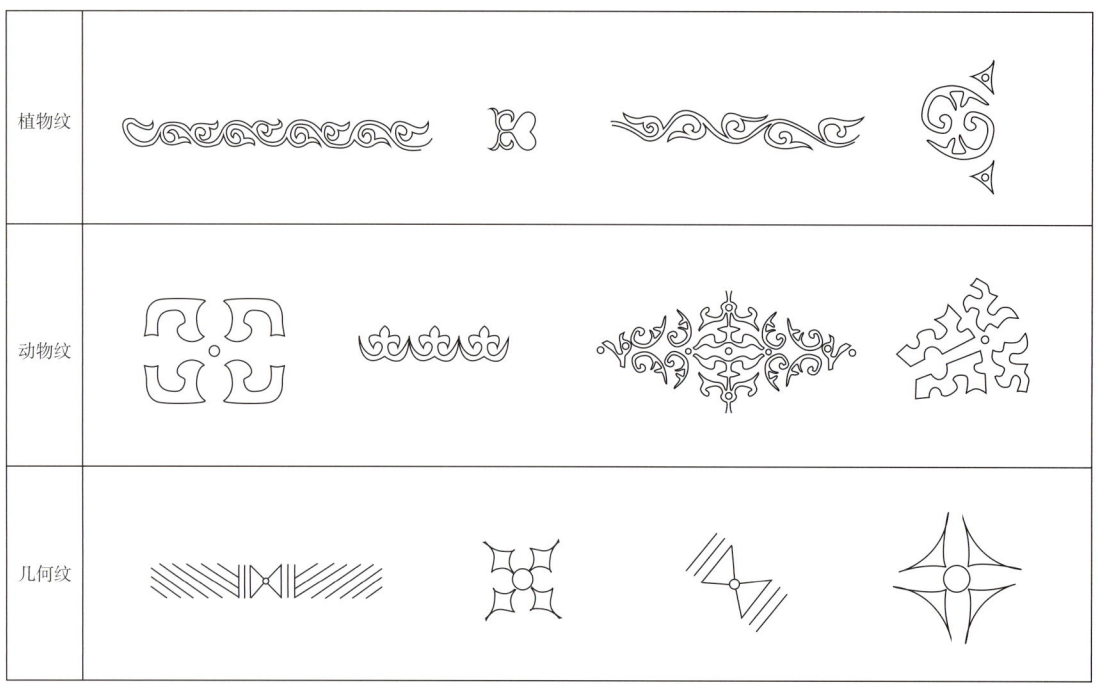

图六 哈萨克族木床纹样分析图

图七 哈萨克族木床色彩分析图

现，但仅仅作为民族工艺的代表，成为民族认同的一种象征物。

图片来源

图一 阿斯力汗·巴根：《哈萨克毡房文化》，新疆青少年出版社，2001.

图二至图四、图六至图八 陈方圆 制图

图五 李思琦 制图

图八 哈萨克族木床使用示意图

哈萨克族摇床

图一　哈萨克族摇床主图

哈萨克族摇床又称"别斯克"，长约一米，是专为婴儿设计的床。根据传统哈萨克习俗，出生七天的婴儿举行过摇床仪式后就要开始睡这种摇床，以便母亲能腾出手来处理日常家务。哈萨克的摇床功能全面，便于拆卸安装和搬运，适应游牧迁徙生活，成为哈萨克族临时家具的典型案例。

摇床结构全部为榫卯组织，宽50厘米，高60~70厘米，床头与床尾一共有四根精美的木柱，两头分别由弯曲或者直的木头相连，大多装饰有哈萨克传统纹样。摇床下部前后两侧有横向两端可以摇动的弧形摇腿。摇床顶端，有一根连接首尾两端的摇床杆，摇床杆有的为旋木状，有的就是一根简单的木头。父母通过这根杆子来摇动床，同时这根杆子也便于绑在骆驼身上，方便迁移。为了方便孩子大小便，床的中央有一个直径约15厘米的小洞，洞口下放着专门容器，即"加克"。"加克"底部放置一层炭灰。当婴儿小便时，用"图别克"（一种用羊小腿骨或木头制作的形似烟斗的排尿管）一端套在尿道口外，另一端插入贮便瓶中。尿液经"图别克"流入贮便瓶中。女婴的排尿管较男婴宽扁，这是根据不同的生理结构所作的调整。排便时，粪便可直接排入贮便瓶。摇篮的排泄装置使婴儿不用尿布就可存储尿便，降低婴儿皮肤病发病儿率。摇床上有两条用来固定婴儿的绑带，一根固定在摇床一侧，经过婴儿的腹部，绑在摇床另一侧的挂钩上。另一根用来固定婴儿的腿部。这样就能防止婴儿因睡觉滚动而掉在地上，充分保护婴儿的安全。为了让婴儿睡得舒适，妈妈会在摇床上铺上特制的褥子和被子，多为温暖舒适的羊毛材料。为了适应摇床的结构，所有的褥子在中间都有一个直径15厘米的圆形小洞。褥子小洞的四周铺有棉布"奥达"。这是为了避免婴儿的皮肤受到伤害，引起相关的皮肤问题。摇床的顶部会装饰"乌库"，即猫头鹰的羽毛，或者装饰天鹅的羽毛。哈萨克族崇拜猫头鹰、天鹅，他们认为猫头鹰毛能祛除邪恶，避免孩子做噩梦，天鹅羽毛则能带来吉祥和好运。顶部的摇床杆上也会装饰五颜六色的花纹、珠子、铃铛，用来吸引小孩的注意力。为了让孩子睡得更安稳，摇床最外部还会罩一层金丝绒布用以遮光保暖，夏季也能预防蚊虫叮咬。头部一侧则选择比较透气的薄纱，能让孩子受到保护的同时，也保证了空气的流通性。哈萨克族摇床与常见的维吾尔族摇床有不同之处，它们基本结构和尺寸一致，但维吾尔族摇床大多使用直立式的旋木装饰，而哈萨克族摇床两侧一般多用弧形木连接。发展至今，哈萨克族摇床在装饰颜色上做了很大程度的简化，但仍保留了传统的结构和装饰图案。

哈萨克族摇床是多功能设计的典范，它给婴儿营造舒适的睡眠环境，保护婴儿，纠正婴儿睡姿。同时方便父母照顾小孩，便于清洁、搬迁、哺乳，减轻妈妈手臂的压力。哈萨克摇床文化也是当地特有的习俗，也作为哈萨克族的一种文化符号流传至今。它造型美观独特，如今很多哈萨克匠人不光生产摇床，也制作小摇床模型作为旅游纪念品供游人购买。哈萨克摇床是一件相对完美的设计品，对于功能集成、易于搬运等现代设计需求有着重大借鉴价值。

图片来源
图一　吴栋　制图
图二、图四、图五　陈方圆　制图
图三　吴栋、陈方圆　制图
图六、图七　周圆　制图

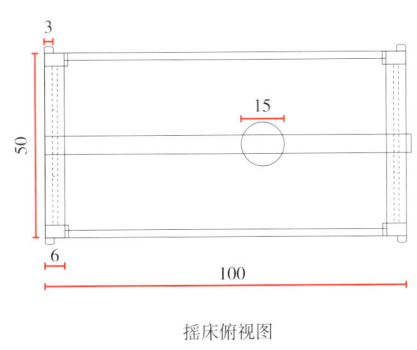
摇床俯视图

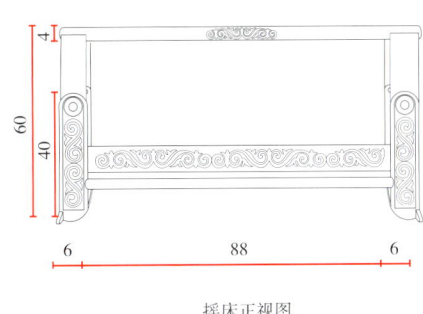
摇床正视图

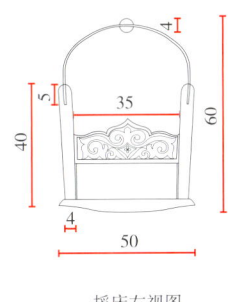
摇床左视图

图二　哈萨克族摇床三视图（单位：cm）

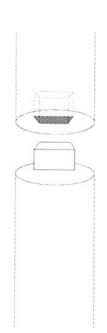

榫卯结构图

图三　哈萨克族摇床结构分解图

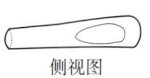   

侧视图　　顶视图　　　　　　羊小腿骨　　　　　　　　　　　　侧视图　　顶视图

导尿管"图别克"　　　　　　　　　　　　　　　　　　　　　　　贮便盆（加克）

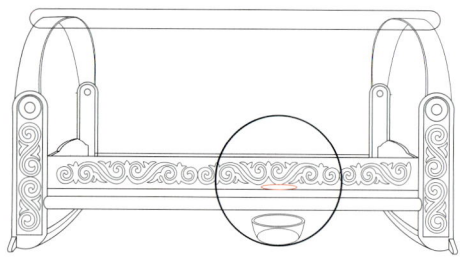
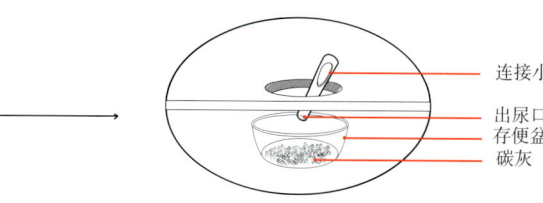

连接小孩的生殖器
出尿口
存便盆"加克"
碳灰

导尿管"图别克"使用图

图四　哈萨克族摇床功能示意图

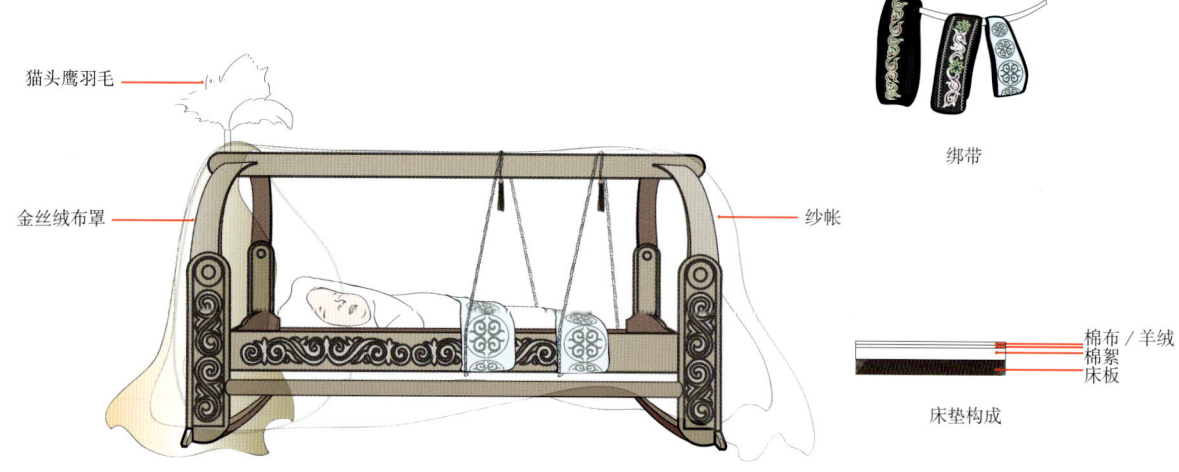

猫头鹰羽毛
金丝绒布罩
纱帐
绑带
棉布/羊绒
棉絮
床板
床垫构成

捆绑示意

图五　哈萨克族摇床捆绑示意图

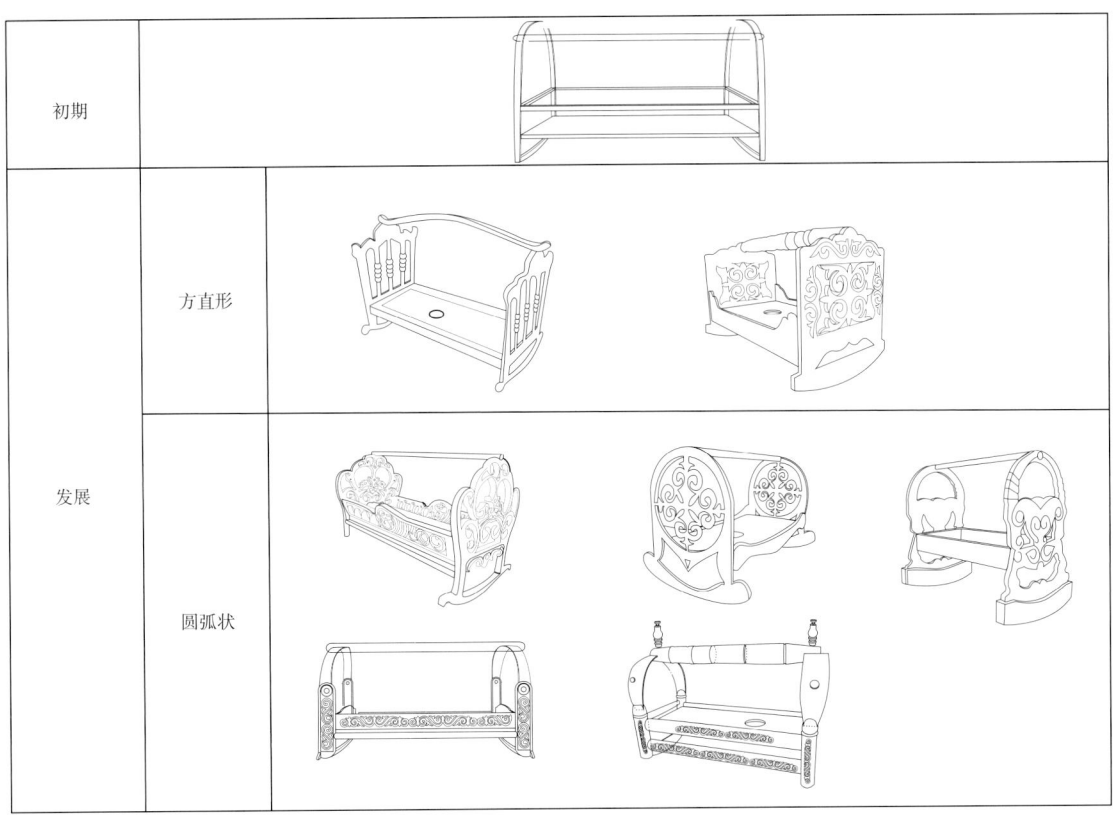

图六 哈萨克族摇床造型演变分析图

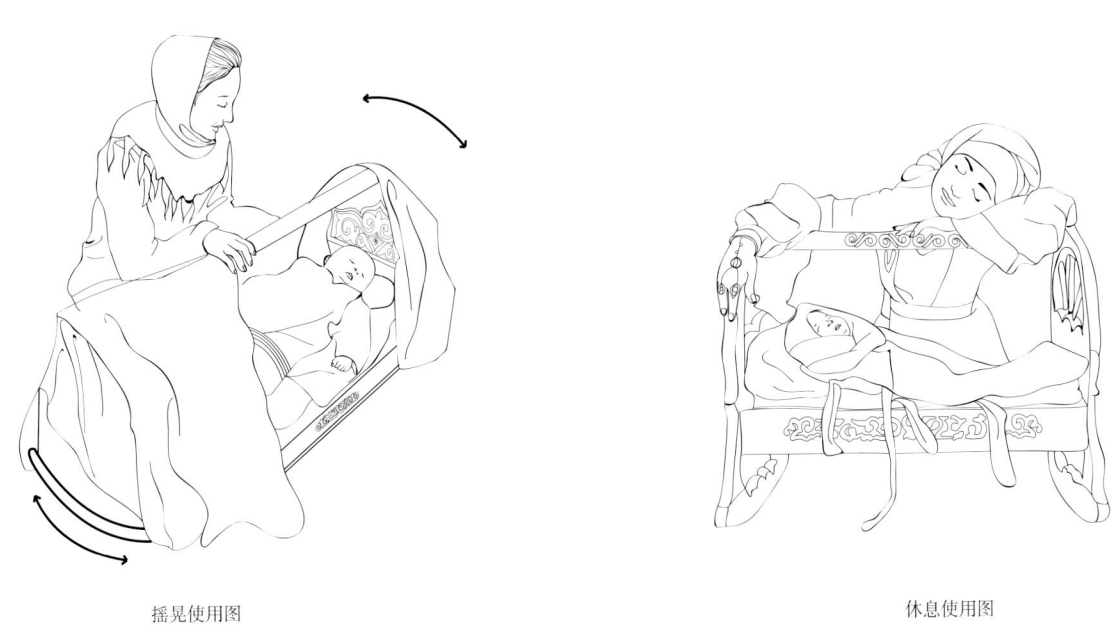

摇晃使用图　　　　　　　　　　　　休息使用图

图七 哈萨克族摇床使用情景图

第四章 哈萨克族传统生活用具

哈萨克族皮制碗袋

图一 哈萨克族皮制碗袋主图

皮制碗袋是哈萨克族特有的盛放餐具的羊皮袋子，一般盛放木质碗具，不用时可悬挂于毡房墙壁上，因其具有方便携带和保护餐具的功能，加之哈萨克族游牧生活特性，使得皮质碗袋使用较广泛。

皮制碗袋整体外形为半圆形，分为盖子和半圆桶身两部分，直径20厘米左右，高20厘米，厚度为2厘米左右。皮质碗袋用羊皮、木料和金属装饰物制成。碗袋的盖子为圆形杨木板；桶身首先是用杨木挖空中心，打磨光滑外部使其形成空心半圆形，然后在桶身外部用羊皮包裹缝制而成，再用羊皮条连接盖子和桶身。其中包裹桶身的羊皮为六片扇形开片，用驼线缝制连接处，各缝制两道。皮质碗袋装饰精美，在六扇皮开片尖角处各饰一角纹，缝合后呈六瓣花形纹样，极为巧妙。在杨木盖子上还雕刻有各种花草纹、动物纹、几何纹，在羊皮桶身上还会镶嵌银质装饰。

哈萨克族长期的游牧迁徙生活使得毡房内不会使用固定的碗柜来盛放碗具，在农耕民族中并不常见的皮质碗袋就应运而生。一方面碗袋可以节省毡房空间，方便收纳和取用，另一方面也方便迁徙时随身携带。皮质碗袋不仅功能良好，而且装饰精美，显示出哈萨克族匠人在皮作和木作工艺上的艺术制作惯例，这也是民族风格形成的来源。

图片来源
图一 阿斯力汗·巴根：《哈萨克毡房文化》，新疆青少年出版社，2001.
图二至图六 赵亭亭 制图

图二 哈萨克族皮制碗袋尺寸图（单位：cm）

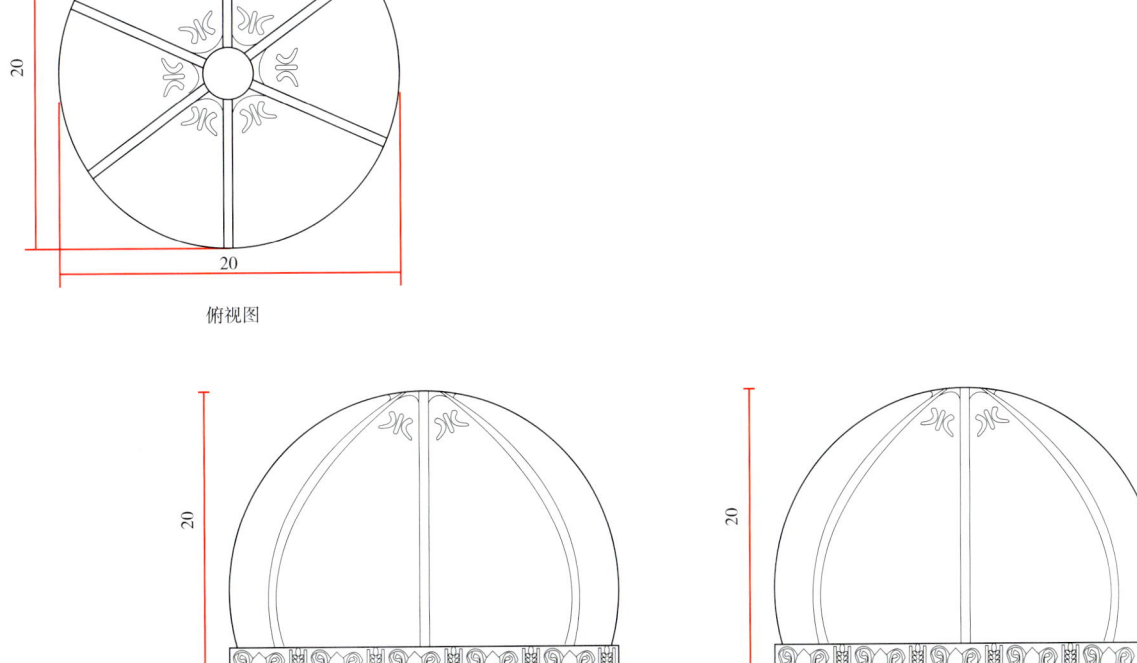

俯视图

正视图　　　　　　　　左视图

图三 哈萨克族皮制碗袋三视图（单位：cm）

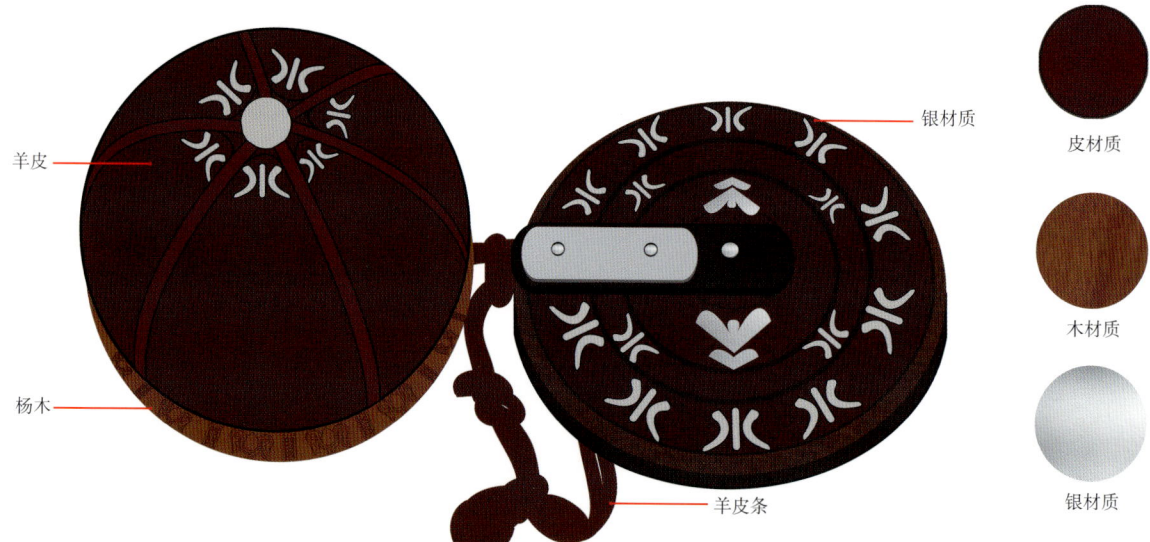

图四 哈萨克族皮制碗袋材质分析图

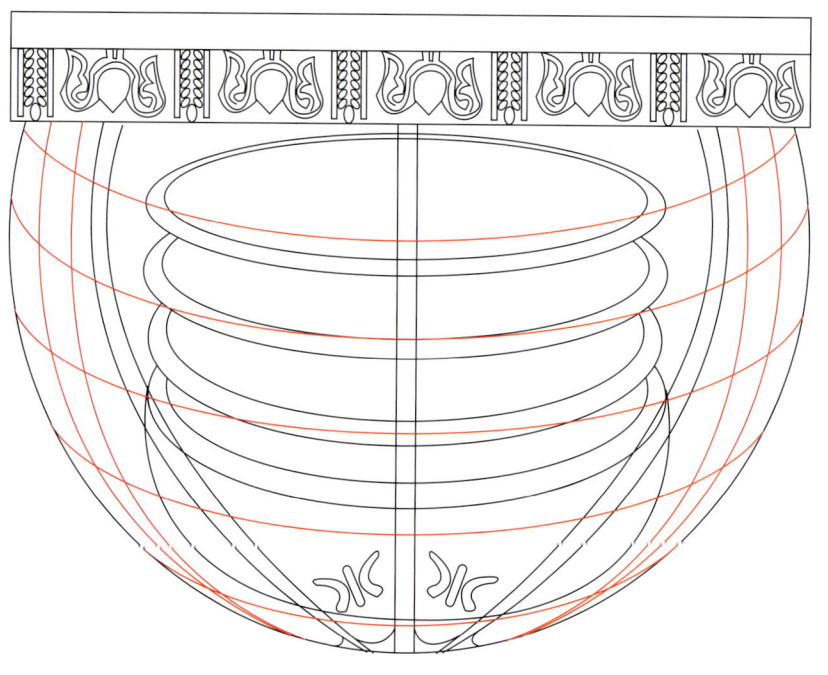

图五 哈萨克族皮制碗袋结构分析图

图六 哈萨克族皮制碗袋开片图

哈萨克族马镫

图一　哈萨克族马镫主图

马镫是供骑马人在上马时和骑乘时踏脚的马具。马镫用金属铸造而成，形态为一对挂在马鞍两边的平底的环形物，用皮带相连固定，穿过马鞍，悬挂于马背上。马镫的作用不仅是帮助人上马，更主要是为了驾驭马匹时更加有效、便捷和安全。哈萨克人善于制造成套的马具，马镫是其中必不可少的重要一项。

马镫的基本形态为一个贴合脚型的金属环，其制作的用料十分讲究，对铁匠的技艺要求很高，边缘处要雕刻精致的花纹，底部要打磨平整，以方便踩踏，有些还会在表面镀金或银。马镫从制作工艺和外观上分为男女两式，男士马镫轻巧耐用，外观装饰较为简单；女士马镫镀金或镀银，装饰复杂的图案。很多马镫的制作工艺与装饰也显示着主人的社会地位和财富。马镫是马背民族的基本装备，除了方便人上马，更主要的是在骑行时支撑骑马者的双脚，以便最大限度地发挥骑马的优势，能够解放双手，在马上做出各种动作，同时又能有效地保护骑马人的安全。

马镫由中国古代北方地区的游牧先民于公元5~6世纪发明，之后在欧亚大草原上迅速流传。马镫的发明，具有重大的历史意义，随着畜力应用到战争中，它使人与马成为一体，骑乘时更易驾驭。人类使用马镫之后，不仅解放了双手，更成为士兵马上格斗中的支撑点，这使骑兵的战略地位大大提高，也使世界战争史大为改观。马镫是至今仍普遍使用的马具之一，哈萨克是著名的马背民族，其马镫不仅制作精良，而且装饰工艺也极富审美价值。

图片来源
图一至图六　刘颖　制图

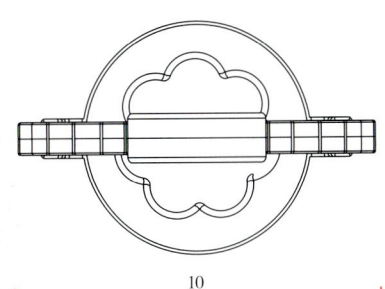

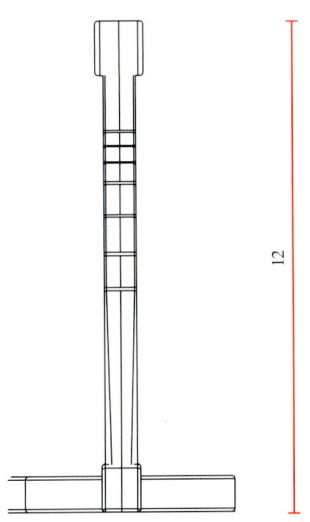

图二　哈萨克族马镫尺寸图（单位：cm）

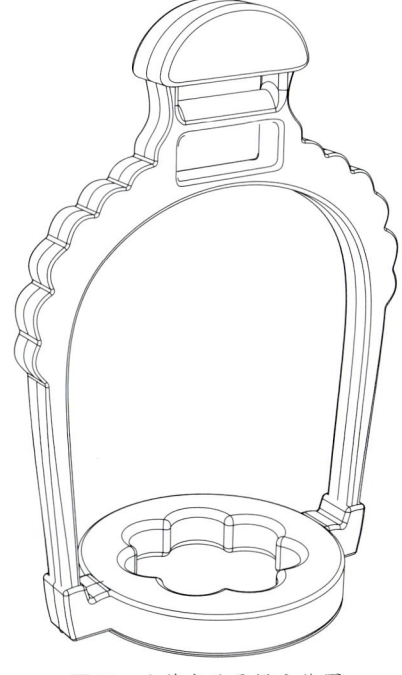

图三　哈萨克族马镫立体图

第四章　哈萨克族传统生活用具

275

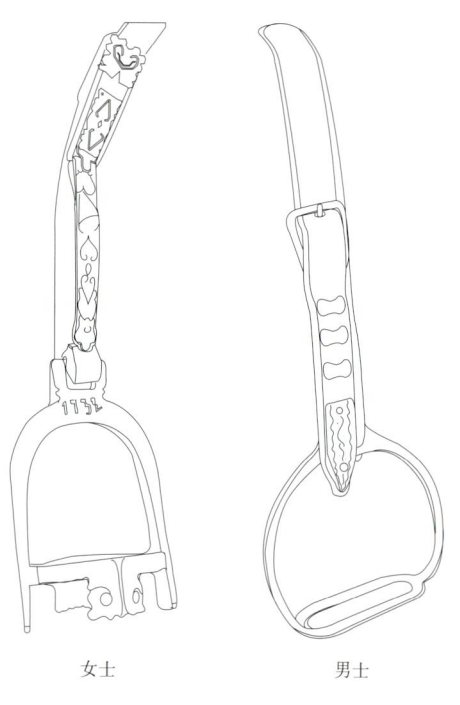

女士　　　　　男士

图四　哈萨克族马镫分类图

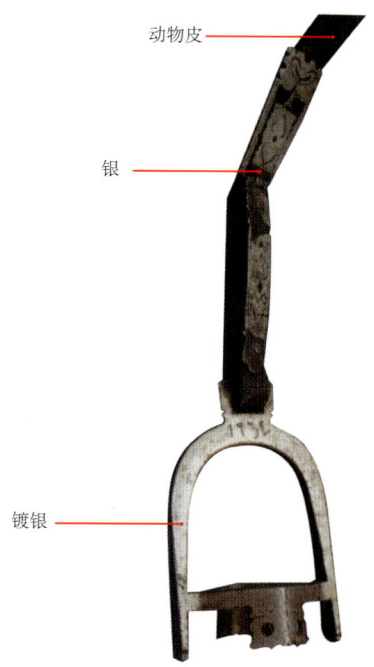

动物皮

银

镀银

图五　哈萨克族马镫材质分析图

图六　哈萨克族马镫使用情景图

哈萨克族马褡

图一 哈萨克族马褡主图

马褡是哈萨克等游牧民族中最常见的便携装物袋。人们将挂在肩上或置于腰带上的随身袋称为褡裢，将搭在马背上的旅行袋称为马褡子。

马褡的开口在中央，四底角扎穗子，两端各成一个口袋，袋口有扣襻，两端口间距为25厘米左右，便于搭到马背上，结实耐用。马褡通常50厘米宽，1米多长，有时为了旅行或喜庆节日盛装更多的东西，会制作大些。马褡的尺寸也可以搭在肩上，便于人们灵活使用。哈萨克人性格奔放，热爱装饰，他们的马褡有着各种颜色，上面编织花草纹、动物纹、几何纹等图案，搭放在马背格外显眼悦目，洋溢着哈萨克民族风情。马褡所用材料是棉麻布以及各色毛线、驼毛线。制作工艺是将各色毛线在土制织机上编织成宽带子并排缝制连接。马褡平日里主要放置一些骑马外出必需的食物或日用品，如：鼻烟壶、奶疙瘩、羊髀矢、小毯子等。

哈萨克族的马褡广泛适用于外出打猎或者迁徙时携带物品，这无疑与他们的长期游牧生活相关。哈萨克人对马褡的设计也格外用心，他们采用毛线编织马褡，这与其他民族常见的粗布缝制的马褡相比有着更为斑斓夺目的外观，虽然工艺简练，风格粗犷，但极富意趣，蕴含着哈萨克人的浓情巧思。现在马褡不仅仍作为日常生活用品使用，还被开发为旅游纪念品供游人选购，其美观实用受到人们喜爱。

图片来源

图一 涂苏别克·斯拉木胡力：《哈萨克民俗文化》，新疆科学技术出版社，2009.

图二至图七 赵亭亭 制图

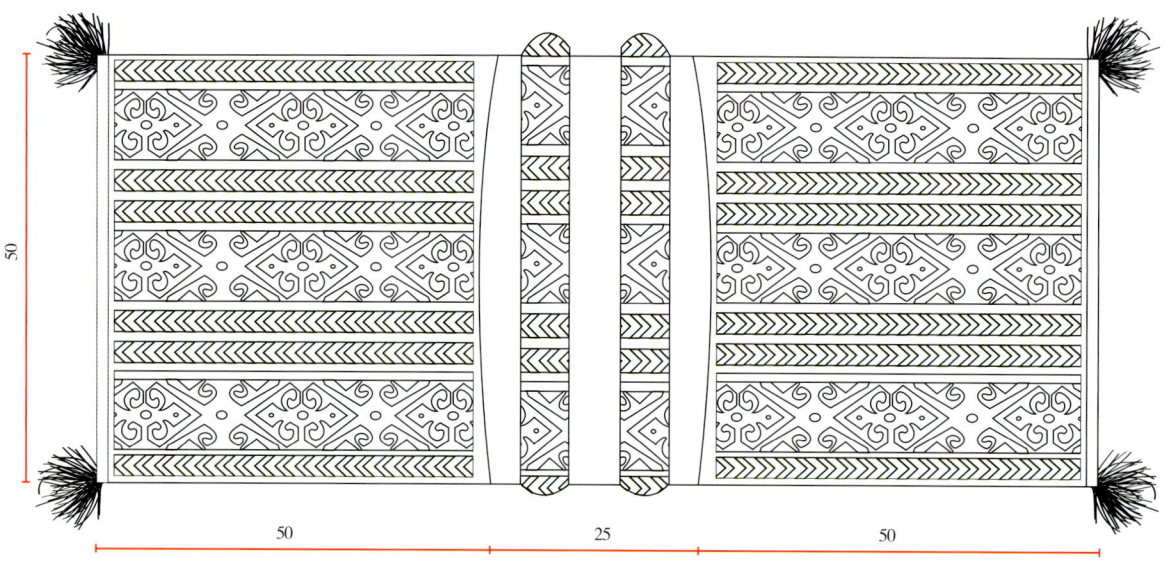

图二　哈萨克族马褡尺寸图（单位：cm）

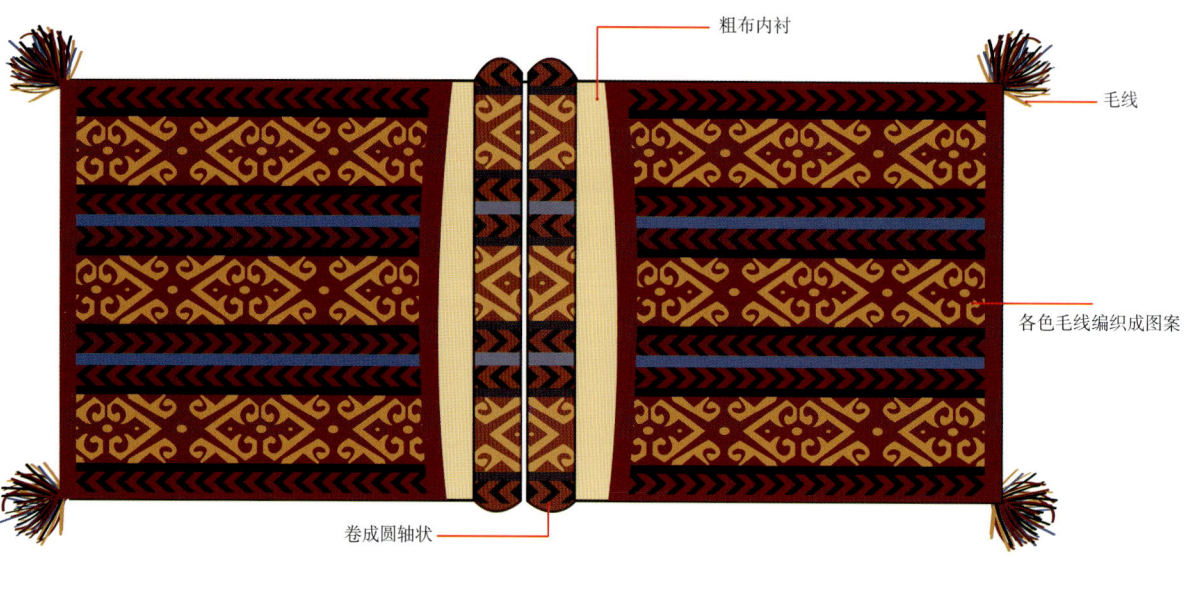

图三　哈萨克族马褡色彩、材质分析图

几何纹样

图四　哈萨克族马褡图案构成分析图

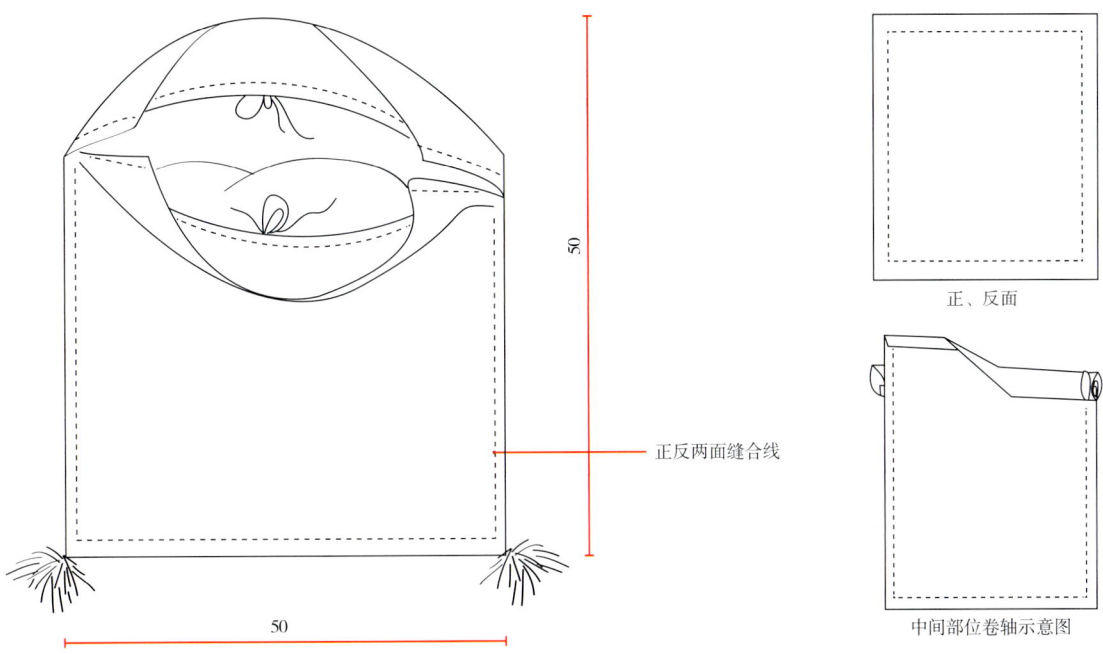

图五 哈萨克族马褡内部结构示意图（单位：cm）

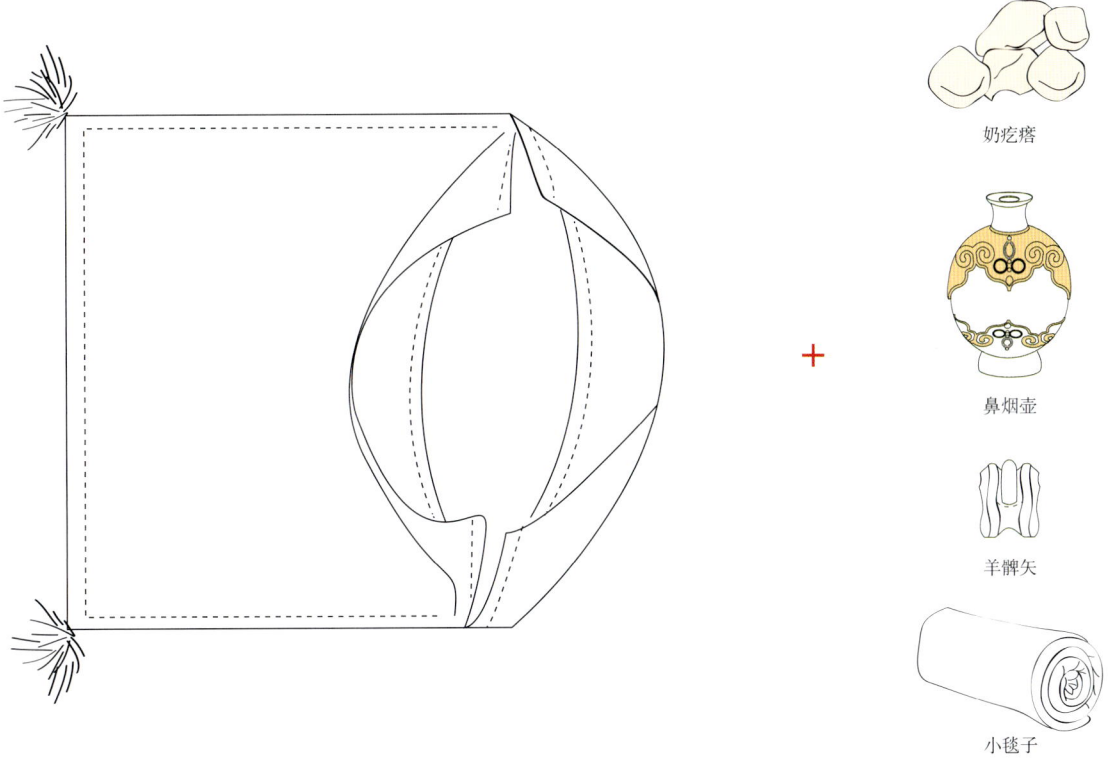

图六 哈萨克族马褡内部装物示意图

第四章 哈萨克族传统生活用具

279

图七　哈萨克族马褡使用情景图

哈萨克族马鞍

图一　哈萨克族马鞍主图

哈萨克族是一个爱马善骑的民族，转场、放牧、战事和竞技活动中都离不开骑马，因而，马鞍具对他们的生活十分重要。哈萨克族马鞍及其配具经过漫长的历史传承与发展，其制作工艺水准已非常成熟。

哈萨克族马鞍具大都用金属、木料和皮革制成。一般简易的马鞍具，前舌用粗钢筋做成椭圆形，后舌为圆形，中间垫皮革或褥垫。高级马鞍具则多为木制，前舌镟成人字形，后舌椭圆形，大都选用磨削光滑的桦木或榆木制成。有的在前后舌上还要镶嵌金属和玛瑙，并染上色彩，工艺精细，十分讲究。此外，还有的在前后舌上雕刻浮雕或漆有各种民族图案。有的用纳花法或用模具压成花纹，使其形成具有立体感的浮雕效果。还有的会镶嵌各种图案的铜片或银片，更有甚者全部用银制图案镶嵌，并在上面布局各种色彩绚丽的宝石。坐垫除了用高级灯芯绒做面外，还会使用色彩艳丽的缎面。哈萨克族马鞍有男鞍、女鞍之别，分类也十分讲究，根据形制及装饰可分为三类：木制雕刻漆画鞍、木制包皮铆钉鞍、木制包皮烤花鞍。不论哪种形制的马鞍，上面都布满了色彩艳丽的装饰图案。用铜钉排列组成的图案花纹，光彩夺目，看上去像是一件精美的工艺品。

马鞍上还会搭放手工编织的各色马褥子，与结构严谨，工艺精湛的马鞍相配，有一种和谐的美感。

哈萨克族一直生活在草原上，马鞍是其游牧文化的代表物品。两千多年前，草原上的塞种、乌孙、突厥、大月氏等哈萨克族先民就开始制造和使用马鞍及其马具，这种技艺不断交流发展，代代传承。哈萨克族马鞍不仅外观华丽、工艺精妙，而且设计也非常符合不同人群的要求，如男式鞍要比女式鞍尺寸小一些。一方面在奔跑时男式鞍会给马减轻一定的压力，另一方面，女人的臀部比男人大，且游牧及转场期间要长时间在马鞍前驮一个孩子，因此女式鞍的尺寸就相对大些。男式鞍头较小并尽量做成圆滑流线型的样式，是符合空气动力学原理的，它在形成有效保护的同时也确保了速度，在人、马之间起到稳健的固定作用。它的形式与功能，通过不同的造型深刻完美地体现出来。这也是游牧民族在马鞍制作上一直秉持的工艺造诣与文化底蕴。

图片来源

图一、图二　阿斯力汗·巴根：《哈萨克毡房文化》，新疆青少年出版社，2001.

图三、图五至图七　刘琛淼　制图

图四　牛一平　制图

图八　马小雯　制图

1. 儿童马鞍

儿童"阿夏玛依"，前低后高

2. 女用马鞍

女式马鞍前部较宽，为抵挡劲风免受伤害

3. 男用马鞍

男士马鞍头较小，做成圆滑流线型符合空气动力学原理，便于应对突发事故，在人、马之间起到固定的作用

图二　哈萨克族马鞍分类图

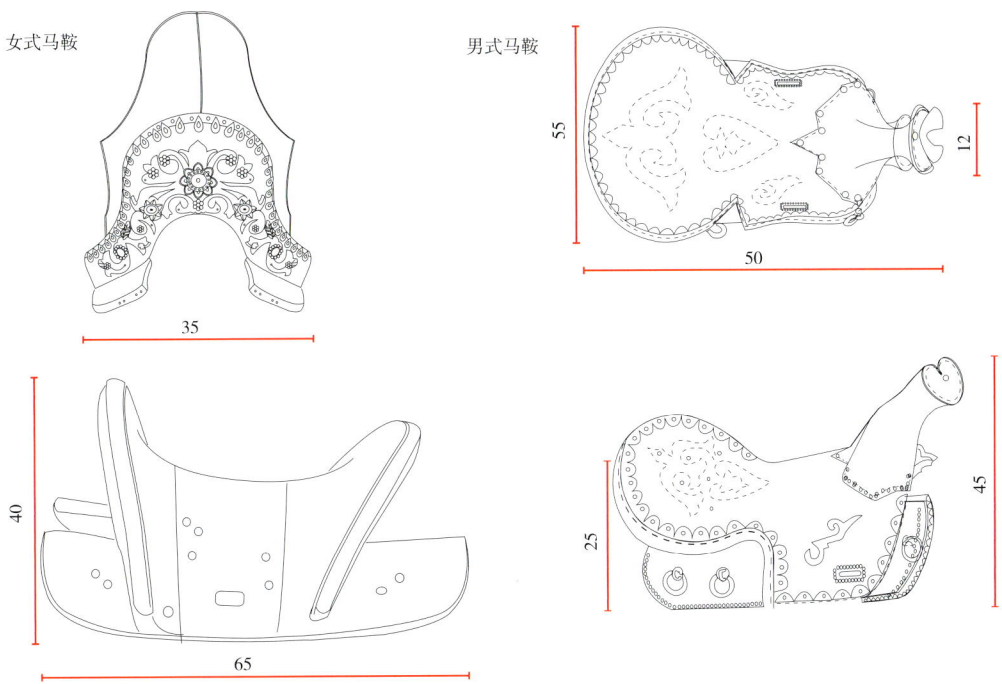

图三 哈萨克族马鞍尺寸图（单位：cm）

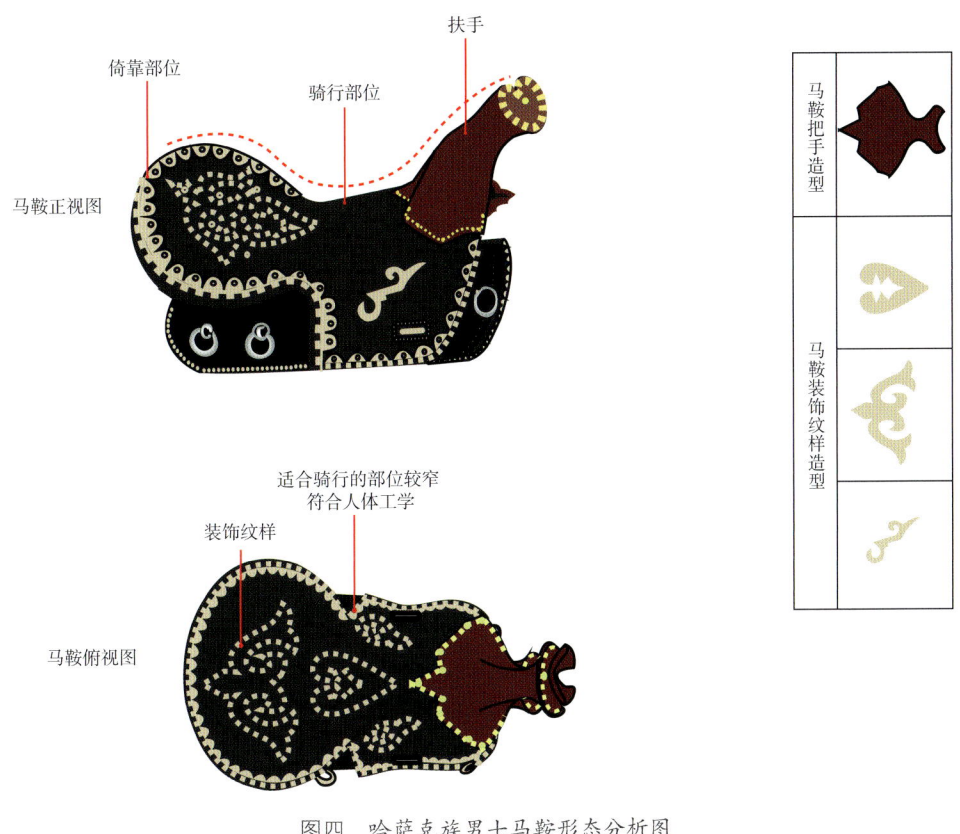

图四 哈萨克族男士马鞍形态分析图

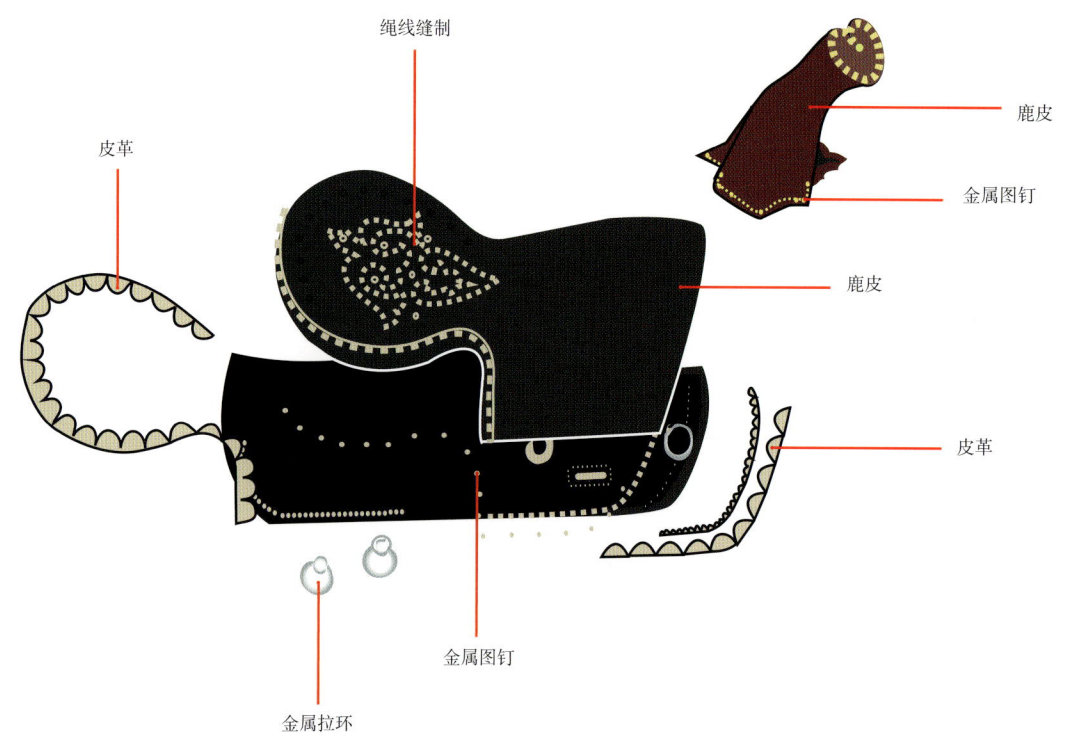

图五 哈萨克族男士马鞍解构图

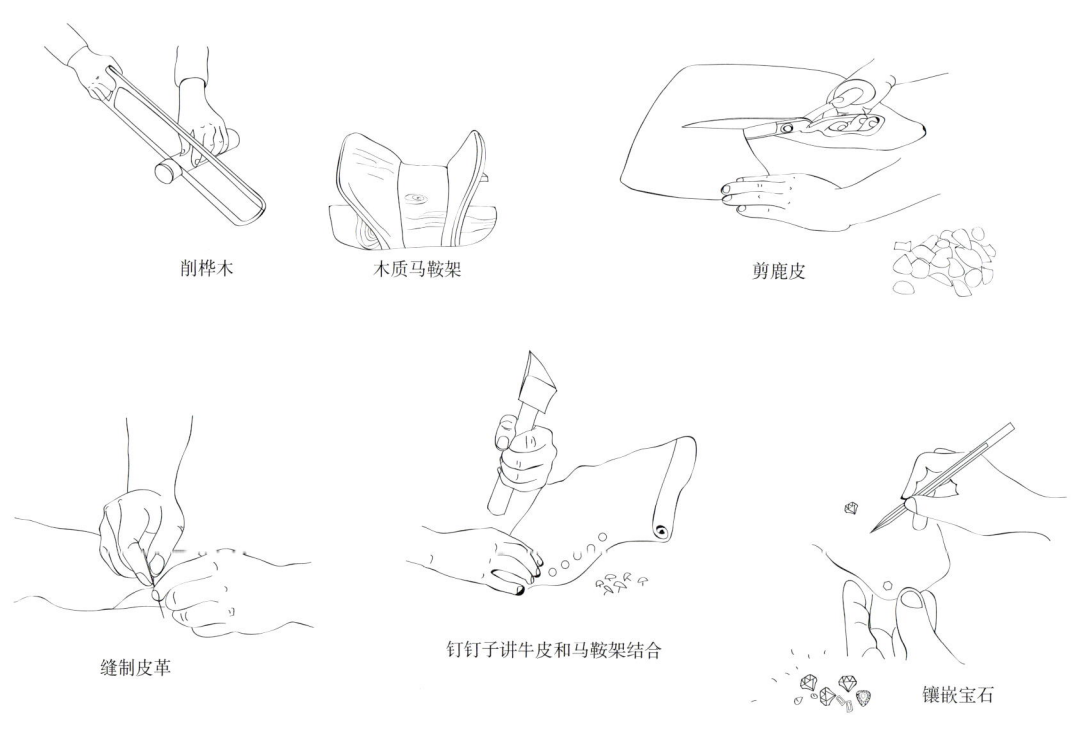

图六 哈萨克族马鞍制作过程图

| 马鞭 | 女式马鞍镶嵌 | 搭腰 | 马镫 |

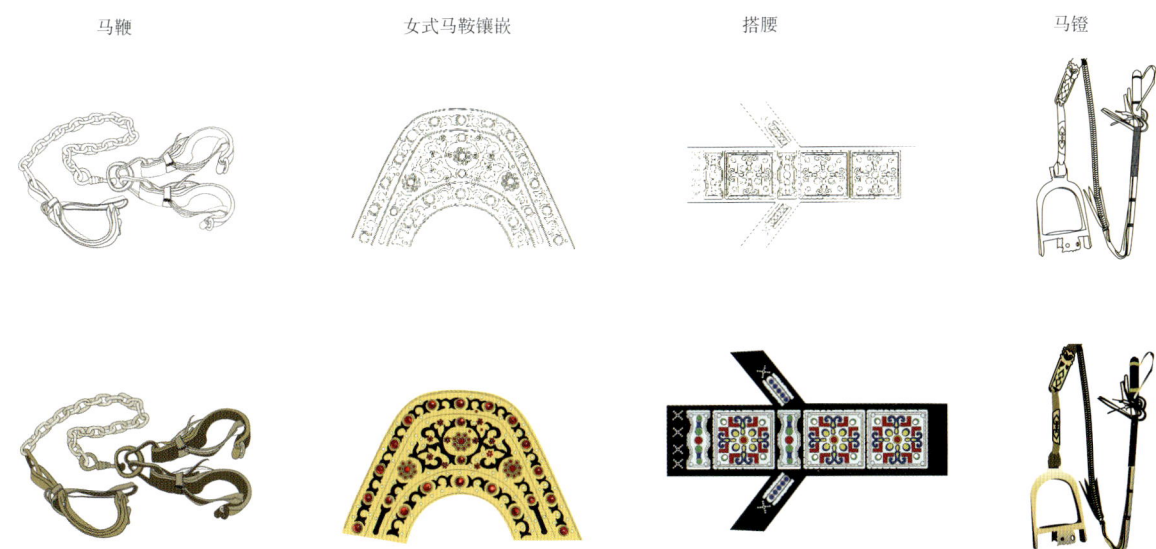

图七　哈萨克族马鞍配具示意图

图八　哈萨克族马鞍使用情景图

第四章　哈萨克族传统生活用具

哈萨克族木垒小刀

图一 哈萨克族木垒小刀主图

木垒小刀是哈萨克族男子随身佩带的兼具装饰和实用功能的传统生活用品之一，产自新疆维吾尔自治区昌吉回族自治州木垒哈萨克自治县。木垒小刀为折叠式单面刀，与新疆地区其他种类的小刀相比体积稍大，打开后全长约20厘米，折后不到12厘米，便于随身携带。哈萨克男子的皮带上有专门放置小刀的口袋。许多民族都有使用小刀的习惯，可折叠木垒小刀更是哈萨克人亲密的伙伴，大至打猎、宰牲畜，小至切馕、剃须，哈萨克人的生活都离不开小刀。

木垒小刀的刀刃多采用钨钢，钨钢硬度高，能延长刀的使用寿命。刀柄材质多为黄铜和白银，上刻哈萨克传统线条纹样，图案简洁大方，刀柄也有用牛角材质，但牛角柄的小刀多为直柄刀，不能折叠。木垒小刀刀刃与刀柄的长度比例约为1∶1.2，刀柄较长，便于手握受力时不打转，刀刃宽且薄，利于切割肉食。为了保护小刀，不使用时也可以将刀放入皮制压花的刀鞘中。哈萨克人主要用木垒小刀剥兽皮和切肉，所以木垒小刀在设计上与一般小刀有所不同。首先刀尖较为平滑，这样不易刺穿兽皮，保持了兽皮的完整性；拉割面的弧度较圆，易于打磨；刀刃与刀柄距离较近，便于握刀和用力，保证了切割的准确性和安全性。切肉时手上油脂较多，刀背上的开刀槽可以让人轻松打开刀具，不至于打滑；切割区域较为平直，可以将肉切成薄片且不破坏肉的纤维。

木垒小刀从炼钢到雕花，都需要经验丰富的匠人手工制作，虽然许多传统手工艺都淡出了人们的视线，但现今制作小刀的匠人对小刀的制作工序进行了改良，在一定程度上增加了小刀的产量。现在大多数哈萨克牧民开始过定居或半定居的生活，但小刀的使用并没有因此减少，每当节日来临，人们会买上几把小刀，或自己使用，或赠予朋友，木垒小刀已经成为哈萨克族的文化符号。木垒小刀最大的设计特色便是通过折叠增加了小刀的安全性，在日常使用中降低了小刀对使用者造成伤害的可能性，体现了其人性化的特点。

图片来源
图一至图三、图六　马小雯　制图
图四　马小雯　摄影
图五　叶尔哈利·哈那西耶夫　摄影

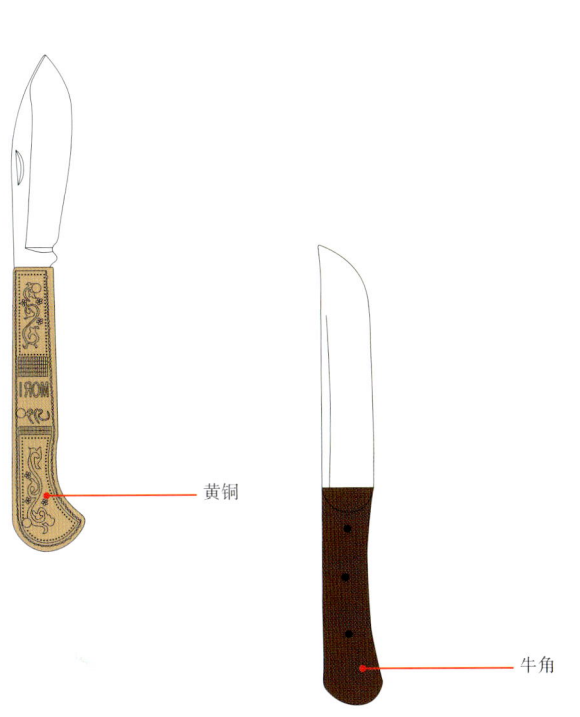

图二　哈萨克族木垒小刀材质分析图

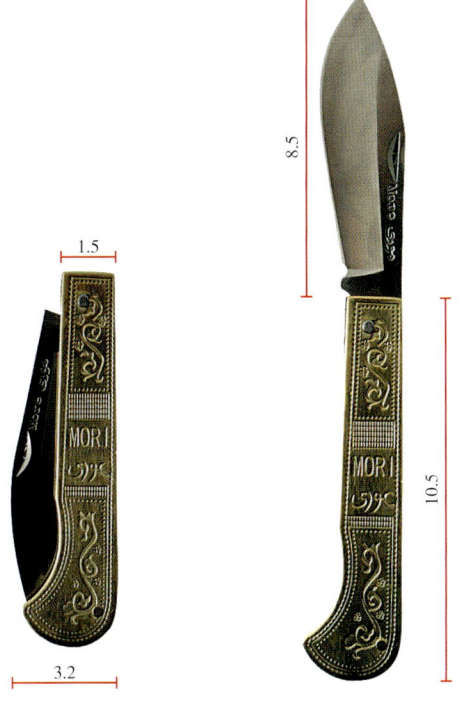

木垒小刀

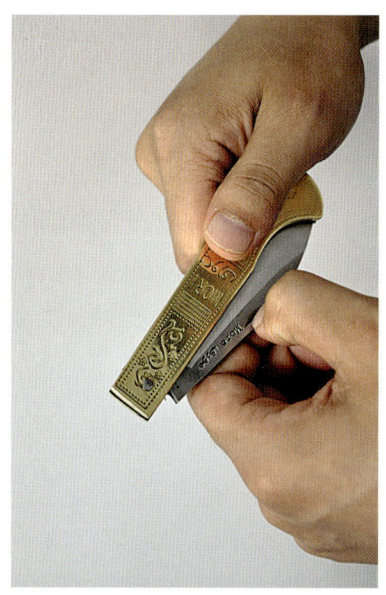 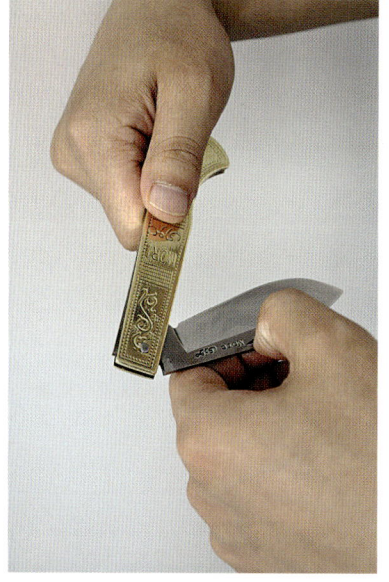 

图四　哈萨克族木垒小刀使用方式示意图

图五　哈萨克族木垒小刀使用情景图

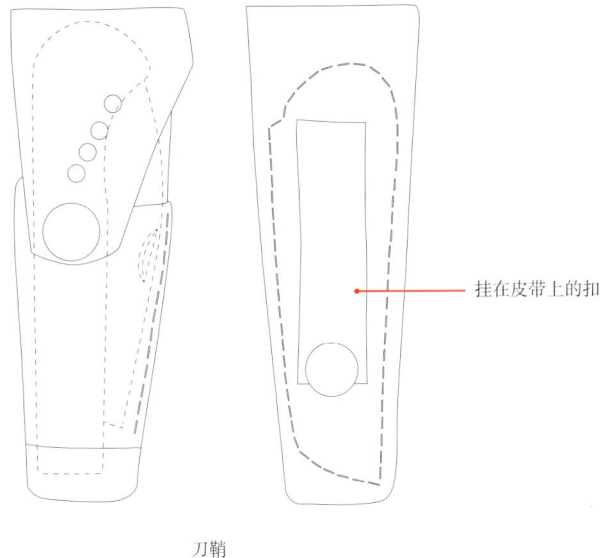

刀鞘

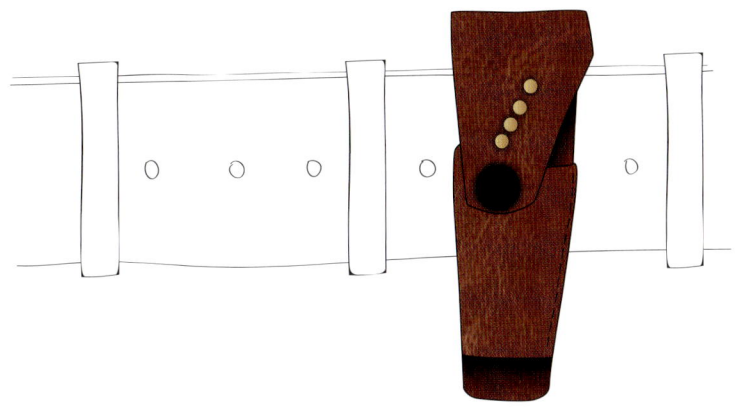

图六　哈萨克族木垒小刀携带示意图

哈萨克族马鞭

图一 哈萨克族马鞭主图

哈萨克语称马鞭为"喀姆齐",最先为驾驭马匹使用,而后演变为具有审美价值的民族手工艺品。在哈萨克人居住的每个村落里都会有专门制作马鞭的民间艺人。马鞭形态各异,主要区别在于鞭柄部位,长短不一,种类很多,大约有20种。有的用红柳木或牛、羊角做把柄,上面还镶嵌金属条,并组成图案,显得精美;有的在中间镶铁棍,鞭柄与鞭的连接处有一串串铁环,十分别致;有的马鞭中还藏有一把刀,刀柄就是马鞭的把柄,把柄上雕镂有花纹,并镶嵌有金属品和有机玻璃等装饰品,显得富丽。

马鞭主要分为鞭柄和鞭两个部分。鞭柄的质地主要有皮柄、木柄、铁柄以及金属皮革混合柄。好的革柄马鞭从把手到鞭子全部是用一张牛皮编成,既柔软又结实。马鞭在鞭把中间常用黄铜丝缠绕几圈,在美观的同时也起到固定作用。鞭主要用规则分割而成的细牛皮条编制而成,有三棱形、四棱形、圆形、六棱形等各种不同形状。编制马鞭的第一步是将牛羊皮反复揉搓,使之柔软、平展。然后把皮子割成宽窄一样的细皮条,搓挤掉水分,再将细皮条用烟熏一周时间,浸入草汁。最后,在皮条上压上条纹,去掉棱角,使其光滑,鞭打时不损害动物皮肤。完成这一系列制作工序后,就可以编制马鞭了。用这样处理过的皮革编制出的物品,弹性强,色泽光滑且耐用。根据细皮条的多少编制成不同用途的鞭子,6个塔斯巴和8个塔斯巴一般常见于马鞭,12个塔斯巴主要编织放羊、放牛的鞭子。(塔斯巴即皮子细条的数目。)马鞭平时拿于手中,不用时可放置口袋或靴筒内,携带方便。马鞭对牧民来说,不仅是驱赶牲畜的工具,也是牧民身上的一件装饰品,同时也是向人们炫耀的爱物和精美的工艺品,闲暇之时可把玩欣赏。马鞭还有另一用途,在哈萨克族传统娱乐活动"姑娘追"中,姑娘们骑着骏马,手持马鞭,抽打小伙子,如果是姑娘心爱的小伙子，马鞭就会在他上空盘旋或轻轻打在他身上。关于马鞭还有一个习俗就是牧民放牧回到毡房时，要把马鞭挂在毡房外边，不准带入毡房内，特别是有长辈的毡房，这表示对人的尊重。

马鞭的产生源于游牧民族的生活方式，之后逐渐演变为具有审美功能的工艺品，而后进一步凝结成民族文化的一种符号象征。

精美的马鞭常常作为哈萨克族最具民族特色的礼物送予贵客。现在，每年哈萨克族传统运动会及阿肯弹唱会均举办马鞭展览，人们通过欣赏马鞭，潜移默化地形成民族的自豪感与自我认同。

图片来源
图一至图六　赵亭亭　制图

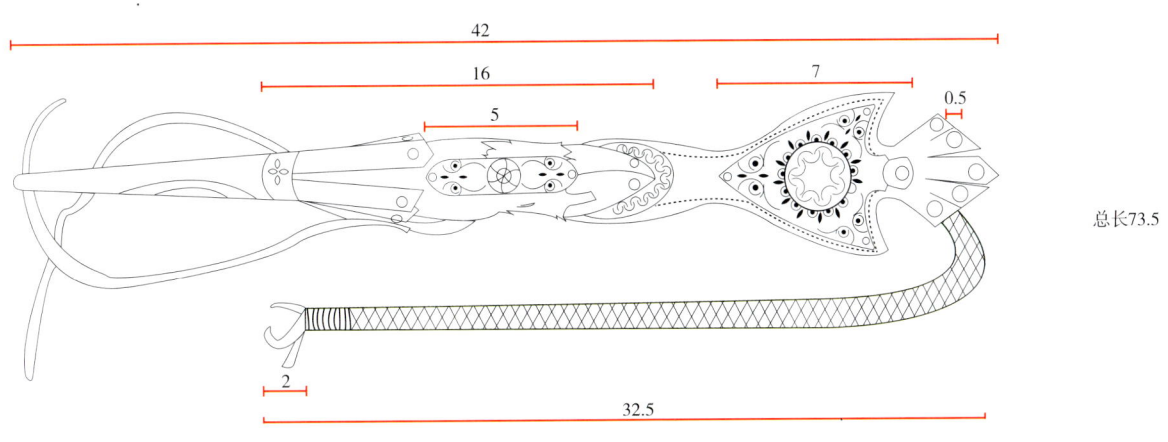

图二　哈萨克族马鞍尺寸图（单位：cm）

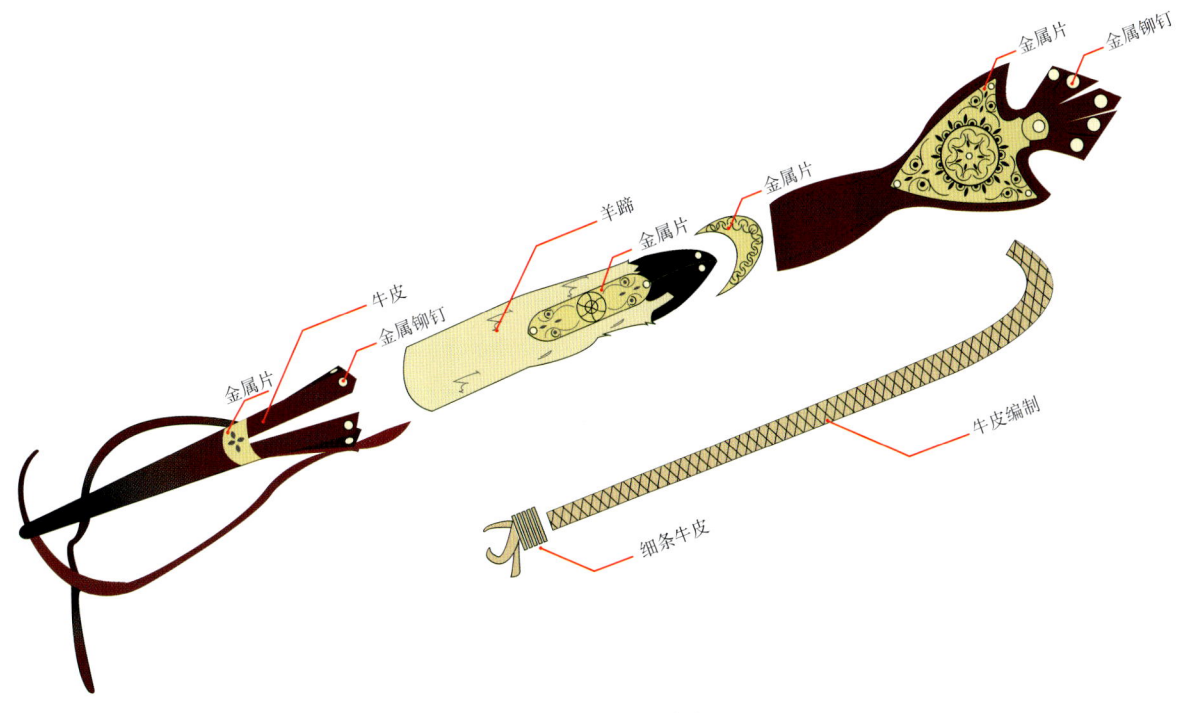

图三　哈萨克族马鞭解构图

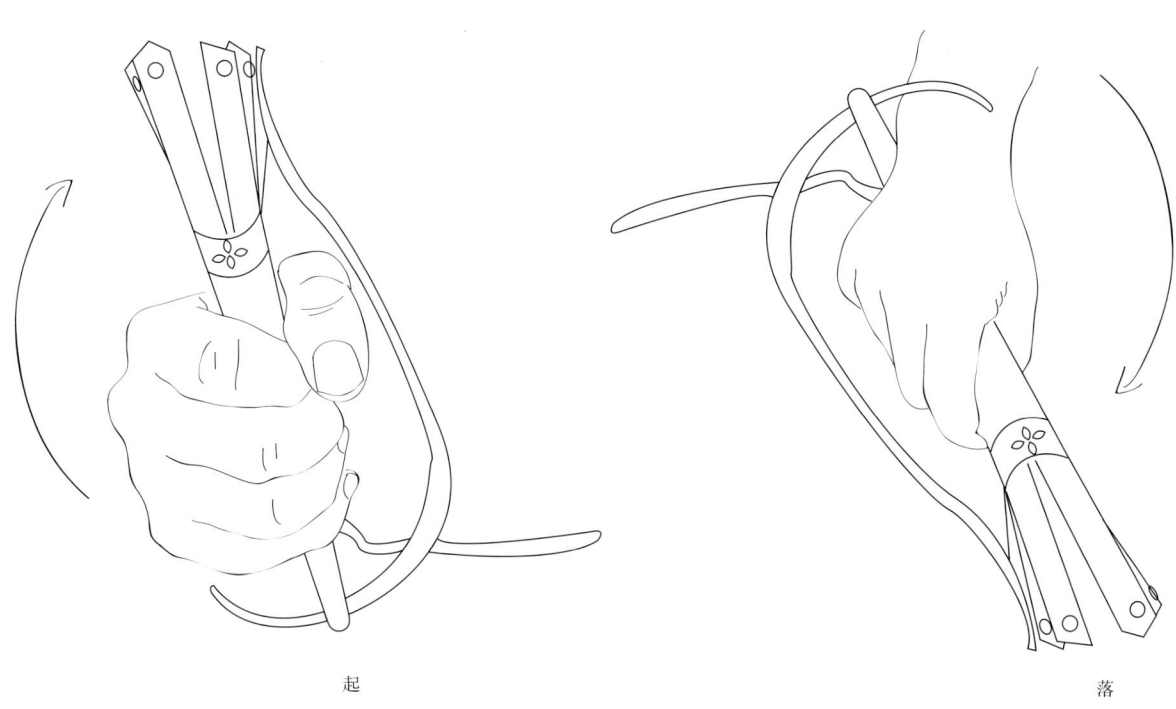

起　　　　　　　　　　　　　落

图四　哈萨克族马鞭操作分析图

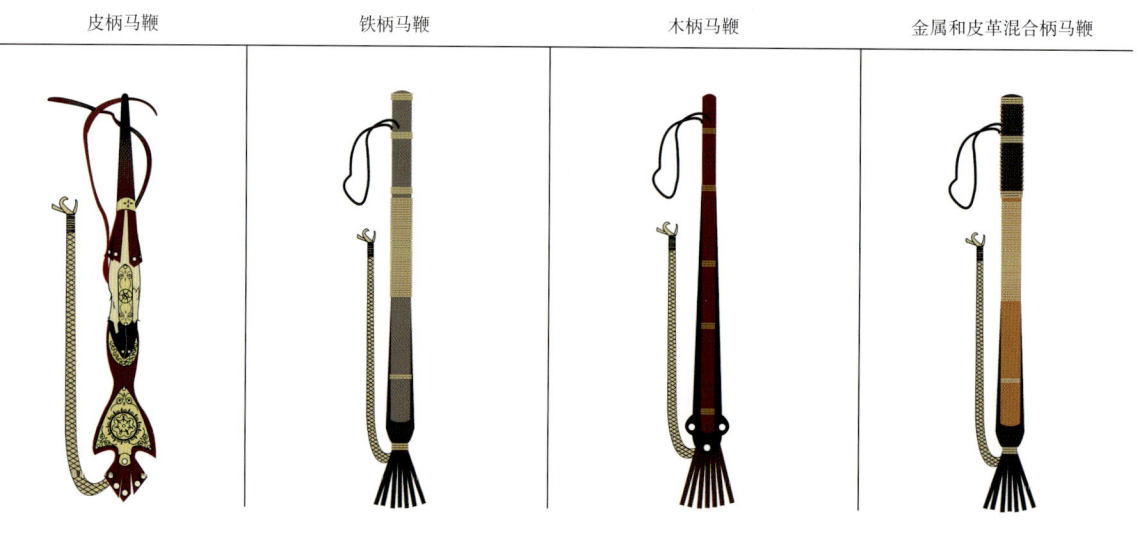

皮柄马鞭　　铁柄马鞭　　木柄马鞭　　金属和皮革混合柄马鞭

图五　哈萨克族马鞭多种样式对比图

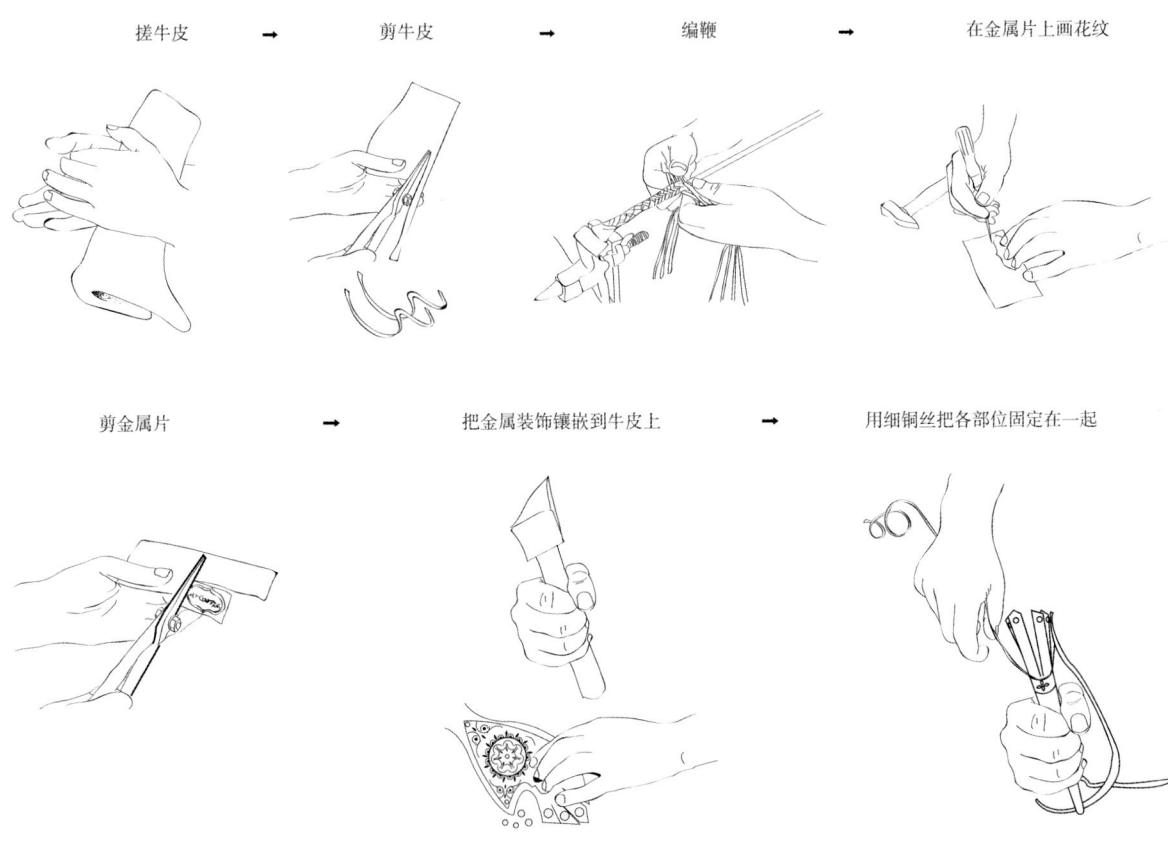

图六　哈萨克族马鞭制作工艺分析图

哈萨克族挂毯

图一　哈萨克族挂毯主图

挂毯，又称作"壁毯"，哈萨克人称之为"克列木"。制作挂毯的原料和方法与地毯相同，是用毡、布、棉、麻、丝等做底，羊毛做面，用刺绣或贴花装饰。哈萨克族挂毯尺寸大小不一，多呈长方形，中间部分堆满刺绣或勾绣，周围用绒布宽边装饰，装饰纹样主要以兽角、花草为主，抽象的几何纹样为辅。挂毯就是将地毯挂在毡房的墙壁上用以御寒或装饰。

制作挂毯用到的传统材料主要有羊毛、棉、麻、丝等天然纤维，现在也会用膨体腈纶等化学合成纤维，染料有植物染料乌尔丹、杏树根、葡萄干、青核桃皮、桑树皮、橡树皮、石榴皮、红花、茜草和矿物染料铁锈等。染色的配料有：石榴、白矾、绿矾等。制作挂毯的工具主要是编织钩与长方形绷圈。传统的编织方法主要是手工栽绒。有的挂毯还辅以刺绣针法。制作挂毯的工序主要是挂经、打底、编织、编穗、清洗、整型、平剪。哈萨克族挂毯的主体图案由大小不同的菱形、圆形组成井字或米字格，中间填以各种花卉纹样，周围织以数层边纹和角隅纹样。挂毯的色彩运用同类色或对比色，装饰强烈、繁而不乱，充满浓郁的草原气息。挂毯具有御寒、隔音、吸噪、恒温功能，并常挂在毡房的墙壁上进行墙体装饰。

挂毯作为毡房室内装饰品，是游牧民族传统生活方式的一般产物，不仅在哈萨克族毡房内使用，其他少数民族如蒙古族、维吾尔族也用挂毯装饰室内空间。哈萨克族挂毯的图案和色彩深受东西方文化影响，其工艺与其他民族相比毫不逊色，丰富的图案、柔美的色泽及精细的做工带给人们艺术享受和精神愉悦，现在不仅用于礼堂、酒店等空间装饰，还具有一定收藏价值，对现代染纺设计也有启发价值。

图片来源

图一　Fotoe 网 10879543
图二至图七　徐林　制图

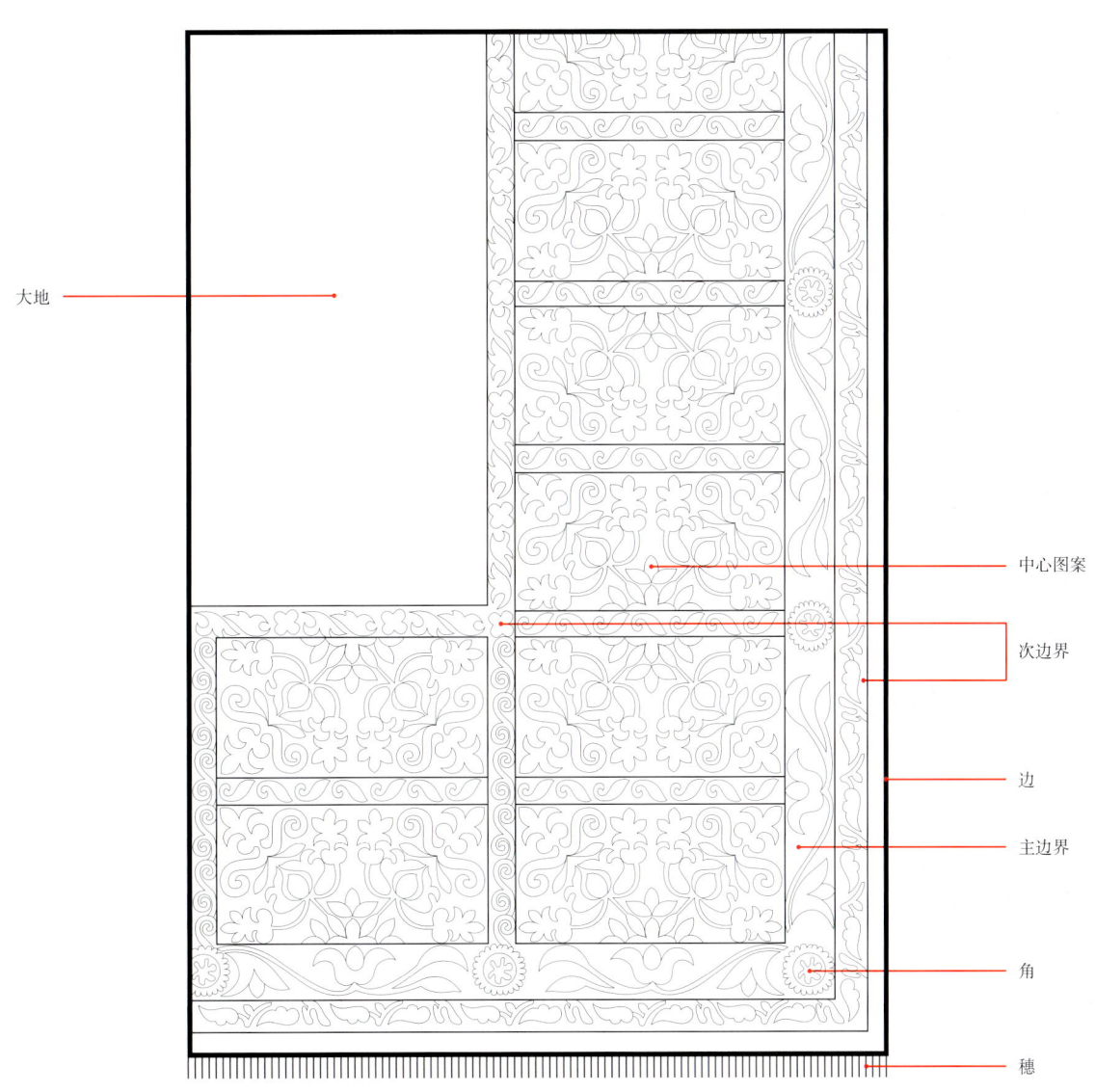

图二　哈萨克族挂毯图案构成分析图

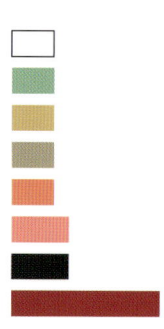

紫色底紫彩色花红边

图三 哈萨克族挂毯图案色彩分析图

材质分类			材质特点
★羊毛	羊毛		毛质细密/弹性/无静电 防尘/阻燃/吸音 保暖/脚感舒适 图案精美 色泽典雅 不易老化
混纺纤维	羊毛/尼龙 羊毛/黏胶 羊毛/腈纶 羊毛/涤纶 羊毛/黄麻		耐磨性强 防静电/吸尘 不易腐蚀 保温/耐磨/抗虫蛀/强度高
化纤	尼龙纤维（锦纶） 聚丙烯纤维（丙纶） 聚丙烯腈纤维（腈纶） 聚酯纤维（涤纶） 定型丝 PTT		耐磨性强 不易腐蚀 不易霉变

图四　哈萨克族挂毯材质分析图

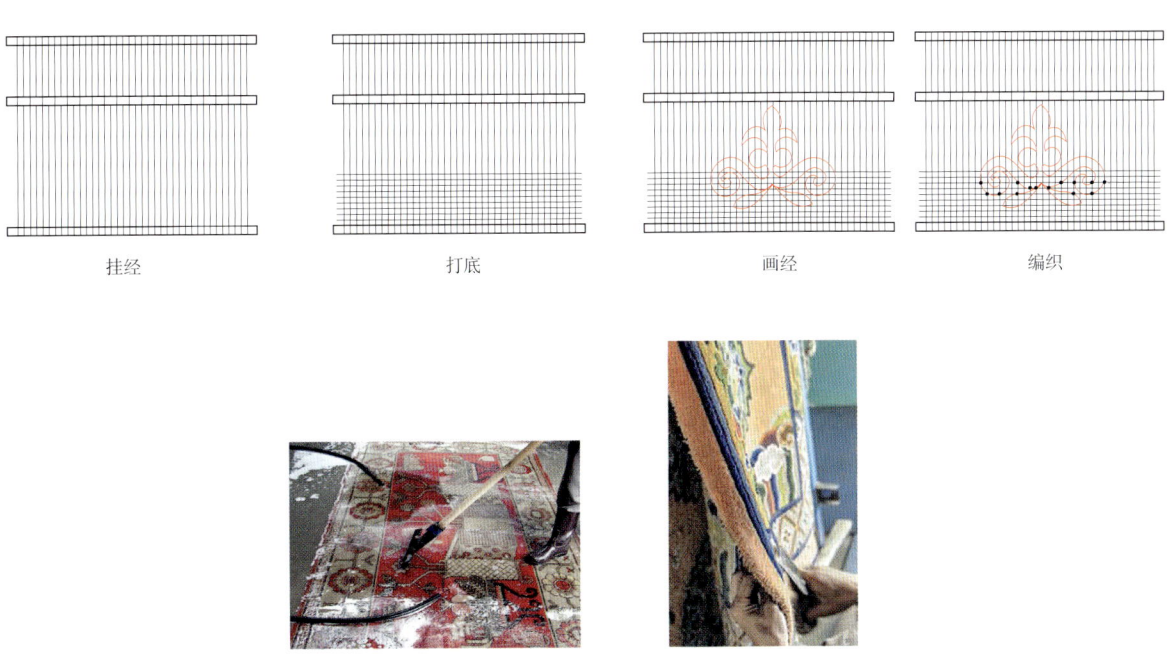

图五　哈萨克族挂毯制作过程图

第四章　哈萨克族传统生活用具

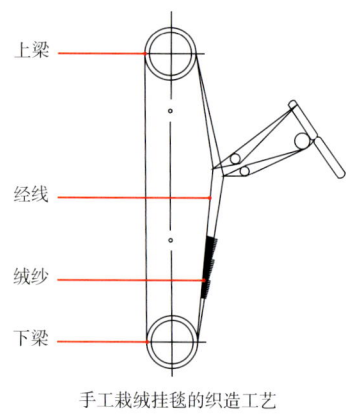
手工栽绒挂毯的织造工艺

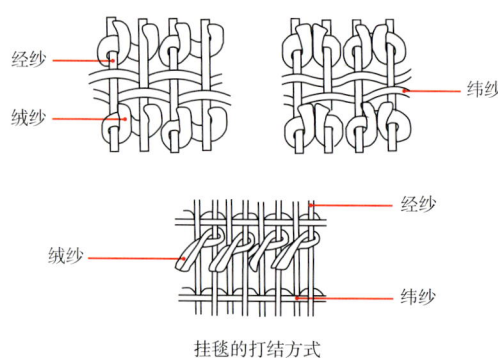
挂毯的打结方式

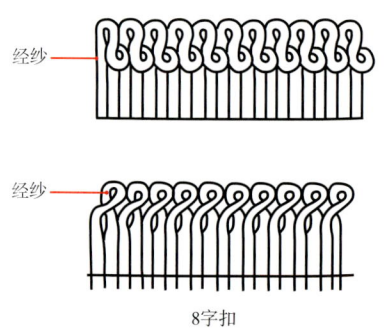
8字扣

图六 哈萨克族挂毯编织工艺分析图

梭

织机

红花

麻纤维

青核桃皮

桑树皮

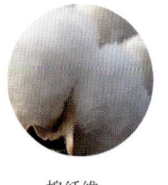
棉纤维

铁锈

羊毛

石榴皮

图七 哈萨克族挂毯材料与工具图

哈萨克族阿亚刻哈甫

图一　哈萨克族阿亚刻哈甫主图

　　阿亚刻哈甫为哈萨克族盛装生活杂物的毡口袋，是哈萨克族每个家庭中必需的生活用品，一般会挂在毡房墙壁上，能收纳用品并节约空间，还有美观之用。在迁徙时也能装载物品，便于携带。由于其具备多种日常功能，在姑娘出嫁时也成为必备嫁妆。

　　阿亚刻哈甫一般为长方形，长约50厘米，宽约40厘米，用毛线在织布机上编织成型并形成各种图案。编织完成后再用捻制的驼毛绒线将左、右、下三面缝在一起，留出上部以便做口袋，最后在口袋的左右下角用各色羊毛线做装饰穗。整体完成之后，用各色毛线编织的带子挂在毡房内的围墙上。阿亚刻哈甫的图案主要为花草纹、动物纹、几何纹等，多用几何纹样，颜色绚丽夺目，配以色彩斑斓的粗犷线条，格外悦目，极具哈萨克族特色。一般在阿亚刻哈甫里放置的杂物有：衣服、毛巾、抹布等日常生活用品。其实用美观、拿取方便、节省空间，便于迁徙携带。

阿亚刻哈甫真正实现了装饰与实用为一体，挂在毡房的墙壁上，一方面可节约空间，收纳各类日用杂物，并方便携带取用，编织工艺又使其经久耐磨；另一方面也美化了墙体，极具装饰性。在哈萨克族毡房内铺挂有各种花毡，美丽的阿亚刻哈甫搭配其中十分和谐，将毡房点缀得富有浓郁的民族特色。

图片来源

图一、图六　阿斯力汗·巴根：《哈萨克毡房文化》，新疆青少年出版社，2001.

图二至图五　赵亭亭　制图

图二　哈萨克族阿亚刻哈甫尺寸图（单位：cm）

图三　哈萨克族阿亚刻哈甫材质分析图

图四　哈萨克族阿亚刻哈甫图案构成分析图

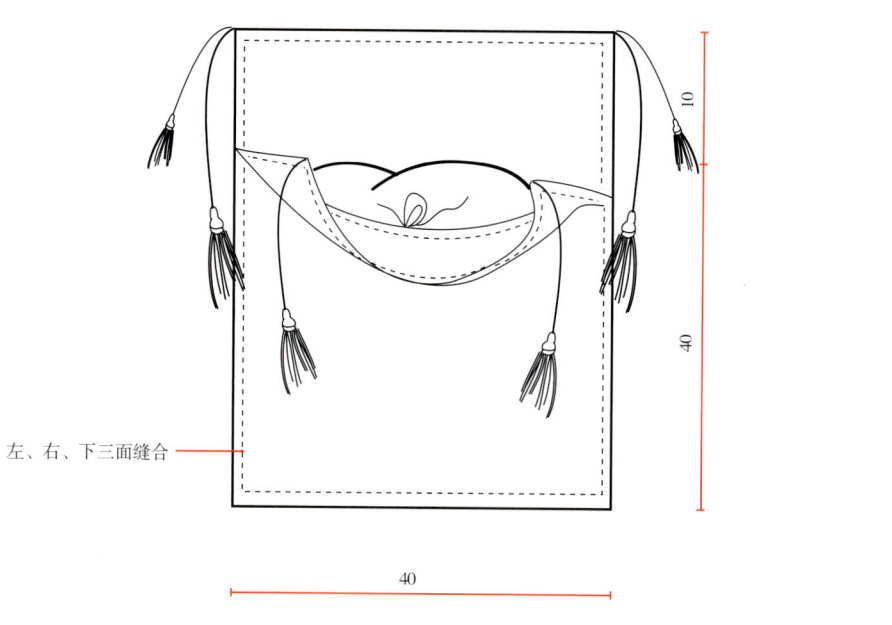
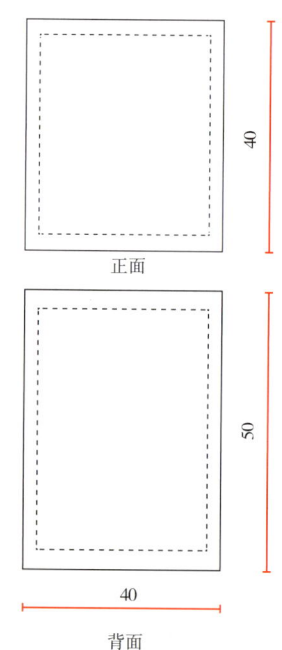

图五 哈萨克族阿亚刻哈甫袋装结构分析图（单位：cm）

图六 哈萨克族阿亚刻哈甫使用情景图

哈萨克族花毡

图一　哈萨克族花毡主图

花毡，哈萨克族语称"斯尔玛克"。"毡"是用羊、牛等动物毛经湿、热、压力的作用缩制而成的块片状材料，有很好的回弹、吸震、保温性能，常被用作铺垫和制作御寒物品。"花毡"，就是在毡上添"花"，是哈萨克族妇女运用毡贴、布贴、毡布并用和针绣等方法把纹样缝在毡上而制成。花毡尺寸大小不等，形状有圆形、长方形、正方形。花毡主要铺于毡房的地面上，通常铺多层，下面是素毡，顶层是花毡，不仅有保暖、防潮、防震的实用功能，还具有装饰美化毡房的功能。

制作花毡的原料有羊绒、羊毛线、彩色布、彩色线等。彩布和彩线基本是自纺自染，染料则取自有色植物和矿石。制作花毡所用到的工具主要有：剪刀、针线、柳树条、大张马皮或牛皮、芨芨草席、桶和蒸屉等。花毡的制作方法主要有：毡贴、布贴、毡布并用、针绣法等。花毡的制作过程分为素毡制作和擀花毡，都是手工完成的，且由于工序的繁杂，经常是多人一起制作。素毡制作首先是剪羊毛、挑羊毛，并按颜色和质地分好类，然后挑选上好的羊毛放到锅里用高温煮三四个小时后捞出来晒干，接着摊开铺在大张马皮或牛皮上。最后几个人围坐一圈，用细柳或木条打松、打匀之后，把蓬松的羊毛均匀铺在芨芨草帘上，洒上水，卷起帘子并捆扎，按毛毡大小分五到七人踏踩，一小时后展开晾晒即成毛毡。擀花毡就是在芨芨草帘上画好图案纹样，按纹样摆放各色毛条或毡条，空白处填满色毛。在其上均匀铺上弹好的底毛，均匀洒上温水，卷起帘子并用羊毛绳捆紧，套一条带子，一两人或骆驼在前面拉，四五人在后用脚踢、踩，持续两三个小时，等羊毛成毡子状后解开，除去草帘，把生毡分段卷起。再用四五人合力用手和肘使劲搓压，压好一段卷一段，直至擀制好整张毡子，使其成为熟毡，再用水冲洗掉渣滓及沙土，晾干后成为毡子。最后一步是刺绣或拼贴工艺，把毡、布剪成羊角花、鹿角花、树枝、花草等图案，再用羊毛线缝制，做成花毡。花毡多为双层，种类丰富，如：图地双关纹互换拼花毡、几何纹缝花毡、平纳绣花毡、索子绣花毡和十字绣花毡。按用途可分为火头花毡、上座花毡、床上花毡、嫁妆花毡等。花毡的装饰画面构图紧凑，多以几何纹作中心主图案，周围配以对称的羊角图案。花毡配色丰富，有红底白花纹绿边、白底黑花纹红边、雪青底红花淡绿边、绿底黄花纹红边等，色彩对比强烈、艳丽夺目、繁而不乱，充满了浓郁的草原气息。

花毡的纹样多是自然花草与抽象几何纹样，这与哈萨克族的自然天性有关。哈萨克族花毡充满手工味与人情味，完全不同于当今机械化批量生产的纺织品。花毡在哈萨克族的民俗文化中还有着一定含意，家中来客时，请客人坐于花毡之上表示尊敬和欢迎，花毡还经常作为礼品馈赠客人。虽然现在更多的哈萨克人定居于城市中，脱离了游牧生活方式，但是几乎家家户户都铺设花毡于地板上或床铺上，这是对本民族精神文化的认同与传承。

图片来源
图一　Fotoe 网 40993195
图二至图六　徐林　制图
图七、图八　阿斯力汗·巴根：《哈萨克毡房文化》，新疆青少年出版社，2001.

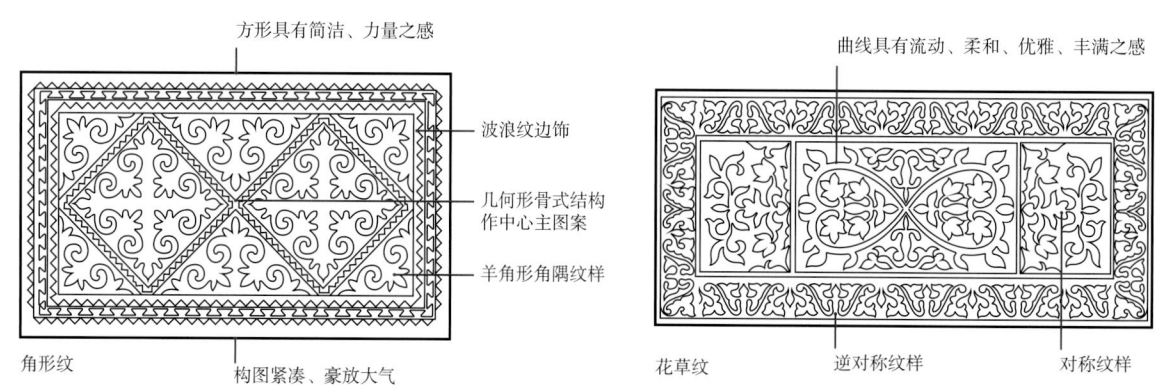

图二　哈萨克族花毡图案构成分析图

橙色底紫花蓝边

色彩具有传统象征性：
蓝色：水天之色
绿色：春天、生长
红色：太阳和温暖
白色：纯洁、快乐、真理、幸福
黄色：智慧
黑色：永恒

绿色底紫花纹红边

白、黑、红、绿等色对比强烈，红、黄、淡绿则对比柔和
色彩艳丽夺目、繁而不乱，充满了浓郁的草原气息

图三 哈萨克族花毡图案色彩分析图

剪羊毛 挑羊毛 分类

煮羊毛 晒干

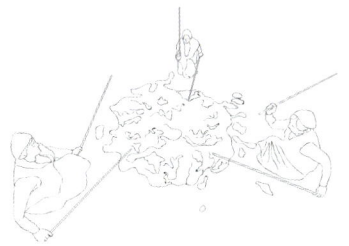
摊在皮上打松羊毛

铺于帘上洒水

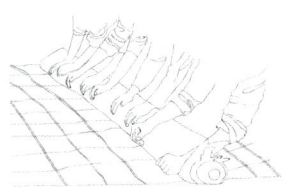
卷帘 捆扎 踩踏

晾晒

图四 哈萨克族花毡制作流程分析图——素毡制作过程

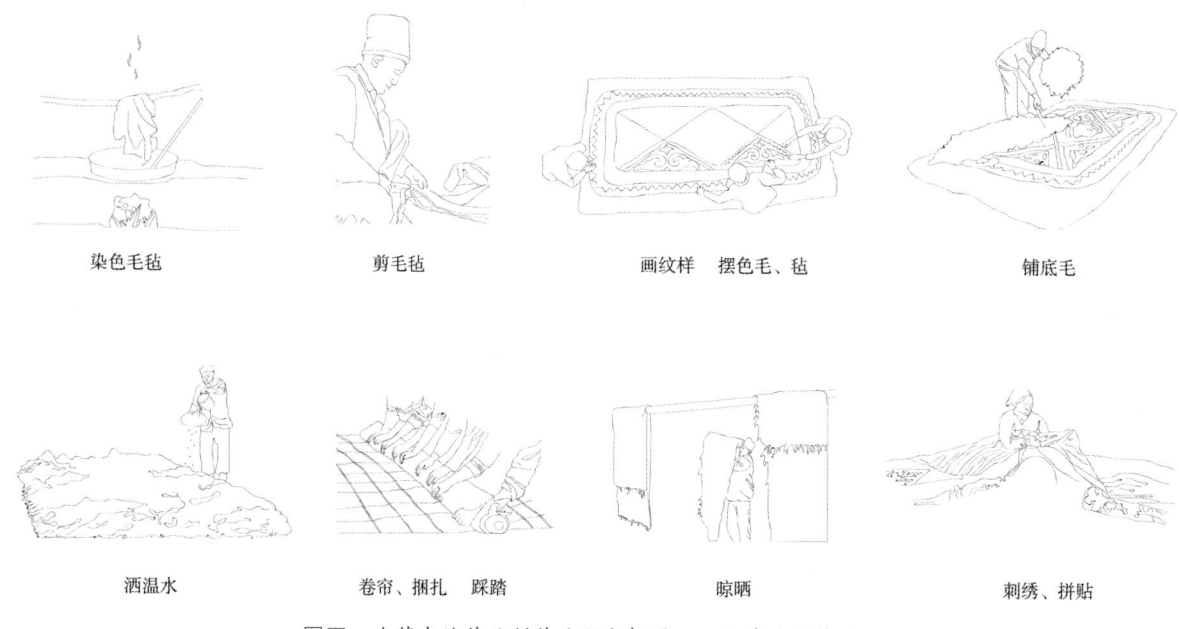

染色毛毡　　剪毛毡　　画纹样　摆色毛、毡　　铺底毛

洒温水　　卷帘、捆扎　踩踏　　晾晒　　刺绣、拼贴

图五　哈萨克族花毡制作流程分析图——擀花毡制作过程

毡贴　　色毡　　缝制在一起

布贴　　毛毡　　彩色布　　用羊毛线缝

针绣　　彩色羊毛线　　毛毡　　绣在毡子上

平针绣

索子绣

图六　哈萨克族花毡制作工艺分析图

图七 哈萨克族花毡材料、工具图

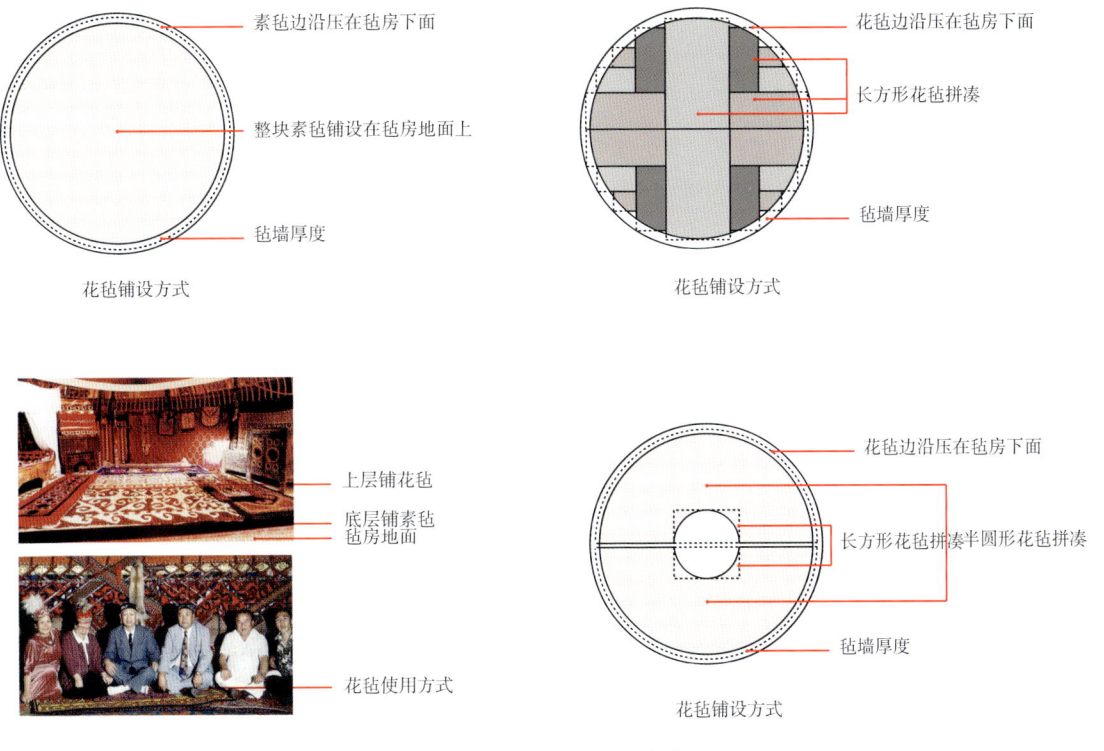

图八 哈萨克族花毡使用情景图

第四章 哈萨克族传统生活用具

307

哈萨克族达吾勒帕孜

图一　哈萨克族达吾勒帕孜主图

达吾勒帕孜，又名"小鼓"，是哈萨克一种乐鼓，可能来源于古阿拉伯军队使用的纳嘎拉鼓。传统达吾勒帕孜在历史上也用于狩猎与战争，而现在则成为一种典型乐器，用于各种赛事及庆典活动中烘托热烈的气氛。达吾勒帕孜整体呈半椭圆形，其鼓声浑厚铿锵，并有多种击奏法，是哈萨克族常用的伴奏乐器。

传统达吾勒帕孜主体由鼓身、鼓皮、三只支脚组成，另有两支鼓槌。鼓身、鼓皮组成封闭的共鸣筒。达吾勒帕孜鼓身高约30厘米，支脚高约25厘米，鼓槌长约20厘米。共鸣筒常用松木、桦树、白杨等整木挖制，或由核桃树、梨树等树种加工的木块拼接而成。鼓身由圈框固定，传统达吾勒帕孜采用木制框，之后由木框逐渐改为铜框或铁框。达吾勒帕孜的鼓面，则采用去毛的牛、骆驼或山羊皮制成，用皮条或者泡钉绷紧固定。鼓身雕刻民族图案羊角花或水草纹，或镶嵌宝石、骨片等作为装饰。鼓槌不仅用于敲击，还会用于敲擦，鼓槌材料的使用会影响其手感和音色，因而一般会采用胡桃木制成，也常使用枫木与橡木。这些木材既具有一定的柔韧性,也相对结实,便于演奏。在奏鼓时,乐者用鼓槌竞相击搋,声音铿锵有力。现在,哈萨克人在传统达吾勒帕孜的基础上发展出更多形态。有挂在胸前用双手锤击的"霍勒达吾勒帕孜",它没有三根支架支撑,基本形制为一大一小两个向内部弯曲的弧形扁圆柱组合而成。在鼓身处安上铁环,穿上一根宽约3厘米左右的绳子,以方便乐手挂在脖子上敲击。另外还有安放在鞍前的"哈尼折哈达吾勒帕孜",固定在三脚架上的"哈扎尼达吾勒帕孜"和用整木挖制,底部连在一起,两个共鸣筒之间用一根细管连通的"霍斯达吾勒帕孜"。

达吾勒帕孜是一种带有民族色彩性的打击乐器,具有丰富的表现力,传统形制由历史上的古军鼓演变而来,之后又变化出各种演奏方式、手法及差异音色的乐器变体,它也是见证哈萨克族历史变迁的目击者,从这个层面上,它的意义超出一般的演奏功能,是哈萨克悠久文化的一种象征。

图片来源
图一　努尔兰·穆哈泰:《哈萨克民间乐器集锦》,新疆科学技术出版社,2009.
图二、图四　伏涛　制图
图三、图五、图六　陈方圆　制图

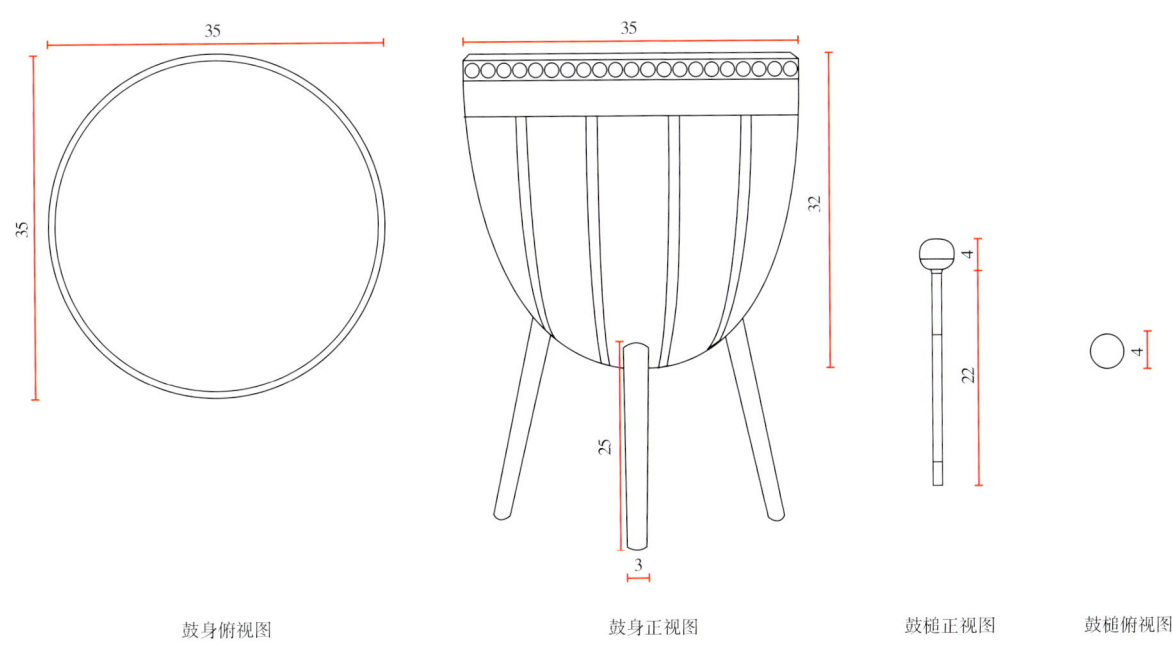

鼓身俯视图　　　鼓身正视图　　　鼓槌正视图　鼓槌俯视图

图二　哈萨克族达吾勒帕孜三视图(单位:cm)

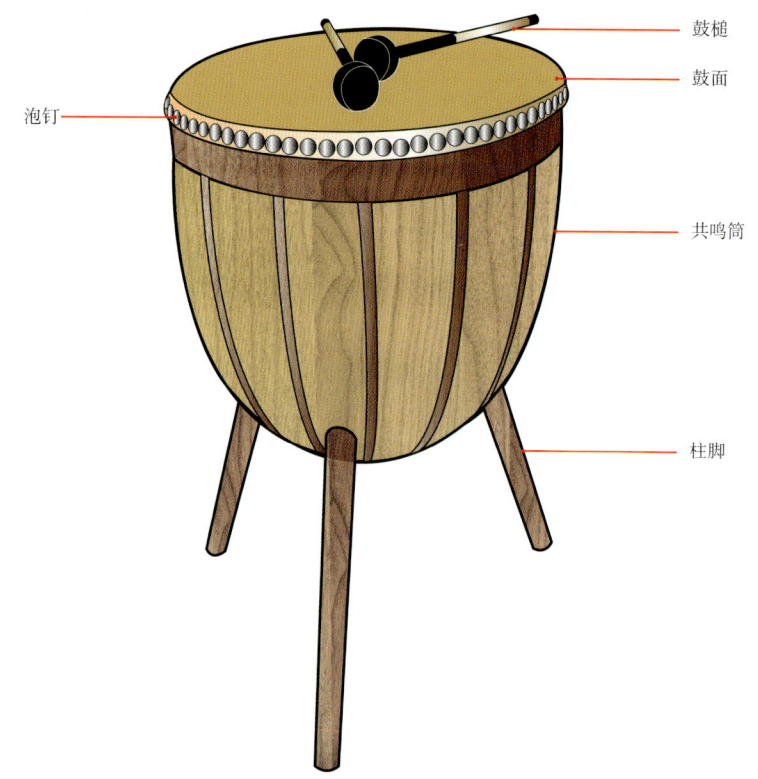

图三　哈萨克族达吾勒帕孜结构分析图

图四　哈萨克族达吾勒帕孜材质分析图

图五　哈萨克族达吾勒帕孜类别图

图六　哈萨克族达吾勒帕孜演奏示意图

第四章　哈萨克族传统生活用具

哈萨克族冬不拉

图一 哈萨克族冬不拉主图

冬不拉是哈萨克族最具代表性的民间弹拨乐器，被誉为"牧民心中的夜莺"，琴杆细长呈扁平瓢形，尺寸60厘米至90厘米不等。在哈萨克语中，"冬"指粗糙的木刻，"不拉"指张弦，也有人认为"冬"是乐器弹奏之声，"不拉"是给乐器定弦的意思。冬不拉不仅是弹奏乐曲的乐器，还是伴奏乐器。

在哈萨克民族乐器中，冬不拉是最被人熟悉、最受欢迎的乐器，甚至作为哈萨克民族的象征闻名遐迩。

哈萨克人以人体器官命名冬不拉的各个组成部分，面板叫作脸，背板是身，琴杆是脖子，琴头、弦轴是耳朵，马子和缚弦是肚脐。制作冬不拉时，先做琴杆，再做琴箱，然后粘合。琴箱由数块烤弯的木板拼合而成。木板两端窄，中间宽，拼合后方能成瓢形。粘面板之后，再在指板、共鸣箱边和弹弦处镶贴一层塑料片，即可上弦定品。现在的音品，多用塑料或铜片嵌镶而成，也有用丝弦或羊肠弦缠制的。音品安好，稍加打磨后再上漆。面板一般使用松木，还有用白松或天山上的云杉。做面板时要特别注意，木材的纹理要和琴弦平行。为防止琴弦张力让面板弯曲变形，在背面横向放一块松木音梁，将面板钉在琴腹四周即成共鸣箱。冬不拉音量不大，但音色优美。演奏冬不拉，将琴斜置于怀中，左手持琴按弦，右手弹拨。左手按弦时，多用食指和拇指，其次是中指和无名指，小指很少使用，右手主要用中指和拇指拨弦。演奏的指法是弹与挑，一般指法有一弹一挑、两弹两挑、两弹一挑、一弹两挑、连奏、拨奏等，还可演奏泛音、滑音、和音，弹用于重拍，挑用于轻拍。运用冬不拉不同的演奏技巧，能够形象地表现出草原上的各种景象。

冬不拉不仅音色优美、表现丰富，而且轻便易用，适合草原上迁徙不定的生活，故深受人们的喜爱。哈萨克民间最受欢迎的阿肯弹唱就必需配合冬不拉伴奏。冬不拉以简朴轻盈的构造，淋漓尽致地传达出草原特殊的音乐语汇，表达着哈萨克人民的悲欢离合和喜怒哀乐，因而被誉为"会说话的乐器"。

图片来源

图一至图七　刘琛淼　制图

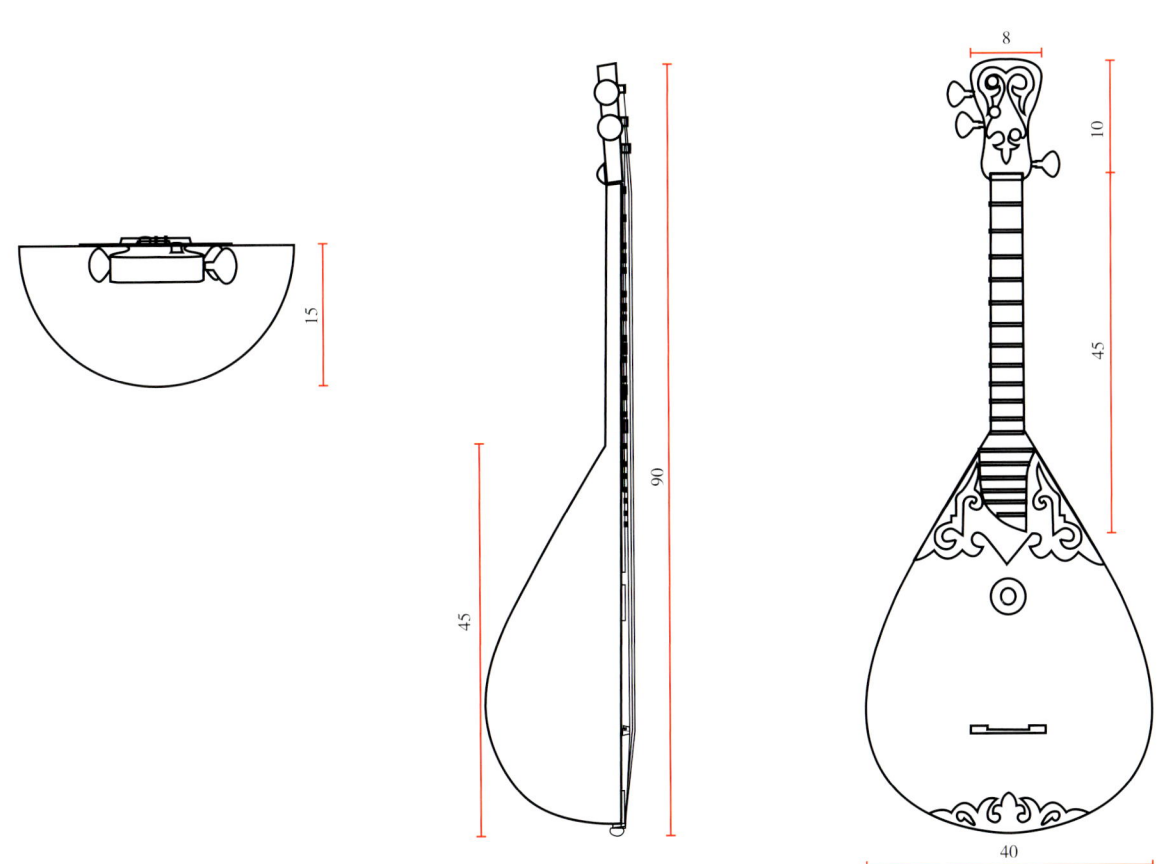

图二　哈萨克族冬不拉尺寸图（单位：cm）

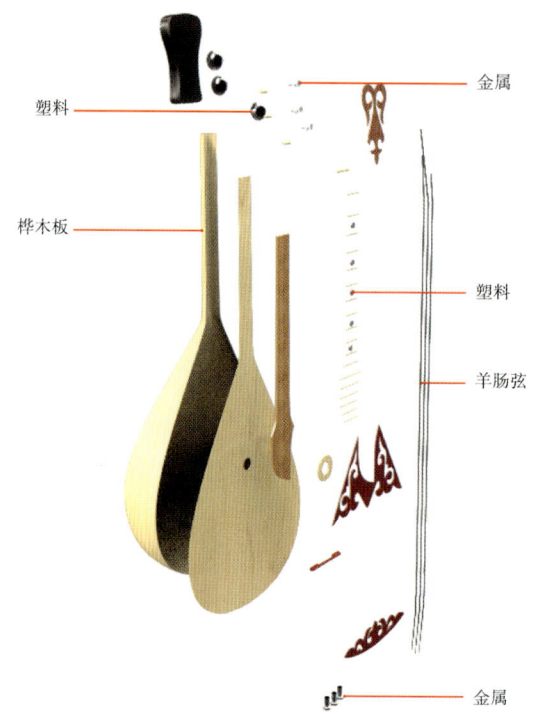

图三 哈萨克族冬不拉解构图

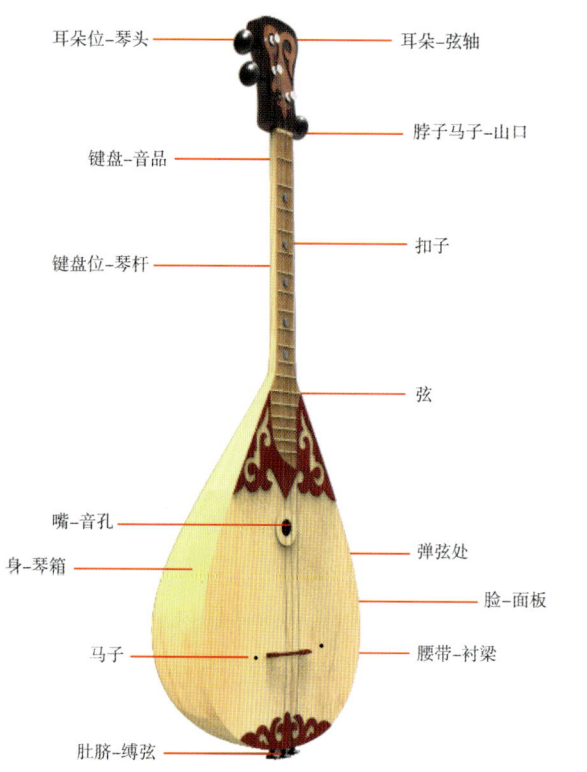

图四 哈萨克族冬不拉结构分析图

图五 哈萨克族冬不拉纹样分析图

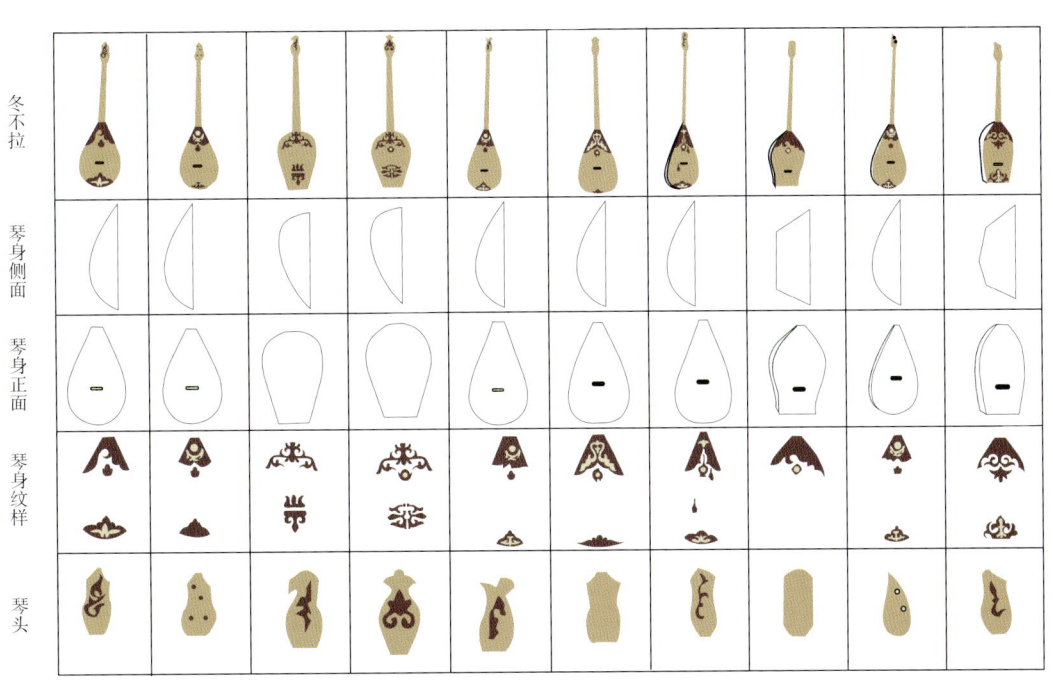

图六 哈萨克族冬不拉形制和装饰纹样对比图

第四章 哈萨克族传统生活用具

315

左手抱琴杆，右手拨弦

图七　哈萨克族冬不拉使用情景图

哈萨克族阿德尔那

图一 哈萨克族阿德尔那主图

阿德尔那意为弓箭,为哈萨克族民间流传的多弦弹拨乐器,因为与弓箭在外形上有相似之处而得名。其早期的样子较简单,在弓形木条或者雄岩羊角两端绷紧琴弦,以勾或挑等技巧来弹奏,高 1.4 米左右,宽 60 厘米。"阿德尔那"这一乐器形态反映出的正是哈萨克民族原始游牧狩猎文化。

阿德尔那由支撑的腿和弓箭形的琴身组成,琴体上雕刻着黄羊、猎鹰的图案,横亘 21 根琴弦的中梁是一只蓄势待发的箭,用来支撑琴身的木腿是羊蹄形状。过去哈萨克族的乐器都是用马尾做琴弦,但现在要找到这样长的马尾已非常困难,很多时候不得不用人造马尾作替代品。后来出现的阿德尔那品种有貌似山羊的造型。共鸣箱是从头部延伸能够触尾的弯曲笨重的角，并用皮革蒙盖。用7~13根毛线或者筋线一头固定在共鸣箱一侧，另一头在角的一侧，以调节钮来调试音调。琴弦之间保持一定的距离。演奏时可将其放置在膝盖上，以肩膀扶持，双手手指用挑或弹等技法来演奏。形似弓箭的阿德尔那，在弓和弦之间安装有共鸣箱，可以用来演奏民间乐曲或乐队合奏。

阿德尔那造型的产生与哈萨克族的历史生活状态是分不开的。自古以来狩猎都是哈萨克人赖以生存的手段，所以人们将狩猎常用的弓箭变成一种乐器，希望通过演奏达到获取猎物的生存愿望，从中可以窥见哈萨克族人民充满智慧和神奇的设计灵感。阿德尔那琴头雕刻的狼头、鹰、天鹅等也是哈萨克民族的崇拜图腾。无论造型还是图案装饰都是在述说哈萨克族的历史文化。

图片来源

图一　努尔兰·穆哈泰：《哈萨克民间乐器集锦》，新疆科学技术出版社，2009.

图二至图七　刘琛淼　制图

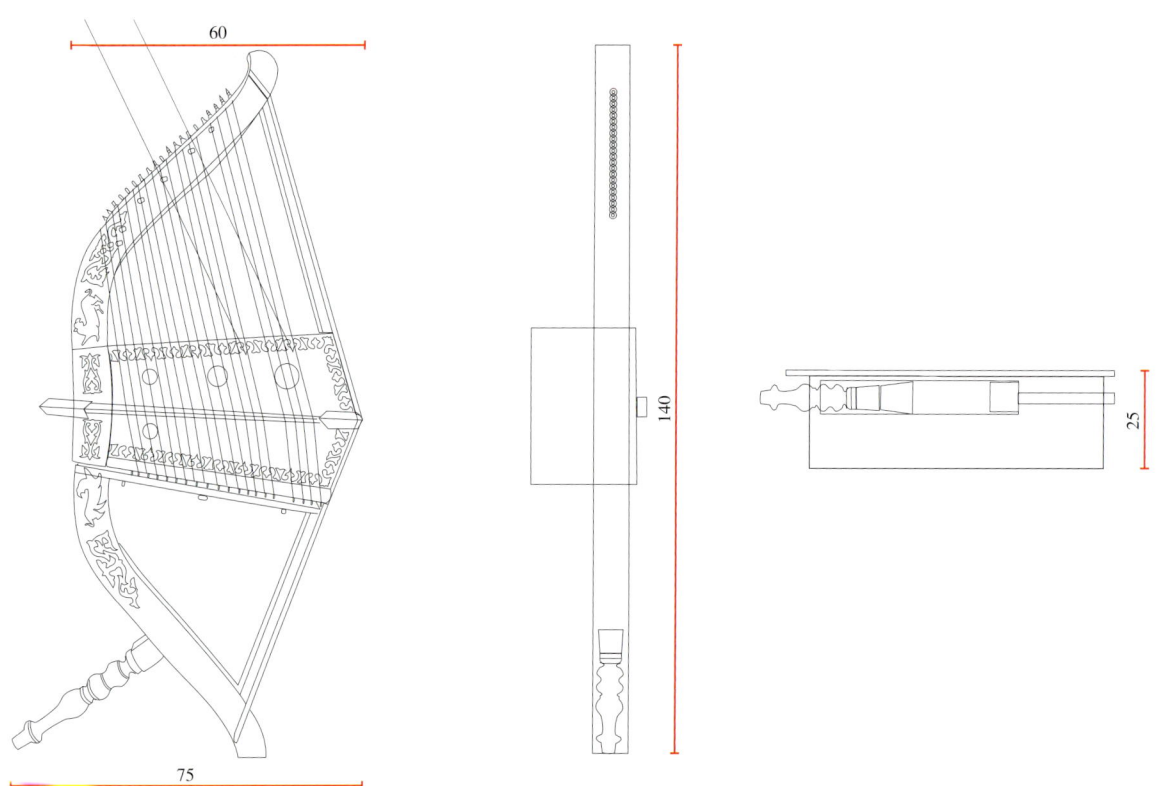

图二　哈萨克族阿德尔那尺寸图（单位：cm）

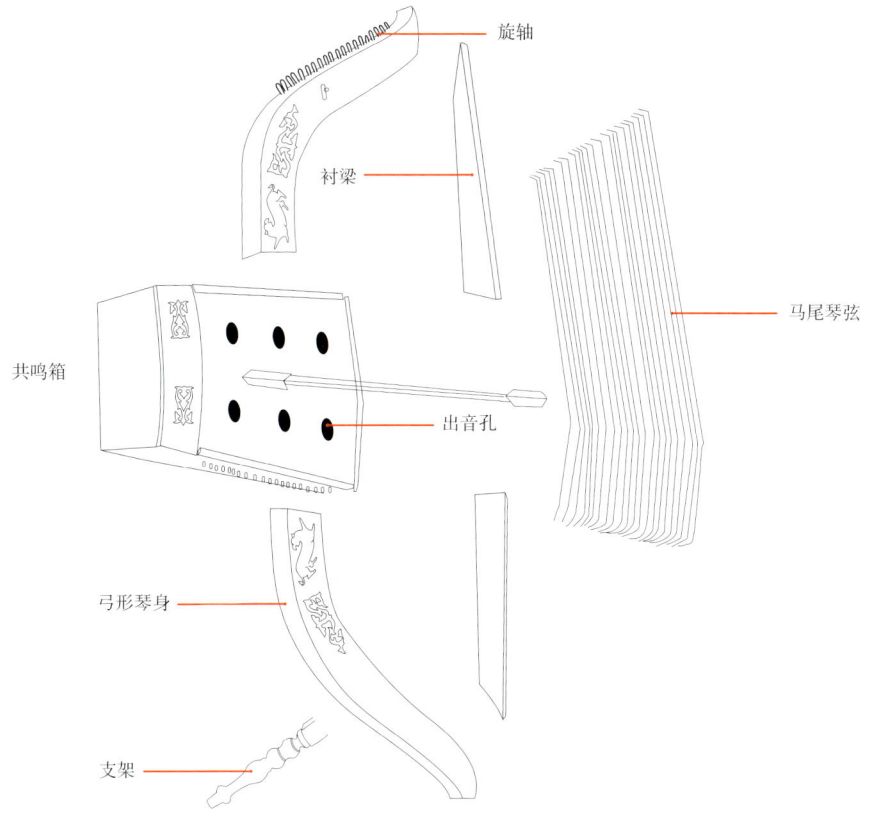

图三　哈萨克族阿德尔那解构图

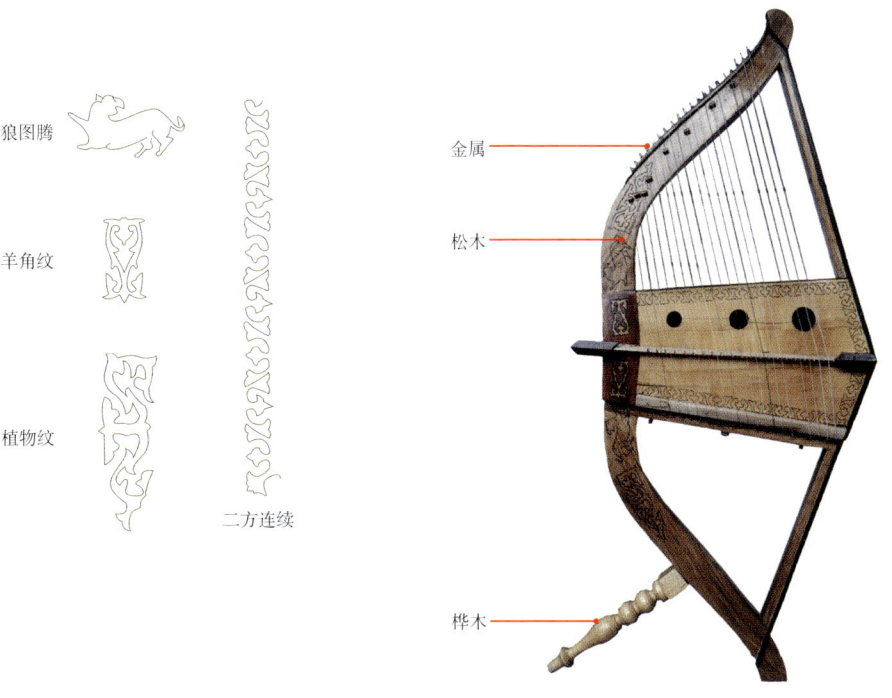

图四　哈萨克族阿德尔那材质分析图

第四章　哈萨克族传统生活用具

319

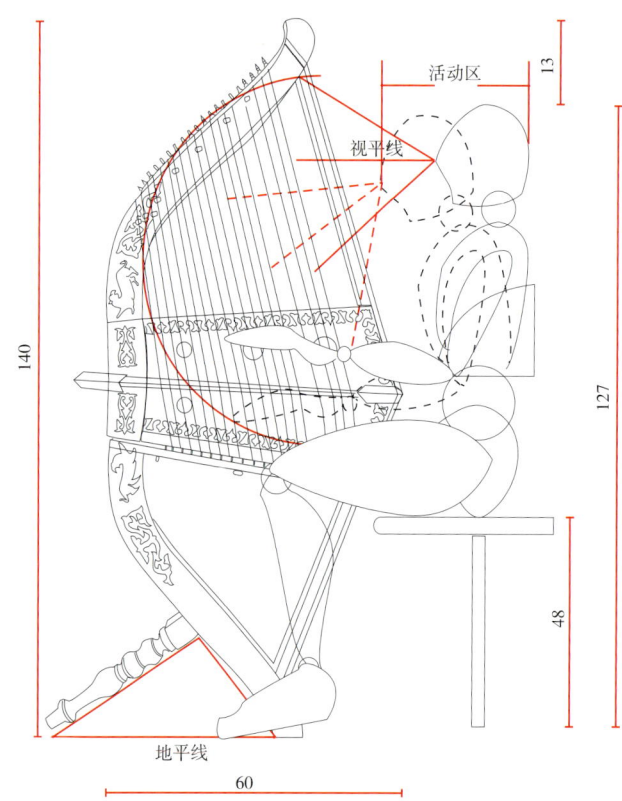

图五　哈萨克族阿德尔那人体工程分析图（单位：cm）

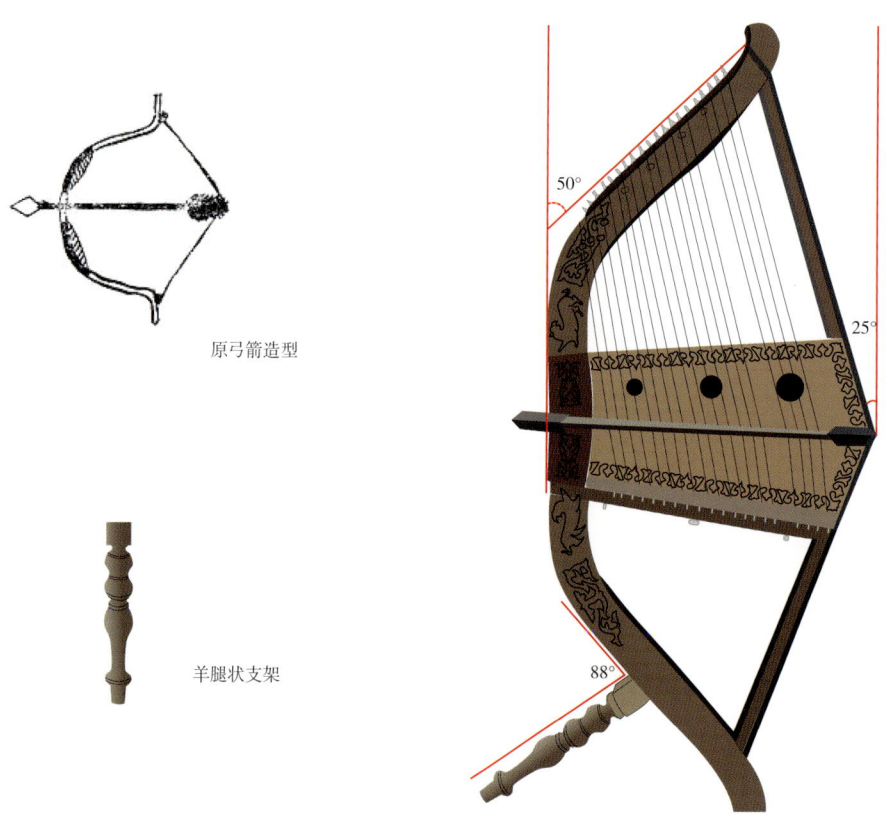

原弓箭造型

羊腿状支架

图六　哈萨克族阿德尔那形态分析图

图七　哈萨克族阿德尔那使用情景图

哈萨克族斯尔那依

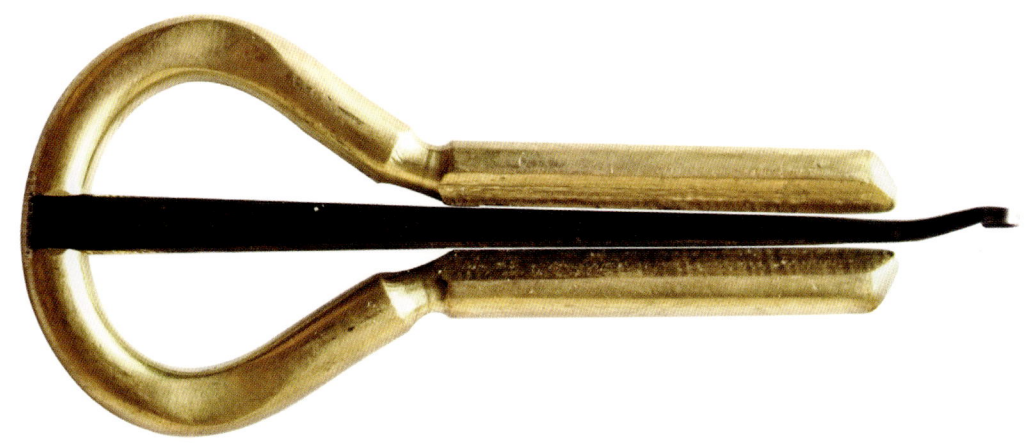

图一　哈萨克族斯尔那依主图

斯尔那依，即口弦，又称为口琴、口簧、口胡，属于簧片乐器，也是中国最小的民族乐器之一。哈萨克人称之为斯尔那依，可以用不同的材质制作。用泥制的口弦，称为"沙孜斯尔那依"；用芦苇做的口弦称为"哈木斯斯尔那依"。一般由妇女们演奏，作为闲暇时的自娱工具。口弦的尺寸没有统一标准，通长范围是4至10厘米左右，整体造型类似钳子，琴体转折中部设簧卡，嵌入簧片，簧舌尖端向上弯曲突出。可以独奏、齐奏、合奏或者为歌舞伴奏。口弦可以看出有塞种人"簧"的遗迹，其具体的出处与产生的年代目前暂无确凿的文字记载。

哈萨克目前流行的口弦多以红铜、黄铜或白银制成，形似妇女常用的钢发卡。口弦主体分为琴体、琴臂和簧片三部分，琴体和琴臂由铜丝弯曲一体成型，截取一段长约16至18厘米的铜丝，顶端呈U形弯曲，下臂向中靠拢，并留出比琴簧略宽的间隙，整体外形和钥匙相似。琴臂整体圆润光滑，两侧转折处设狭长浅凹槽，长约指尖的宽度，方便手执；由曲转直的转折部分设凹槽，长约3至5毫米，方便系绳收纳；间隙中间装有一根极其细薄的金属簧片，是主体发声器。琴簧极薄，多用黄铜制作，簧尾内嵌入琴体顶端，簧舌向上弯曲突出，尖端向内弯曲成旋涡状，既美观又保护手指。演奏时左手执琴臂，置于唇间，右手拨弹发音簧舌尖端，同时辅以口形的变化、呼吸气量大小和节奏来控制掌握音程及音量。口弦轻微而清晰的音色，给人一种窃窃私语之感，一般多为妇女演奏。口弦的振动方式比较复杂，形式上看，口弦是一端固定另一端自由的棒振动，但它们所产生的泛音与棒振动不同，与弦振动的泛音列完全一致。口弦以演奏者的口腔作为共鸣器，在簧片振动时，根据口腔的大小变化来突出某些泛音，从而构成旋律。口弦的音阶是在自然谐音系列中选取的，是一种名副其实的自然律制。口弦在奏发旋律音时，基音持续相伴，并且演奏的旋律总是双音。双音中，基音的音量相对较强，泛音的音量相对较弱，致使初听者往往较难分辨出旋律音。口弦音乐有自己的特殊音阶、特殊调式和调性关系。

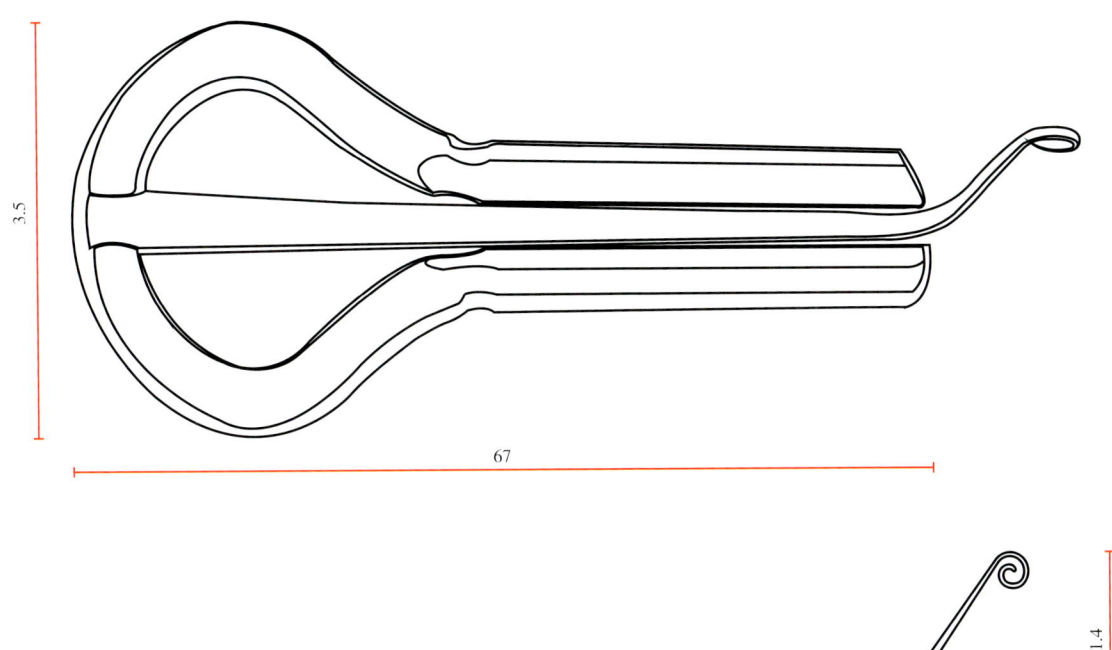

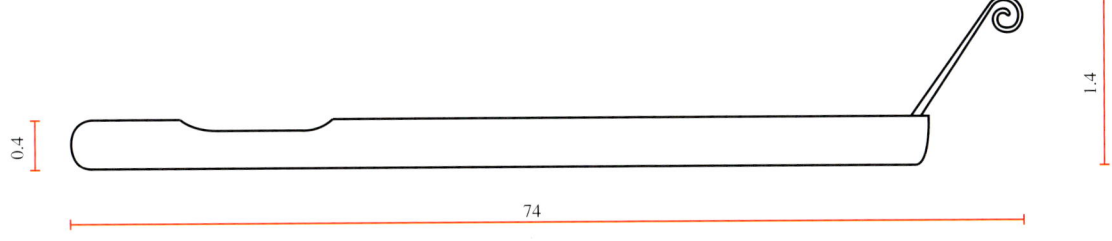

图二　哈萨克族斯尔那依尺寸图（单位：mm）

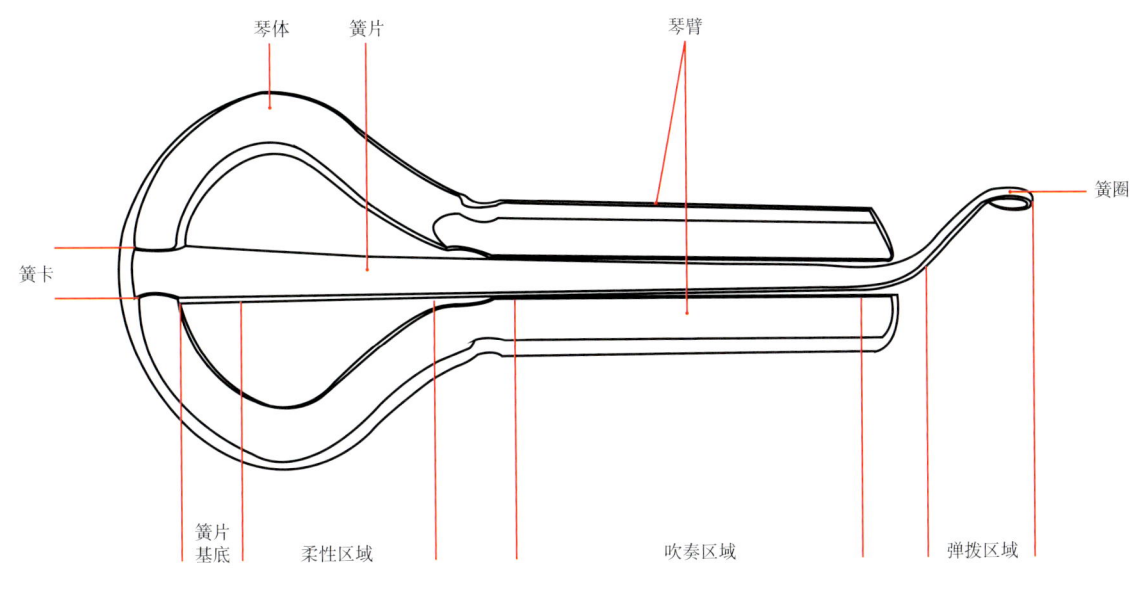

图三　哈萨克族斯尔那依结构分析图

除哈萨克族之外，我国西南、西北和东北的一些少数民族，也都流行手指弹拨的口弦，而斯尔那依不只历史悠久，而且品种多样。但是，如今斯尔那依的许多品种在我国已经失传，如泥制沙孜斯尔那依目前国内就无人能仿制出来。如何能有效地挖掘、改进和传承哈萨克族的传统乐器是摆在人们面前的难题。

图片来源

图一　晓宇音乐工坊　摄影
图二至图五、图七　伏涛　制图
图六　涂苏别克·斯拉木胡力：《哈萨克民俗文化》，新疆科学技术出版社，2009.

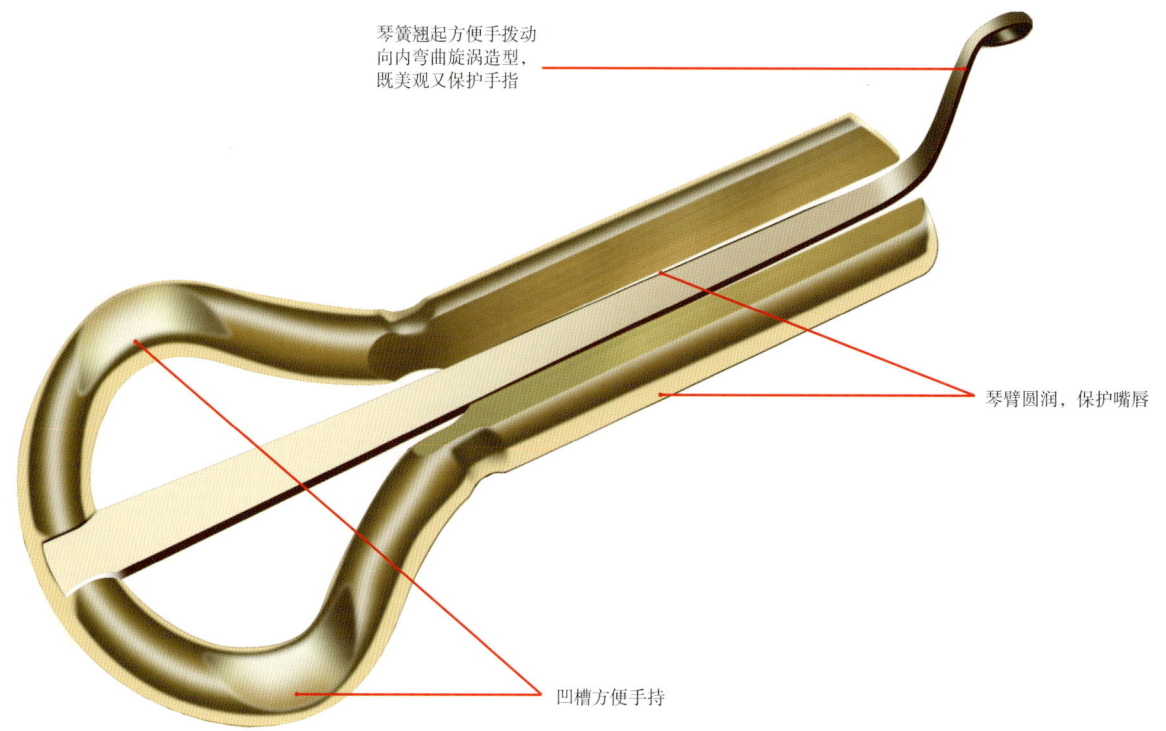

图四　哈萨克族斯尔那依造型分析图

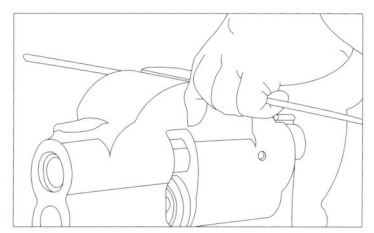
1.选取好的金属材料并固定住

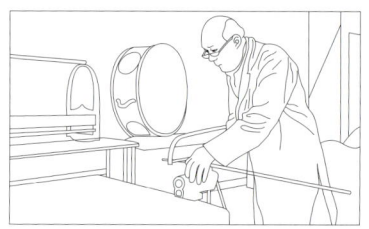
2.截取适宜的长度

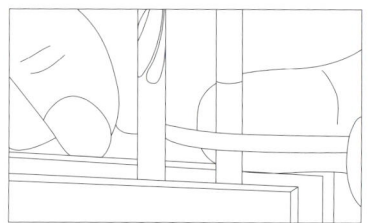
3.弯曲加工

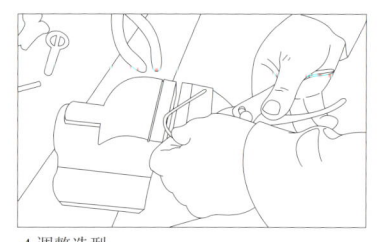
4.调整造型

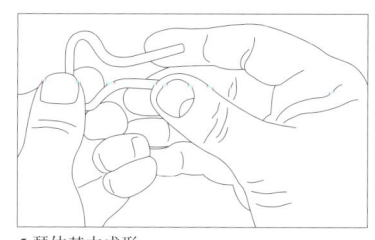
5.琴体基本成形

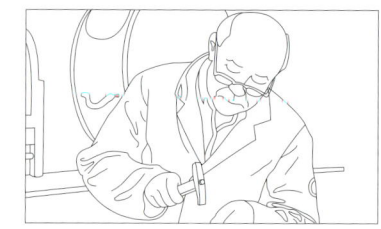
6.继续打磨

图五　哈萨克族斯尔那依制作流程图

图六 哈萨克族斯尔那依演奏方式图

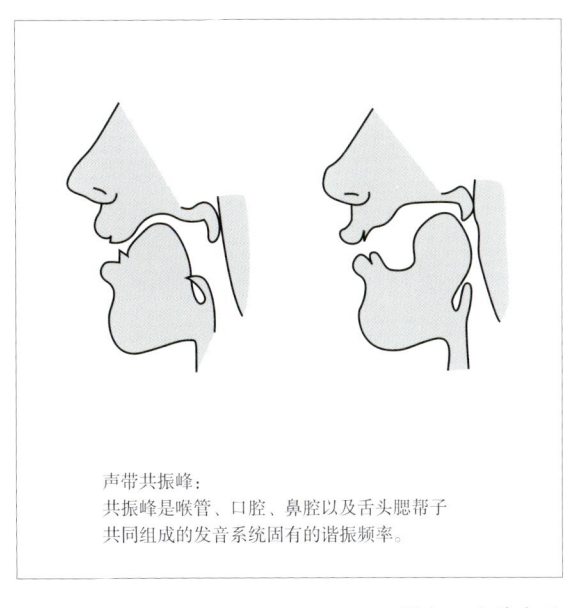

声带共振峰：
共振峰是喉管、口腔、鼻腔以及舌头腮帮子共同组成的发音系统固有的谐振频率。

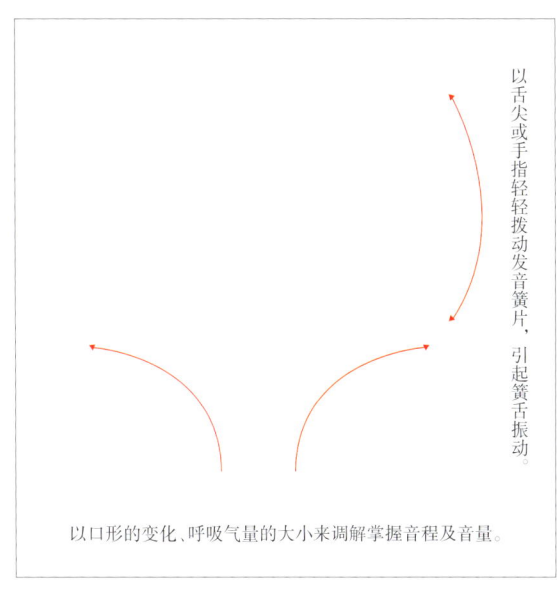

以舌尖或手指轻轻拨动发音簧片，引起簧舌振动。

以口形的变化、呼吸气量的大小来调解掌握音程及音量。

图七 哈萨克族斯尔那依发声原理示意图

哈萨克族沙孜斯尔那依

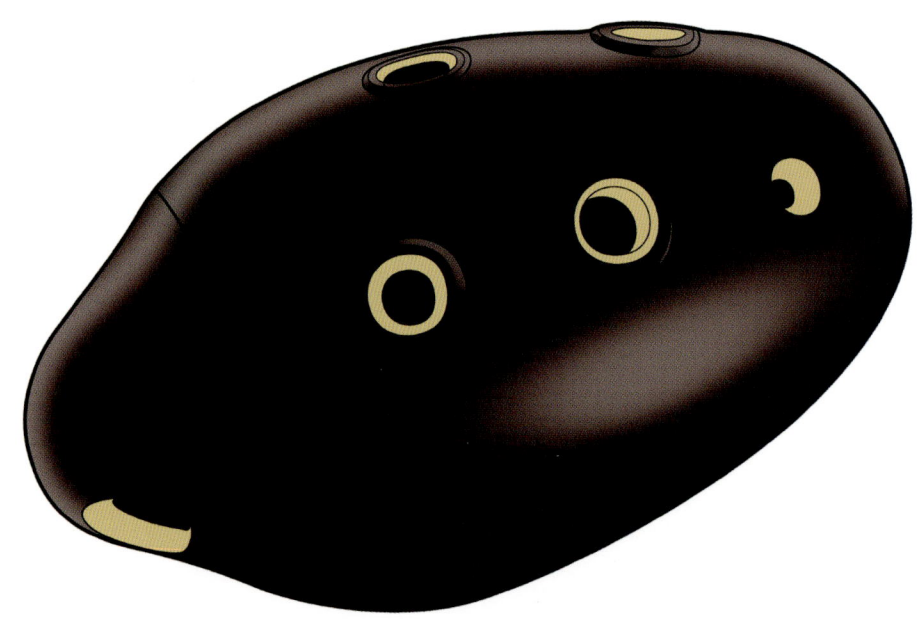

图一　哈萨克族沙孜斯尔那依主图

沙孜斯尔那依又名泥制口弦，是哈萨克族传统吹奏乐器之一，其最古老的制品发现于考古发掘中。沙孜斯尔那依外形呈鸭蛋状，一头稍尖，另一头扁圆。除尖头端留有吹口外，体壁尚有调音变调的两个音孔。沙孜斯尔那依制作因时因地为宜，原先以泥制、角制为主，后来也有铁、铜、银等金属材质。

演奏时，演奏者双手手心紧握沙孜斯尔那依，并用双手手指（除拇指外）依次交替按压音孔，向尖头端的吹孔吹气，吹奏出丰富多彩的曲子。演奏技艺与哈萨克族另一种吹奏乐器色不孜克相似。其音色优美、婉转，常与其他乐器配合使用。沙孜斯尔那依来源于汉族的"埙"。埙出现的历史很早，是我国古代的吹奏乐器，用陶土烧制而成，因此又叫"陶埙"。传统的埙多为卵形埙，现在则有葫芦埙、握埙、鸳鸯埙、子母埙等多种，其与沙孜斯尔那依发声原理和外形都较接近。但埙可独奏，沙孜斯尔那依只用于合奏。沙孜斯尔那依原始制作工艺与陶器制造方法很相似，用黏土塑造并烧制而成。制作沙孜斯尔那依要选用土质纯净、不带砂石杂质的黏土，红、黄或黑土均可。将黏土加清水，反复搅拌揉揣，和成软硬适中的泥块，经捏坯、整形、开孔、磨光和煅烧而成。如今改良的沙孜斯尔那依新品种，罐壁有二、三、四、五等多个音孔。

沙孜斯尔那依来源于中原地区的古老乐器埙，伴随着西域文化与中原文化不断交流，仿制埙的乐器出现。沙孜斯尔那依形制奏法简单，声音古朴悠扬，和哈萨克其他口弦乐器一起广泛用于各种传统器乐演奏中。从沙孜斯尔那依这一小小乐器上,反映出的是历史上汉族与哈萨克族之间密切的文化艺术交流传播。

图片来源

图一至图七　刘琛淼　制图

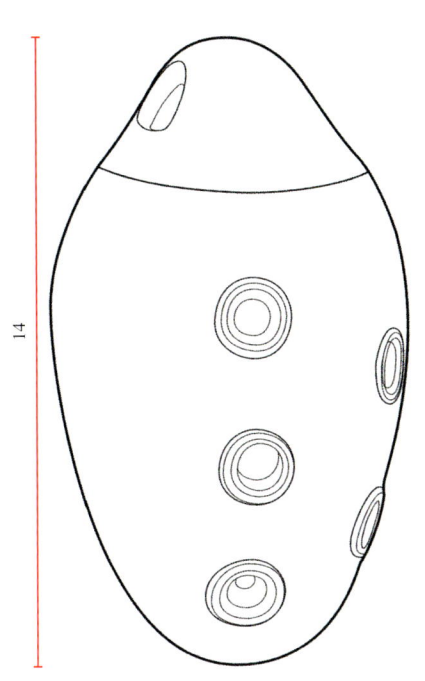

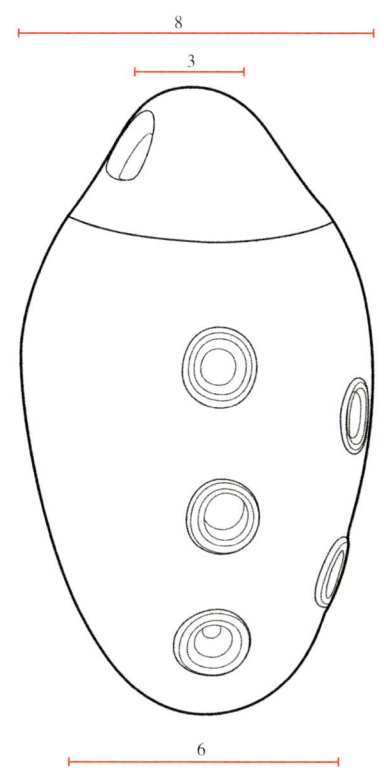

图二　哈萨克族沙孜斯尔那依尺寸图（单位：cm）

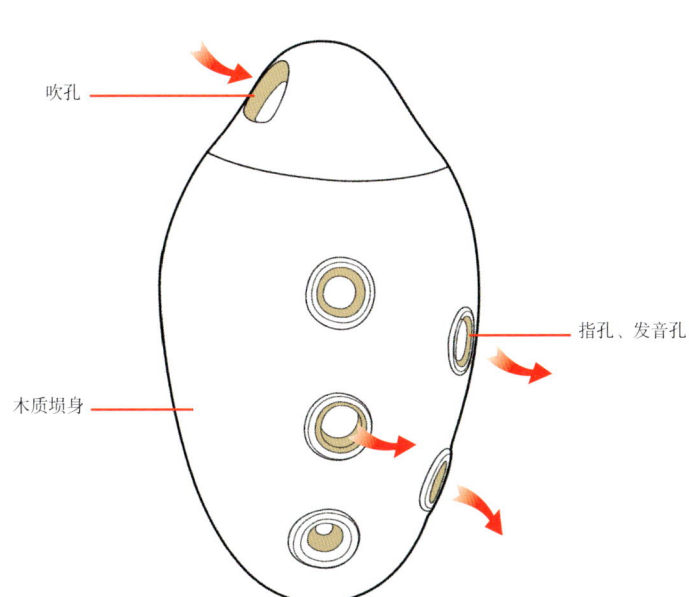

图三　哈萨克族沙孜斯尔那依结构名称图

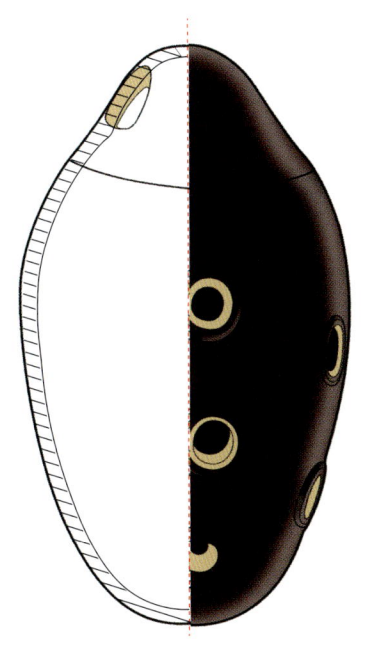

图四　哈萨克族沙孜斯尔那依剖面图

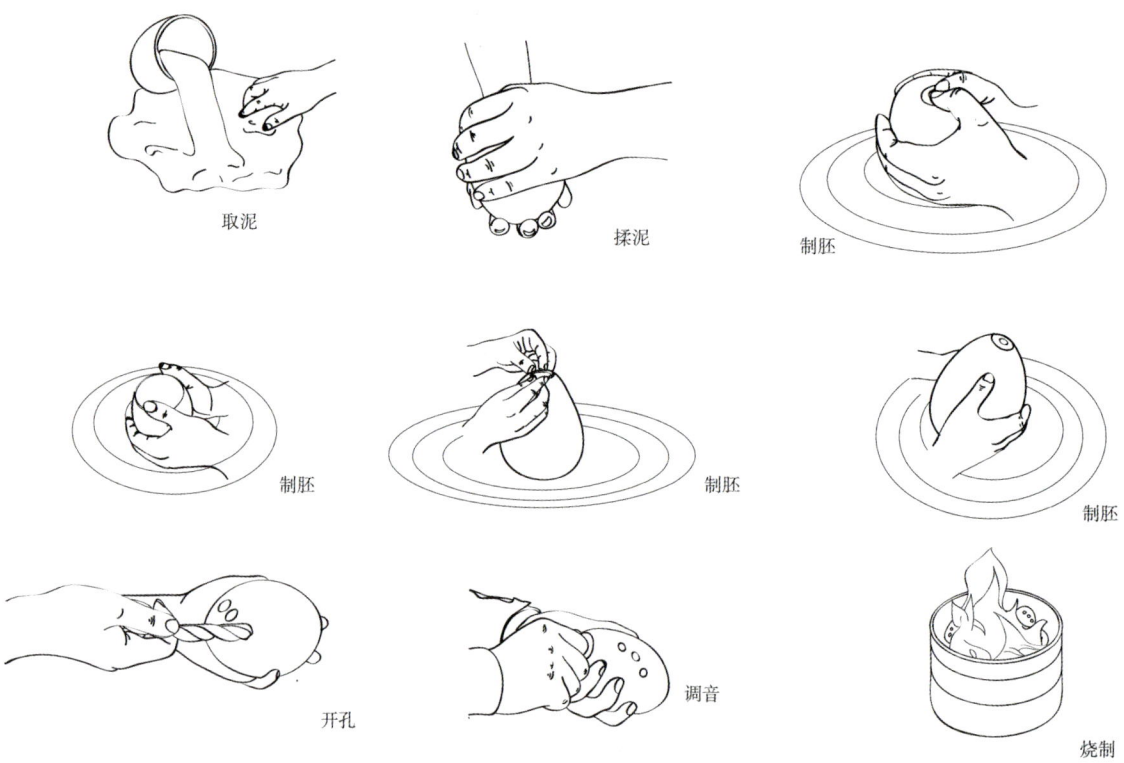

图五　哈萨克族沙孜斯尔那依制作过程图

图六　哈萨克族沙孜斯尔那依形制示意图

图七　哈萨克族沙孜斯尔那依使用情景图

哈萨克族斯布斯额

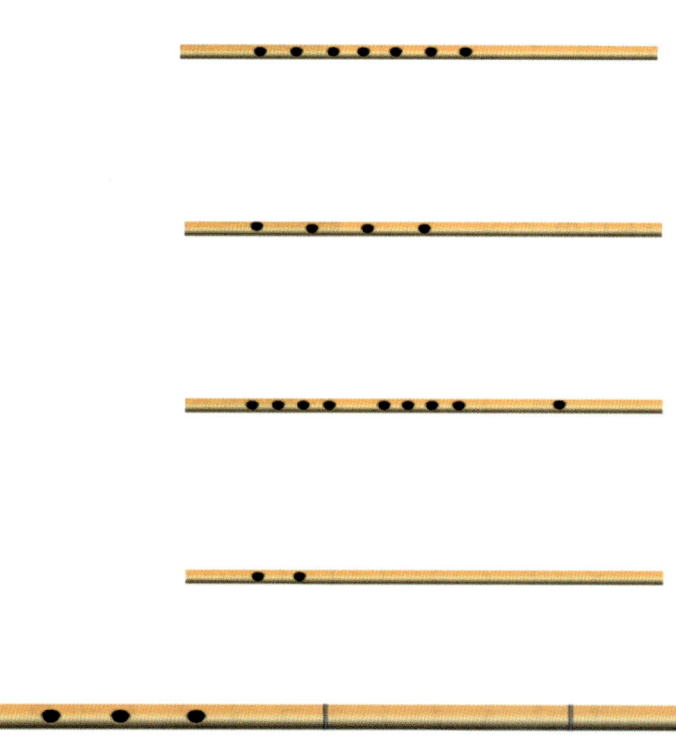

图一 哈萨克族斯布斯额主图

斯布斯额，又称斯布孜戈、斯布孜额、斯比斯额、色不孜克，是哈萨克族历史最悠久、最普及的传统口吹气鸣乐器，被哈萨克人赞誉为"心笛"或"魔笛"。公元11世纪的古籍《突厥语大辞典》上载有斯布斯额为"一种笛子"。可见，早在11世纪以前，斯布斯额就已出现并流传于民间了。该乐器主要流行于新疆维吾尔自治区阿勒泰、塔城、乌鲁木齐等地。乐器管身通长50至80厘米，类似于汉族的竖箫。斯布斯额可用于独奏、器乐合奏或为民歌、舞蹈伴奏。

斯布斯额管身原用草原上或背阴山坳里生长的一种叫做"哈拉库勒"的粗壮芦苇制作。"哈拉库勒"也是黑草的意思，这种植物秆空心，折断时，风吹进草秆里，便会发出大自然的天籁之音。如今发展到用松木、杨木、铁筒、钢管、毡房的蓬杆制作。管身的尺度因吹奏者不同而长度各异，吹口直径1.2至1.8厘米，尾端出音孔直径2至2.5厘米，管体中空，无簧哨装置。管身上开有调节音色、增强乐感的一两个按音孔，后来逐渐增至三四个。上端吹口将外壁削薄，管外捆扎羊肠、细绳或者管体置于牲畜食管中以防气候干燥管身开裂。斯布斯额的发声原理是：先由喉部发一长音，同时将气息送入管中，使管内气柱震动，同时奏出喉音和管音，喉音音高与斯布斯额管音相同，通常为C—#C之间。演奏者通过按孔的开闭和超吹，可奏出十一个管音，喉音作为持续低音声部，管音用作旋律声部。演奏者运用气息控制的方法，在各音孔上求得泛音，因此它的低音区稀疏，高音区密集，音域可达两个八度。斯布斯额的吹奏方法颇为特殊，吹奏前，先吸水润湿管口，将管口上端顶在上颚牙齿的根部，上下唇将管口包起来，用舌头堵住管口大部，留一小口为吹口，称为"包吹法"。吹奏时发出不同音节，同时用喉头发出持续低音，与乐器产生共鸣，形成双声部，音色悠远、飘逸，似鹿鸣。宜吹奏抒情乐曲，并可演奏小三度的滑音、颤音及其他装饰音，旋律曲折沉浮。著名的传统乐曲有《思念》《绑着的枣骝马》《额尔齐斯河》《少女的幽怨》《猎人和熊》等。

根据发音体和形制的不同，斯布斯额归类于传统吹管乐器中的无簧哨类。据现有资料对斯布斯额的研究以及对哈萨克族与汉代匈奴族源关系的探索推论出，哈萨克族的斯布斯额是汉代匈奴胡笳的遗制。斯布斯额发声原理特殊，声音悠远、苍凉。与斯布斯额一同遗留下来的曲目有四五十篇，多表达远古草原民族的内心情感，听起来不仅生涩难懂，且没有系统梳理，目前也已罕见能用斯布斯额完整演奏传统曲目的传人，这一现象令人惋惜。而尽量抢救、整理资料和培养传承人无疑是当前民族文化遗产保护的重要工作。

图片来源

图一　努尔兰·穆哈泰：《哈萨克民间乐器集锦》，新疆科学技术出版社，2009.

图二至图五　伏涛　制图

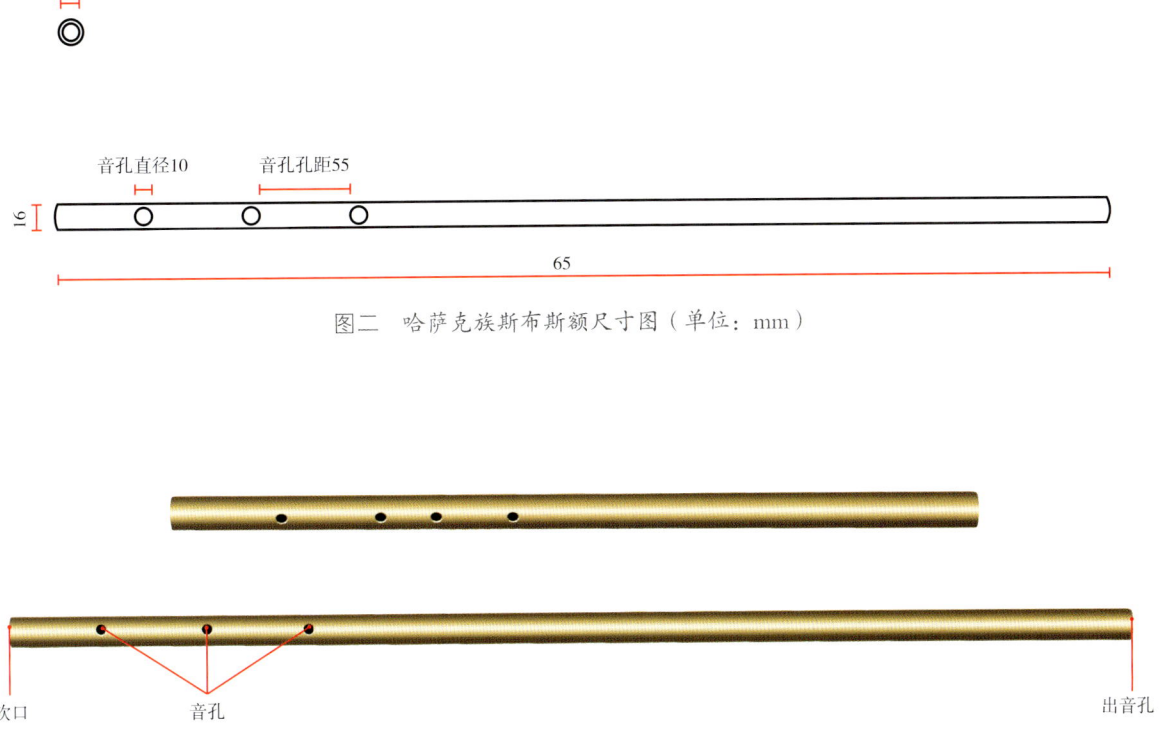

图二　哈萨克族斯布斯额尺寸图（单位：mm）

图三　哈萨克族斯布斯额结构名称图

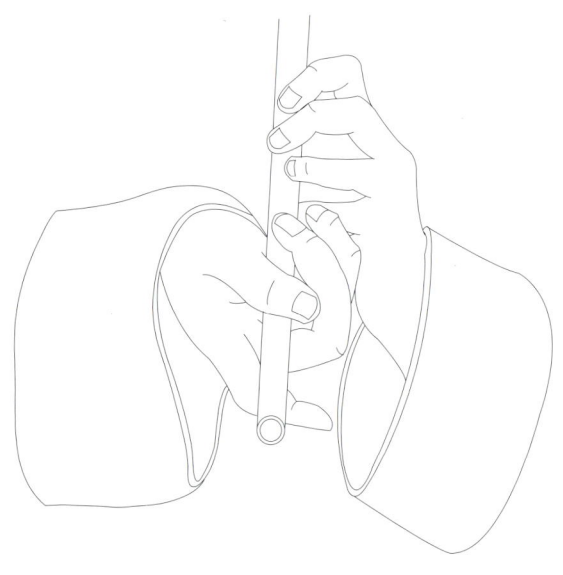
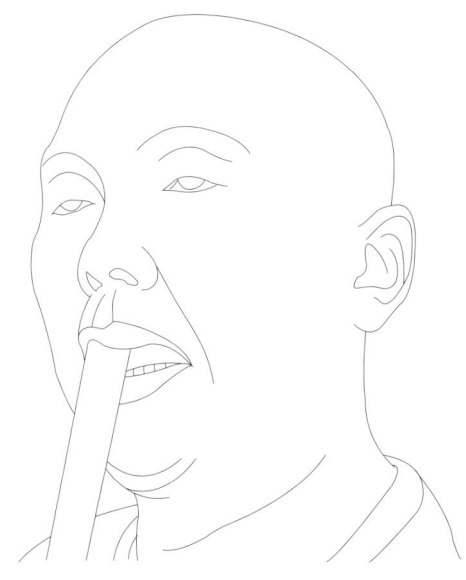

手持斯布斯额　　　　　　　　　　　　　　　　　　　　包吹法

图四　哈萨克族斯布斯额演奏示意图

吹入气流　　　　　　　　　　气柱震动　　　　　　冲击管口边棱产生边棱音现象获得声音

图五　哈萨克族斯布斯额发声原理示意图

哈萨克族库布孜

图一　哈萨克族库布孜主图

库布孜，是哈萨克族一种传统弓弦乐器，又名"柯布孜""霍布斯""霍布兹"，其中最早的库布孜又称"克勒库布孜"，是哈萨克族民间流传最为古老的乐器之一。近代哈萨克民间流行的一种复合拉奏乐器"尚库布孜"，和传统库布孜属于同类乐器。每逢哈萨克族喜庆节日之时，库布孜都会被用来奏乐助兴，成为深受哈萨克族群众喜爱的乐器之一。库布孜主要流行于新疆维吾尔自治区伊犁哈萨克自治州，巴里坤、木垒哈萨克自治县，甘肃省阿克塞哈萨克族自治县等地。传统的库布孜由琴箱、弦轴和琴弓三大部分组成，全长约60至75厘米。哈萨克族库布孜于2010年入选国家非物质文化遗产名录，列入传统音乐项目类别。

　　哈萨克牧民制作乐器时，大多就地取材、因材制宜，所以库布孜的样式和规格多种多样。最原始的克勒库布孜只设有一条弦，琴颈上没有指板，琴箱上部敞开外露，形似水瓢。经过不断改良，琴箱上部改为蒙以薄木制面板，常见材质为松木面板、鱼鳞松面板，下部蒙以皮膜，常见的有羊皮、骆驼羔皮、蟒皮。琴颈上增加指板，琴弦增至二弦、三弦、四弦，常用马尾、牛筋、骆驼筋制作，琴弦和琴弓用松树胶擦拭保养。库布孜琴体由一整块木头雕凿制成，琴头造型分为三类，直板形、天鹅头形和曲形。中间开长方形弦槽，或者两个弦孔，两侧置弦轴，弦轴布局根据琴弦的根数而定，三弦的弦轴为左一右二，二弦和四弦则两侧平均分布，有的还配以弦钮。琴颈窄而直并装有指板，不设品位。琴箱，又称共鸣箱，上部呈半圆形，下部为半筒形，整体外形呈羹匙形，长约25至35厘米，上部宽度约15至20厘米，下部宽度约10厘米，上部厚度约7至10厘米，下部厚度约5厘米，整体上宽下窄，上厚下薄，前平后圆。琴箱中下部蒙以皮膜为面，上部敞开外露或蒙以镂空雕刻音孔的薄木制面板。尚库布孜则在外露的琴箱上部嵌入铃铛，演奏时琴声与铃铛声交织在一起。传统库布孜下部皮面上置木制琴码，张一至四根不等的琴弦。琴码下设木制拉弦板，琴弦系于其上，拉弦板系于琴底尾柱。琴弓，弓杆木制，栓以马鬃尾为弓毛，与小提琴弓相似。演奏库布孜时采用坐姿，两腿平放，两膝夹住琴箱底部，左手持琴，用食指、中指、无名指的指尖按至第一关节处的外侧，由内向外抵弦按音，难度较大，右手执琴弓粘松香在弦外拉奏。库布孜的琴声与小提琴的琴声相仿，演奏方法却比小提琴复杂。左手拨弦，右手拉弓，左右手配合要求较高。库布孜可用于独奏、器乐合奏或为民歌、舞蹈伴奏，三弦库布孜定弦为G、A、D，跨两个八度。哈萨克牧民通过乐曲来描绘游牧狩猎生活，讴歌英雄、骏马和自然景物，以及抒发他们的情感。最有代表性的库布孜曲有《云雀》和《瘸腿野马》。

　　库布孜造型十分特殊，仿天鹅头形的琴头，大勺形的琴身，酷似天空中展翅飞翔的白天鹅。哈萨克族对天鹅甚为崇拜，并把天鹅奉为圣鸟禁捕猎，传说是天鹅救了哈萨克族的首领卡勒恰哈德尔，并化作女子与其生育出哈萨克族后人，其族名"哈萨克"就是"白天鹅"的意思。这属于原始图腾观念下的仿生形态设计，也体现了哈萨克人对自然的尊重、学习和模仿。仿生形态设计是人类在长期向大自然学习的历程中，不断积累经验，通过选择自然模仿对象并改进其功能、形态而进行创作的一种方式。库布孜的仿生形态设计给我们的现代造物提供了一些启迪。

图片来源
图一、图四　吴栋　制图
图二、图三、图五至图九　伏涛　制图

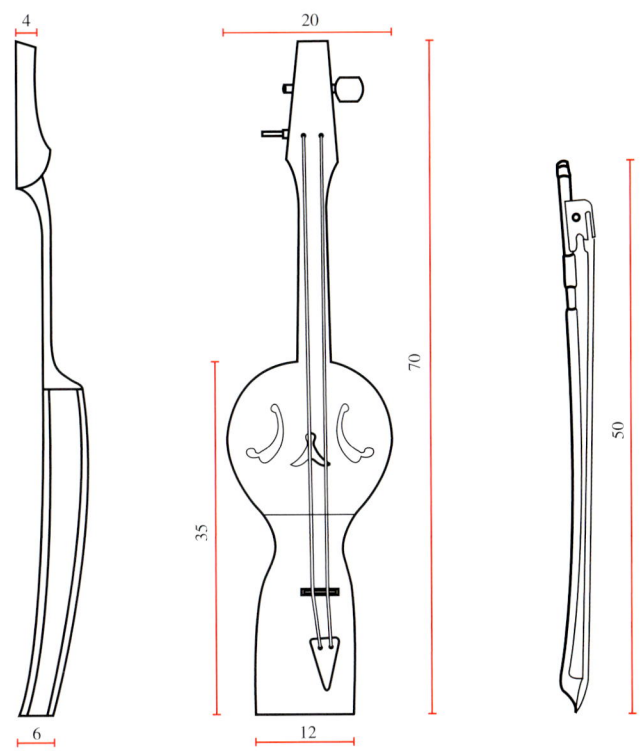

图二　哈萨克族库布孜尺寸图（单位：cm）

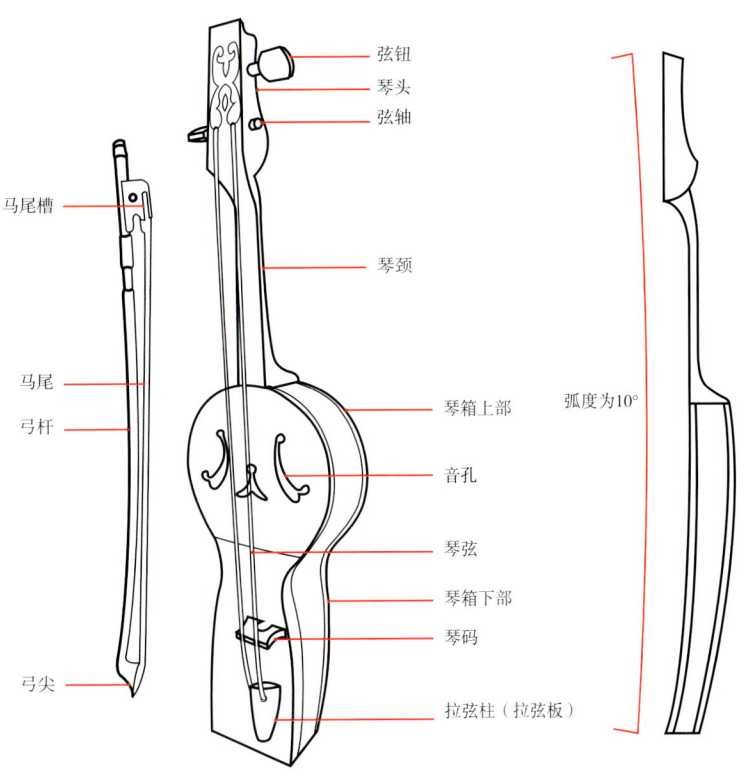

图三　哈萨克族库布孜结构名称图

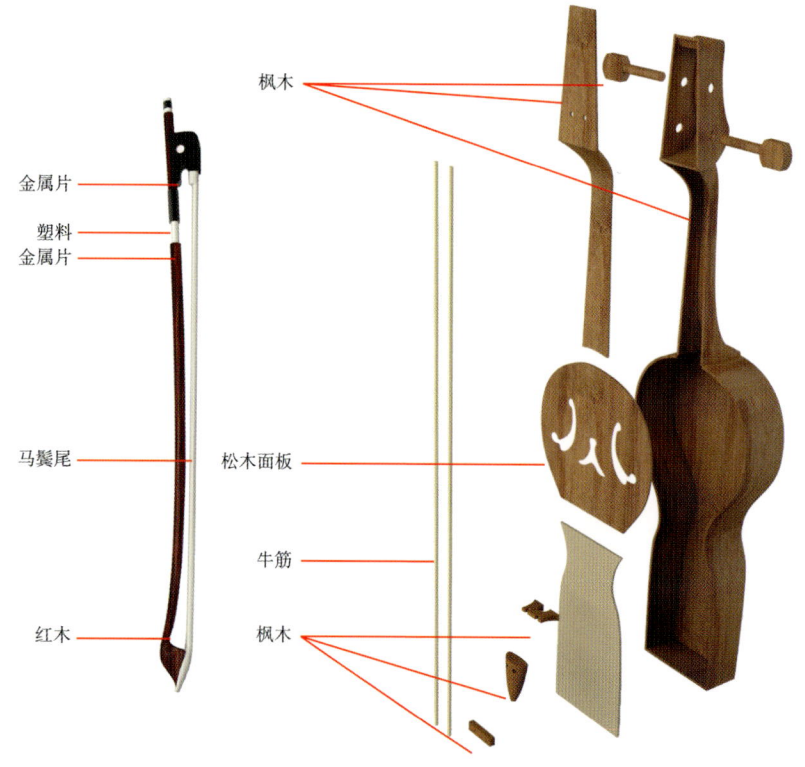

图四　哈萨克族库布孜材质分析图

图五　哈萨克族库布孜演奏方式示意图

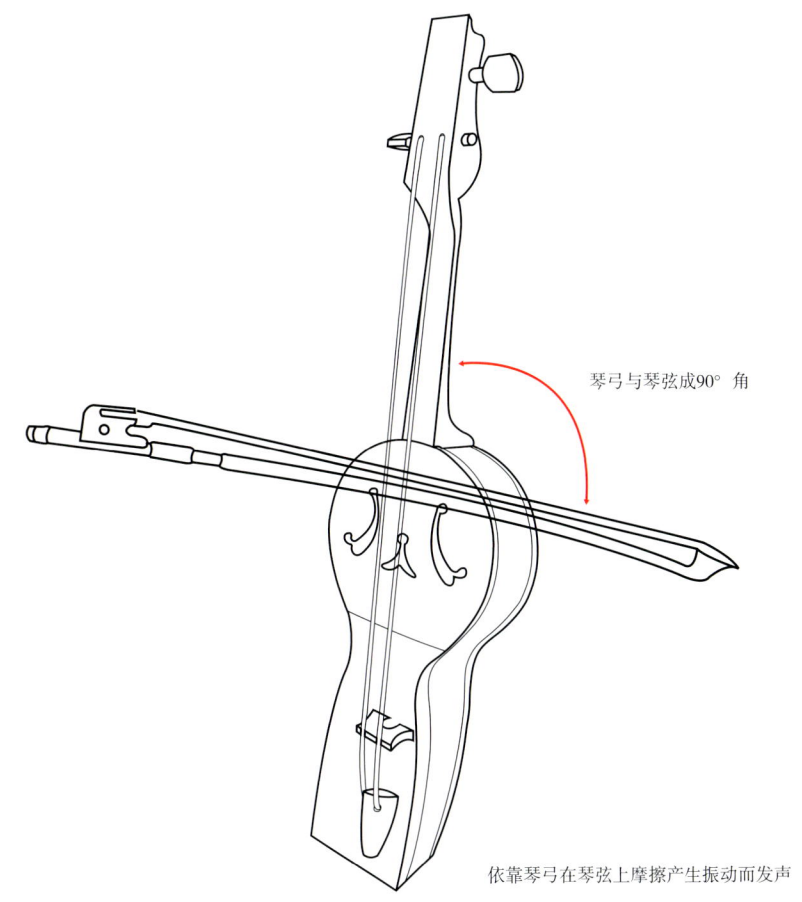

图六 哈萨克族库布孜发声原理示意图

图七 哈萨克族库布孜造型来源示意图

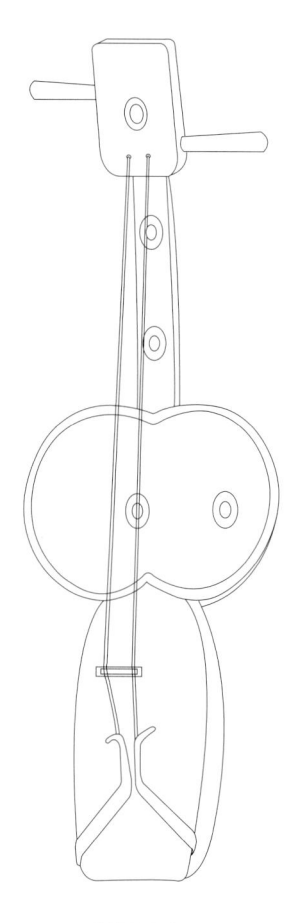 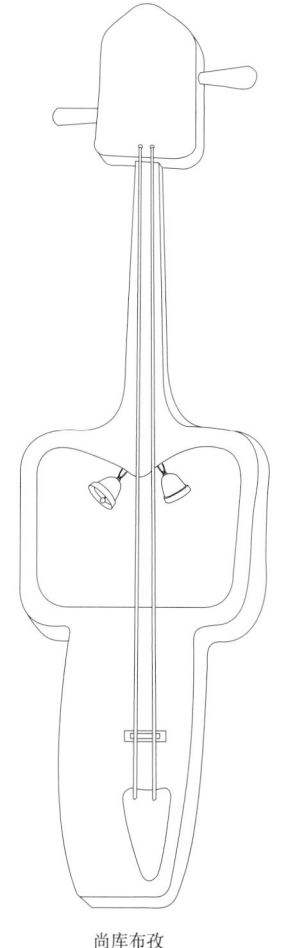 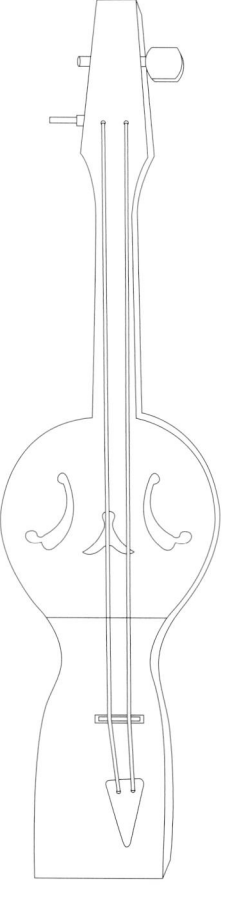

克勒库布孜　　　　　　　　　尚库布孜　　　　　　　　　库布孜（改良）

图八　哈萨克族库布孜类别图

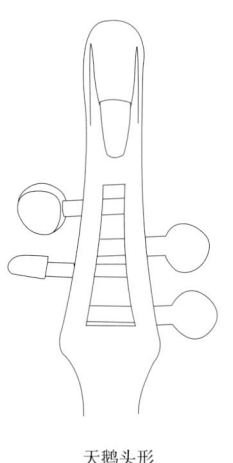 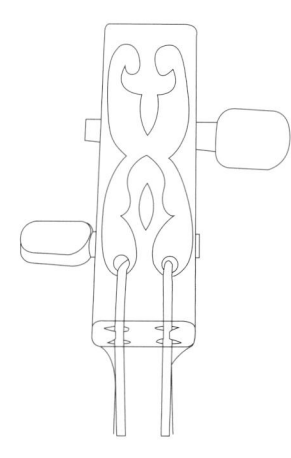 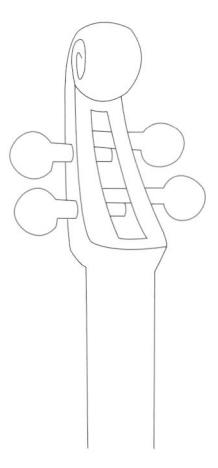

天鹅头形　　　　　　　　　　直板形　　　　　　　　　　　曲形

图九　哈萨克族库布孜琴头形态示意图

哈萨克族杰特根

图一　哈萨克族杰特根主图

杰特根是哈萨克族最古老的弹弦乐器之一，又称布特根、节特康、节特曼、杰特汗（意为：七个可汗）、杰特安（意为：七首歌）、贾塔汗。杰特根琴身呈长方形，用整块木头挖制而成，槽状背面朝下，长约1米，朝上的平正面有七根琴弦，因哈萨克语将"七"读作"杰特"，也因此被称为"杰特根"。它是类似汉族古琴和古筝的一类卧式弹拨乐器。杰特根可以用作独奏、齐奏、合奏或者为歌舞伴奏，琴的共鸣箱较大，琴弦较多，所以弹奏起来音域宽，音量大，音色优美动听。

杰特根主要分为三个部分：琴箱、琴码和琴弦。琴箱即共鸣箱，长约100厘米，宽约25厘米，厚约5至8厘米，传统的琴箱用整块木料雕凿而成，常见用料为杨木，上方覆以薄木板为面板，面板决定琴的音色和音量。琴首与琴尾处设7个弦槽，从首至尾张7根马尾弦，琴首上设4个单独的琴梁，琴尾设1个条形琴梁，弦下由7枚牲畜的踝骨撑起琴弦。琴码，又称琴柱，是杰特根最具特色的部件，琴码为羊的踝骨，又称髀石。

杰特根没有调节琴弦松紧度的弦轴，而是通过左右移动琴码改变弦长，来调节音调的高低，有时也须运用手指按弦来改变弦长，从而改变音高。传统的杰特根样式古朴，不甚美观，奏演手法简单。经改造之后，琴弦已增至13根，琴弦的材质由鬃毛变为塔尔阿姆斯筋线或金属弦，畜踝骨由木质的琴码取代，琴面板上凿出增强音量的音孔，整体体积增大，有的还安装了专用调音器。

哈萨克民间关于"杰特根"的传说有很多，有与痛失七子的老者有关的传说，也有七个可汗的故事，众说纷纭的说法源于其悠久的游牧历史。杰特根用动物踝骨做琴码，用马尾做琴弦，这种因地取材、物尽其用的造物手段与游牧生活方式融为一体。设计是在特定的生活环境中产生，是客观条件下灵感与巧思的转化，杰特根的造物方法正印证了这一观点。

图片来源

图一　努尔兰·穆哈泰：《哈萨克民间乐器集锦》，新疆科学技术出版社，2009.

图二至图六　伏涛　制图

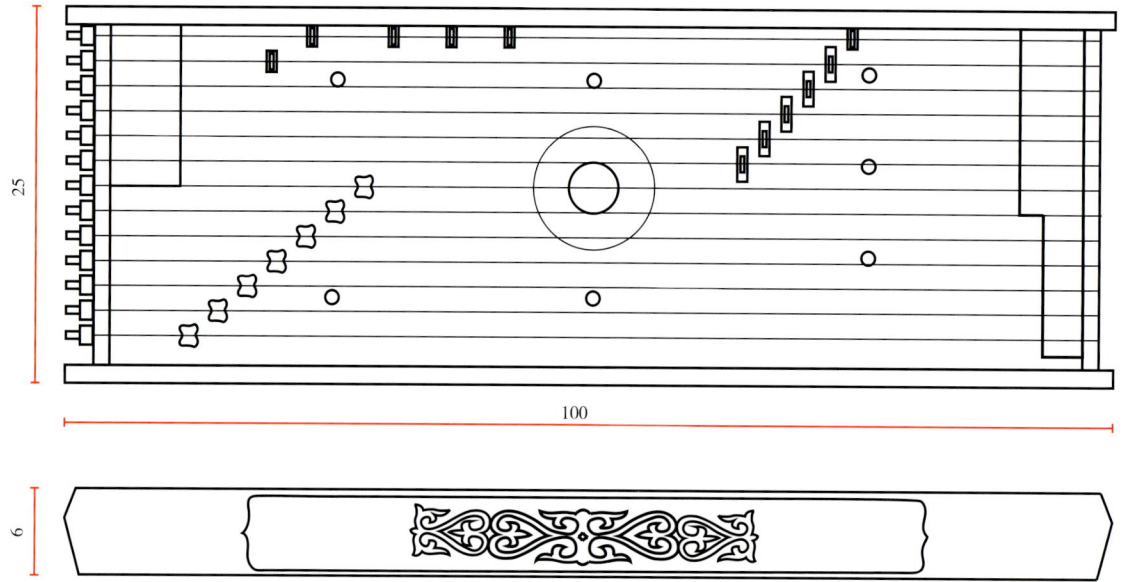

图二 哈萨克族杰特根尺寸图（单位：cm）

图三 哈萨克族杰特根结构名称图

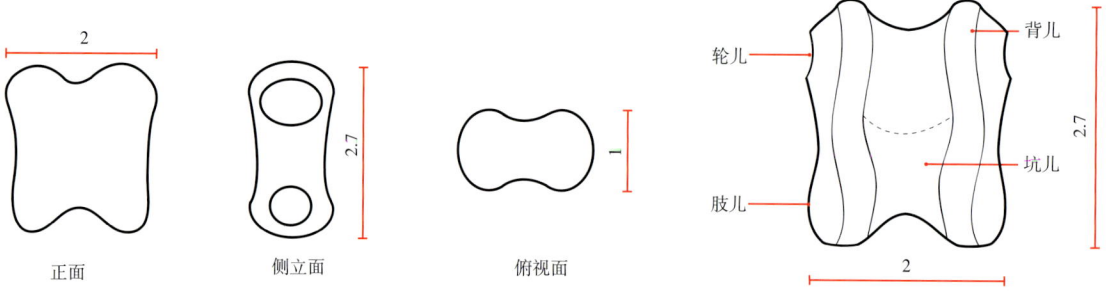

图四 哈萨克族杰特根琴码部件分析图（单位：cm）

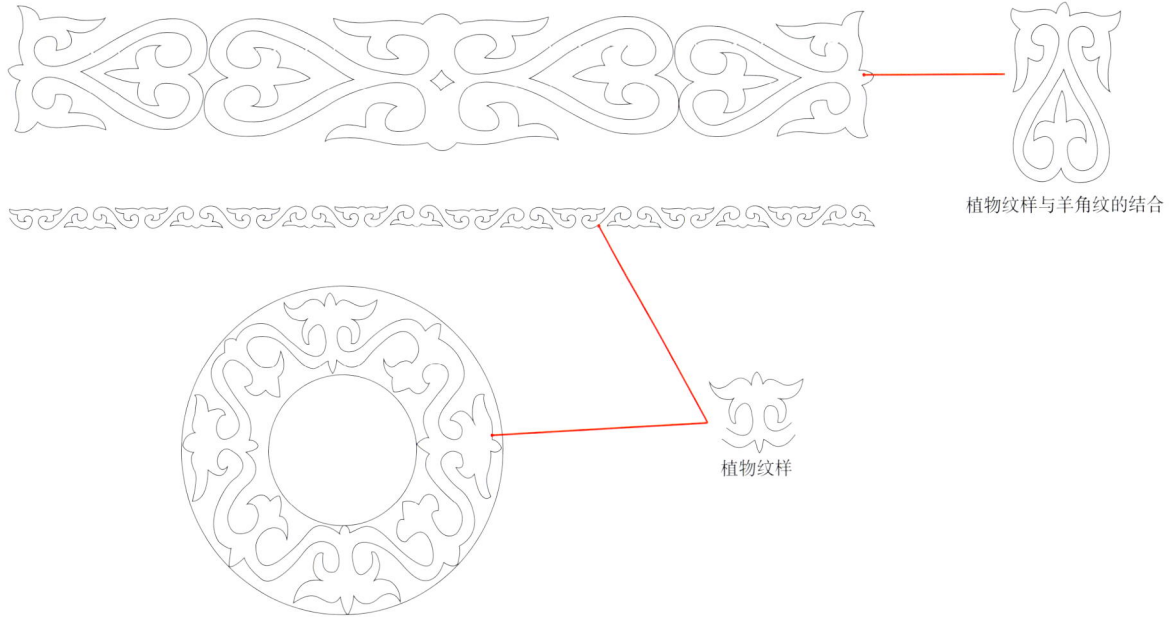

图五 哈萨克族杰特根装饰纹样分析图

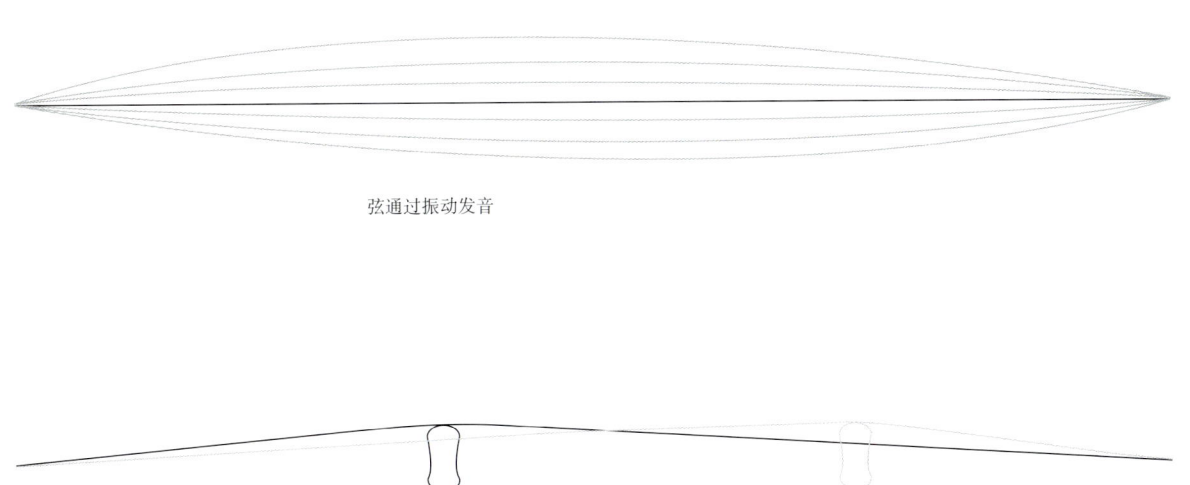

图六 哈萨克族杰特根发声原理示意图

341

哈萨克族双牛角

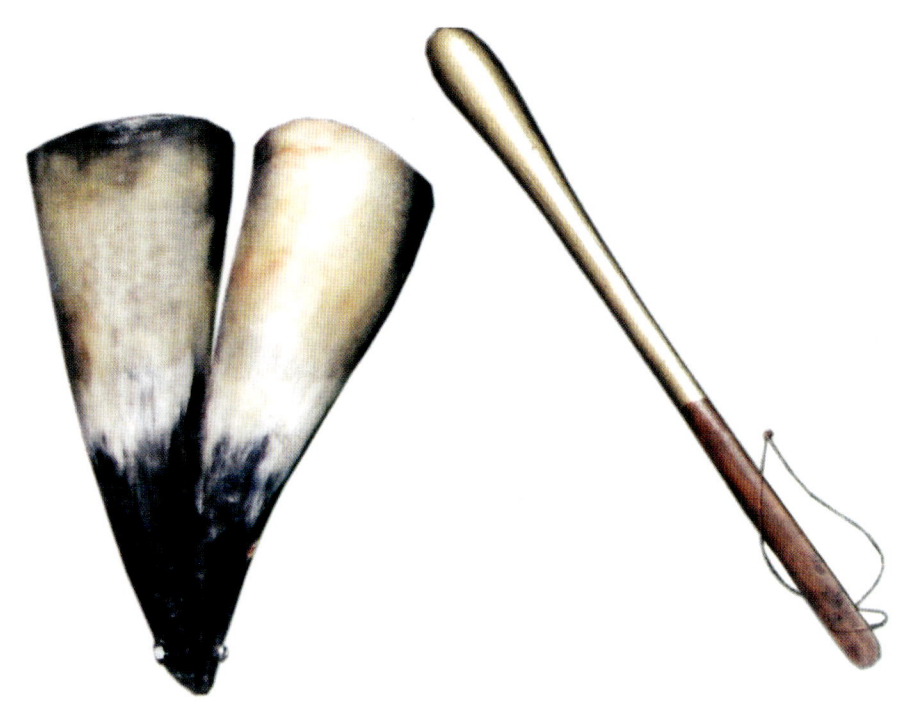

图一 哈萨克族双牛角主图

双牛角是哈萨克族的敲击体鸣乐器，哈萨克语称"玉兹塔克勒达克"。其由两个牛角尖部相连而成，配一根敲击棒，多用红木制成。双牛角流行于伊犁哈萨克自治州、木垒、巴里坤等哈萨克自治县。常用于民间器乐合奏或歌舞伴奏中。

制作双牛角先选取两个天然牛角，将牛角根部和角尖锯下，两端磨平，角体中间掏空，外表车旋光滑，最后将两个角尖粘合连为一体。两个牛角均长约25厘米，大者根部外径5.5厘米、壁厚1.6厘米；小者根部外径5厘米、壁厚0.8厘米。敲击棒与牛角长度相近，演奏时，左手持两角细端相连处，管口朝上，举至胸前，右手执红木槌敲击粗端边缘部位。无固定音高，但两角发音高低有别，根据中空的空间不同而发音，声音短促，音色与木鱼相像。

牛角乐器一般有气鸣和体鸣两种，哈萨克族双牛角主要是体鸣乐器。在远古时期就有吹奏牛角作为发声信号的惯例，很多少数民族也将牛角用作气鸣乐器，但作为体鸣乐器则不常见，这体现了不同民族对同一原料的不同适宜功能的开发。

图片来源

图一 努尔兰·穆哈泰：《哈萨克民间乐器集锦》，新疆科学技术出版社，2009.
图二、图三 刘颖 制图
图四 牛一平 制图

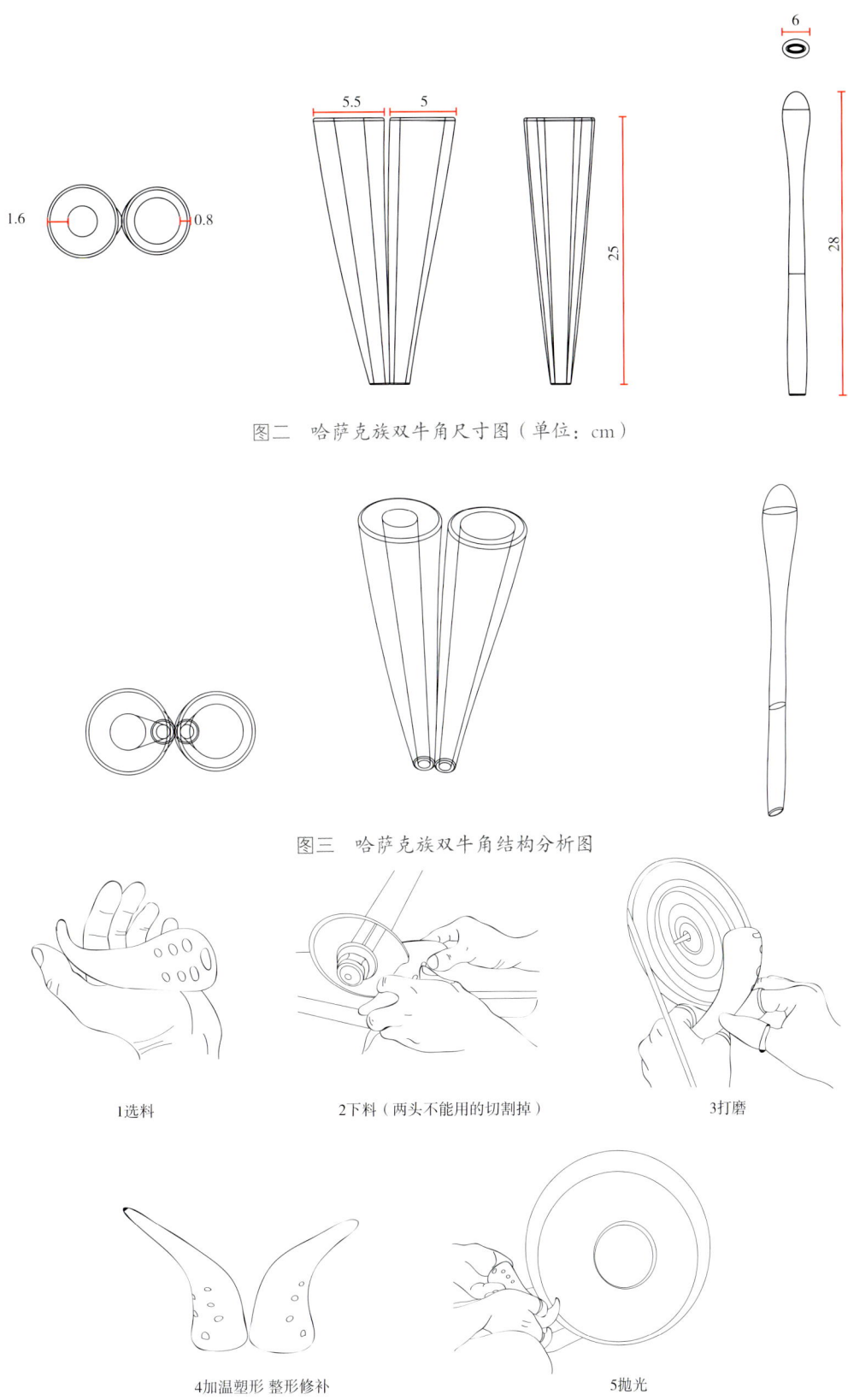

图二 哈萨克族双牛角尺寸图（单位：cm）

图三 哈萨克族双牛角结构分析图

1 选料　　2 下料（两头不能用的切割掉）　　3 打磨

4 加温塑形 整形修补　　5 抛光

图四 哈萨克族双牛角制作工艺分析图

哈萨克族圣达吾乐

图一　哈萨克族圣达吾乐主图

圣达吾乐，又名铜鼓，是哈萨克族一种传统锤击鼓鸣乐器，来源于达吾勒帕孜鼓的一种变体。其体积小，便于携带，用铜制成，单面蒙皮，敲击声尖利刺耳，古时常用于狩猎，现在演变为一种节日演奏乐器。

圣达吾乐分为古老和传统两种形制。古老的圣达吾乐外形似头盔，共鸣箱底部稍尖，以马鬃或者羽毛装饰。传统的圣达吾乐整体呈倒置的头盔状，主要由鼓面和共鸣筒组成。高约 35 厘米，鼓面的直径约 28 厘米，其中支脚约占整体高度的五分之二。其制作工艺比较复杂，共鸣筒的制作是先将铜置于头盔状的模型中均匀锤砸成形，并将内部修磨平整，外部雕刻花纹，而后在共鸣箱表面蒙驼皮，且固定在其边缘的扣子或者钉子上。配有背负的系带和用于敲击的木槌。改良之后的圣达吾乐整体呈漏斗形，主要由鼓面、共鸣筒和支脚三部分组成。其最大的特色在于共鸣筒下接圆柱形支脚，演奏时支起共鸣筒，减少与身体的接触面积，使圣达吾乐发出的声音更为响亮。

圣达吾乐发出金戈刺耳之声，在过去狩猎活动中起到惊吓猛兽和防御猛兽攻击的作用，又在军事活动中用于传递信号，如今改良为一种伴奏乐器，但从其独特音色中我们仍能感受到茫茫草原上滚滚踏尘的飞奔铁蹄的那种豪情景象。

图片来源

图一、图八　努尔兰·穆哈泰：《哈萨克民间乐器集锦》，新疆科学技术出版社，2009.

图二、图三　伏涛、赵亭亭　制图

图四　赵亭亭　制图

图五至图七、图九　伏涛　制图

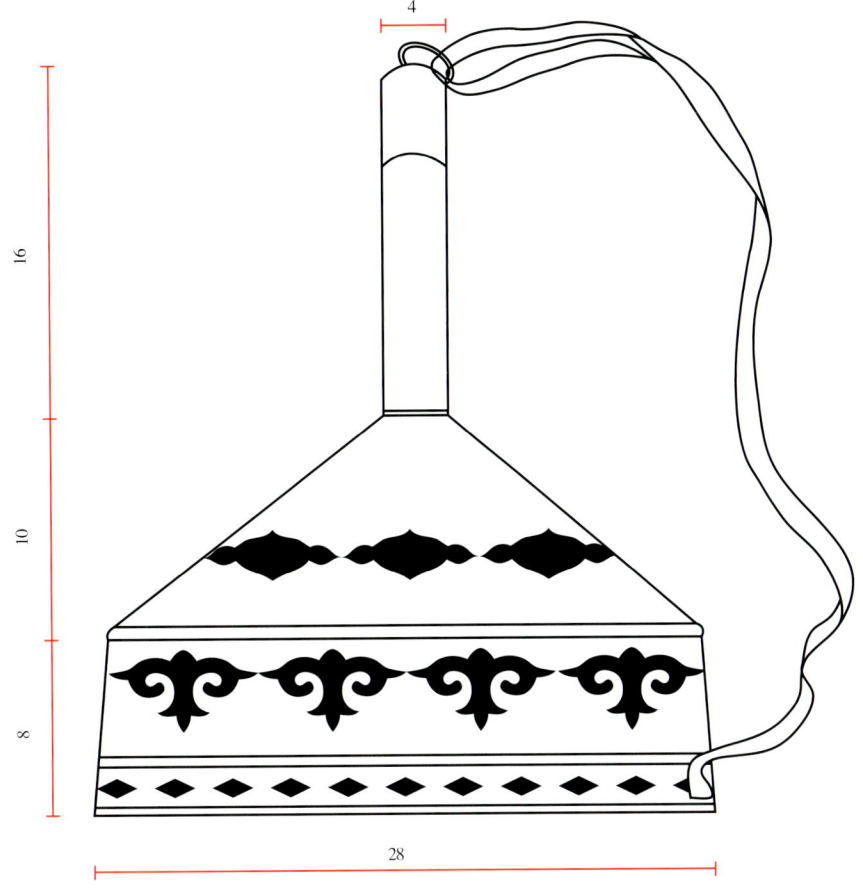

图二　哈萨克族圣达吾乐尺寸图（单位：cm）

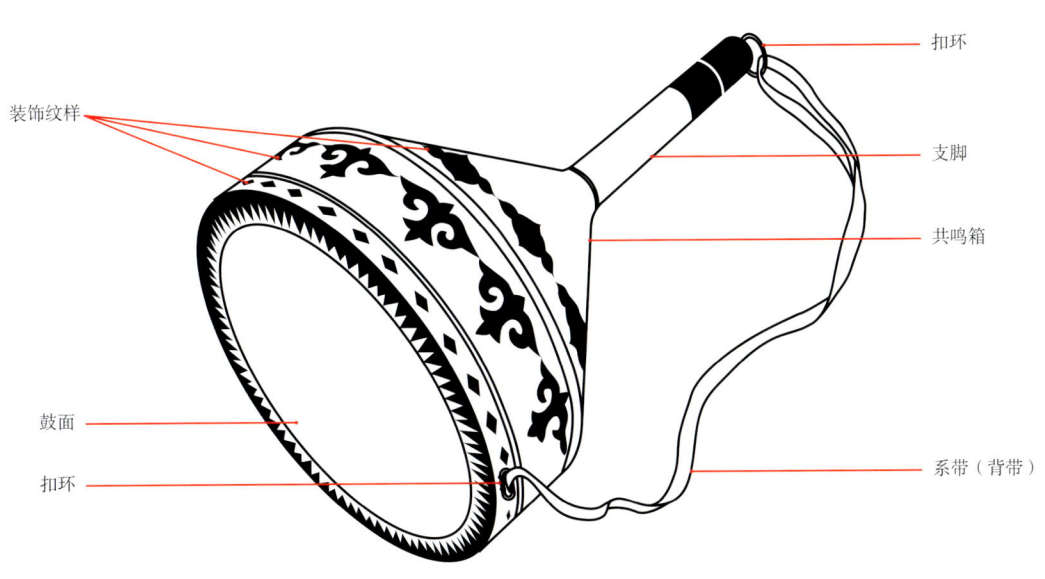

图三　哈萨克族圣达吾乐结构名称图

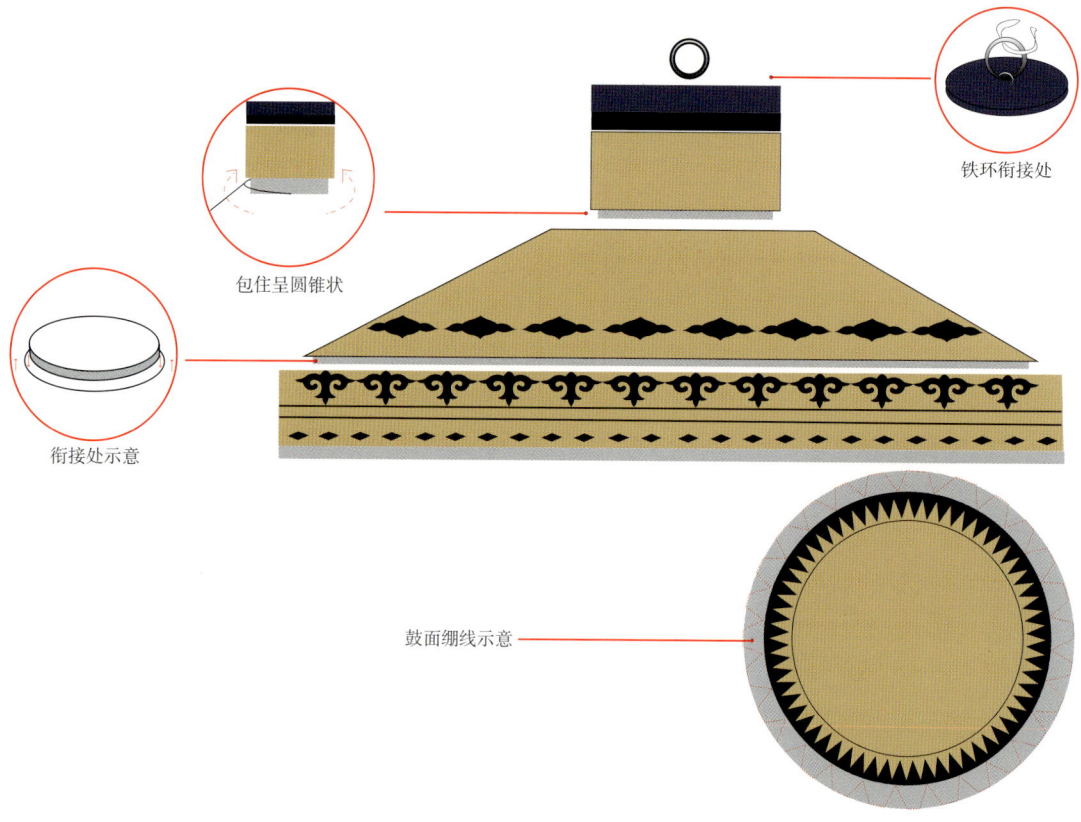

图四 哈萨克族圣达吾乐开片图

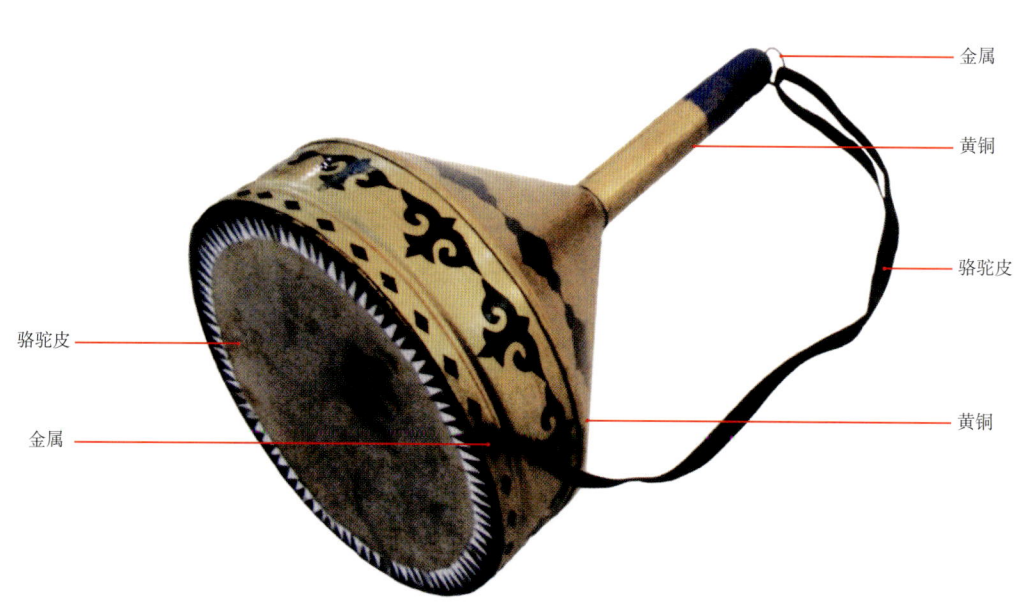

图五 哈萨克族圣达吾乐材质分析图

打鼓时鼓面振动引起鼓面下的空气也振动，鼓固有频率与鼓面振动频率相近，从而引起共振。鼓的这种结构叫"共鸣腔"

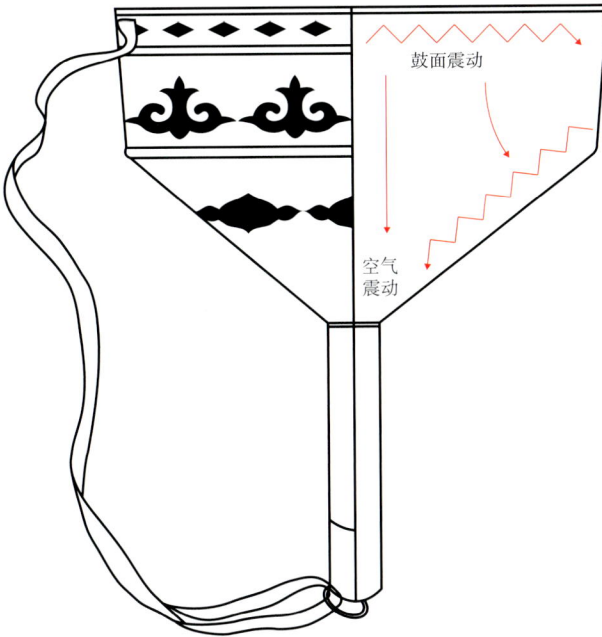

图六 哈萨克族圣达吾乐发声原理分析图

图七 哈萨克族圣达吾乐演奏示意图

第四章 哈萨克族传统生活用具

347

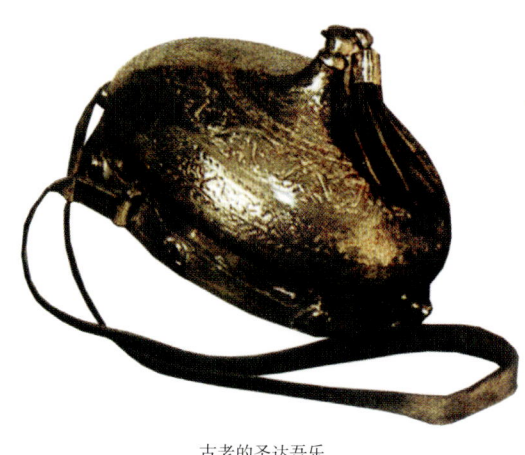
古老的圣达吾乐

改良的圣达吾乐

图八 哈萨克族圣达吾乐类别图

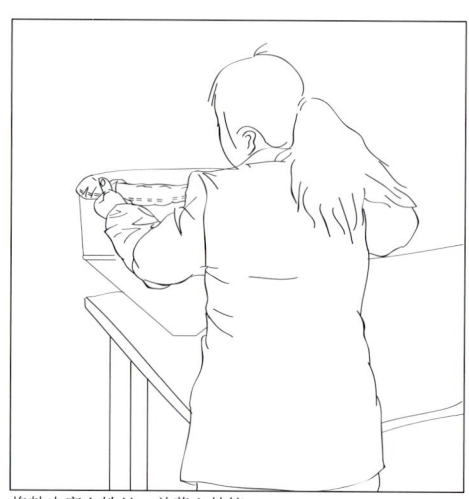
将鼓皮穿上铁丝，并蒙上鼓箱

在铁丝上穿上绳子，拉扯绳子将鼓皮绷紧

打鼓皮，进一步把鼓皮绷紧

钉上泡钉，固定鼓皮

图九 哈萨克族圣达吾乐制作流程图

哈萨克族图雅克

图一 哈萨克族图雅克主图

图雅克，汉语翻译为马蹄，是一种哈萨克族传统互击体鸣乐器，用天然马蹄制成，用于模拟万马奔腾的声音，构思极为精巧。

图雅克选用一对天然优质马蹄作为材料。先将马蹄放入开水熬煮至软后取出马蹄外壳削制定型，同时趁热清理修磨其内部，并置于阴凉处。在定型的马蹄外壳的底部开设三个小孔，其上部蒙皮，用铜钉固定，外部用胶密封。最后在其两侧，用皮条作系带方便手持。哈萨克人也会用传统纹样装饰图雅克，使其更加美观。演奏时，两手将其举于胸前，互击发声。图雅克在器乐合奏中能真实模拟骏马奔腾的音响效果，也用于舞蹈伴奏，是一种极有特点的节奏乐器。

哈萨克人靠畜牧为生，牧民不仅将马作为交通工具和食物来源，还把马作为乐器创造的灵感和材料。通过图雅克的天然的拟声效果，自由地表现出哈萨克草原上的铁蹄疾风。许多乐器都能模拟驰马奔腾的声响，但通过马蹄发声表现奔马，图雅克是效果最逼真也独具象征意义的乐器了。

图片来源

图一　努尔兰·穆哈泰：《哈萨克民间乐器集锦》，新疆科学技术出版社，2009.

图二至图六　刘颖　制图

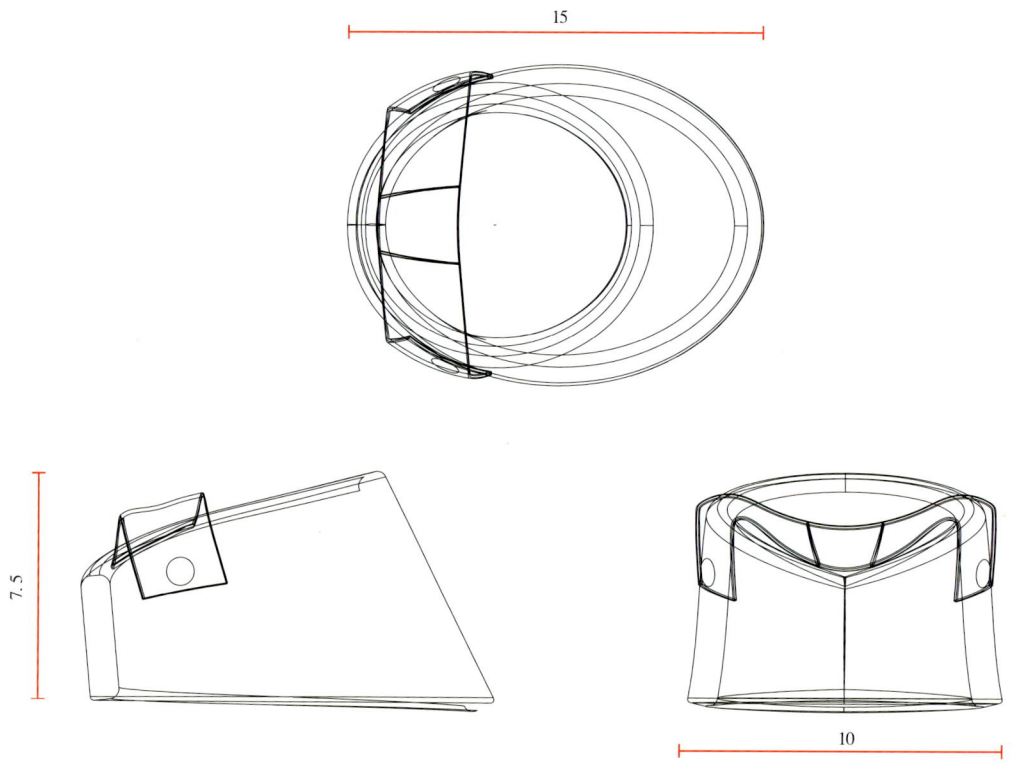

图二　哈萨克族图雅克尺寸图（单位：cm）

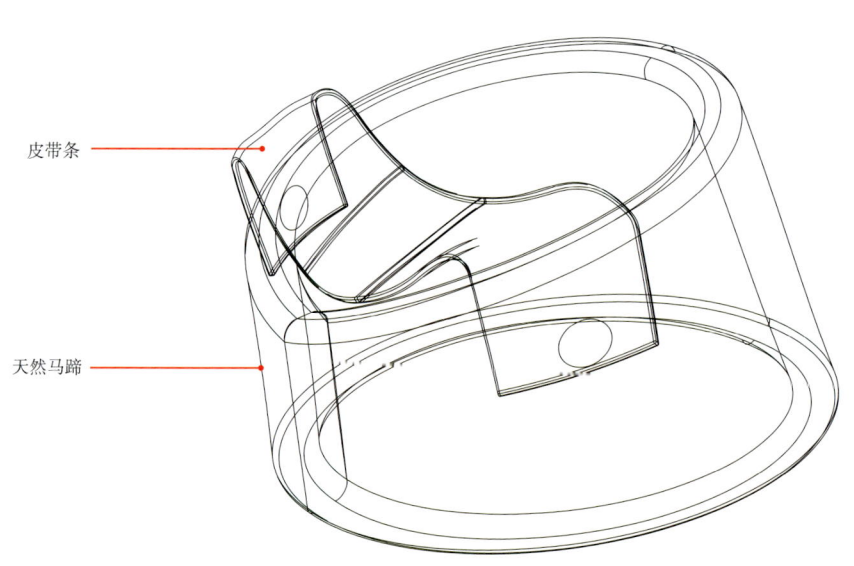

图三　哈萨克族图雅克解析图

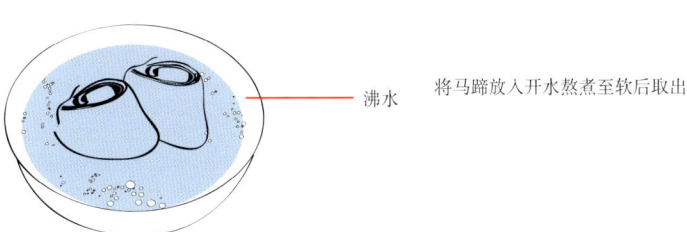
沸水 —— 将马蹄放入开水熬煮至软后取出

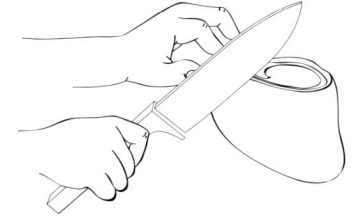
趁热清理修磨其内部，并置于阴凉处

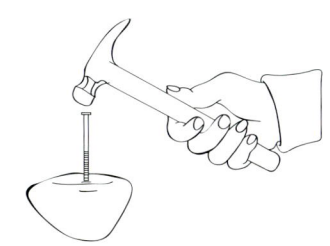
在定型的马蹄外壳的底部开设三个小孔

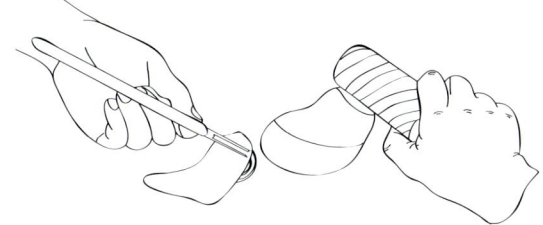
其上部蒙皮，用铜钉固定，外部用胶密封

除此之外，其两侧用皮条作系带

图四　哈萨克族图雅克制作流程图

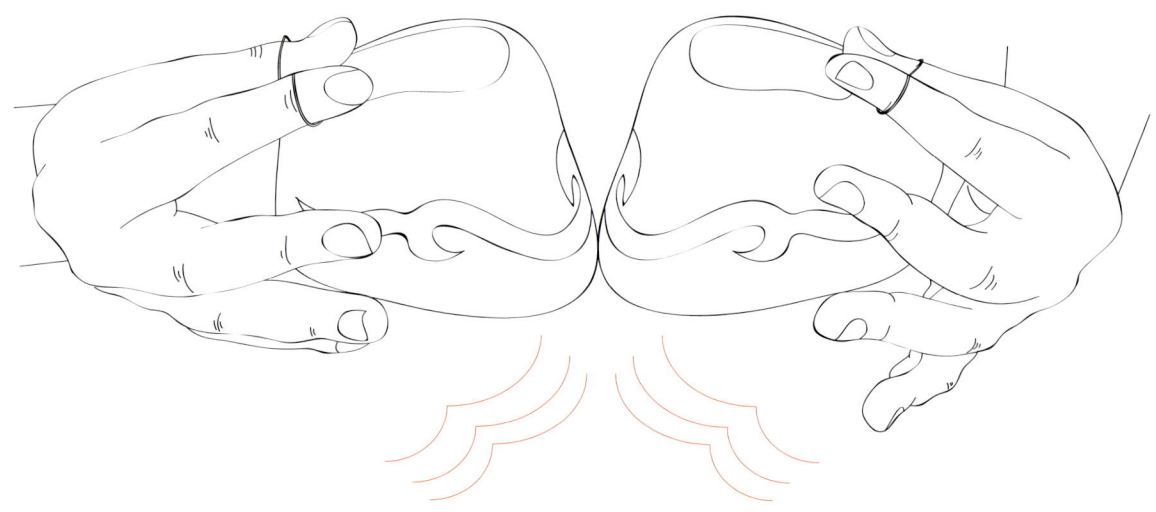

振动而发声（振动频率越高，音也越高，振动频率越低，音越低）

图五　哈萨克族图雅克发声原理图

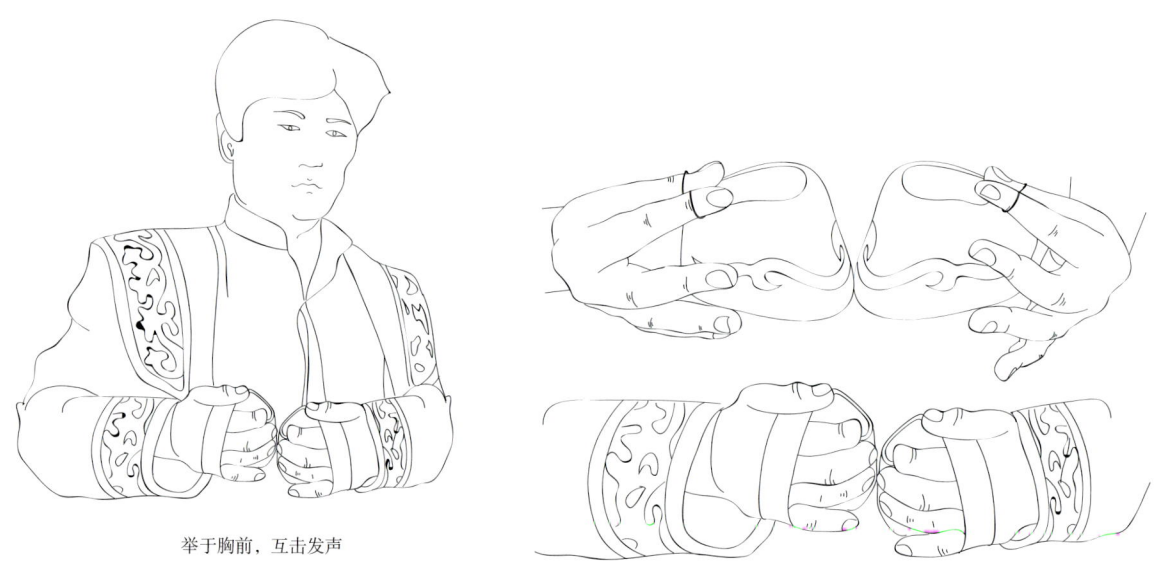

举于胸前，互击发声

图六　哈萨克族图雅克演奏方法图

哈萨克族轰尔奥

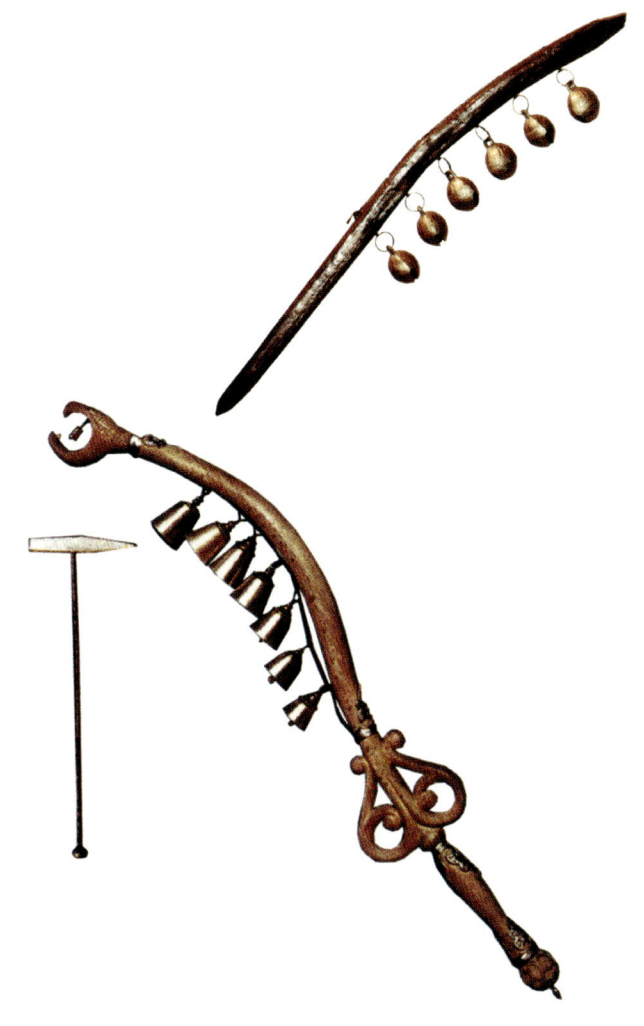

图一 哈萨克族轰尔奥主图

轰尔奥是哈萨克民间常用的一种独特的敲击乐器,它的主体是一根一尺左右的木棍,上挂若干铃铛,敲击时使用配套的一根金属棒,音质清脆悦耳,常作为伴奏乐器使用。这种乐器可能最早来源于宗教,后来作为歌舞演奏配乐使用。

轰尔奥的铃铛一般使用铜质,打制成球形或扁圆形,也有钟形。中下部开一条口,里面放有金属片。有时铃铛外部镀金或银。最后将大小不一、数量不等的铃铛穿起来就做成轰尔奥。上下左右摇击,便发出清脆响亮的声音。击打铃铛也与哈萨克人的生活有一些渊源。人们会在新生婴儿的摇篮上及领头羊的脖颈上佩戴轰尔奥,另外,这种铃铛也常常和一些传统乐器相结合,民间艺人将响铃缀在冬不拉、库布孜等乐器上,演奏时摇动，为乐曲伴奏。

这种乐器在少数民族间广泛流行，许多民族乐队中使用的马铃，与轰尔奥的用法类似。但是轰尔奥发声原理更加复杂，通过多个铃铛的组合敲击产生此起彼落的悦耳之声，为乐曲添加了丰富而欢乐的氛围。

图片来源

图一　努尔兰·穆哈泰：《哈萨克民间乐器集锦》，新疆科学技术出版社，2009.

图二至图六　刘颖　制图

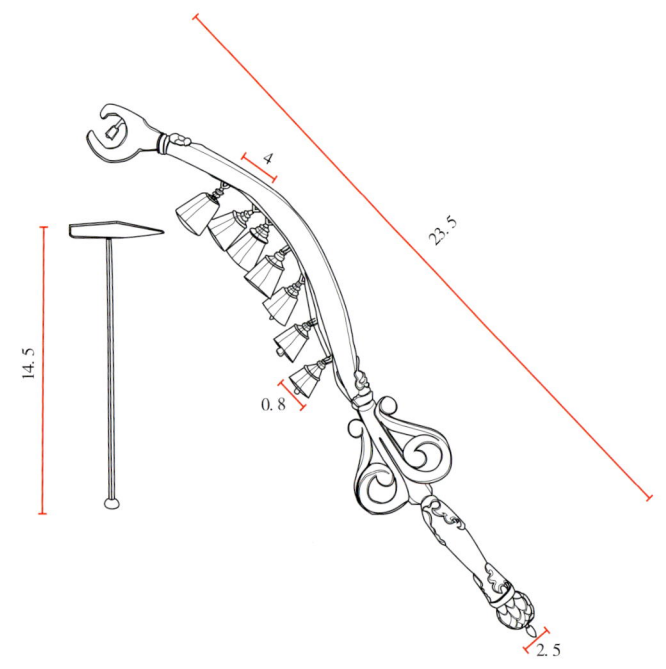

图二　哈萨克族轰尔奥尺寸图（单位：cm）

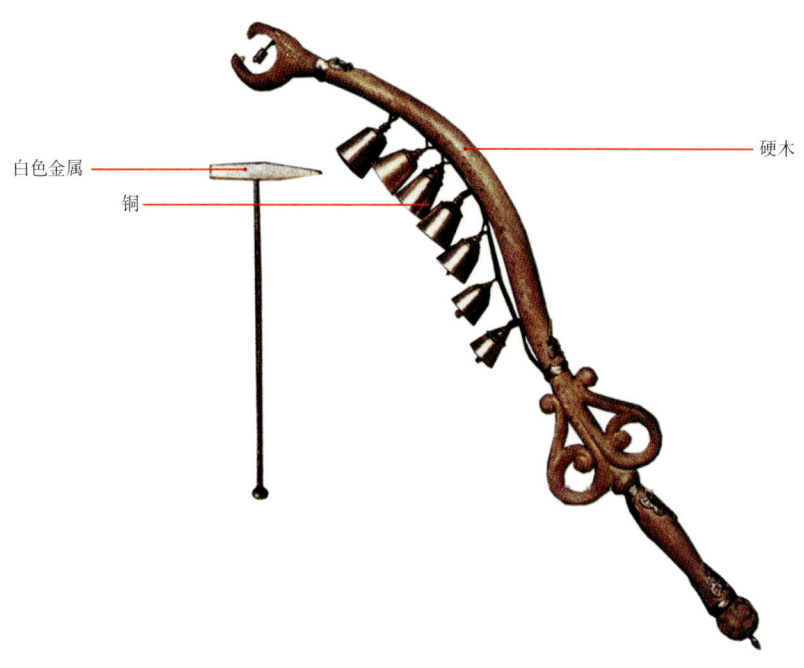

图三　哈萨克族轰尔奥材质分析图

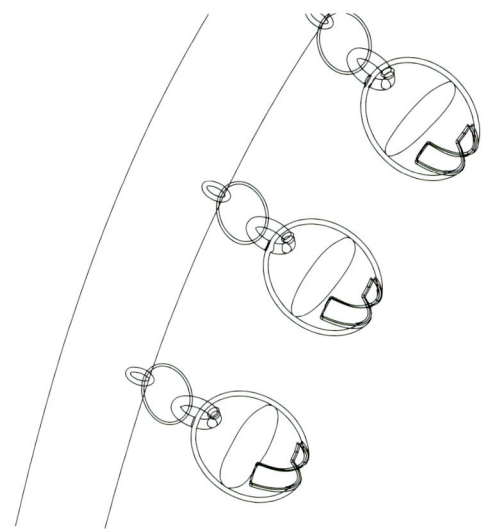

金属环相互嵌套链接

图四 哈萨克族轰尔臭链接方法图

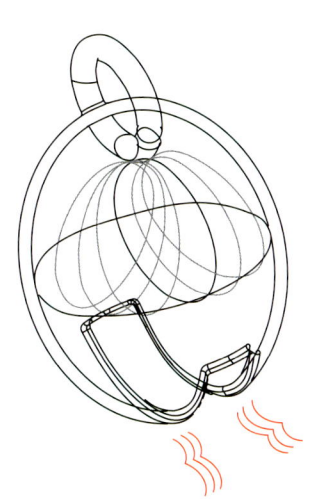

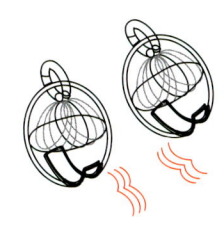

金属棒击打单铃，单铃内置金属片晃荡撞击外壁而发声，铃铛之间互击发声

图五 哈萨克族轰尔臭发声原理图

新生婴儿的摇篮

领头羊

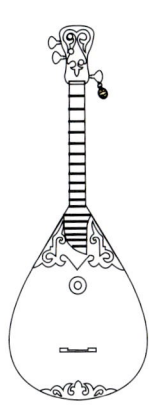

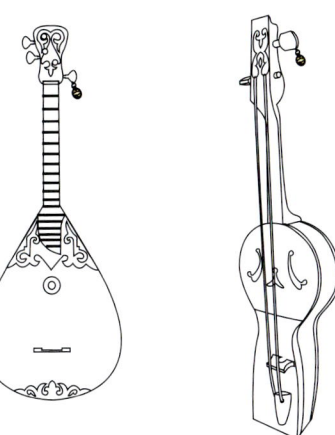

民间艺人将响铃缀在冬不拉、库布孜等乐器上，为乐曲做伴奏

图六 哈萨克族轰尔臭衍生使用情景图

第四章 哈萨克族传统生活用具

哈萨克族杜德哈

图一 哈萨克族杜德哈主图

杜德哈是哈萨克族一种传统的摇击乐器，基本形态为直木中间穿一椭圆皮质共鸣筒。乐器高约 60 厘米，筒体约 20 厘米，手持摇晃乐器，筒体上的铜铃、铁环相互撞击发出声音。其音调高、响度大、音色明亮、悠扬，古时用于指挥士兵与发号施令，现今常在民族舞蹈表演中用于伴奏。

杜德哈由圆柱形木手柄和畜皮共鸣筒两部分构成，手柄选用的材料一般是桦木，桦木较挺直且有一定柔韧性，适合制作这类手持乐器。杜德哈的手柄长度、粗细适中，便于手握。桦木手柄穿过共鸣筒腔体并用金属箍固定。共鸣筒由八条金属拱棱为骨架，拱棱材质为铜或铁。共鸣筒内部盛装若干铁环，摇动时发出清脆的撞击声。共鸣筒骨架制作完成后，要在其表面蒙以畜皮，并用铁线圈箍住共鸣筒中间，铁线圈上悬挂若干皮穗，皮穗上系铜铃，以增加摇动时的音量。共鸣筒两头则采用金属箍将畜皮固定于手柄上。共鸣筒底端的手柄部分常绘以哈萨克族传统图案进行装饰，共鸣筒顶端的手柄部分以皮穗装饰，并用金属环固定。手柄的首尾两端均以金属片进行包边处理，防止在使用过程中磨损。

杜德哈起源于战事，现今它的传统功能已经不复存在，演化成为一种拥有独特演奏方式的伴奏乐器。杜德哈共鸣筒内部的铁环在摇动时撞击木质手柄、金属棱与畜皮，多种材质的相互碰撞造就了杜德哈独一无二的音色。木材与金属、畜皮的搭配也体现出哈萨克族原始的生态美感；手柄上雕刻的纹饰亦体现着哈萨克人的动物崇拜与自然崇拜的信仰。杜德哈独特的音色、造型和装饰都具有浓郁的草原文化气息。

图片来源
图一、图三、图四　吴栋　制图
图二、图五、图六　徐林、伏涛　制图

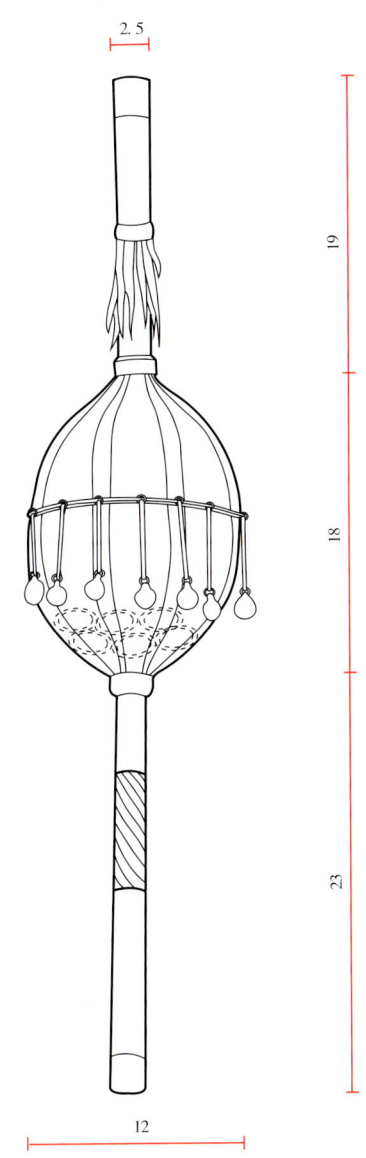

图二　哈萨克族杜德哈尺寸图（单位：cm）

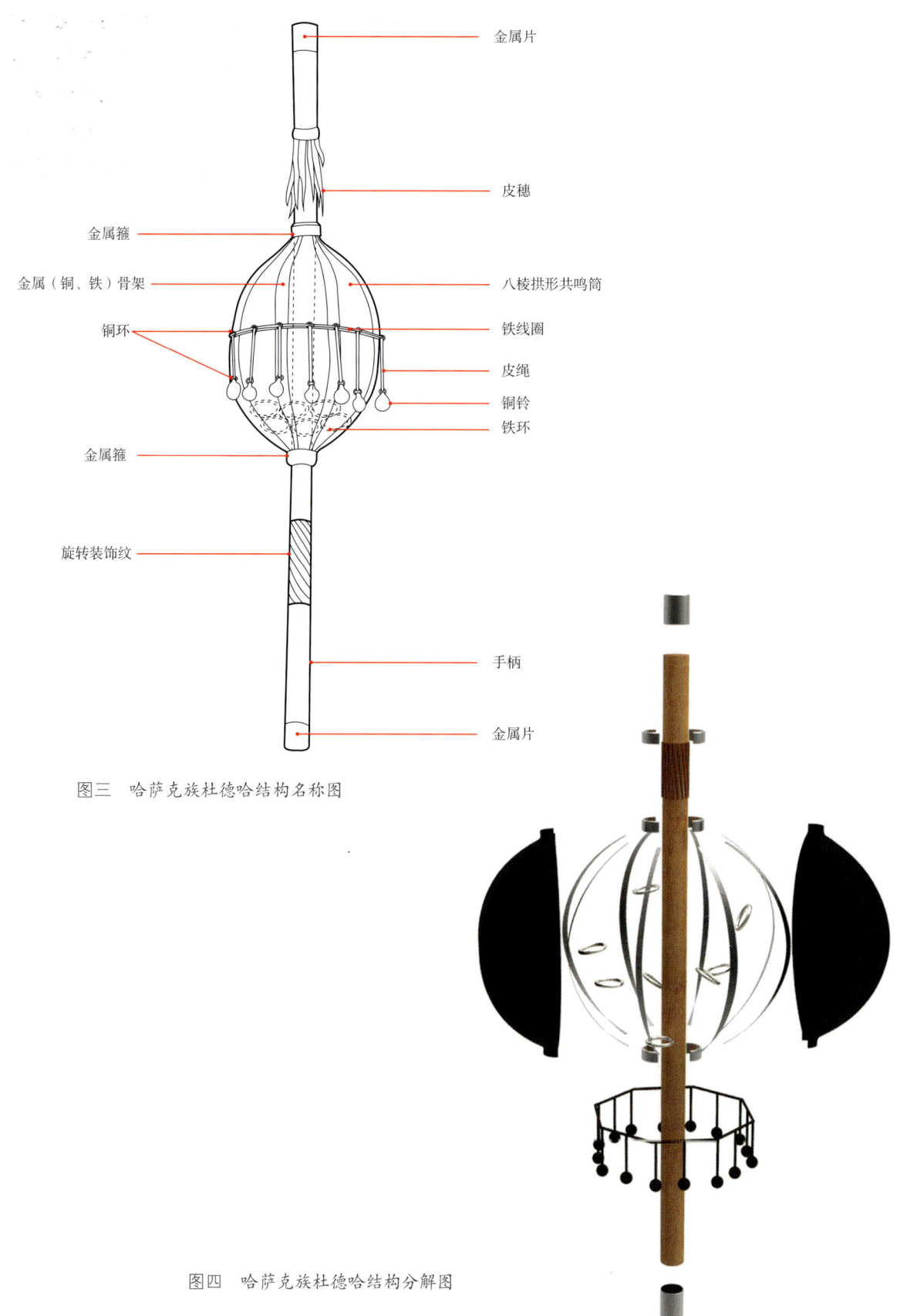

图三 哈萨克族杜德哈结构名称图

图四 哈萨克族杜德哈结构分解图

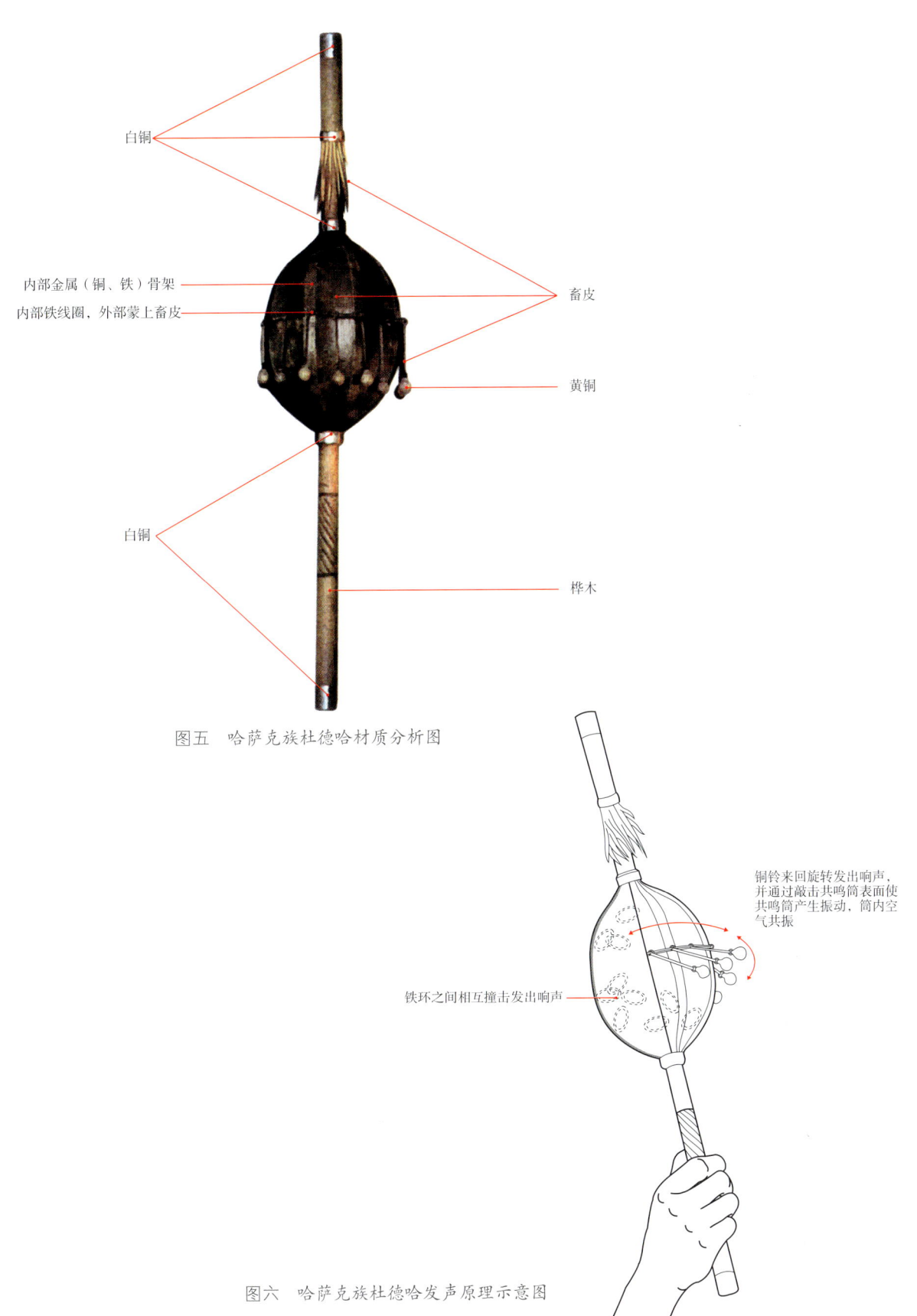

图五　哈萨克族杜德哈材质分析图

图六　哈萨克族杜德哈发声原理示意图

哈萨克族萨合畔

图一　哈萨克族萨合畔主图

萨合畔是哈萨克族古老的摇击乐器之一。萨合畔现在主要有两个品种：一种是在传统基础上改良而成的叠式萨合畔，造型和使用方式与摇铃相似。另一种是旋转式萨合畔，使用方式与藏族的转经筒类似。萨合畔主要是用木板和金属扣件连接制作而成，其音色明亮清脆，在民族乐曲合奏中主要作为伴奏乐器使用。

叠式萨合畔一般长25厘米，整体呈扇形，主要由手柄与音板组成。它的制作十分简易，只需在开杈的木棍上固定几块木板，摇动使其相互碰撞或者有节奏地拍打手掌即可发出声响。旋转式萨合畔的制作则相对复杂，主要分为握柄、音板、U型木架、木制齿轮四个独立的部分。首先要准备手柄，常以核桃木一类的硬木制作，中心掏一个直径约5至8毫米的空洞，深约3至5厘米，用以固定中轴。再单独制作木质齿轮，将直径约3至4厘米的圆柱实木砍削成齿轮状，中心掏空穿插金属轴，空洞的直径必须小于中轴。然后再制作出一块拱形木，上面固定能够触及齿轮的音板，拱形木两边用金属片固定在轮轴上。木块和拱形木的吻合处用铜片固定，其外部雕镂各种花纹。持手柄旋转时，木片与齿轮相互撞击发出悦耳的、有节奏的声响。

古时候牧童用硬木削制许多长约一拃（手掌张开，大拇指和中指两端的距离），宽二三指的木板，并在木板上打眼将其用绳子穿起来，通过使之相互撞击而发出声音来驱赶羊只。这就是萨合畔的雏形，与快板十分相似。随着时间推移，萨合畔用于放羊的功能已经弱化，作为乐器的功能得到发展，在形制上也产生了变化，使它更适合给乐曲伴奏。传统的萨合畔音质清脆悦耳，通过在制作方法、材质和演奏技巧上的不断改良与完善，现代的萨合畔音色更为饱满，富有变化，使它成为很有特色的民族乐器之一。

图片来源

图一　图一　努尔兰·穆哈泰：《哈萨克民间乐器集锦》，新疆科学技术出版社，2009.

图二、图六、图七　伏涛　制图

图三至图五　徐靓　制图

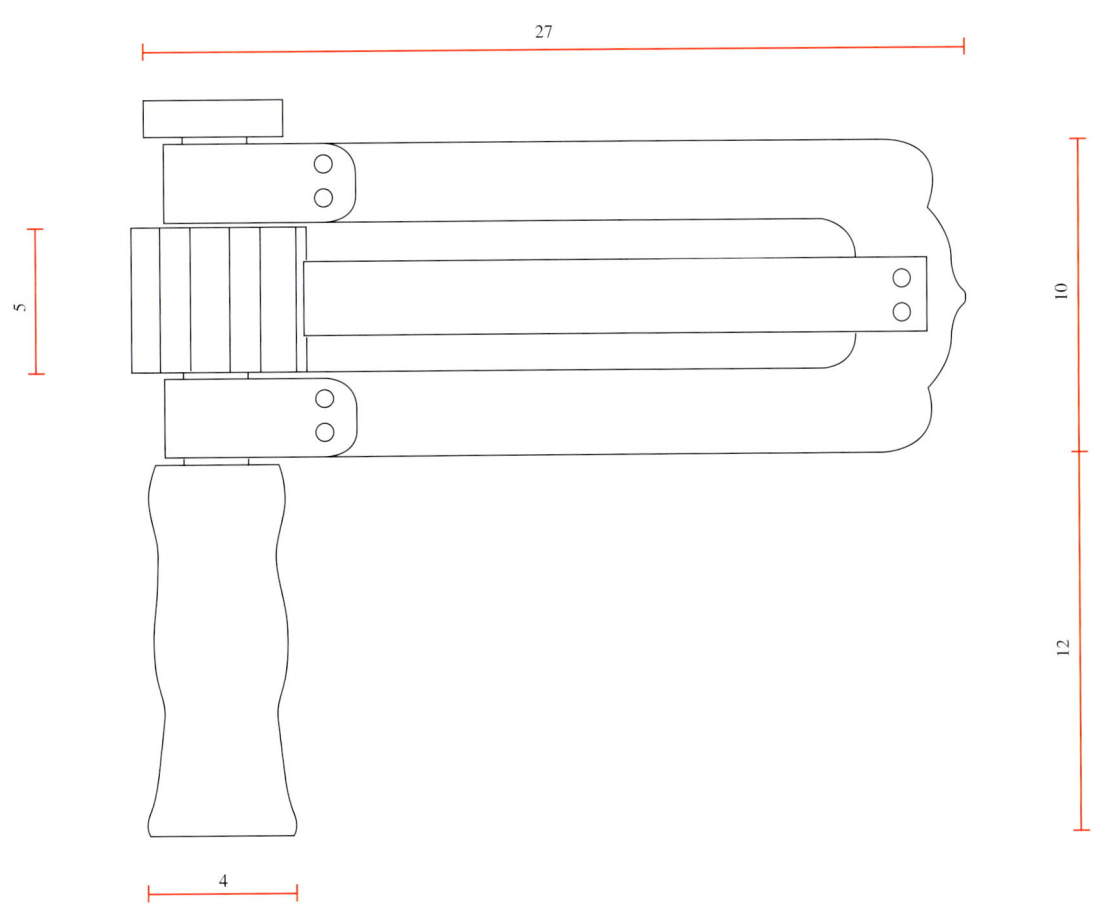

图二　哈萨克族萨合畔尺寸图（单位：cm）

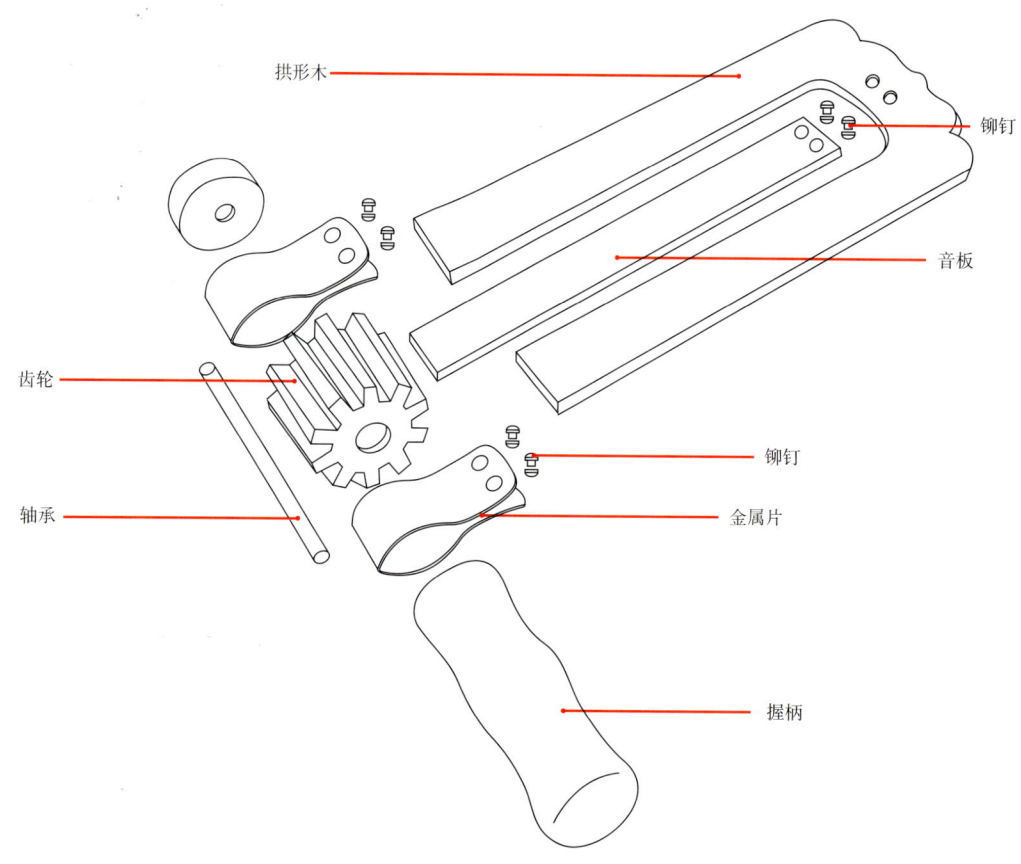

图三　哈萨克族萨合畔结构名称图

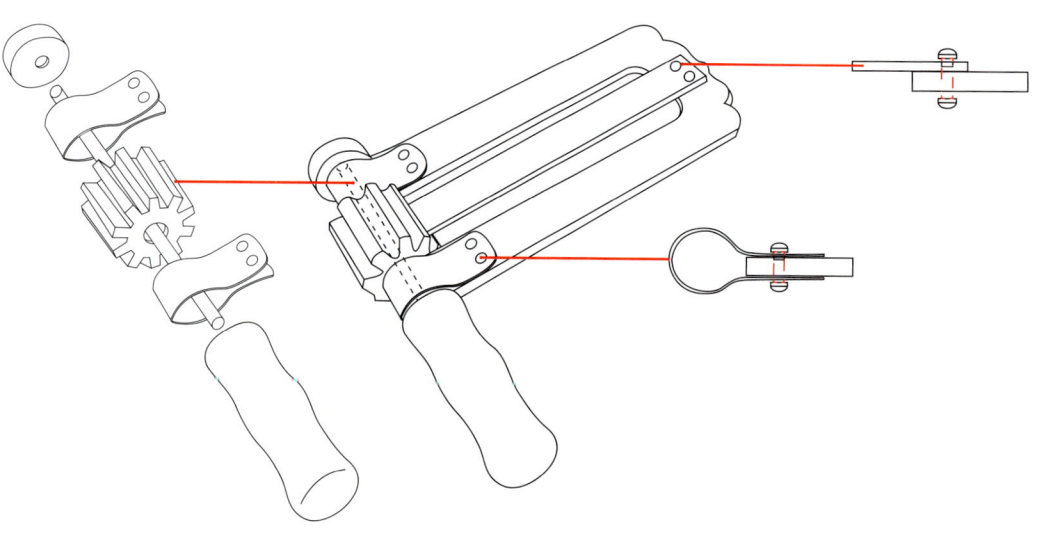

图四　哈萨克族萨合畔细节组装图

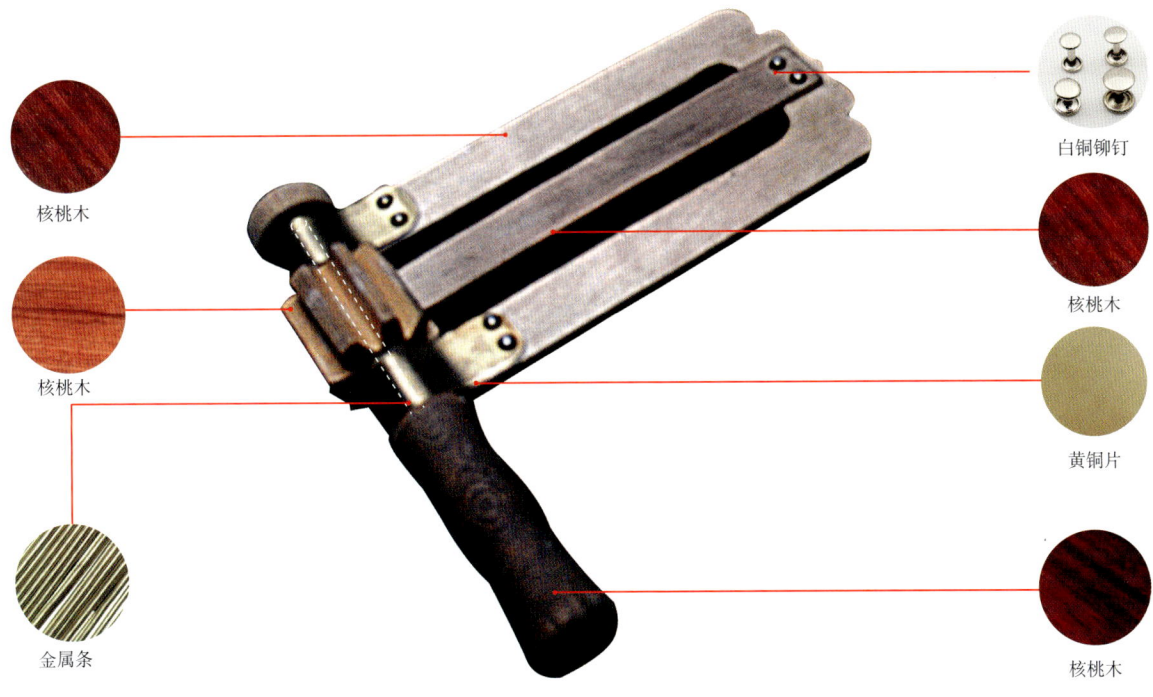

图五　哈萨克族萨合畔材质分析图

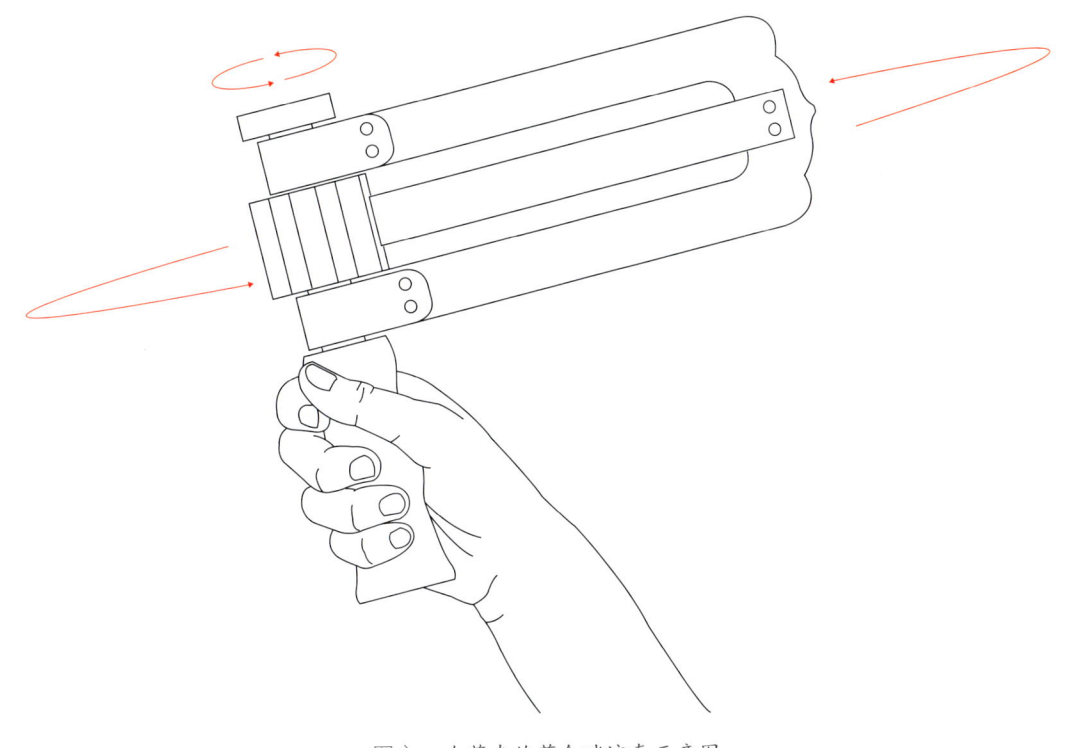

图六　哈萨克族萨合畔演奏示意图

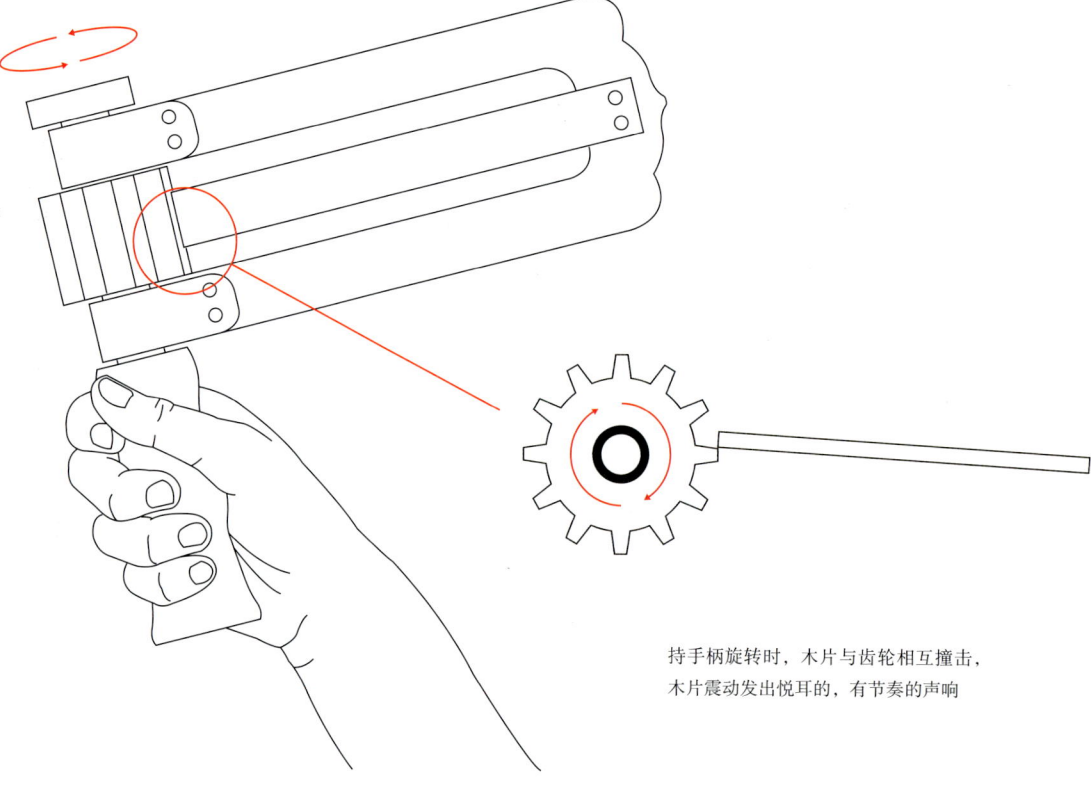

持手柄旋转时，木片与齿轮相互撞击，木片震动发出悦耳的、有节奏的声响

图七 哈萨克族萨合畔发声原理示意图

哈萨克族沙尔特勒达吾克

图一　哈萨克族沙尔特勒达吾克主图

沙尔特勒达吾克是哈萨克族传统乐器。其主要利用了皮带相互撞击发出声响的原理创制。沙尔特勒达吾克的形制相对比较多样，主要取决于皮带的长短，一般长约60至65厘米。早期牧人、猎手常使用这一器具驱赶羊群或猎物，到后来发展为乐器，在民族乐队合奏中作为一种独特音色存在。

沙尔特勒达吾克的制作相对简单，只需将加工的熟畜皮裁制成两条二三指宽的皮带，叠在一起用金属制的皮带箍将两边固定在木制的手柄上即可。手柄的材质采用核桃木或者桦木，打磨成适合手握的曲线造型之后，刷一层漆起到装饰与保护的作用。除了木质手柄，还有一种用皮革编织而成的手柄。演奏者握住手柄将两条皮带向两边猛拉，两条皮带相互拍击发出响亮的声音。

勤劳的哈萨克人在游牧生活中发现某些工具的使用会发出各种声响愉悦身心，受此启发他们创制出相应的乐器。沙尔特勒达吾克就是其中之一，它发声原理简单，声色清脆响亮，是草原文化特有乐器的典范。

图片来源
图一、图四　吴栋　制图
图二、图三、图五　伏涛　制图

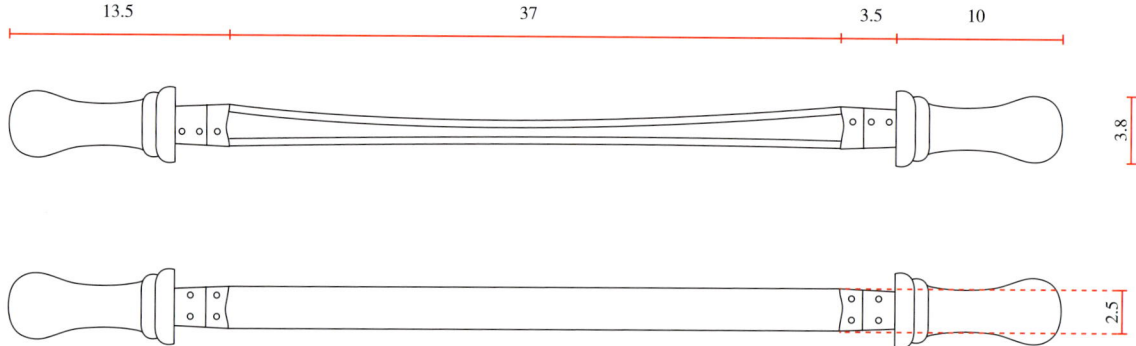

图二　哈萨克沙尔特勒达吾克尺寸图（单位：cm）

图三　哈萨克族沙尔特勒达吾克材质分析图

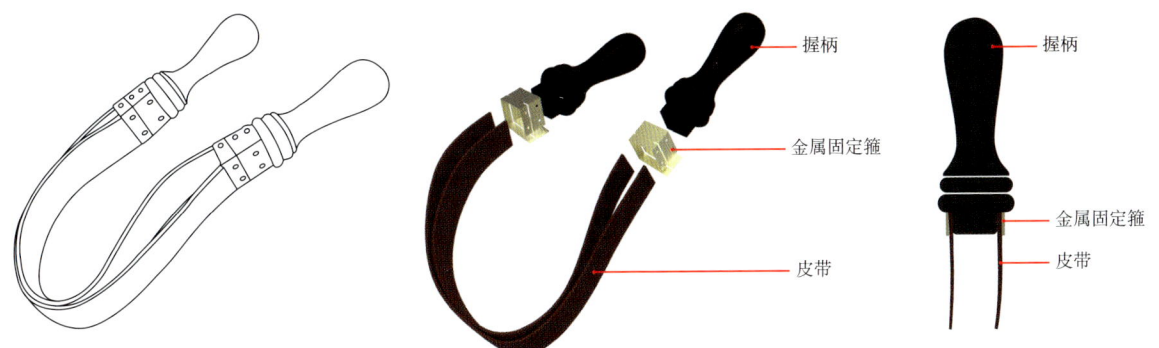

图四 哈萨克族沙尔特勒达吾克结构分析图

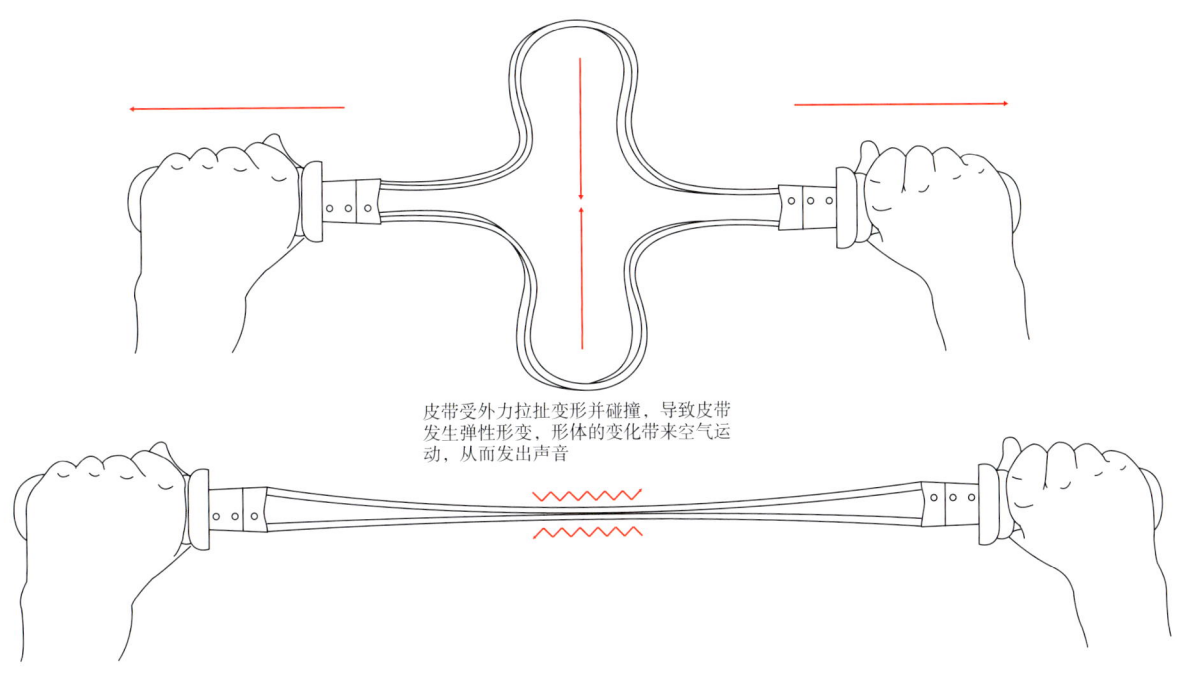

图五 哈萨克族沙尔特勒达吾克发声原理示意图

第五章 哈萨克族传统生产工具

哈萨克族火镰

图一 哈萨克族火镰主图

哈萨克族的取火器俗称火镰，是古老的工具，现存世稀少。它形如斧子，一般长约14厘米，宽6厘米，上窄下宽，宽处为镰状钢片，其余部分为牛革缝制，边沿缀有雕花镂纹兽形图案的银饰品，有的会镶宝石，上端有吊扣，用绳子连接，可方便携带。折缝的两片牛革间可装少量的火石和艾绒，取火时将火石和艾绒捏在拇指与食指间，用火镰撞击摩擦，溅出的火星碰上艾绒就着，接着用点着的艾绒去点燃牛粪等易燃物。

火镰一般由火石、火绒和钢片三部分组成。火石，一般产自河滩，是由河水冲刷，石头间相互碰撞摩擦而留下的质地比较坚硬的石头。这种石头能在高速撞击时产生火花。也有从山里直接开采出来的，它的纯度比较高，所含成分和现代的火石相同。火绒，就是艾蒿的嫩叶，一种菊科多年生灌木状草本植物，在春夏之交将其叶片采摘晾干或阴干后用手揉成絮状待用。钢片一般会用一小块硬度不太强的普通钢条，打造成弯弯的镰刀形状。人们会在钢条上刻上各种精美纹饰，并把一块皮革镶嵌在弯弯的钢条内，制成像现代女性手里拿的坤包样子，口上嵌有两块铁皮，其中一块带有磁性，不用时会自动把口封好，以防止包里装的火石、艾绒等丢失或受潮。接着再缀上一根好看的绳子，串上一颗不错的珠子或玉器或玛瑙，既增添观赏性，也反映了主人的地位和身份。

火镰在哈萨克传统游牧迁徙生活中起着关键作用。由于它为全手工制作，制造和取火时间长，没法量产，已经被现代的取火工具代替。但它与现代火柴与打火机相比也有自己独特的优势。火柴经不起潮湿，打火机会出现断油，而火镰即使在人迹罕至的地方都是安全可靠的。

图片来源

图一　涂苏别克·斯拉木胡力：《哈萨克民俗文化》，新疆科学技术出版社，2009.

图二至图六　陈方圆　制图

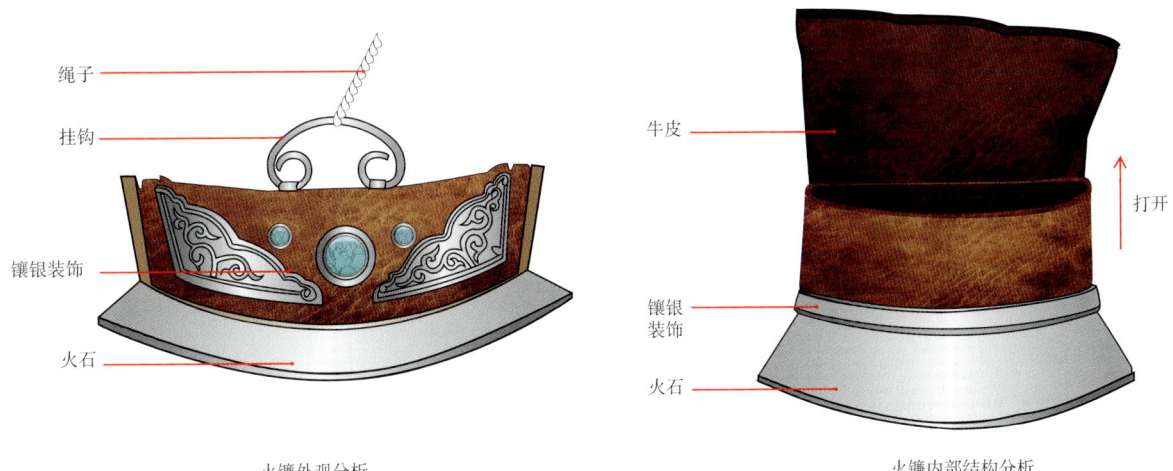

图二 哈萨克族火镰结构分析图

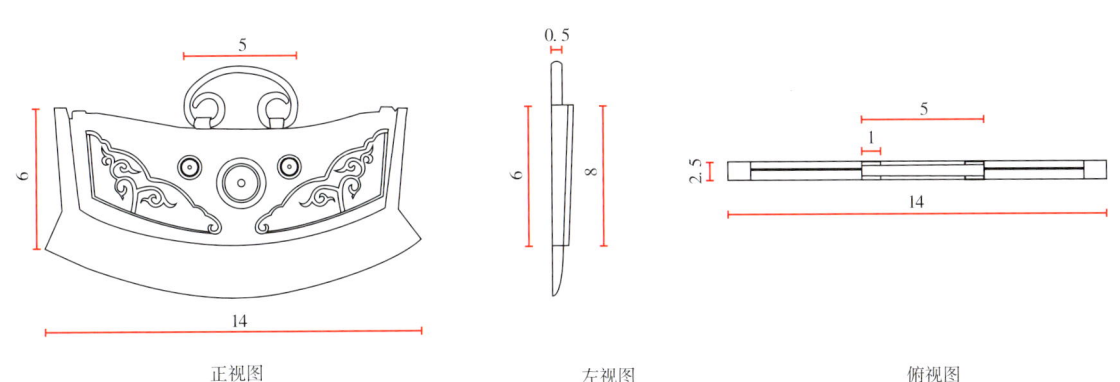

图三 哈萨克族火镰三视图（单位：cm）

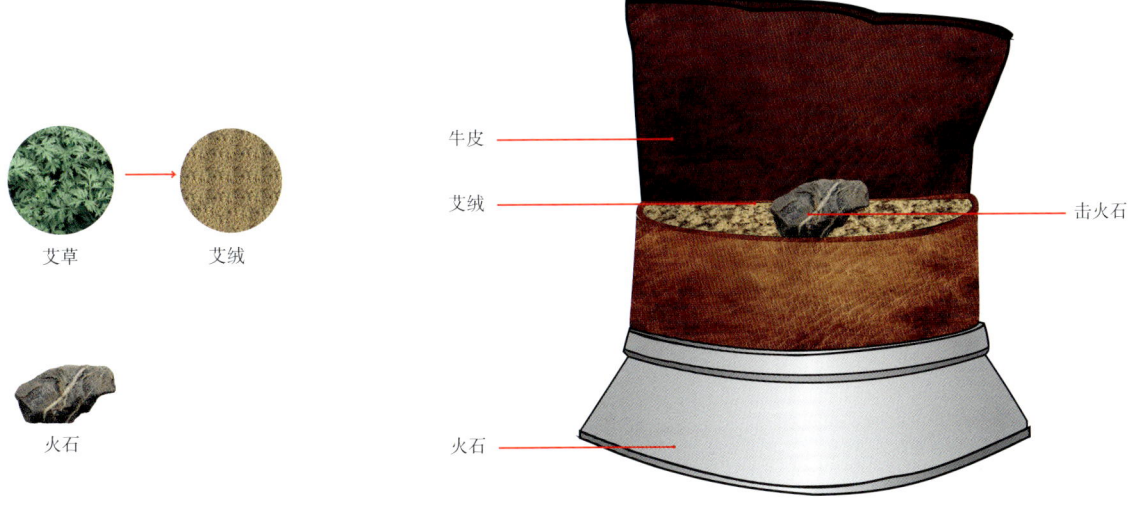

图四 哈萨克族火镰材质分析图

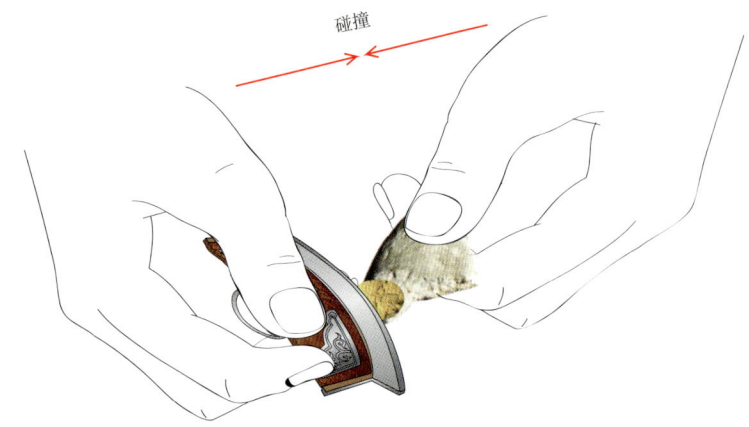

图五　哈萨克族火镰使用方式图

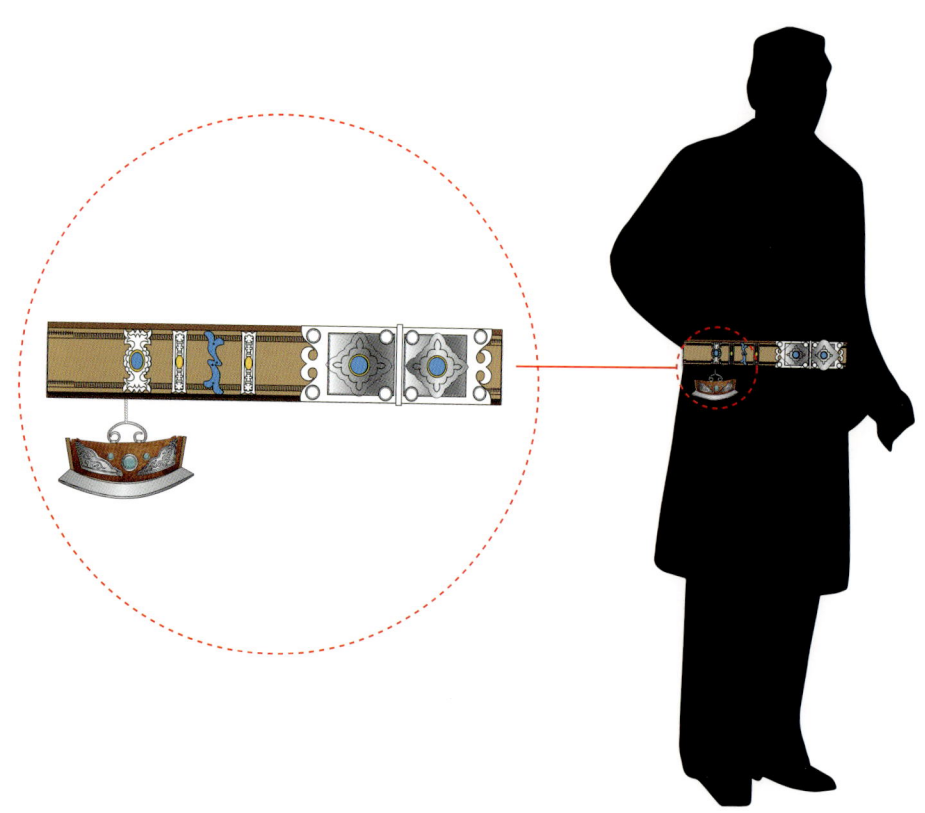

图六　哈萨克族火镰佩戴示意图

哈萨克族莫斯、奥夏克

图一　哈萨克族莫斯、奥夏克主图

莫斯和奥夏克是哈萨克牧民使用较多的铁质炊具。莫斯是用来悬吊烧水壶的三脚架形炊具，俗称吊炉。奥夏克是铁圈下有三根支脚，架放烧锅的炊具。两者的结构都便于移动，专门为临时炊烧所使用，适合长期迁徙的游牧生活。

莫斯由三根长约80厘米的铁棍组成。铁棍粗细约1.5厘米，三根铁棍的顶端有一个铁环，把三根铁棍连起来，铁环的下端吊有一个30多厘米长的吊钩，用来吊茶壶或水壶。烧煮时，将三根铁棍撑开形成三个固定点稳固吊炉，然后把茶壶吊在吊炉中间，下方用柴火加温即可。奥夏克也是哈萨克族牧民露天使用的炊具。主要部件是一个铁制的圆扁圈，下面有三条铁腿，有些讲究的会处理出器足。一般每个铁腿上都置有吊环，方便搬运，铁锅支放在铁圈上，即可以生火做饭。奥夏克铁圈的直径一般约50厘米，炉高40厘米。大致符合一个成年哈萨克妇女站立做饭的高度。奥夏克也有较高档的样式，主要是在铁圈和吊环以及腿脚上錾刻精美花纹。奥夏克构造简单，还有一种样式可以将铁腿进行拆卸组装，更为巧妙。莫斯和奥夏克都适用于牧民逐草而居的生活，携带搬运和临时使用都非常方便，每迁徙到一个新的地方，就可以马上搭设，在露天生火烧茶，煮肉做饭。

莫斯和奥夏克迄今还在发挥着作用，而且其简单、便携的功能和结构对于现代工具设计也有诸多启示：现代的户外野炊用具应尽量和它们一样原理简单，能临时组装，简易便携，并能适用于各种自然条件。

图片来源

图一、图九　涂苏别克·斯拉木胡力:《哈萨克民俗文化》, 新疆科学技术出版社, 2009.

图二至图八　陈方圆　制图

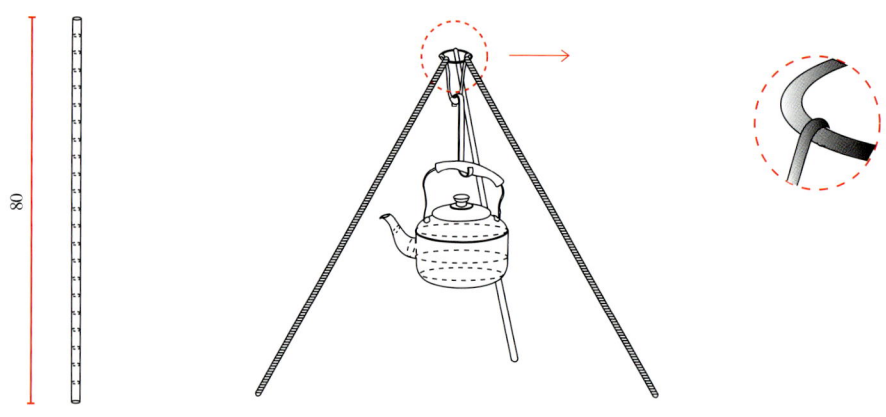

图二 哈萨克族莫斯结构图（单位：cm）

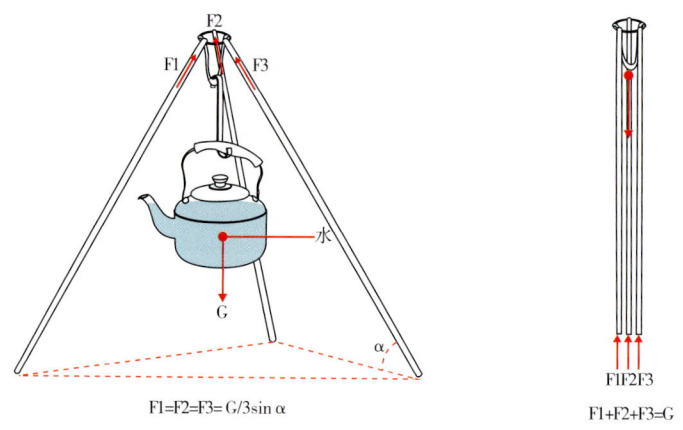

F1=F2=F3= G/3sin α   F1+F2+F3=G

图三 哈萨克族莫斯受力分析图

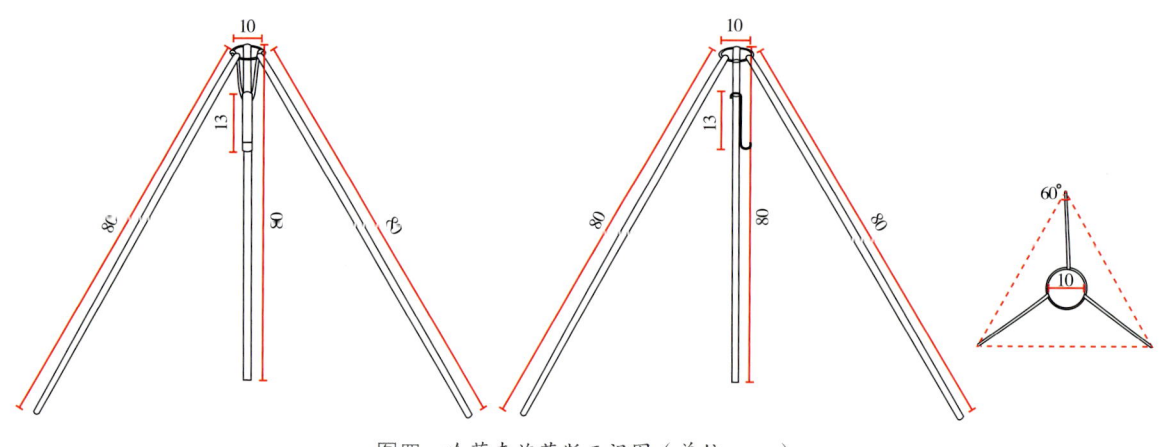

图四 哈萨克族莫斯三视图（单位：cm）

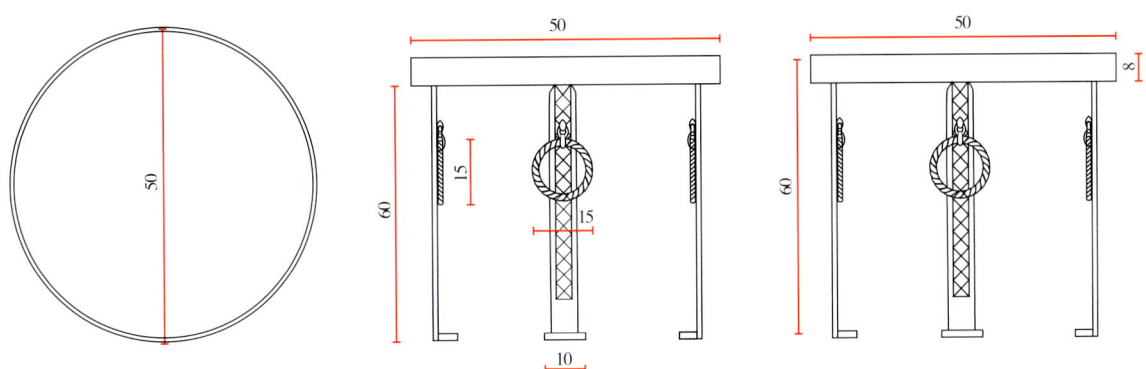

图五 哈萨克族奥夏克三视图（单位：cm）

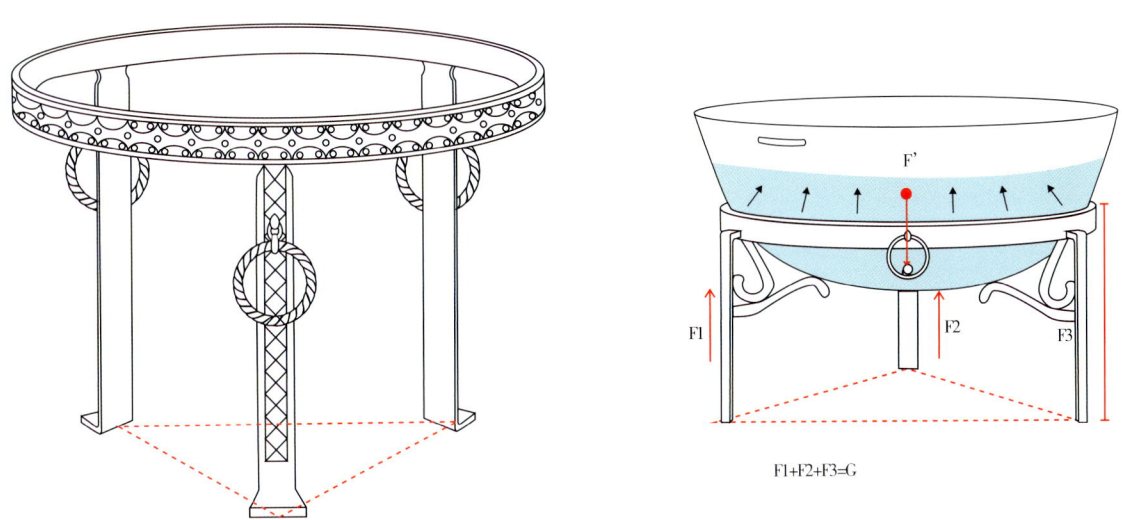

图六 哈萨克族奥夏克受力分析图

 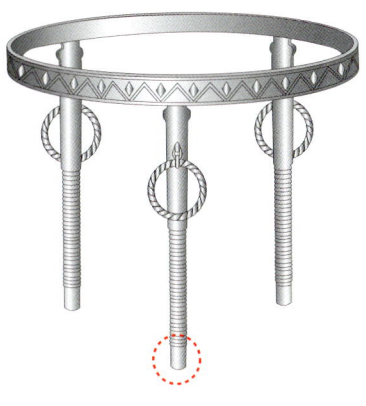 

图七 哈萨克族奥夏克形态示意图

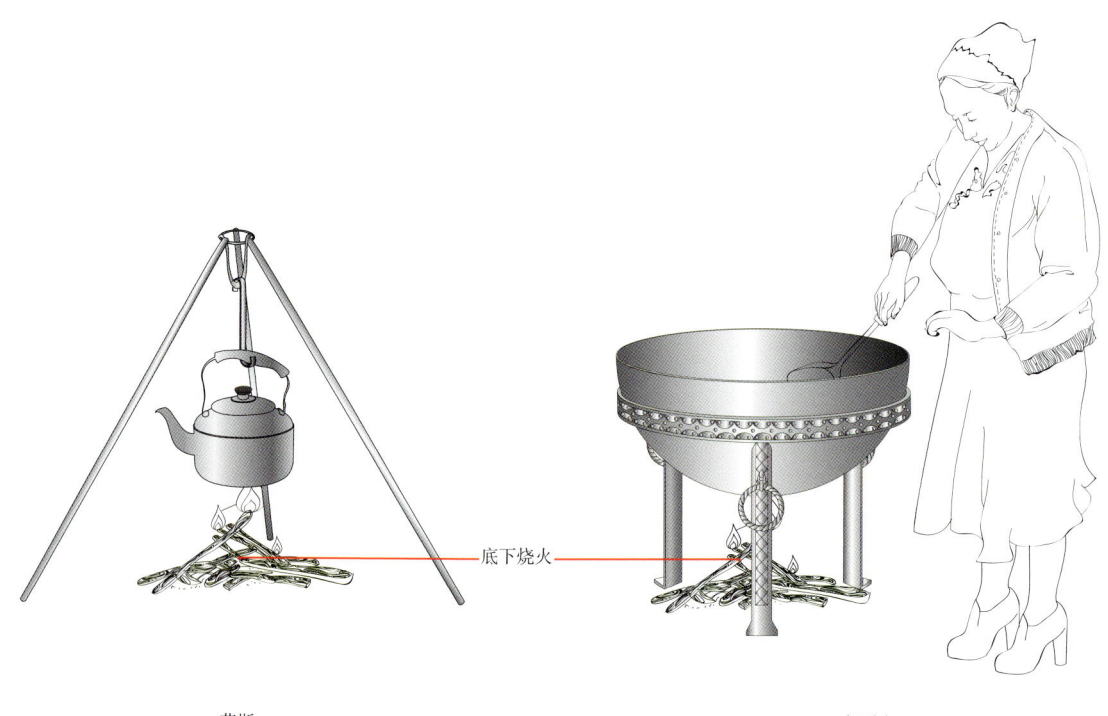

莫斯　　　　　　　　　　　　　奥夏克

图八　哈萨克族莫斯、奥夏克使用方法图

图九　哈萨克族莫斯使用情景图

哈萨克族乳制品生产

图一 哈萨克族乳制品主图

哈萨克族有着长期制作乳制品的历史与经验，《汉书·西域乌孙传》就载有"穹庐为室兮毡为墙，以肉为食兮酪为浆"的诗句，描写的是当时哈萨克族先民乌孙人以乳制品为食的生活状态。哈萨克人制作的各种乳制品，不仅营养美味，而且易于生产和携带，是他们日常的主要食品。

哈萨克的乳制品主要由羊奶、牛奶、马奶和驼奶制成，制作各种乳制品是哈萨克妇女世代相传的传统技艺，她们制作的乳制品种多样，味道独特，常见的有鲜奶子、奶皮子、酸奶子、酸马奶、马奶酒、舒巴特、酥油、奶疙瘩等。乳制品有多种分类方法，按储存类别分有干储类和非干储类两种。干储奶制品有：酥油、奶疙瘩等；非干储乳制品有鲜奶子、奶皮子、酸奶子等。按制作方式分有发酵类和非发酵类两种。发酵类乳制品有酸奶子、马奶酒等；非发酵类乳制品有鲜奶子、奶皮子等。按形态分有固态、固液混合和液态三种。酥油、奶疙瘩等是固态乳制品，适合存储运输；奶皮子则是固液混合；其余大部分为液态乳制品。按时节分可以分为春季、夏季和冬季三种。春季是挤羊奶的时节，母羊的泌乳期是 1~5 月，可以制作鲜奶子、奶皮子、酥油、奶疙瘩、酸奶子等乳制品。夏季是大部分牲畜产奶的高峰期，牛的泌乳期是 5~9 月，马奶的泌乳期为 6~9 月，哈萨克妇女利用牛奶、马奶可以制作大部分的传统乳制品，并开始为冬季准备干储乳制品。骆驼的泌乳期时间跨度较长，一年中几乎只有 3 月不产奶，所以秋季、冬季的非干储乳制品如舒巴特，大多是由驼奶制作而成。

以游牧为生的哈萨克族有着季节性的饮食习惯，在鲜奶高产的夏季，他们就以乳制品为主食，而冬季则以面食、肉食为主，以干储奶制品为补充。乳制品的生产不仅是哈萨克族生活的重要组成部分，其也蕴含着哈萨克族独特的礼仪民俗文化。现如今，随着经济的进步、旅游资源的逐渐开发，传统乳制品更是受到来自外地游客的喜爱，哈萨克族的传统饮食慢慢走出毡房，甚至有了自己的食品品牌，在现代市场中获得认同。各种丰富的乳制品也是了解哈萨克民间文化的一个窗口。

图片来源

图一　楼望皓：《新疆穆斯林饮食文化》，新疆青少年出版社，2012.

图二、图四　刘金玲、闫雪　制图

图三、图五　龙奕柯、闫雪　制图

图六　陈方圆、龙奕柯　制图

图七　马晓雯、龙奕柯　制图

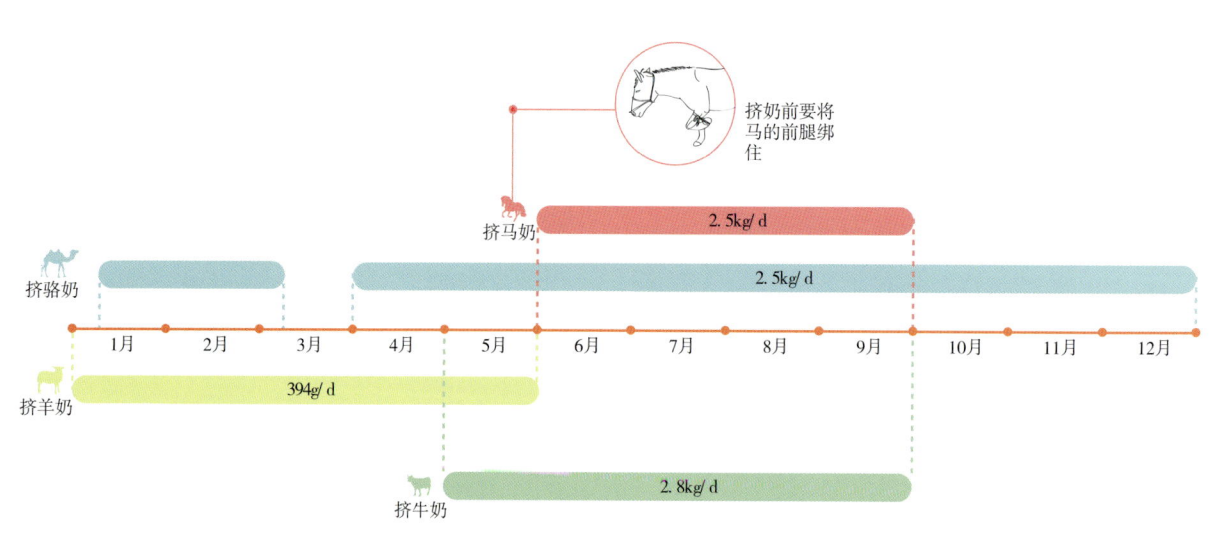

图二　四畜产奶时间示意图

	鲜奶子	奶皮子	酥油	奶疙瘩	酸奶子	马奶酒	柯莫孜	舒巴特
牛奶	✓	✓	✓	✓	✓			
羊奶	✓	✓	✓	✓	✓			
马奶	✓				✓	✓	✓	
驼奶	✓							✓

图三　哈萨克乳制品分类图

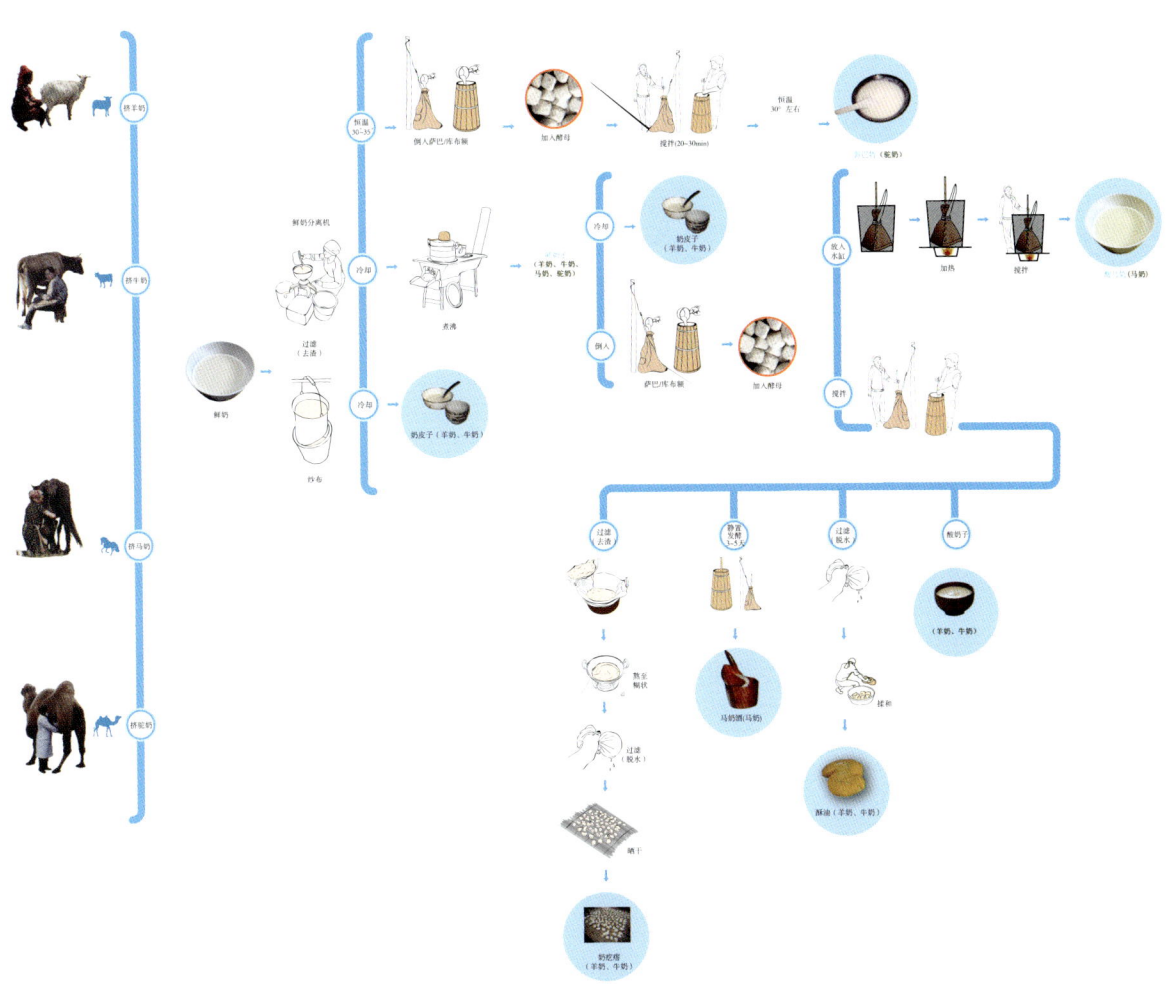

图四　哈萨克族乳制品制作工序图

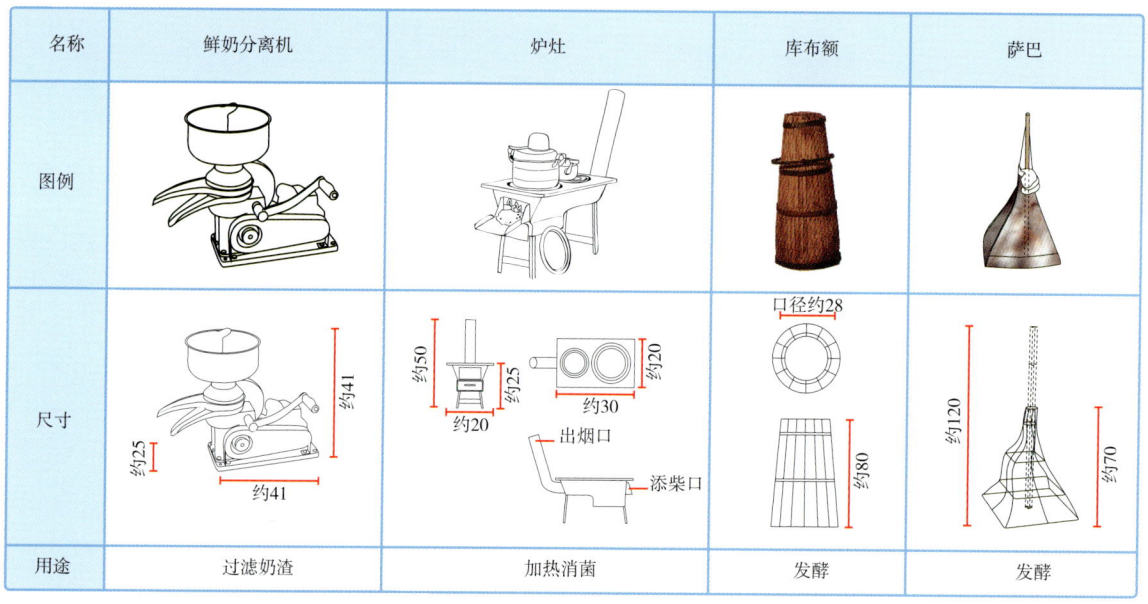

图五　哈萨克族乳制品制作工具图（单位：cm）

图六　哈萨克族乳制品盛放工具图（单位：cm）

种类	水分	干物质	脂肪	蛋白质	乳糖	灰分
马乳	89.0	11.0	1.6	2.3	6.7	0.4
奶牛乳	87.4	12.6	3.9	3.3	4.7	0.7
山羊乳	87.0	13.0	4.5	3.3	4.6	0.6
绵羊乳	81.6	18.4	7.5	5.6	4.4	0.9
骆驼乳	87.1	12.9	4.2	3.7	4.1	0.9

图七　家畜乳的化学成分图

哈萨克族转场

图一 哈萨克族转场主图

哈萨克族是一个游牧民族，牧民们为了寻找理想的牧场和水草来喂养牲畜，也为了适应四季气候特点和生活需要，每年要进行四次大规模和多次小规模的举家搬迁，常常进行穿越戈壁、翻越雪山的长距离迁徙，从而形成独特的游牧转场文化。

根据山地海拔高度的差异，哈萨克族的放牧区域形成了3种垂直分布的牧场：春秋牧场、冬牧场和夏牧场。哈萨克人根据不同季节的特点进行"逐水草而居"的放牧转场：每年6到8月，牧民将牲畜赶往山顶的夏牧场，夏牧场位于水草丰盛、树木成荫的阳坡地带；9到11月前往山腰处较为平坦的秋牧场；12月至次年2月，再迁往雪少、向阳、避风的冬牧场，利用冻干的牧草和储备的干草让牲畜过冬；3到5月，牧民将牲畜赶到春牧场，春牧场在水草丰盛的阳坡地带。在转场之前，牧民要做好充分的准备工作。首先与亲戚和邻居定好转场行程路线和时间，约定好宿营地点。然后清点牲畜，将病弱残疾的牛羊变卖处理，防止在途中夭折，并为剩下的牛羊冲洗"药浴"，预防疾病。接下来对毡房进行修补，钉好马掌，整理鞍具，妇女在家中修补围毡，清洗和晾晒花毡及衣物，备好转场途中所需的食物：奶酪、包尔沙克、肉干等。在转场过程中，为了保证人畜的安全和道路的通畅，也为了避免牲畜践踏牧地，牧民须按固定的"牧道"前行。各个牧场、牧民邻里和牧村之间都有"牧道"相通。转场当天，牧民早起拆卸毡房，将骆驼依次排队，从领头的骆驼开始，用两根对折的长绳从骆驼肚皮下面穿过，在两个驼峰之间放置花毡作搭背，保护骆驼脊背，防止磨破，然后将毡房格扇捆上驼身，再在格扇之上放置其他大件物品。在迁徙队伍中，一般由主妇骑马领路，负责照看孩子，后面跟随着运输毡房、食物和日用品的骆驼队，男人们在队伍的最后负责驱赶缓缓向前的羊群和牛群。黄昏来临之时，转场队伍卸下帐篷露营，将之搭好，女人们准备晚餐，男人们再次清点自家牲畜，查看有无生病受伤的牛羊，孩子们则去捡拾树枝和牛粪作为燃料生火做饭。

转场是牧民采用的一种与自然环境相适应的游牧经济与生产方式。牧民们尽可能合理地利用草地资源，一方面使自然环境保持良好的状态，另一方面，让牲畜茁壮成长，从而能够持续获得生活和生产资料，最终令以自然资源为生存基础的游牧经济能形成"代际平等"。

图片来源

图一、图八　涂苏别克·斯拉木胡力：《哈萨克民俗文化》，新疆科学技术出版社，2009.

图二　龙奕柯　制图

图三、图四、图七　刘金玲　制图

图五、图六　阿斯力汗·巴根：《哈萨克毡房文化》，新疆青少年出版社，2001.

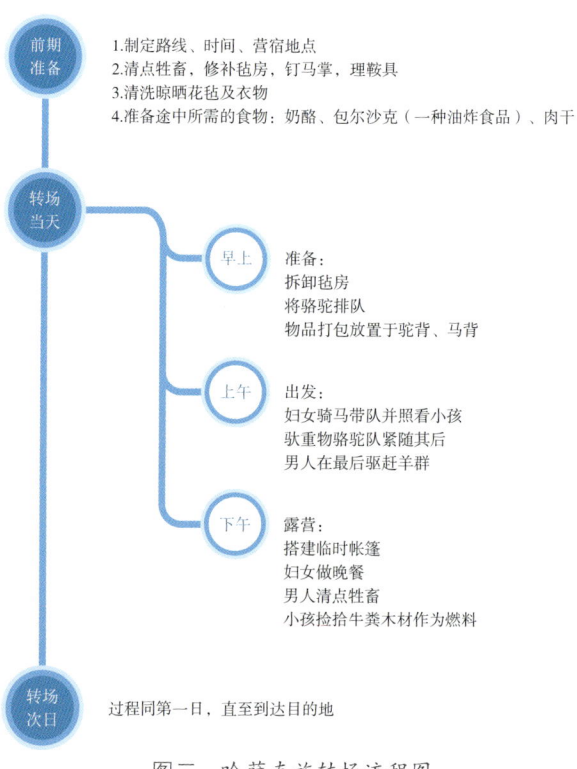

图二　哈萨克族转场流程图

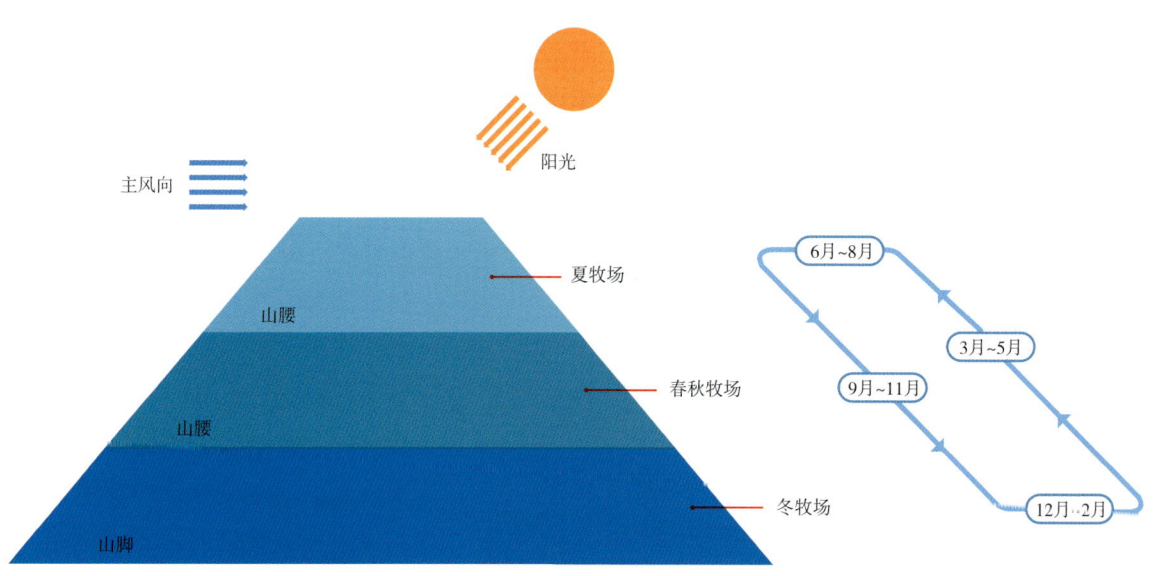

图三　哈萨克族山区转场地理示意图

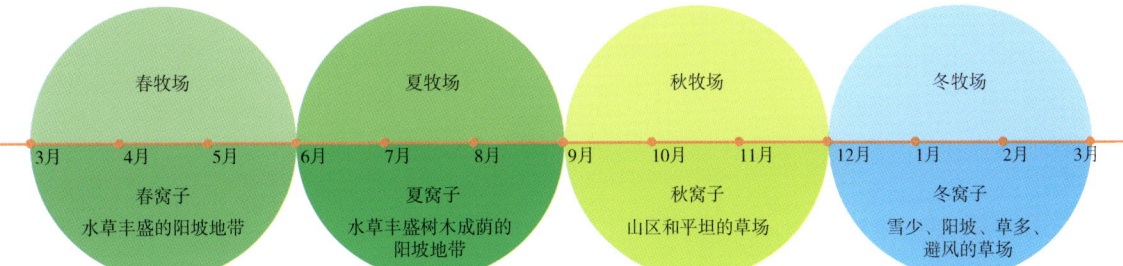

图四　哈萨克族转场区域转换图

图五　哈萨克族转场主要运输工具

图六　哈萨克族转场途中搭建临时帐篷

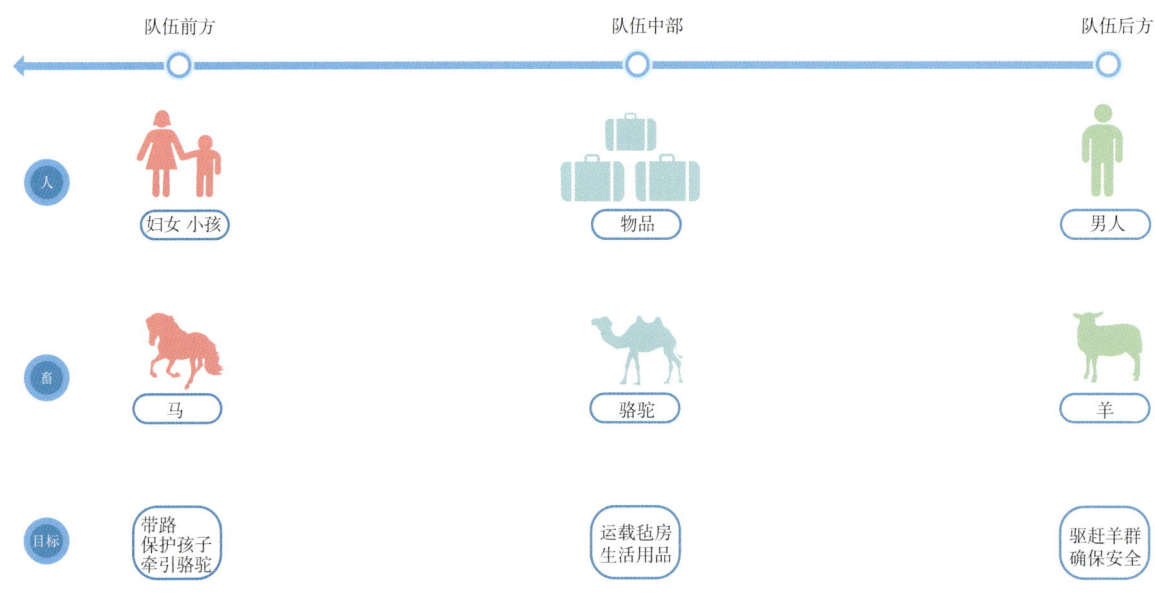

图七　哈萨克族转场队伍组成图

图八　哈萨克族转场物品打包

第六章 哈萨克族传统手工艺

哈萨克族宝石加工工艺

图一　哈萨克族宝石加工工艺主图

宝石加工工艺，即将天然石料和矿晶石研磨加工成可以装饰用的珠宝。哈萨克草原有着丰富的石料矿藏，因而哈萨克族先民很早就发明并广泛使用宝石饰品加工技术，哈萨克人喜欢宝石，也爱在各种戒指、挂饰、腰带、马鞍具等服饰和日用品上镶嵌宝石，使之造型美观，精巧玲珑。哈萨克人也用宝石作为流通之物，用于他们转场迁徙与商贸活动。在古代，从中原沿西域至中亚、中东这一辽阔地域，曾有一条由游牧先民开拓出的宝石之路。

在哈萨克，最为流行的宝石是玛瑙、青金石等，它们的共同特点是颜色鲜艳，质地晶莹，光泽灿烂，坚硬耐久，在过去也作为流通货币的一种。哈萨克人通过宝石加工工艺将这些原材料变得更加精美有价值。现代宝石加工的工序大致分为选料设计、切削出坯、细磨雕琢、抛光、清洗和组装六个步骤。每个步骤都能再细分，并使用不一样的工具。首先是选料设计，由专门的采矿人负责采出好的矿石，再由工匠挑出适合加工的宝石原料，并设计出最后加工的形状。其次是切削出坯，用开石机和修整机把石料切削出所需要的坯形。然后将宝石用粘接材料固定在粘杆上进行细磨雕琢，研磨分手工和机械两种，主要使用盘磨机和轮磨机两种机械，雕琢的工具主要有铡铊、勾铊、磨铊、轧铊、钉子、棍子、串锤等。再然后就是用抛光机将研磨好的宝石抛光，使得宝石更加晶莹透亮。抛光后需要用清洗剂将宝石表面的粉尘洗干净。最后一步则是将加工好的宝石打孔，组装到需要装饰的物品上，至此完成整套宝石加工工艺。宝石的组装工艺分为镶嵌和串珠两种。串珠需要的工具有彩绳、针和剪刀。手法主要是将打磨好的宝石用绳子串联在一起，多应用在项链和手链等首饰辩饰上。镶嵌工艺比起串珠更为常用，需要锤子、镊子、钳子和锉刀等工具，镶嵌工艺多见在马具、首饰和生活物品上。

哈萨克族精湛的宝石加工工艺得益于丰富的矿物资源和自身装饰的各种需求。随着社会进步和工业化程度的提高，哈萨克族的宝石加工技术也在不断发展，其逐渐开始摆脱传统匠人匠作，形成一定规模的产业链。

现在正是哈萨克宝石加工工艺逐步被人们熟悉和喜爱上的最好契机。

图片来源

图一至图三、图五、图十三至图十五　涂苏别克·斯拉木胡力：《哈萨克民俗文化》，新疆科学技术出版社，2009.

图四、图六至图十二　徐靓　制图

玛瑙原石

海蓝宝石

多种多样的石料与矿晶体

图二　哈萨克族宝石加工原材料图

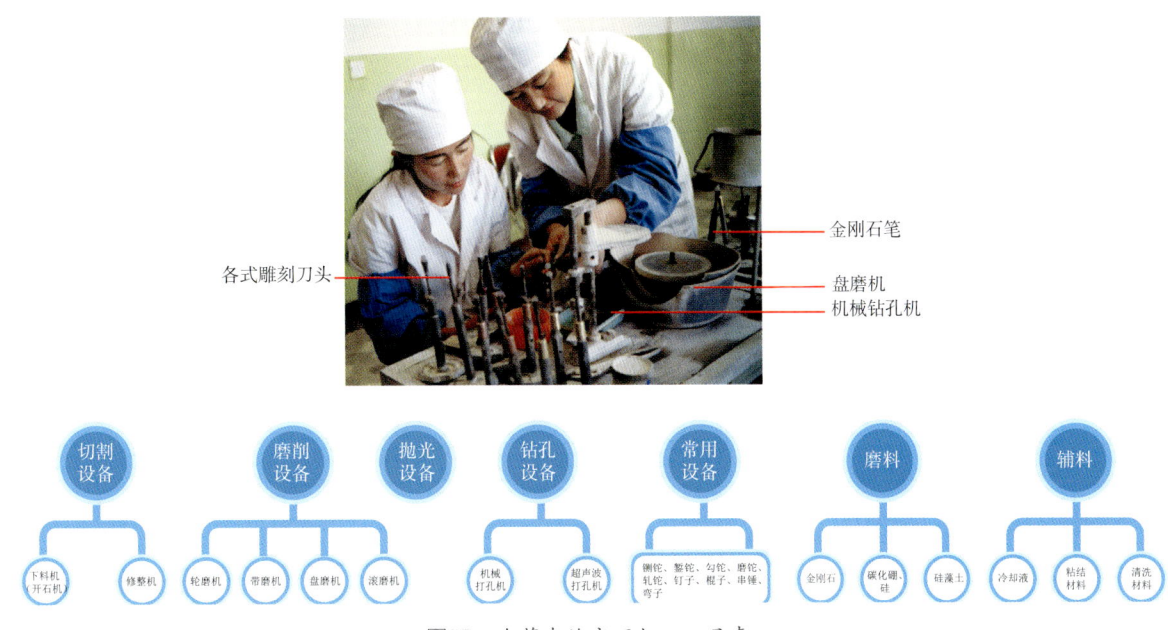

图三　哈萨克族宝石加工工具表

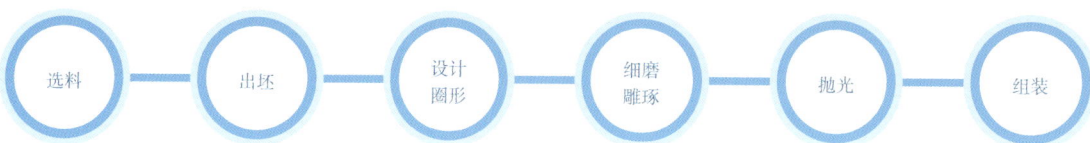

图四　哈萨克族宝石加工工艺流程图

采矿人

工匠挑选各种宝石

图五　哈萨克族宝石加工选材图

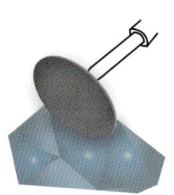
原料处理切割材料

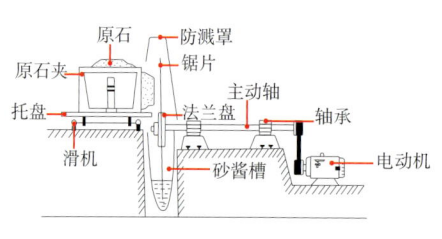
开石机的结构示意图

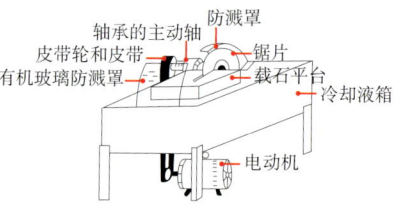
修整机的结构示意图

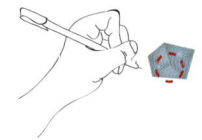
圈形打坯

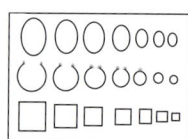
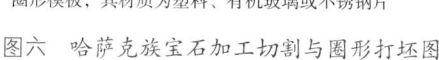
圈形模板，其材质为塑料、有机玻璃或不锈钢片

下料的毛坯形状

图六　哈萨克族宝石加工切割与圈形打坯图

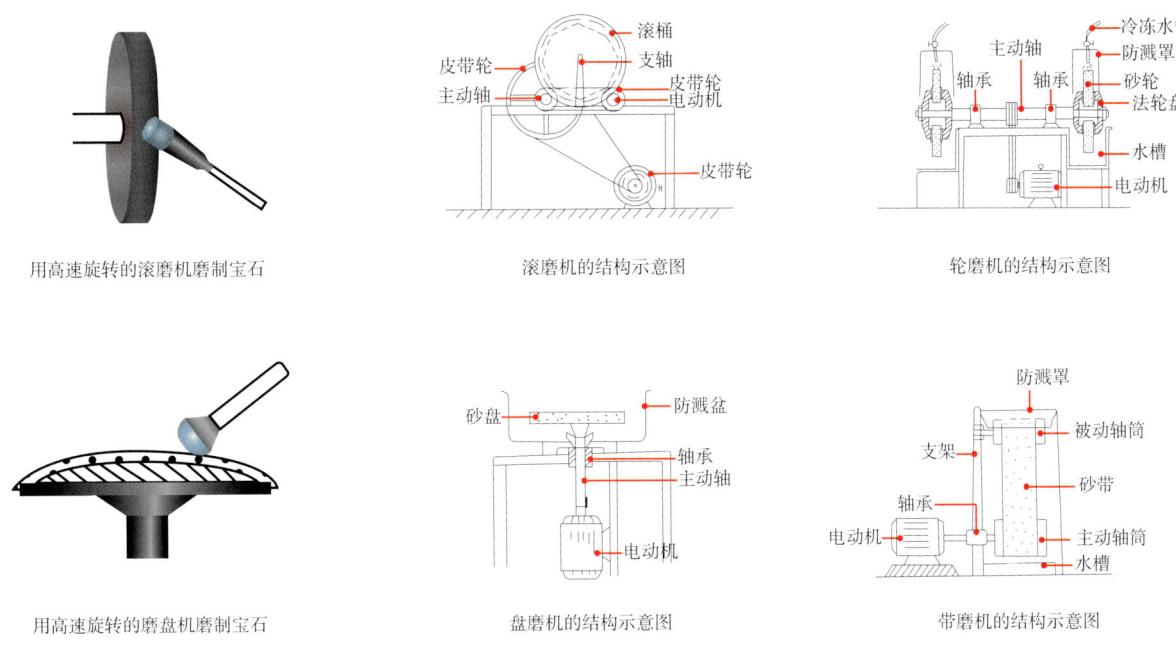

图七 哈萨克族宝石加工研磨整形图

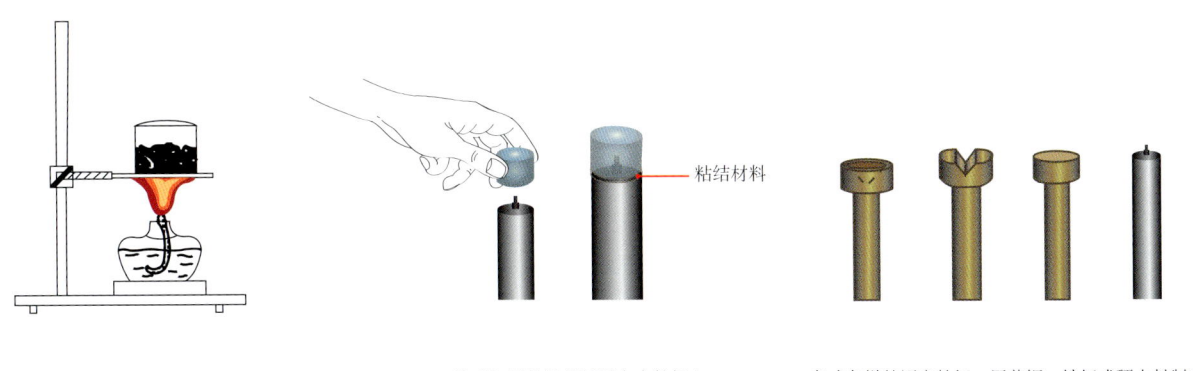

图八 哈萨克族宝石加工上杆预形图

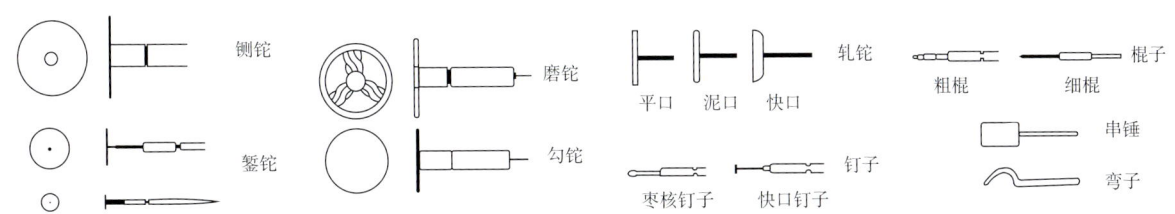

图九 哈萨克族宝石加工细磨雕琢工具图

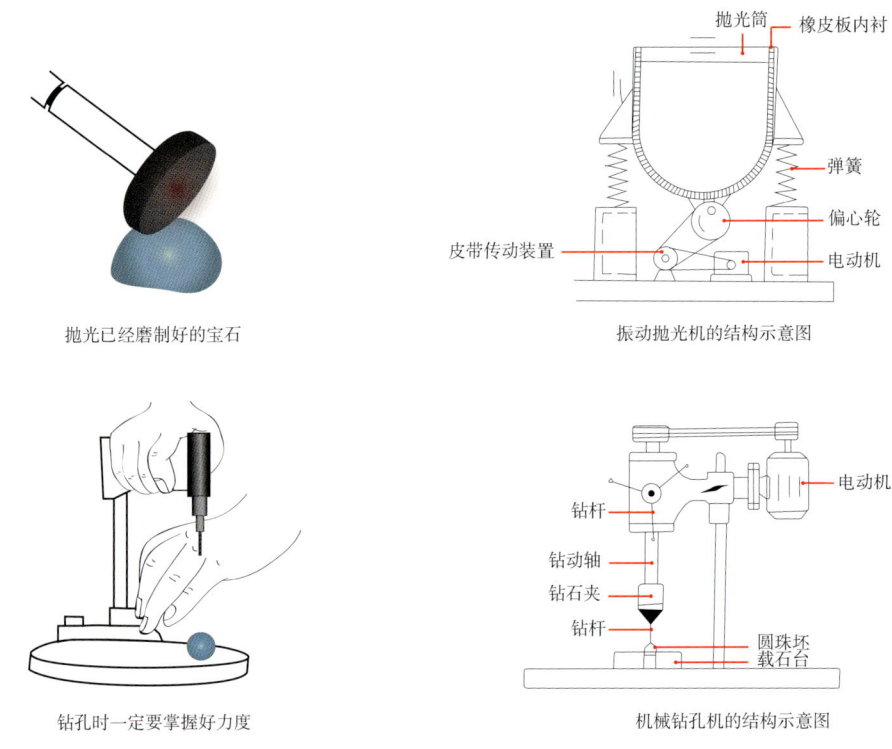

图十　哈萨克族宝石加工抛光与钻孔图

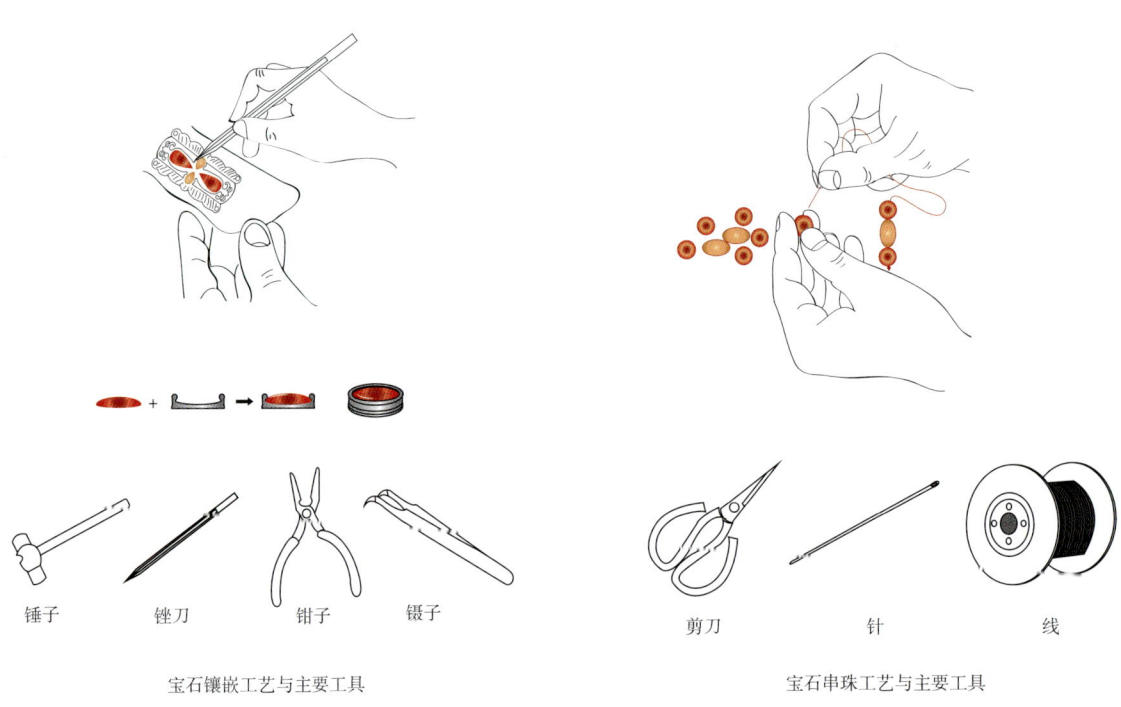

图十一　哈萨克族宝石加工完成后组装图

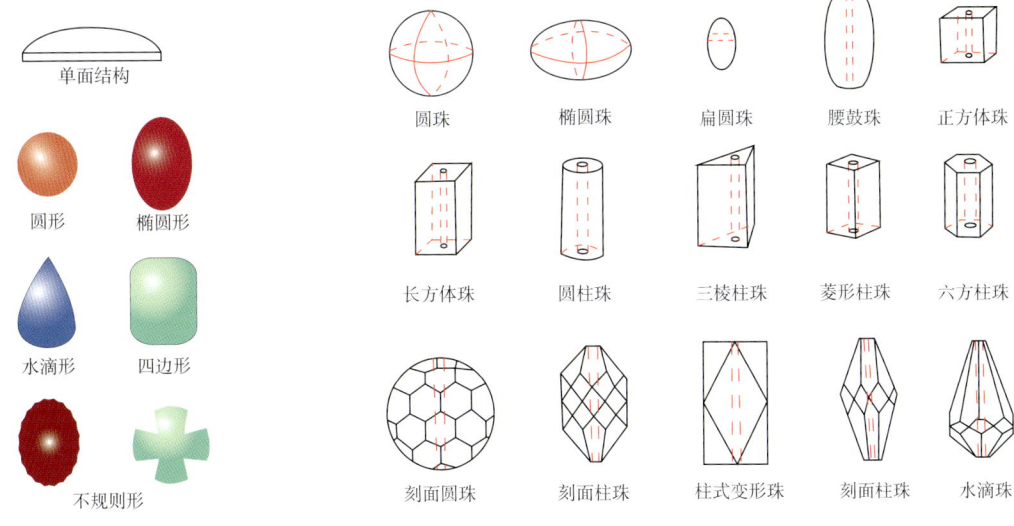

图十二 哈萨克族宝石加工形状概览图

图十三 哈萨克族宝石应用的首饰图

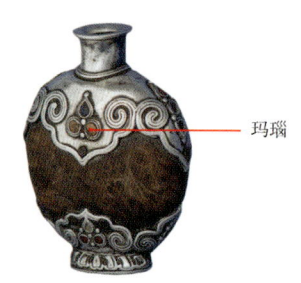

玛瑙

宝石镶嵌的鼻烟壶

钻石

宝石

宝石镶嵌的小刀　　　　　　　　　宝石镶嵌的古老皮箱

图十四　哈萨克族宝石应用的生活用具图

宝石嵌花的腰带

宝石嵌花的各种马具　　　　　　　宝石点缀的工艺品

图十五　哈萨克族宝石应用的其他类别

哈萨克族织品图案

图一　哈萨克族织品图案主图

织品图案，是哈萨克族在各种纤维面料上的图案纹饰。哈萨克族织品图案的制作工艺主要分为编织、刺绣和剪贴三大类。编织图案常见于马褡、挂毯、布袋等毛织品，也包括席帘等草编制品。刺绣图案是用各种颜色线在毡子或织物上绣出图案，常见于服饰鞋帽、餐具袋及床上用品。剪贴图案在花毡上最多，将不同颜色的毡块和布块剪出多样图形缝制在一整块毡子或布料上构成图案。哈萨克人喜爱装饰，在各种日常织品中都要装饰上多彩的图案。

织品图案主题类型主要有动物纹、植物纹及几何纹。动物纹是主要以鹿、羊等动物角部为原型的"角形图案"，古老的角形图案应用广泛，通过对称、连续等方式蜿蜒复合成丰富的图案。羊在哈萨克游牧生活中意味着财富，羊角纹也蕴含着对生活的美好愿望。骆驼持久的耐力和温顺的性格深受哈萨克人的喜爱，由驼掌、驼峰、驼眼等创作出的图案也较多。猫头鹰和老鹰是哈萨克人的图腾，因此哈萨克织物中还大量出现翅膀、鹰爪、鹰喙等图案，此外，天鹅、燕子、蝴蝶、花朵、水纹等都是他们创作的对象。哈萨克人善于根据不同的原始自然形态创作出千变万化的抽象几何图案，不仅极富装饰性，还体现了粗犷自由的游牧文化的特点。哈萨克纹样虽然取材广泛，但图案组织结构却极为规律，基本有对称纹样、二方连续、四方连续纹样、角隅纹样等。

哈萨克族织品图案不同于中原地区这种长期耕种定居的农业文化所拥有的祥和、富贵的花草图案，也不同于维吾尔族那种精细、繁密、复杂的图案，它更具有自然主义的艺术趣味。几何纹样和抽象装饰在哈萨克民族装饰中大量使用,广泛流行,这使得哈萨克族图案具有几何骨架的造型规律,繁杂却统一,别具魅力。

图片来源

图一至图三　阿斯力汗·巴根:《哈萨克毡房文化》,新疆青少年出版社,2001.

图四至图六　李郭　制图

图二　哈萨克族织品图案分类图

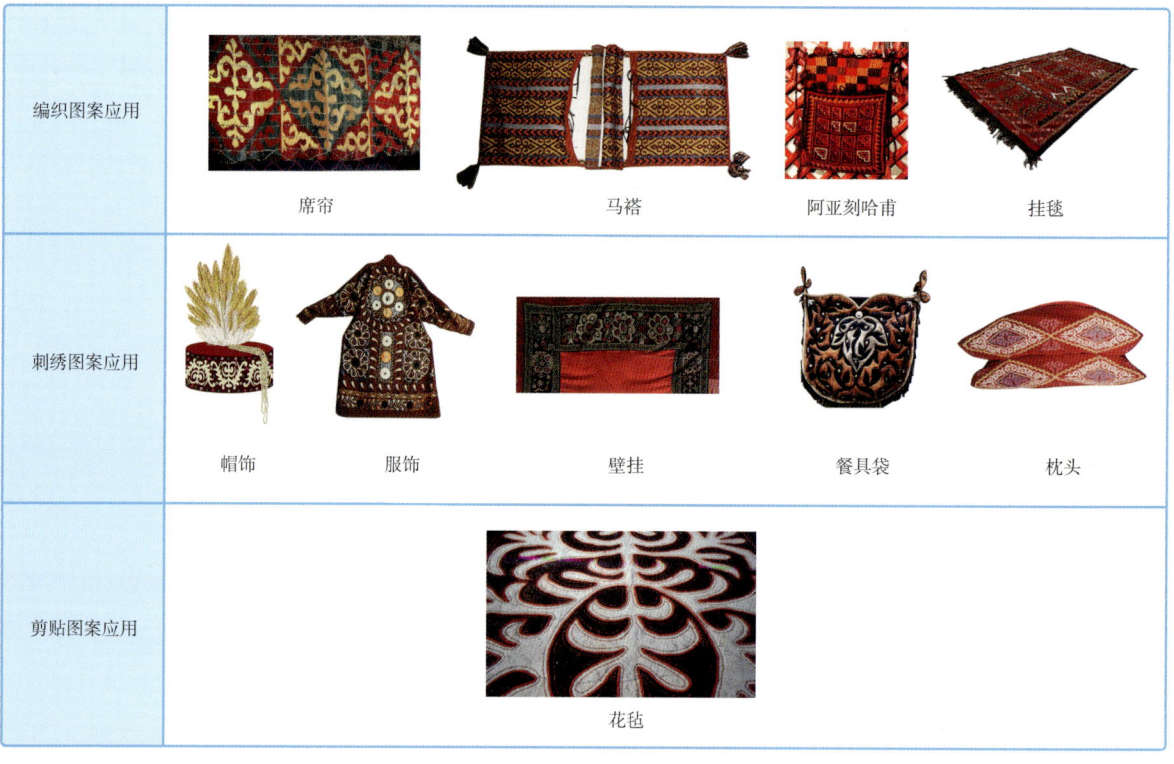

图三　哈萨克族织品图案应用图

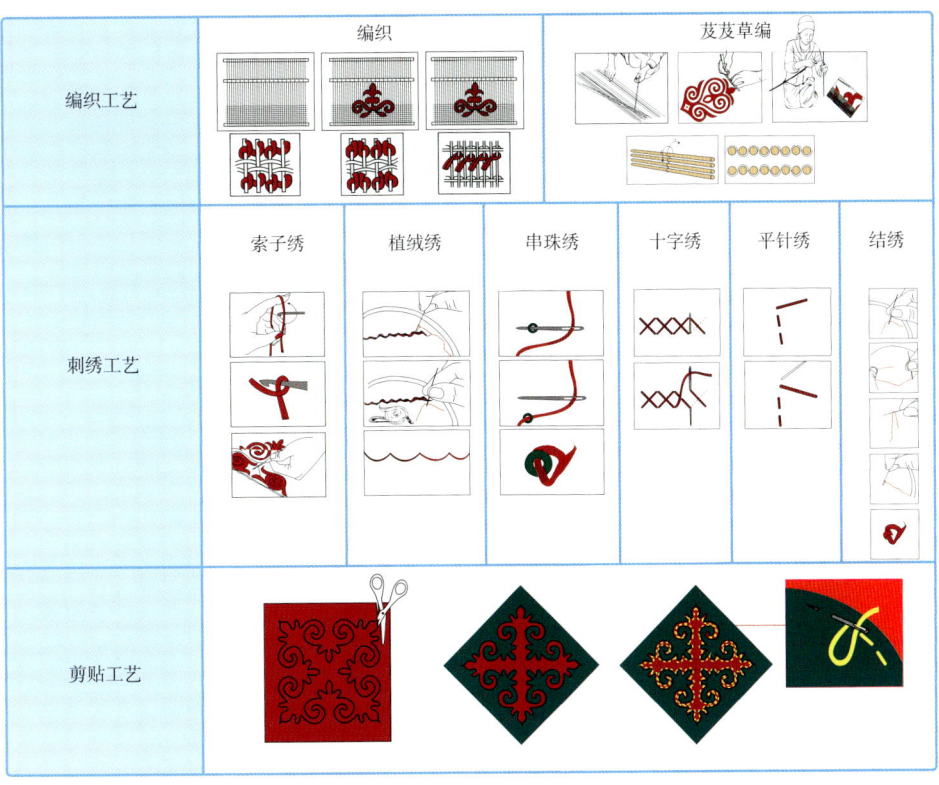

图四 哈萨克族织品图案工艺分类图

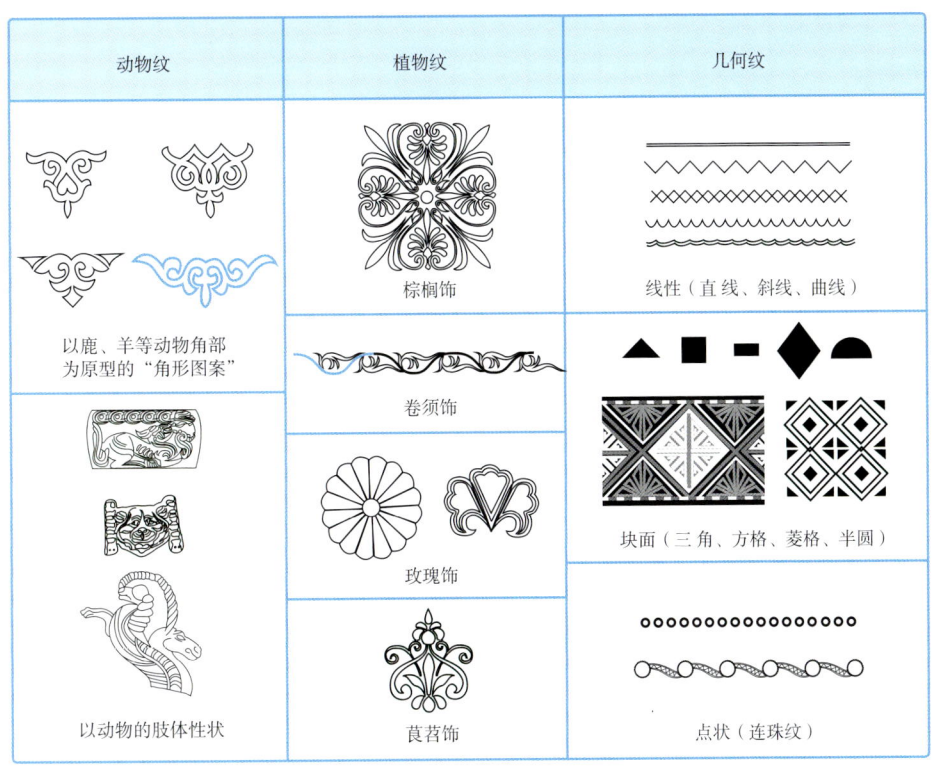

图五 哈萨克族织品图案主题分类图

第六章 哈萨克族传统手工艺

395

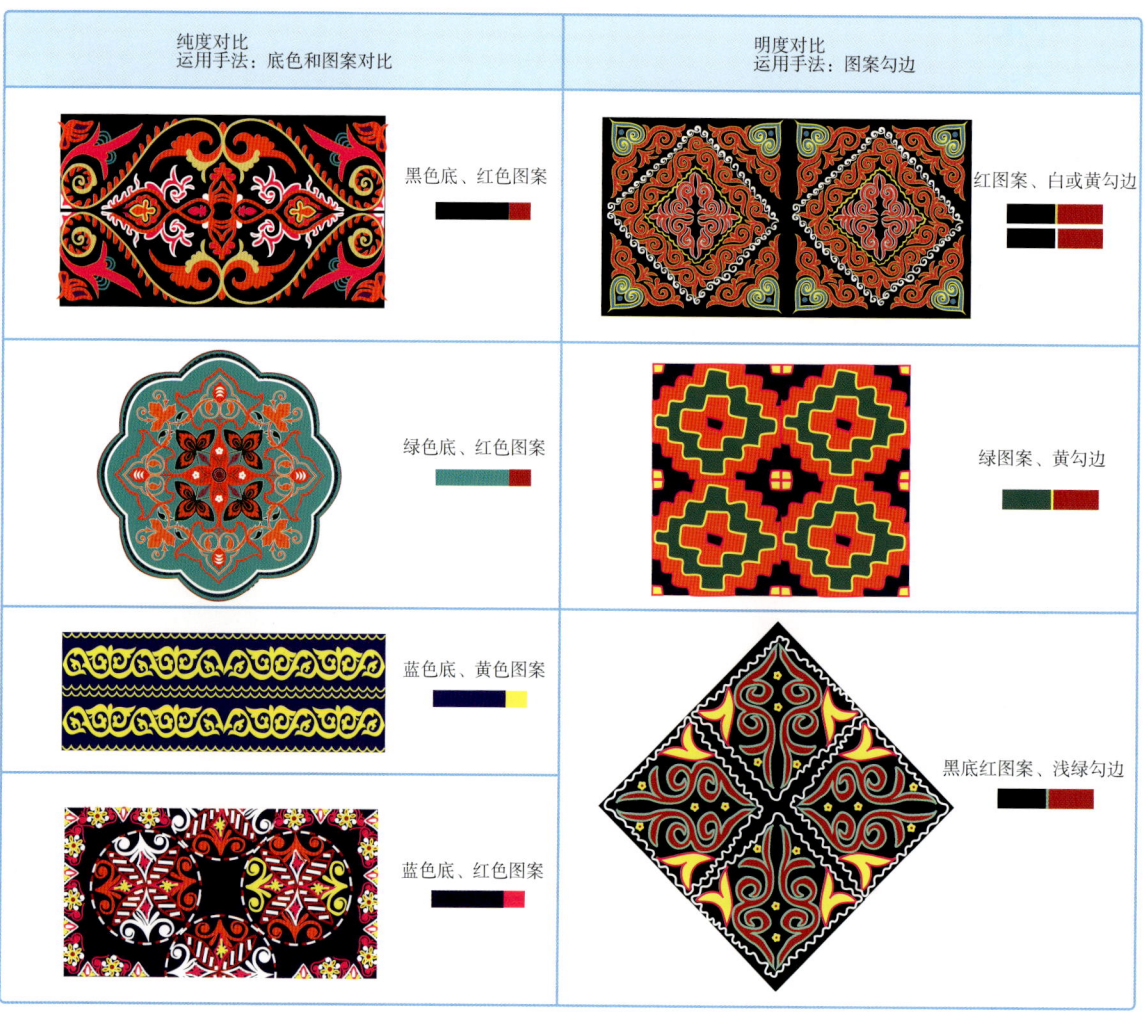

图六　哈萨克族织品图案色彩搭配分类图

哈萨克族金银加工工艺

图一　哈萨克族金银加工工艺主图

哈萨克族擅长金银加工工艺，金银工艺分为一般的金银工艺和金银细工工艺，二者有精粗之别。一般金银工艺多运用于金银器皿的制作，与器物的成型有关。金银细工工艺则与装饰品的制作以及器物的表面装饰有关。哈萨克族不仅有非常精美的金银器具，而且各种首饰服饰中也有着大量极为精巧丰富的金银部件。哈萨克人有着一套相对完备的金银加工工艺：范铸、锤揲、焊接、掐丝、炸珠等成形工艺，以及錾刻、镶嵌、收挑等表面细工工艺。

范铸是将金银熔化后浇入范模以成器。锤揲则利用了金银的延展性能，用铁锤或木锤将金银锤打成片。焊接是在金银器部件之间浇灌金属液体以连接器物，哈萨克银壶、银盘等饮食器具的成型都会使用这些方法。炸珠通常用于制作大小金银珠，即将熔化的金银液体滴入温水中，利用表面张力使其凝固为大小不等的金银珠。这一工艺常常用于制作哈萨克传统的联珠纹样。錾花就是用錾刀在金银器表面刻划出各种花纹图案。收挑也是一种錾花工艺，不同的是，收挑于器物两面錾花，有收有挑，有凹有凸，使金银器表面装饰纹样的立体感更强。这是哈萨克族各种金银饰物加工最常用的手法，典型的成品是哈萨克族烫银腰带。镶嵌则是在金银器表面嵌入珍珠、水晶、宝石等饰物以增加器物美观度，典型代表是哈萨克族镶边宽皮带。哈萨克族的"假金银"镶嵌工艺，历史悠久，在我国少数民族中是首屈一指的。"假金银"镶嵌出的马鞍及马鞍配件，好像现代的电镀金银一样，表面无任何锻打痕迹。

哈萨克人喜爱金银饰品，它们晶亮闪耀，像草原上太阳的光芒，预示着光明。金银饰品戴在身上还有辟邪、解毒等功能。这种千百年来形成的生存经验，培育的生活情趣，经年累月地慢慢演变成一种传统习俗，又进一步积淀成一种审美惯性，深深浸入哈萨克人的血液中。随着社会的发展，哈萨克族的金银制作工具也引入了自动化或半自动化的电动设备，但还是有一些老匠人喜欢使用传统的手工工具干活儿，他们认为哈萨克草原上的人们更喜欢用纯手工工具加工制作的金银首饰，这样制作出来的首饰和器物才比较地道，有味道。哈萨克工匠在吸收多种文化元素的基础上，很好地继承了传统手工艺技法，形成了自己的金银器物制作体系。现今这些手工技艺依然还需要更好的发展空间，从而代代相承，后继有人。

图片来源

图一　阿斯力汗·巴根：《哈萨克毡房文化》，新疆青少年出版社，2001.

图二至图九　刘筠璨　制图

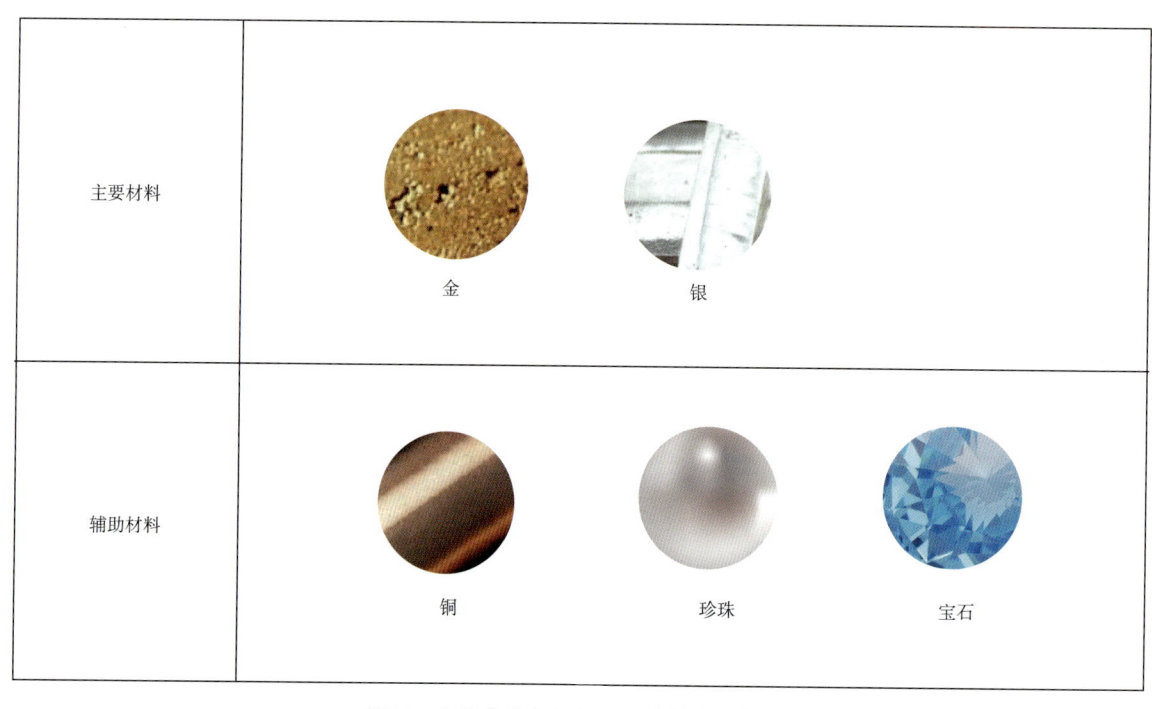

图二　哈萨克族金银加工工艺材质分析图

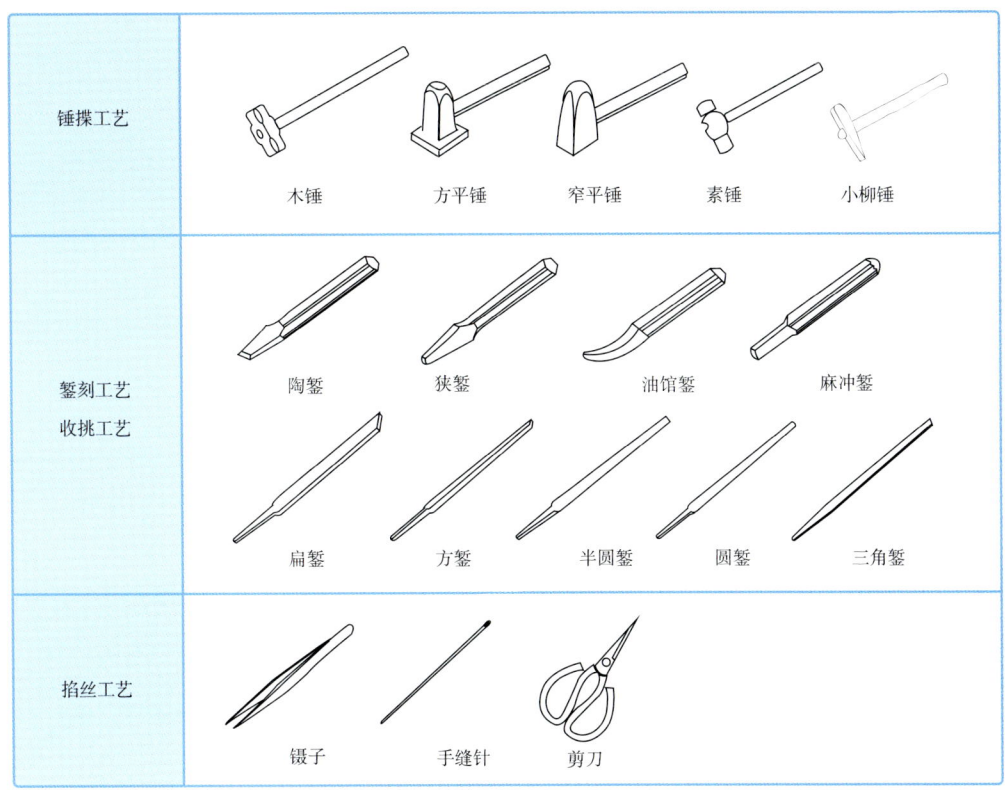

图三 哈萨克族金银加工工艺工具示意图

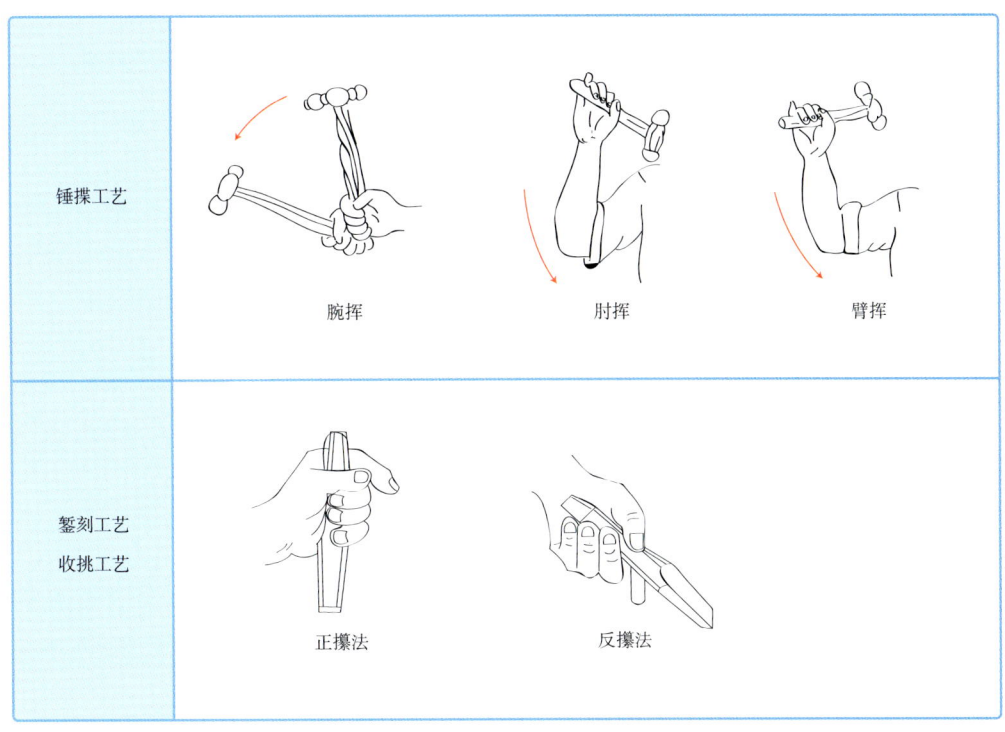

图四 哈萨克族金银加工工艺工具使用方法图

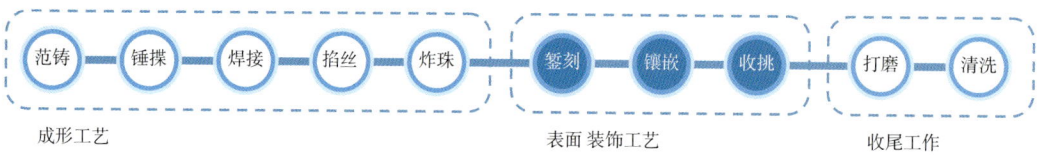

图五 哈萨克族金银加工工艺流程图

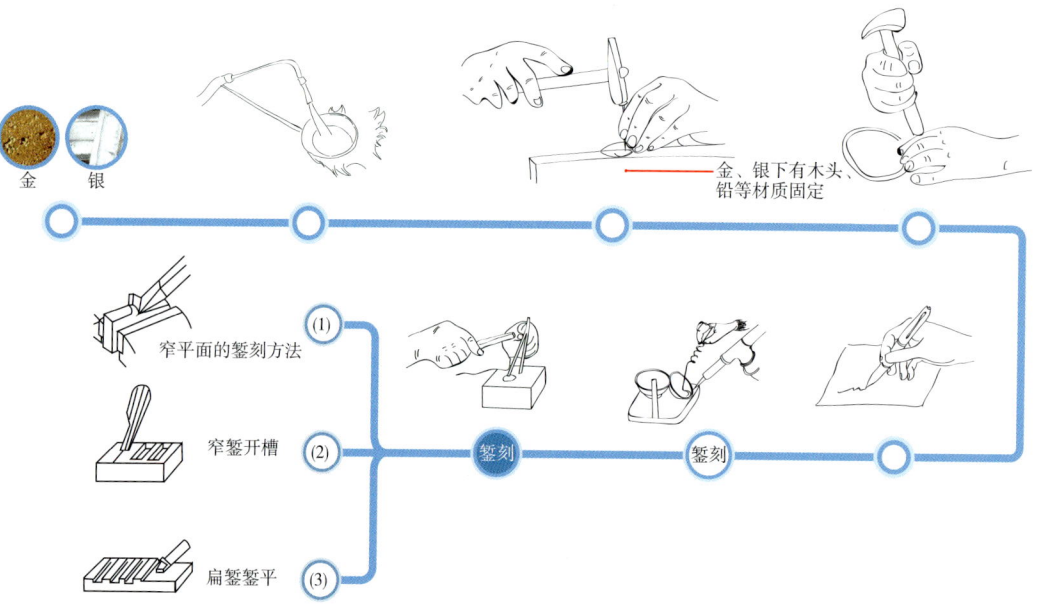

图六 哈萨克族金银加工锤揲工艺流程图

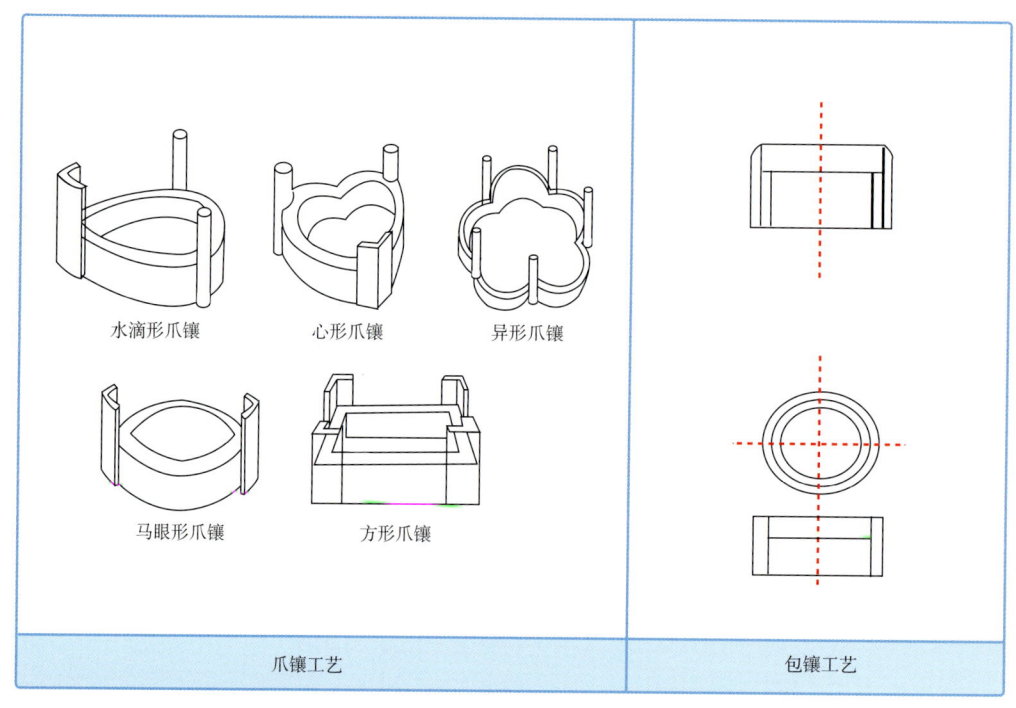

图七 哈萨克族金银加工镶嵌工艺流程图

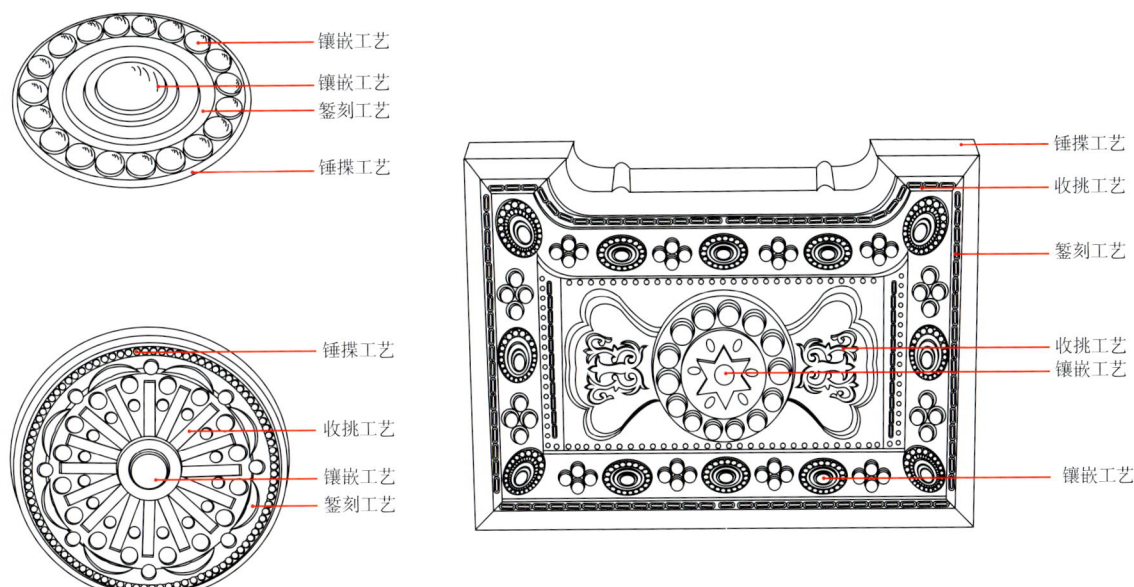

图八　哈萨克族金银加工錾刻工艺立体示意图

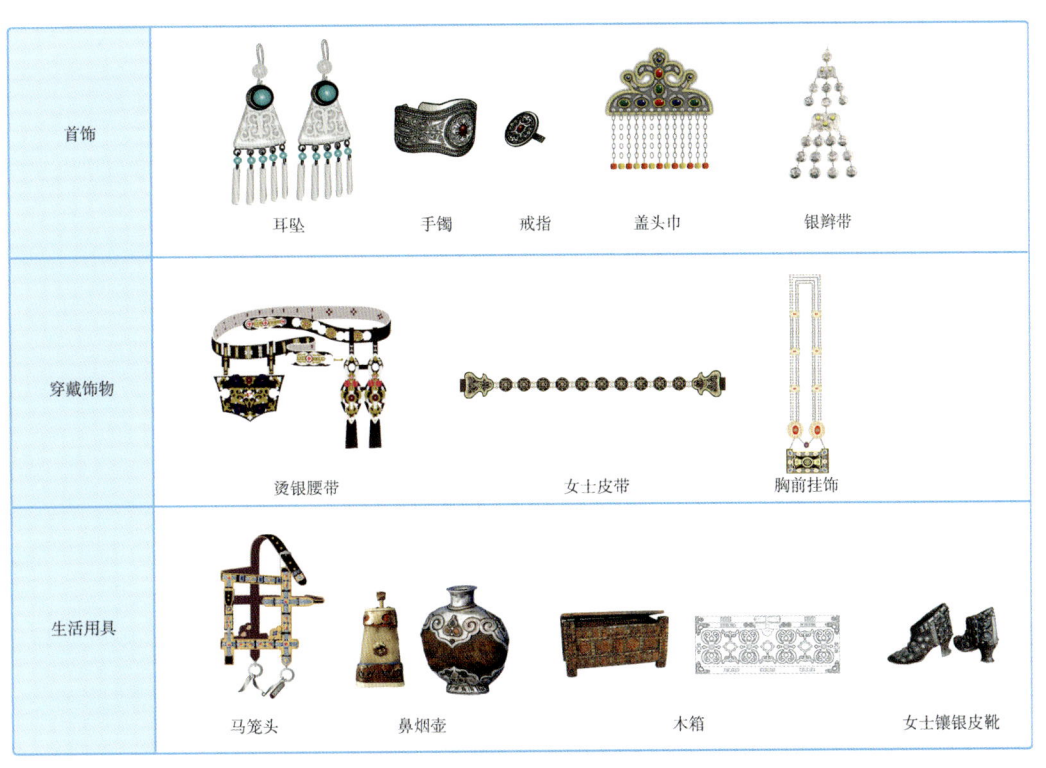

图九　哈萨克族金银加工工艺应用图

401

哈萨克族桦树皮工艺

图一　哈萨克族桦树皮工艺主图

哈萨克人充分利用大自然的优良条件，通过他们灵巧的双手和长期摸索将一张张桦树皮变成了各种生活用具和工艺品，形成了古朴典雅的桦树皮文化。桦树皮质地柔软、成张成片，具有易加工、不透水的性能，以此制成的桦树皮工艺制品种类丰富，有桦树皮盒、针线盒、乐器盒、帽盒、水桶、箱子、圆筒、杯子、鞋垫、杯垫、箭袋等50多种，其就地取材、造型美观又轻便易携，是极受人们喜欢的生活用品。

每年逢五、六月，万物花开时，桦树开始灌浆，这正是剥离桦树皮的最好时节，取好的桦树皮要先削平其外层的结节，使其光洁匀称，在火上微烤或在开水中浸泡，树皮就会变软，从而可随意裁剪缝合成器。桦树皮工艺虽不复杂，但也极具特色，主要有剪拼、镶嵌、压花、拼贴、雕刻、色彩、绘画、烫、辫等工艺手法，制作工具有兽筋线、鬃毛线、皮条线、兽骨、刻刀、纹样模子等。桦树皮盒是桦树皮工艺的典型制品，轻便易携，不易破碎，可盛放奶疙瘩和其他杂物。桦树皮盒完全由手工制成，呈淡黄色，尺寸不等，有圆形、长方形、正方形三种造型。桦树皮盒分盒盖、盒身、盒底三部分。盒身由内胎、外胎两部分组成，内胎起到支撑盒身的作用，外胎用来与盒底进行缝合，哈萨克人还常常在盒外胎上绘制羊角纹等图案。一件桦树皮盒可以用十几年，而且用的时间越长，其颜色越趋于古铜色。

富有地方特色的哈萨克族桦树皮制作工艺保留至今，成为活的历史见证，对史学研究具有重要意义。但是，随着现代物质文化的冲击，一些塑料工艺品和其他质地的工艺品流行，古老的桦树皮制生活用品和工艺品越来越少。由于缺少沟通和没有固定的消费市场，当地年轻人不愿继承这个传统手工艺，而熟悉其传统做法的老人已经不多，且年龄偏大，有后继无人的担忧。

图片来源

图一　席旻倩　制图
图二至图五　闫雪　制图
图六　赵亭亭　制图

制作工具	刻刀	剪刀	刀	锤子	直尺	缝线	木板
装饰工具	尖头的兽骨（传统工具）	各种花型冲子		锥子		刻刀	毛笔

图二　哈萨克族桦树皮工艺制作工具图

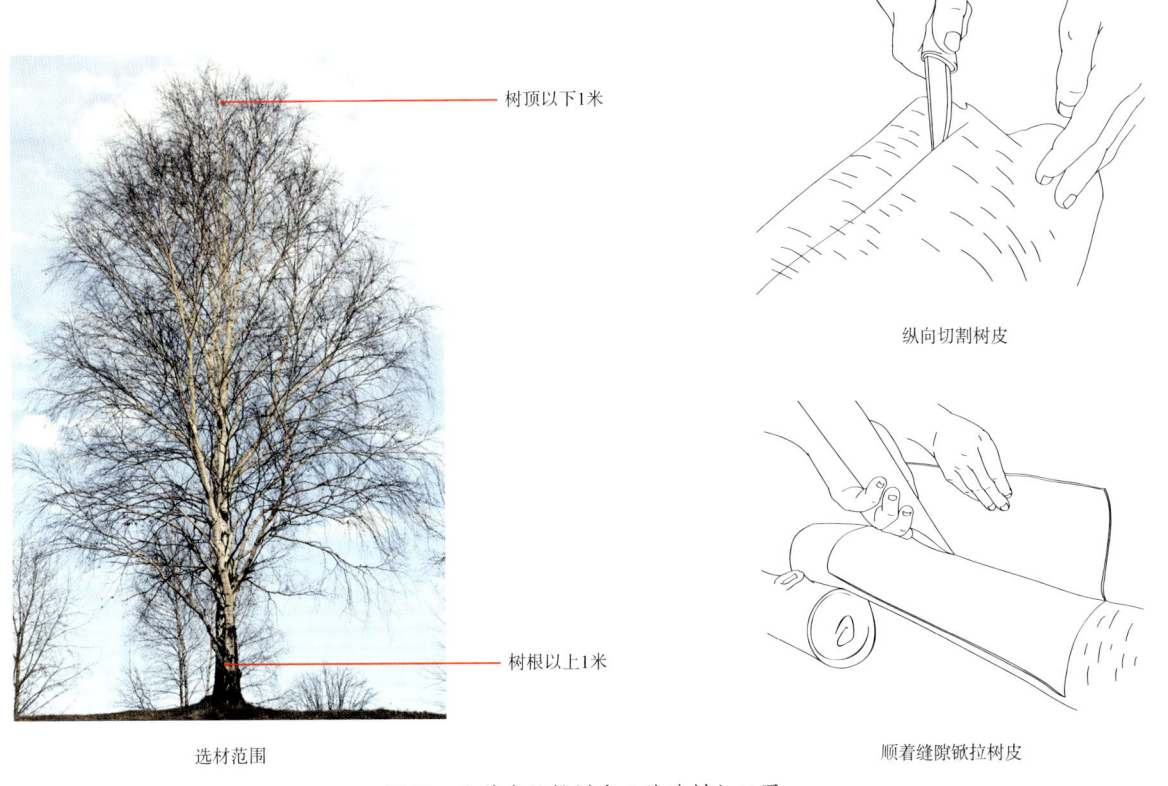

树顶以下1米

树根以上1米

选材范围

纵向切割树皮

顺着缝隙锹拉树皮

图三　哈萨克族桦树皮工艺选材加工图

第六章　哈萨克族传统手工艺

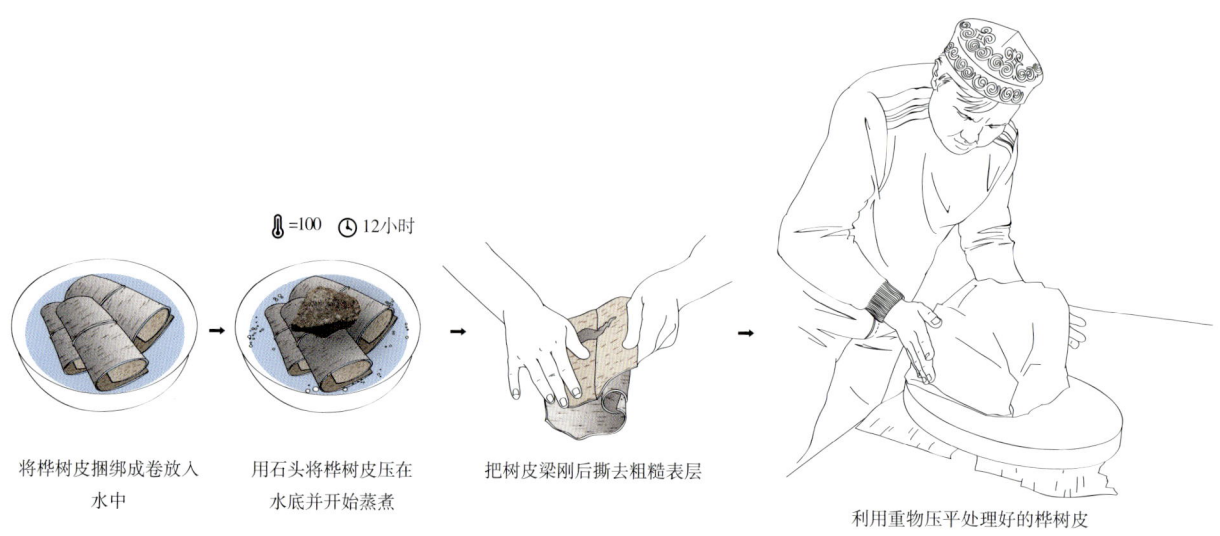

图四 哈萨克族桦树皮工艺原料处理过程图

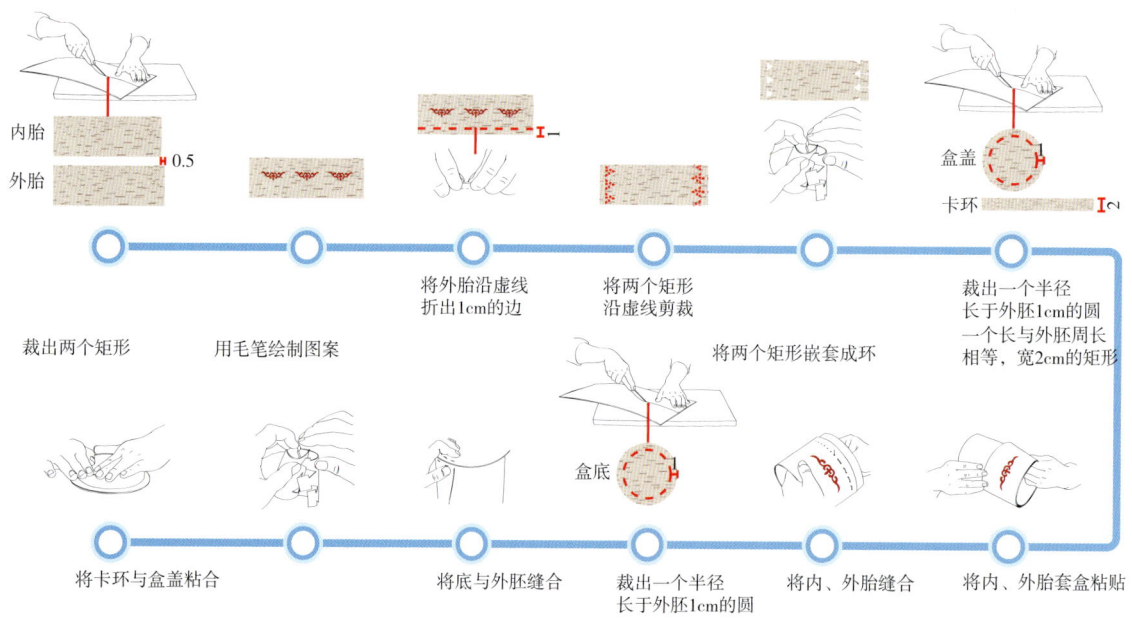

图五 哈萨克族桦树皮工艺制作工序图（单位：cm）

图六 哈萨克族桦树皮工艺图案分析图

哈萨克族骨角雕刻

图一 哈萨克族骨角雕刻主图

长期以来，哈萨克族就有制作骨角工艺品的习俗，骨角与石头、木料一样，很早就被用来制作生活用品和工艺品，深受人们的喜爱。在哈萨克人的生活中，最常见的骨角生活用品要数角酒壶、角酒杯，而骨角雕刻主要运用在工艺品的制作上，例如陈设类、配饰类和立体雕刻等，而雕刻的图案大致有角龙、角鹰、凤凰、昆虫、花卉等。由于制作骨角雕刻的原料主要是废弃的牛羊角和平时剩下的骨头，所以对于雕刻水平的要求特别高，一个普通大小的骨龙也需要许多原材料才能制作完成。此外，必须根据原材料的形状设计工艺品的形状，一般从制作到完成总共需要10至15天时间，这都体现了哈萨克人的审美情趣和智慧。随着时间的推移，很多制作工艺都失传了，但哈萨克人悉心钻研，坚持对雕刻工艺进行改良，使得这一项非物质文化遗产保留了下来。

骨角雕刻对于原材料的选择有一定标准，例如骨头一般选用完整的各类畜骨，根据需求选用牛、羊、骆驼、马的骨头，角类则为完整的羊角或牛角，弯曲适当的公羊角最好。对原材料进行加工是至关重要的一步，处理骨头主要是将骨头放入加有硝碱的水中煮，如果是陈年骨头则还要放入烧过的干牛粪灰中闷烤，这样脱脂去污除臭的骨头才能制作工艺品。雕刻时，可以通过锯、割、削、挖、雕、刹、磨、锉等手法将骨角处理成合适的造型，羊角表面的杂质被去除后会非常干涩和粗糙，所以还需上油，上油时必须注意防止沾灰，刷完油后还需放在阳光下进行晾晒。最后一步是细加工，也就是将各个部分拼接组装、粘连，有时还需彩绘刷漆，这样一件骨角雕刻工艺品才算最终完成。哈萨克族的骨角雕刻工艺品与草原文化密不可分，骨角制成的配饰在哈萨克族中还是辟邪保平安的吉祥物，因此在民间也有佩带骨角饰品的习俗。随着生活水平的提高，骨角雕刻在生活用品中的使用越来越少，大多数是用在工艺品的制作上。

由于原料的形状千变万化，所以骨角雕刻显得更加不拘一格和自由，哈萨克族的雕刻师们会就地取材，充分利用有机的形态，根据现有的材料形状设计图稿，这就使得每一件工艺品都独一无二。

图片来源

图一、图二、图九　涂苏别克·斯拉木胡力：《哈萨克民俗文化》，新疆科学技术出版社，2009.

图三至图七　马小雯　制图

图八　努尔兰·穆哈泰：《哈萨克民间乐器集锦》，新疆科学技术出版社，2009.

图二　哈萨克族骨角雕刻原料分析图

骨角雕刻的凤凰　　　　骨角雕刻的鹰　　　　骨角雕刻的龙

图三　哈萨克族骨角雕刻动物形态分析图

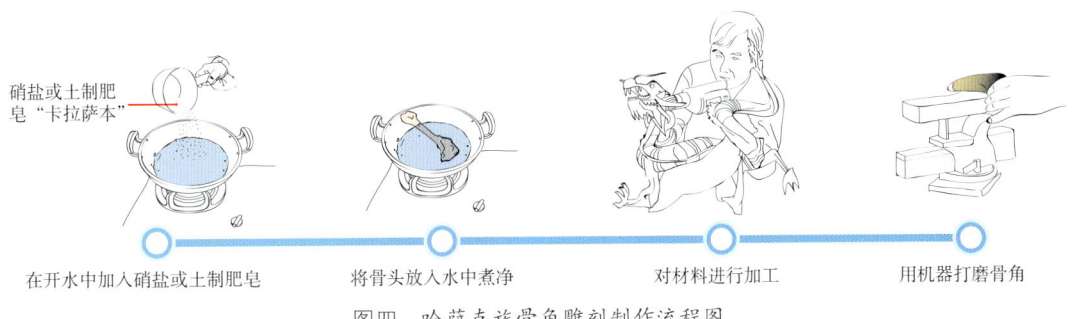

图四　哈萨克族骨角雕刻制作流程图

图五　哈萨克族骨角雕刻制作工具示意图（单位：cm）

第六章　哈萨克族传统手工艺

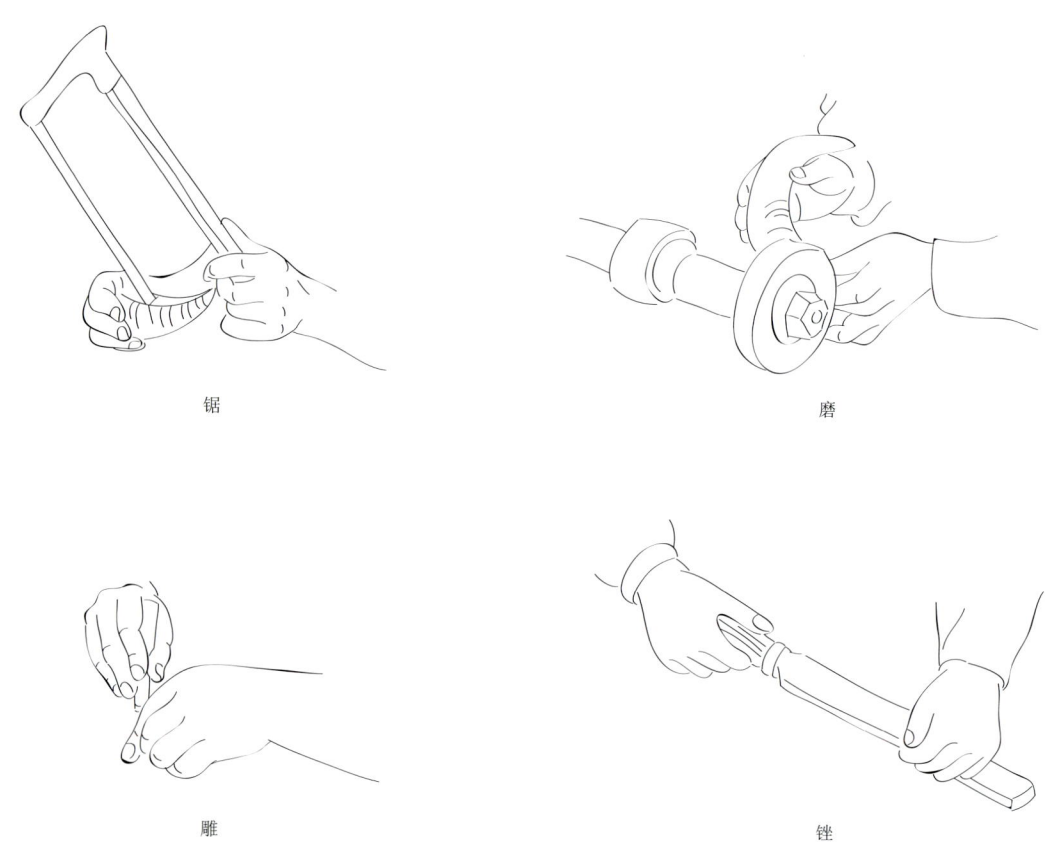

图六　哈萨克族骨角雕刻制作手法分析图

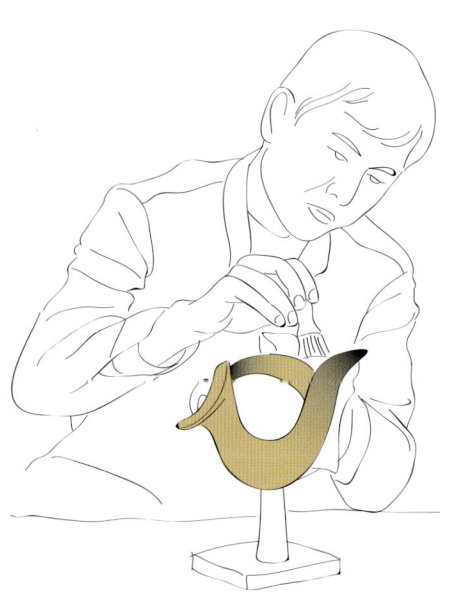

图七　给雕刻好的哈萨克族骨角上油

图八　用哈萨克族骨角制作的乐器

角酒壶角酒杯　　　　　　　牛角鼻烟壶　　　　　　　牛角酒壶

图九　用哈萨克族骨角制作的生活用品

哈萨克族根雕

图一　哈萨克族根雕主图

哈萨克族居住的地方有丰富的树根资源，这为根雕的创作提供了得天独厚的条件。哈萨克根雕题材丰富，不同于中原地区的根雕，其灵感来自于大自然草原和日常所见所感，常见飞禽走兽。哈萨克人的根雕创作因形就势，拙中有巧，呈现一种逼真有趣又简洁粗犷的自然主义风格。

哈萨克族根雕的制作过程较为复杂，但主要分为以下几步：一、根材的干燥。这是为避免根材变色、变形、腐朽。根材的干燥方法，大体上分为人工干燥和自然干燥两种。二、根据需要根材去皮。为加速根材去皮，可采用水泡法或火烧法。三、根材防菌防虫。采用覆盖和加防腐剂的方法来保护根木材料以避免被雨淋。四、根艺作品打磨抛光。根艺作品在制作工艺处理中，为了实现作者的创作意图，使根艺作品显露出自然美的木质纹理等奇特形态，需要进行打磨抛光。打磨和抛光一般为手工（采用砂布和木锉）打磨。五、哈萨克族根雕工艺的独特之处还在于上色。中原地区为保持根雕的独特木纹，在经过以上步骤处理之后，很少上色。而哈萨克根雕则为了保持创作主题的鲜明，会遵循创作之物的特点而上色。比如鹰啄狼、猎狗、狐狸等动物创作，除了经过大刀阔斧的造型处理外，还会根据动物皮毛的特点仔细用笔绘画上色，显得栩栩如生。

哈萨克族根雕的主题鲜明，逼真有趣又不拘一格。牧民开阔的视野和自由的气质让哈萨克族根雕脱离了中原根雕精雕细琢的程式匠气，具有一种淳朴自然主义的风格特征。哈萨克族根雕是哈萨克民间艺术的重要组成部分，丰富了哈萨克牧民的日常精神生活，如今这些充满灵气的作品也开始走出草原和

图二 哈萨克族根雕使用工具图

林区，不仅为哈萨克牧人带来了一些的经济效益，也让我们能欣赏到草原民族那些独特的精心巧手之作。

图片来源

图一 涂苏别克·斯拉木胡力：《哈萨克民俗文化》，新疆科学技术出版社，2009.

图二、图四 陈方圆、龙奕柯 制图

图三、图六 陈方圆 制图

图五 陈方圆、刘金玲 制图

地点	沙漠
	深山
	戈壁
木材	桦木
	胡杨木等

图三 哈萨克族根雕材质分析图

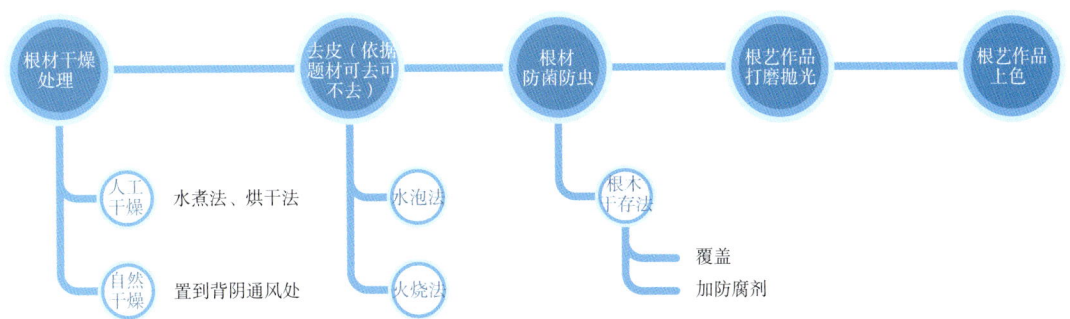

图四 哈萨克族根雕工艺流程图

第六章 哈萨克族传统手工艺

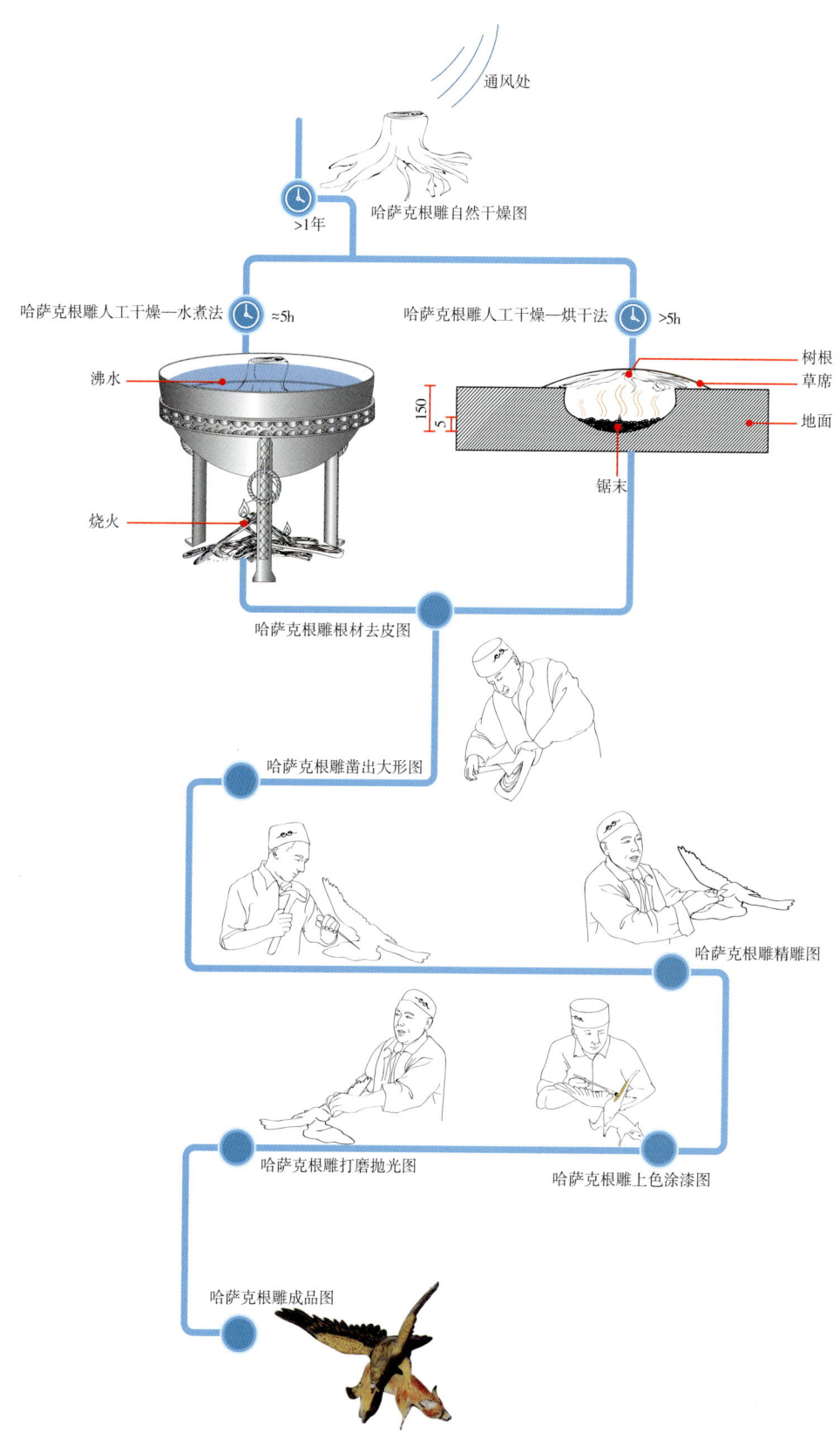

图五 哈萨克族根雕制作程序图（单位：cm）

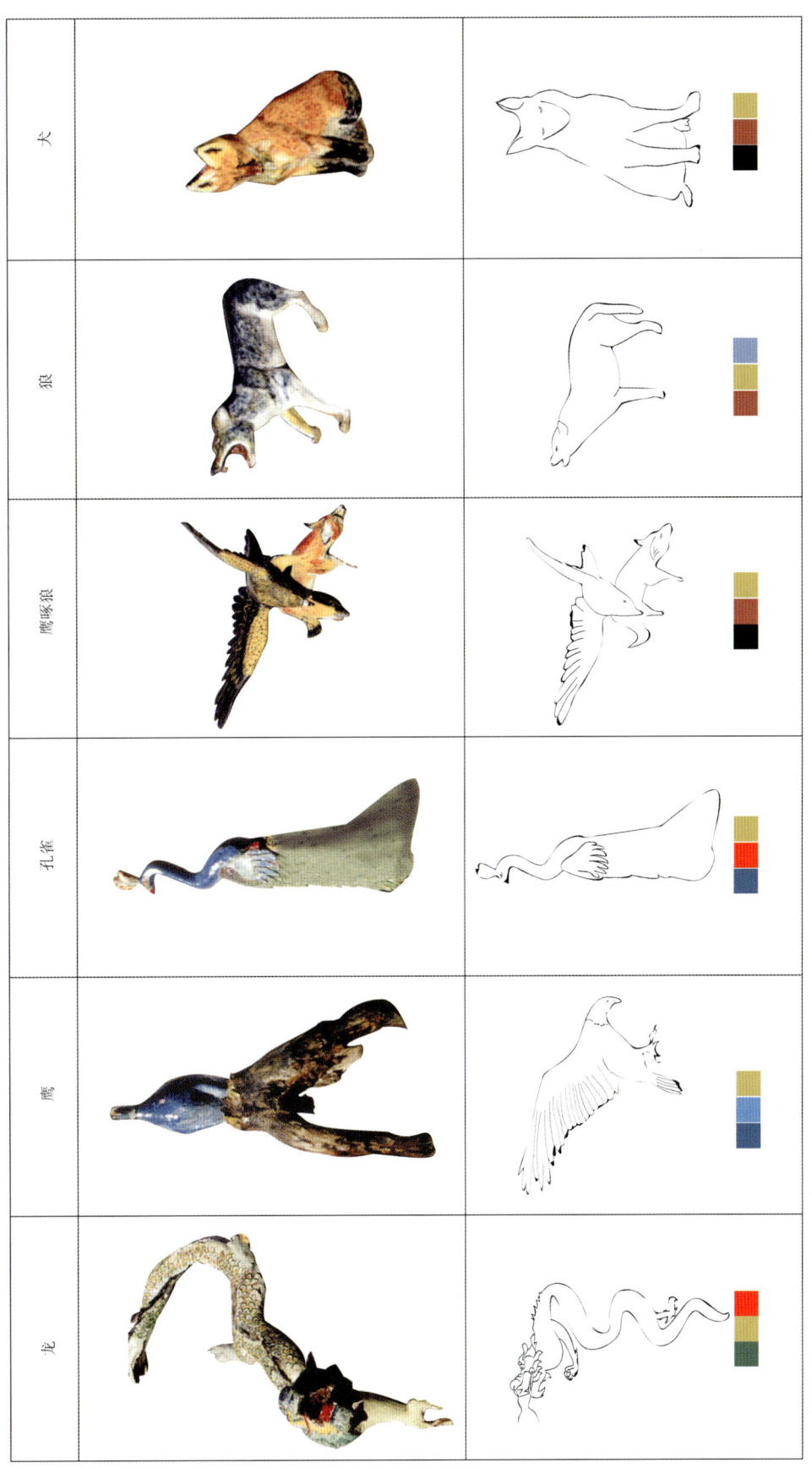

图六 哈萨克族根雕主题分析图

第六章 哈萨克族传统手工艺

413

哈萨克族皮编工艺

图一　哈萨克族皮编工艺主图

哈萨克族皮编工艺广泛应用于他们的日常生活，在普通的哈萨克族家庭中，皮革编织用品随处可见，包括全套马具、马奶酒壶、风箱、床刷子、装奶油的皮桶不一而足。哈萨克族的皮编工艺伴随着游牧生活，是他们世代流传的传统技艺。

制作皮编产品首先要处理皮料。将四至五公斤面粉与发酵的面和好，再加一碗盐一起放入牛羊皮中晾晒一日。其次是在皮子上均匀涂抹奶酪水，叠好装入袋子中，放置在太阳下晾晒一周。晾晒期间，每天要将袋子翻一面，确保两面都可以晒到阳光，每隔3天还要打开袋子在皮子上涂抹一些水。晾晒完成后，最后一步是去毛，即可成为原料皮备用。制作编织用的皮条时，为确保皮子柔软、平展，在使用前要用塔勒合（揉革器）反复揉搓皮子。然后将皮子的一端固定好，再抓住另一端，用小刀将皮子切割成约5毫米等宽的细皮条，挤出多余水分。再用柏树或者桦树的树枝烟熏一周时间，再浸入草汁，使皮子染上绿色。最后将皮条压上条纹，去掉皮条的棱角，使其变得光滑宜用。处理过的皮条弹性强、光泽耐用。编织时，取适当根数就可以编织成品，以马具为例：取6~14根细皮条可编成具有7棱或9棱的马鞭；取5根或7根细皮条可编成马肚带绳；取8根细皮条可编成马龙头等各类马鞍用具；还可用皮条编成长短各异的牵马皮绳等。哈萨克族的皮编工艺十分精湛，可以用来塑造酒壶、风箱等日常生活用品。

哈萨克族的皮编技艺复杂考究，是哈萨克人在长期游牧生活中反复尝试而逐渐成熟完善的，他们就地取材，利用牛羊皮可塑性强的特点，塑造出形态各异的生活产品和装饰品，是一项极具地域和民族特色的传统手工艺。

图片来源

图一、图二、图六　涂苏别克·斯拉木胡力：《哈萨克民俗文化》，新疆科学技术出版社，2009.

图三、图五　于洁　制图

图四　赵亭亭　制图

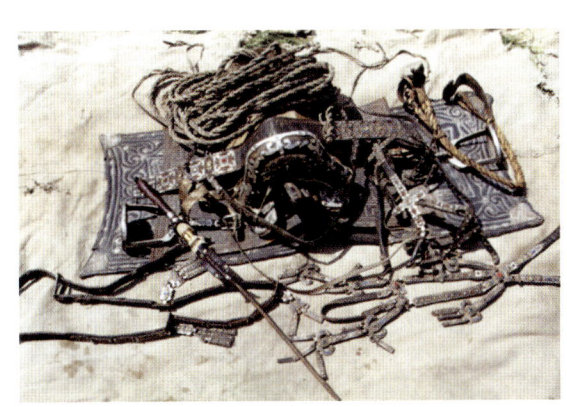

图二　哈萨克族皮编制品示意图

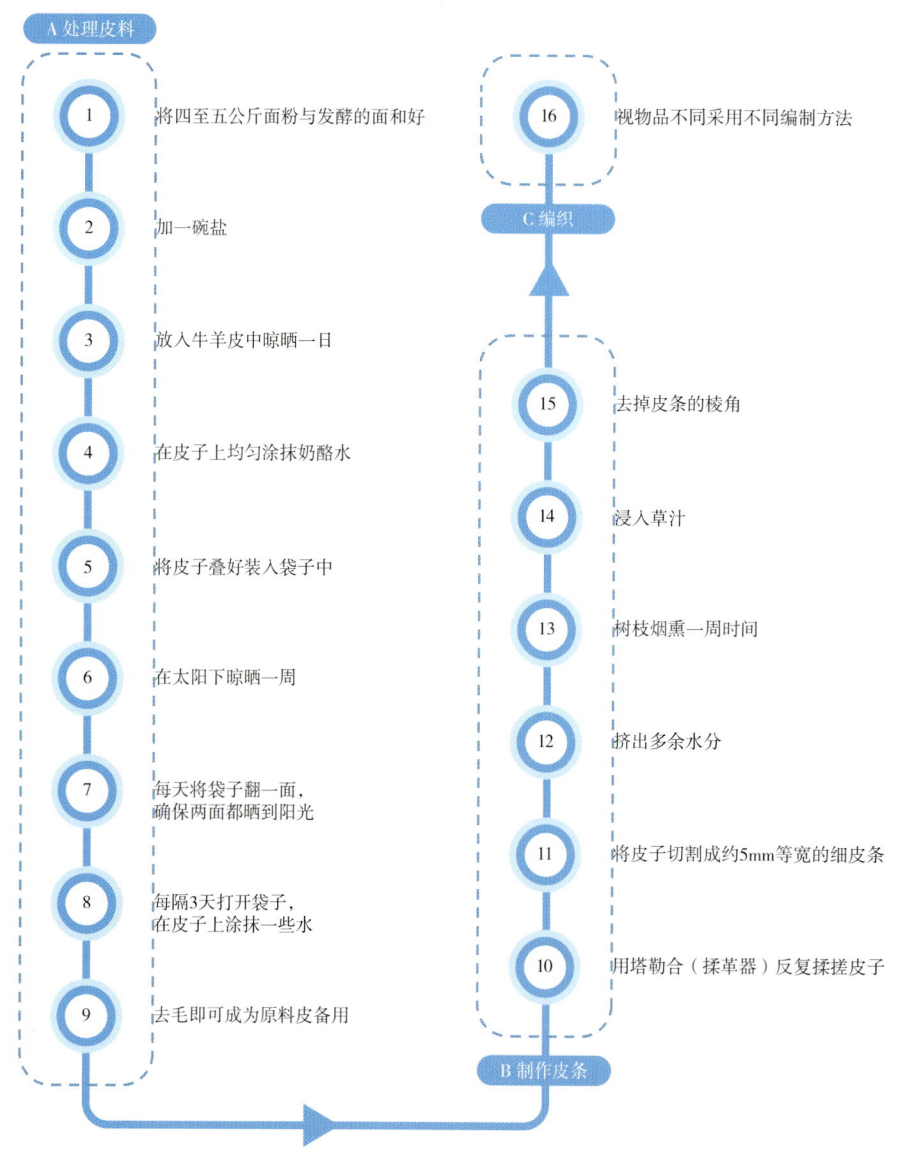

图三　哈萨克族皮编制品制作流程图

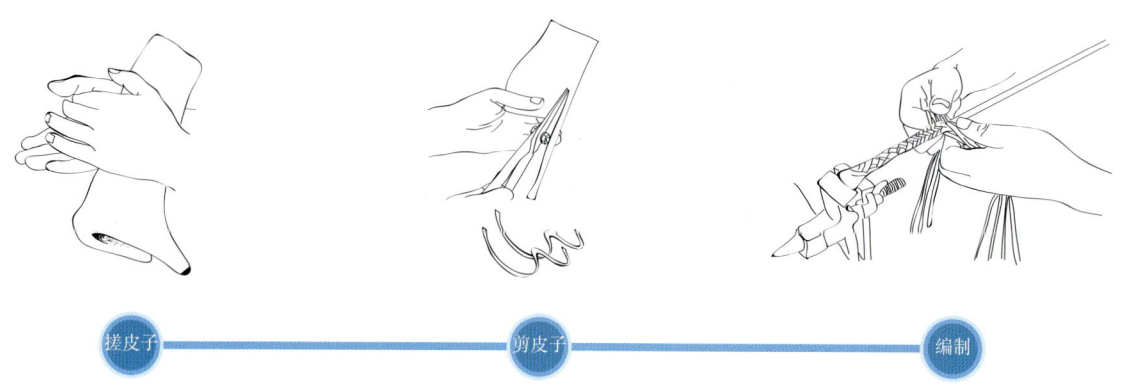

图四　哈萨克皮编工艺操作示意图

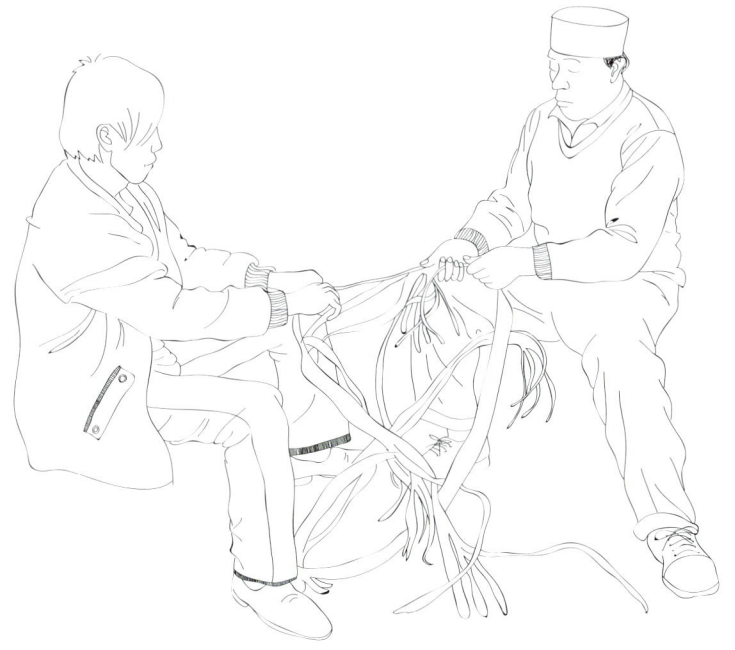

图五　哈萨克族皮条制作情景图

图六　哈萨克族皮编制品使用情景图

哈萨克族刺绣工艺

图一　哈萨克族刺绣工艺主图

哈萨克族刺绣是源于生活的民间艺术，据史料记载，哈萨克族刺绣已有上千年的历史。在整个哈萨克族生活的区域内，刺绣已经成为妇女们必备的一项传统手工技艺，哈萨克妇女一般从小就开始学习刺绣技术。姑娘们的刺绣水平是男方择偶的关注点之一，各种刺绣物品也是姑娘出嫁时的重要嫁妆。哈萨克族刺绣应用广泛，是日常生活装饰必备工艺品。她们用聪明的智慧和辛勤的双手绣出了对美好生活的祝福和期望。

过去，哈萨克族的先辈们用毛线和牛筋线、羊肠线，当今的哈萨克族妇女主要采用丝线和金线，有时还将玛瑙、宝石等作为装饰物点缀其中。哈萨克族刺绣制作过程是先用尖木锥当笔，沾上牛奶加盐做成的涂料，在布面上画出民族传统图案，然后晒干，把晒干的布料用骆驼毛线绷到木框上，把布料绷平整，用刺绣针穿上各色细毛线，沿着画好的图案一针一针刺在布面。哈萨克族刺绣主要采用挑、刺、绣、补、钩等基本技术。按照绣法主要分为索子绣、串珠绣、平针绣、十字绣、结绣、植绒绣。除此之外还有辫针绣、盘金银绣、镂空绣、拼贴绣、钩针绣和综合绣等。其中索子绣是哈萨克族传统刺绣工艺。串珠绣是哈萨克族传统的手工艺。平针绣来源于汉族的传统绣法，但他们不是绣在绸缎上而是绣在黑色、紫红色的平绒上。十字绣大约在18世纪末来自欧洲，是由俄国传至我国新疆地区的。植绒绣是20世纪中叶新传入的绣法。哈萨克族刺绣不仅应用在传统服饰中，还广泛应用于房屋装饰，如：挂毯、箱套、手巾、挂帘、帷帐、窗帘、门帘、被褥的罩单、枕套、帽子、遮盖衣服的布幔等等。刺绣色彩一般采用黑底配红色、绿底配红色、蓝底配黄色、红底配黄色等配色方式，色彩鲜丽，对比强烈。在图案形式上采用几何形骨式结构、半封闭性和无边饰的图案结构形式。传统纹样采用植物纹样、动物纹样和几何纹样。在纹样的组合方式上采用单独纹样、适合纹样、角隅纹样、二方纹样、四方纹样、对称纹样和逆对称纹样。

哈萨克族刺绣既接受了汉族的刺绣工艺，又结合了本民族的特点，逐渐形成自己独特的浓郁草原风韵，具有民族文化特色。在皮革上刺绣对现代服装以及工艺品的设计有一定的借鉴作用，值得应用与推广。每年"三八"妇女节，少数民族传统运动会及阿肯弹唱会上都有哈萨克族刺绣展览。今天，哈萨克的刺绣不仅深受新疆各族群众喜爱，还远销哈萨克斯坦、蒙古等国家和地区。

图片来源

图一 阿斯力汗·巴根：《哈萨克毡房文化》，新疆青少年出版社，2001．

图二至图六 赵亭亭 制图

单独纹样	
角隅纹样	
二方连续	
四方连续	
对称纹样	
逆对称纹样	
适合纹样	

图二 哈萨克族刺绣纹样分析图

图三 哈萨克族刺绣设色分析图

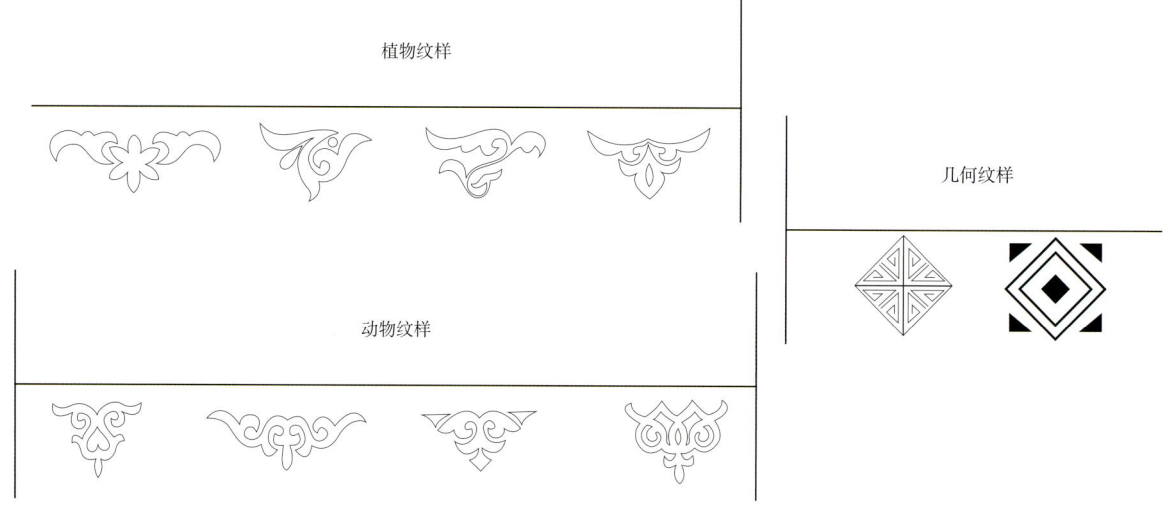

图四 哈萨克族刺绣图案构成分析图

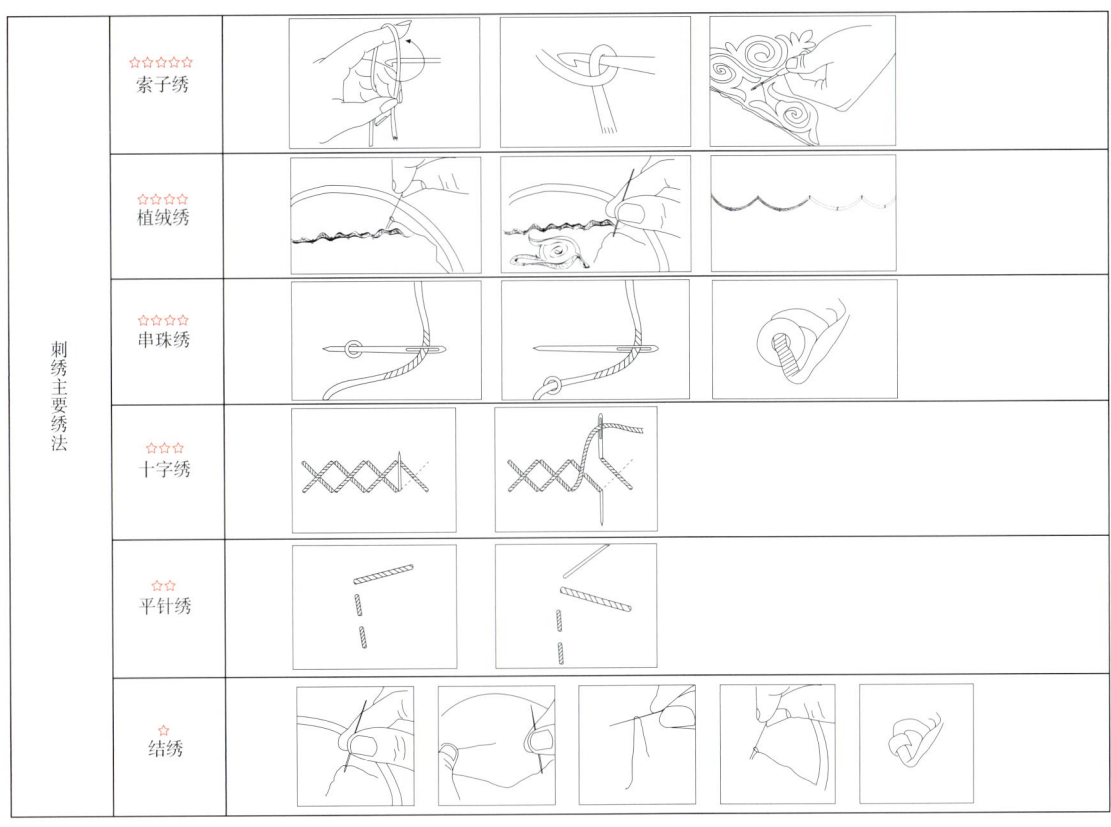

图五　哈萨克族刺绣工艺分析图

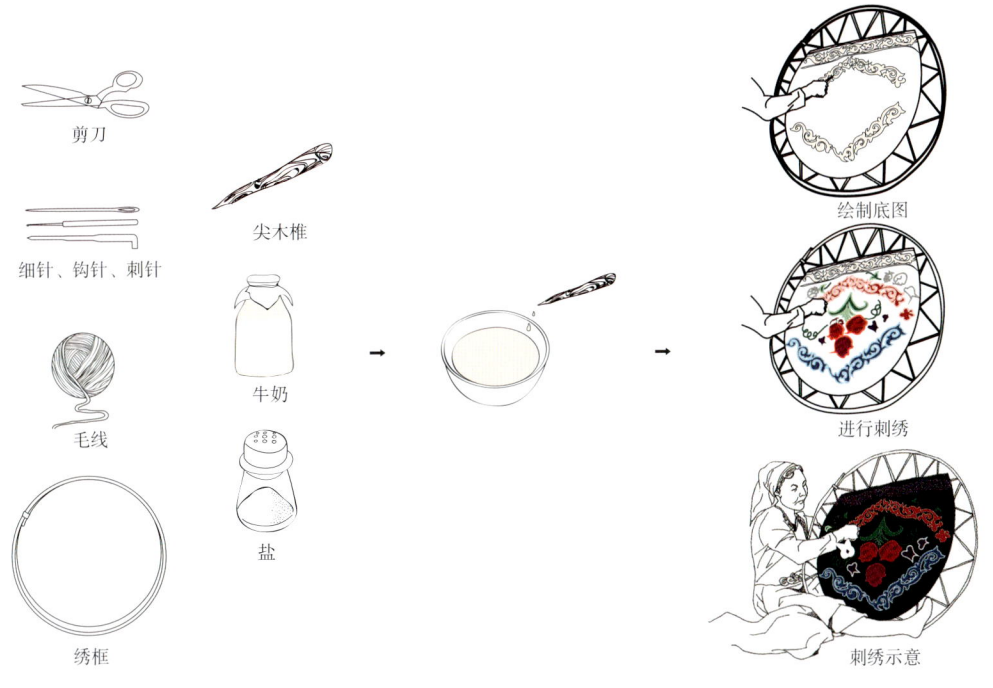

图六　哈萨克族刺绣制作流程图

哈萨克族芨芨草编工艺

图一 哈萨克族芨芨草编工艺主图

芨芨草手工编织是哈萨克人日常普遍使用的一项技艺，哈萨克语称"棋托乎"，据记载，草编工艺在16~17世纪已成形，由哈萨克族妇女世代相传。芨芨草编就地取材，适用广泛，能够制成各类日用产品，还可用作建筑辅材，方便人们搭建和搬运。

每年的九月到十月是芨芨草采摘的季节，哈萨克族妇女将芨芨草连根拔起，打捆成束，然后放在阳处晒半年左右时间。等到明年春天再将成束的芨芨草打开，用双手搓揉掉其表面翘起来的部分，再把芨芨草根部用火简单烧炙，可以防蛀。夏天，哈萨克族男人从绵羊身上剪下羊毛，然后用棍子拍打，待蓬松后，洗净晒干。芨芨草不仅可以编织草隔帘、草篓等生活用具，更重要的是编织围挡在毡房外的"琼木其"。"琼木其"围在毡房外壁可起加固毡房、御寒挡风功能，也有美化毡房之功用。草编过程是哈萨克族妇女先将"琼木其"要编织的图案描绘到纸上，再把芨芨草放在图案上，用小刀或铅笔在芨芨草上做标记，划分出各个颜色的位置和间距。然后把染过颜色的羊毛根据图案的要求缠绕到芨芨草上，并将"琼木其"的雏形挂于木形支架上开始编织，在木架上刻有编织线的凹槽，以防毛线在编织过程中左右滑动，根据图案大小取用适量羊毛双线与芨芨草交叉平织，纬线数量多为7、9、11等奇数，双线需各自缠绕小石块，绕上毛线的两石块前后交叉即可放上一根已绕好毛线的芨芨草，再反复这个动作，最后将原定图案编织完整，最后用斧砍齐两头，这样一个"琼木其"就编好了。

笔挺的芨芨草在草原随处可见，聪明的哈萨克族百姓利用这种大量易得的材料，通过他们灵巧的双手制成了生活中随处可见的各种用品。2010年5月，哈萨克族芨芨草编被列入国家级非物质文化遗产保护名录，为了传承芨芨草编工艺，当地有关部门已采取一些保护措施。另外，芨芨草编这种就地取材、因才施用的特点，也十分适合现代各种条件和需求下的临时性设计。2010年上海世博会中，西班牙展馆采用天然藤条编织作为外墙立面，展现了自然材料应用在建筑设计中的独特景观。

图片来源

图一　阿斯力汗·巴根：《哈萨克毡房文化》，新疆青少年出版社，2001.

图二至图六　赵亭亭　制图

图七　牛一平　制图

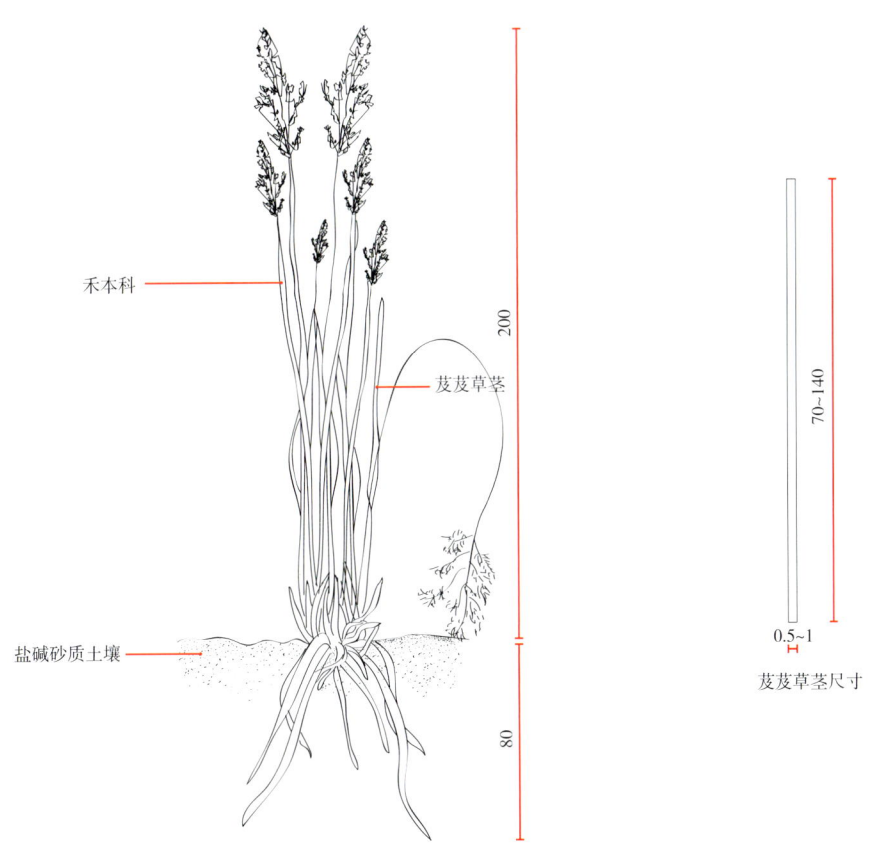

图二　哈萨克族芨芨草编原料分析图（单位：cm）

图三　哈萨克族芨芨草编尺寸、设色分析图（单位：cm）

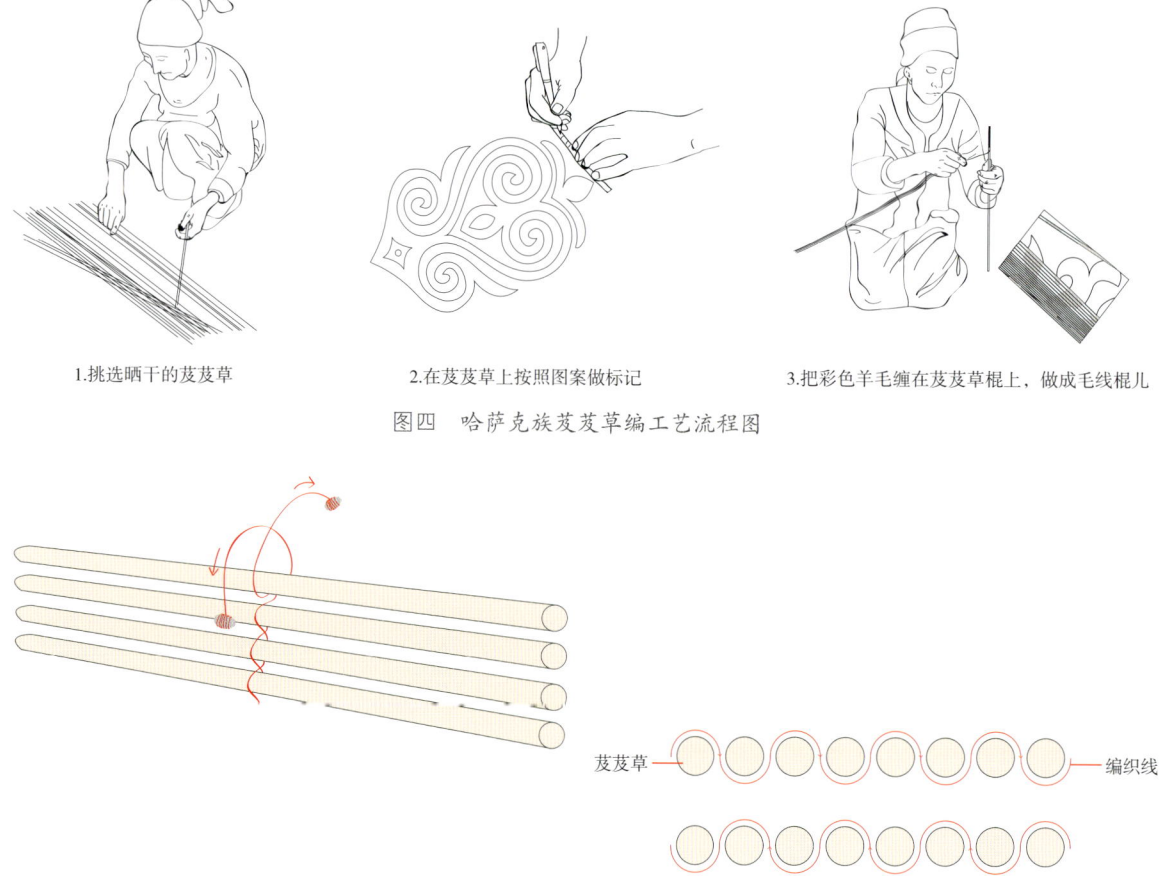

1. 挑选晒干的芨芨草　　2. 在芨芨草上按照图案做标记　　3. 把彩色羊毛缠在芨芨草棍上，做成毛线棍儿

图四　哈萨克族芨芨草编工艺流程图

图五　哈萨克族芨芨草编织线局部分析图

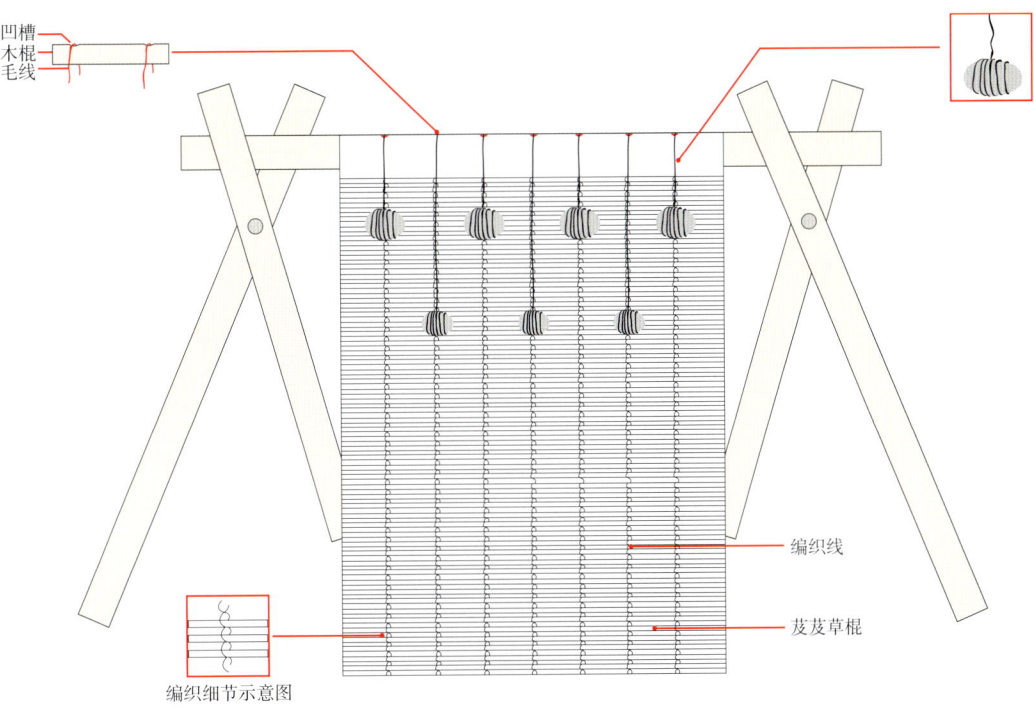

图六 哈萨克族芨芨草编织示意图

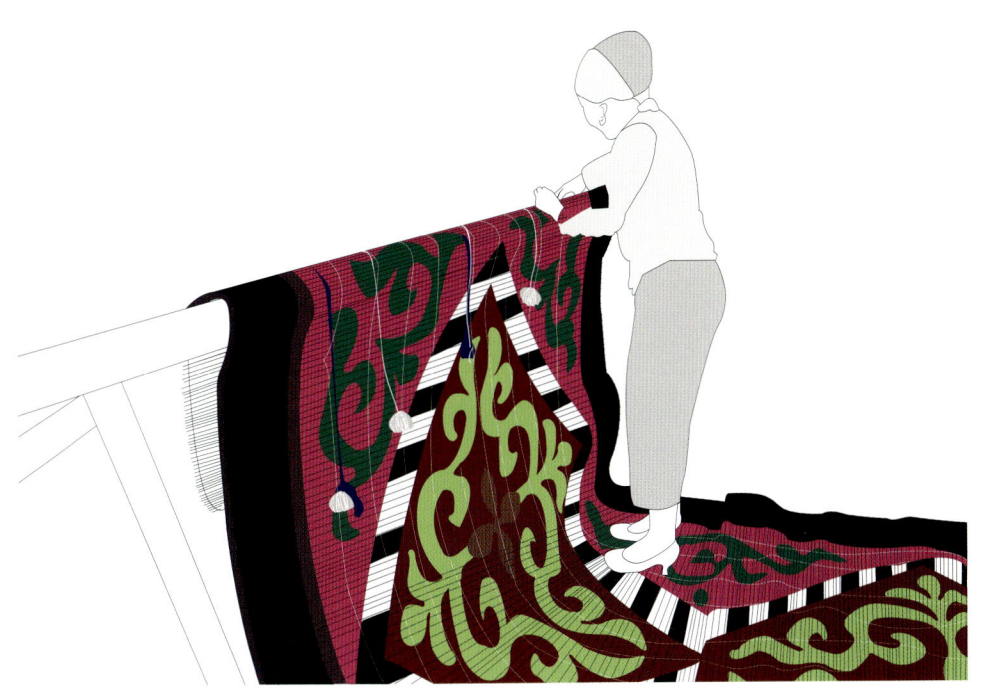

图七 哈萨克族芨芨草编制作情景图

第六章 哈萨克族传统手工艺

哈萨克族盔甲

图一 哈萨克族盔甲主图

　　盔甲，是哈萨克统帅及士兵在武力冲突中保护身体的器具。哈萨克盔甲种类较多，可分为网纹棉甲、鳞甲、锁子甲及棉甲、板甲等强化锁子甲。哈萨克族吸收了各种来源的盔甲，其中鳞甲是哈萨克族先民最先开始使用的。

　　哈萨克先民以能制黄金铠甲而著称，在阿拉木图的伊塞克墓葬出土的"黄金战士"的鳞甲是他们制作的一件绝世珍品。后世哈萨克骑士使用频率较高的是锁子甲，一般由铁丝或铁环套扣缀合成衣状，每环与另四个环相套扣，形如锁链，制成的铠甲较轻软坚密，具有较强的防护能力。铁环环环相扣，有时配合更小铁圈以转变所需之造型，适合人体穿着及活动。锁子甲对砍、刺之类的攻击防御极佳，且相较于皮甲透气性好，轻便灵活，经常按需和其他铠甲配合使用，以增加防护范围和强度。

哈萨克甲胄来源较多，形制不断得到改进，制作甲胄的材料亦多种多样，体现出哈萨克族兼容并包的特点。哈萨克典型锁子甲胄具有优异的防护性和适用性，虽早已退出了战场，但仍有一定设计价值，一些现代屠宰从业者和鲨鱼研究者将其作为特种防护服使用。哈萨克族锁子甲所反映出的人类智慧，即使用现在的标准考量，也是值得称道的。

图片来源

图一、图二　李梦靖　摄影
图三至图五　李郭　制图

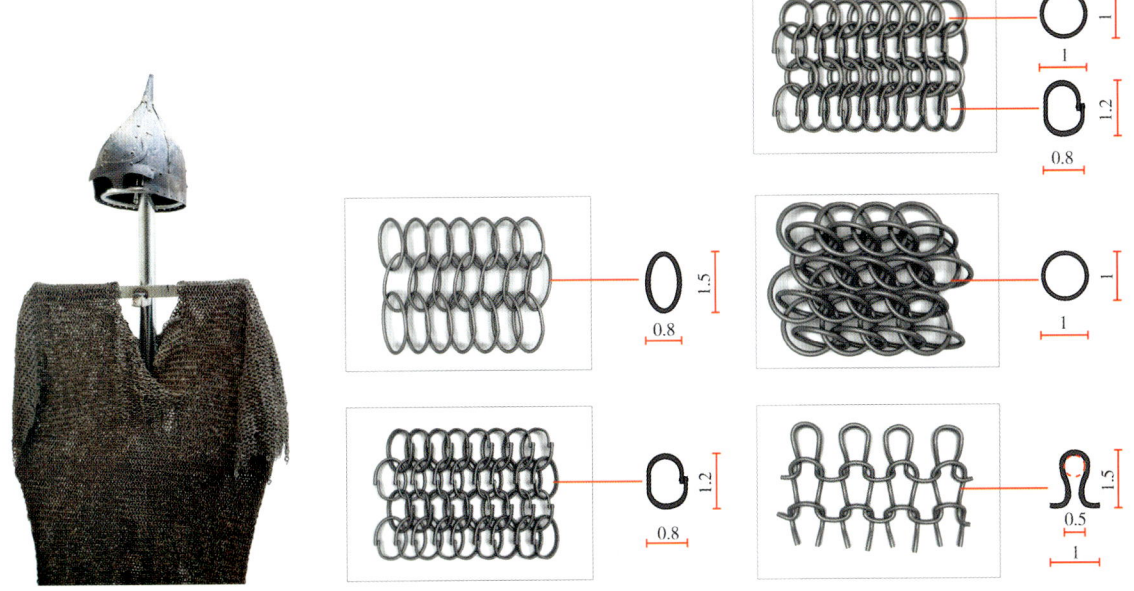

图二　哈萨克族锁子甲环接方式图（单位：cm）

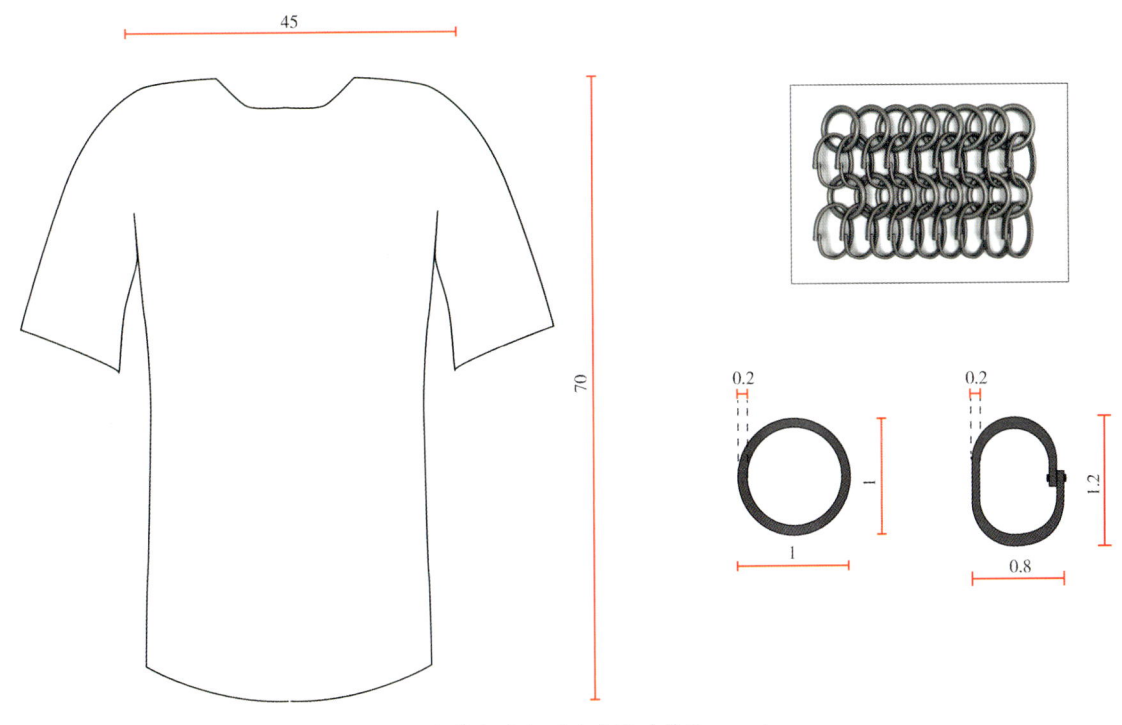

图三　哈萨克族盔甲尺寸图（单位：cm）

第六章　哈萨克族传统手工艺

427

图四 哈萨克族盔甲分类图

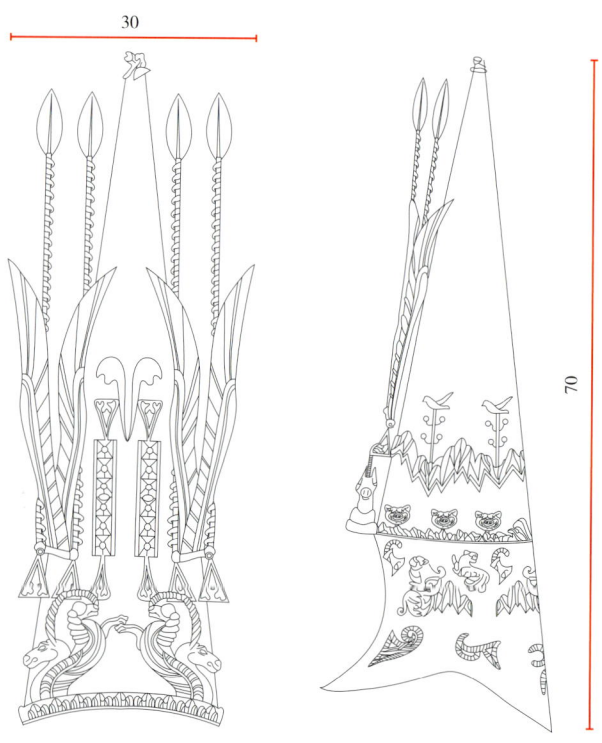

图五 哈萨克族头盔尺寸图（单位：cm）

哈萨克族战斧

图一 哈萨克族战斧主图

战斧，是哈萨克人在马上常用的近距离攻击武器之一。斧头本身是哈萨克人必备的日常工具，用于砍柴及制作毡房木结构。战斧是在工具斧的基础上做了适用于武器的改造，战斧加长了斧柄，利于单手在马上使用，改小刃口，使其重心更加合理，利于灵活作战。战斧除了作战功能，还有仪仗功能，这些战斧满饰各种精美纹样，大多为高级将领所持，具有权力与威严的象征。

此案例为错金装饰的哈萨克族战斧，极为精美。斧身长约70厘米，把手及梯形刀片整体锻造而成，刃口弧度较大，两端呈弯曲的羊角状，把手通体着错金雕花。战斧一般为铁质，所采用的制作工序有锻造、锯条、敲击、焊接及抛光等，最后可在铁斧上做金银细工装饰。战斧的攻击性极强，既有锋刃可以杀伤无甲或软甲的敌人，利用马上作战较高的动能击穿板甲，击碎敌人的骨骼。斧可以砸开链甲的链节，使链环嵌入伤口，造成难以治愈的伤口。战斧也可以用于步兵，作为反骑兵武器，劈开骑兵盾牌。相较于刀剑，战斧笨重且不利用防护是其较大的缺点，因而步兵用单手斧则必须配盾，或装备副手刀剑。

每个民族每个时期都有自己独特的战斧，比如中国商代的青铜钺、印度月牙斧、维京战斧、印第安战斧等。哈萨克族战斧吸收和继承了其先民和周边民族战斧的特点，其错金雕花的装饰可追溯到斯基泰战斧的金包铁工艺，形制和功能主要继承了突厥战斧，此外还受到南部传来的伊朗和印度风格战斧的影响。

图片来源
图一、图三　李梦靖　摄影
图二、图四、图五　李郭　制图

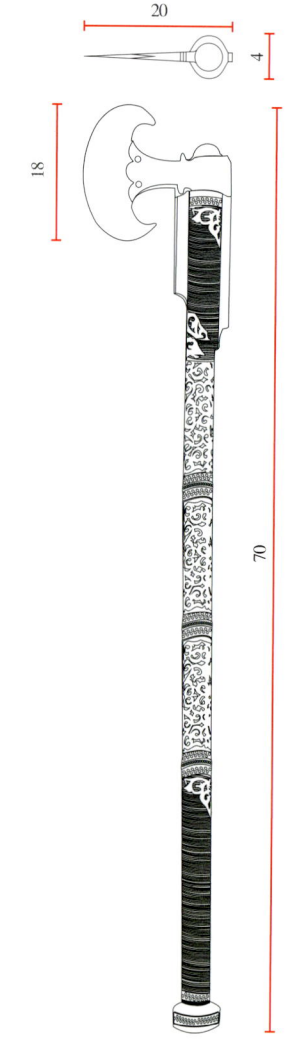

图二　哈萨克族战斧尺寸图（单位：cm）

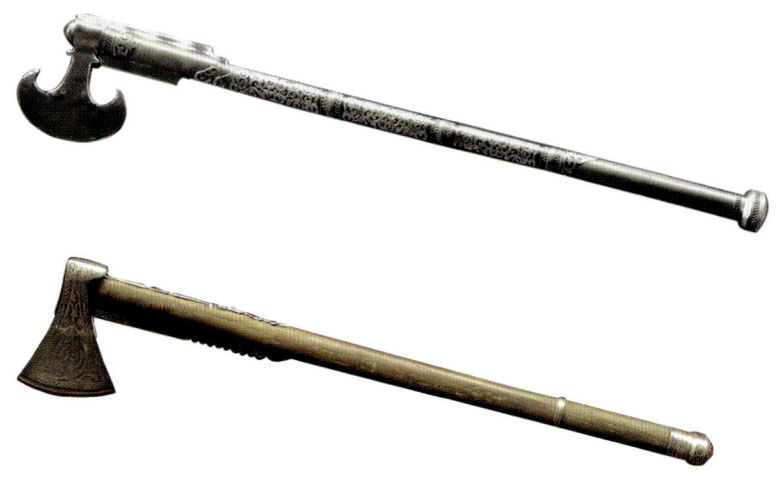

图三　哈萨克族战斧种类图

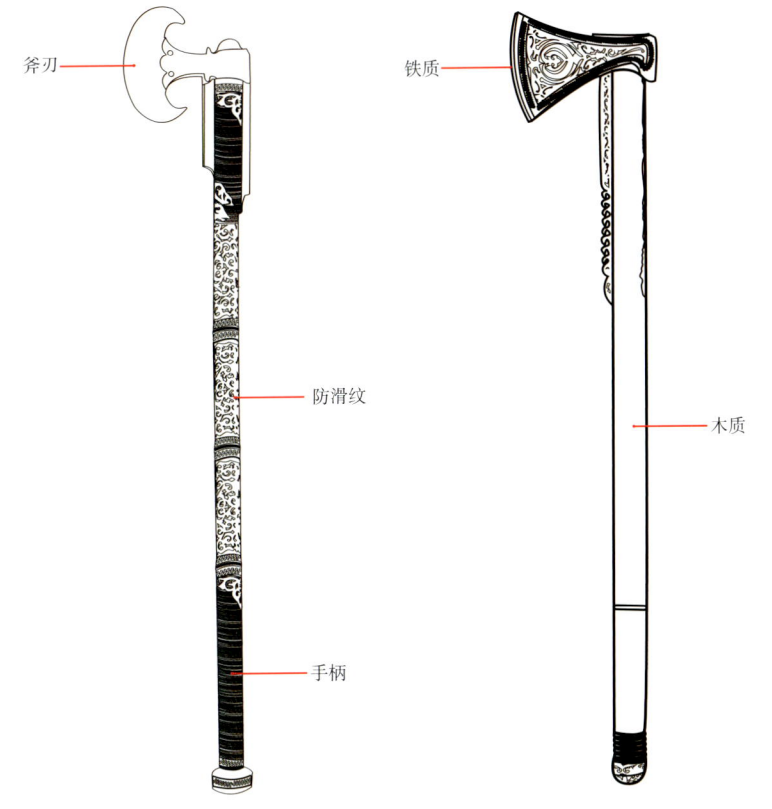

图四　哈萨克族战斧部位名称及材质图

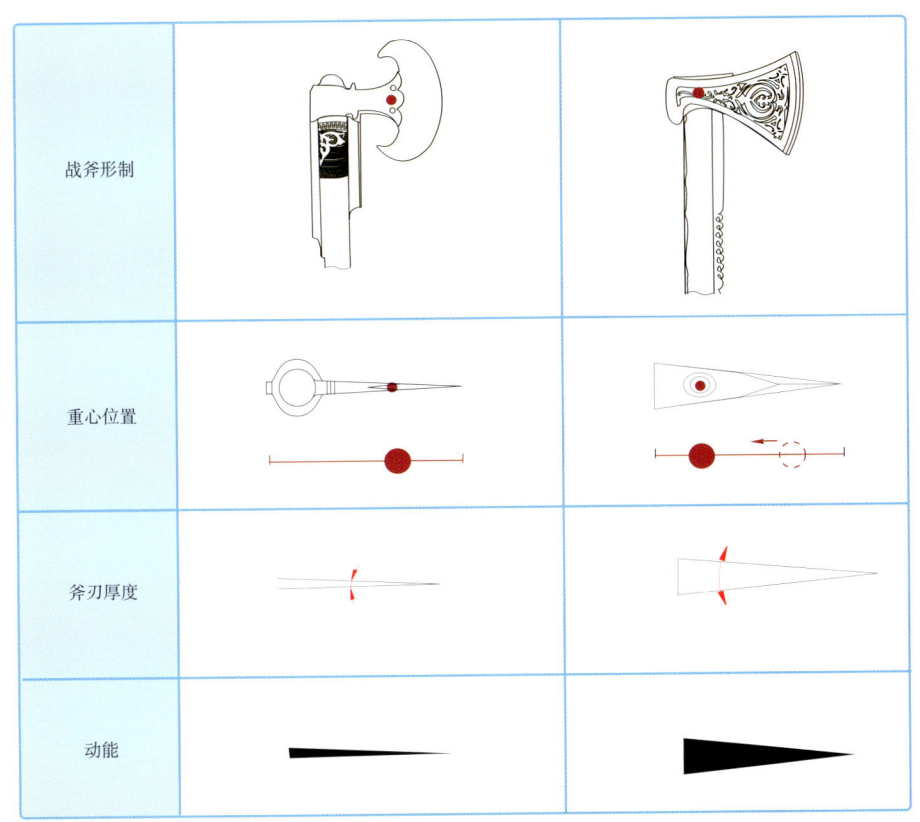

图五　哈萨克族战斧不同形制对比图

哈萨克族角弓

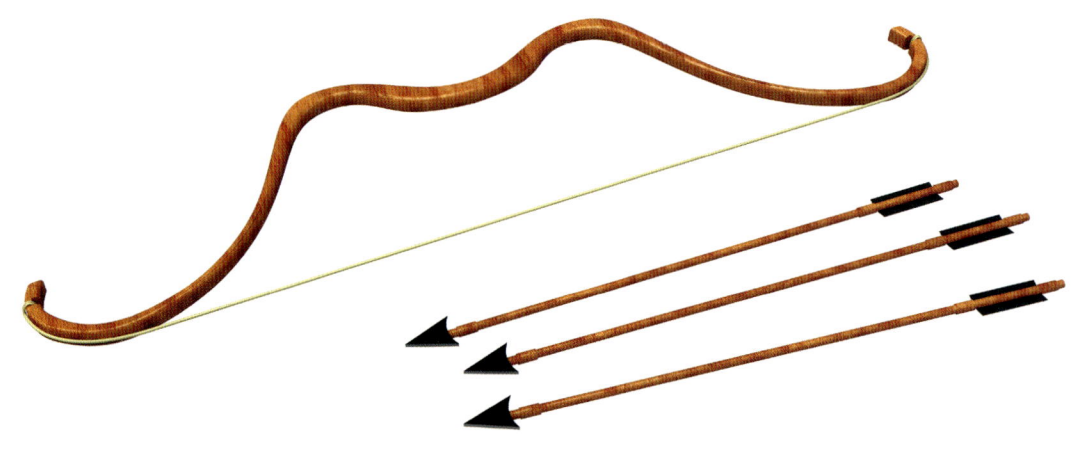

图一　哈萨克族角弓主图

哈萨克族最常用的弓，是一种筋角复合弓，由动物的筋、角和木材粘合而成。角弓不仅是哈萨克人及其先民生活中必备的狩猎工具，而且它和战马的配合使哈萨克骑兵成为冷兵器时代驰骋欧亚大陆的一支草原劲旅。哈萨克角弓大致有三种：螃蟹脚弓、无垫脚弓和有垫脚弓。相比中原地区的角弓，哈萨克角弓弓臂和弓弦更具弹力和韧劲。

此案例为螃蟹角弓，因为其外形像螃蟹的脚而得名，又称蟹脚弓。这种形制独特的角弓同时也广泛流传于中亚、中东及东欧地区。螃蟹角弓的特点是坚固、射程长且精准。弓身长度相对短小，一般为80厘米，适合马上使用。弓梢主要起勾住弓弦的作用，多用硬木制成，也有用动物角。哈萨克族角弓超长的弓梢弥补了弓臂角片不够长的缺陷，为这种角弓提供了足够的拉距，因此力量就有了保障。游牧民族一般用马鬃、动物的肌腱或葡萄藤做成弓弦。此类弓箭的射程可远达400步。一个训练有素的射手每分钟可以射十箭，如此密集发射的箭雨加上淬毒的箭头极具杀伤力。

哈萨克先民的弓骑手开启了中纬度草原游牧民族南下向其他农业文明扩张之路，后裔哈萨克弓骑手也有强大的攻击力和机动性，利用弓箭在远处削弱敌方大军，箭尽后急速撤退，避免肉搏战。正因为哈萨克族角弓与战马配合作战的使用方式，造就了角弓独特的造型及尺度，故而别具一格。

图片来源
图一　吴栋　制图
图二至图五　李郭　制图
图六　牛一平　制图

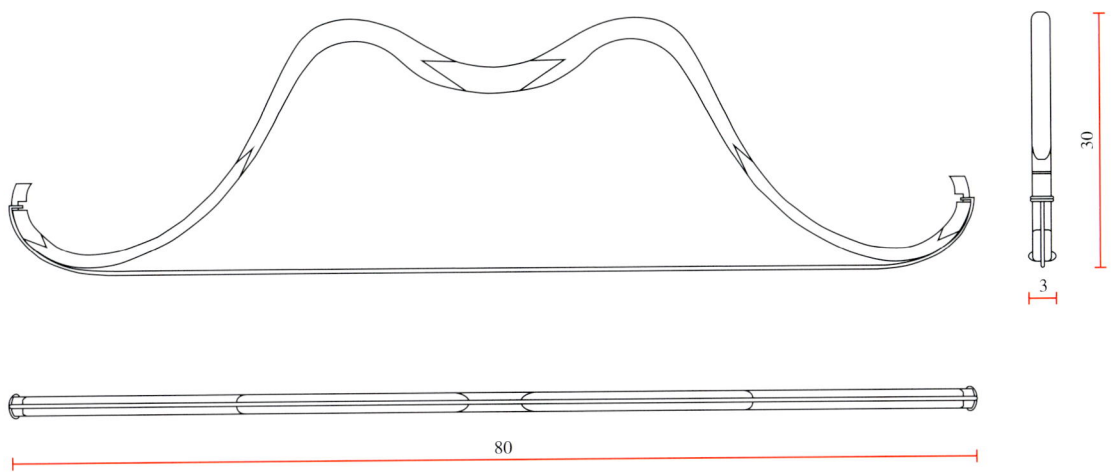

图二 哈萨克族角弓尺寸图（单位：cm）

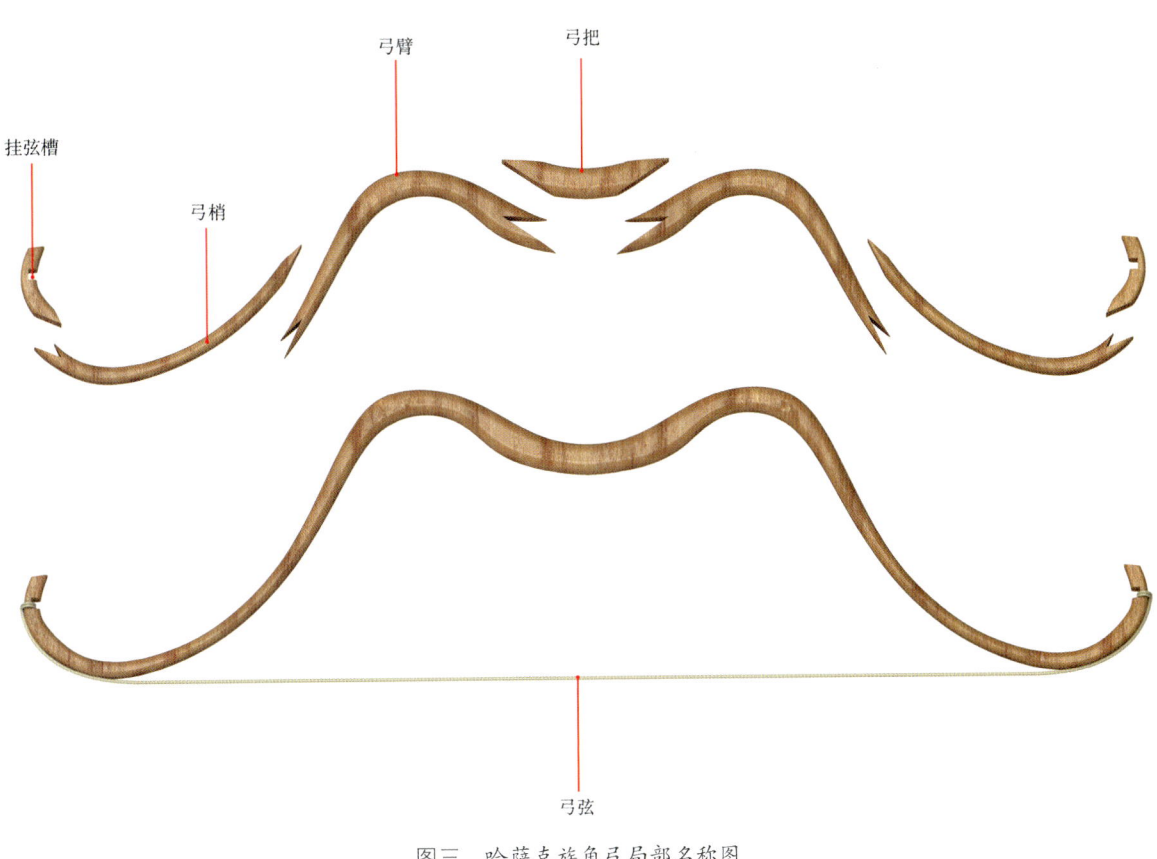

图三 哈萨克族角弓局部名称图

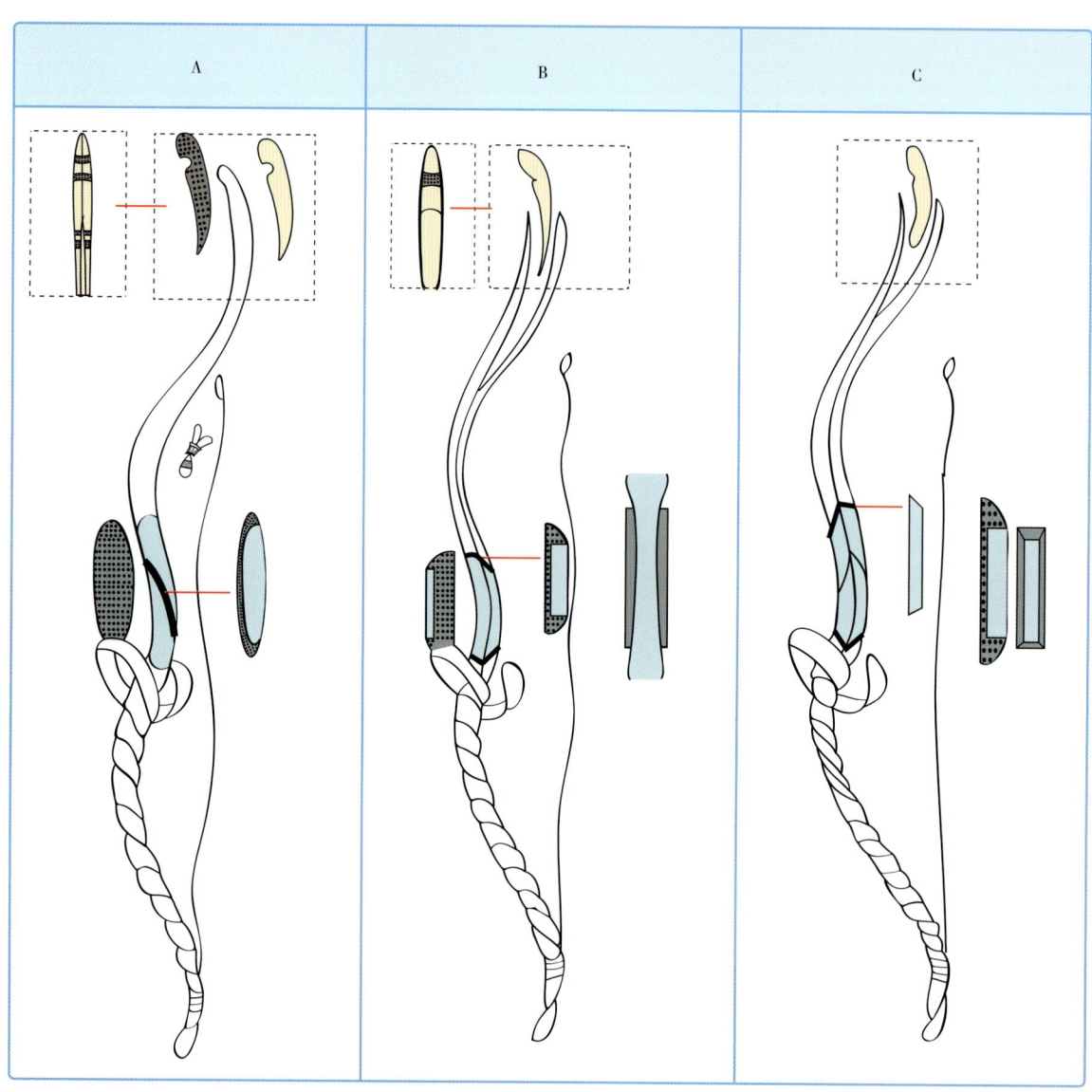

图四　哈萨克族角弓各部件不同种类粘结图

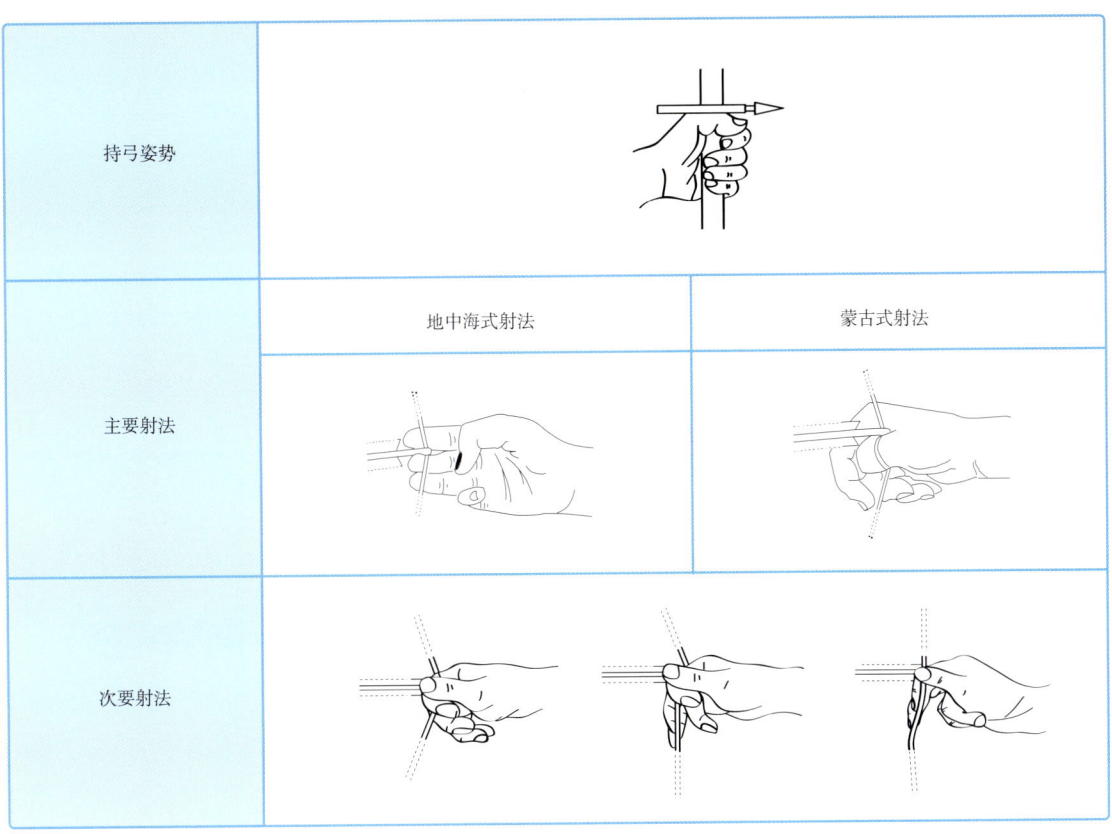

图五 哈萨克族角弓手持姿势图

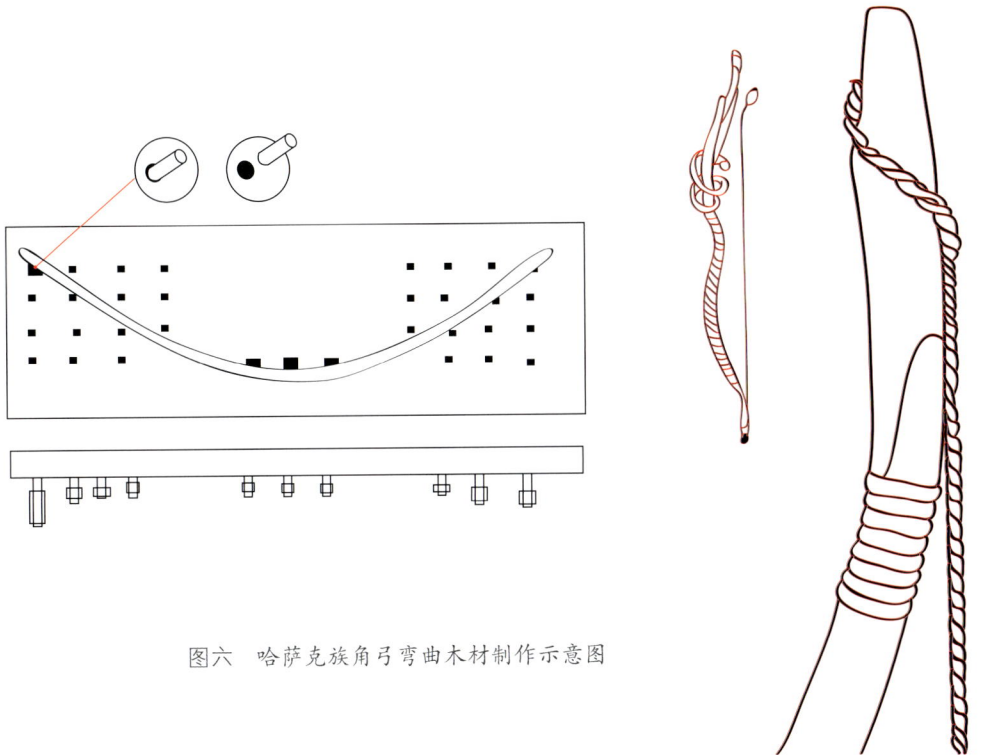

图六 哈萨克族角弓弯曲木材制作示意图

哈萨克族马刀

图一 哈萨克族马刀主图

马刀，是哈萨克人及先民的主战武器。短柄长弯刀，刀身弧弯，刀锋尖锐。哈萨克族的先民是用双刃剑而非单刃马刀，但是马背上刀剑攻击，砍的效果远高于刺，随着骑兵近战增多以及炼钢等金属冶炼技术的发展，适合劈砍的单刃刀逐渐占了上风。后期，哈萨克人基本不再使用刺剑，也没有发展出像印度和欧洲那种凭借重量来获得劈砍效果的阔刃直剑。作为弯刀发祥地的欧亚草原已经用完美的弧度解决了增强劈砍效果的难题。

图一为哈萨克族马刀与其配套的刀鞘，马刀全长约130厘米，刀刃长约110厘米。其特点是宽背薄刃，线条流畅，刀柄略向刀刃方向弯曲，有利于增大砍劈的力度，这样带弧度的刀柄更利于骑手掌控，不易脱手。马刀都是弯形，重心靠前，适宜马上劈砍，其优点是骑兵冲击的时候，将弯刀平托，刀刃向前，借助马的速度推劈向敌人身体，由于弯刀有很好的曲度，接触敌人身体瞬间沿刀刃的曲面滑动。所以，可连续地接触敌人的身体，切割力也就相应的增加，而且在劈到坚硬的铠甲时，也不容易被震飞脱手。相对而言，同等条件下的直脊刀要达到弯刀的效果，需要用更大的力量才行，且直剑冲锋突刺，阻力大容易伤腕。但是，在徒步格斗时，

同等条件下的直脊刀比弯刀的长度更长,更具优势。所以,马刀这类的弯刀是骑兵的利器,利用骑马时的速度,瞬速攻击敌方。马刀一般配有刀鞘,挂于腰带上,位于身体左侧,方便取出。

哈萨克人使用的马刀,既有传承自古典突厥时代和钦察汗国时代的本土弯刀,也有从印度和伊朗回流的大马士革弯刀,甚至还有高加索著名的恰西克弯刀。不得不承认,突厥刀在传入中东后,伊朗和印度的工匠将它发展到了极致,超过了草原本土弯刀的质量。哈萨克汗国的大马士革弯刀多是通过河中地区间接进口的,期间草原工匠仍然会锻造本土风格的弯刀,而两者之间也在发生着二次交流。马刀主要配合草原战马使用,使用的环境和攻击方式都与中原直脊刀差异较大,正因如此造就了哈萨克族马刀独特的造型。

图片来源
图一　李梦靖　摄影
图二至图五　李郭　制图

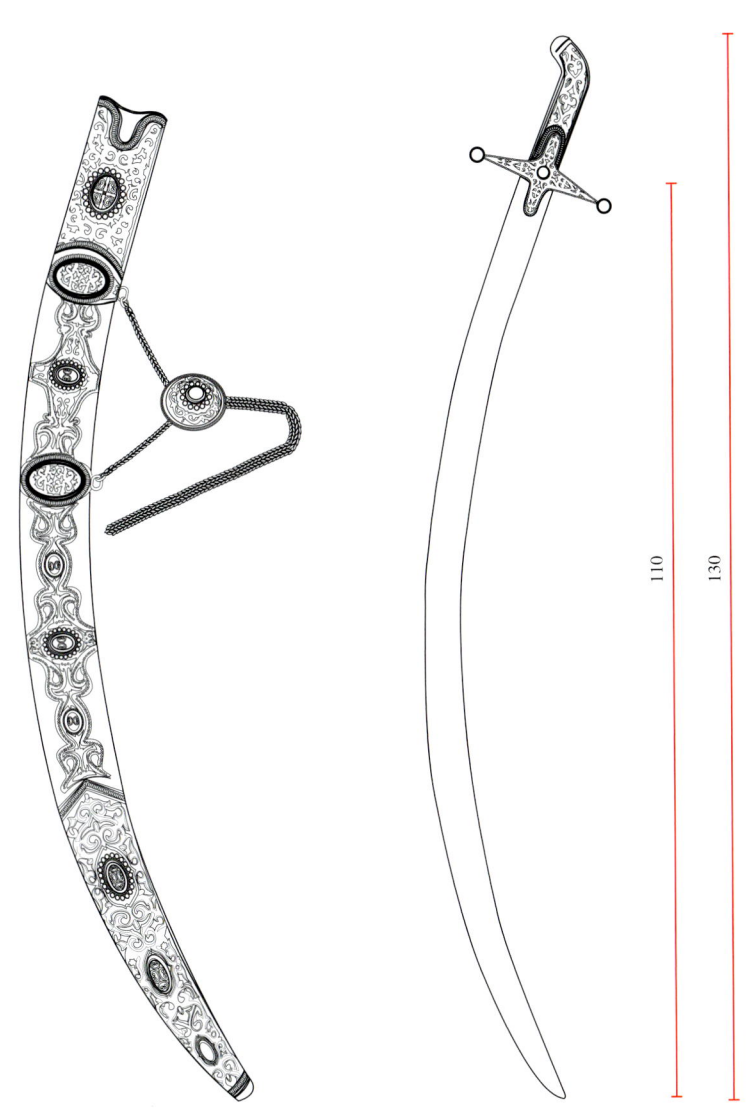

图二　哈萨克族马刀尺寸图(单位:cm)

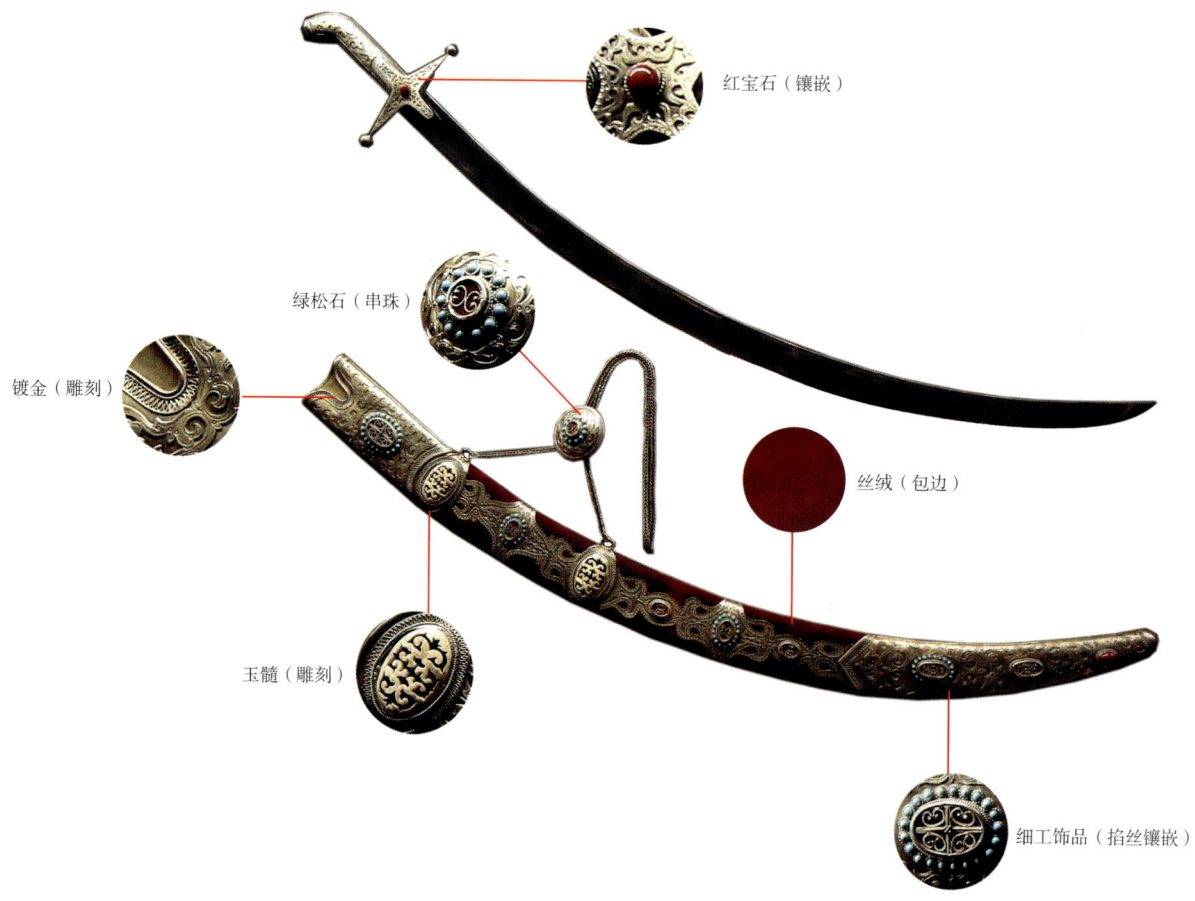

图三 哈萨克族马刀材质分析图

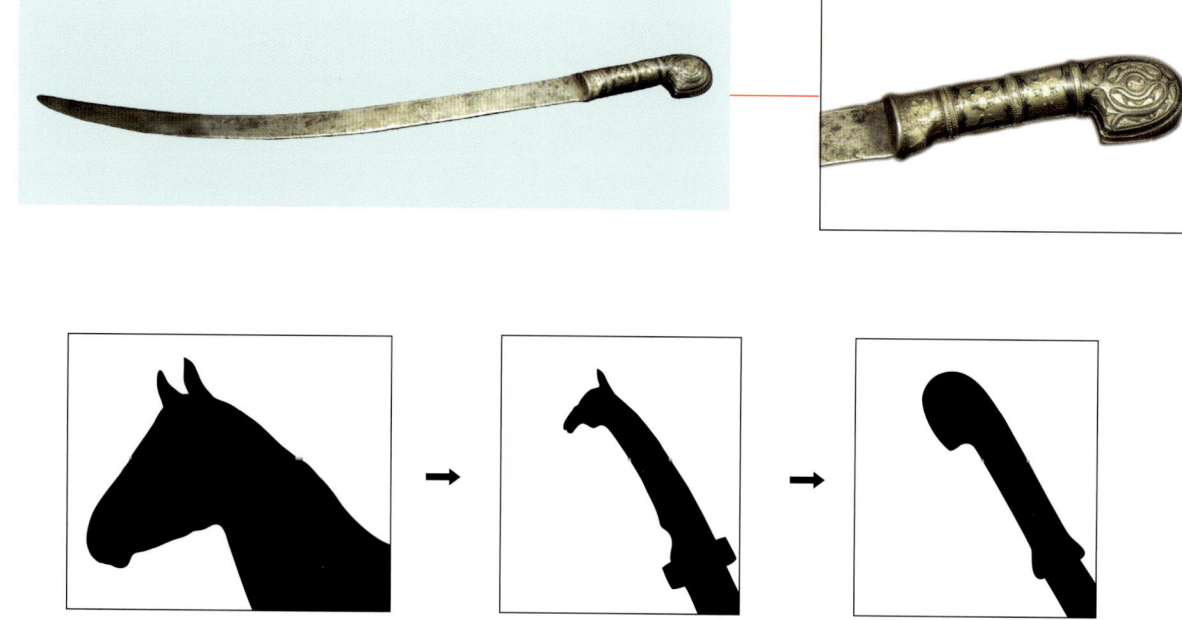

图四 哈萨克族马刀手柄分析图

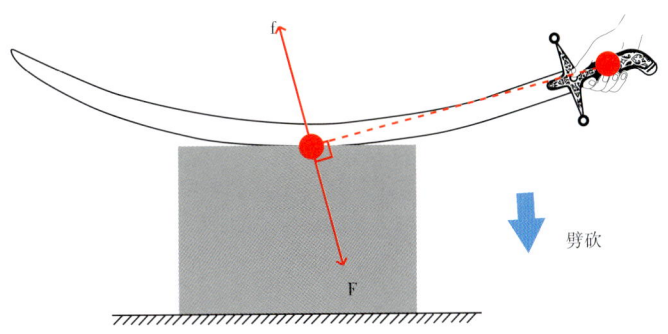

马刀劈砍受力分析

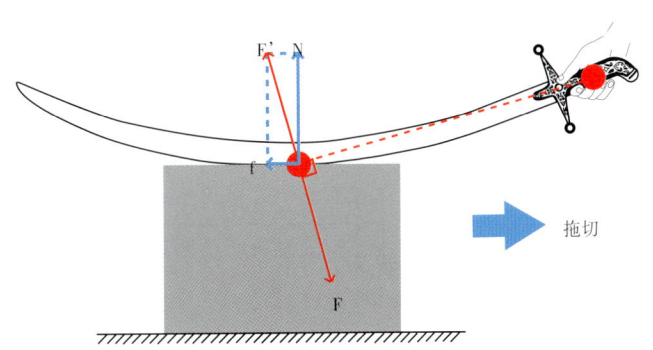

马刀拖切受力分析

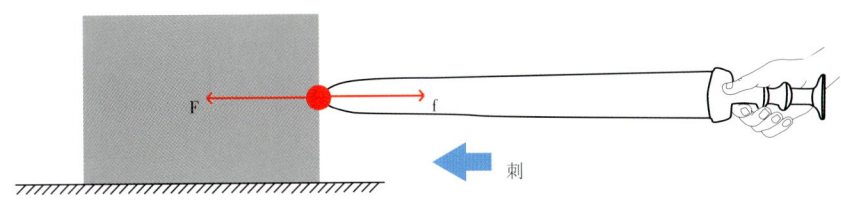

直剑刺受力分析

图五 马刀与直剑使用受力对比分析图

哈萨克族战锤

图一　哈萨克族战锤主图

战锤，哈萨克人及先民常用的近距离攻击武器之一。哈萨克族战锤主要分两大类：一种是由锤头和短柄组成，单手持握，锤头有石质、铜质和铁质，柄多为木质，也有铁制，甚至和锤头一体铸成，造型主要有单体球头棍、复合球头棍、钉头锤及多页锤；另一种是在锤头上系以绳索或铁链，靠投掷击敌，如哈萨克族链锤，锤头除球形外，还有瓜形、蒜头形或有棱有刺。

此案例为哈萨克多页锤，长约65厘米，锤头为铁质，整体铸造而成。多页锤是一种形制奇特的战锤，其攻击部位不像常见钉头锤的锤头是绽放的尖刺，而是纵向排列的铁板。这样的设计使得攻击部位不易断裂，且每排纵向的铁板亦有尖锐的刺，接触敌人的身体时，可形成多点穿刺，攻击的破坏力更大，甚至可贯穿盔甲。锤柄部位为螺旋状，起到防滑、利于把持的作用。这种武器由于重量不轻，军队里不常配备，但最早可追溯到哈萨克汗国时期，也见于在欧洲和欧亚草原的其他民族中。

哈萨克族战锤形制多样，适合近距离攻击，和马刀、弓箭等各式中长距离攻防武器配合，适应各种作战环境和作战需要，在古代哈萨克的军队中普遍配备。此外,哈萨克出现了链锤之类的多样化形制发展,增加了战锤的使用距离,拓展了作战使用环境。

图片来源

图一　吴栋　制图
图二至图五　李郭　制图

图二　哈萨克族战锤尺寸图（单位：cm）

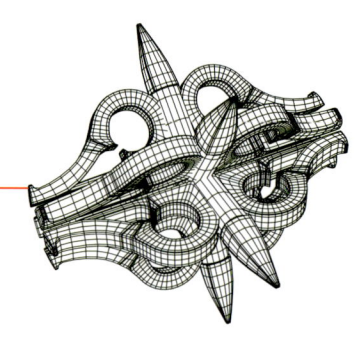
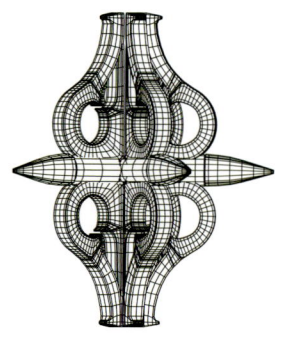
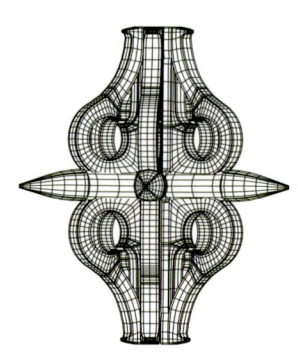

图三　哈萨克族战锤局部分析图

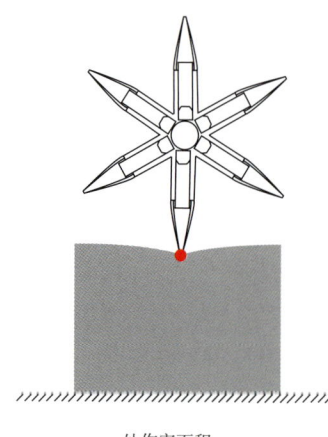
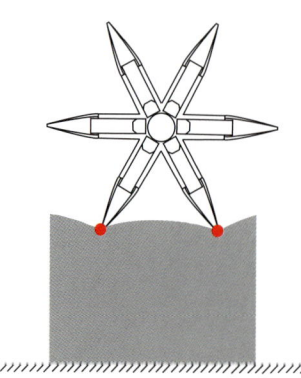
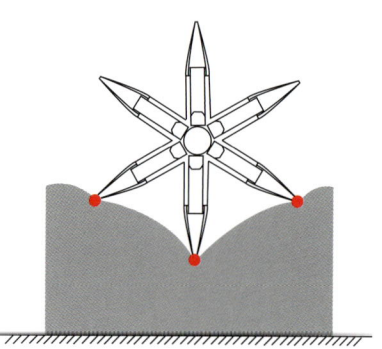

一处伤害面积　　　　　两处伤害面积　　　　　三处伤害面积

图四　哈萨克族战锤所造伤害面积分析图

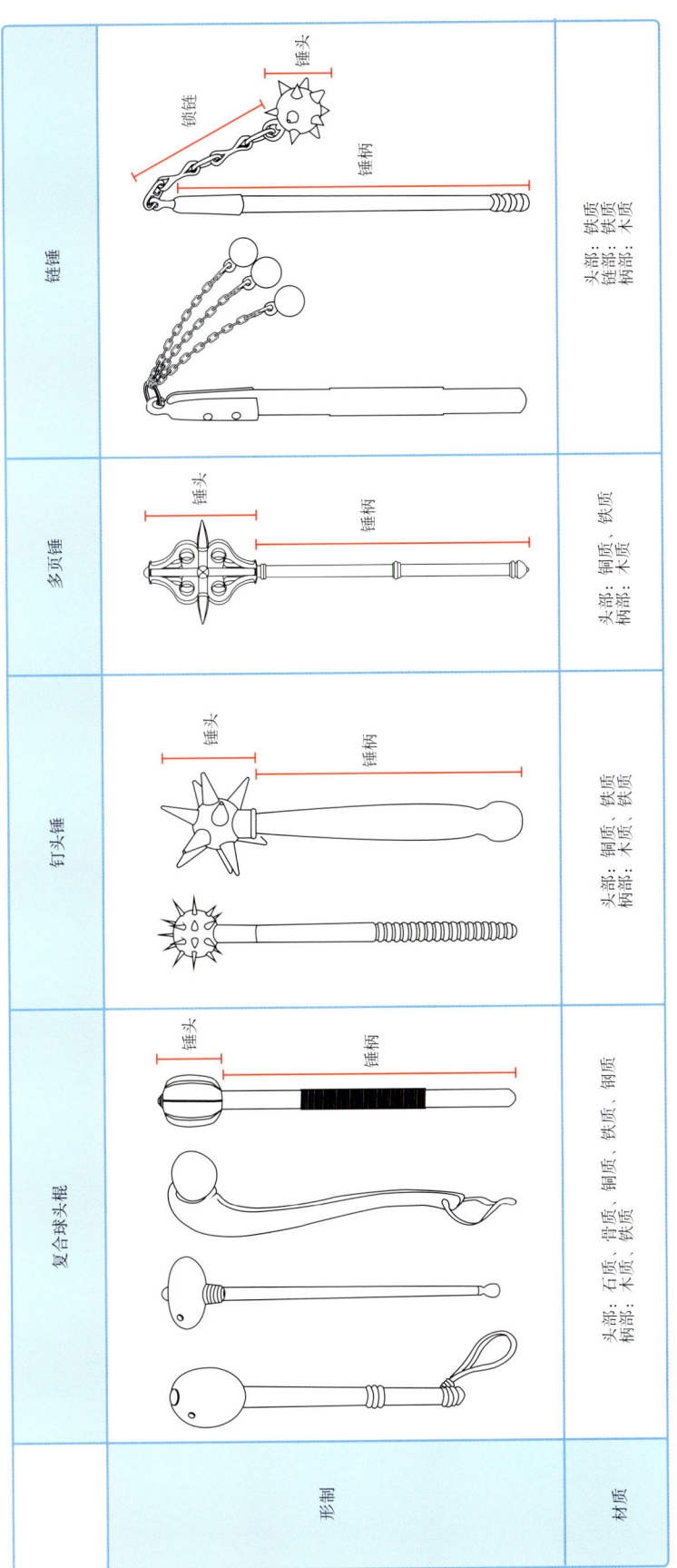

图五 哈萨克族战锤分类图

哈萨克族盾牌

图一　哈萨克族盾牌主图

盾牌是古代哈萨克士兵及将领普遍配备的防护性器具，用以掩蔽身体，抵御敌方矢石、弓箭及兵刃等兵器的进攻。盾牌大多呈圆形，尺寸不等，盾的中央向外凸出，形似龟背，内面有数根系带，称为"挽手"，以便使用时抓握。哈萨克人的古代盾牌按照时间顺序大致可以分为三种：草原风格盾牌、钦察系藤盾和伊斯兰系铁盾。后世哈萨克人还在此基础上做了带有自身形制风格的改进。

此案例为一款在伊斯兰盾基础上改良的铁盾，呈圆形弧面，直径约60厘米，尺寸适中，长度和宽度可以防御身体的大部分面积。盾面如同伊斯兰盾一样满饰雕刻纹样，最显著的特点是具有哈萨克风格的装饰，如马鬃、传统角形纹样及镶嵌宝石装饰。盾牌主要是防御敌方兵器的砍、刺等攻击，而抵御这类攻击，通过改变兵器着力点，造成兵刃的滑移，无疑是将动能消弭的最有效方法。盾牌以背面手把为中心，盾面逐渐向两边收敛，这样的曲线几乎可以避免与来袭兵器的攻击方向成直角，因此能造成这些兵刃的侧滑，达到卸载对方力量、保护自己的防御目的。还能在使用盾的同时，转守为攻，伺机攻击敌人。此外，钦察系藤盾也是哈萨克族常用的盾牌，这种盾牌的中心是一个有坡度的木质圆盘，边缘是一圈一圈的藤条，而藤条则用牛筋线彼此捆绑并和圆盘捆绑。有的牛筋线会染上颜色，这样便形成优美的图案，而中心木盘会被包裹上一层装饰华丽的铁质圆盘。

哈萨克族铁盾具有可以抵挡冲击力的弧度和材质本身的硬度，所以是三种盾牌中防御力最高的一种。但由于材质和厚度所限，有时候会有重量上的不利。藤盾是利用材料自身柔韧轻盈的特点加以设计和利用的典型范例，在冷兵器时代，保存体力最为重要，而藤盾的重量比一般的木盾、铁盾要轻很多，虽然持久性、防护性弱于金属盾，但更便于制作，也利于快速行动节省体力，为战争中获胜增加筹码。

图片来源
图一至图七　李郭　制图

图二　哈萨克族盾牌彩色复原图

图三　哈萨克族盾牌结构图

图四 哈萨克族盾牌尺寸图（单位：cm）

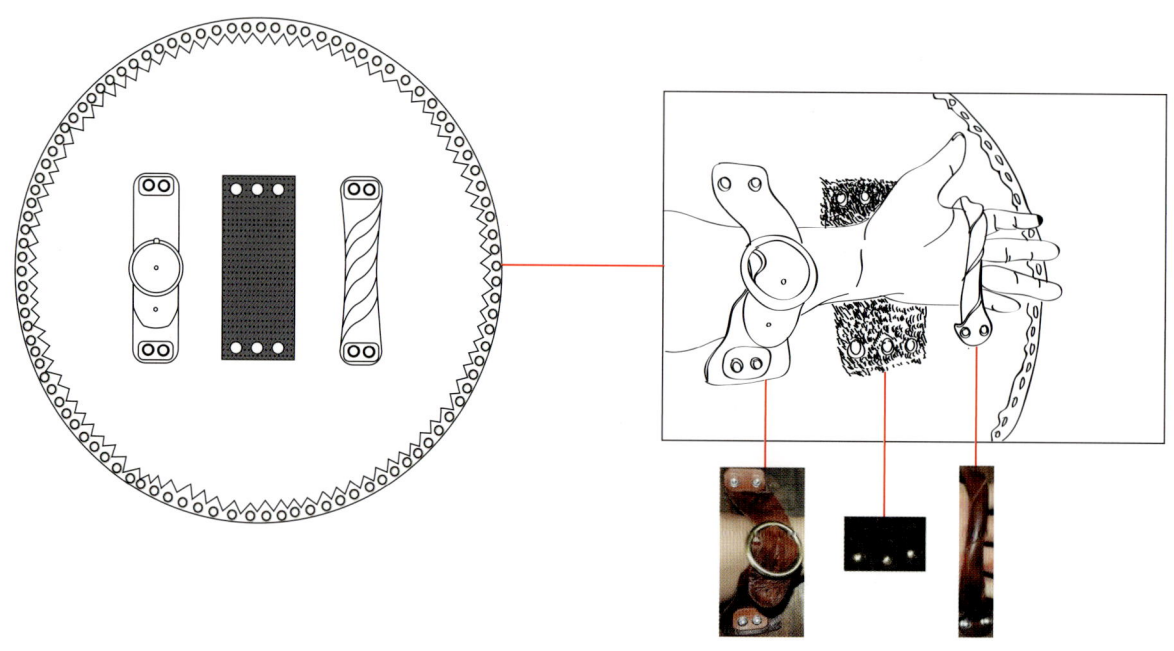

图五 哈萨克族盾牌局部分析图

图六 哈萨克族盾牌分类图

图七　哈萨克族盾牌使用情景图

第七章 哈萨克族传统民俗和宗教

哈萨克族姑娘追

图一　哈萨克族姑娘追主图

哈萨克族"姑娘追"别名"克孜库娃",是哈萨克族青年热衷的一种马背游戏,更是哈萨克男女表达爱慕之情的一种传统方式。至今,哈萨克族青年男女仍通过这种相互追逐嬉戏的方式相互交流好感,萌发爱情,最终结为伴侣。

每逢夏秋季节或喜庆节日,"姑娘追"会在空旷、平坦的草甸上举行,远近牧民都骑马前来参观,围观的群众要站在跑道的两侧。跑道的设置会根据场地范围大小而定。跑道大约三百米,一般分为圆形跑道和直线跑道。"姑娘追"分为行程和返程两部分。

活动开始后由女方任选一匹马,然后青年男女骑马并辔从出发点走向目的地,两人骑马行进中可以交谈逗乐,一般情况下女方不多言,如果小伙子对姑娘有好感,可以大胆地吐露真言,而姑娘往往不能表态。到了规定的目的地时"姑娘追"开始,男方先跑,女方立即从后面追赶。如果女方看得上男方,即便是追上也只是用鞭子在头上晃一晃或者轻轻鞭打,反之,鞭子会狠命在男方身上抽打,表示对男方的蔑视,男方只得逃离,不得有反抗行为。这种游戏可以持续几个小时,小伙子可以轮流邀请姑娘们参加游戏,直到大家尽兴为止。

各种少数民族都有与自己生活特点相关联的求爱方式，哈萨克族"姑娘追"采用在马背上相亲，与他们长期的游牧生活息息相关。关于"姑娘追"的来源有两种传说。一种是神话：传说有一只白天鹅化为女子，和一位猎人结为夫妻，成为哈萨克人的始祖。结婚那天，他俩骑着两匹白色的骏马，像白天鹅一样，互相追逐。另一种是从古代沿袭而来的习俗：以前，有两个哈萨克部落的头领结成了亲家，在姑娘准备过门那天，来接亲的人有意夸赞新郎的马是千里马。新娘的父亲听后不服，想用自己女儿的马一比高下。姑娘对小伙子早有好感，故意放慢速度假装让小伙子追上，让小伙子在前面跑，自己在后面追赶，结果把"追姑娘"变成了"姑娘追"。可见这一民俗活动有着深厚的哈萨克文化基础。现在，"姑娘追"在草原风景旅游区日益红火，已不再局限于青年男女，有时一些结了婚的也会参与其中，为其绵延千百年的"谈情说爱"内涵增加了更多娱乐游戏的功能。

图片来源

图一　Fotoe 网 11104460
图二　赵亭亭　制图
图三　赵亭亭、龙奕柯　制图
图四　赵亭亭、刘金玲　制图
图五　马小雯、刘金玲　制图

男女式花帽　　男女式坎肩　　马鞭　　白马

图二　哈萨克族姑娘追传统着装、用具示意图

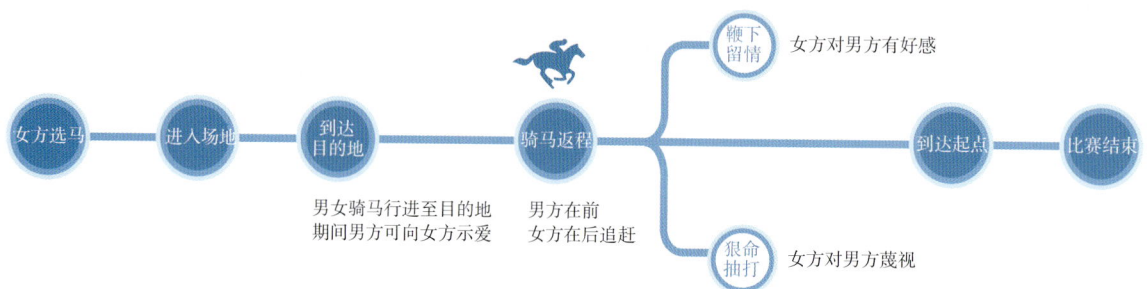

图三 哈萨克族姑娘追活动流程示意图

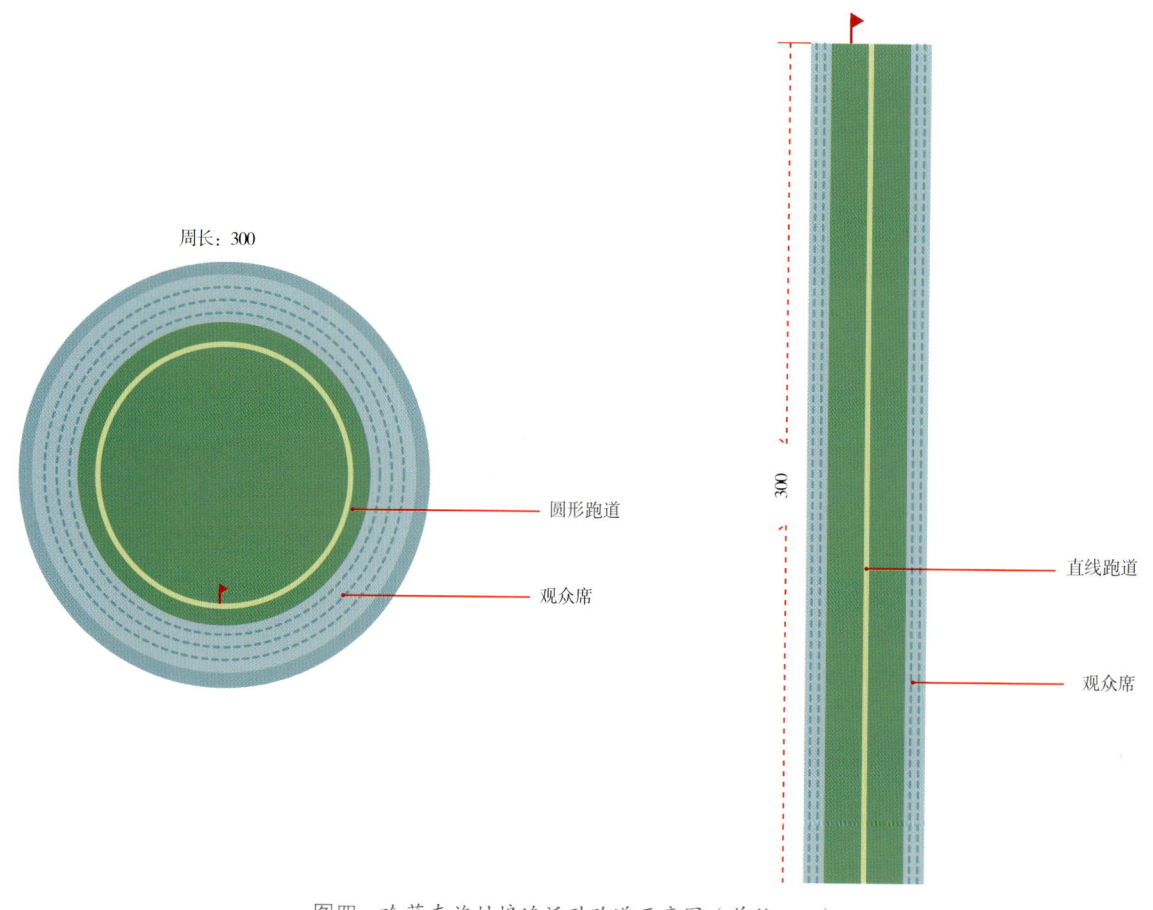

图四 哈萨克族姑娘追活动跑道示意图（单位：m）

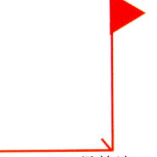

➡出发起点　　　　　　　　　　　　　　　　　　　　　　目的地

小伙子可向姑娘说悄悄话或示爱

终点　　　　　　　　　　　　　　　　　　　　　　返程起点◀

姑娘对小伙子有情则鞭下留情　　　　　　　姑娘对小伙子蔑视则毫不留情

图五　哈萨克族姑娘追活动细节示意图

哈萨克族叼羊

图一 哈萨克族叼羊主图

"叼羊"是哈萨克族在节日或喜庆集会时为祈祷祝福而举行的一种民间马上娱乐活动，同时又是一种对抗性强、争夺激烈，集勇猛、顽强和机智于一体的马背体育竞赛。参赛选手以个人或组为单位，骑马抢夺经过特殊处理后的山羊，并通过骑术、智慧的多重较量最终把羊扔到指定区域内获胜。

叼羊大赛一般在秋天的牧场草地举行。那时羊肥马壮，人们欢庆丰收。叼羊之前，人们先选一只两岁左右的山羊，哈萨克语称作"拉合"，宰羊时割去羊头和羊蹄，扎紧食道，挖出内脏，并将其身体在盐水中浸泡一整夜，使畜体达到32千克左右，以防止被轻易扯碎。有时用羊皮代替山羊，也称"叼羊皮"。传统的叼羊比赛规则是：草地两端各画一个大圆圈，参加活动的骑手按氏族、部落或居住区域分成两组。主持人首先有一个祈祷仪式，参加者也要向主持人祝福，然后主持人把准备好的羊放在草地上以示比赛开始。开始时每组各出一人一骑相互对叼。先出场的人骑在马背上俯身拿起草地上的羊，把羊压在脚与膝之间，两手抓住羊的后腿压在马鞍上，对方出场的人抓住羊的两只前腿用力拽拉，这时，如果哪一方的力气大，人力和马力配合得好，哪一方就能抢到羊。把抢到的羊扔到圆圈中，次数多的一方将获得胜利。经过几番对叼之后，两组骑手一拥而上，大家合叼一只羊，持羊者策马飞跑，同组的骑手在旁掩护，另一组的骑手拼命从各个方向追上去阻挡，赶上后，数十骑围成一团，你夺我抢，一旦有人抢到羊，就得奋力冲出人群，策马飞奔，另一组的骑手奋力

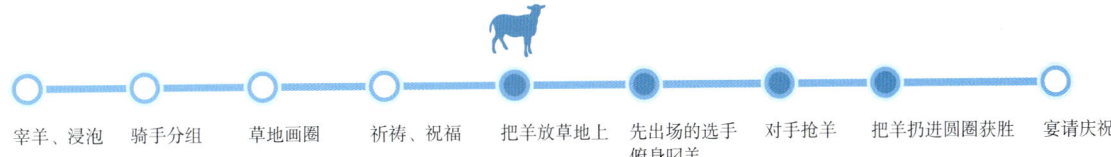

	时间	地点	参与者	锻炼作用	意义
叼羊	节日、婚事、祭祖、欢庆集会	夏季或秋季牧场的草地上	各氏族、部落、居住区的青壮年男子	考验人力与马力的配合以及团队协作能力	祈祷、祝福欢庆丰收

图二 哈萨克族叼羊流程图

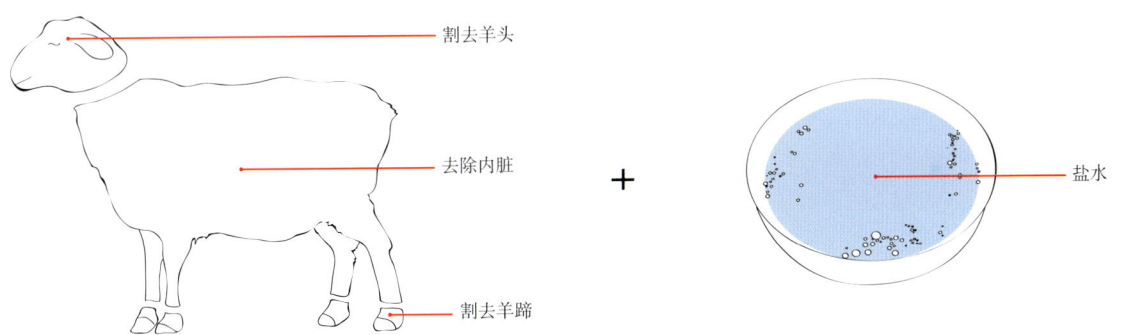

两岁山羊"拉合"　　　　　　　　　　　在盐水中浸泡一整夜，使羊体重达到32千克左右，不易扯烂

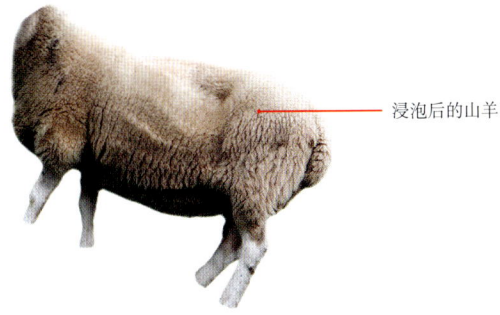

图三 宰羊、加工图

追赶，追上后再争夺，这样反复多次。比赛规则允许抢羊的同时可以毫不留情地使用鞭子抽打拿着羊的骑手。最后，当有人力战群雄，抢到羊，并持羊跑远，没有人再追上他，这个骑手还要把羊扔到指定的圆圈内或从毡房的天窗把羊扔进某家毡房里，表示这个骑手所在的这一组获胜，叼羊活动也宣告结束。

据传说，叼羊活动起源于中世纪，当时哈萨克族的先民是游牧部落，部落中的人和牲畜常常受到狼的袭击，狼成了牲畜的最大天敌。牧民们为了保护人畜的安全，常常三五成群地去猎狼，一旦获得了狼，便将狼驮在马背上奔跑，大家一拥而上争相抢夺，以此娱乐，表示庆祝。后来猎狼活动逐渐演化成一项专门的娱乐活动，叼狼也演变成了叼羊。叼羊运动始终在不畏困难和顽强拼搏的气氛中进行，展现了哈萨克人强韧旺盛的生命活力。这项游艺体育活动脱胎于哈萨克牧民的日常生活方式，有着某种未来幸福的寓意象征，具有浓郁的草原特色。

图片来源

图一　涂苏别克·斯拉木胡力：《哈萨克民俗文化》，新疆科学技术出版社，2009.
图二　徐林，龙奕柯　制图
图三　徐林　制图
图四　徐林，刘金玲　制图
图五至图七　陈方圆，徐林　制图

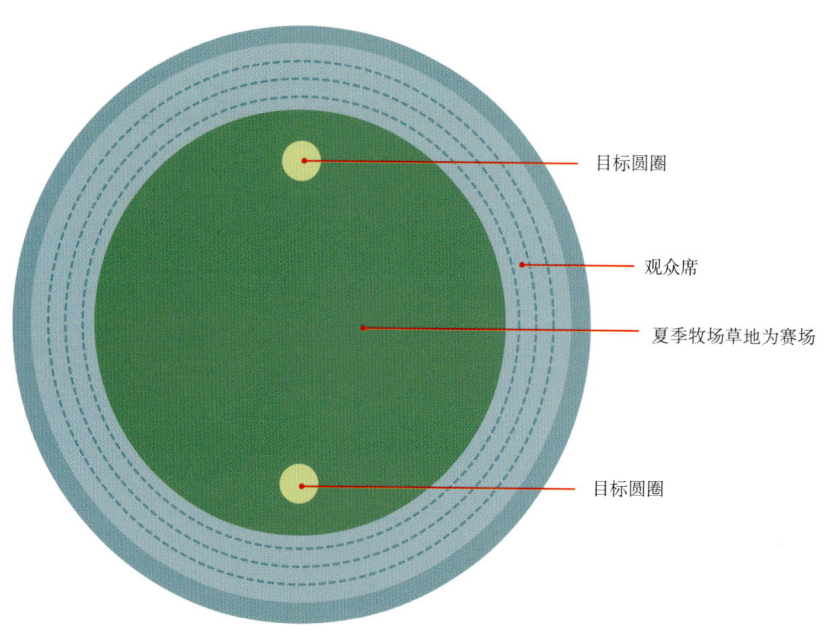

图四　哈萨克族叼羊赛场示意图

图五　哈萨克族叼羊动作示意图

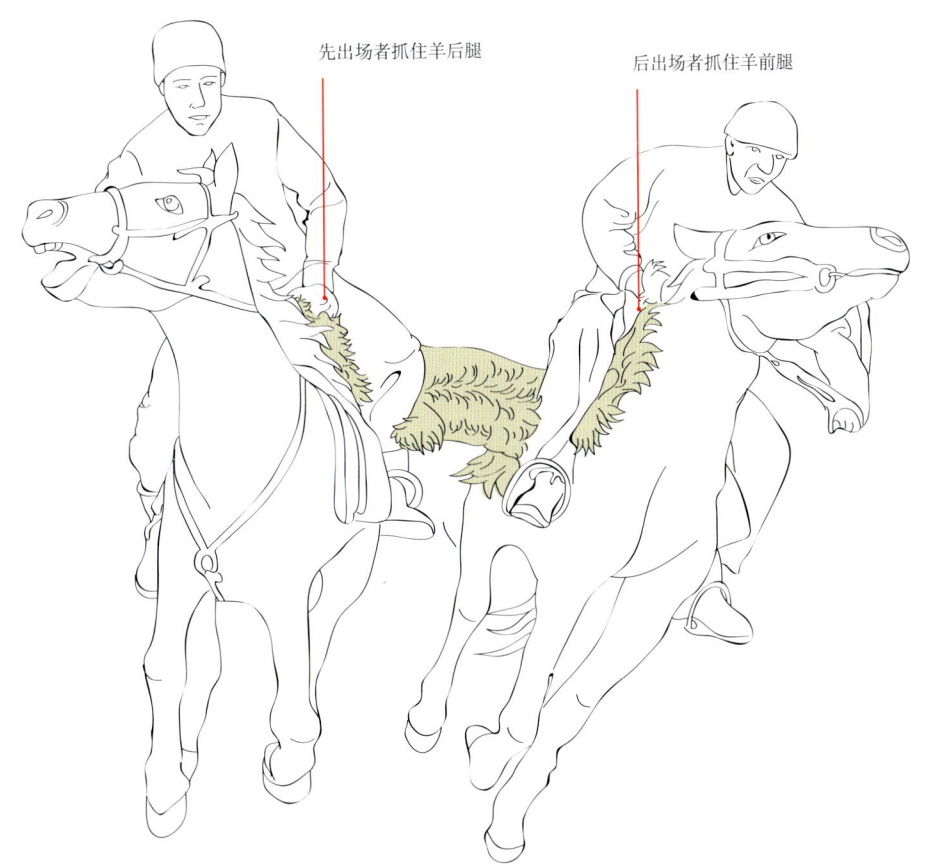

图六　哈萨克族叼羊对叼示意图

第七章　哈萨克族传统民俗和宗教

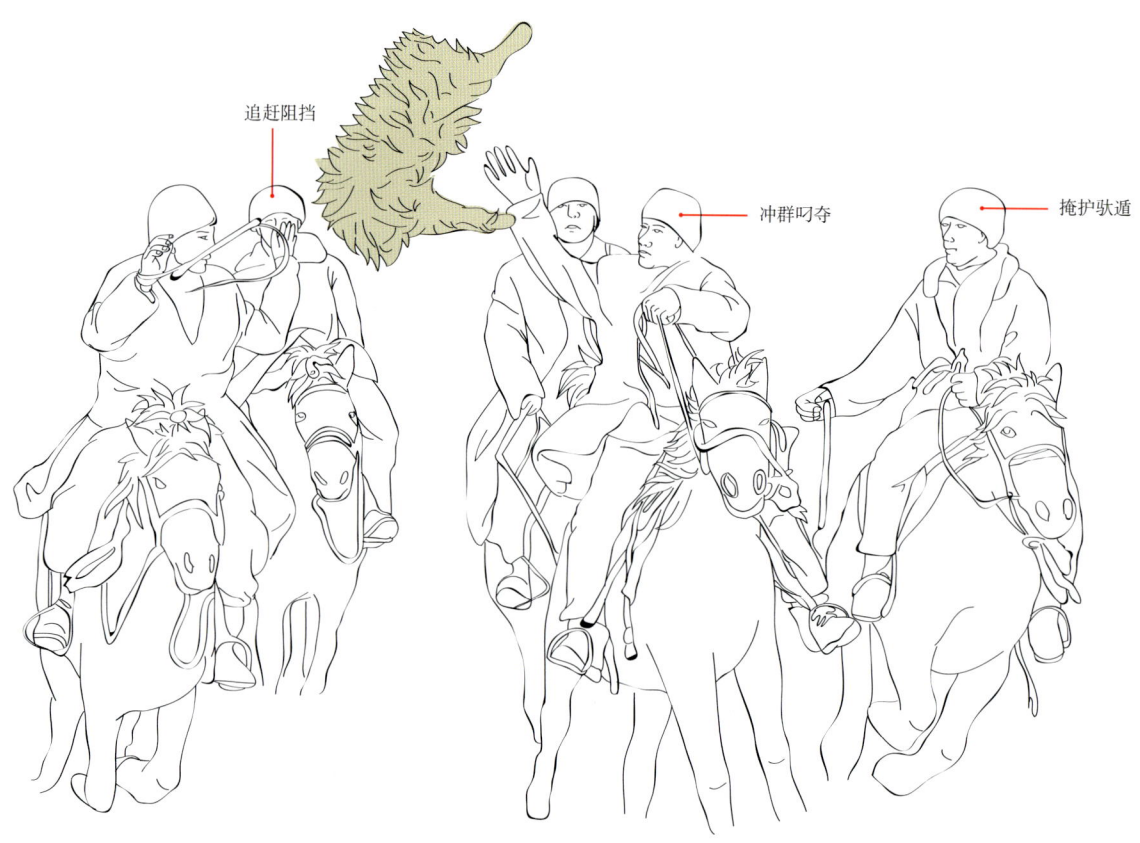

图七 哈萨克族叼羊合叼示意图

哈萨克族摔跤

图一　哈萨克族摔跤主图

摔跤是一种力气和技巧的较量，哈萨克语称之为"库勒西"，摔跤手称为"巴勒旺"，出色的摔跤手称作"推盖巴勒旺"。摔跤是深受哈萨克族百姓喜爱的一种民间体育活动，在举行婚礼、周年祭祀等仪式时都会举办摔跤活动。摔跤在哈萨克文献中常有记载，如《阿勒泰文史资料汇编》中记载在18世纪左右，克烈部落中曾出现一名伟大的摔跤手布朗拜依·阔勒汗，他战胜过无数的对手，人们为了纪念他，以他的名字命名了一条河为"布朗拜河"。哈萨克人心目中认为摔跤手是力量和智慧的化身，是民族的英雄。

按照哈萨克族的传统习俗，大型摔跤比赛中每位摔跤手都代表各自部落出战，部落成员站在赛场两侧为其加油。哈萨克式摔跤形式很多，有传统式摔跤、古典式摔跤、自由式摔跤等。哈萨克族传统摔跤十分有特色，双方把脚套在一个大口袋里，齐腰高，让人把袋口扎紧在腰上。比赛时，靠上肢力量把对手弄倒，三赛二胜为赢。两名摔跤手，各有一骑手助威。骑手的任务是当自家摔跤手把对方摔倒后，他会在最短的时间里，冲进场内，驮起队员，离开赛场。摔跤手一般都赤裸着上身，只系腰带，这是为了方便较量。他们头上也会扎彩带或戴帽子，以此寄望在比赛中受到保佑。现在，古典式和自由式摔跤比较常见。在古典式摔跤比赛时两人互抓对方的腰带，躬身对顶，可以把手抱起来，也可以扭对方的手或脖子，使对方仰面倒地，就算胜利。这有点类似于现代的比赛规则。自由式摔跤比赛时，会有一个具有威望的长老当裁判，各队按照年龄大小派摔跤手先后上场，以比较输赢次数决定最终胜利。

每个民族的摔跤都有各自独特的习俗和详细规则，从中也能体现出民族性格。哈萨克族的传统式摔跤通过大口袋对摔跤行为进行限制，大大增加了比赛的难度和可看性，体现了哈萨克人勇猛又乐天的天性。这也带给我们某种设计方法上的启示：通过增加一定的限制条件，便会形成更多样化的设计表现。

图片来源
图一　汉华易美网 417126129
图二、图三　赵亭亭、龙奕柯　制图
图四　赵亭亭、刘金玲　制图
图五、图六　赵亭亭　制图

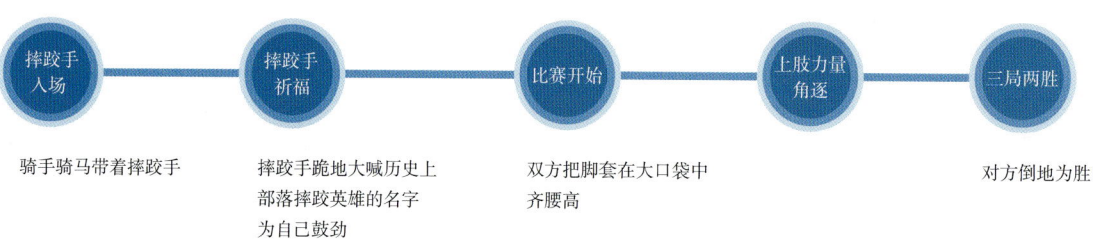

图二　哈萨克族传统摔跤流程示意图

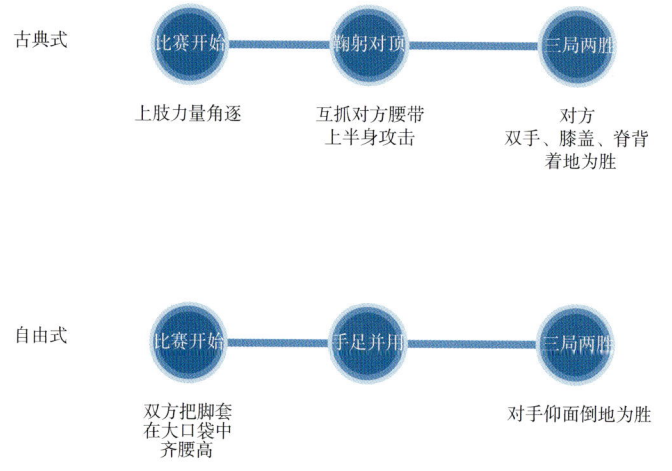

图三　古典式、自由式摔跤示意图

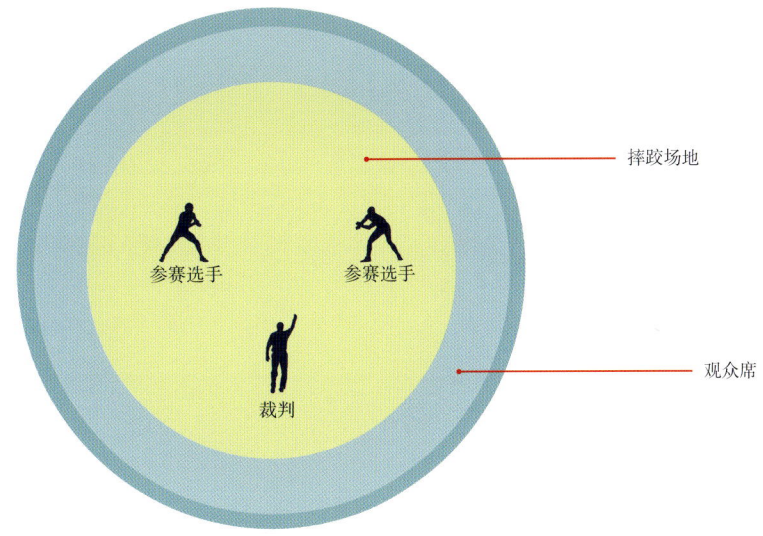

图四　哈萨克族摔跤活动跑道示意图

摔跤服正面　　　　　　　　　　摔跤服背面

图五　哈萨克族摔跤服饰示意图

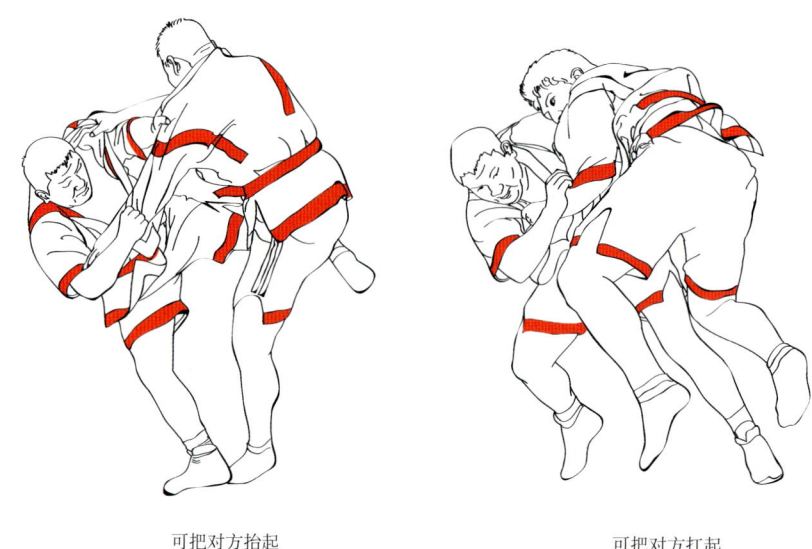

可把对方抬起　　　　　　　　可把对方扛起

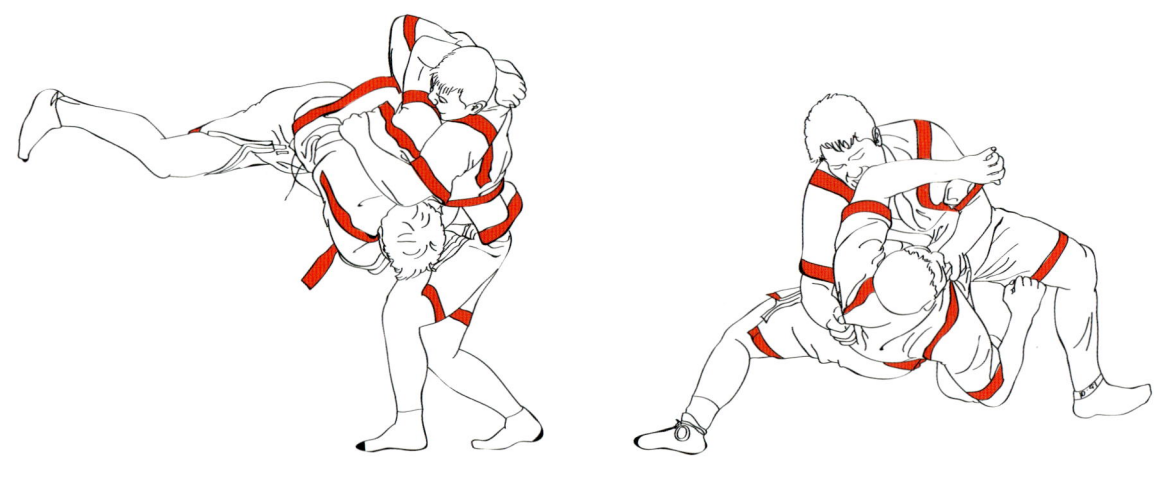

可把对方抱起　　　　　　　　把对方摔倒 背靠地为胜

图六　哈萨克族摔跤比赛细节分析图

哈萨克族赛马

图一 哈萨克族赛马主图

哈萨克族有句谚语："马是人的翅膀"，对于这样一个马背上的民族，不论男女孩童，从小就练就了健壮的体魄和高超的骑术。驰马放牧不仅是哈萨克族的生活方式，竞马争先亦成为其最喜欢的民族娱乐赛事，在众多娱乐活动之中也最为重要。

哈萨克族举行赛马会，一般要提前公布比赛的时间和地点。参加比赛的马匹要在二到三个月之前进行特别训练。哈萨克族中有专门相马和驯马的人，他们会帮助骑手挑选最好的马匹训练参赛。赛马分赛走马和赛奔马两种。赛走马的骑手都是成年人，一般要备五岁以上的成年马。赛奔马的骑手多是10~13岁的男孩，一般多备三岁左右的马。骑手多穿红色、白色的衣服，而赛马的鬃毛和尾巴则须用各种颜色的布条辫起来或绑扎在一起，作为识别马匹的标志。赛马和骑手都有自己的号码，最先通过终点的为胜者，最后凭名次领奖。比赛前，先由专人领着参赛者由终点走到起点熟悉赛道，然后由起点开始竞赛。竞赛时，骑手们会一边催马飞驰，一边给马擦拭眼帘周围的汗水，因为汗水流入马眼会影响奔驰速度。传统的哈萨克族的赛马会，根据部落头目等级的高低来决定参赛马匹的数量，获奖名次多寡也会根据赛马数量来决定。如果某一匹马在赛马会上获胜，那不仅是马主人的光荣，而且是整个部落的光荣。赛马的胜者会得到很多奖励，元宝、骆驼、骡马和羊常作为奖品。主人一般会将奖品的一部分分享给亲人和同部落的人。赛马往往是在婚礼和重要节日里举行的，经常作为压轴节目。

赛马成为哈萨克族重要的民俗活动来源于其游牧环境和生活方式。哈萨克族人人马技高超，赛马活动不仅使族人们能互相竞争一较高下，也加强了本民族的认同感和凝聚力。参加赛马比赛在哈萨克人眼中是勇气力量的象征，赛马获胜者更是能得到无上光荣。因而赛马活动广受哈萨克人喜爱，一直兴盛而不衰。

图片来源

图一　涂苏别克·斯拉木胡力：《哈萨克民俗文化》，新疆科学技术出版社，2009.

图二至图六　徐靓　制图

图七　阿斯力汗·巴根：《哈萨克毡房文化》，新疆青少年出版社，2001.

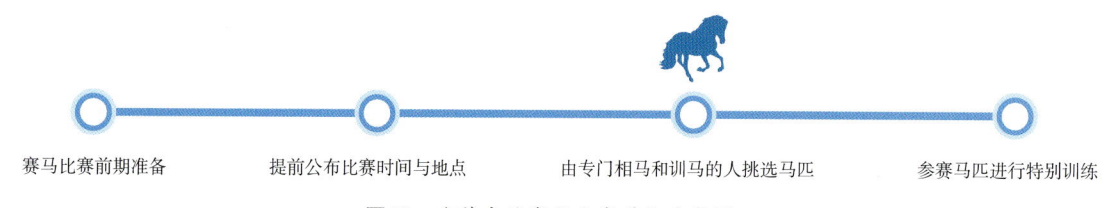

图二　哈萨克族赛马比赛前期准备图

	种类	参赛马匹年龄	参赛对象	参赛距离	举行时间
赛马	赛走马	五岁左右的马匹	成年男性	3公里~5公里	婚礼和重要节日压轴出场
	赛奔马	三岁以上的马匹	10~13岁的男孩	20公里~30公里	婚礼和重要节日压轴出场

图三　哈萨克族赛马种类图

赛走马：马不能跑，以快速走竞赛　　　　　　赛奔马：使马以最快速度奔跑竞赛

图四　哈萨克族两种赛马形式对比图

用不同颜色的布条在马匹的头部与尾部扎绑，用来识别马匹身份

参赛者领取自己的号码，通常穿上红色与白色的衣服参加比赛

图五　哈萨克族赛马装扮分析图

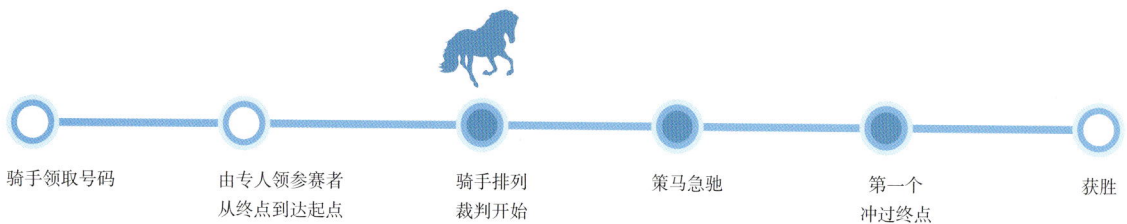

图六　哈萨克族赛马流程分析图

小骑手们

赛马过程中

图七　哈萨克族赛马情景图

哈萨克族马上角力

图一　哈萨克族马上角力主图

马上角力,也称马上摔跤,是哈萨克族传统的马上竞技类项目之一,通常在男子间进行,现在妇女间亦可进行。比赛多在节日、婚事、祭祖或欢庆集会上进行。比赛场地一般选择宽阔平坦的草地。

比赛开始前,竞赛双方在相距一两百米处纵马相向而来,停在一定范围内待裁判示意开始后,双方即借助坐骑的力量和精湛的马术伺机进攻。有时似闪电般地袭击,在猝不及防的进攻中将对方摔下马;有时双方在马上扭成一团,进行长时间的力夺与智斗。运动员要勇敢机智,能攻能守,稍有不慎,优势顿失,顷刻间变主动为被动。角力规则中,双方只许利用手臂相互拉扯使对方下马,不得抓对方上肢外的任何部位,也不得抓对方的衣服或马鞍,否则就算犯规。

马上角力是一项运动量极大的活动,它展现了选手的臂力、腰功以及摔跤技巧,同时考验的是选手意志、智慧和各种综合能力的结合,体现了纵马驰骋在草原的哈萨克民族剽悍、骁勇的性格。直到现在,这项体育活动依然在哈萨克族广泛流传。

图片来源

图一　涂苏别克·斯拉木胡力:《哈萨克民俗文化》,新疆科学技术出版社,2009.

图二　徐林、龙奕柯　制图

图三、图四　徐林、刘金玲　制图

马上角力	别称	时间	地点	参与者	禁止动作	技巧说明	锻炼作用
	马上摔跤	节日、婚事、祭祖、欢庆集会	宽阔平坦的草地上	各氏族、部落、居住区的青壮年（男女均可参加）	用拳击打对方拉扯对方的衣服	运用自己的力气和技巧将对方摔下马或抱离马背	考验了选手的骑术、臂力和腰功

裁判开始　相向而驰　相遇摔跤　把对手抱离马背或摔下马　获胜

图二　哈萨克族马上角力说明表

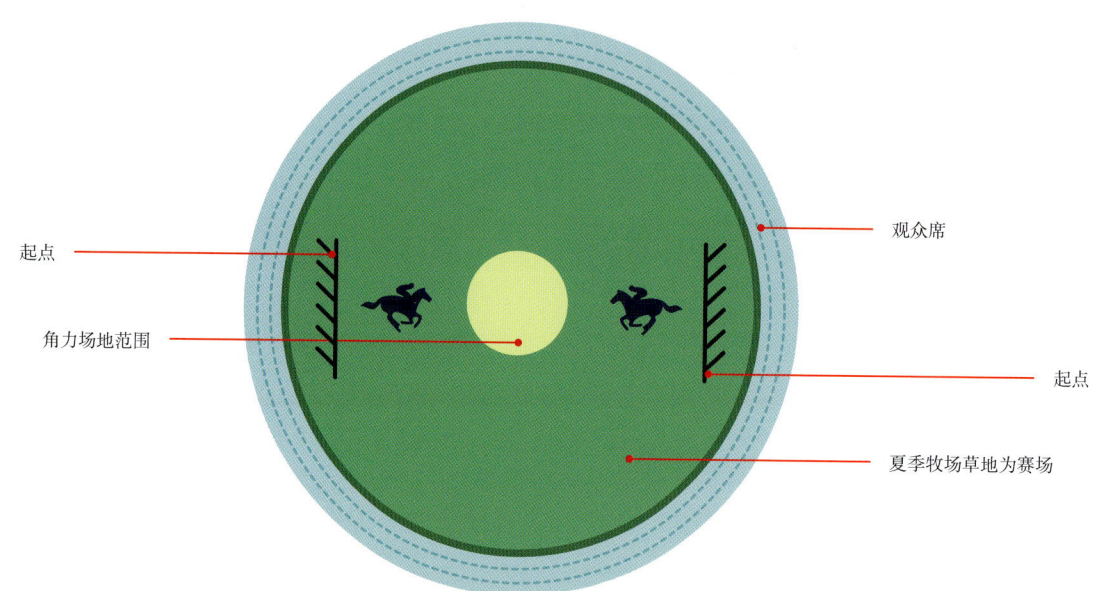

图三　哈萨克族马上角力赛场示意图

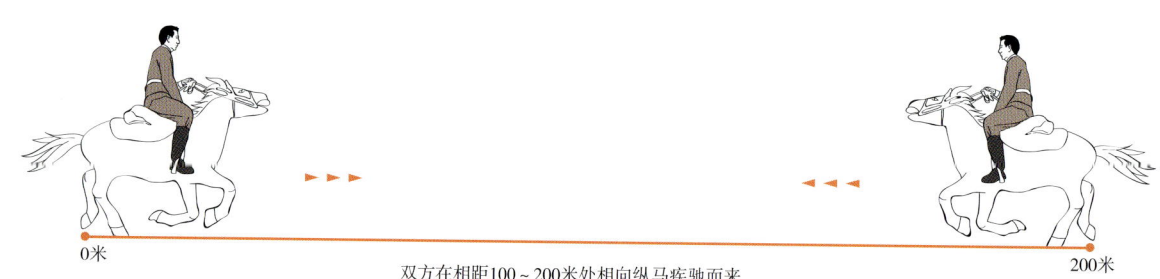

双方在相距100~200米处相向纵马疾驰而来

图四　哈萨克族马上角力过程图

哈萨克族阿肯弹唱会

图一　哈萨克族阿肯弹唱会主图

阿肯弹唱是一种以叙事弹唱或即兴对唱为形式的传统民间艺术，是哈萨克族最为常见的一种文化娱乐活动。"阿肯"是哈萨克语"aken"的音译，据《突厥语词典》所载，原意为"洪水"，又有"口若悬河、势不可挡"之延意，后指民间的诗歌艺人。阿肯弹唱历史悠久，盛传不衰，因其不仅极富艺术性、民族性而且有很强的感染力。在传统哈萨克人的生活中，无论婴儿出生、婚丧嫁娶、良辰生日，还是友人相逢，席间酒后都离不开阿肯弹唱，弹唱会常常通宵达旦一连数日而不尽兴，它不仅是一种艺术表演，也是一种智慧和才华的竞技，是草原游牧民族好胜意志与充沛情感的张扬和展示。

阿肯弹唱有两种形式：一是阿肯怀抱冬不拉自弹自唱，这种弹唱多是演唱传统的叙事长诗和民歌；二是对唱，有两人对唱，也有多人对唱。对唱的特点是即兴创作，具有赛歌的性质，把雄辩和唱诗结合在一起，既富生活气息，又生动活泼。每逢节日和喜庆活动，草原上总要举行阿肯弹唱会，阿肯所唱的内容大致可分为颂歌、哀怨歌、情歌、习俗歌、诙谐歌五大类。阿肯对唱是最为吸引人，也更有群众基础的表演形式。开始时，先让男女老少都围坐起来，对唱的阿肯们手弹冬不拉坐在中间或台上，互问互答，随口即歌，朗朗动听。对唱的内容广泛，有祝福赞颂、谈论人生意义、评断现实生活，也有表达爱情、互相戏谑、为难和斗智。总之一方唱什么，另一方必须回敬什么。旁听的观众情不自禁地卷入对唱，欢呼助阵。阿肯弹奏的冬不拉乐曲也是风格多样，曲辞丰富，不拘一格。比赛结束，人们也常会评出优胜，给优胜者颁奖，还有一番弹唱。与阿肯弹唱一起举办的还有其他文体活动，有赛马、走马、赛骆驼、叼羊、姑娘追、荡秋千等，现代还加入了一些创新的项目。弹唱会期间，好客的哈萨克牧民还会宰羊、宰马招待朋友。

阿肯弹唱会可以看作是一次哈萨克民族的文化博览会。

哈萨克民族是一个能歌善舞的民族，优美动人的诗歌以及阿肯弹唱是其丰富文化传统最集中的表现。阿肯是诗歌的创作者、演唱者和传播者，在各种庆典礼节和活动上都有一套比较完整的传统演唱。这些诗歌和唱曲对民族文学和艺术的研究、发展有着重要价值，它又是研究人类学、社会学、民族学的重要资料。阿肯弹唱已作为我国首批非物质文化遗产得到研究与传承保护。近年来随着新疆旅游业的开发，阿肯弹唱会也作为一种民俗风情旅游项目受到了中外游客的青睐，这些都使得阿肯弹唱有了持续更新的生命力。

图片来源

图一、图四至图六、图八　涂苏别克·斯拉木胡力：《哈萨克民俗文化》，新疆科学技术出版社，2009.
图二　龙奕柯　制图
图三　刘金玲　制图
图七　刘琛淼　制图

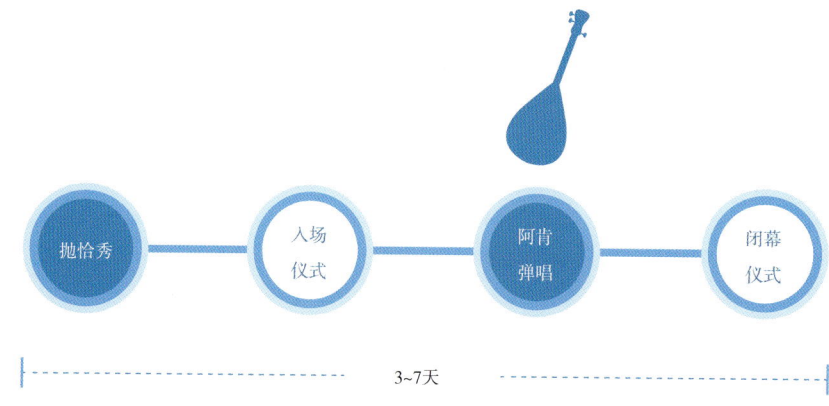

图二　哈萨克族阿肯弹唱会流程图

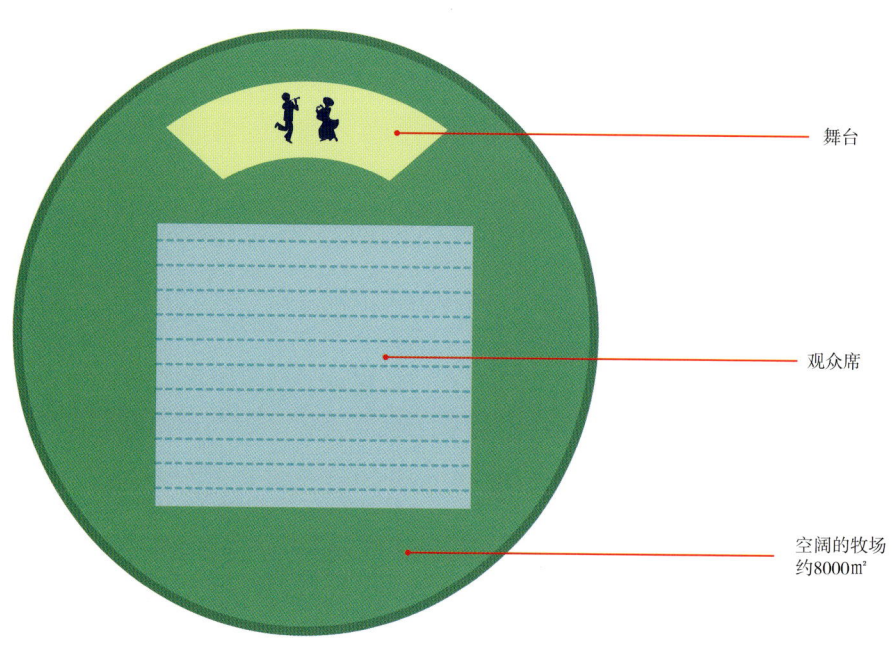

图三　哈萨克族阿肯弹唱会场地示意图

图四　哈萨克族阿肯弹唱会开场仪式图

图五　哈萨克族阿肯入场图

图六 哈萨克族阿肯弹唱会对唱图

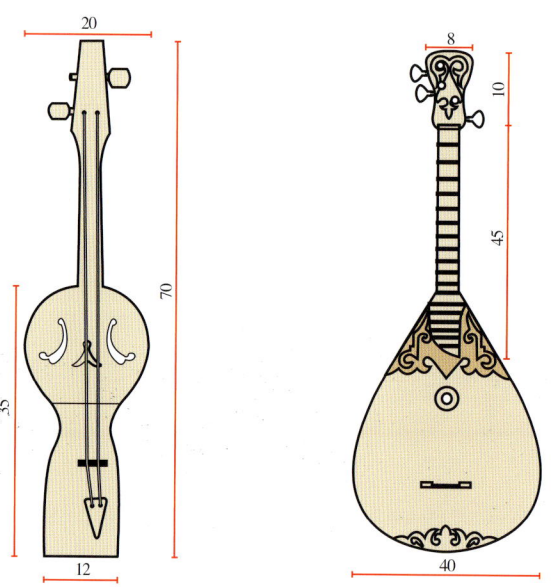

图七 哈萨克族阿肯弹唱乐器——库布孜、冬不拉（单位：cm）

图八 哈萨克族阿肯弹唱会情景图

哈萨克族黑走马

图一　哈萨克族黑走马主图

黑走马，哈萨克语也称作"卡拉角勒哈"，意为"黑色的走马"，是哈萨克族最具代表性的民间舞蹈，它在哈萨克族居住区广泛流传。这是一种以骑马为题材，表现草原上骏马奔驰的矫健身姿的舞蹈。通常在大型集会或喜庆节日时举行，并以本民族传统乐器冬不拉以及同名乐曲伴奏。

黑走马舞蹈的表演场地可以是毡房内或室外牧场，可以随时随地即兴起舞，即兴表演时不需要专门的服饰和道具。在民俗活动等演出时需要戴毡帽，穿衬衫、坎肩、长裤和靴子，扎牛皮腰带。黑走马舞蹈可以由一人单独跳、双人对跳或多人集体表演。男性的动作轻快有力，刚健苍劲，模仿黑走马的走、跑、跳、跃等姿态，在全身一张一弛的律动中表现粗犷、剽悍和豪放的风格。女性的动作优美舒展、活泼含蓄，如显示姑娘美丽而自豪的"花儿赞"，窥视恋人的"羞窥"，前俯后仰的"展裙吊花"等。男女的这些动作，都包含着特定的内容，与表演者的内心情感和幽默诙谐的面部表情融为一体。表演者时常把劳动和生活中具有浓厚特色的各种动作加进舞蹈之中，使黑走马的舞蹈语汇和表演内容更加丰富多样，并由此衍化出诸如"擀毡舞""挤奶舞""绣花舞""拉面舞"等舞蹈。

关于黑走马舞蹈的来源，在哈萨克族民间有这样的传说：很久以前哈萨克族与其他

 传说来源　哈萨克族与蒙古族的战争

 动作特点　男性：轻快有力、刚健苍劲
女性：优美舒展、活泼含蓄

 表演时间　放牧、劳动之余

 表演服装　男性：毡帽、衬衫、坎肩、长裤、靴子、牛皮腰带
女性：礼帽、连衣裙、坎肩、舞鞋

 表演地点　毡房、大型集会

 伴奏乐器　乐器：冬不拉；乐曲：卡拉角勒哈（同名乐曲）

 表演人数　独舞、双人舞、集体舞

 表演氛围　轻松愉快、刚强有力、幽默滑稽

 舞蹈类别　擀毡舞、挤奶舞、绣花舞、拉面舞

图二　哈萨克族黑走马舞蹈详情表

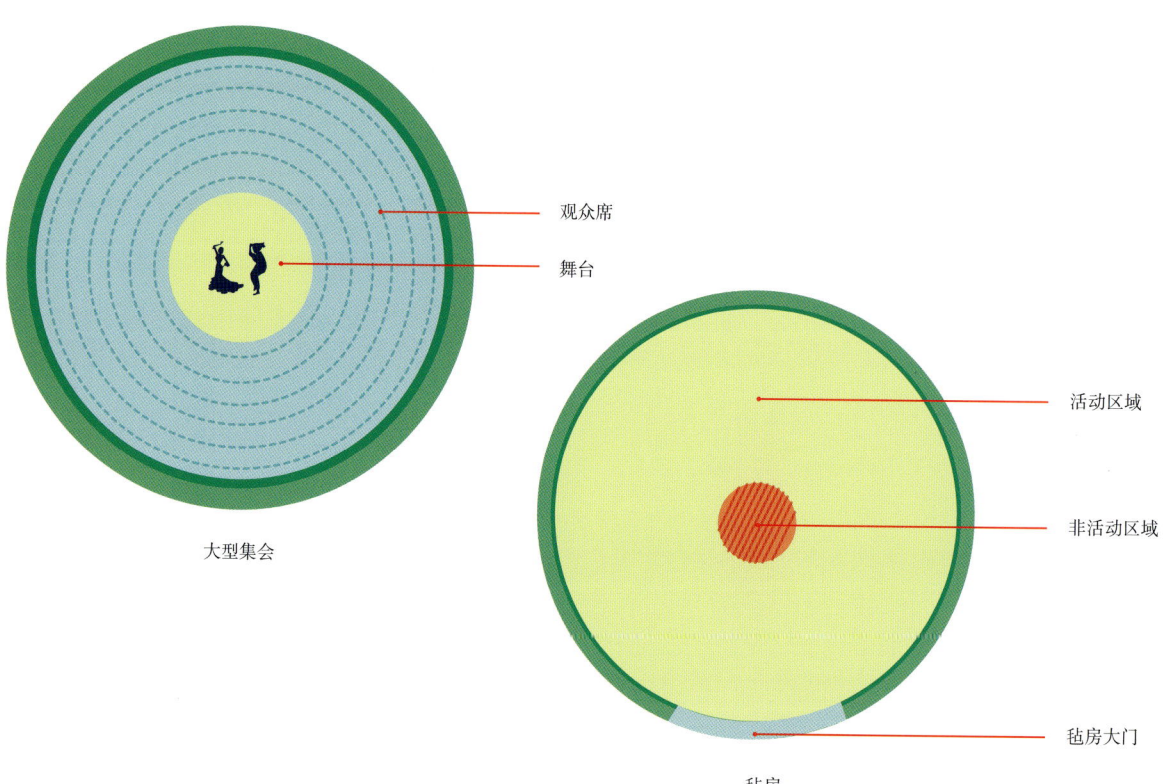

图三　哈萨克族黑走马舞蹈表演场地示意图

图四 哈萨克族黑走马舞蹈动作图

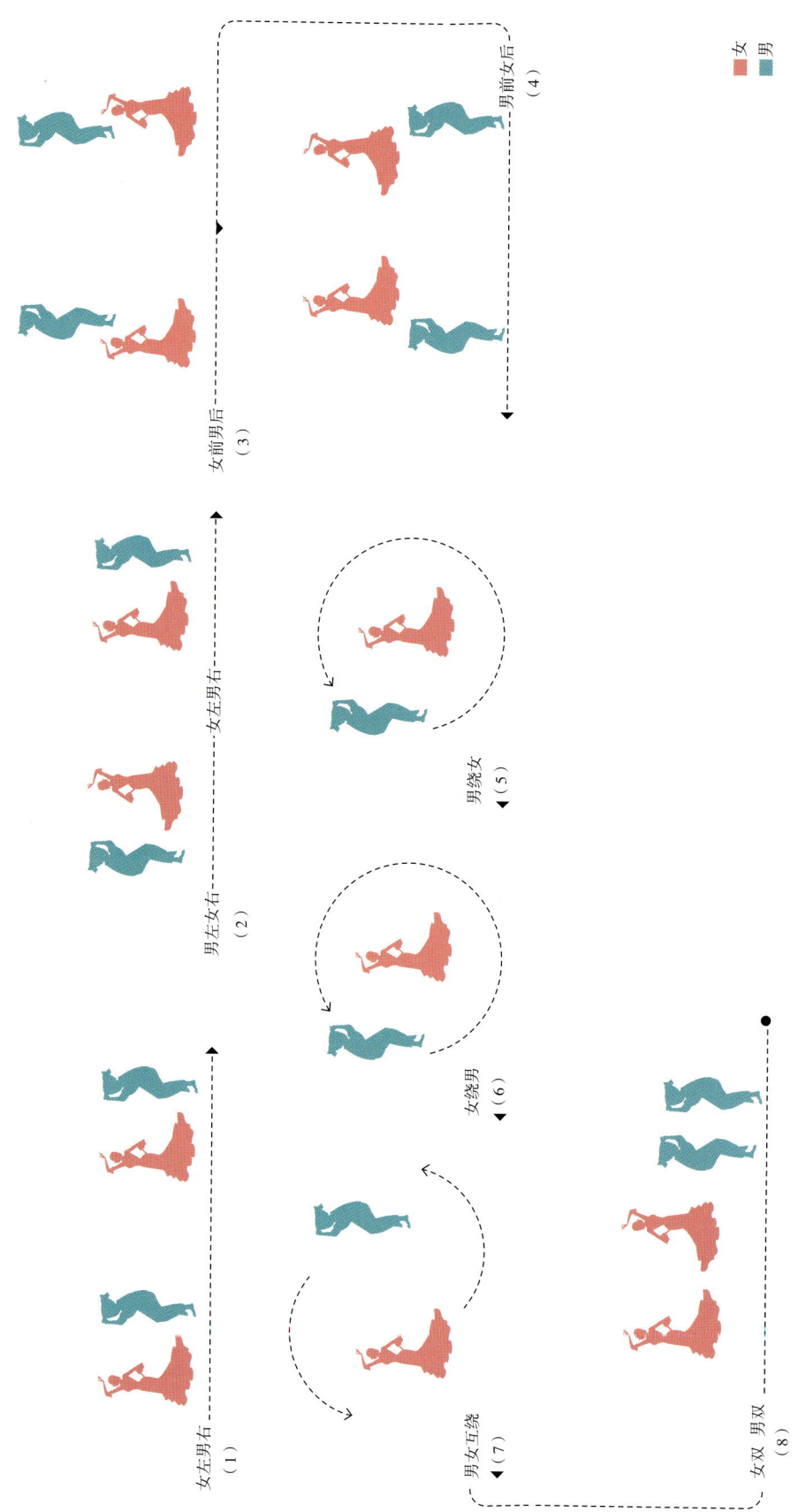

图五 哈萨克族黑走马舞蹈双人舞、集体舞位置互动图

图六　哈萨克族黑走马舞蹈乐器图

民族之间发生了一次争夺草场的战争，哈萨克族战败，而他们的马也被抢走了。悲愤的哈萨克人就在山上吹起了本族特有的乐器。由于哈萨克牧人与黑走马在长期的游牧生活中产生的默契，黑走马能够听懂牧人的笛声。当黑走马听到笛声后便长嘶一声，向马群方向奔去，将被抢走的马全部带回哈萨克部落，从而挽回了战争损失。根据这一传说，哈萨克人创作了《黑走马》乐曲和舞蹈，并以固定的方式将这一文化主题延续下来。在民族文化繁荣发展的当代，这种舞蹈不断与现代舞蹈理念融合，并不断加工完善，更加强调主观性、现场感和速度、力量的美感，成为一种经典的哈萨克民族舞蹈。

图片来源

图一　陈方圆　制图

图二、图三、图五　徐林、刘金玲　制图

图四　徐林　制图

图六　刘琛淼　制图

图七　涂苏别克·斯拉木胡力：《哈萨克民俗文化》，新疆科学技术出版社，2009.

图七　哈萨克族黑走马舞蹈装束图

哈萨克族上盘礼

图一　哈萨克族上盘礼主图

上盘礼是哈萨克族人为了表示对客人的尊敬和欢迎而在进餐时举行的一种仪式。哈萨克族在历史上过着逐水草而居的游牧生活，形成了以肉为食、以酪为浆的饮食习惯以及热情好客的待客风俗。家中来客时就宰羊招待，档次最高的时候呈上去的是黄头白身的羯羊。进餐前主客所坐的位置、端上来的食盘等级、羊肉的搭配以及祝福和净手仪式都有严格规定，不得违反。

客人进入毡房坐下来后，主人把准备好的羊拉进毡房，面对客人、掌心向里恭敬地向客人请求祝福词。这时客人中的长者要代表客人对主人的盛情表示感谢，并祝福主人家里人畜两旺、万事如意，然后主人才能去宰羊。这种仪式叫"巴塔"。哈萨克族人对羊肉的搭配很讲究：一只羊分为12个"木榭"（部分），四肢和臀部为主要部分，其他如羊脖子、羊肋条、羊尾巴均为搭配的部分。两条前腿分为6个部分，即"卡尔吉勒克"（桡骨），"托合番吉勒克"（肱骨），"加吾仁吉勒克"（肩胛骨）。两条后腿分为6个部分，即"将巴斯"（胯骨），"阿斯克吉勒克"（胫骨），"乌尔塘吉勒克"（股骨）。如有远方亲人或尊贵的客人来做客，必须用"巴斯"（羊头）、"将巴斯"（胯骨）、"阿斯克吉勒克"（胫骨）来招待，否则就是失礼。在吃肉之前，由一位晚辈一手端洗手盆，一手端洗手壶，请客人逐个淋洗净手，客人还顺便向倒水的晚辈致以祝福词，待客人们全部洗好手坐好后，主人才把肉盛在大盘内端来，放到客人面前，把羊嘴对准上座的客人。主客所坐的位置按照身份、年龄、地位等划分，最重要的来客坐在中间，客人年长者坐右边，客人年轻者坐左边，主人年长者坐客人右边，主人年轻者坐客人左边。食盘则根据客人的年龄、辈分、身份、地位等分为上等盘、中等盘、末等盘，根据亲属关系分为亲家盘、女婿盘、女儿盘、儿媳盘等。首席客人先将分好的羊腿肉回敬给主人，再削下羊的右耳朵给儿童。每位客人吃一块羊头肉之后，把羊头敬还给主人，以此向主人表示谢意。这时由晚辈将剩下的羊肉削成小薄片，掺上洋葱，主人开始催促客人用餐。

哈萨克族传统的上盘礼仪是其饮食文化的重要组成部分，体现了浓郁的地域特色和民族风情。随着经济全球化，城市化进程的不断加快，哈萨克族人的生活方式发生了重大变化，游牧逐步被定居所取代，一些地区的哈萨克族人对于传统待客习俗也日渐冷落。而作为外族人深入了解上盘礼仪，对于尊重和认同哈萨克族文化，保持哈萨克人热情好客的民族性格有着积极意义。

图片来源

图一　涂苏别克·斯拉木胡力：《哈萨克民俗文化》，新疆科学技术出版社，2009.

图二　徐林、龙奕柯　制图

图三、图五、图六　徐林　制图

图四　马小雯、刘金玲　制图

图七　徐林、刘金玲　制图

图二　哈萨克族上盘礼流程图

面对客人，掌心向里恭敬地向客人请求祝福词。客人中的长者，要代表客人对主人的盛情表示感谢，并祝福主人家里人畜两旺，万事如意。

图三　哈萨克族上盘礼巴塔图

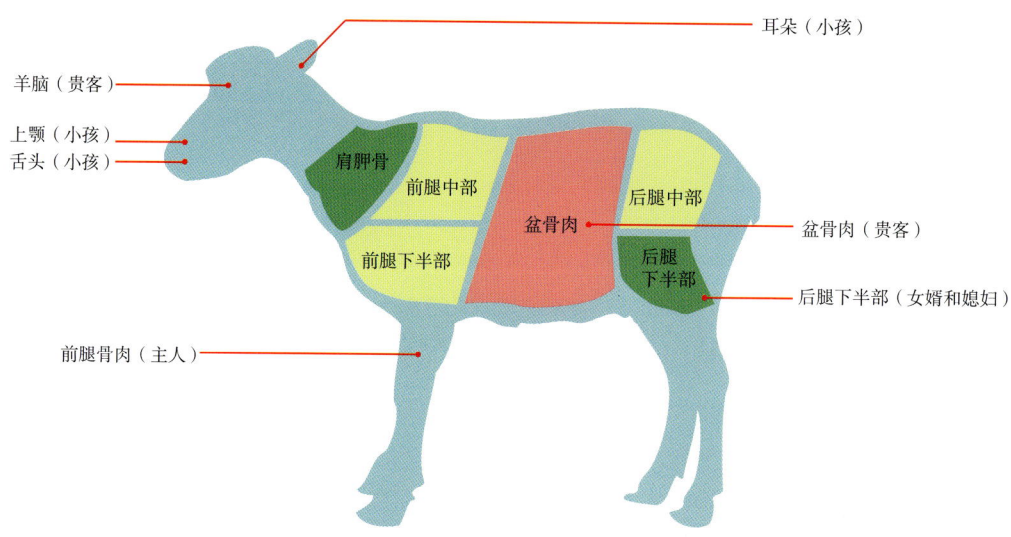

分羊示意图

名称（哈萨克语）	位置	数量（块）
江巴斯极勒克	盆骨肉	2
涡塔极勒克	后腿骨中部	2
阿斯克极勒克	后腿骨下半部	2
加吾仁极勒克	肩胛骨肉	2
东姆拉斯极勒克	前腿骨中部	2
克勒极勒克	前腿下半部	2

羊肉分块名称图

	羊的部位	寓意
长者或贵客	羊头肉（巴斯）、羊脑 盆骨肉（江巴斯）	祈望他们广受欢迎，更有脸面
女婿和媳妇	阿斯克肌勒克(后腿骨下半部)、胸骨肉	以表示对女婿的诚意
小孩	羊舌头、羊上颚	能说会道（男孩）歌声悦耳（女孩）
	羊耳朵	小孩听话懂事
主人	前腿骨肉	谦虚，以示诚意

分羊肉示意表

图四　哈萨克族上盘礼分羊示意图

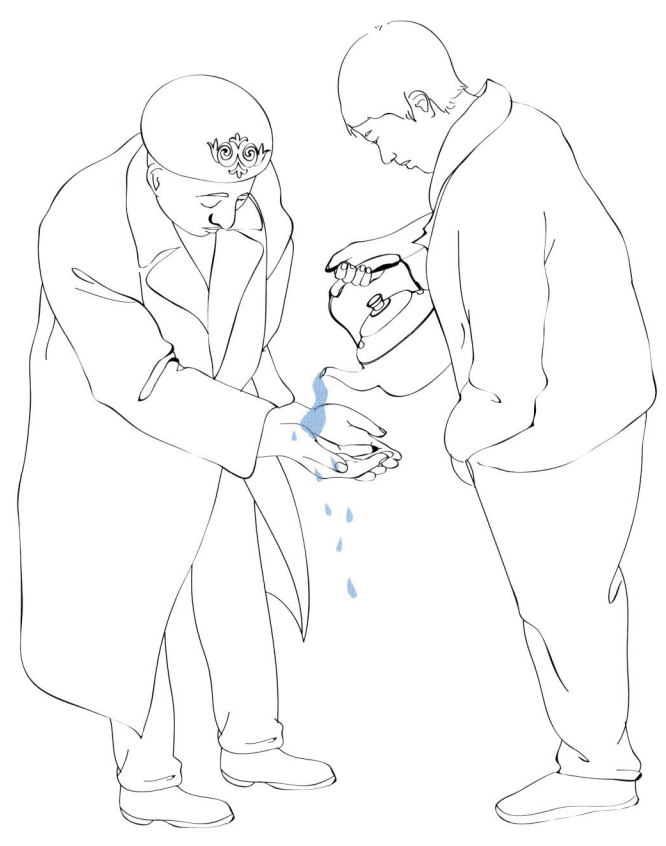

在吃肉之前,由一位晚辈一手端洗手盆,一手端洗手壶,请客人逐个淋洗净手,客人还顺便向倒水的晚辈致以祝福辞

图五　哈萨克族上盘礼净手图

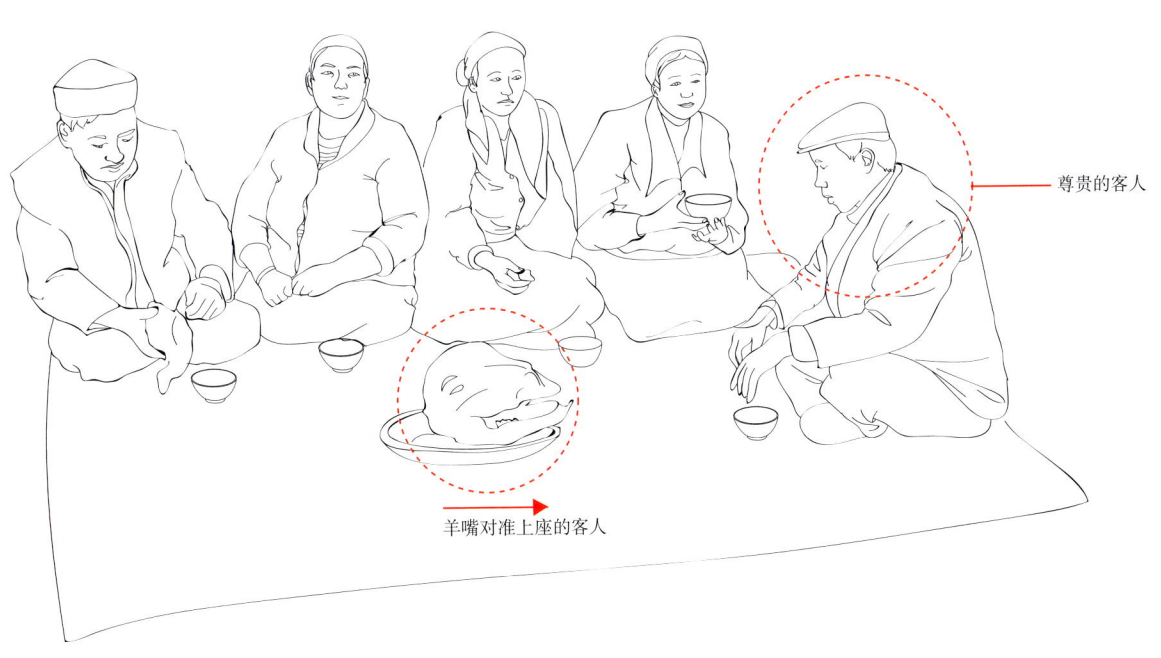

尊贵的客人

羊嘴对准上座的客人

图六　哈萨克族上盘礼用餐图

第七章　哈萨克族传统民俗和宗教

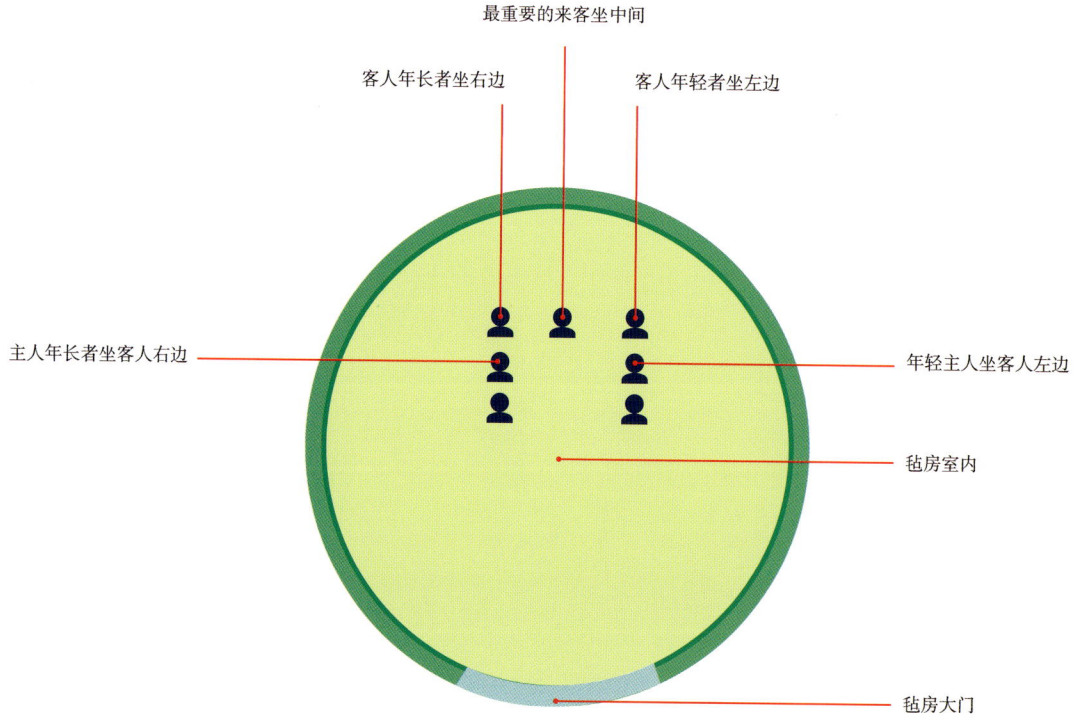

图七 哈萨克族上盘礼主宾入座示意图

哈萨克族出生礼

图一 哈萨克族出生礼主图

哈萨克族的出生礼称为"齐里达罕"，是庆祝孩子出生而举行的一种礼仪节庆活动。哈萨克人把婴儿降生视为"阿吾勒"（村庄）的喜事，婴儿出生后的庆祝活动一般举行三天，由"剪脐带""宰哈勒加""取银齐"和"齐勒迭哈纳"这四个仪式组成。

孩子出生时会邀请教子有方、有威望、品德好的妇女为孩子剪脐带，并称之为"脐带妈妈""第二个妈妈"。孩子的父亲要宰"哈勒加"（意思是专为产妇宰的羊），让产妇吃肉喝汤，给产妇补养身体，希望产妇早日康复。婴儿刚出生时，有爱凑热闹的青年跑去给孩子的爷爷、奶奶及其他亲属报喜，要喜礼，称之为"取银齐"。新生儿出生连续的三个晚上都要举行"齐勒迭哈纳"仪式，表示祝贺。当晚，附近的青年男女要聚集在生孩子妇女所住的房子周围，吃"哈勒加"羊肉，通宵弹着冬不拉唱歌跳舞；第二个晚上主要是中年人参加；第三个晚上则由老年人参加。在出生礼期间，部落内有威望的男子要一起前往向孩子父母表示祝贺，并举行叼羊活动以庆祝一个新生命的诞生。出生礼上还有一个风俗，就是人们吃了"哈勒加"羊肉后要把羊的颈骨挂在墙壁上，一直挂到小孩过40天满月礼为止。这一习俗表示希望小孩在不到40天的时间内颈椎长硬一点。哈萨克族父母还要在出生礼时给孩子起名，但要到摇床礼之后才能宣布，哈萨克小孩起名几乎不受限制，与畜牧业、动植物、地名、山水有关的词都可以作人名。

哈萨克族的出生礼饱含着这个民族对新生命的渴望与期盼，也体现了哈萨克民族对宗法血亲的重视，这个仪式还有着增进民族间的亲密与认同的社会功能。如今这一仪式程序已经有了很大的简化，但作为哈萨克族人的第一个人生礼仪，其重要的象征意义仍不可替代。

图片来源

图一、图五　涂苏别克·斯拉木胡力:《哈萨克民俗文化》,新疆科学技术出版社,2009.

图二、图七　刘筠璨、龙奕柯　制图

图三、图四、图六　刘筠璨　制图

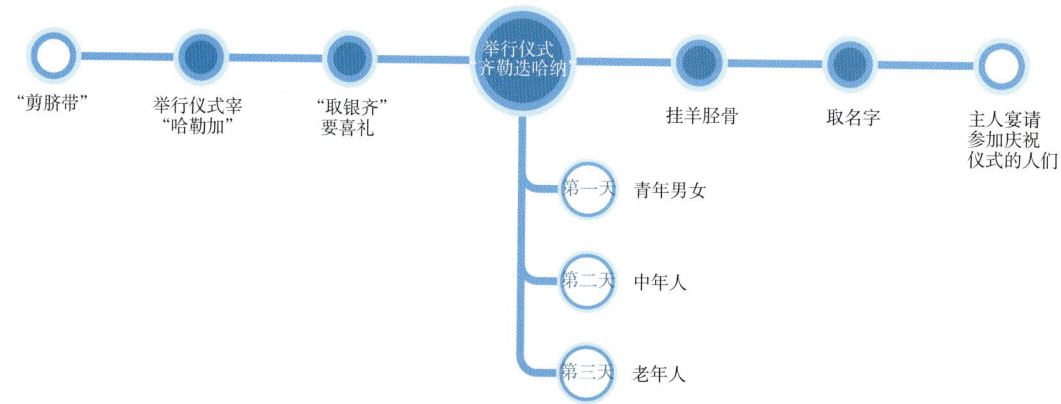

图二　哈萨克族出生礼行序图

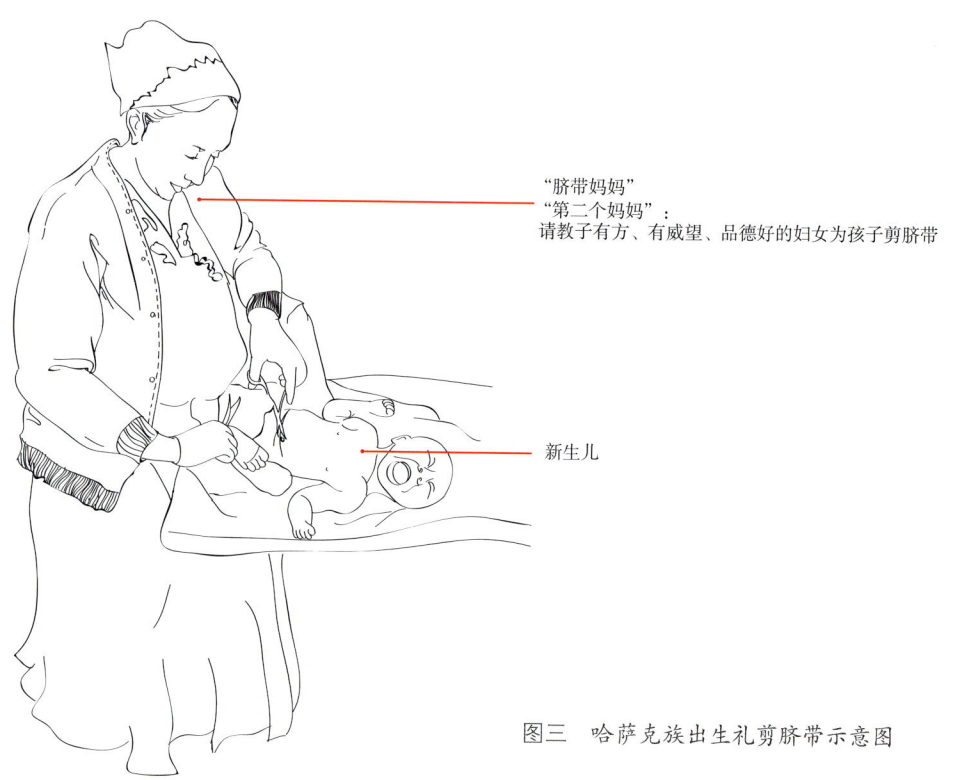

图三　哈萨克族出生礼剪脐带示意图

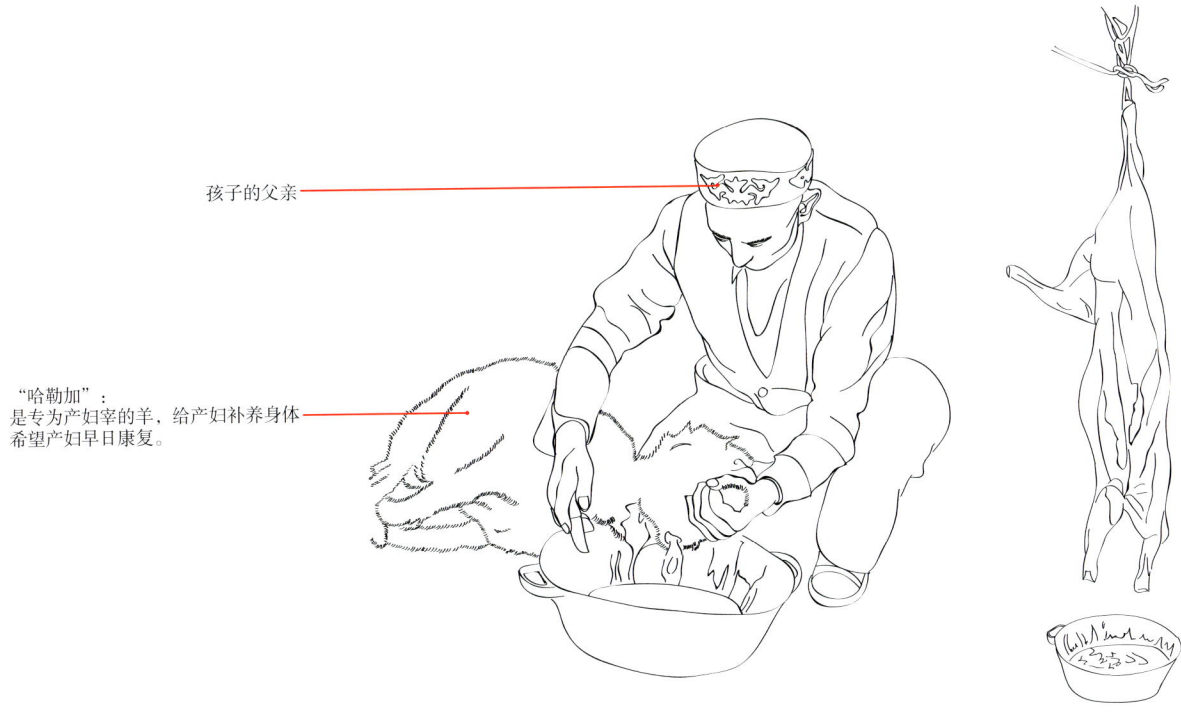

图四　哈萨克族出生礼宰"哈勒加"示意图

图五　哈萨克族出生礼"取银齐"示意图

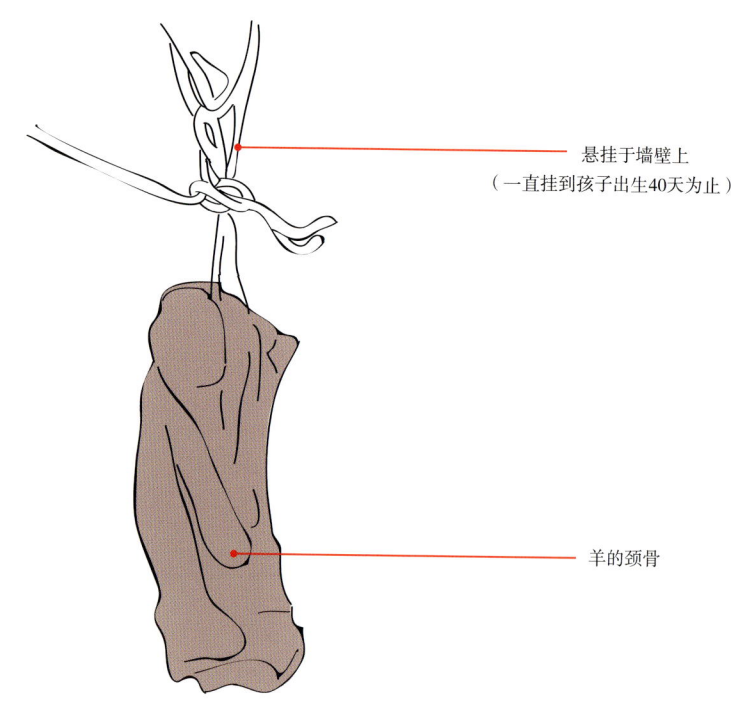

这一习俗表示希望小孩在不到40天的时间内颈椎长硬一点

图六　哈萨克族出生礼挂羊胫骨礼仪示意图

1.	父亲在孩子出生后看到的东西或自然物体
2.	生孩子的时候家里来了有名望的客人，就以这个客人的名字个孩子命名
3.	以出生地点或出生当天是吉祥的日子命名
4.	给孩子起有长寿寓意的名字
5.	以著名祖先和部落的头领给孩子命名
6.	以父亲打火镰时迸出来的名字为孩子的名字
7.	给孩子起带有美好愿望的名字

图七　哈萨克族出生礼新生儿取名方式介绍表

哈萨克族摇床礼

图一 哈萨克族摇床礼主图

摇床礼,即把新生婴儿放进摇床的仪式,哈萨克语称之为"别斯克托依",一般在新生儿出生后的第五到第七天举行。

摇床礼的规模不大,但是却必不可少。这一天,主人家宰羊,邀请本部落中辈分最高的老年妇女和一些女性亲友参加庆祝活动。前来参加仪式的妇女不仅要带上"恰秀"等喜食、喜糖果,还要给小孩送一件衣服表示祝贺,如果是女孩,衣服上要有玛瑙、彩珠等做装饰。仪式开始时需选一位品行端正、最有威望的年长妇女把孩子包好放进摇床里。然后在孩子右耳边连续呼唤三声事先起好的名字:"你的名字叫……",再在左耳边连续唤三声。接着孩子的母亲为其唱摇篮歌:"你是我心爱的小宝贝,你是我的护身符,你是我生命的延续,你是由真主安排入摇篮……"唱完摇篮曲后,将举行一个比较重要的仪式"特西特玛",其义为"畅通无阻",

是将炒好的小米或糖果，从摇床中间孩子撒尿的小洞洒下，在场较大的孩子们要抢着拾起洒在摇床下的食物，示意婴儿日后排便通畅，象征身体健康。最后，主人要宴请这些参加庆祝仪式的人们，向这些妇女赠送布料、毛巾、头巾等礼物以表感谢，参加仪式的妇女要还礼向婴儿祝福、向主人道贺。

过去哈萨克妇女产后一二周就要做家务，因此，举行完摇床礼之后，孩子必须经常躺在摇床中。现在哈萨克族生活改善，妇女产后好长一段时间不必做家务，可以专心地照顾小孩，因此，孩子放进摇床的时间也相应推迟，一般都在40天才正式放进摇床，但是在孩子出生7天后仍要举行摇床礼，并把摇床摆放在家里。摇床礼实际的行为功能已经弱化，但仍承载着人们美好的祝愿，既是对孩子健康成长的祝福又是对产妇康复的庆贺。

图片来源

图一　涂苏别克·斯拉木胡力:《哈萨克民俗文化》,新疆科学技术出版社,2009.

图二　刘筠璨、龙奕柯　制图

图三至图七　刘筠璨　制图

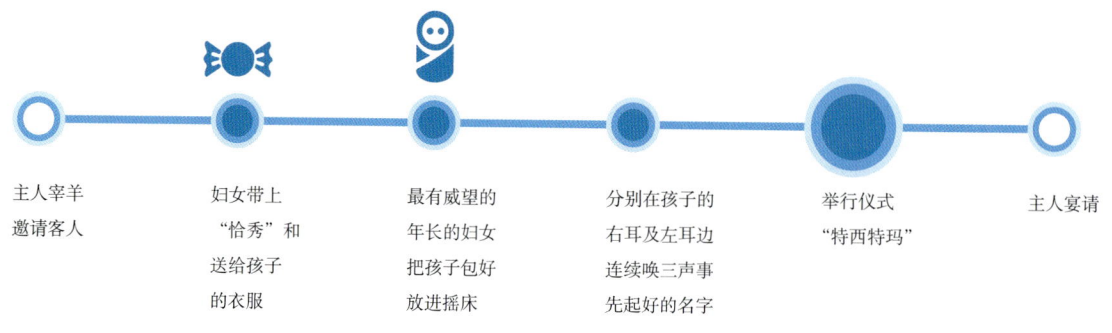

图二　哈萨克族摇床礼行序图

图三　哈萨克族摇床礼主人宰羊及用具示意图（单位：cm）

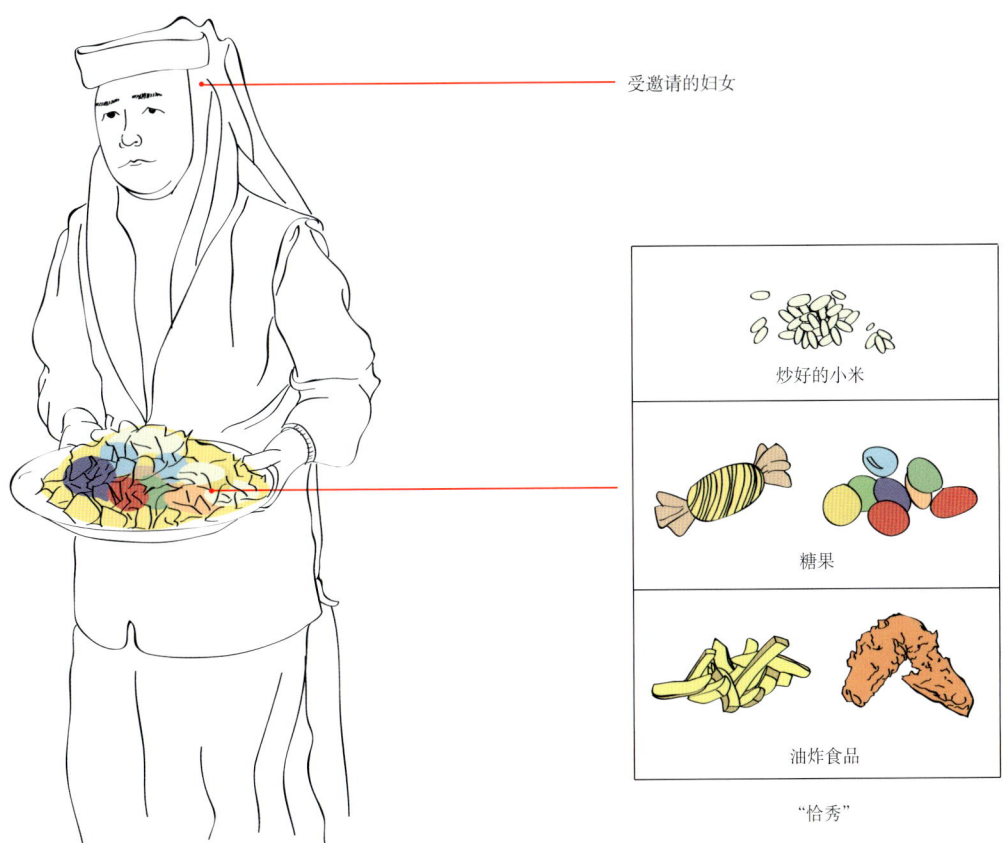

图四 哈萨克族摇床礼受邀妇女携带"恰秀"前来

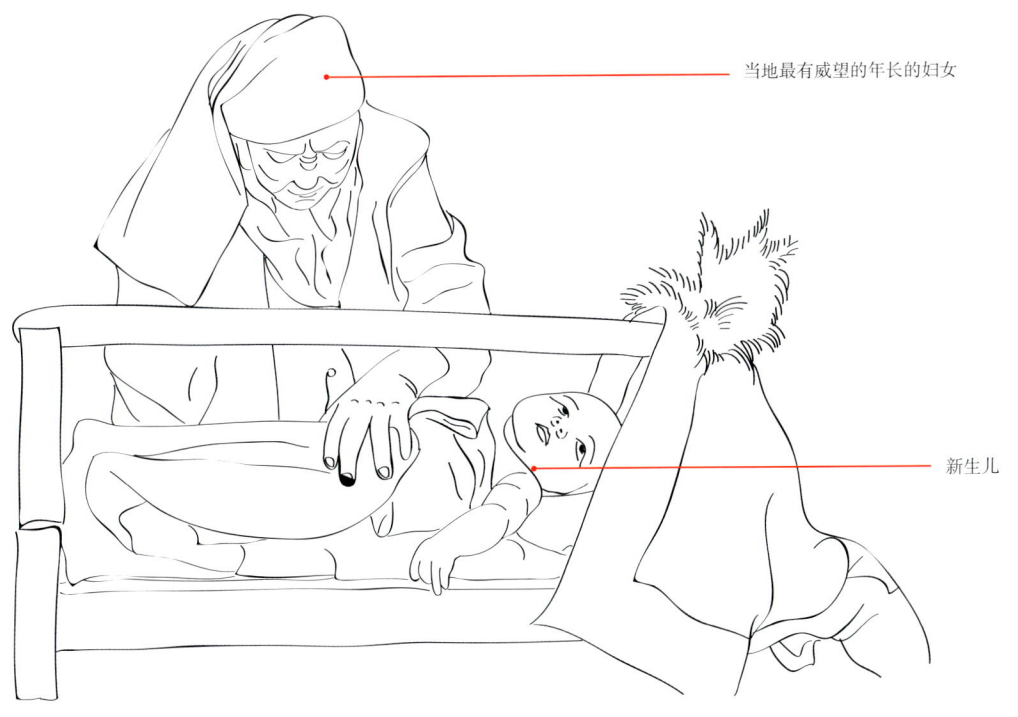

图五 哈萨克族摇床礼将孩子包好放入摇床

第七章 哈萨克族传统民俗和宗教

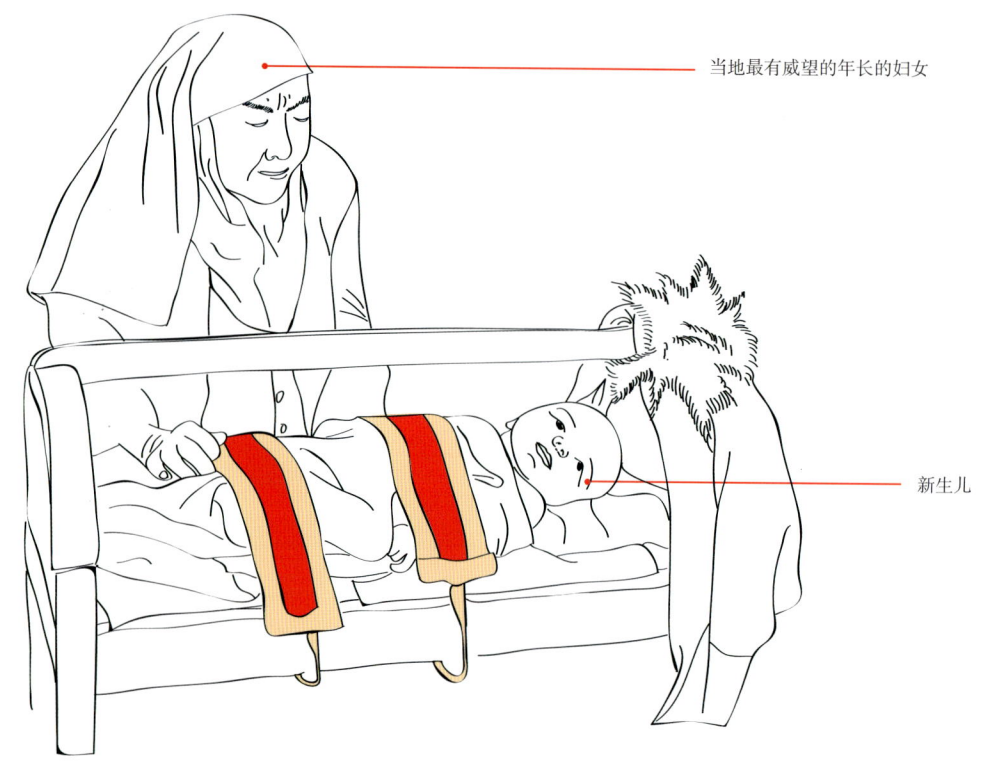

图六　哈萨克族摇床礼在孩子右耳连续喊三声名字

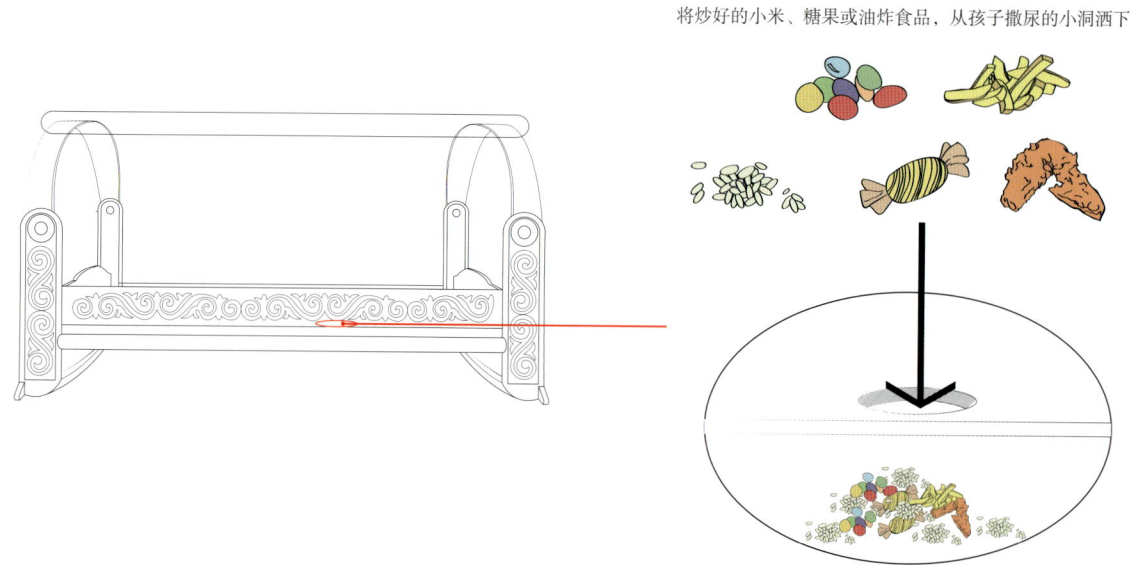

图七　哈萨克族摇床礼"特西特玛"仪式

哈萨克族出生四十天礼

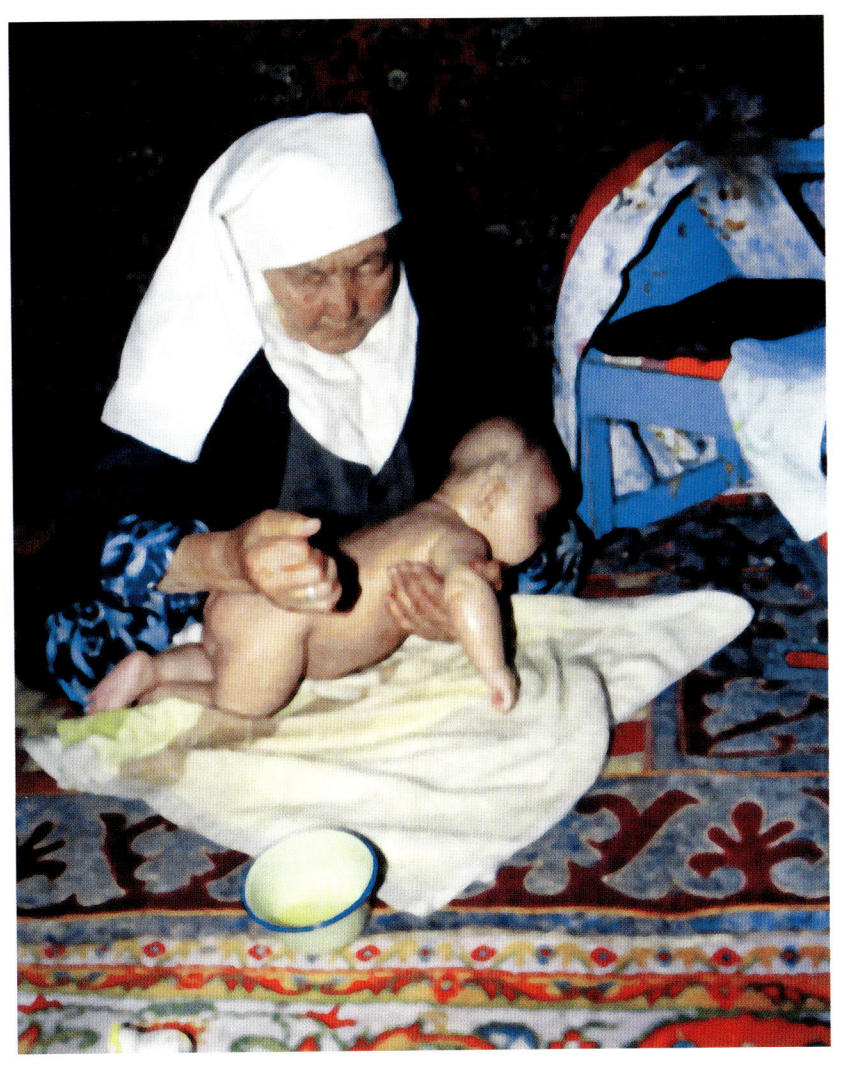

图一　哈萨克族出生四十天礼主图

哈萨克婴儿在出生后四十天时需要举行一个满月礼仪，哈萨克语称"科洛克托依"，也称为"四十天礼"。这个仪式主要邀请族群内的妇女们参加，凡是被邀请的妇女，都会给婴儿赠送礼物。在仪式上，婆婆和辈分较高的妇女要教育媳妇如何抚养孩子，并要给婴儿洗澡。根据传统，在这次仪式之后，才可以告诉大家是男孩还是女孩。

从摇床礼到四十天礼仪之前，每隔两天都要有经验丰富的妇女给婴儿洗澡，洗澡水里有时放盐，有时放熬得浓浓的黑砖茶水，黑肥皂或羊尾巴油。哈萨克人认为这样做有益婴儿的皮肤，提高婴儿的抗寒能力。正好到四十天礼那天，需要进行一个特殊的洗澡仪式，有经验的妇女改用40小勺水给孩子洗澡，并给婴儿的全身抹上羊尾巴油，边拉拽边擦四肢，意味着快快长大。整个仪式会邀请亲戚和邻居们参加，大多为女性，现在也会邀请男性亲朋参加。来参加礼仪的妇女会给孩子们送来小孩衣服、纽扣、串珠及猫头鹰羽毛等礼物，并与主人共进晚餐，祝福孩子的家人。最后要给婴儿初次剃发，这样哈萨克婴儿出生四十天礼仪才算完成。

四十天礼是哈萨克各阶段众多人生礼仪中的重要一节，它预示着孩子已经度过出生的难关开始真正步入人生。这一礼仪既是对孩子未来长命富贵、吉祥康泰的祝福，也代表着哈萨克族群对新成员身份和角色的确认和期许。

图片来源

  图一 涂苏别克·斯拉木胡力：《哈萨克民俗文化》，新疆科学技术出版社,2009.
  图二、图三 刘筠璨，龙奕柯 制图
  图四至图七 刘筠璨 制图

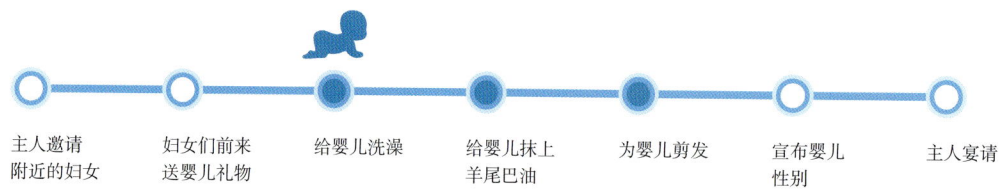

图二 哈萨克族出生四十天礼礼仪流程图

图三 哈萨克族出生四十天礼受邀妇女送孩子的礼物

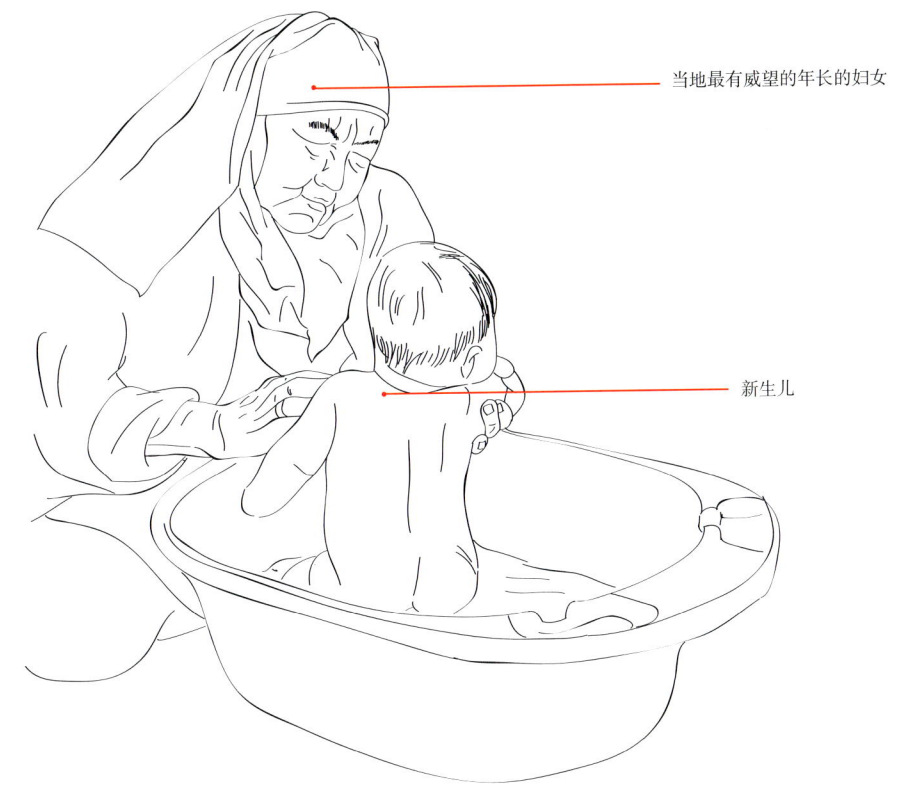

图四 哈萨克族出生四十天礼给婴儿洗澡

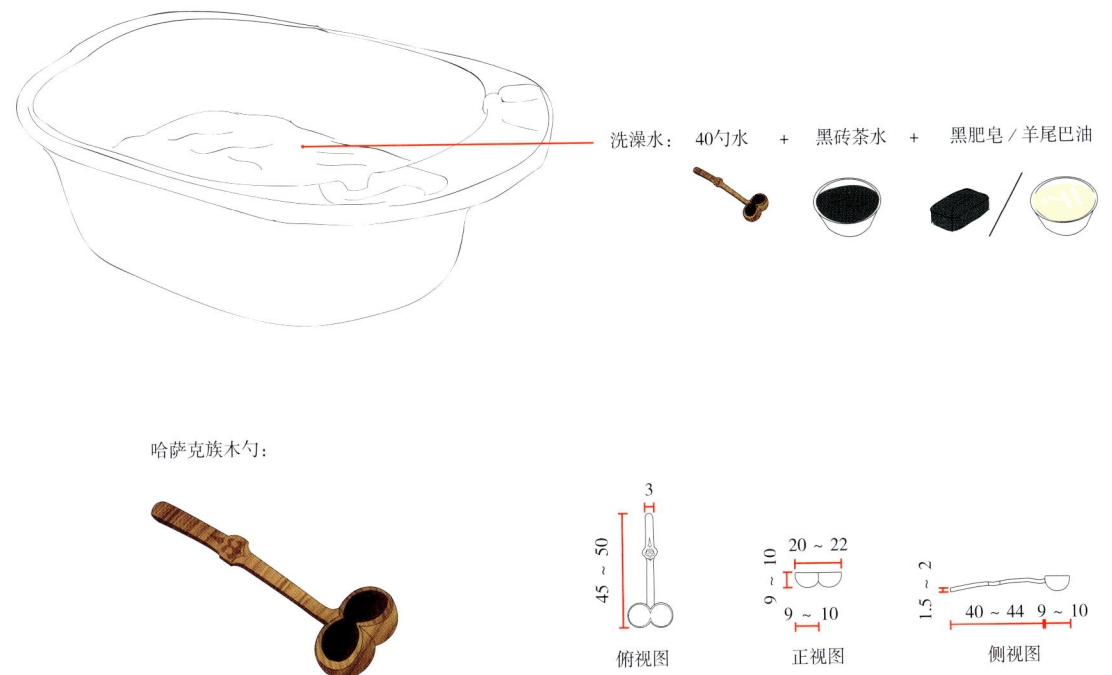

图五 哈萨克族出生四十天礼配制洗澡水（单位：cm）

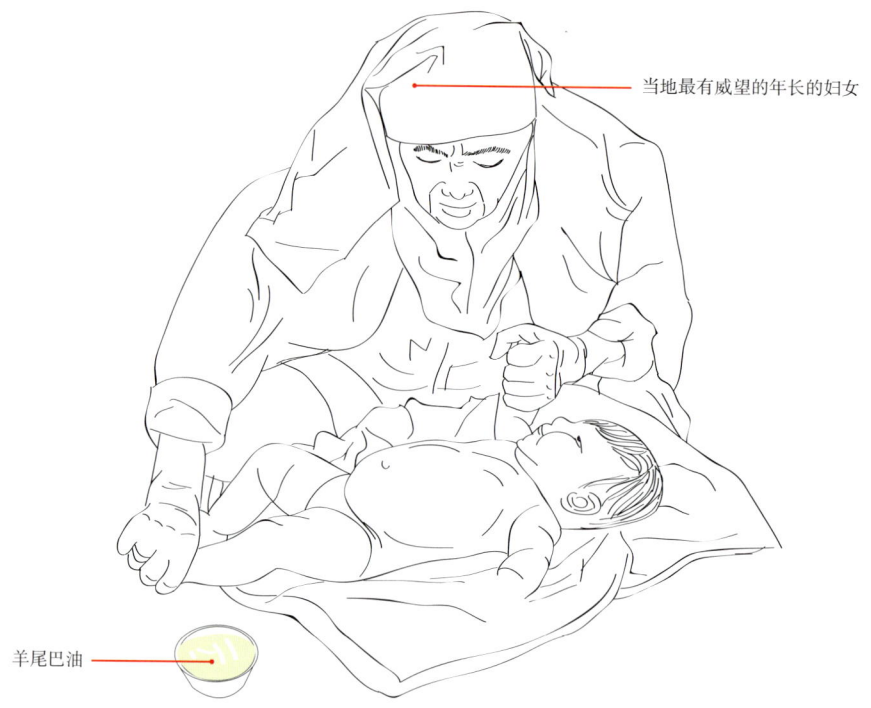

图六　哈萨克族出生四十天礼抹羊尾巴油

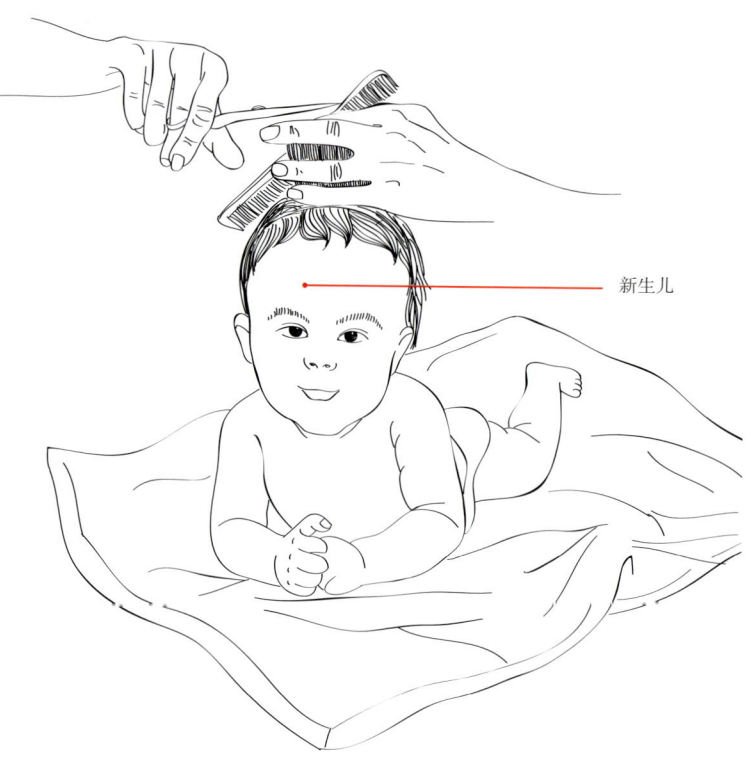

图七　哈萨克族出生四十天礼给婴儿剪发

哈萨克族走路礼

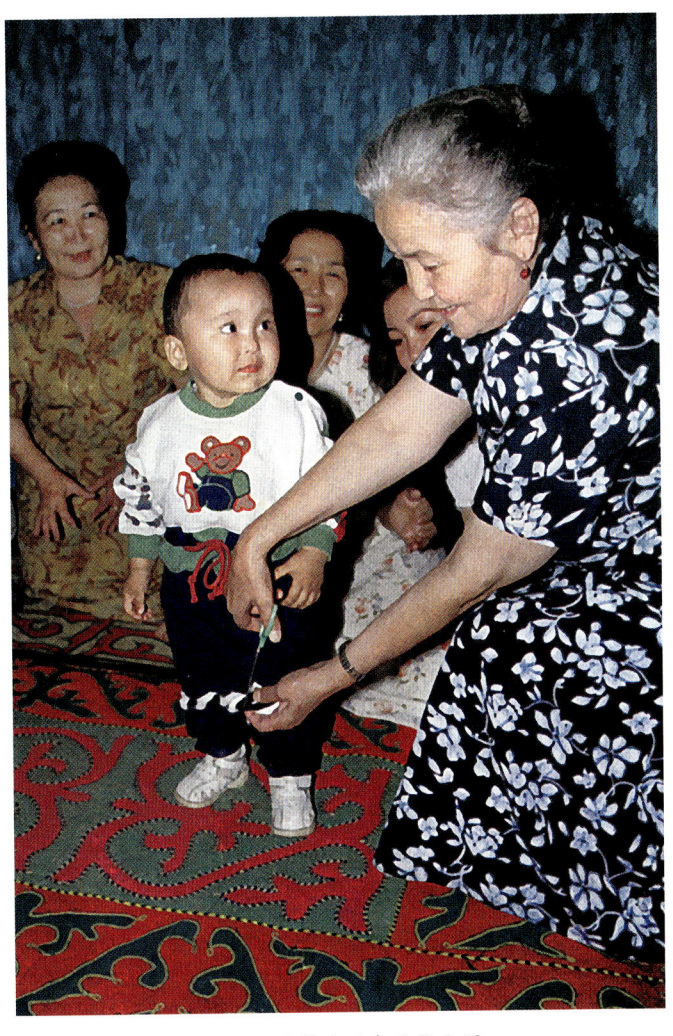

图一 哈萨克族走路礼主图

走路礼,又叫"割绳礼",是哈萨克族为开始学走路的孩子举行的一种仪式。

孩子开始初学走路时,孩子的父母要邀请有威望的族长和亲属朋友以及本村已经会走路的孩子来参加"割绳礼"。地点一般选在自家院子里或者在村庄的道路上。目的是为了祝愿这个孩子走路稳、好、快,长大有出息。

仪式当天父母给举行走路礼的孩子穿上新衣服、新鞋子,父亲把事先准备好的红色羊毛绳子和煮熟的羊肠子绕在孩子的腿上,一切准备好以后,请客人中的长者为孩子做"割绳巴塔"祝愿孩子一生顺利。"割绳巴塔"结束后,长者用刀割断红绳子,让孩子自己向前走几步,或者由父亲提携着双手往前走一段,表示孩子从此会走路了。最后,前来参加仪式的所有孩子纷纷去抢食熟羊肠子。经过走路礼后,孩子的父母就把孩子用过的摇床洗干净,在摇床上绑上一根布条,意思是希望孩子一生顺利,也希望下一个孩子能平安吉祥,然后用布把摇床盖好,留给以后的孩子用。此时仪式结束。

父母认为孩子经过走路礼后,就很快学会走路了,他们能和其他孩子一起玩耍,也不会患佝偻病了。哈萨克族家长通过为小孩举行这样一种仪式来寄托对孩子的美好祝愿,虽然仪式规模不大,也没有复杂的流程,但在每个哈萨克族人心目中却象征着走向成人第一步。

图片来源

图一 涂苏别克·斯拉木胡力:《哈萨克民俗文化》,新疆科学技术出版社,2009.
图二 徐林,龙奕柯 制图
图三至图五 徐林 制图

	别称	时间	地点	参与者	用具	意义
走路礼	割绳礼	孩子开始学着走路并能勉强走稳时	自家院子里或村子里的道路上	有威望的和亲近的客人以及阿吾勒已经会走路的孩子	新衣服、新鞋子红绳子、羊肠子剪刀、摇床	祝愿孩子走得稳、好、快长大有出息一生顺利

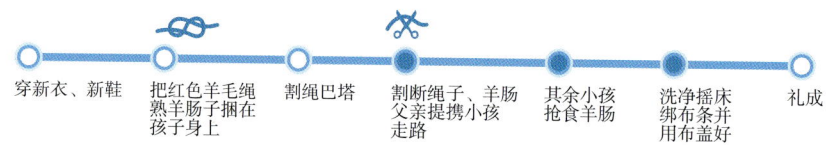

穿新衣、新鞋　把红色羊毛绳熟羊肠子捆在孩子身上　割绳巴塔　割断绳子、父亲提携小孩走路　其余小孩抢食羊肠　洗净摇床绑布条并用布盖好　礼成

图二 哈萨克族走路礼行序图

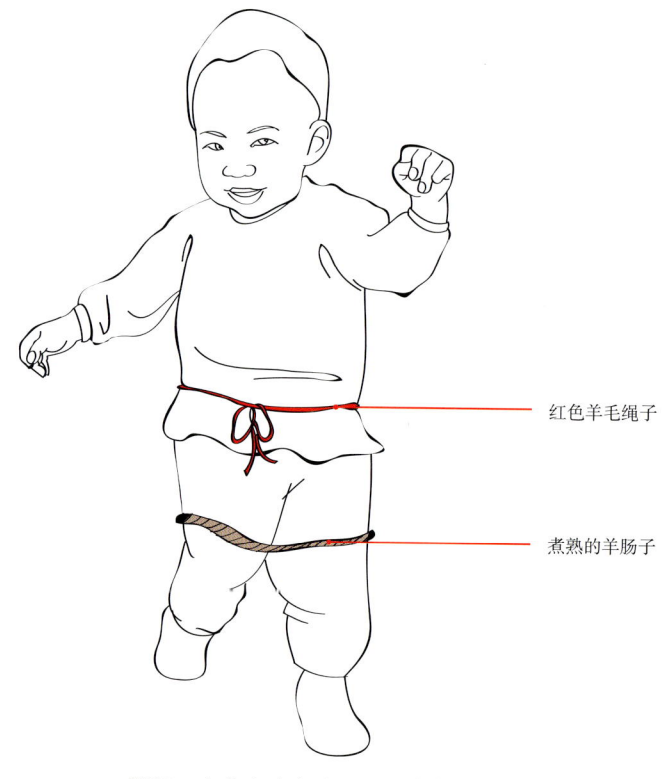

红色羊毛绳子

煮熟的羊肠子

图三 哈萨克族走路礼小孩装束图

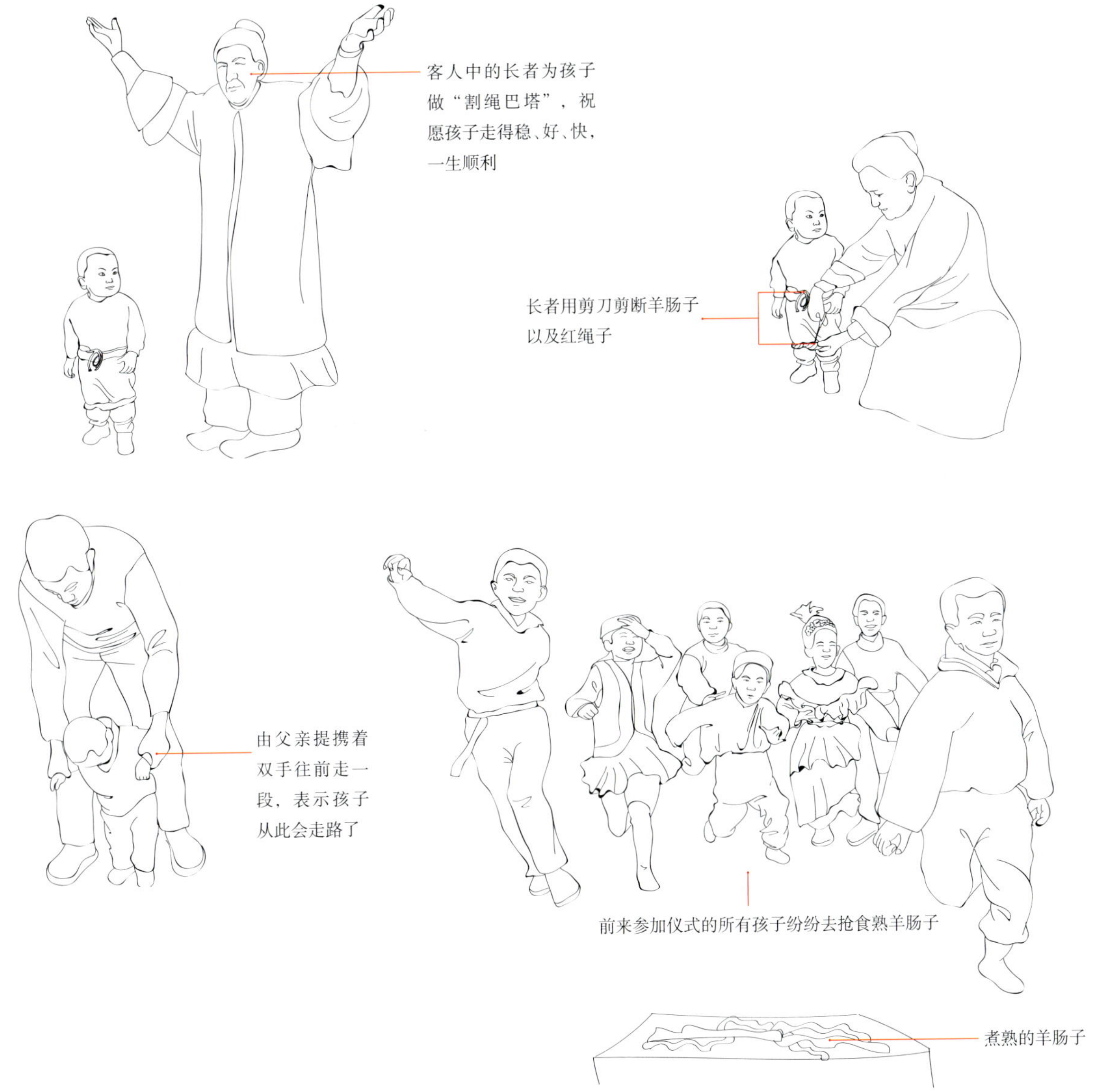

客人中的长者为孩子做"割绳巴塔"，祝愿孩子走得稳、好、快，一生顺利

长者用剪刀剪断羊肠子以及红绳子

由父亲提携着双手往前走一段，表示孩子从此会走路了

前来参加仪式的所有孩子纷纷去抢食熟羊肠子

煮熟的羊肠子

图四　哈萨克族走路礼流程示意图

布条

洗干净孩子用的摇床

在摇床上绑上一根布条，希望孩子一生顺利

用布把摇床盖好，留给以后的孩子用

图五　哈萨克族走路礼摇床处理图

第七章　哈萨克族传统民俗和宗教

哈萨克族骑马礼

图一　哈萨克族骑马礼主图

骑马礼,哈萨克族语称作"阿夏马依明格孜",是哈萨克族人为五六岁的小孩举行的一种骑马仪式。哈萨克族长期过着游牧的马背生活,他们的孩子也是在马背上长大的。每当转场搬家时,母亲把孩子包在摇篮里,再把摇篮放在马鞍前,骑马前往目的地。等孩子稍微长大一点了,母亲就把孩子抱在怀里骑马转场。待孩子长到五六岁时就会为他举行骑马礼,让孩子开始学习骑马,此仪式的目的是希望孩子开始学习做一个勇敢的牧人。

骑马礼多给男孩举行,如果家里全是女孩,就要为大女儿举行骑马礼。骑马礼的当天孩子穿上新衣服,头戴插有猫头鹰羽毛的帽子,骑上披红挂绿备有"阿夏马依"(特制的 X 型小马鞍)的小马驹,小马驹的马鬃和马尾要梳成辫子,扎上红绳,由爷爷、爸爸或哥哥骑着马,牵着小马到亲朋好友家游玩,所到之处,人们都要抛撒"包尔萨克"、奶疙瘩、奶豆腐、糖果等喜品,表示祝贺,有些亲友还给孩子赠送马鞍、笼套、鞭子等礼物,孩子就有了自己固定的骑具。从此孩子就开始了马背生活。

骑马礼的产生发展与哈萨克族人的自然环境以及游牧生活息息相关。现在哈萨克族虽然已经脱离了其游牧生活环境,但骑马礼作为本族人的一种重要人生礼仪一直被传承。尤其是现在的哈萨克族孩子长大后并不都当牧人，但仍然必须要学习骑马并举行骑马礼。骑马在哈萨克人心目中不仅是一种技能而是民族身份的象征与认同。

图片来源

图一、图六　涂苏别克·斯拉木胡力:《哈萨克民俗文化》，新疆科学技术出版社，2009.

图二　徐林、龙奕柯　制图

图三至图五　陈方圆、徐林　制图

	别称	时间	地点	参与者	穿着	用具	意义
骑马礼	阿夏马依明格孜	孩子长到五六岁时	从自己家中去往亲朋家	5-6岁的男孩 如果家中只有女孩则为家中的大女儿	穿上新衣服 头戴插有猫头鹰羽毛的帽子	小马驹 "阿夏马依"（特制的X型小马鞍） 马鞍、笼套、鞭子 包尔萨克、奶疙瘩、奶豆腐、糖果	孩子已经开始懂事了 并要开始学习做一个勇敢的牧人

穿新衣　　走访亲友　　抛洒糖果等　　赠送马具　　聚集庆祝　　礼成
打扮马驹　　　　　　表示庆祝

图二　哈萨克族骑马礼流程示意图

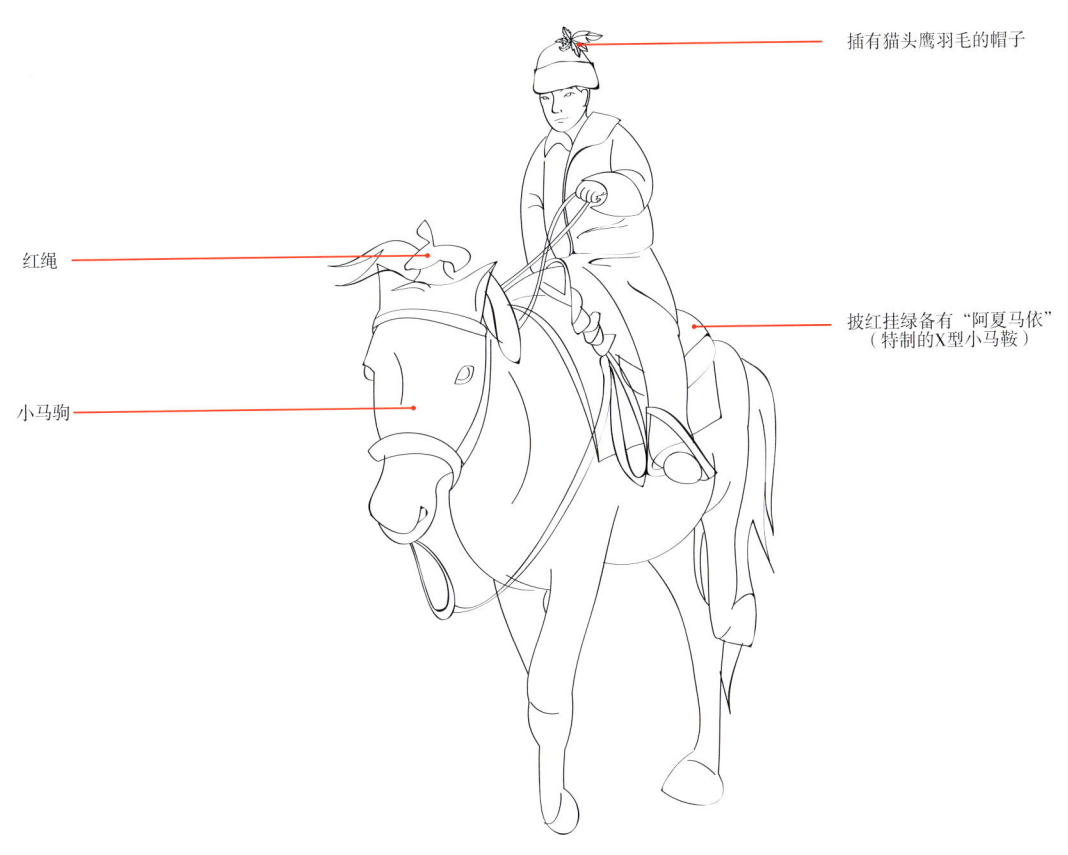

图三　哈萨克族骑马礼装束图

由爷爷、爸爸或哥哥牵着小马驹到亲朋好友家游玩,所到之处,人们都要抛撒"包尔萨克"、奶疙瘩、奶豆腐、糖果等喜品,表示祝贺,有些亲友还给孩子赠送马鞍、笼套、鞭子等礼物

图四 哈萨克族骑马礼走访亲友图

众人欢聚一堂,祝福孩子快快长大

图五 哈萨克族骑马礼众人欢聚图

"阿夏马依"（特制的X型小马鞍）

插有猫头鹰羽毛的帽子

奶疙瘩

（分为甜、酸两种，酸的称为奶豆腐）

包尔萨克

（哈萨克族的一种油炸面制食品小吃）

图六　哈萨克族骑马礼用具示意图

声 明

本书编写时收入的个别图片,因条件所限,未能同相关著作权人取得联系,获得授权,敬请谅解。请相关著作权人及时与编者联系,以便奉上稿酬。谢谢!